吉林省矿产资源潜力评价系列成果，
是所有在白山松水间
辛勤耕耘的几代地质工作者
集体智慧的结晶。

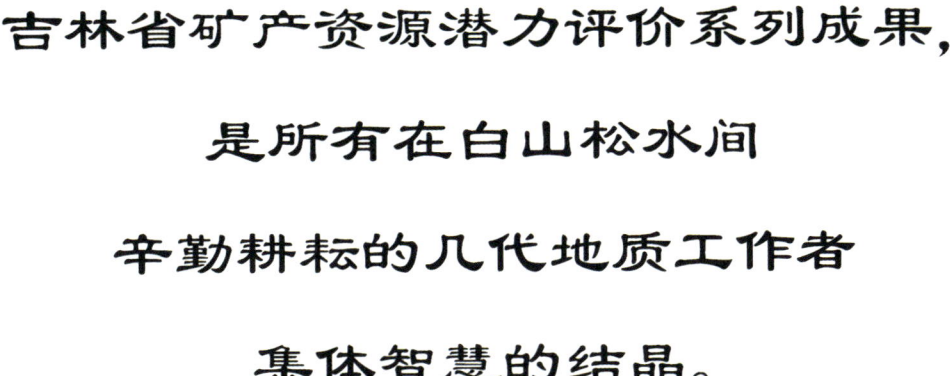

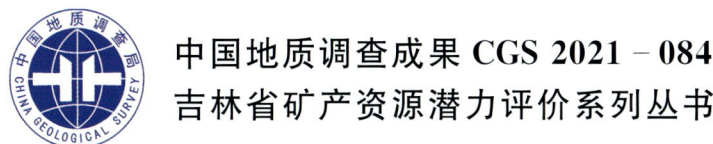

中国地质调查成果 CGS 2021-084
吉林省矿产资源潜力评价系列丛书

吉林省矿产资源潜力评价磁测资料应用研究

JILIN SHENG KUANGCHAN ZIYUAN QIANLI PINGJIA
CICE ZILIAO YINGYONG YANJIU

王 信 苑德生 庄毓敏 陈焕忠 等编著

图书在版编目(CIP)数据

吉林省矿产资源潜力评价磁测资料应用研究/王信等编著.—武汉:中国地质大学出版社,2022.6
(吉林省矿产资源潜力评价系列丛书)
ISBN 978-7-5625-5233-8

Ⅰ.①吉…　Ⅱ.①王…　Ⅲ.①磁测量-应用-矿产资源-资源潜力-资源评价-研究-吉林　Ⅳ.①F426.1

中国版本图书馆 CIP 数据核字(2022)第 089394 号

吉林省矿产资源潜力评价磁测资料应用研究	王　信　苑德生　庄毓敏　陈焕忠　等编著
责任编辑:周　旭　　选题策划:毕克成　段　勇　张　旭	责任校对:何澍语
出版发行:中国地质大学出版社(武汉市洪山区鲁磨路388号)	邮编:430074
电　　话:(027)67883511　　传　　真:(027)67883580	E-mail:cbb@cug.edu.cn
经　　销:全国新华书店	http://cugp.cug.edu.cn
开本:880毫米×1230毫米　1/16	字数:681千字　印张:21.5
版次:2022年6月第1版	印次:2022年6月第1次印刷
印刷:武汉中远印务有限公司	
ISBN 978-7-5625-5233-8	定价:328.00元

如有印装质量问题请与印刷厂联系调换

吉林省矿产资源潜力评价系列丛书
编委会

主　任：林绍宇
副主任：李国栋
主　编：松权衡
委　员：赵　志　赵　明　松权衡　邵建波　王永胜
　　　　于　城　周晓东　吴克平　刘颖鑫　闫喜海

《吉林省矿产资源潜力评价磁测资料应用研究》

编著者：王　信　苑德生　庄毓敏　陈焕忠　王　浩
　　　　张　敏　徐　曼　李春霞　李世杰　袁　平
　　　　李　楠　李　斌　王洪涛　毛　贺　马　晶
　　　　闫　冬　刘　帅　王鹤林　尹玉杰　杨添慧

前 言

为了贯彻落实《国务院关于加强地质工作的决定》中"积极开展矿产远景调查和综合研究,科学评估区域矿产资源潜力,为科学部署矿产资源勘查提供依据"的要求和精神,自然资源部(原国土资源部)部署了"全国矿产资源潜力评价"工作。"吉林省矿产资源潜力评价"项目是"全国矿产资源潜力评价"的省级工作项目,根据中国地质调查局地质调查项目任务书要求,吉林省地质调查院于2007—2010年间承担了"吉林省矿产资源潜力评价"项目的设计、实施及成果提交,《吉林省矿产资源潜力评价磁测资料应用研究》是该项工作成果之一。

《吉林省矿产资源潜力评价磁测资料应用研究》一书,主要内容如下:

(1)在本次编制的吉林省1:50万航磁工作程度图、航磁ΔT异常等值线平面图、航磁ΔT化极等值线平面图、航磁ΔT化极垂向一阶导数等值线平面图、航磁异常分布图、磁推断地质构造图、磁法推断磁性矿床分布图的基础上,对吉林省磁场进行了场区划分及构造单元分区研究。

(2)充分利用前人研究成果,对吉林省以往磁测资料成果进行了系统的收集、整理、归纳、总结。

(3)对以往吉林省航磁异常结果进行筛选,登记航磁异常总数1990个。其中甲类异常104个,乙类异常550个,丙类异常503个,丁类异常833个。

(4)利用吉林省1:50万航磁资料推断断裂构造,推断出断裂构造146条,并按一级、二级、三级3个级别和出露、半隐伏、隐伏情况对断裂构造进行了划分、统计;圈定侵入岩体、火山岩地层、磁性变质岩地层、磁性蚀变带、火山构造,并按出露、半隐伏、隐伏情况对其进行统计;建立相关数据库。

(5)利用吉林省114个预测工作区1:5万航磁资料推断断裂构造,并按一级、二级、三级3个级别和出露、半隐伏、隐伏情况对断裂构造进行了划分、统计;圈定侵入岩体、火山岩地层、磁性变质岩地层、磁性蚀变带、火山构造,并按出露、半隐伏、隐伏情况对其进行统计;建立相关数据库。

(6)针对吉林省铁、铜、铅、锌、钨、金、锑、稀土、磷、镍、铬、钼、银、硼、硫、萤石16个矿种,全面系统收集整理吉林省以往物探工作成果,开展了64个典型矿床地质—地球物理特征研究,建立了典型矿床地质—地球物理找矿模型,并结合重力、电法等资料,开展了114个预测工作区的磁测资料应用研究及地质解释工作,为成矿规律、矿产预测提供综合地球物理信息。

(7)采用磁法2.5D拟合体积法估算出吉林省铁矿总资源量。

本书主要编写人员有王信、苑德生、庄毓敏、陈焕忠、王浩、张敏、徐曼、李春霞、李世杰、袁平、李楠、李斌、王洪涛、毛贺、马晶、闫冬、刘帅、王鹤林、尹玉杰、杨添慧等;最后全书由王信统稿。

在整个矿产资源潜力评价物探研究工作中,始终得到中国国土资源航空物探遥感中心范正国、黄旭昭,沈阳地质调查中心孙中任的悉心指导和帮助,吉林省勘查地球物理研究院丁雷、关键在工作中给予了大力支持、指导和帮助,在与安徽省勘查技术院兰学毅、河北物化探院董杰、辽宁省地调院滕寿仁、黑龙江省地调总院卓奉吉、山东物化探院马兆同等同行进行技术交流过程中受益匪浅,在此一并表示感谢!

吉林省矿产资源潜力评价磁测资料应用研究成果,汲取了前人优秀成果资料,凝聚了专业技术人员的辛勤劳动,是集体智慧的结晶。由于编者水平有限,本书难免有不足及错误之处,恳请读者批评指正。

编著者
2022年3月

目 录

第一章　绪　论………………………………………………………………………………………（1）

第二章　磁测资料概况及数据处理…………………………………………………………………（3）

　　第一节　磁　测……………………………………………………………………………………（3）

　　第二节　使用的磁测资料概况……………………………………………………………………（12）

　　第三节　岩（矿）石磁性资料概况及特征…………………………………………………………（12）

　　第四节　磁测数据处理解释方法及效果…………………………………………………………（17）

第三章　航磁推断的区域地质构造特征……………………………………………………………（20）

　　第一节　吉林省区域磁场特征……………………………………………………………………（20）

　　第二节　断裂构造格架……………………………………………………………………………（26）

　　第三节　岩浆岩分布特征…………………………………………………………………………（32）

　　第四节　变质岩地层分布特征……………………………………………………………………（37）

第四章　典型矿床地质—地球物理特征……………………………………………………………（41）

　　第一节　铁矿典型矿床地质—地球物理特征……………………………………………………（41）

　　第二节　铜镍矿典型矿床地质—地球物理特征…………………………………………………（68）

　　第三节　铅锌矿典型矿床地质—地球物理特征…………………………………………………（103）

　　第四节　金矿典型矿床地质—地球物理特征……………………………………………………（116）

　　第五节　钨矿典型矿床地质—地球物理特征……………………………………………………（157）

　　第六节　锑矿典型矿床地质—地球物理特征……………………………………………………（159）

　　第七节　铬矿典型矿床地质—地球物理特征……………………………………………………（162）

　　第八节　钼矿典型矿床地质—地球物理特征……………………………………………………（169）

　　第九节　银矿典型矿床地质—地球物理特征……………………………………………………（187）

　　第十节　硫铁矿典型矿床地质—地球物理特征…………………………………………………（214）

　　第十一节　硼矿典型矿床地质—地球物理特征…………………………………………………（231）

第五章　预测工作区磁场特征及解释推断…………………………………………………………（236）

　　第一节　预测工作区分布情况……………………………………………………………………（236）

　　第二节　铁矿预测工作区磁场特征及解释推断…………………………………………………（242）

　　第三节　铜、金矿等预测工作区磁场特征及解释推断…………………………………………（252）

　　第四节　镍、钼、银矿等预测工作区磁场特征及解释推断……………………………………（272）

第六章　磁异常研究及磁性矿产资源量预测 ································· (302)

第一节　磁异常分类及其分布特征 ································· (302)
第二节　磁异常范围分布特征 ··································· (305)
第三节　磁性矿产资源量预测 ··································· (307)

第七章　结束语 ··· (331)

第一节　工作总结 ··· (331)
第二节　存在问题及建议 ····································· (332)

主要参考文献 ·· (333)

第一章 绪 论

一、项目来源

根据中国地质调查局地质调查项目任务书要求,"吉林省矿产资源潜力评价"项目由吉林省地质调查院承担。"吉林省物探化探遥感自然重砂综合信息评价"为省级项目下设课题之一,"吉林省矿产资源潜力评价磁测资料应用研究"为其子课题。

项目工作时间为2007—2013年。

二、目标任务

(一)综合信息研究课题目标任务

本课题(即以下所称的综合信息研究课题)以物探、化探、遥感、自然重砂4个子课题为主线,在分别开展工作的基础上,发挥各自学科优势,为矿产资源潜力评价提供信息,按照项目总体技术要求进一步集合成综合信息,服务于矿产资源潜力评价工作。

在现有吉林省地质工作程度的基础上,全面总结和充分利用各专业地质技术方法,综合吉林省基础地质调查和矿产勘查工作成果与资料,完成以下三方面任务:

(1)充分应用现代矿产资源预测评价的理论方法和GIS评价技术,开展吉林省铁、铜、铅、锌、钨、金、锑、稀土、磷、镍、铬、钼、银、硼、硫、萤石等矿产的资源潜力评价工作。以成矿区(带)为单元,在全省范围内对上述矿产开展资源潜力评价工作。

(2)以成矿地质理论为指导,开展吉林省区域成矿地质构造环境及成矿规律研究工作。建立矿床成矿模式、区域成矿模式,开展区域成矿谱系研究工作,为圈定成矿远景区和找矿靶区,评价成矿远景区资源潜力,编制成矿区(带)成矿规律与预测图提供物探、化探、遥感、自然重砂方面的依据。

(3)建立并不断完善与矿产资源潜力评价相关的物探、化探、遥感、自然重砂数据库,实现省级资源潜力预测评价综合信息集成空间数据库,为今后开展矿产勘查的规划部署奠定扎实基础。

按照全国潜力评价重力、磁测专业汇总技术要求,对物探专业成果进行深化和提升,完成物探专业成果汇总报告,并提交验收,开展成果资料汇交等相关工作。

(二)物探专题目标任务

(1)围绕铁、铜、铅、锌、钨、金、锑、稀土、磷、镍、铬、钼、银、硼、硫、萤石等矿产预测工作,充分收集各类矿产预测工作区大比例尺磁测、重力等资料,开展数据处理和分析、找矿信息提取、地质解释工作,提交相应磁测、重力图件和数据库。

（2）全面完成铁、铜、铅、锌、钨、金、锑、稀土、磷、镍、铬、钼、银、硼、硫、萤石等矿种的矿产资源总量预测中有关物探的工作任务。

（3）提交铁、铜、铅、锌、钨、金、锑、稀土、磷、镍、铬、钼、银、硼、硫、萤石等矿种资源潜力评价物探研究成果报告。

三、取得的主要成果

项目时间为2007—2013年，按照《吉林省物探化探遥感自然重砂综合信息研究课题总体设计书》与各年度物探工作方案及总项目任务书要求，对以往全省磁测资料成果进行了收集整理，对吉林省范围内各比例尺航磁数据进行数据处理，编制省级及预测工作区基础图件与成果图件，结合重力、地质等资料，开展磁异常地质解释工作，为吉林省矿产资源潜力评价项目的综合信息研究、成矿规律研究及矿产预测奠定了基础。对吉林省以往磁测资料成果进行了系统的收集、整理、归纳、总结，充分利用前人研究成果，取得了下列成果：

（1）编制完成吉林省1∶50万航磁基础图件及成果图件8张，即吉林省航磁工作程度图、地磁工作程度图、航磁ΔT异常等值线平面图、航磁ΔT化极等值线平面图、航磁ΔT化极垂向一阶导数等值线平面图、航磁异常分布图、磁推断地质构造图、磁法推断磁性矿床分布图。

（2）编制完成铁、铜、铅、锌、钨、金、锑、稀土、磷、镍、铬、钼、银、硼、硫、萤石16个矿种114个预测工作区1∶5万航磁ΔT异常等值线平面图、航磁ΔT化极等值线平面图、航磁ΔT化极垂向一阶导数等值线平面图、磁法推断地质构造图，其中10个铁矿预测工作区还编制了航磁异常范围分布图、磁性矿产分布图。

（3）编制完成吉林省铁、铜、铅、锌、钨、金、锑、镍、铬、钼、银、硼、硫、萤石14个矿种64个典型矿床地质矿产及物探剖析图，建立了典型矿床地质—地球物理找矿模型，指出了各矿种不同预测类型矿产的预测准则。

（4）对吉林省以往航磁异常结果进行筛选，登记航磁异常总数1990个，并对其进行了甲、乙、丙、丁类划分（甲类104个，乙类550个，丙类503个，丁类833个）。

（5）利用吉林省1∶50万航磁资料推断断裂构造，推断出断裂构造146条。圈定侵入岩体84个、火山岩地层20个、磁性变质岩地层33个、磁性蚀变带3个、火山构造3个，并对其进行了走向统计。

（6）利用吉林省16个矿种114个预测工作区1∶5万航磁资料推断断裂构造，并接一级、二级、三级对其进行划分；圈定侵入岩体、火山岩地层、磁性变质岩地层、磁性蚀变带等，按出露情况分为出露、半隐伏、隐伏，并对其进行了走向统计。

（7）通过对与铜、铅、锌、金、钨、锑、镍、铬、钼、银、硼、硫、萤石成矿有关的地层、岩体、断裂构造及火山构造等含矿地质建造进行剖面磁异常定量计算，了解、查明了含矿地质建造在深部的赋存情况。

（8）运用RGIS软件对吉林省矿致磁异常进行2.5D定量计算，采用磁法2.5D拟合体积法估算吉林省铁矿总资源量。

（9）编制吉林省Ⅲ级、Ⅳ级成矿区（带）磁异常特征图集，总结Ⅲ级、Ⅳ级成矿区（带）磁异常特征及找矿标志。

（10）编写了《吉林省矿产资源潜力评价磁测资料应用研究成果报告》（2013）。

第二章 磁测资料概况及数据处理

第一节 磁 测

一、航磁、地磁测量成果

航空物探遥感中心在吉林省范围内开展全面磁测工作，1957—1994 年间，先后开展了 1∶100 万、1∶20 万、1∶10 万、1∶5 万、1∶2.5 万等不同比例尺的航磁测量工作（表 2-1-1，图 2-1-1）。其中 1∶5 万航磁测量是 1972 年从吉中地区开始的，目前基本覆盖了吉林省东部山区及白城西部区域，对寻找金属矿产发挥了重要作用。吉林省松辽平原区域的航磁测量工作以 1∶20 万比例尺为主，查明了基底结构、性质及埋深，研究区域构造及局部构造特征，基本查明该区域有利油气勘探远景区。矿产资源潜力评价项目组，共收集了航磁成果报告 20 份，各次航磁异常查证报告、吉林地区航磁异常汇编、四平地区航磁异常汇编、延边地区航磁异常汇编、通化地区航磁异常汇编报告及各普查区、矿区大比例地磁测量报告等 117 份。

地磁工作主要是由地矿系统、有色系统、冶金系统等部门开展的航磁异常查证工作，是以找铁为主的各铁矿区及外围大比例尺地磁测量工作，主要找与铁伴生的磁性矿产、与基性岩和超基性岩有关的铜镍等磁性矿产（表 2-1-2）。近几年来，在开展的 1∶5 万矿产地质调查中也做了一些 1∶5 万地面高精度磁测工作。

二、综合性研究成果

1. 吉林省 1∶100 万区域重力调查成果

根据 1987 年《吉林省 1∶100 万区域重力调查成果报告》中的解释推断成果，全省共解释出 66 条断裂，其中 34 条与已知断裂基本吻合，并新推断出 32 条断裂；编制了吉林省莫氏面等深图和吉林省康氏面等深图。结合深部构造和地球物理场的特征，全省内划分出 3 个 I 级构造分区，6 个 II 级构造分区，具体如下。

（1）I 级构造分区：中朝准地台（I_1）、天山-兴安地槽褶皱区（I_2）和滨太平洋地槽褶皱区（I_3）。

（2）II 级构造分区：胶辽台隆（II_1）、内蒙古伏地槽褶皱带（II_2）、松辽中断陷（II_3）、吉林伏地槽褶皱带（II_4）、延边伏地槽褶皱带（II_5）和春化伏地槽褶皱带（II_6）。

表 2-1-1　吉林省航磁测量工作一览表

序号	资料名称	完成年份	比例尺	工作方法和仪器	飞行高度/m	工作量/km²	质量评价	资料来源
1	吉林省永吉—磐石地区航空物探综合普查成果报告	1982年	1:5万	CCK-1磁通门磁力仪	223.4	4000	均方误差：±15nT	黑龙江省地质物探航空综合测站分队
2	吉林省东南部地区航空磁测结果报告	1977年	1:5万和1:10万	403D型饱和式航空磁力仪	70~150	20 477	均方误差：±11.0nT	国家地质总局航空物探大队901队
3	吉林省通化西部地区航空磁测成果报告	1975年	1:5万	402型磁力仪	100~200	6 820.58	均方误差：±23.9nT	国家地质总局航空物探大队905队
4	吉中地区航空物探结果报告	1972年	1:5万	402型磁力仪	60~150	17 075.53	均方误差：±10nT	国家计委地质局航空物探大队905队
5	松辽平原及周围山区航空磁测总结报告	1957年	1:100万	A6M-49型自动电子航空磁力仪	300	408 835（含辽宁、黑龙江、内蒙古部分，吉林省）	均方误差：±21.1nT	地质部地球物理探矿局904队——中苏合作航磁
6	长白山南部地区航空物探结果报告	1958年	1:10万和1:20万	ACTM-25型航测仪（苏制）	100~200	76 780.1	均方误差：±27.3nT	地质部地球物理探矿局航测大队906队
7	吉林、黑龙江张广才岭南部地区航空物探（磁）及放射性）工作结果报告	1959年	1:20万和1:10万	ACTM-25型航测仪（苏制）	50~100	80 677.6	均方误差：±54.4nT	地质部地球物理探矿局航测大队906队
8	吉林省集安—辽宁桓仁地区航空物探（磁）勘查成果报告	1990年	1:5万	HC-85型高精度航空磁力仪	150~450	8162	均方误差：±2.5nT，优秀	地质矿产部航空物探遥感中心908队
9	吉林省延边北部地区航空磁测成果报告	1978年	1:5万	403-D型航磁仪	70~200	11 333.6	均方误差：±22nT	国家地质总局航空物探大队901队
10	吉林省珲绿江沿岸地区航空磁测磁成果报告	1987年	1:5万和1:10万	HC-85型光泵磁力仪	200~350	14 076.9	均方误差：±2.55nT	地质矿产部航空物探总队调查部908队
11	吉林省白城地区航空物探（磁测、放射性）工作成果报告	1961年	1:20万和1:5万	ACTM-25型航磁仪	50~150	18 000	均方误差：±25nT	地质部航空物探大队903队
12	吉林省白城西部地区航空磁力和放射性测量成果报告	1974年	1:5万	402型综合测量仪	—	39 372	均方误差：±18.4nT	国家计委地质局航空物探大队905队

续表 2-1-1

序号	资料名称	完成年份	比例尺	工作方法和仪器	飞行高度/m	工作量/km²	质量评价	资料来源
13	开鲁地区构造航磁普查成果报告	1983年	1:20万	GQ-31型航空光泵磁力仪	400	65 940	均方误差：±3.6nT	地质矿产部航空物探总队地质成果部909队
14	延边及其以北地区航空物探结果报告	1960年	1:10万和1:20万	ACTM-25型航磁仪 NO19657和NO18161	100~200	42 970	均方误差：±30.6nT	地质矿产部地球物理探矿局航测大队906队
15	吉林省四平—长春地区航空物探（电/磁）综合测量成果报告	1989年	1:5万	HDY-301型双频补偿式航磁；GB-4型三光泵氦光泵磁力仪	40~60	9 374.42	均方误差：±2.94nT	地质矿产部物化探研究所
16	松辽盆地南部长春—榆树地区航空物探（磁）勘查成果报告	1991年	1:5万和1:10万	HC-85光泵磁力仪（空中、地面）	130~200	13 935	均方误差：±1.4nT，优秀	地质矿产部航空物探遥感中心物探部
17	吉林省珲春地区航空物探（磁）勘查成果报告	1994年	1:5万	HC-85氦光泵地面磁测	100~250	9 067.3	均方误差：±1.93nT	地质矿产部航空物探遥感中心物探部
18	内蒙古东部莲花山地区航空硬架综合站（电磁）试生产结果报告	1980年	1:2.5万	HDY-203型补偿航电仪	26~80	4 018.7	均方误差：±24.3nT	地质矿产部航空物探地质总队
19	松辽盆地高精度构造航磁成果报告	1982年	1:20万	采用高精度3号光泵磁力仪	200	37 844.0	均方误差：±2.1nT	地质矿产部航空物探总队成果部
20	牡丹江南部航空物探报告	1974年	1:5万	402型综合测量仪	100~200	19 000.0	均方误差：±25nT	黑龙江省地矿局物探大队航测队

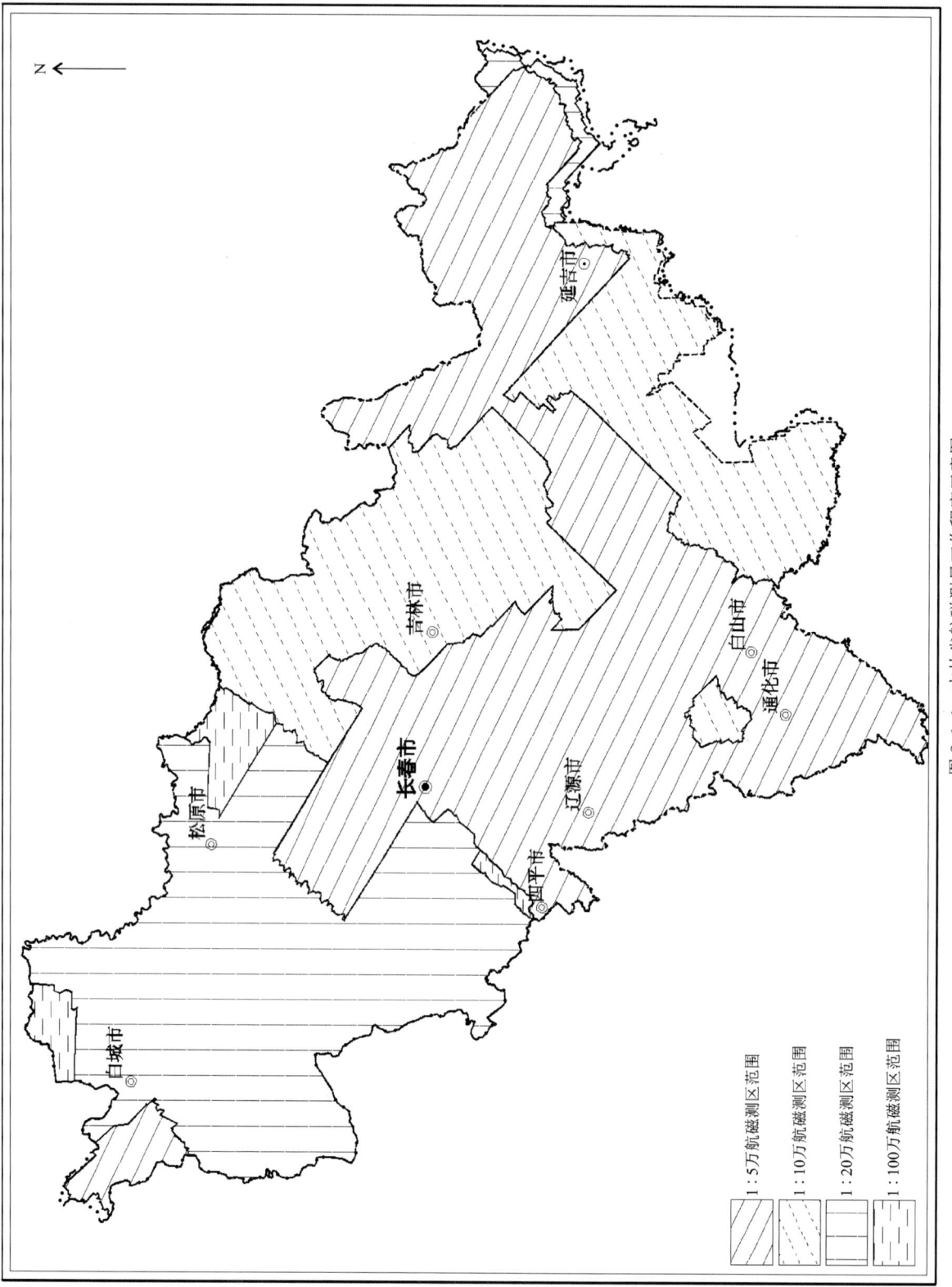

图 2-1-1 吉林省航磁测量工作程度示意图

表 2-1-2 吉林省地面物探工作一览表

编号	报告名称	工作单位（时间）
1	吉林省永吉县大黑山斑岩钼矿床地球物理特征研究报告	吉林省地矿局物探大队综合研究队（1985.12）
2	吉林省磐石明子区南王家沟物化探异常查证报告	吉林省地矿局物探大队七分队（1985.3.10）
3	吉林省桦甸县第二地区物化探工作报告	吉林省地矿局第二地质调查所第一地质调查队（1986.3）
4	吉林省桦甸县下玉兴—五里营子地区及外围物化探工作报告	吉林省地矿局第二地质调查所第六地质调查队（1986.2）
5	吉林省浑江市暖泉子工区物化探工作报告	吉林省地矿局第二地质调查所第六地质调查队三分队（1985.3）
6	吉林省和龙县佳田一百日坪地区物化探工作报告	吉林省地矿局第二地质调查所第六地质调查队（1985.3）
7	吉林省磐石县明子工区物化探工作成果报告	吉林省地矿局物探大队七分队（1984.3）
8	吉林省舒兰县工区物化探成果报告	吉林省地矿局物探大队三分队（1984.3）
9	吉林省桦甸县地局子—二道杯—带物化探工作成果报告	吉林省地矿局第二地质调查所第六地质调查队（1984.3）
10	吉林省桦甸、磐石、辉南县1983年度物化探工作成果报告	吉林省地矿局物探大队七分队（1984.2）
11	吉林省桦甸县全栈地区物化探工作成果报告	吉林省地矿局第二地质调查所（1983.3.3）
12	吉林省吉林地区航磁异常汇编	吉林省地矿局第二地质调查所第六地质调查队（1982.2）
13	吉林省蛟河县—桦甸县—道子地区物化探工作报告	吉林省地矿局物探大队六分队（1983.1）
14	吉林省和龙县长仁—青龙工区物化探工作成果报告	吉林省地矿局第三地质调查所第九调查队（1983.2）
15	吉林省伊通县新家至大夫屯—带金矿物化探普查报告	吉林省地矿局第三地质大队七分队（1983.3）
16	吉林省长岗岭详查区物（化）探工作结果报告	吉林省地矿局第三地质大队（1983.12）
17	吉林省四平市地区东南部航磁异常查证工作总结报告	吉林省地矿局第六地质大队（1978.1）
18	吉林省桦甸县小西南岔地区物化探普查报告	吉林省地矿局物探大队三分队（1981.12）
19	吉林省敦化县贤捕—石门子—带航磁异常查证工作报告	吉林省地矿局通化地质综合大队（1976.12）
20	吉林省伊通县新安含矿岩体物探工作结果报告	吉林省地矿局第六地质大队（1978.11）
21	吉林省延边地区航磁异常检查及铁矿普查报告	吉林省地矿局第六地质大队（1982.2）
22	吉林省永吉县长岗岭工区DHJⅡ-2X号异常查证工作结果报告	吉林省地矿局物探大队七分队（1981.12）
23	吉林省珲春杨金河—带物化探工作结果报告	吉林省地矿局物探大队一分队（1981.12）
24	吉林省四平山门—梨树叶赫地区物化探普查总结报告	吉林省地矿局第三地质调查所第九调查队（1982.9）
25	吉林省临江市东风矿床磁铁矿中间地质勘探报告	吉林省地矿局长春地区综合地质大队（1977.5）

续表 2-1-2

编号	报告名称	工作单位（时间）
26	吉林省双阳县将军岭(C115)后荒营(C114-1)磁异常验证报告	吉林省地质局第一地质大队(1978.2)
27	吉林省双阳县东风矿区外围地区普查找矿总结报告	吉林省地质局第一地质大队(1978.3)
28	吉林省桦甸县夹皮沟金矿区成矿规律与成矿预测	吉林省冶金地质勘探公司604队(1977.6)
29	吉林省汪清县六道崴子铜矿区普查评价报告	吉林省地质局延边地区综合地质大队(1977.1)
30	吉林省通化东部大北山、哈尼、露水河一带铁矿普查报告	吉林省冶金地质勘探公司601队(1978.12)
31	吉林省磐石航磁异常检查报告	吉林省地质局长春地区综合地质大队(1977.12)
32	吉林省吉林地区航磁异常查证报告	吉林省地质局吉林地区综合地质大队一分队(1976.4)
33	吉林省通化县新安磁化铜镍矿床详细普查地质报告	吉林省地质矿产局第四地质调查所(1981.5)
34	吉林省通化县四方山铁矿普查地质报告	吉林省地质局通化地区综合地质大队(1974.1)
35	吉林省伊通县小绯铅锌矿点物探(试验)工作报告	吉林省地质局化探大队(1981.11)
36	吉林省洮南县东升公社吉C-74-207(M66)详查报告	吉林省地质局白城地区综合地质大队(1974.12)
37	吉林省汪清县金沟二区磁异常物化探报告	吉林省地质矿产局第六地质调查所(1982.5)
38	大兴安岭南部航磁异常检查报告	内蒙古自治区地质局——五地质大队(1981.7)
39	吉林省洮安县那金公社磁异常吉C-61-39查证工作报告	吉林省地质局白城地区综合地质大队五分队(1974.11)
40	吉林省洮安县那浪洞山磁化铜镍矿床Ⅰ号矿体地质勘探报告	吉林省地质局白城地区综合地质大队(1974.11)
41	吉林省靖宇县龙泉地区物探普查工作成果报告	吉林省地质局物探大队八分队(1977.12)
42	吉林省小西南岔铜矿金矿化探点工作总结报告	吉林省地质局综合地质大队(1969.12)
43	吉林省敦化县塔东铁矿区地质详查报告	吉林省地质局延边地区综合地质大队(1976.12)
44	吉林省延边地区航磁异常地质检查报告	吉林省地质局延边地区综合地质大队(1976.8)
45	吉林省通化县赤柏松硫化铜镍矿床Ⅰ号矿体地质勘探报告	吉林省地质局通化地区综合地质大队(1976.6)
46	吉林省海龙县双凤山一带基性岩普查报告	吉林省地质局通化地区综合地质大队(1976.1)
47	吉林省梨树县四合子航磁异常普查找矿及闪长岩普查报告	吉林省地质局四平地区综合地质大队(1976.12)
48	吉林省伊通县放牛沟吉C-72-32及吉C-72-31航磁异常普查报告	吉林省地质局四平地区综合地质大队(1976.12)
49	吉林省东风县老牛沟矿区外围二道沟二区航磁异常物(化)探普查证报告	吉林省地质局四平地区综合地质大队(1976.3)
50	吉林省桦甸县老牛沟二道沟矿区外围任家沟二区物(化)探普查工作报告	吉林省地质局物探大队(1976.12)

续表 2-1-2

编号	报告名称	工作单位（时间）
51	吉林省蛟河天南一大岔地区物化探普查工作报告	吉林省地质局吉林地区综合地质大队六分队（1977.2）
52	吉林省蛟河漂河川一桦甸大暖木地区综合物化探普查工作报告	吉林省地质局吉林地区综合地质大队六分队（1976.4）
53	吉林省通化号赤柏松铜镍矿区外围庆生一四平街一带物化探工作报告	吉林省地质局通化地区综合地质大队（1975.12）
54	吉林省通化县赤柏松铜镍矿区外围物化探成果报告	吉林省地质局通化地区综合地质大队（1974.12）
55	吉林省桦甸县老牛沟铁矿区物化探工作报告	吉林省地质局通化地区综合地质大队（1971.1）
56	吉林浑江二股流低缓异常检查地质简报	吉林省地质局通化地区综合地质大队（1974.2）
57	吉林省通化县赤柏松铜镍矿区及外围（金斗）物化探工作报告	吉林省地质局通化地区综合地质大队（1973.12）
58	吉林省辉南县太平沟铁矿地质详查报告	吉林省地质局通化地区综合地质大队（1974.1）
59	吉林省和龙县鸡南铁矿床金矿脉金矿勘探总结报告	吉林省冶金地质勘探公司605队（1973.1）
60	吉林省汪清县刺猬沟矿区矿床详细普查报告	吉林省冶金地质勘探公司605队（1975.4）
61	吉林省磐石县汞镇钨钼矿床总结报告（物探部分）	吉林省冶金地质勘探公司608队（1974.3）
62	吉C-72-28号航磁异常检查报告	吉林省地质矿产局四平地区综合地质大队四分队（1974.12）
63	吉C-72-5，吉C-72-6，吉C-72-8号航磁异常检查报告（1973年）总结报告	吉林省地质矿产局四平地区综合地质大队四分队（1974.1）
64	吉林省敦化县塔东矿区铁矿床补充普查地质报告	吉林省地矿局第六地质调查所（1980.1）
65	靖宇杨岔河铜铁矿（航磁异常C-12）地质简报	吉林省地矿局第六地质调查所第五（七）地质调查队（1981.3）
66	吉林省抚松县大方子-C-14号航磁异常检查简报	吉林省地矿局第二地质调查所（1980.12）
67	吉林省磐石地区航磁异常检查（1973年）总结报告	吉林省地矿局物探大队一分队（1974.1）
68	吉林省双阳县东风矿区外围综合普查报告	吉林省地质局长春地区综合地质大队（1973.12）
69	吉林省双阳东风矿区A3铜铁矿床1973年度初步地质勘探报告	吉林省地质局长春地区综合地质大队（1974.1.4）
70	靖宇杨岔河铜铁矿（航磁异常C-12）地质简报	吉林省地质局通化地区综合地质大队（1973.12）
71	吉林省抚松县大方子-C-14号航磁异常检查简报	吉林省地质局通化地区综合地质大队七分队（1974.3）
72	靖宇县74-2，程山吉C-59-74号C-59-29号C-59-29号（2926），白江河吉C-59-29号（2923）欢迎吉C-59-74-3号（2922）航磁异常普查报告	吉林省地质局通化地区综合地质大队（1974）
73	吉林省蛟河柳河县凉水一带基性一超基性综合普查报告	吉林省地质局通化地区综合地质大队（1973.12）
74	双阳县太平公社C115、C116、C117、C119、C120、C125、C128、土顶公社C115-1、C114、C114-1-4《附：长春地区1972年航磁异常M33、M25、C1钻探验证报告》	吉林省地质局长春地区综合地质大队（1972.12）

续表 2-1-2

编号	报告名称	工作单位（时间）
75	吉林省海龙县双凤山基性岩体物化探普查报告	吉林省地矿局物探大队六分队（1980.12）
76	吉林省汪清县复兴一雪岭一带物化探普查工作成果报告	吉林省地矿局物探大队一分队（1980.11）
77	吉林省桦甸县清茶馆一敦化大蒲柴河一带航磁异常普查验证工作成果报告	吉林省地矿局物探队二分队（1980.12）
78	吉林省通化四方山板石沟一带鞍山式铁矿地质调查报告	吉林省地质局通化地区综合地质大队（1978.1）
79	吉林省双阳县石溪河子农社芳家桥一带磁异常初步评价报告	吉林省地矿局、长春地质学院"五·七"综合地质大队（1972.12）
80	吉林省辉南县张家街 M34 航磁异常检查报告	吉林省地质局通化地区综合地质大队（1972.2）
81	吉林省柳河县光华农社杨木桥一长春沟一带铁矿普查1971年物探工作成果报告	吉林省地质局通化地区综合地质大队（1971.12）
82	吉林省辉南县大场园一带铁矿普查1972年物探成果报告	吉林省地质局通化地区综合地质大队（1971.11）
83	吉林省通化长春沟铁矿普查评价报告	吉林省地质局通化地区综合地质大队（1972.1）
84	吉林省磐石一双阳一带铁矿综合普查总结报告	吉林地质局第四地区综合地质大队一连（1970.12）
85	吉林省集安县正岔铜、铅、锌矿物探工作成果报告	吉林省地矿局物探大队 203 队（1969.10）
86	吉林省延吉县东沟地区铜、多金属1969年地区物化探大队 202 队工作成果报告	吉林省地矿局物探大队 202 队（1969.10）
87	吉林省桦甸县老牛沟铁矿区杨树沟高丽电四道沟矿段1:5000磁测详查报告	吉林省地矿局第二地质调查所（1980.12）
88	吉林省通化地区1:5万航磁异常检查总结报告	吉林省地质局第四地质调查所（1980.3）
89	吉林省柳河县吉 C-75-32 航磁异常普查证工作报告	吉林省地矿局通化地区综合地质大队一分队（1978.1）
90	吉林省通化四方山铁矿 1182 低缓异常区物探工作报告	吉林省地矿局物探大队（1979.12）
91	吉林省敦化县北部地区1979年度航磁异常普查证工作报告	吉林省地矿局第六地质调查所七分队（1980.1）
92	吉林省洮安县西复顺一带吉 C-74-200 磁测普查报告	吉林省地矿局第五地质大队（1979.12）
93	吉林省吉 C-72-63 号、吉 C-72-33 号、吉 C-72-64 号航磁异常检查报告	吉林省地质局第三大队（1979.12）
94	吉林省磐石县吉昌一大禾洞一带普查找矿及磁异常验证报告	吉林省地矿局第一地质大队三分队（1980.1）
95	吉林省延边地区1978年度物探工作普查报告	吉林省地质局延边综合地质大队七分队（1979.5）
96	吉林省安图县永庆一三道沟一带铁矿物化探工作成果报告	吉林省地质局物探大队二分队（1979.12）
97	吉林省双阳县东风、墙缝工区激电普查工作报告	吉林省地质局物探大队六分队（1979.12）
98	吉林省永吉县五里河工区激电普查工作报告	吉林省地质局物探大队三分队（1979.12）
99	吉林省桦甸县老牛沟外围夹皮沟工区物探普查工作成果	吉林省地质局物探大队八分队（1978.11）

续表 2-1-2

编号	报告名称	工作单位（时间）
100	吉林省辉南县郝家岭铁矿普查青 C-77-72 异常验证报告	吉林省地质局通化地区综合地质大队（1979.4）
101	吉林省浑江市板石沟铁矿区 1978 年度物探工作报告	吉林省地质局通化地区综合地质大队七分队（1979.4）
102	吉林省蛟河县大盆铁矿 C2 异常验证报告	吉林省地质局吉林地区综合地质大队（1978.1）
103	吉林省磐双地区磁异常验证报告	吉林省地质局吉林地区综合地质大队（1978）
104	吉林省磐双地区航磁异常检查报告	吉林省地质局第一地质大队一分队（1979.11）
105	吉林省平台地区重磁异常踏勘检查工作总结	吉林省地质局第五地质大队（1978.11）
106	吉林省通化县四方山铁矿外围长青—长青沟一带磁测工作总结	吉林省地质局通化地区综合地质大队（1978）
107	吉林省通化县赤柏松铜镍矿区物化探异常基性岩体检查报告	吉林省地质局通化地区综合地质大队七分队（1977.7）
108	吉林省磐石明城和吉昌地区 1967 年铁矿磁法普查报告	吉林省地质局物探大队 202 队（1967.11）
109	吉林省磐石、桦甸地区 1967 年度磁异常验证报告	吉林省地质局物探大队（1967.10）
110	吉林省珲春县白呼山地区 1966 年矿化探普查成果报告	吉林省地质局物探大队（1966.10）
111	吉林省九台县平安堡—花信子一带及李家屯铬铁矿物探普查报告	吉林省地质局物探大队（1966.10）
112	吉林省磐石县明城地区 1966 年铁矿磁测普查工作结果报告	吉林省地质局物探大队，202 队（1966.11）
113	吉林省永吉县大绥河地区铬矿物探工作成果报告	吉林省地质局物探大队，201 队（1965.10）
114	吉林省延吉县五凤脉金矿区物化探异常检查报告	吉林省地质局物探大队（1965.12）
115	1965 年度天宝山矿区 1963 年航磁异常检查报告	吉林省地质局物探大队（1966.1）
116	吉林省有色金属工业部地质勘探公司物探工作报告	吉林省有色金属工业部地质勘探大队（1964.1）

2. 吉林省及其西部邻区 1∶50 万航磁编图解释成果

根据 1980 年《吉林省及其西部邻区 1∶50 万航磁图解释说明书》，全省共划分出 Ⅰ 级磁场区 3 个，Ⅱ 级磁场分区 11 个，Ⅲ 级磁场小区 20 个，Ⅳ 级磁场带 5 个；利用区域磁场、重力场对区域地质构造进行了划分；利用区域航磁资料推断出东西向断裂 29 条，南北向断裂 10 条，北东向断裂 8 条，北北东向断裂 20 条，北西向断裂 12 条，共计推断断裂 79 条；编制了 1∶100 万航磁等值线平面图。

3. 其他

1972—1994 年在四平—长春、吉中、通化西部、吉林省东南部、延边北部、珲春、鸭绿江沿岸等地区完成了 1∶5 万航磁测量工作。航磁报告中对航磁异常都进行了甲、乙、丙、丁类别划分及登记，编制了 1∶5 万航磁等值线平面图，并进行了地质构造推断和找矿远景区划分，为这些地区后期找矿提供了宝贵的物探资料。

第二节　使用的磁测资料概况

本次收集并使用了 19 份吉林省东部山区 1∶10 万、1∶5 万、1∶2.5 万航空磁力测量成果报告，吉林省及其西部邻区 1∶50 万航磁图解释说明书等成果资料。

根据国土资源航空物探遥感中心提供的吉林省 2km×2km 航磁网格数据和 1957—1994 年间航空磁测 1∶100 万、1∶20 万、1∶10 万、1∶5 万、1∶2.5 万共计 20 个测区的航磁剖面数据，分别编制了吉林省及预测工作区航磁 ΔT 等值线平面图、航磁 ΔT 化极等值线平面图、航磁 ΔT 化极垂向一阶导数等值线平面图，并编制了不同方向水平导数、上延不同高度等图件，其中预测工作区大部以 1∶5 万航磁为主。工作过程中，对于开展过多次磁测的地区，同一个地质构造可能存在多次解释结果，这时应以大比例尺勘查推断结果为准；当比例尺相同时，应以较新推断结果为准。本次收集了区域性密度参数、磁参数，矿区密度参数、磁参数、电参数等物性资料，以及典型矿床大比例尺地质、物探资料，结合吉林省相关图幅（1∶25 万地质矿产图、1∶5 万地质矿产图、1∶20 万区域重力图）等区域性成果资料及大比例尺地质矿产图、地质勘探剖面图，开展了铁、铜、金等 9 个矿种预测工作区地质解释和典型矿床研究工作，编制了磁法推断地质构造图和典型矿床所在区域、地区地质矿产及物探剖析图。

根据各次航磁异常查证报告、各地区航磁异常汇编报告、各普查区地磁测量成果报告、各详查区地磁测量成果报告、各矿区大比例地磁测量成果报告等，开展了航磁异常筛选工作，对与矿产关系密切的磁异常进行了重点解释推断。这些资料在编制预测工作区磁法推断地质构造图、典型矿床所在位置地质矿产及物探剖析图，以及预测工作区解释推断、典型矿床研究等方面都发挥了非常重要的作用，为矿产预测提供了综合信息。

在工作过程中对前人成果进行了认真分析研究，对其中正确的解释推断成果加以吸收利用，对不合理的部分重新进行解释推断，修改并补充完善，提出新的认识。

第三节　岩(矿)石磁性资料概况及特征

岩(矿)石磁性资料主要引自金丕兴等编写的《吉林省东部山区贵金属及有色金属矿产成矿预测报

告》(1992年11月)。该套磁参数资料(表2-3-1—表2-3-5)是在全面收集了全省的1957—1992年间航空磁测成果报告中所有航磁报告、各次航磁异常查证报告,以及吉林地区航磁异常汇编、四平地区航磁异常汇编、延边地区航磁异常汇编、通化地区航磁异常汇编报告、各铁矿区大比例地磁测量报告中磁参数资料的基础上,经过系统整理后得到的结果,是全面的、系统的、使用价值较高的一套物性资料,完全可以满足本次区域性磁测资料解释推断工作的要求。

表 2-3-1 吉林省东部地区岩(矿)石磁参数统计表

岩石类别	岩(矿)石名称	$\kappa/10^{-5}$ SI			$J_r/10^{-3}$ A·m^{-1}			Q
		标本/块	变化范围	常见值	标本/块	变化范围	常见值	
矿石	铁矿	1081	0~175 000	51 530	1058	0~230 000	29 060	1.2
	夕卡岩、角岩、矿化岩石	1077	0~17 984	3120	909	0~15 230	1910	1.3
沉积岩	砂岩、灰岩	55	0	0	55	0	0	0
	凝灰岩	78	0~566	490	78	0~280	100	0.4
变质岩	片麻岩类及混合岩类	2556	0~7000	830	2529	0~6500	330	0.9
	角闪片岩、云母片岩、斜长角闪岩	1301	0~10 370	2410	1383	0~15 230	1420	1.2
	正常沉积变质岩	903	0~4454	580	853	0~3700	360	1.3
火成岩	花岗岩类、酸性喷出岩	3029	0~8788	1200	3028	0~6350	460	0.8
	安山岩类	998	0~9054	2570	1056	0~30 000	2190	4.5
	闪长岩类	1607	0~26 270	3130	1332	0~7751	880	1.4
	玄武岩	197	300~11 130	1660	197	322~20 280	5780	7.6
	基性岩、辉长岩类、超基性岩类、脉岩	3701	0~19 268	4040	3536	0~162 000	3500	1.9

表 2-3-2 吉林地区岩(矿)石磁参数统计表

岩石类别	岩(矿)石名称		标本/块	$\kappa/10^{-5}$ SI		$J_r/10^{-3}$ A·m^{-1}	
				变化范围	常见值	变化范围	常见值
沉积岩	砂岩、灰岩		88	0	0	0	0
变质岩	槽区	片麻岩	56	500~8000	2200	0~13 000	520
	∈—OS	片岩及角闪岩	36	0~6920	660	0~5657	430
	台区	片麻岩、混合岩	52	0~10 000	4650	0~130 000	1040
	Ar	片岩类及斜长角闪岩	437	0~11 960	2510	0~35 530	760
	正常沉积变质岩		86	0~330	40	0~7700	130

续表 2-3-2

岩石类别	岩(矿)石名称		标本/块	$\kappa/10^{-5}$ SI		$J_r/10^{-3}$ A·m^{-1}	
				变化范围	常见值	变化范围	常见值
火成岩	花岗岩($\gamma_5^2 - \gamma_5^3$)		243	0~2550	160	0~5303	180
	花岗岩(γ_5^1)		80	0~3370	860	0~11 960	4280
	花岗岩(γ_4)		128	0~36 000	1700	0~19 100	1540
	花岗岩(γ_3^3)		25	0~3600	1180	0~8130	1230
	花岗岩(γ_1)		17	0~5360	810	0~1360	260
	闪长岩	δ_5	53	0~12 110	3450	0~3185	700
		δ_4	23	弱~890	450	弱~890	700
	基性—超基性岩	燕山期	207	0~16 000	5860	0~46 000	890
		海西期	987	0~14 000	3240	0~6600	2380
	υ_1 辉长岩		40	0~12 000	1200	800~27 000	1700
	喷出岩类	酸性岩	21	弱	弱	弱	弱
		安山岩	158	0~27 450	4430	0~12 720	1950
		玄武岩	91	0~2500	1230	90~43 000	5840
		凝灰岩	73	0~4950	320	0~14 150	350
		安山质凝灰岩	161	0~11 600	2560	0~4880	470
		细碧角斑岩	86	400~28 900	7990	230~64 100	22 630
其他	磁铁矿		433	3400~101 000	78 620	27 000~2 339 000	136 480
	夕卡岩等矿化岩石		50	弱~59 190	2700	弱~29 240	920

表 2-3-3 延边地区磁参数统计表

岩石类别	岩(矿)石名称	标本/块	$\kappa/10^{-5}$ SI	$J_r/10^{-3}$ A·m^{-1}
			平均值	平均值
沉积岩	砂岩	89	0	50
变质岩	混合岩、混合花岗岩	450	600	440
	磁铁角闪岩、磁铁石英岩	340	41 970	24 520
	角闪岩	204	4930	4020
	斜长角闪片麻岩、角闪斜长片麻岩	422	1770	2040
	斜长角闪岩	246	1310	410
	角岩	90	1740	480
	云母片岩	65	1600	450
	变粒岩	83	940	580
	浅粒岩	182	550	100
	凝灰质板岩	115	770	250
	板岩	242	0	30
	斜长片麻岩	295	160	40
	大理岩	127	0	0
	石英岩	102	0	0
	蚀变岩	33	0	0

续表 2-3-3

岩石类别	岩(矿)石名称	标本/块	$\kappa/10^{-5}$ SI 平均值	$J_r/10^{-3} A \cdot m^{-1}$ 平均值
火成岩	超基性岩	458	2470	1290
	基性岩	179	3770	1470
	闪长岩	652	1840	1000
	花岗闪长岩	830	890	200
	花岗岩(1)	566	99	550
	花岗岩(2)	218	240	230
	石英二长岩	118	0	0
	白岗岩	6	0	0
	玄武岩	850	2240	5370
	中性火山岩	825	3110	2120
	酸性火山岩	37	140	60

表 2-3-4 四平地区磁参数统计表

岩石类别	岩(矿)石名称	标本/块	$\kappa/10^{-5}$ SI		$J_r/10^{-3} A \cdot m^{-1}$	
			变化范围	常见值	变化范围	常见值
沉积岩	砂岩	216		0		0
	灰岩	76		0		0
	砾岩	83		弱		弱
	页岩	19		0		0
变质岩	大理岩、结晶灰岩	611		560		160
	千枚岩	68		260		0
	角岩	617		2180		1610
	角闪岩	2658		1300		1130
	变粒岩	164		380		540
	混合岩	2230		660		320
	板岩	58		0		0
	片麻岩	1854		870		490
火成岩	正长岩	288		1640		3890
	花岗岩	2251		630		370
	闪长岩	2635		2470		1120
	辉长岩	3831		1590		790
	辉石岩、橄榄岩	2051		3420		3090
	凝灰岩	608		1790		1300
	火山碎屑岩	142		1770		2040
	熔岩	47		3050		7990
	流纹岩	110		470		170
	安山岩	1438		3070		2870
	玄武岩	1236		1980		6640
矿石	中性火山岩		10 000~100 000		1000~110 000	

表 2-3-5　通化地区磁参数统计表

岩石类别	岩(矿)石名称	标本/块	$\kappa/10^{-5}\text{SI}$		$J_r/10^{-3}\text{A}\cdot\text{m}^{-1}$	
			变化范围	常见值	变化范围	常见值
沉积岩	砂砾岩	125		210		87
	页岩	103		128		
	灰岩	43		2		0
变质岩	混合岩	1527	0～800	119	0～340	24
	斜长角闪岩	1441	0～14 440	391	0～30 000	145
	片麻岩类	835	0～4100	218	0～970	37
	片麻岩	207	0～200	159	0～210	45
	大理岩	437		140		58
	千枚岩	12		174		77
火成岩	花岗岩	535	0～3508	362	0～5040	193
	安山岩	713	156～12 300	2726	0～42 200	1836
	玄武岩	247	537～13 810	2813	0～14 500	4653
	闪长岩	696	0～9375	1388	0～6300	630
	中性岩	145		2058		1444
	酸性岩	60		931		560
	基性岩	1625		939		465
矿石	磁铁矿	341		90 678		
	含磁铁岩石	143		67 378		44 671
	方铅矿、闪锌矿	1		2500		

对上述全省各地区岩(矿)石磁性参数统计结果进行归纳分析,按照磁性分级标准:极强磁性为 $>10^{-1}\text{SI}$,强磁性为 10^{-2}SI,中等磁性为 10^{-3}SI,弱磁性为 10^{-4}SI,微弱磁性为 $\leqslant 10^{-5}\text{SI}$,可得出以下几点认识。

(1)从沉积岩、变质岩到火成岩,磁性具有跳跃式升高的特点。

(2)沉积岩普遍无磁性或微弱磁性,仅通化地区(台区)的砂砾岩、页岩磁化率在 $(2～210)\times 10^{-5}\text{SI}$ 之间,显示有弱磁性。

(3)变质岩类、正常沉积的变质岩大都无磁性或微弱磁性,如板岩、大理岩、千枚岩、石英岩等;角岩、角闪岩、斜长角闪岩、变粒岩普遍具有中等磁性,仅通化地区的斜长角闪岩和吉林地区的角闪岩具有弱磁性。片麻岩、混合岩在不同地区具不同的磁性,吉林地区该类岩石具较强磁性,延边及四平地区则为弱磁性,而在通化地区则无磁性。总的来看,变质岩的磁性变化较大,有的岩石在不同地区有明显差异。

(4)火成岩类岩石普遍具有磁性,并且具有从酸性火山岩→中性火山岩→基性—超基性火山岩由弱到强的变化规律。

(5)岩浆岩、中酸性岩浆岩磁性变化范围较大,可由无磁性变化到有磁性。其中吉林地区的花岗岩具有中等程度的磁性,而其他地区花岗岩类多为弱磁性,延边地区的部分酸性岩表现为无磁性。

(6)四平地区的碱性岩—正长岩表现为强磁性,通化地区的中性岩磁性为弱—中等强度,而在延边地区则为弱磁性。

(7)基性—超基性岩类除在延边地区和通化地区表现为弱磁性外,其他地区则为中等—强磁性。

(8)磁铁矿及含铁石英岩均为强磁性,而有色金属矿矿石一般来说均不具有磁性。

从总的趋势来看,各类岩(矿)石的磁性基本上按沉积岩、变质岩、火成岩的顺序逐渐增强(图 2-3-1)。

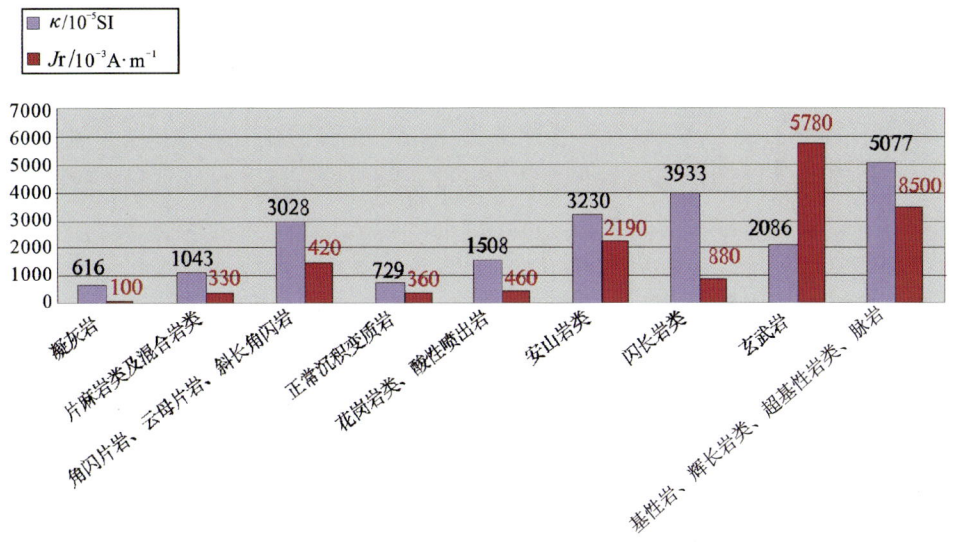

图 2-3-1　吉林省东部地区岩(矿)石磁参数直方图

第四节　磁测数据处理解释方法及效果

(一)数据处理方法技术及效果

1. 矢量化

对过去磁测解释结果图件(纸介质图)进行矢量化,形成电子版图件。矢量化采用 MapGIS6.7 软件,格式为 MapGIS6.7 软件的点、线、面格式。

根据收集的典型矿床大比例尺磁测、电法的面积性和剖面性物探资料,对矿区地质图件、勘探剖面图进行了矢量化处理,并按平面实际位置进行了校正。

2. 网格化

对预测工作区所在的各年代航磁测区的航磁剖面数据采用中国地质调查局发展中心研发的 RGIS(重磁数据处理与解释系统)软件或 Surfer 软件进行网格化处理,网格化方法主要采用最小曲率法(minimum curvature),网格化间距根据航磁剖面数据比例尺确定。1∶5 万、1∶10 万、1∶20 万航磁剖面数据均采用最小曲率法网格化,网格间距分别为 150m×150m、250m×250m、500m×500m。通过试验可知,最小曲率法网格化可以降低不同测线数据差别的影响,1∶5 万、1∶10 万航磁剖面数据网格间距取 150m×150m、250m×250m 两种网格间距可以保证异常细节清楚,同时不会因网格间距过大而"丢失异常",也不会由于网格间距过小而出现过多"杂乱琐碎异常"从而影响解释推断效果。

3. 位场数据转换处理

根据预测工作区范围内的岩性体及断裂构造等推断解释的需要,进行磁测数据转换处理工作,以便在磁测数据原始场和数据处理图件基础上,结合地质图,准确地进行异常的定性、半定量解释。

采用 RGIS 软件进行磁场数据处理,编制预测工作区航磁 ΔT 异常等值线平面图、航磁 ΔT 化极等值线平面图、航磁 ΔT 化极垂向一阶导数等值线平面图,另外还编制了航磁 ΔT 化极水平一阶导数(0°、45°、90°、135°方向)、航磁 ΔT 化极上延不同高度处理图件。

化极处理的目的是消除地磁场斜磁化对磁异常造成的位移影响。将斜磁化异常转换为垂直磁化异常,使异常处于磁性体中心之上,可以有效地确定异常体平面位置,方便磁异常的解释推断工作。例如,在伊-舒断裂西支上磁场表现为巨大的线性梯度带,航磁 ΔT 化极图比航磁 ΔT 异常图的线性梯度带向北西方向移动了约 5km,根据化极后线性梯度带位置推断断裂构造位置与地质图上的断裂构造位置完全吻合。

在化极处理的基础上进行垂向一阶导数处理,突出了浅部磁性地质体引起的局部异常。吉林省使用垂向一阶导数零值线并结合化极异常图圈定侵入岩体、磁性变质岩等有较好的效果,特别指出的是火山岩正负剧烈变化磁场的分布范围上垂向一阶导数处理效果不佳,仅作参考使用。

化极处理及垂向一阶导数处理在圈定磁铁矿床及相应各个矿段方面效果突出。例如,在吉林省老牛沟铁矿区地质矿产图中(图 2-4-1A),老牛沟矿区稻草沟矿段矿体以似层状为主,其次还有扁豆状、透镜状、褶皱状、分叉状等,沿北西向成群分布;在航磁 ΔT 异常等值线平面图(图 2-4-1B)中,吉 C-1959-107-1 异常北西及东南端两高值异常位于矿段南部位置上,与矿段明显分离、移位;经化极处理后,异常两端(图 2-4-1C)与矿段两端位置完全吻合;经化极垂向一阶导数处理后(图 2-4-1D)吉 C-1959-107-1 异常分解为 5 处较明显的强度不等局部异常,与铁矿体规模及分布的密集程度明显相关,充分显示出磁异常化极、垂向一阶导数处理对确定磁铁矿体位置及分布规律的重要作用。

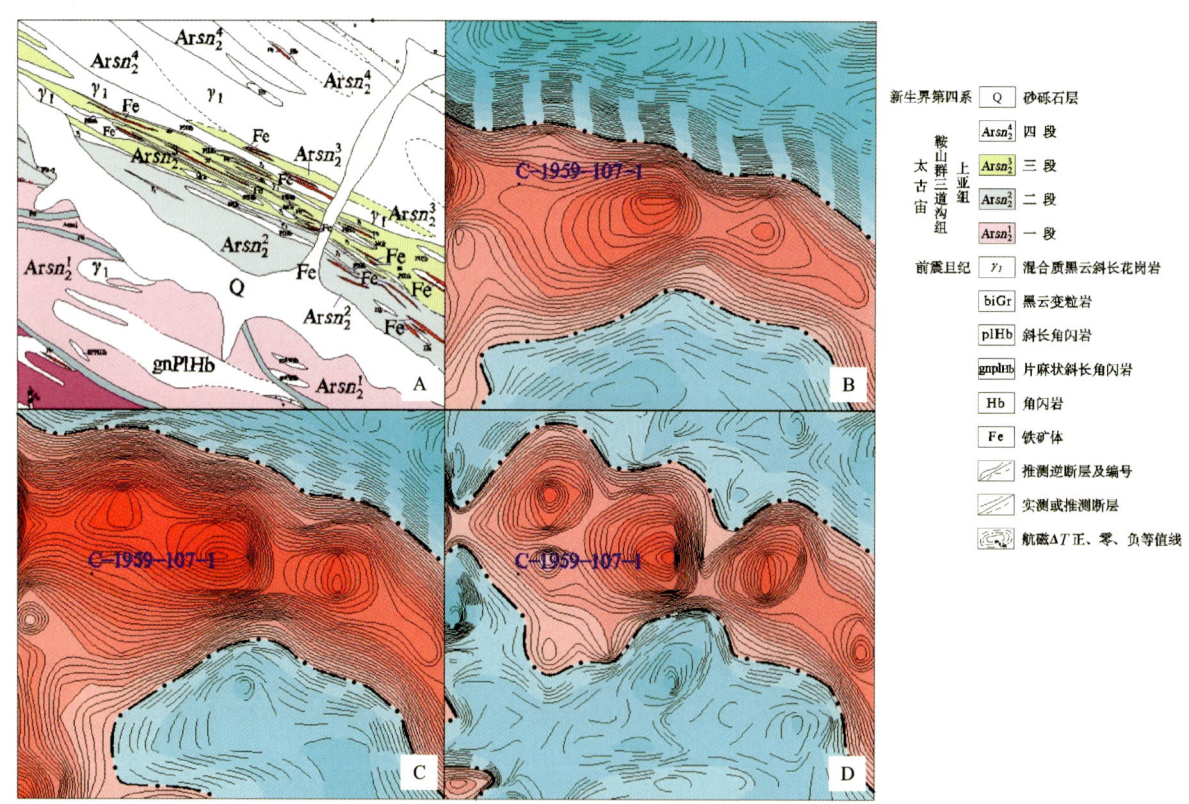

图 2-4-1 吉林省老牛沟铁矿区地质、航磁 ΔT、化极、垂向导数综合平面图
A.矿区地质矿产图;B.航磁 ΔT 异常等值线平面图;C.航磁 ΔT 化极等值线平面图;D.航磁 ΔT 化极垂向一阶导数等值线平面图

水平一阶导数处理是为了突出不同方向的线性异常,其极大值走向位置为断裂构造位置。吉林省断裂构造走向以北东向为主,北西向、东西向次之,南北向较少,航磁 ΔT $0°$、$45°$、$90°$、$135°$ 4个方向化极水平一阶导数处理,完全满足了定性及半定量推断断裂构造的需要。

(二)定量解释方法技术及效果

对矿区磁异常及与本次矿产研究有关的地质构造异常进行磁法定量解释。

磁法定量解释方法主要采用2.5D拟合法,根据磁异常平面分布特征,结合地质资料、钻孔资料、区域物化探资料、物性资料,合理选择定量解释剖面位置,切取剖面异常曲线,通过人机连作,合理修改模型的磁化强度、磁化倾角、磁化偏角、水平延伸长度及其组合,使计算曲线与实测曲线很好地吻合,达到对与矿有关的地质体、地质构造定量解释的目的。

第三章　航磁推断的区域地质构造特征

第一节　吉林省区域磁场特征

一、吉林省宏观磁场特征

吉林省地势东南高西北低，起伏变化较大，基本上可分为东部山地、中部丘陵、西部松辽平原及西北边部的大兴安岭边缘区。在吉林省航磁异常图上，四平—长春—榆树一线以东为波动变化的大黑山-老爷岭-长白山磁场区；四平—长春—榆树一线以西、白城—镇赉以东为低缓平稳的松辽磁场区；松辽磁场区以西为大兴安岭东部边缘强度不高的波动变化磁场区。这3个磁场区及区内异常整体上沿北东向展布，松辽磁场区与大黑山-老爷岭-长白山磁场区、大兴安岭东部边缘磁场区分别以四平-长春-榆树和白城-东屏不同磁场区分界线相分野，该两条分界线与嫩江岩石圈断裂、四平-长春-榆树岩石圈断裂位置基本一致；大黑山-老爷岭-长白山磁场区内分布贯穿全省的北东走向的伊-舒断裂带和敦化-密山断裂带，为著名的郯-庐断裂北延在吉林省内的两个分支，以醒目的巨大规模的线性梯级带、线性负磁异常带、串珠状磁异常带、不同磁场区分界线等综合异常为特征。

大黑山-老爷岭-长白山磁场区内磁异常呈线状、链状、片状、椭圆状及弧状分布，异常强度大、梯度陡，以北东走向为主，北西向及东西向次之，南北向数量较少。北东走向磁异常遍布全区，主要受滨太平洋北西向构造运动挤压、拉张作用控制，北西向磁异常在地台北缘断裂构造带两侧二道甸子—万宝—和龙一线分布比较明显。东西向异常在吉中地区南部的石岭隆起分布数量略多，在集安西南部和和龙地体东部也有少量分布。弧形异常以龙岗地块北东边部、和龙地体东部两处较明显，由北东向、北西向、东西向磁异常及南北向串珠状磁异常组成，显示出受不同方向的交叉断裂构造影响。在南部台区主要表现为太古宙、元古宙、古生代变质岩、沉积岩，新生代火山岩及吕梁期、加里东期、燕山期侵入岩的磁场特征，部分局部异常为沉积变质性磁铁矿异常。在槽区主要表现为广泛分布的海西期、印支期侵入岩及中、新生代火山岩的磁场特征，燕山期侵入岩比较分散、面积较小，但磁异常强度较大。

松辽磁场区中部北北东向展布的宽缓正异常为震旦纪及寒武纪磁性基底隆起所致，其两侧大面积负磁场区为巨大规模沉降带的磁场特征，在盆地东、西两侧边部的规模相对较小的正磁异常，呈北东向或弧形分布，为海西期以来隐伏侵入岩体引起。

松辽磁场区以西为大兴安岭东部边缘异常规模不大、强度不高的波动变化磁场区，为中、新生代侵入岩及火山岩的磁场特征。

这种宏观的磁场图景反映了吉林省大地构造受三叠纪以来滨太平洋北西向构造运动影响的基本特征。由于滨太平洋构造活动的强烈作用，形成日本岛弧第一巨型隆起带、日本海第一坳陷带、吉林省东部山区第二巨型隆起带、松辽平原第二巨型坳陷带、大兴安岭巨型隆起带。巨型隆起带与巨型坳陷带沿北东向展布，沿北西向相间排布，显示出鲜明的大地构造分布格局。

二、磁场分区

(一) 磁场分区原则

吉林省区域磁场分区的划分,首先要将吉林省区域磁场置于东北及内蒙古东部等相邻省(区)的更大范围磁场背景中来加以分析研究,便于对吉林省区域磁场、分区磁场的变化特征有一个全面、完整、准确的认识,便于研究吉林省区域磁场与区域地质及大地构造单元特征的关系。按磁场的各种特征,如异常群的强度、形态、梯度、走向、多寡及展布特点等项标志及其组合特征进行场的分区,在此基础上再进一步划分具有不同特征场的小区。

(二) 异常分区依据与方法

(1) 以吉林省航磁 ΔT 等值线平面图、航磁 ΔT 化极等值线平面图为基础,参考航磁 ΔT 化极垂向一阶导数等值线平面图及上延 5km、10km、20km、50km 高度延拓图件等,根据区域磁场的强度、范围、形态等标志进行区域场的分区。

(2) 在吉林省航磁 ΔT 等值线平面图、航磁 ΔT 化极等值线平面图上,根据异常群的强度、形态、梯度、走向、多寡及展布特点等项标志的组合特征进行场的分区。一级场的分区边界划在区域场连续而明显的梯度带或不同特征区域场的分区界线,二级场的边界划在磁异常群体特征分区的边沿处。

(3) 通过与地质构造图件的对应分析,初步研究场的分区与已知不同级别构造单元的关系,推断各区域异常的地质起因。分区应与不同级别的大地构造单元相对应;当异常分区与已知大地构造分区不完全一致时,可依据异常分区提出大地构造分区的修改建议。

(三) 磁场分区与解释

依据以上磁场分区的原则,吉林省区域磁场可划分为南北 2 个 Ⅰ 级磁异常区,5 个 Ⅱ 级磁异常区,15 个 Ⅲ 级磁异常区(表 3-1-1,图 3-1-1)。

表 3-1-1 吉林省磁场分区表

Ⅰ级分区	Ⅱ级分区	Ⅲ级分区
Ⅰ1 白城-吉林-延吉复杂异常区	Ⅱ1 大兴安岭东麓正负磁异常区	Ⅲ1 万宝-白城负磁异常分区
	Ⅱ2 松辽平原低缓磁异常区	Ⅲ2 月亮泡-瞻榆负磁异常分区
		Ⅲ3 长山-长岭正磁异常分区
		Ⅲ4 松原-梨树负磁异常分区
	Ⅱ3 吉林中部正负磁异常区	Ⅲ5 大黑山条垒正磁异常分区
		Ⅲ6 伊-舒断陷带负磁异常分区
		Ⅲ7 石岭隆起正负磁异常分区
		Ⅲ8 双阳-蛟河正负异常分区
	Ⅱ4 延边正负磁异常区	Ⅲ9 敦化-春阳复杂异常分区
		Ⅲ10 延边环形正负异常分区
		Ⅲ11 五道沟低缓异常分区

续表 3-1-1

Ⅰ级分区	Ⅱ级分区	Ⅲ级分区
Ⅰ2 龙岗-长白波动升高异常区	Ⅱ5 龙岗-长白正负磁异常区	Ⅲ12 靖宇正负异常分区
		Ⅲ13 和龙正磁异常分区
		Ⅲ14 浑江负磁异常分区
		Ⅲ15 长白低磁异常分区

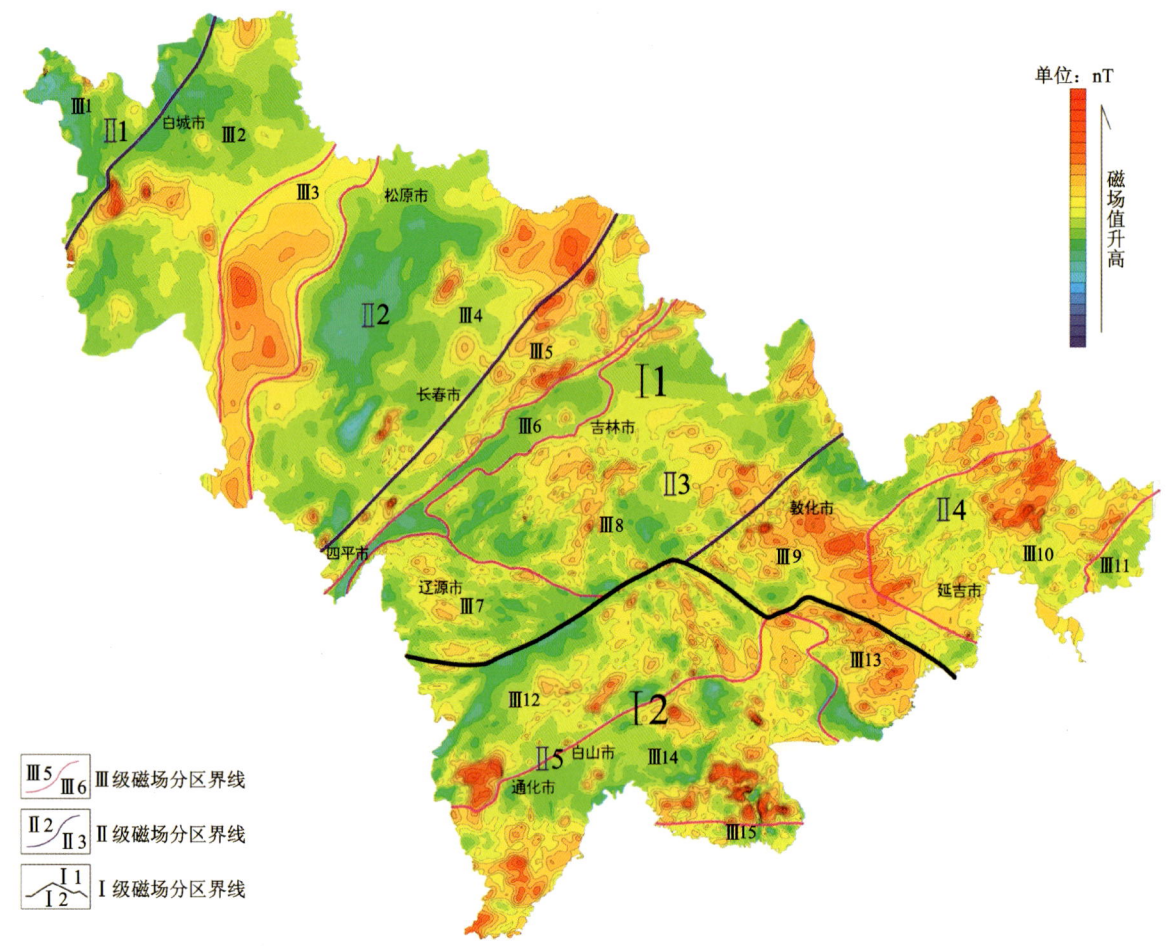

图 3-1-1　吉林省磁场分区平面图

Ⅰ1 异常区位于吉林省内北部,划分为Ⅱ级 4 个区,区号为Ⅱ1—Ⅱ4;Ⅲ级 11 个分区,区号为Ⅲ1—Ⅲ11。

Ⅰ2 异常区位于吉林省内东南部,区内划分Ⅱ级 1 个区(与Ⅰ级一致),区号为Ⅱ5;Ⅲ级 5 个分区,区号为Ⅲ12—Ⅲ15。

1. Ⅰ级磁场区的基本特征

以梅河口—桦甸—和龙一线的近东西走向的中朝准地台北缘超岩石圈断裂为界,南部为辽东台隆的东北段,北部为天山-兴安地槽褶皱区内大兴安岭褶皱系、松辽中断陷、吉林优地槽褶皱、延边优地槽褶皱带。不同大地构造单元相应反映出不同场区特征,沿梅河口—桦甸—和龙一线由西向东有一条极其明显的北东走向在红石北部转为南东走向磁异常线性梯度带、串珠状异常带、不同场区分界线,与槽区、台区分界线位置完全吻合,磁异常形态特征反映出该分界线为巨大的线性断裂构造带。西段北东向展布的负异常带与敦-密断裂带在吉林省内的南部位置一致,为中新生代沉积断陷盆地分布区,其中有少量印支晚期及燕山期中酸性岩出露,东段北西向分布的低(负)异常带与北西向带状分布的加里东期寒武纪花岗闪长岩分布位置基本吻合。

1)Ⅰ1 白城-吉林-延吉复杂异常区

Ⅰ1 白城-吉林-延吉复杂异常区位于梅河口—桦甸—和龙一线以北区域,即槽区。该区域磁场特征与台区比相对简单,相对比较复杂磁场区在延边地区,吉中地区次之,松辽平原最为简单,白城西部区域略为复杂,呈现由东向西磁场由复杂向简单过渡,总体走向以北东向为主,这主要是受古生代以来华夏运动、新华夏运动的影响所致。在延边和吉中两区内,磁异常强、梯度大、形态较复杂、规模较小但异常数量却很多的磁异常分布区,多数为中新生代火山岩分布区;规模大,强度中等,梯度缓的磁异常,主要是晚古生代以来花岗岩、花岗闪长岩磁性的反映。松辽平原低缓磁异常区,东部以四平—长春—榆树一线为界,西部以白城—镇赉一线为界,该区由西到东呈现"两低夹一高"的场态特征,异常以宽大舒缓为特征。中部正磁异常呈带状,北北东走向,中间异常强度高,最大值为 300nT,向南北两端场值降低,推断异常为前震旦纪强磁性基底隆起所致。两侧负磁场区为无磁性的中新生代沉降区,也是基地断陷区,负磁场区内分布的正局部异常,地表为第四纪覆盖区,推断为隐伏的海西期或印支期中酸性侵入岩体磁性的反映。白城—镇赉一线向西至省界,为吉林省西北部一个较小的角落,异常特征与相邻的东部负磁场区明显不同。该区以 −100∼−50nT 为背景,叠加数量较多的正、负局部异常,局部异常规模小,走向各异,等值线扰动、扭曲,正磁异常主要由规模较小的燕山期中酸性侵入岩引起。

2)Ⅰ2 龙岗-长白波动升高异常区

Ⅰ2 龙岗-长白波动升高异常区位于梅河口—桦甸—和龙一线以南区域,是东南部地台区,为波动变化升高异常区,整体上以区域负磁场为背景,其上叠加的局部正异常规模不等,强度大小不一,形态复杂多样,有条带状、串珠状、等轴状、长轴状、不规则状等,走向以北东向为主,北西向次之,东西向数量少且不明显,大多数局部正异常边部梯度较陡。这种宏观磁场图景反映出龙岗地块、和龙地体、吉南裂谷、长白山玄武岩覆盖区在磁性上端差异,负背景场是台区太古宙英云闪长质片麻岩及元古宙沉积变质岩无磁性或微弱磁性的反映。局部正异常由中、新太古代变质表壳岩、燕山期中酸性侵入岩体及新生代玄武岩引起,除沉积型铁矿外,沉积变质型铁矿床均有局部正磁异常显示。

2. Ⅰ1 白城-吉林-延吉复杂异常区的Ⅱ级、Ⅲ级磁场分区的基本特征

1)Ⅱ1 大兴安岭东麓正负磁异常区

Ⅱ1 大兴安岭东麓正负磁异常区位于白城—镇赉一线向西至省界,为吉林省西北部一个较小的角落,磁场特征不突出,结合相邻内蒙古磁场部分,在较大区域内看,磁场特征与东部临区明显不同。根据磁场特征结合区域地质构造,该区仅划分一个Ⅲ级磁场分区,与Ⅱ1 分区范围一致。

该区异常特征与相邻的东部负磁场区明显不同。该区以 −100∼−50nT 为背景,叠加数量较多的正、负局部异常,局部异常规模小,走向各异,等值线扰动、扭曲,场态凌乱,磁异常主要由规模较小的燕山期中酸性侵入岩体和中生代火山岩体引起。

2)Ⅱ2 松辽平原低缓磁异常区

松辽平原低缓磁异常区,东部以四平—长春—榆树一线为界,西部以白城—镇赉一线为界,该区由西到东呈现"两低夹一高"的场态特征,异常以宽大舒缓为特征。可进一步划分为3个分区。

(1)Ⅲ2 月亮泡-瞻榆负磁异常分区。该异常分区位于白城—镇赉一线以东、大安—通榆—太平川以西区域,地表全部为第四系覆盖,以 −100nT 左右的负磁场为背景。北部五棵树附近有一南北走向的正磁异常,最大值为 250nT,两侧梯度略陡,异常中心在吉林省内,异常向北延入黑龙江省,推断为隐伏的燕山期中酸性侵入岩体引起。南部分布有一向北弧形凸起的串珠状带,向南延入辽宁省,推断为隐伏的海西期或印支期中酸性侵入岩体磁性的反映。

(2) Ⅲ3 长山-长岭正磁异常分区。该异常分区西界在大安—通榆—太平川一线,东界在长山—长岭—三江口一线,异常以宽大舒缓为特征。中部正磁异常呈带状,总体呈北北东走向。南部异常以南北走向为主。中部异常宽,强度高且大,最大值为 300nT,向南北两端变窄,场值也逐渐降低,推断异常为前震旦纪强磁性基底隆起所致。

(3) Ⅲ4 松原-梨树负磁异常分区。该异常分区西界在长山—长岭—三江口一线,东界在四平—长春—榆树一线。区内南部分布数量较多、大小不等的局部异常,以正负伴生异常为特征,最大值为 300nT。中部为低缓的负磁异常区,北东部分布有两个北东、北北东走向的椭圆状正异常及一个规模较大的面状正异常,异常最大值为 400nT。低缓的负磁异常区为巨厚的中新生代沉降区,也是基底断陷区。正异常推断为隐伏的海西期或印支期中酸性侵入岩体引起。

3) Ⅱ3 吉林中部正负磁异常区

该磁场区西部靠松辽磁场区,东南部界线在敦-密深大断裂带一线。根据磁场特征结合区域地质构造,进一步划分为 4 个Ⅲ级磁场分区。

(1) Ⅲ5 大黑山条垒正磁异常分区。该磁异常分区西部靠松辽磁场区,东南部以伊-舒深大断裂带一线为界。在吉林省内出露长约 300km,最宽处 20km,最窄处 5km,航磁异常呈楔形,南窄北宽,在北部分为两支,各局部异常走向以北东向为主,梯度普遍较陡,以条垒中部为界,南部异常范围小,强度低,北部异常范围大,强度大,最大值达到 350～450nT。大黑山条垒两端的地层和侵入岩体相对中段的地层和侵入岩体要老些,说明两端以隆起为主,中段以凹陷为主。磁异常主要是海西期、印支期、燕山期中酸性侵入岩体及火山岩的反映。

(2) Ⅲ6 伊-舒断陷带负异常分区。该异常分区分布在南起石岭,经伊通、岔路河、舒兰至平安一线的线性负磁异常带,在吉林省长约 300km,呈北东向展布,南北两端窄,中间宽大,异常最低值为 -150nT,与伊-舒地堑分布范围基本吻合。中部磁场宽大、强度低是该段以凹陷为主,接受的沉积宽度大、厚度大的缘故。

(3) Ⅲ7 石岭隆起正负异常分区。该异常分区南部石岭隆起区,异常多数呈条带状分布,走向以北西为主,南侧强度为 100～200nT。南侧异常为东西走向,这与所处石岭隆起区域北西向断裂构造带有关,这些北西走向的各个构造单元控制了磁异常分布形态特征。异常主要与海西期、印支期中酸性侵入岩体有关。

石岭隆起区北侧为盘双接触带,接触带附近的负场区对应晚古生代地层。

(4) Ⅲ8 双阳-蛟河正负异常分区。该异常分区位于盘双接触带以北,伊-舒断裂带以东,敦-密断裂带以西区域。该分区为吉林复向斜区,由南向北有 3 处宏观呈面状分布的正磁异常区,南北两处正磁异常区局部正磁异常以北东走向为主,梯度陡、强度大,最大值为 400nT,出现在八道河子附近。中部正磁异常区异常强度低,梯度缓,走向特征不明显。南部永吉—五里河子—呼兰一带正磁异常由下侏罗统南楼山火山沉积盆地和燕山期中酸性侵入岩体引起,中部和北部正磁异常大部分磁异常主要是海西期、印支期及新生代火山岩的反映。

4) Ⅱ4 延边正负磁异常区

根据磁场特征,进一步划分为 3 个分区。

(1) Ⅲ9 敦化-春阳复杂异常分区。该异常分区西部以敦-密断裂带为界,南部以梅河口—桦甸—和龙一线为界,东部以罗子沟—天桥岭—安图—东城—智新向西凸起的弧线为界。该分区以规模较大、强度中等、梯度略陡的北东走向分布的椭圆状、长条状、等轴状正磁异常为主,是海西期、印支期及燕山期中酸性侵入岩体磁性的反映。局部地段分布的规模较小、形态复杂、强度大、梯度陡、走向不一的局部磁异常多为中新生代火山岩磁性的反映。

(2)Ⅲ10 延边环形正负异常分区。该异常分区西部以罗子沟—天桥岭—安图—东城—智新向西凸起的弧线为界,东部以春化西部至板石一线为界。该分区与西部敦化-春阳复杂异常分区相比场区明显不同,区内局部正磁异常以北东走向为主,以数量多、规模小、强度大、梯度陡为特征,西南部异常较为杂乱,形态以椭圆状、长条状、等轴状为主,异常主要为海西期、印支期、燕山期中酸性侵入岩体及中新生代火山岩磁性的反映,尤其是后两者磁性更强。

(3)Ⅲ11 五道沟低缓异常分区。该异常分区西部以春化西部至板石一线为界,东侧以中俄边界为界。该分区地质上为五道沟隆起区,地表断续分布有新元古界五道沟岩群。南部小范围分布有强度较低的负磁异常,北部为大面积低缓正磁异常分布区,由北西向南东磁异常强度逐渐降低。

3. Ⅰ2 龙岗-长白波动升高异常区Ⅱ级、Ⅲ级磁场分区的基本特征

Ⅰ2 龙岗-长白波动升高异常区仅划分了1个Ⅱ5磁场区,两区范围一致。

根据Ⅱ5区磁场特征结合区域地质构造,进一步划分为5个磁场分区。

(1)Ⅲ12 靖宇正负异常分区。Ⅲ12 为龙岗地块分布区,西部以敦-密断裂带为界,北部以富尔河为界,南部以通化—板石—泉阳—两江一线为界。以大面积北东向展布的负磁场为背景区,其上叠加的局部正异常规模不等,强度大小不一,形态多样,以北东走向为主,北西向次之,正异常两侧边部梯度陡,负磁场背景区与具有弱磁性的龙岗地块太古宙花岗质、闪长质片麻岩分布区有关,局部正异常多为含磁铁石英岩的中、新太古代变质表壳岩及新生代玄武岩引起,仅在南部通化—三棵榆树一带正磁异常区分布有元古宙辉长岩及二密中生代火山盆地,区内沉积变质型铁矿床均有局部正磁异常显示。该区北部靠近槽台边界北东走向的超岩石圈断裂带,南临北东向展布的辽东元古宙裂谷区,区域磁异常走向与两个区域性深大断裂带平行,显示出磁异常分布形态特征受区域性深大断裂带及次一级断裂构造控制的特征。

(2)Ⅲ13 和龙正磁异常分区。Ⅲ13 和龙地体分布区,西部与浑江负磁异常分区相邻,北东部以超岩石圈断裂带万宝—和龙一带为界,东南部至中朝边界。区内全部为正异常区,背景值为150~250nT,其北侧、东侧边部形成一条呈向东凸起的弧形异常带,顶部在和龙附近,北段呈北西向分布,南段呈北东向分布,弧形异常带上分布有10余个局部高磁异常,走向以近东西向为主,最高值为400nT。弧形异常带北段及弧顶段异常为新太古代变质表壳岩引起,南段为晚侏罗世花岗岩引起。

(3)Ⅲ14 浑江负磁异常分区。该异常分区位于辽东元古宙裂谷区,中部分布有大面积负磁异常区,南西和北东两端部为面状正磁异常区。正、负异常区上叠加的局部正、负磁异常,走向以北东向为主,北西向、东西向次之,说明区域磁异常受古老的北西向、东西向构造运动的影响痕迹依然存在,异常北东走向居多则是古生代以来华夏、新华夏构造活动所致。

区内出露地层古元古界集安群蚂蚁河岩组、荒岔沟岩组、大东岔岩组、中元古界老岭岩群珍珠门岩组、花山岩组、临江岩组、大栗子岩组,新元古界青白口系、震旦系地层,中生界寒武系、奥陶系地层,这些地层是产生大面积负磁异常的主要原因。而各分散分布的相对独立的、强度较大的磁异常多为燕山期中酸性侵入岩体及中新生代火山岩引起,其中漫江-长白强磁场区为第四纪军舰山组玄武岩分布区。两江—二道白河一带有蚂蚁河岩组、珍珠门岩组零星出露,结合低缓磁异常区的分布特征,划定了浑江负磁异常分区在东部的边界,也是辽东裂谷在东部的边界位置。

(4)Ⅲ15 长白低磁异常分区。该异常分区北临Ⅲ14 浑江负磁异常分区,区内磁场以低缓正磁异常为主,强度一般在150nT左右。主要分布有太古宇英云闪长质片麻岩,中生界寒武系、奥陶系地层,燕山期中酸性侵入岩体,第四纪军舰山组玄武岩。

第二节　断裂构造格架

一、断裂构造划分

(一)断裂构造划分依据及方法

1. 磁场分界线

不同磁场区的分界线往往是构造分区的界线,通常也为规模较大的断裂或断裂带(不同磁场区的分界由一较宽的带构成时)的划分标志。

2. 磁异常梯度带

若断裂两盘为上下错动形成台阶状的磁性地质体,上盘的磁异常强度大而范围小,下盘的磁异常强度小而范围大,则上下盘之间会出现磁异常梯度带。所以磁异常梯度带可作为断裂的识别标志,这时断裂顶线大致位于磁异常梯度带中部异常拐点处,或异常水平导数的极值处。

3. 串珠状磁异常带

串珠状磁异常带往往反映了断裂带内断续有充填物的情况。如沿断裂带的岩浆活动不均匀,其磁性物质的分布也不均匀,这就会引起呈串珠状的、断断续续分布的线性磁异常。因此线状的、拉长的磁异常可作为划分断裂的依据,磁异常轴线反映的断裂便是岩浆岩的通道。

4. 线性异常带

线性异常带是指具有明显方向的异常带,它可以是正异常带、负异常带或正负交替出现的异常带。正异常带由宽度不大、走向长度大的地质体引起;负异常带是由断裂构造导致局部岩石的磁性降低所致。

以线性磁异常带的中间线为断裂所在位置,平面上的总体延伸方向为其走向。

5. 磁异常突变带

磁异常突变带是指并行的多条带状磁异常同时在某一界线处异常强度集体突然降低甚至终止、异常形态同向扭曲等,它预示磁异常反映的地质体可能被断裂断开、截止或者平移。以磁异常突变带为断裂或断裂带之所在,平面上的总体延伸方向为其走向。

6. 异常错动带

在磁场图上,一条或几条比较容易对比的、线性排列的磁异常带发生明显错动时,表明磁性标志层或脉岩体发生了错动,这通常是断裂作用的结果。以磁异常错动的位置作为断裂构造的位置,平面上的总体延伸方向作为其走向。

7. 雁行状异常带

有些断裂破碎带的范围较大，构造应力比较复杂，既有垂直变位，也有水平变位和扭转现象。在这类构造上，磁异常就表现为雁行状异常带。以磁异常北侧拐点连线作为断裂所在位置，平面上的总体延伸方向为其走向。

8. 放射状的异常带组

在断裂活动或火山活动比较复杂的地区，可见到放射状的异常带组，每一个线性异常，都标志一条断裂岩浆活动线。以线性磁异常带的中间线为断裂所在位置，平面上的总体延伸方向为其走向。

（二）断裂构造级别划分

一级断裂：磁场反映明显，为巨大的线性异常带、梯度带或不同磁场区的分界线。该类断裂带一般延伸较长，地表伴有强烈的岩浆活动。相对于吉林省岩石圈—超岩石圈断裂，是吉林省内Ⅰ、Ⅱ区域地质构造单元分界线，沿断裂或其附近有基性—超基性岩分布及新生代玄武岩分布。对矿带有明显控制作用。

二级断裂：磁场反映明显，为具有一定规模的线性异常带、梯度带、串珠状磁异常带、磁异常突变带等，地表伴有不同程度的岩浆活动。相对于壳断裂，是吉林省内Ⅱ、Ⅲ区域地质构造单元分界线，沿断裂或其附近中酸性侵入岩体分布。对矿田形成和分布有很大影响。

三级断裂：磁场上有反映，为延伸规模有限的磁异常线性梯度带、错动带、串珠状异常带。该类断裂规模较小，在航磁上延图上反映不明显。相对于基底断裂，对浅成岩和矿床的形成有一定的控制作用。

二、断裂构造分布特征

以吉林省航磁 ΔT 等值线平面图、航磁 ΔT 化极等值线平面图为基础，参考航磁 ΔT 化极垂向一阶导数等值线平面图，航磁 ΔT 化极水平一阶导数（$0°$、$45°$、$90°$、$135°$方向）、航磁 ΔT 化极上延不同高度等值线平面图，结合吉林省1：50万、1：25万区域地质图及1：50万布格重力异常图，依据断裂构造划分依据及方法，经定性、半定量解释，全省共划分出断裂构造146条。其中一级断裂28条（6条一级断裂带），二级断裂44条，三级断裂74条。按断裂构造分布走向统计，大致分为北东、北西、东西、南北4组断裂（带）。其中东西走向24条，北东走向66条，北东东走向4条，北北东走向4条，北北西走向8条，北西走向27条，北西西走向9条，南北走向4条。按断裂出露情况统计，半隐伏14条，出露25条，隐伏107条。从形成时间看，东西走向、南北走向最早，北东走向、北西走向次之。从断裂构造规模、数量上看，北东向断裂数量多、规模大，其次为北西走向，东西走向、南北走向数量少。断裂构造分布情况见图3-2-1。

从图3-2-1吉林省航磁推断地质构造图上可以看出，全省断裂构造规模最大的是沿梅河口—桦甸—和龙一线近东西向展布的华北板块北缘超岩石圈断裂构造带，即横跨在吉林省东南部的一级断裂带，由此划分南北两大Ⅰ级地质构造单元区。北东向断裂构造数量最多，规模大，其中5条一级断裂带，即北东走向的嫩江断裂带、四平-长春-榆树断裂带、伊-舒断裂带、敦-密断裂带、鸭绿江-春阳断裂带。这5条一级断裂带从西北到东南近平行排布，在西部平原区间隔较宽，在东部山区间隔明显变密，沿北东走向基本上贯穿全省，是全省主要的岩石圈断裂，也是Ⅱ级地质构造单元区的主要分界线，即分布在槽区内Ⅱ级地质构造单元大兴安岭区（东麓）、松辽平原区、吉林优地槽褶皱带及延边优地槽褶皱带的界线位置。

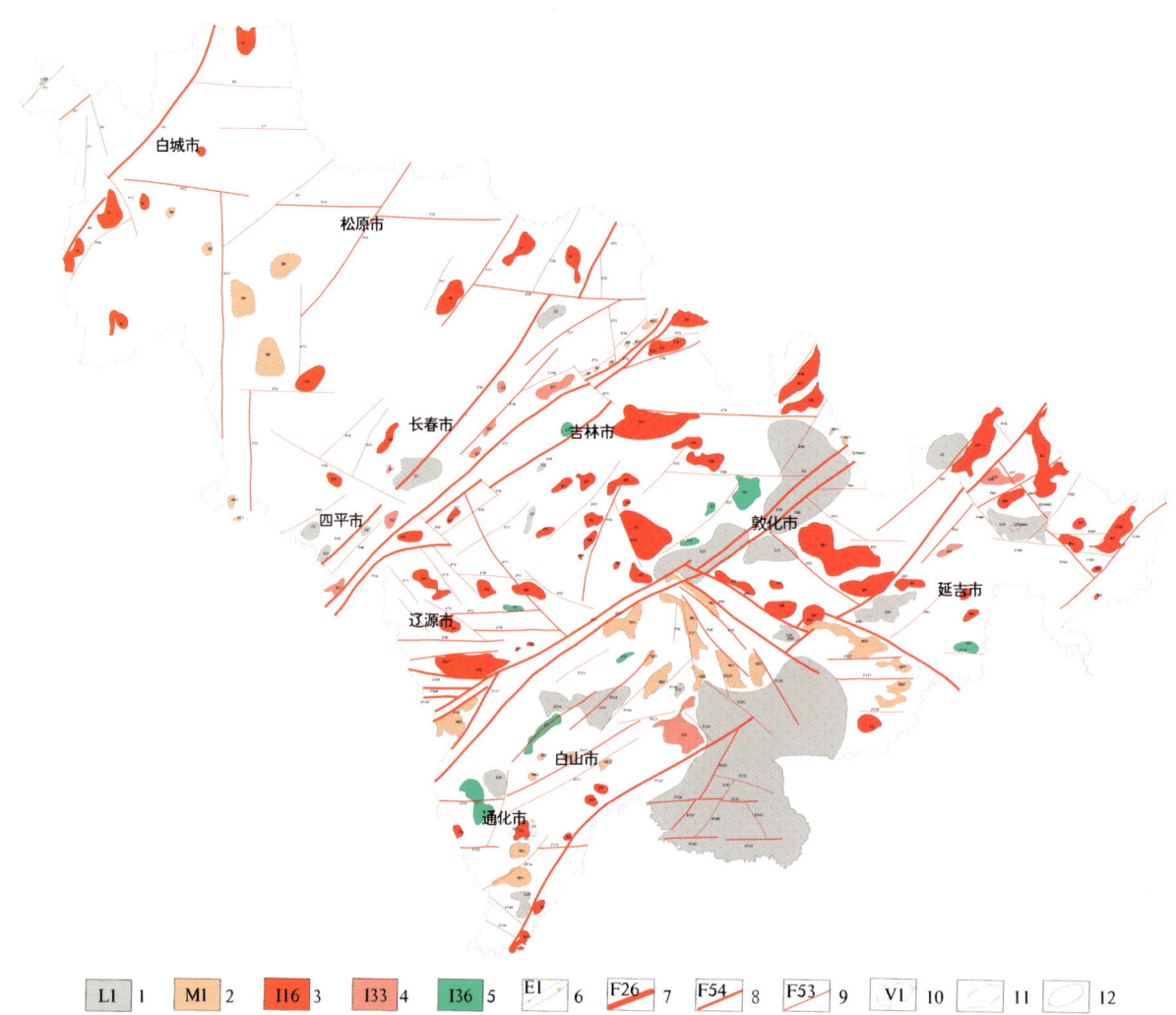

图 3-2-1 吉林省航磁推断地质构造图

1.磁法推断火山岩地层及注记；2.磁法推断变质岩地层及注记；3.磁法推断酸性岩体及注记；4.磁法推断中性岩体及注记；5.磁法推断基性—超基性岩体及注记；6.磁法推断磁性蚀变带及注记；7.磁法推断一级断裂构造及注记；8.磁法推断二级断裂构造及注记；9.磁法推断三级断裂构造及注记；10.磁法推断火山机构（半隐伏）；11.磁法推断隐伏、半隐伏地质界线；12.磁法推断出露地质界线

其他二级、三级断裂以北东向断裂数量最多,东西向、北西向数量次之,南北向最少。二级断裂多数与一级断裂平行排列,三级断裂多数与二级断裂平行排列,靠近上一级断裂的次一级断裂规模大,远离上一级断裂的次一级断裂规模小。二级断裂与Ⅲ级地质构造单元边界位置重合或接近,是不同地质单元相接处。地台北缘超岩石圈一级断裂构造带桦甸—和龙段,走向北西。受此影响,龙岗地块、和龙地块内北西向断裂分布较多,靠近该一级断裂构造带并平行分布的断裂,规模较大,属二级断裂;远离则规模变小,一般为三级断裂。在吉中地区南部石岭隆起区、白城西南部分布有一定数量的北西向断裂。东西向断裂在台区分布较多,但规模不大,在吉中地区南部石岭隆起区、延边地区、松辽平原区也有分布。

从区域分布特点上看,在东部山区分布断裂数量多,以密集排列为主,西部平原断裂数量少,稀疏分散。

(一)华北板块区(吉林省)断裂构造分布特征

龙岗地块中部凉水河子和靖宇附近有两条北东向二级隐伏断裂,长度较大,分别为 73.1km、75.1km。龙岗地块北东部老金厂—露水河一线有两条长度在 60～70km 的二级断裂分布,出露、隐伏各 1 条,断裂北西走向,平行并靠近华北板块北缘断裂带。磁场特征为规模较大的异常线性梯度带及不同场区分界线。位于大面积太古宙花岗质、闪长质片麻岩及第四纪玄武岩盖层分布区,沿断裂或两侧有古太古界变质橄榄岩、古元古界变质辉长辉绿岩分布,反映出断裂对基性—超基性岩体及基性火山岩分布的控制作用。龙岗地块南西部英额布和江甸子各有 1 条东西向二级隐伏断裂,附近有古太古代、古元古宙变质辉长岩及燕山期中酸性侵入岩体零星分布。江甸子断裂为龙岗地块和辽东元古宙裂谷区(太子河-浑江陷褶断束)的分界线。龙岗地块内三级断裂在其东部分布数量较多,长度明显小于二级断裂,走向以北东、北西为主,有 3 条近南北向断裂分布在地块的北部。

和龙地体内断裂数量少,中部和龙附近有两条东西向二级隐伏断裂,长度均在 50km 左右,其南部有 1 条东西向三级隐伏断裂,长度约为 29.4km。东西向断裂为古生代及更早期的断裂,说明该区断裂受印支期以来构造运动影响小。

辽东元古宙裂谷区(太子河-浑江陷褶断束)呈北东向展布,区内有集安-松江一级断裂从区内沿北东向穿过,长度约 227km。二级、三级断裂多数集中分布在西南部集安—通化及东部六道沟—松江两地,多数为半隐伏、隐伏断裂,少数为已知出露断裂。在集安的江甸子、七道沟,临江的四道沟、八道沟有四条东西向二级断裂,反映了古老东西向断裂构造集中分布在南部的特点。另外在东部六道沟—漫江、北部二道白河—露水河各有 1 条北东向、北西向二级断裂分布,三级断裂数量较多、规模较小,大多数呈近北东向、北西向分布。

(二)天山-兴安地槽褶皱区(吉林省)断裂构造分布特征

区内断裂构造由于受北西向滨太平洋构造运动作用的显著影响,形成数量较多、规模大小不等的北东向压性断裂和北西向张性断裂。

1. II1 内蒙古优地槽褶皱带

该褶皱带仅在吉林省西北角有分布,面积很小。北东向半隐伏二级断裂 1 条,北东向、南北向、北北西向半隐伏、隐伏三级断裂共 3 条,断裂控制了燕山期中酸性侵入岩体和中生代火山岩活动。该区与东部 II2 松辽中断陷分区以北东向嫩江岩石圈断裂为界,断裂在省内长 180km,向南、北分别延至内蒙古和黑龙江。

2. II2 松辽中断陷

区内断裂构造以北东向为主,东西向次之,北西向和南北向最少。东西向及南北向断裂推断与局部基底隆起、断陷及较大规模的岩浆活动密切相关。

3. II3 吉林优地槽褶皱带

西部以四平-长春-榆树岩石圈断裂为界,与 II2 松辽中断陷区相邻,东界在敦-密断裂一线。

区内西部大黑山条垒、伊-舒盆地区域二级、三级断裂发育。二级断裂沿北东走向近平行分布,数量多、规模大,贯穿全省并延入辽宁省、黑龙江省,中部断裂间距宽大,南北两端断裂间距紧密,控制着条垒、盆地的展布。尤其是北端分布有数量较多的北东向、南北向、东西向三级断裂,控制着中酸性侵入岩体的走向分布。

南部石岭隆起区断裂数量多,其中东南部分布有东西走向二级断裂4条;北西区域分布有近北西走向三级断裂5条,东西走向断裂1条。二级断裂和三级断裂分别以近等间距紧密排布。二级断裂附近有数量较多规模较小的早二叠世辉长岩、少量的奥陶纪辉长岩及不同时期的规模巨大的海西期、印支期中酸性岩体出露。三级断裂主要分布在海西期、印支期中酸性岩体内部及其与中新生代断陷盆地的接触部位。

南部石岭隆起区与吉林复向斜区以盘双接触带分野。

吉林复向斜区内北北东向、北东向、东西向二级断裂各有1条,以北东向三级断裂数量最多,东西向三级断裂1条。区内南部海西期、印支期、燕山期中酸性侵入岩体及新生代火山岩分布区磁场复杂,断裂分布相对比较集中;北部海西期、印支期中酸性侵入岩体及老地层分布区磁场相对简单,断裂分布相对稀疏。

4. Ⅱ4 延边优地槽褶皱带

该区西部以敦-密断裂带为界,南部以梅河口—桦甸—和龙一线地台北缘断裂带为界,北部以吉林省和黑龙江省省界为界,东部和东南部则以中俄国界、中朝国界为界。

区内松江-天桥岭一级断裂从区内沿北东向穿过,规模巨大,长度约225km,与区内的集安-松江一级断裂一起构成鸭绿江-天桥岭一级断裂带。北东向二级断裂3条,北西向二级断裂2条,规模较大。北东向、北西向、东西向三级断裂共计11条,规模相对较小。

春阳-亮兵、罗子沟-大兴沟-三道湾二级断裂呈北东走向,为与松江-天桥岭一级断裂相平行的次一级断裂。贤儒-三岔子二级断裂呈北西走向,为地槽内与地台北缘一级断裂带相平行的次一级断裂。春化-板石二级断裂呈北东走向,其两侧有大面积的海西期、印支期及少量燕山期中酸性侵入岩体出露,不同的是断裂东南部有大量的规模大小不等的新元古界五道沟岩群沿北东-南西方向断续分布,为五道沟隆起区。

上述吉林省断裂构造格架,决定了吉林省大地构造单元分布特征,从地质构造发展史上看,区域构造主要受前古生代华北板块与西伯利亚板块相互作用的古亚洲洋构造体系和古生代以来太平洋板块与亚洲板块的相互作用的滨太平洋构造体系这两大动力学体系所控制。前者影响着前寒武纪诸地块的性质和古生代的构造、岩浆作用,后者进行后期改造,影响着大陆边缘的走滑拼贴作用及隆起和坳陷的形成。滨太平洋构造运动造成沿走向北东,沿北西-南东方向相间排列的蜿蜒起伏的隆起、坳陷带,并产生数量众多、规模大小多样并存的北东向断裂,同时产生出与之垂直的次一级断裂,北东向断裂的形成过程中深刻破坏、改造了古老的东西向断裂构造,使东西向断裂特征不甚明显或仅存痕迹。

三、重要断裂构造特征

1. 伊-舒断裂带磁异常特征

伊-舒地堑在航磁图上为一北东向展布的条带状负磁异常带,长约300km,其走向比较稳定。中段为宽度较大的平静负磁场,宽约25km。南西和北东两端负磁场变窄,约6km。西侧边缘为梯度较陡的线性正磁异常带,为海西期、印支期中酸性侵入岩体所引起。东侧分布有梯度略陡的正磁异常和场态略为复杂的负磁异常区,表明盆地为断陷盆地,两侧受深断裂控制。查阅地质资料,该区中新生代沉积盆地下沉幅度很大,古近系+新近系沉积已达2000m,其磁性是极弱的,两侧受断裂控制,为典型的地堑型盆地(图3-2-2)。

伊-舒地堑西支断裂在磁场上表现为巨大的线性梯度带、不同场区分界线,东支以不同场区分界线或异常突变带为特征,两支均推断为一级断裂。在伊通、双阳北部及大口钦3处有北西向异常错动带,均推断为三级断裂3条。

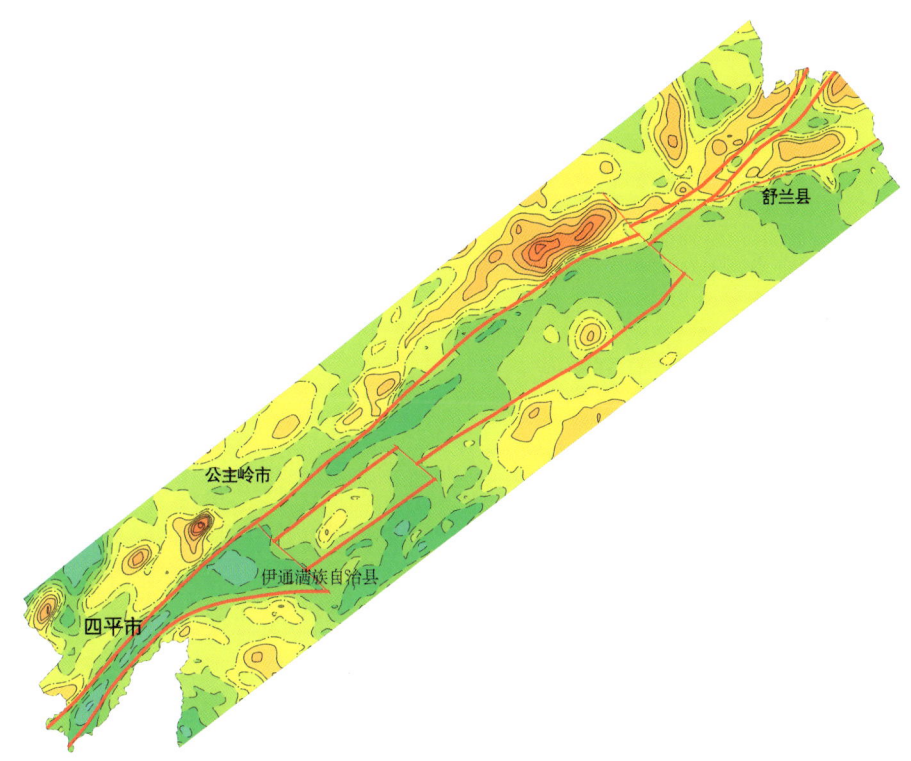

图 3-2-2　伊-舒断裂带磁场特征

2. 华北板块北缘东段超岩石圈断裂构造带磁异常特征

吉林省内的华北板块北缘东段超岩石圈断裂构造带,西段呈北东走向,为一条线性负磁异常带,宽约 8km,为中新生代断陷盆地异常反映。西北和东南两支断裂以巨大的线性梯度带、不同场区分界线为特征,相邻的东南部正、负磁异常为具有弱磁性的太古宙英云闪长质片麻岩和具有中等磁性的中、新太古代变质表壳岩引起。东段呈北西走向,在两江—万宝异常沿北东向发生错动,二道甸子—两江两支平行的断裂在磁场上表现为线性梯度带,万宝-和龙断裂在磁场上表现为线性低磁异常带。低磁异常带及负磁异常带为弱磁性的加里东期酸性岩体引起(图 3-2-3)。

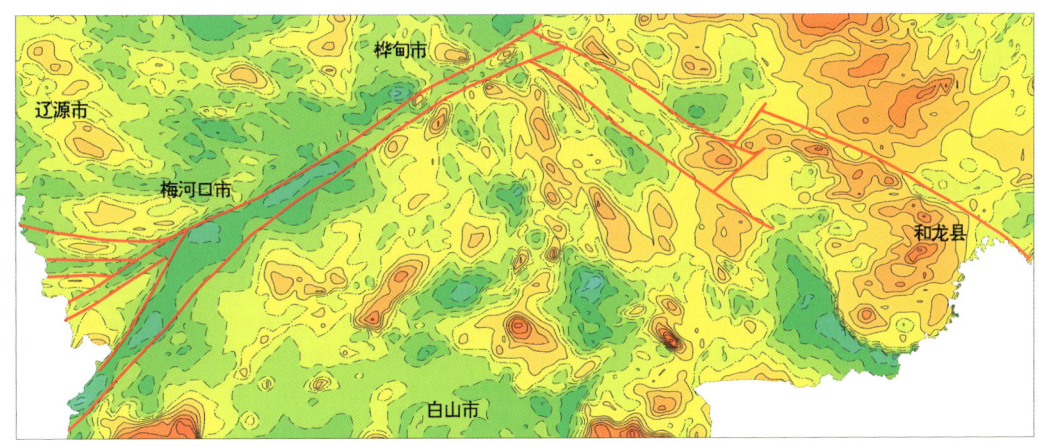

图 3-2-3　华北板块北缘东段断裂带磁场特征

第三节 岩浆岩分布特征

一、岩浆岩圈定原则

(一)侵入岩

侵入岩一般呈岩基或岩株产出,岩石类型一般由酸性岩、中酸性岩、中性岩到基性岩、超基性岩,磁性由弱到强;在岩体上 ΔT 磁场图中大部分反映清晰。不同侵入体时代反映不明显,加里东期侵入岩类磁性极弱,海西期、印支期、燕山期侵入岩类一般都具有磁性,而且时代越晚磁性越强。基性岩磁场最强,其异常往往叠加在波动升高的正磁场中,强度变化在 600~800nT 之间,最高值在 1000nT 以上。中性岩磁场强度低于基性岩,一般在 400~600nT 之间,最高 1000nT 左右。酸性岩磁场强度低于中性岩,一般在 100~300nT 之间,强者可达 300~500nT,一般在 50~150nT 之间,异常平稳,波动较小。圈定侵入岩体,主要根据磁场特征,通常以化极磁异常的梯度陡变带为岩体的边界,并结合地质情况及重力场特征(基性—超基性岩重力高、中酸性岩重力低)来圈定。

(二)火山岩

(1)基性火山岩,即玄武岩磁场比较明显,以剧烈变化的杂乱磁场为特征而有别于其他岩性异常,其边界很容易圈定。
(2)中酸性火山岩,偏中性火山岩磁场强度变化大,曲线规则,呈条带状或团块状分布。正负相间变化的杂乱磁场,两种火山岩磁场,均需结合地质情况加以圈定。
利用化极磁异常带外部异常的外侧拐点或化极垂向一阶导数零值线等圈定火山岩地层的范围。

二、分布特征

吉林省东部地区岩浆活动频繁,岩浆岩分布广泛,根据岩浆岩形成时代分为吕梁期、加里东期、海西期、印支期、燕山期。

以吉林省航磁 ΔT 等值线平面图、航磁 ΔT 化极等值线平面图为基础,参考航磁 ΔT 化极垂向一阶导数、二阶导数等值线平面图,航磁 ΔT 化极上延不同高度等值线平面图,结合吉林省 1:50 万、1:25 万区域地质图及 1:50 万剩余重力异常图,依据侵入岩体、火山岩划分依据及方法,经定性、半定量解释,圈定侵入岩体及火山岩地层。全省共圈定侵入岩体 84 个,其中基性—超基性岩体 9 个,酸性岩体 64 个,中性岩体 11 个;半隐伏 20 处,出露 30 处,隐伏 34 处。圈定火山岩地层共 20 处,其中东西走向 4 个,北东走向 10 个,北北东走向 2 个,北西走向 1 个,南北走向 1 个,等轴状 2 个;半隐伏 4 处,出露 9 处,隐伏 7 处。磁法推断侵入岩体及火山岩地层分布情况见图 3-2-1。

（一）侵入岩

1. 吕梁期侵入岩

吕梁期侵入岩主要分布在南部地台区，如集安西部的前桌沟岩体、双岔岩体等，沿北东向断裂带分布。

2. 加里东期侵入岩

加里东期侵入岩主要在大黑山条垒和延边地区有出露，沿条垒分布的岩体有早寒武世范家大院花岗闪长岩体、朱家沟石英闪长岩体、兴隆村角闪石闪长岩体、早石炭世—泥盆纪庙岭黑云母二长花岗岩体、石场屯黑云母花岗闪长岩体，岩体受伊-舒断裂控制，沿北东向分布。东部早寒武世孟山片麻状花岗闪长岩体受古洞河大断裂控制，沿北西向分布。

3. 海西期侵入岩

海西期侵入岩主要分布在槽台分界线上，断裂两侧及敦-密断裂带两侧。早三叠世—晚二叠世侵入岩体大面积分布，主要有亮兵岩体、小蒲柴河岩体、石门岩体、仁义顶子岩体、吉林市南部的大玉山岩体，和龙县南部的花碰子岩体、罗山岭岩体、长兴林场岩体及南坪岩体。海西期的不同期次侵入岩分别受北东向、北西向深大断裂控制，在空间上呈北东向、北西向和东西向的岩浆岩带。

4. 印支期侵入岩

（1）晚三叠世侵入岩主要分布在延边地区的哈尔巴岭—春阳一带，大荒沟—金仓北部，小西南岔一带，五道沟—春化，岩石类型为花岗闪长岩、二长花岗岩，岩体北东向及东西向分布。通化地区的岔信子岩体、龙头岩体、复兴岩体，受北东向及东西向构造控制。

（2）中三叠世侵入岩分布在吉林中南部地区，如三棚—伊丹、四甲山—吉昌一带呈面积性分布，太平岭正长花岗岩体、腰山黑云母二长花岗岩体、解放屯花岗闪长岩体及沿大黑山条垒分布的中三叠世侵入岩体，岩体主要沿北西向及北东向构造分布。

（3）早三叠世侵入岩在梅河口西部小四平—莲河一带东西向分布，有小四平二长花岗岩体，猴石花岗闪长岩体，岩体受东西向构造控制。

5. 燕山期侵入岩

（1）燕山早期，主要有吉林中部东辽—大架子山—黄泥河一带近东西向大面积分布的二长花岗岩体，吉林市北部江密峰—小城子一带北东向分布的花岗闪长岩体，金沙—白石山一带北东向分布的花岗闪长岩体。在通化一带沿鸭绿江断裂分布的老秃顶子、梨树沟、草山及蚂蚁河二长花岗岩体。在延边地区南部勇化—龙井及千佛指山一带，沿北东向图们江断裂分布的花岗闪长岩，在延边北部依兰—大兴沟—桦皮甸子—响水一带北东向分布的花岗闪长岩，以及沿大黑山条垒分布的大岭二长花岗岩体、杂木沟碱长花岗岩。燕山早期岩浆活动强烈，并且分布广泛，主要沿北东向及东西向构造带展布。

（2）燕山晚期侵入岩分布不广，规模一般较小，规模较大的一处在集安一带沿鸭绿江北东向分布。岩性为二长花岗岩、花岗斑岩、碱长花岗岩，在通化县西南的岗山碱长花岗岩、六道沟二长花岗岩体，在东部棉田附近的石英闪长岩体，沿敦-密断裂分布的碱长花岗岩脉。燕山晚期侵入岩主要受北东向、北西向和东西向断裂构造控制。

(二) 火山岩

1. 中生代火山岩

中生代火山岩沿火山沉积盆地分布,主要分布在吉中地区、通化、白山、延边等地区。

吉中地区火山岩自明城镇、西阳镇至三道岭一带及驿马镇至四间房一带,以北东向分布为主。火山岩地层为侏罗系南楼山组、玉兴屯组,三叠系四合屯组。

白山地区的湾沟—万良一带,关山碇子、富民川、果松阵、红土崖一带,六道沟、五道沟贾家营一带,集安西部的双岔村附近,分布方向多为北东向及北西向。火山岩地层为侏罗系果松组和林子头组。

延边地区汪清一带,屯田农场、汪清、金仓一带,分布北东向及东西向的火山岩带,火山岩地层有白垩系金钩岭组、刺猬沟组、罗子沟组,侏罗系屯田营组,三叠系天桥岭组、托盘沟组。

2. 新生代火山岩

主要沿敦-密断裂及其东部、东南部广大地区分布,在敦-密断裂北段敦化一带呈北东向面积性分布,在松花江流域靖宇、北岗、红星林场一带,呈平缓台地覆盖,特别是长白山天池一带形成大面积玄武岩台地。

三、重要岩浆岩特征

(一) 侵入岩

侵入岩在东部地区大面积分布,不同期次的侵入岩因其磁性矿物含量不同,磁场变化较大。

1. 基性—超基性岩类

头道沟基性—超基性岩沿大断裂与中性岩、酸性岩相伴产出,其磁航异常往往叠加在波动升高的正磁场上,异常形态尖锐规则,强度较高,最大值为1900nT(图3-3-1)。据物性资料,超基性岩类岩性为橄榄岩、辉橄岩,κ值变化范围为$(0 \sim 19\,268) \times 10^{-5}$ SI,平均值为4040×10^{-5} SI;J_r值变化范围为$(0 \sim 162\,000) \times 10^{-3}$ A/m,平均值为3500×10^{-3} A/m。

已出露超基性岩体均对应较强的航磁异常,其外围的磁异常推断有隐伏超基性岩体存在。

2. 中性岩类

在航磁ΔT等值线平面图上,中性岩异常反应明显,强度高、梯度陡,曲线形态规则,局部磁性不均匀,造成磁异常强弱发生变化。据物性资料,闪长岩类,κ变化范围为$(0 \sim 26\,270) \times 10^{-5}$ SI,平均值为3130×10^{-5} SI,J_r变化范围为$(0 \sim 7751) \times 10^{-3}$ A/m,平均值为880×10^{-3} A/m。中性岩磁性一般低于基性—超基性岩类。南沟地区闪长岩磁场特征见图3-3-2。

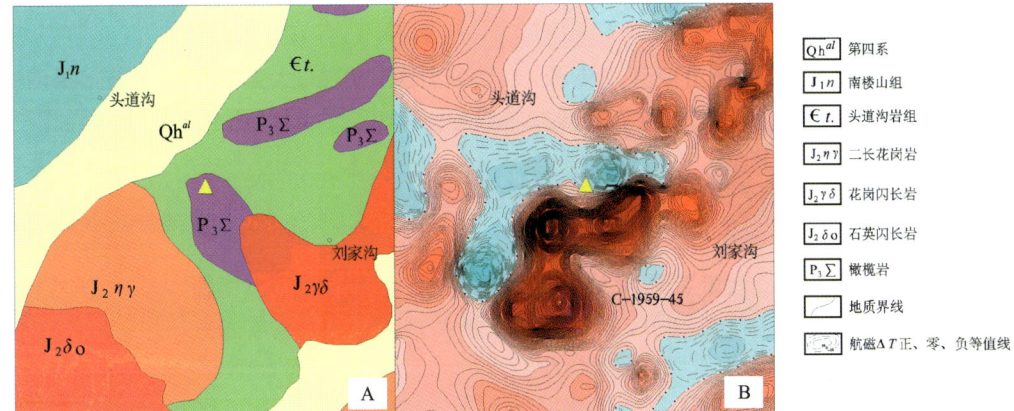

图 3-3-1　头道沟地区超基性岩磁场特征
A.地质图；B.航磁 ΔT 等值线平面图

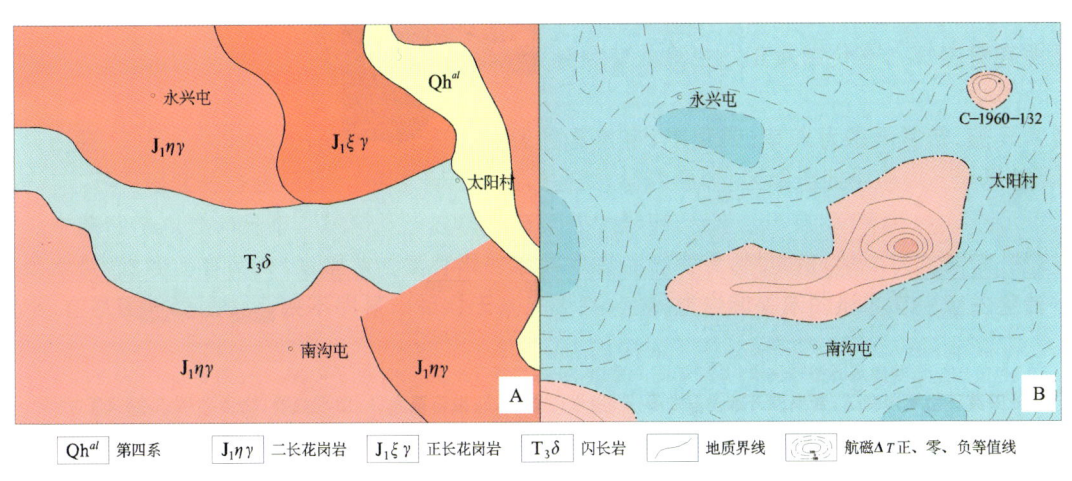

图 3-3-2　南沟地区闪长岩磁场特征
A.地质图；B.航磁 ΔT 等值线平面图

3. 酸性、中酸性岩类

酸性、中酸性岩体，因其铁磁性矿物含量少于基性、中性岩，磁场相对较低。据物性资料，κ 变化范围为 $(0\sim8788)\times10^{-5}$ SI，平均值为 1200×10^{-5} SI，J_r 变化范围为 $(0\sim6350)\times10^{-3}$ A/m，平均值为 460×10^{-3} A/m，并且时代新的岩石磁场较强，如印支期花岗岩磁性高于海西期花岗岩，而弱于燕山期花岗岩。在区域航磁 ΔT 化极等值线平面图上，燕山期花岗岩出现一正异常，而海西期花岗岩，多以平稳负磁场出现。

梨树沟岩体、老秃顶子岩体为印支期似斑状黑云母花岗岩，侵入太古宙和元古宙变质岩中，两岩体均为近等轴状，后者规模较大，其规模与负背景场中沿北东向排布的两个局部正磁异常的分布范围比较吻合，最大强度分别为 225nT 和 325nT（图 3-3-3）。老秃顶子岩体中部有燕山期闪长岩体侵入，产生二级叠加磁异常，强度增大，梯度变陡。

（二）火山岩

1. 基性火山岩

基性火山岩主要在吉林东部长白山天池地区大面积分布，形成玄武岩台地，沿深大断裂喷发的玄武岩沿断裂呈面积性分布。据物性资料，κ 变化范围为 $(300\sim11\,130)\times10^{-5}$ SI，平均值为 1×10^{-5} SI，J_r 变化范围为 $(322\sim20\,280)\times10^{-3}$ A/m，平均值为 5780×10^{-3} A/m。可以看出玄武岩磁场分布不均、变化范围大，并且剩磁远大于感磁，其比值为 7.6，剩磁大往往形成较强的负异常。在航磁 ΔT 等值线平面图上，玄武岩磁场以剧烈变化的杂乱异常为特征，而有别于其他岩性异常（图 3-3-4）。

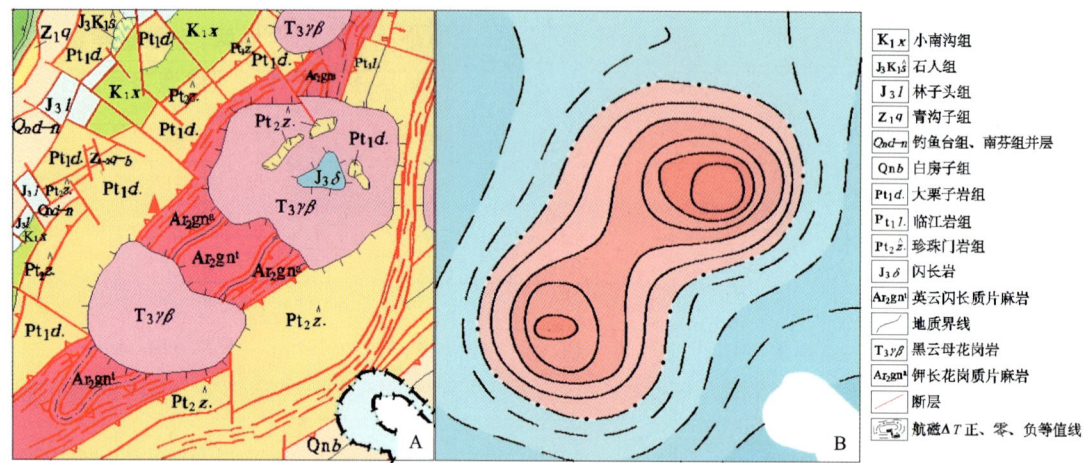

图 3-3-3　梨树沟岩体、老秃顶子岩体磁场特征
A. 地质图；B. 航磁 ΔT 化极等值线平面图

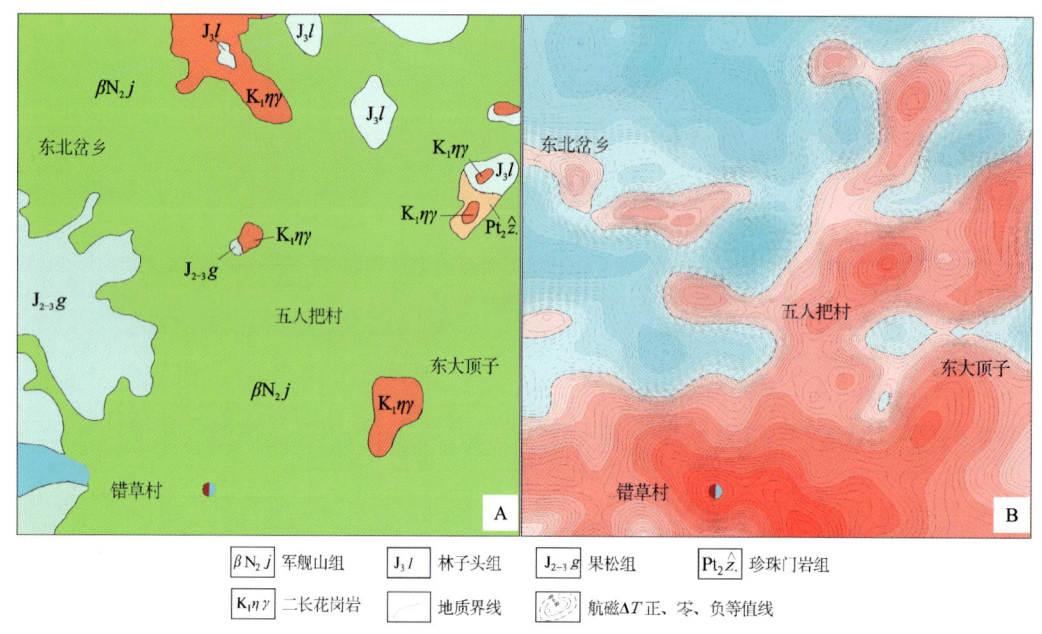

图 3-3-4　长白山天池地区玄武岩磁场特征
A. 地质图；B. 航磁 ΔT 等值线平面图

2. 中酸性火山岩

中生代中酸性火山岩航磁异常，多以条带状、团块状分布于火山盆地中，异常强度大，曲线正负交替，相邻侧线不易对比。据吉林省东部通化、延边及四平地区岩石磁参数统计特征，酸性火山岩（如流纹岩），磁化率、剩余磁化强度值均不高，磁异常不强；安山岩类 κ 平均值为 2570×10^{-5} SI，J_r 平均值为 2190×10^{-3} A/m。从各地区统计的参数看，吉林、延边地区安山岩磁性最强，κ 平均值为 4430×10^{-5} SI，J_r 平均值为 1950×10^{-3} A/m。延边刺猬沟地区刺猬沟组安山岩、火山碎屑岩磁场特征见图 3-3-5。

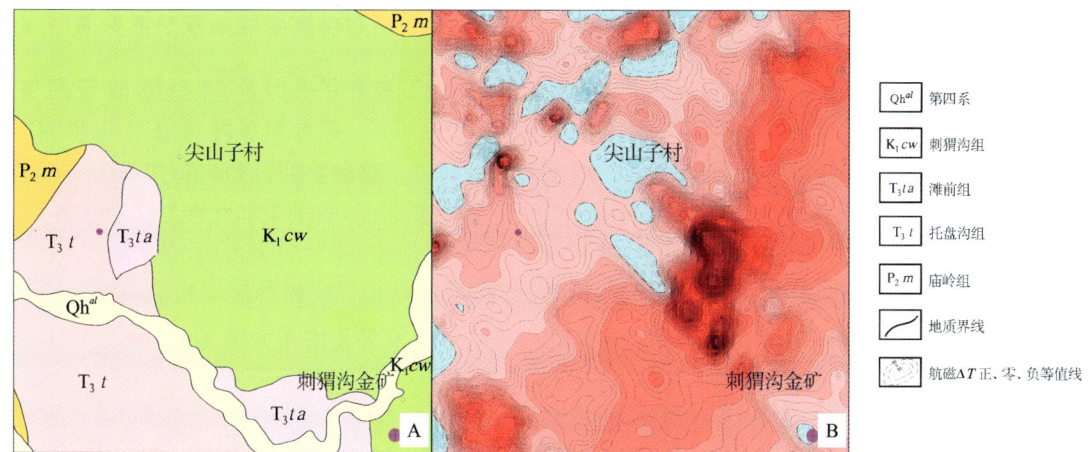

图 3-3-5 刺猬沟地区安山岩磁场特征
A.地质图;B.航磁 ΔT 等值线平面图

第四节　变质岩地层分布特征

一、变质岩圈定原则

变质岩分为两类,即正变质岩和副变质岩。正变质岩一般磁性较强。由于变质岩经受热力变质作用,铁质成分重结晶,磁性矿物分布不均匀,常使磁场出现较大跳动。总体上说,由于正变质岩往往成片分布,因此常形成大的区域背景磁异常,其上常叠加一些次级异常;副变质岩的磁性通常较弱,一般情况下用磁测资料也难以圈定出来。

在吉林省变质岩地层中,正变质岩一般磁性较强,属于正变质岩的有太古宙变质岩,部分元古宙变质岩,以及槽区的早古生代变质岩。笔者主要利用化极磁异常带外部异常的外侧拐点或化极垂向一阶导数零值线等圈定正变质岩地层的范围。

二、变质岩分布特征

以吉林省航磁 ΔT 等值线平面图、航磁 ΔT 化极等值线平面图为基础,参考航磁 ΔT 化极垂向一阶导数、二阶导数等值线平面图,航磁 ΔT 化极上延不同高度等值线平面图,结合吉林省 1∶50 万、1∶25 万区域地质图及 1∶50 万剩余重力异常图,依据磁性变质岩圈定依据及方法,经定性、半定量解释,全省共圈定变质岩地层 33 处,其中东西走向 5 个,北东走向 14 个,北东东走向 2 个,北北西走向 2 个,北西走向 3 个,北西西走向 1 个,南北走向 4 个,等轴状 2 个;半隐伏 5 处,出露 13 处,隐伏 15 处。

(一)吉林省南部变质岩

1. 太古宙变质岩

太古宙变质岩分布比较广,主要沿海龙—桦甸(沿辉发河断裂带),经由两江—和龙(沿富尔河、古洞河深断裂带)一线以南分布。吉南太古宇裸露区称为古陆核地块,主要有龙岗地块与和龙地块地体。龙岗地块分布范围是柳河、通化、桦甸、靖宇、抚松等地,和龙地块主要分布在和龙的金城洞、官地一带。太古宙变质岩主要与金、铁、铜、磷等矿产有关。

2. 元古宙变质岩

(1)古元古界集安群,主要分布在浑江盆地和两江、松江等地。集安群是省内重要的含硼、石墨、金云母及铜、金、铅、锌等多金属层控矿产变质岩系。

(2)老岭群分为上、下亚群,分布较广,主要分布在通化集安、临江抚松、长白等地,老岭群成岩环境复杂,不同层位含铁、磷、铜、铅、锌等多种矿产。

(3)新元古界、青白口系分布在鸭绿江沿岸,三统河、浑江流域,青白口系底部含有沉积型铁矿层。新元古界震旦系主要分布在三统河、浑江、鸭绿江流域。

(二)吉北褶皱区变质岩地层

1. 吉林四平褶皱小区

吉林四平褶皱小区呼兰群、下二台群下分3个组。
(1)头道沟组主要分布在永吉县头道沟地区,岩性为斜长阳起石岩、千枚岩、板岩、大理岩等。
(2)西保安组主要分布于四平山门、东丰西保安、磐石呼兰镇、敦化塔东一带,该组变质岩以含火山岩型沉积变质铁矿(富含 Mn、P、Cu、Pb、Zn 的硫化物)为特征。如西保安铁锰矿(含磷)、塔东铁矿富含金属硫化物,变质岩岩性为斜长角闪岩、角闪片岩、黑云变粒岩、斜长片麻岩等。
(3)黄莺屯组主要分布于磐石红旗岭、桦甸、二道甸子、漂河川一带,岩性为石英片岩、含石墨大理岩、斜长角闪岩等,黄莺屯组变质岩含金,是寻找金矿床的有利地层。

2. 晚奥陶世—早志留世变质岩地层

(1)石缝组主要分布于伊通的景家台、石缝村、叶赫及呼兰镇等地。岩性为云母片岩,变质中—酸性火山岩,变质砂岩,黑色板岩、大理岩等。
(2)桃山组主要分布在伊通景家台,东辽依云一带,岩性为一套变质火山岩及轻微变质的安山岩、酸性熔岩、凝灰岩。

三、重要变质岩

(一)吉林省南部变质岩

1. 太古宙变质岩

四道砬子河组变质岩构成龙岗背斜核部,由麻粒岩、斜长角闪岩、片麻岩、变粒岩,局部夹磁铁石英岩薄层组成,原岩为中基性火山岩沉积建造,具有早期深变质绿岩带特点,含铜镍、金及磷矿化。杨家店组分布于龙岗山脉两侧,由角闪片麻岩、变粒岩、斜长角闪岩夹含磷磁铁石英岩组成,原岩为基性—中基性火山岩、少量火山碎屑岩及砂泥质沉积岩,为早期深变质绿岩建造,含铁、磷、铜和金等矿产。三道沟组分布于龙岗—南岗山脉北侧,岩性为绢云石英片岩,绿泥角闪片岩、磁铁石英岩、斜长角闪岩,原岩为火山岩—沉积岩建造。三道沟组属晚期浅变质绿岩建造,是省内铁矿和金矿的重要产出层位。晚太古代三道组为重要变质岩,和龙地区的鸡南组和官地组,相当于三道沟组。

2. 元古宙变质岩

1)集安群

(1)蚂蚁河组分布于霸王朝—花甸子、二道阳岔等地,岩性为黑云变粒岩、浅粒岩夹大理岩、斜长角闪岩,含硼、铁、铜、石棉等矿产。

(2)荒沟岔组岩性为含石墨黑云变粒岩、斜长片麻岩、含石墨大理岩、斜长角闪岩,赋存有正岔铅锌矿床。

(3)大东岔组与荒沟岔相伴产生,主要岩性有石英岩、黑云变粒岩、黑云斜长片麻岩等,有金、铅、锌矿产及矿化。

2)老岭群

老岭群由上亚群和下亚群组成。

(1)下亚群大栗子组分布在通化七道沟,临江大栗子乱泥塘和长白县二十七道沟等地,主要岩性为千枚岩、大理岩,千枚岩中含透镜状菱铁矿、磁铁矿体。大栗子式铁矿赋存于本组中,底部砾岩中有黄铁矿化、黄铜矿化及金矿化,大理岩中含铅锌矿。

(2)珍珠门岩组主要分布于浑江北岸通化市南至板石沟一线和老岭两侧,主要岩性为白云质大理岩、碳质大理岩夹片岩等,局部含磷、铀、铜、钴及铅锌、铁等矿产。

(二)吉北褶皱区变质岩

(1)西保安组分布于四平山门、东丰西保安、磐石呼兰镇、敦化塔东一带,该变质岩带上有西保安铁锰矿(含磷)、塔东铁矿,是一条沉积变质型铁矿远景成矿带。

(2)黄莺屯组主要分布于磐石红旗岭、桦甸漂河川一带,主要岩性为石英片岩、含石墨大理岩、斜长角闪岩等。黄莺组变质岩与金、铜成矿有关。

(3)奥陶纪石缝组分布在伊通的景家台、石缝村及呼兰镇等地,主要岩性为大理岩、石英片岩及变质的中—酸性火山岩。石缝组变质岩与多金属矿成矿有关,如放牛沟多金属矿赋存于石缝组变质岩中。

(三)吉南地区太古宙变质岩磁场特征

吉南西南岔—夹皮沟一带处于龙岗背斜北侧,受华北板块北缘东段深大断裂带影响,航磁异常多呈北东向、北西向分布(图3-4-1)。负磁异常区地表分布有新元古界红旗沟岩组、达连沟岩组大理岩、变质砂岩等轻变质沉积地层及北西向延伸的韧性剪切带。正磁异常区地表出露中太古代英云闪长质片麻岩、新太古代变质花岗岩、中太古代表壳岩及新太古代表壳岩,中太古代表壳岩(四道砬子河岩组、杨家店岩组)、新太古代表壳岩(老牛沟岩组、三道沟岩组)与正磁异常区上叠加的局部高磁异常关系密切,是铁矿床重要产地。

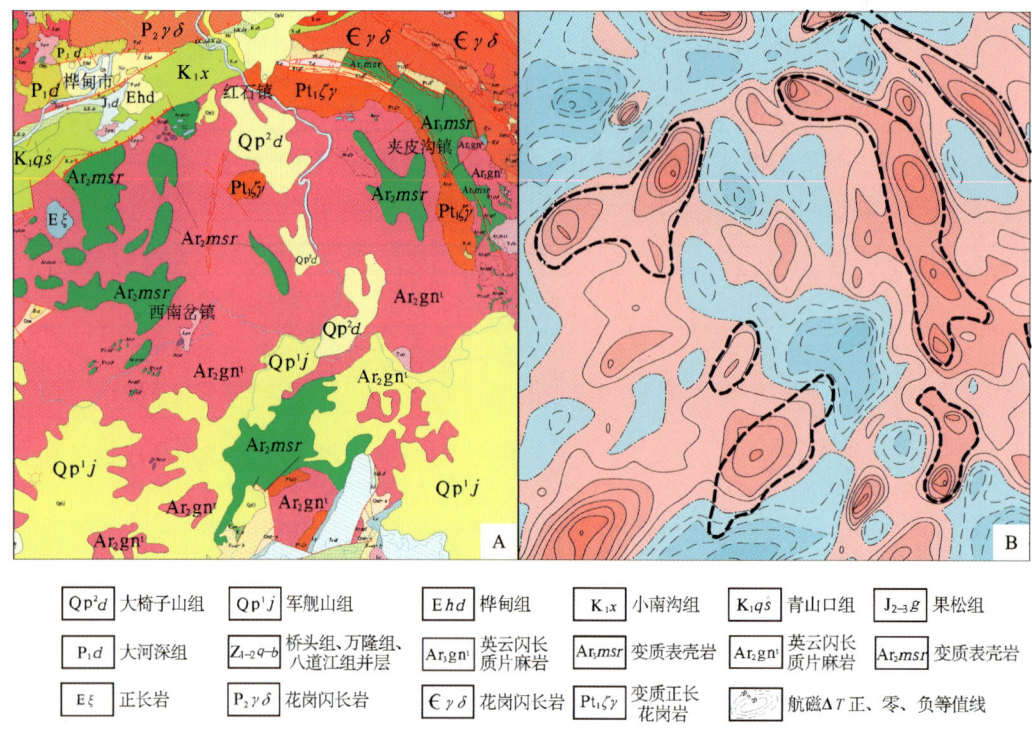

图 3-4-1　吉南地区太古宙变质岩磁场特征
A.地质图；B.航磁 ΔT 化极等值线平面图

第四章 典型矿床地质—地球物理特征

典型矿床研究是资源潜力预测综合信息类比方法的一项基础性工作,其研究程度深浅将直接关系到资源潜力预测评价的效果。

以矿床成矿系列和成矿地质建造理论为指导,重点选择和解剖各种类型典型矿床,研究其成矿环境、成矿因素、控矿条件和各类(地质、物探、化探等)找矿标志,建立地质—地球物理—地球化学综合找矿模型,为在类似的地质环境和成矿条件的预测远景区内开展矿产资源潜力评价制定预测准则和类比提取成矿信息奠定基础。

划分有关矿产预测类型,遴选有代表性的典型矿床并研究其地质—地球物理特征,建立综合找矿模型为本章研究分析的重点。

第一节 铁矿典型矿床地质—地球物理特征

根据吉林省铁矿的成因类型及主要的铁矿资源特征,预测铁矿类型主要划分为沉积变质型、夕卡岩型、沉积型。它们主要分布在吉林中部和龙岗复合地块边缘,双阳-磐石、向阳镇-红石、板庙子-两江-官地、四方山-板石、七道沟-大栗子5条铁矿成矿区带内,基本囊括了吉林省铁矿的大中型矿产地。铁矿典型矿床有沉积变质型塔东铁矿床(塔东式)、老牛沟铁矿床、板石沟铁矿床、官地铁矿床(鞍山式)、小栗子铁矿床、七道沟铁矿床、乱泥塘(大栗子式)铁矿床,沉积型青沟子铁矿床、白房子铁矿床,夕卡岩型吉昌铁矿床、放牛沟铁矿床。以下主要介绍塔东铁矿床、老牛沟铁矿床、板石沟铁矿床、大栗子式铁矿床(小栗子铁矿床)、吉昌铁矿床的地质—地球物理特征。

一、塔东铁矿床

塔东早古生界海相火山—沉积变质铁矿,位于吉黑两省交界处。矿床划分为南、中、北3个矿段,南矿段位于吉林省内,而中、北矿段属黑龙江省管辖区。处于吉林省境内的南矿段业已探明大小矿体40个,总储量已达大型规模。

(一)矿体地质概况

塔东铁矿区处于吉黑海西造山带之张广才岭隆起南段的东南侧。区域构造位于敦-密深断裂北西侧,宁安东西向构造带与牡丹江南北构造带的交会处。

区内出露地层为下古生界志留系二合营子群红光组变质岩系,呈孤岛状残留大片海西晚期黑云斜长花岗岩之中。根据原岩建造,红光组变质岩系可划分为3个岩性段:中段为塔东铁矿的含矿层位,其下部为含铁、磷基性火山岩相，上部为海相沉积碳酸盐相；下段含矿建造主要岩性有磷灰石磁铁角闪岩、斜长角闪岩、斜长角闪片麻岩等；上段为透辉岩、榴辉岩、透辉大理岩及变粒岩等。

该区岩浆活动频繁而强烈，其中海西期岩浆活动规模最大，主要表现在早期的混合岩化作用和晚期的黑云斜长花岗岩广泛的侵位，它不仅造成了普遍的混合岩化和岩性变质，而且也为找矿元素活化和再富集提供了热源。

矿石类型主要有黄铁磷灰石磁铁矿和磷灰石磁铁矿两种。

塔东铁矿属于伴生磷、钒、钴，高硫贫铁矿床，矿石化学成分复杂而不稳定。矿石品位 TFe 平均 22.7%（最高 54.96%）、P_2O_5 平均 1.43%（最高 10.81%）、S 平均 3.15%（最高 19.42%）、V_2O_5 平均 0.18%（最高 0.52%）、Co 平均 0.007%（最高 0.075%）。

（二）矿床地球物理异常特征

1. 矿床所在区域重磁场特征

塔东铁矿在区域重力场上处于海龙—敦化北东向重力低异常带北东段西侧秃顶子林场局部重力高异常北侧边缘变异带上（图 4-1-1）。异常呈北东东向，似椭圆状，长 13km，宽 8km。异常南侧梯级带等值线平行密集，北侧梯级带等值线向北西出现同向弯曲变异，形成了明显正向变异异常，长 7km，宽 5km，塔东铁矿位于其南西侧。

该区重力场特征较清晰地反映了塔东铁矿的区域构造地质背景。北东向海龙—敦化重力低异常带为已知敦-海断陷带反映，其北东段西侧秃顶子林场高值重力异常是由下古生界变质岩基底隆起引起。异常北缘北西向正变异异常则是含铁下古生界志留系二合营子群红光组变质岩系产出的位置，此处，重力异常尚指出塔东铁矿区恰处在北东向和北西向构造交会处。综上可知，区域重力异常是圈定该类型铁矿成矿远景地段和研究成矿地质构造背景的重要地球物理信息。

在 1∶25 万区域航磁异常图上，铁矿床位于东部正磁异常高值区中部北东走向的近椭圆状局部正磁异常上，异常长约 7km，宽 3.7km，最大值为 120nT，地表出露含铁中元古界塔东岩群。两侧梯度带南东比北西略陡，南东侧有与异常平行的低磁异常带出现。在航磁异常化极和化极垂向一阶导数异常图上，局部正磁异常呈扁豆状，北东走向，铁矿床位于异常的南侧边缘，梯度带南东比北西明显变陡。在垂向一阶导数异常图上，扁豆状正异常北侧出现负值，南侧出现条带状负磁异常带，负值中心在矿床南侧附近。该条带状负磁异常带与敦-密断裂带的北支位置较为吻合。

2. 矿床所在地区磁场特征

图 4-1-2 中吉 C1-1966-33 为塔东铁矿 1∶5 万航磁异常反映，异常由 33-1、33-2、33-3 3 个局部异常组成。3 个局部异常由南至北呈左斜列式排布构成了一个近南北向分布的异常带，长约 6km，宽 1～2km。异常特点是强度高、梯度陡、呈尖峰带状。33-1 号异常位于异常带南段，形态近南北呈椭圆形，长 1.8km，宽 1～1.5km，异常强度和梯度北大南小，最大值达 4000nT，北东侧伴有明显负值。33-2 号异常位于异常带的中段，呈北东方向带状产出，长约 2km，宽 1.5km 左右，曲线两侧梯度陡而对称，强度为 2800nT。33-3 号异常位于异常带的北段，因受测区限制而未有封闭，异常大体呈北西椭圆状，梯度陡峻，规模小于中段和南段。

经与地质关联，上述 3 个局部异常为塔东铁矿床南、中、北 3 个矿段内矿体群的综合反应。航磁异常不仅可以直接揭示矿床的存在，而且尚能划分各矿段的分布，找矿效果显著。

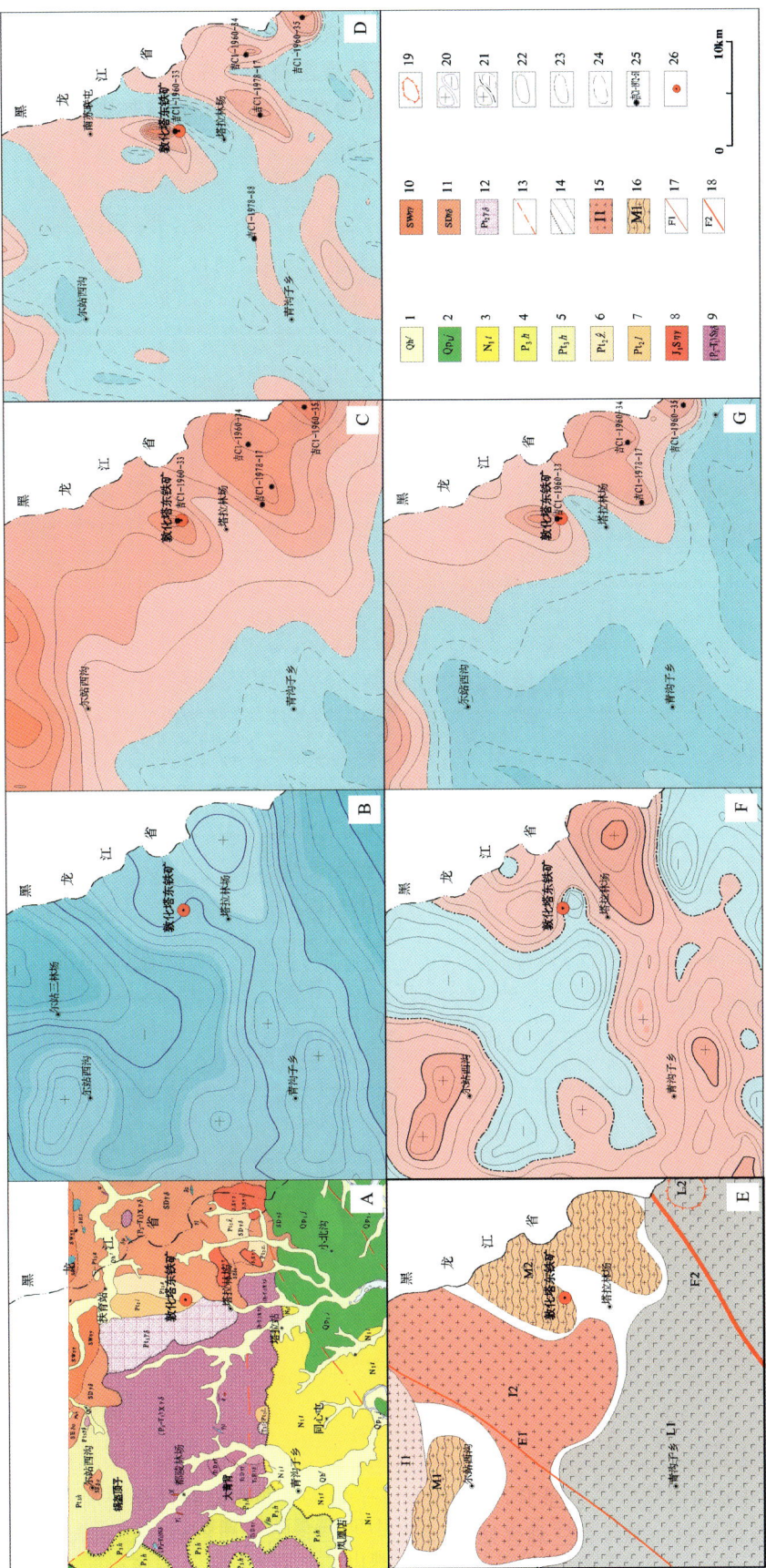

图 4-1-1 塔东典型铁矿床所在区域地质矿产及物探剖析图

A. 地质矿产图；B. 布格重力异常图；C. 航磁ΔT等值线平面图；D. 航磁ΔT化极等值线平面图；E. 重磁推断地质构造图；F. 剩余重力异常图；G. 航磁ΔT化极垂向一阶导数等值线平面图

1. 沼泽沉积层淤泥、草炭土等；2. Ⅱ级阶地洪冲积层；3. 土门子组砂岩、粉砂岩、砾岩；4. 红山组粉砂质板岩、砂质板岩夹斜长角闪岩；5. 荒盆沟组石英片岩夹大理岩、接触带绿帘、透闪阳起片岩；6. 珍珠门岩组黑云母花岗岩夹斜长角闪岩、透辉变粒岩夹粉闪岩；7. 林西组角闪透辉变粒岩夹闪长岩；8. 中细粒二长花岗岩；9. 中细粒黑云母花岗闪长岩；10. 中粗粒二长花岗岩；11. 中粒角闪石花岗闪长岩；12. 细粒花岗闪长岩片麻岩；13. 角度不整合界线、超动侵入接触；14. 重磁推断酸性岩体及注记；15. 重磁推断变质岩地层及注记；16. 重磁推断断层；17. 重磁推断一级断裂及注记；18. 重磁推断二级断裂及注记；19. 重磁推断火山机构；20. 布格重力高、低异常；21. 剩余重力高、低异常；22. 航磁正等值线；23. 航磁零值线；24. 航磁负等值线；25. 航磁异常点及注记；26. 铁矿床

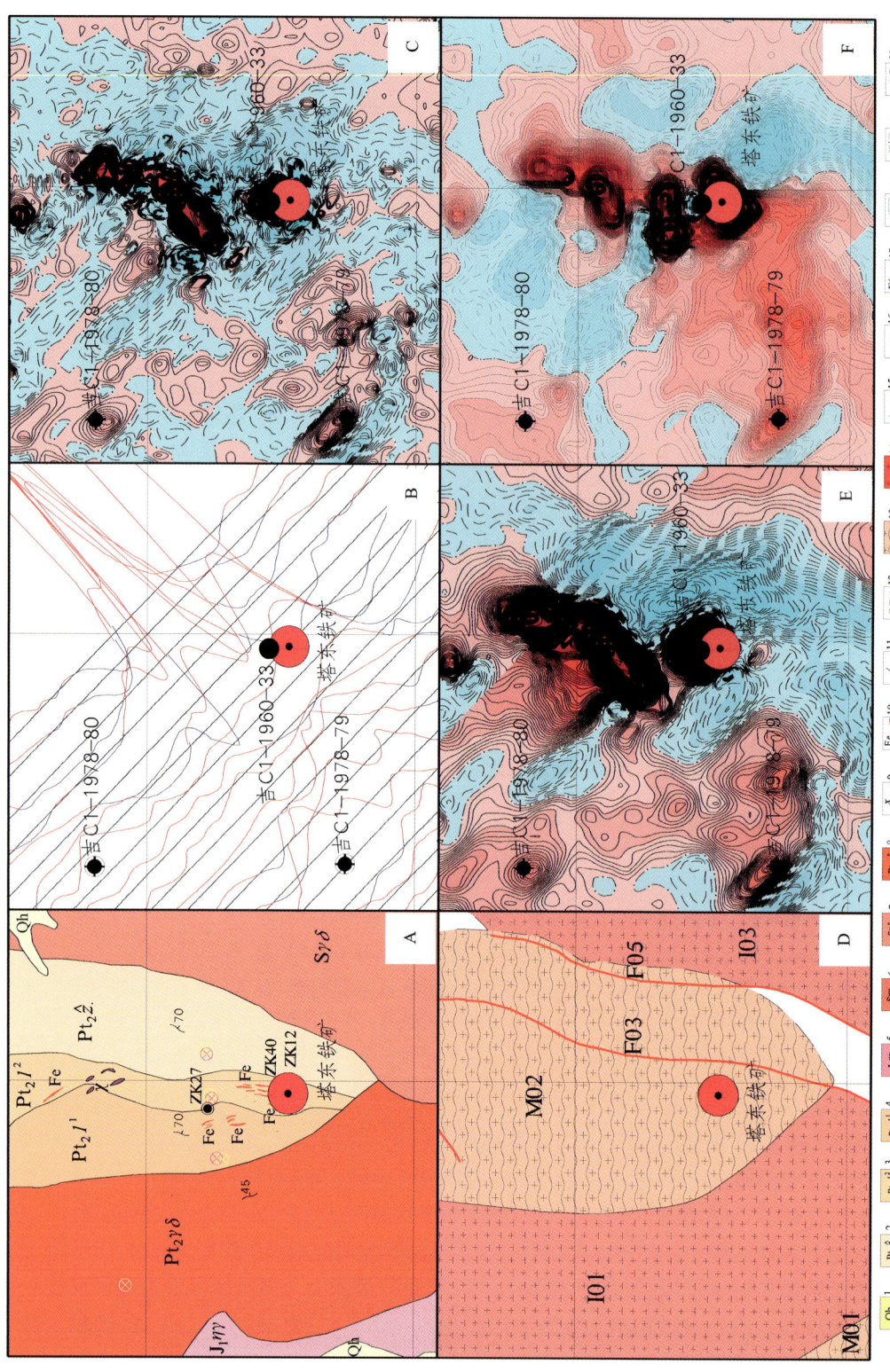

图 4-1-2 塔东典型铁矿床所在地区地质矿产及物探析图

A. 地质矿产图；B. 航磁ΔT剖面平面图；C. 航磁ΔT化极等值线平面图；D. 航磁推断地质构造图；E. 航磁ΔT化极垂向一阶导数等值线平面图；F. 航磁ΔT等值线平面图

1.全新世冲积砂砾石及黏土；2.珍珠门岩组黑云斜长片麻岩、黑云变粒岩、透辉角闪岩、斜长角闪岩；3.林西组斜长黑云片麻岩、斜长角闪岩；4.林西组浅粒岩、透辉斜长片麻岩、斜长角闪岩、磁铁斜长片麻岩；5.早侏罗世二长花岗岩；6.志留纪花岗闪长岩；7.志留纪二长花岗岩；8.中早元古代花岗闪长岩；9.煌斑岩脉；10.Fe矿体；11.产状及注记；12.钻孔及注记；13.航磁推断断裂性岩岩体及注记；14.航磁推断变质岩地层及注记；15.航磁异常位置及编号；16.铁矿床；17.断层及注记；18.正等值线；19.零值线；20.负等值线

3. 地磁异常

矿区有 1∶1 万地面磁异常 14 处,依据异常空间展布亦可划分为 3 段:南段有异常 3 处(M1、M2、M3),近南北向分布;中段有异常 6 处(M4、M5、M6、M7、M8、M9),北东向展布;北段有异常 5 处,北西向产出。总体形态为一近南北向似反"S"形的带状异常带,全长约 7km,宽 200~400m。从图 4-1-3 可以看出,地磁异常特征多为高强度尖峰状狭窄的带状异常,其规模大小不等,一般长约 200~1500m,宽约 30~100m,强度多为 $n×10^3 \sim n×10^4$ nT。此外,区内除了高、尖、窄异常外,在各异常段内还存在少量强度小于 5000nT 的低缓异常。

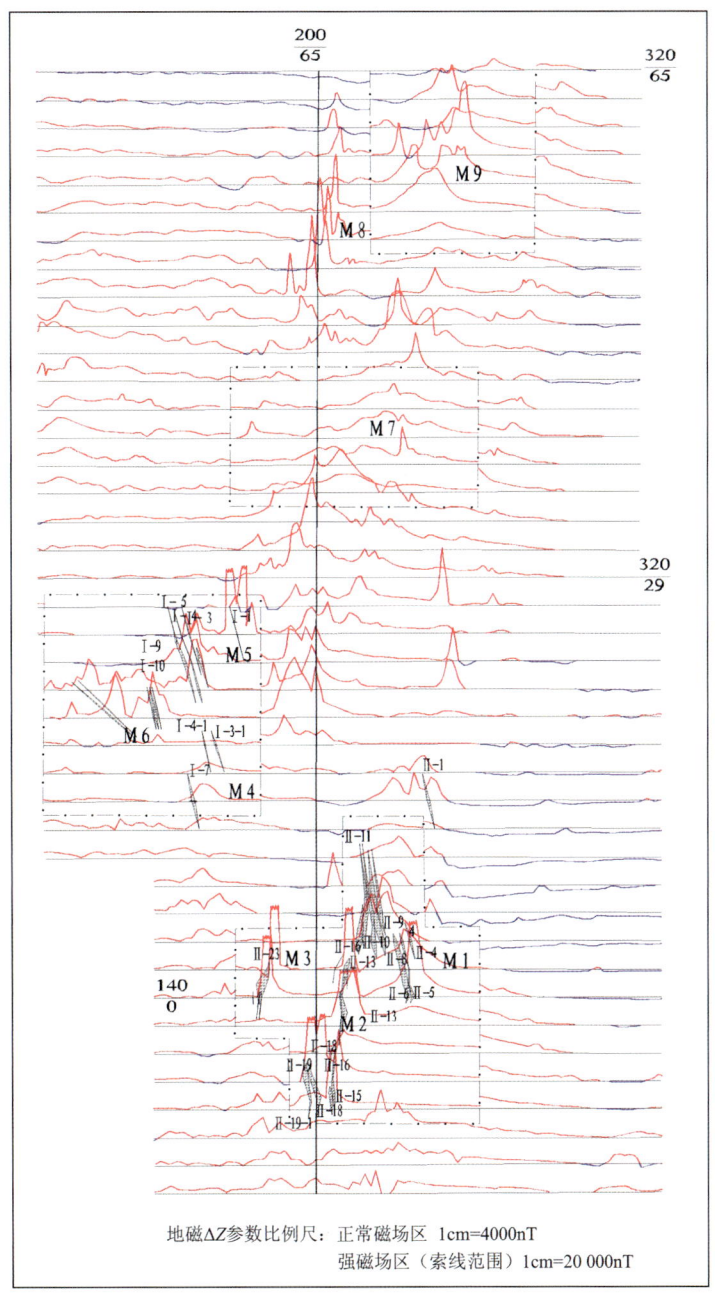

图 4-1-3 塔东铁矿区地面磁测异常图(引自王金库、许学洙,1980)

矿区地面磁异常经钻探勘探几乎全部得到了验证,绝大多数为含磷磁铁矿体引起。尖峰状高强异常多为出露或近地表的矿体反映,而低缓异常多半为隐伏盲矿体引起(图 4-1-4)。

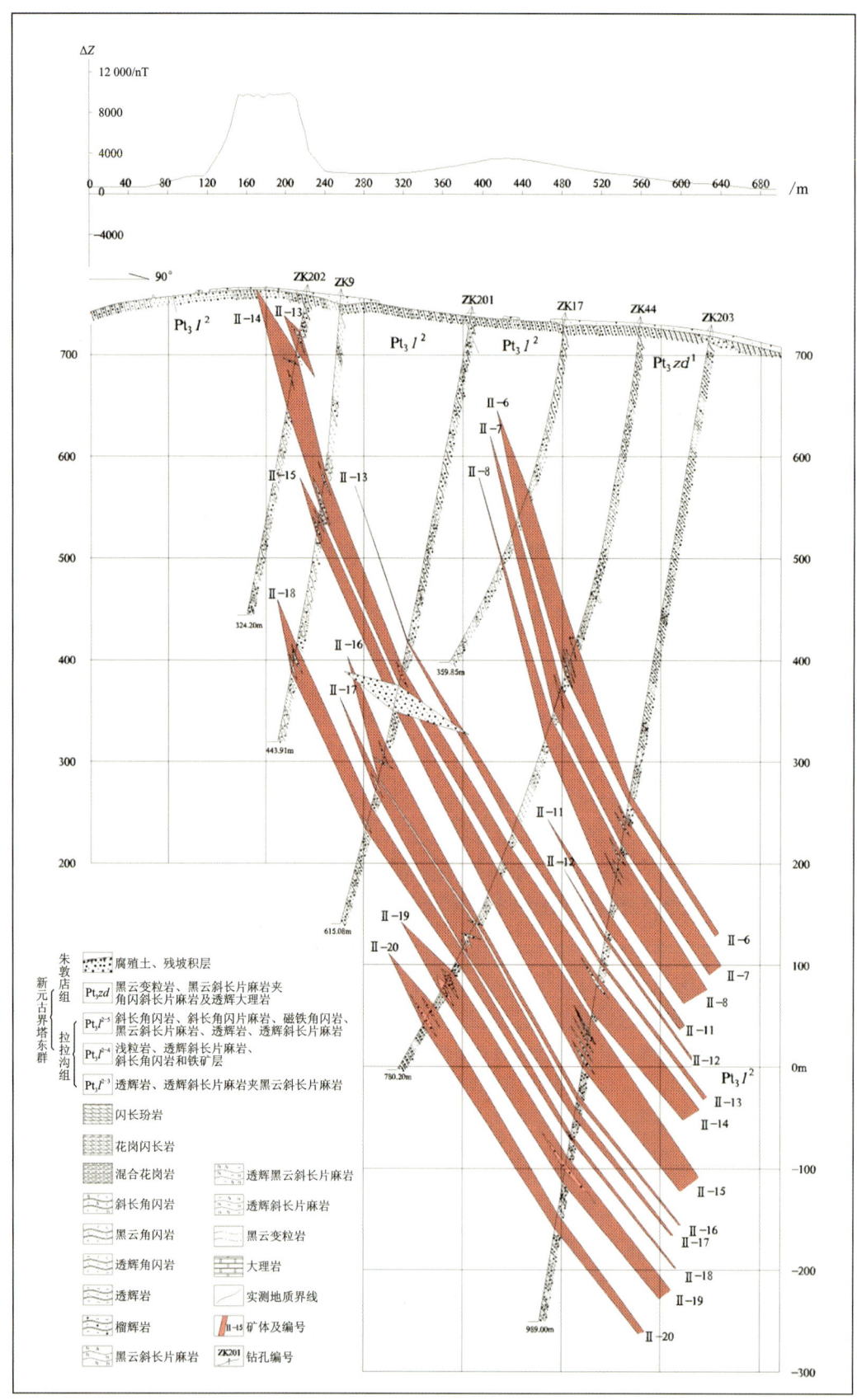

图 4-1-4 塔东铁矿区 2 号勘探线综合剖面图（引自王金库、许学洙，1980）

(三) 矿床地质—地球物理找矿模型

综合前述矿床地质、地球物理找矿标志,可将矿床地质—地球物理找矿模型归纳如下。

(1)塔东铁矿床是经历了原始海底火山喷发沉积成矿阶段后,又经区域变质和岩浆热液成矿作用叠加改造形成的海相火山沉积变质含磷、钒、钴的高硫贫铁矿床。

(2)矿体产出严格受下古生界志留系二合营子群红光组中段基性火山喷发沉积含铁建造控制。铁矿与角闪质岩石关系极为密切,这类岩石均赋存在红光组中段的3个喷发旋回的底部,是该类型铁矿赋存的基本规律。

(3)岩(矿)石物性特征。岩(矿)石标本重力密度参数:磁铁石英岩、含磁铁石英岩、其他成因磁铁矿密度分别为 $3.32 \times 10^3 kg/m^3$、$3.45 \times 10^3 kg/m^3$、$3.98 \times 10^3 kg/m^3$,元古宙密度为 $2.76 \times 10^3 kg/m^3$,矿体与围岩密度差分别为 $0.56 \times 10^3 kg/m^3$、$0.69 \times 10^3 kg/m^3$、$1.22 \times 10^3 kg/m^3$。它们之间明显存在着密度差异,这一差异的密度模型,为利用重力找矿提供了有利物理依据。

矿区岩(矿)石标本磁性测定指出,磁铁斜长角闪岩、磁铁角闪岩、磁铁角闪斜长片麻岩是塔东铁矿床主要矿石类型,常见磁化率分别为 $8900 \times 10^{-5} SI$,$7000 \times 10^{-5} SI$,$3500 \times 10^{-5} SI$,均属较强磁性,而其上下盘围岩磁性较弱,二者存在明显磁性差异。矿体与围岩存在低—高—低的磁性模型,为磁法找矿提供了有利物理依据。

重力、磁法的物性参数,即矿体与围岩的物性差异是找矿的可靠依据。

(4)塔东铁矿在区域重力场上位处局部相对重力高异常内,反映了早古生代底层褶皱隆起构造特征。这一古隆起直接控制了该类型铁矿含矿层位产出,因此,区域局部重力高异常是确定找矿远景区段的重要信息。

(5)塔东铁矿在1:5万~1:20万航空磁测中均有明显异常反映,尤其是1:5万成果的异常能够呈现出2800~4500nT高强度,形态规整的陡峰状异常。异常不仅能指示矿床的存在,而且能揭示矿床各矿段的分布。航磁异常是直接寻找此类型铁矿的区域找矿标志。

(6)矿区的1:5000~1:1万大比例尺地面磁测是划分矿段、圈定矿组(两个以上矿体组成的密脉带)或规模较大单一矿体的有效手段。区内近地表或出露矿体(成矿组)异常多是强度 $n \times 10^3 \sim n \times 10^4 nT$ 的狭窄尖峰带状异常,而具有一定埋深的盲矿体(或矿组)常表现为强度一般小于5000nT的低缓异常。此外,地面磁异常尚能提供有关矿体(或矿组)的产状、埋深等有用信息。因此,地面磁测是详查找矿不可缺少的重要方法。

二、老牛沟铁矿床

老牛沟大型沉积变质铁矿,是吉林省重要铁矿资源产地,产于太古宙晚期绿岩带内,近于火山-沉积型向沉积型过渡类型。与世界古老变质岩铁矿床类比,老牛沟应属"阿尔果玛B型"。

(一) 矿床地质简述

该矿床位于吉林省南部地台区龙岗复式背斜北东端会全栈古穹隆北侧边缘的北西向挤压构造带内。矿区内次级近于平行的北西向(290°~310°)高角度逆断层发育,控制了老牛沟铁矿带分布。

区内出露地层主要为太古宇夹皮沟群三道沟组的一套绿片岩相-角闪岩相变质岩系,原岩属海相基性火山-沉积建造，为老牛沟铁矿的赋矿层位。三道沟组地层按其火山—沉积旋回可分为上、下两个亚组，形成了两个含铁硅铁质建造，特别是上亚组对铁矿富集更为有利。三道沟组下亚组岩性为斜长角闪岩夹多层绢云母石英片岩、磁铁闪石岩及少量混合岩、混合花岗岩；上亚组岩性为绢云母石英片岩、绿泥石角闪片岩夹斜长角闪岩及磁铁石英岩。这两个含矿层位应归属太古宙晚期浅变质（绿片岩相）绿岩建造。区内三道沟组上、下亚组分别是该矿床北、南矿带的赋矿层位。

矿石金属矿物以磁铁矿为主，次为钛铁矿、钛磁铁矿、钛铁矿、板钛矿、锐钛矿、黄铁矿、磁黄铁矿、黄铜矿、闪锌矿、方铅矿等；次生矿物主要为赤铁矿、褐铁矿、孔雀石。矿石多为条带状、片麻状、块状构造。矿石类型以磁铁石英岩和磁铁闪石岩两种类型为主。前者主要出现在东部矿体，后者常见于西部矿体，中部矿体以混合型矿石为主。矿石铁的品位沿走向和倾向变化不大，一般较为稳定，TFe多在20%～40%，平均为31.49%。

该矿床成矿物质主要来源于海底中基性火山喷发—沉积，经过海水搬运和溶解沉淀富集，并且叠加后期区域变质、混合岩化热液变质改造而形成。

（二）矿床地球物理异常特征

1. 矿床所在区域重磁场特征

由图4-1-5可知，老牛沟铁矿恰好位于会全栈圆形布格重力高异常的北东侧梯级带上。重力高异常东西长70km、南北宽60km。异常中心位于老金厂附近，该异常由中部高值区和周围环形梯度带两部分组成。在高值区向周边梯级带的过渡带上，局部重力等值线出现正向变异（如苇厦子、老牛沟、夹皮沟等）。经与地质关联，异常处于龙岗古隆核的北端，出露岩性系属太古宇四道砬子河组、杨家店组及三道沟组中-深变质的古老岩系，其周边被深大断裂所环绕。北西侧有辉发河深断裂，北东侧有富尔河深断裂，东南为两江深断裂，南西侧有一北西向区域断裂存在。据此判定此异常是由太古宙古穹隆构造所引起，这是本区基本构造格架特征。高值区与下、中太古界四道砬子河组和杨家店组地层关系密切，而周边局部正向变异多与太古宙晚期绿岩地体有关。由已知矿产分布不难看出，异常周边的环形梯级带控制了区内金、铁矿产的分布，特别是北东侧的苇厦子—夹皮沟北西向的梯级带控制夹皮沟金矿带和老牛沟铁矿带的产出。此外，异常梯级内正向变异部位往往与中大型金、铁矿床有关，如苇厦子变异带有板庙子金矿、苇厦子铁矿，老牛沟变异带赋存有老金厂金矿、老牛沟铁矿，夹皮沟变异带则是夹皮沟、二道岔、六批叶金矿床分布区。由此不难推断，会全栈高值重力异常周边环形梯级带和异常的四周正向变异带是重要的找矿信息，不应忽视。

在1:25万区域航磁异常图上，铁矿床位于南北向和北西向正局部磁异常在北西方向的会合处，在区内为北部正、负磁异常区交界处，正、负磁异常形态多样，但总体上以东西向、北东向、北北西向为主，反映出异常受槽台交界处区域性深大断裂构造及两侧次一级断裂构造控制的基本特征。负磁异常区地表分布有新元古界红旗沟岩组、达连沟岩组大理岩、变质砂岩等轻变质沉积地层及北西向延伸的韧性剪切带。正磁异常区地表出露中太古代英云闪长质片麻岩、新太古代变质花岗岩及新太古代表壳岩，新太古代表壳岩与正磁异常区上叠加的局部高磁异常关系密切。在航磁异常化极和化极垂向一阶导数异常图上，正磁异常条带状及走向特征清晰、醒目，铁矿床处于规模较小的北西向椭圆状局部正磁异常北东侧边缘上，梯度较陡，异常长7.5km，宽3.5km。经过矿床的北北西向梯度带和北侧的北西向梯度带特征更明显，反映出断裂构造存在的位置。

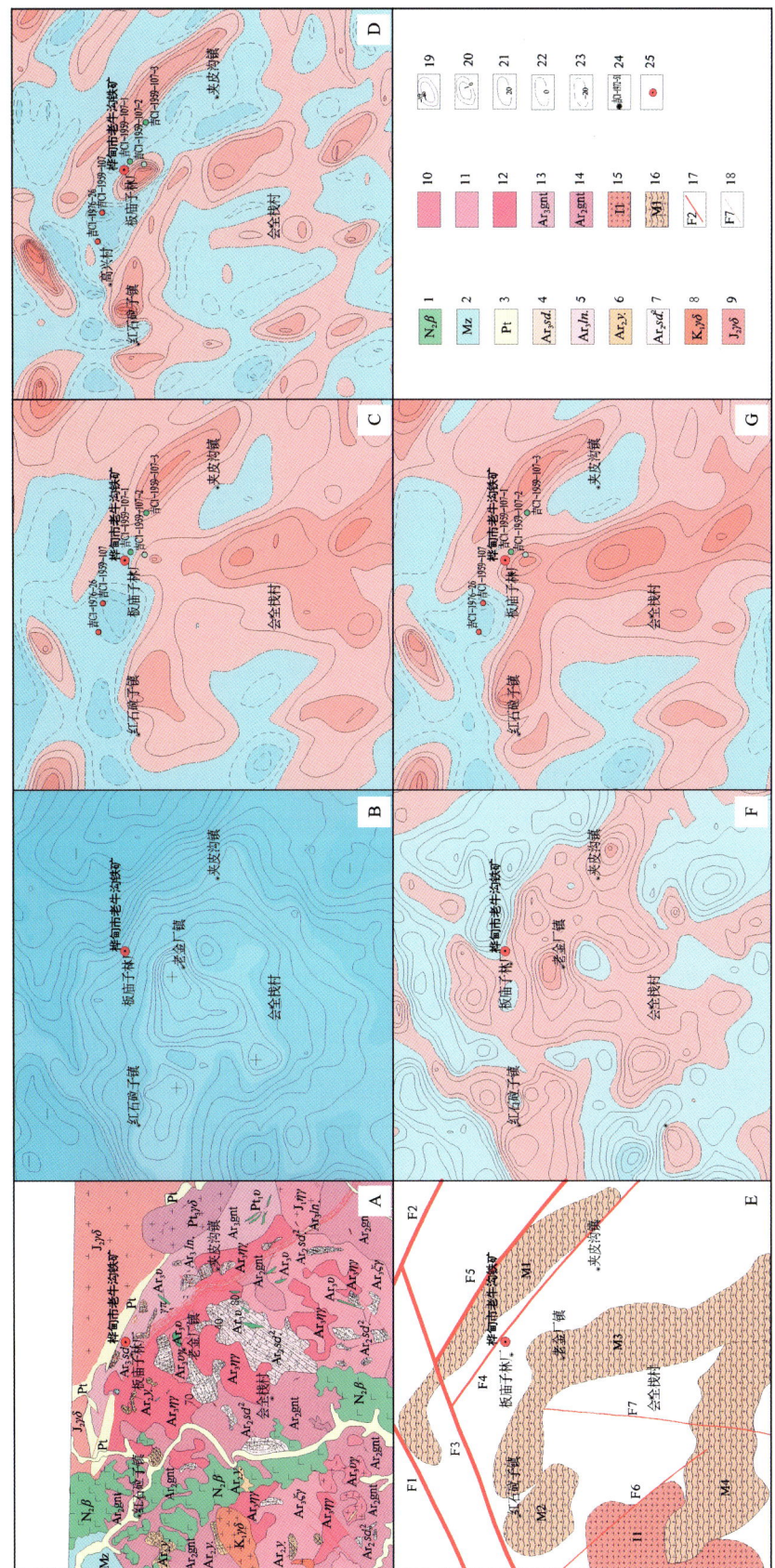

图 4-1-5　老牛沟典型铁矿床所在区域地质矿产及物探剖析图

A. 地质矿产图；B. 布格重力异常图；C. 航磁 ΔT 等值线平面图；D. 航磁 ΔT 化极垂向一阶导数等值线平面图；E. 重磁推断地质构造图；F. 剩余重力异常图；G. 航磁 ΔT 化极等值线平面图

1. 新生代新近纪上新世玄武岩；2. 中生代火山岩；3. 元古宙地层碳酸盐岩，碎屑岩及轻变质岩；4. 三道沟岩组；5. 老牛沟岩组；6. 杨家店岩组；7. 四道岔子河岩组；8. 早白垩世花岗闪长岩；9. 中侏罗世花岗闪长岩；10. 新太古代紫苏花岗岩；11. 新太古代变钾长花岗岩；12. 新太古代变英云闪长岩；13. 新太古代变英云闪长质片麻岩；14. 中太古代英云闪长质片麻岩；15. 重磁推断酸性岩体及注记；16. 重磁推断变质变质岩地质及注记；17. 重磁推断一级断裂及注记；18. 重磁推断二级断裂及注记；19. 布格重力异常（14km×14km）；20. 剩余重力异常值；21. 航磁正等值线/nT；22. 航磁零值线；23. 航磁负等值线/nT；24. 航磁异常点及注记；25. 铁矿床

注：原地质矿产图及重磁推断地质构造图比例尺为 1:25万；航磁数据为 2km×2km 网格数据，重力为 1:20万数据。

2. 矿床所在地区磁场特征

老牛沟沉积变质铁矿床,在1:10万和1:5万航磁图上均有清晰高磁异常反映,尤其后者更为明显(图4-1-6)。矿床1:5万航磁异常,是由吉C1-1959-107、吉C1-1959-107-1、吉C1-1959-107-2、吉C1-1959-107-3及吉C1-1976-26等5个异常组成的北西向异常带,长24km,宽1.5~5km。该异常于三道沟开始向东分成南北两支(北支由吉C1-1959-107-1和吉C1-1959-107-3组成,南支为吉C1-1959-107-2异常),二者之间相距1.7~5km。老牛沟铁矿1:5万航磁异常为在较平稳负背景场上出现的高强度、陡峰状、带形异常,其强度两端弱(167~586nT)、中间强(1335~3270nT),两侧梯度陡并伴负值。南、北2个异常带是由多个近椭圆形的局部异常组成(图4-1-6)。北部异常带由西至东分布有$I_{1,2}$(586~1158nT)、II(1335nT)、III(1625nT)、IV(1490nT)、$V_{1,2}$(135~307nT)、VI(390nT)6个异常;南带展布有VII(1770nT)、VIII(3070nT)、IX(2640nT)、X(167nT)4个异常。与地质关联,北带的6个局部异常分别是由北矿带上的苇厦子、头道河子、三道沟、大西沟东山、稻草沟、四道河6个矿段内矿体群的综合反映;南带的4个局部异常则分别由南矿带中的大西沟、杨树沟、小东沟、高力屯4个矿段中的矿体群综合引起。

综上可知,航磁异常特征反映了老牛沟铁矿南、北分带,带内分段,段内矿体成群的特点。

3. 地磁异常

截至1979年10月,完成了矿区近百平方千米1:5000比例尺地面磁测,发现了强度、规模不等磁异常百余处。由于矿床各类铁矿石与围岩磁性差异大,各矿段内已知矿体均有地磁异常反映,一些未知异常经工程查证,亦多由埋深不等的盲矿体所引起。找矿勘查表明,地磁找矿效果不仅具有1:5万航磁划分矿带和区分矿段作用,还能直接圈定出露或近地表较大矿体(或密脉带)及发现一定埋深盲矿体,找矿效果更为显著。

图4-1-7为大西沟东山矿段地磁异常等值线图,该矿段地磁异常分为两条北西向近平行异常带,北侧主要由C2、C3、C4 3条紧密相邻的狭窄带状异常组成,强度多在2000~8000nT;南侧由断续分布的C10-1和C10-2两个异常组成,异常形态较北侧异常复杂,但规模相对较大,强度亦多在2000~8000nT。经与地质图扣合、关联,矿体与异常基本吻合,形态大体一致,异常系由矿引起无疑。出露或近地表较大的单一矿体或矿脉带上的异常均为狭长、高强度、陡梯度、北侧伴有一定负值带状异常。单矿体上的异常多为规整的单峰状异常;由相邻很近的2~3条矿体组成的矿带,其异常常出现双峰状或多峰状。当矿体为有一定埋深盲矿体(或脉带)时,地磁异常多呈规整、低缓状异常(图4-1-8,图4-1-9)。

(三)矿床地质—地球物理找矿模型

老牛沟铁矿地质—地球物理找矿模型,依据前述矿床地质特征和地球物理异常标志可归纳、总结如下。

(1)老牛沟铁矿成矿物质主要来源于海底中基性火山喷发—沉积作用。矿床成因经过了早期火山喷发—沉积阶段,中期铁质聚集阶段、区域变质(含混合岩化)作用阶段而形成的。

(2)该矿床严格受北西向区域性挤压构造带控制,呈北西带状产出。太古宇夹皮沟群上部三道沟组绿岩建造为本矿床含铁地层。矿床北矿带主矿体往往都产于道沟组上亚组的下部,而南矿带则赋存在下亚组的上部,这是矿床成矿的重要标志。

(3)岩(矿)石物性特征。岩(矿)石标本重力密度参数:其他成因磁铁矿、磁铁石英岩、赤铁矿密度分别为3.98×10^3kg/m^3、3.32×10^3kg/m^3、4.08×10^3kg/m^3,太古宇夹皮沟群密度参数为2.90×10^3kg/m^3,矿体与围岩密度差分别为1.08×10^3kg/m^3、0.42×10^3kg/m^3、1.18×10^3kg/m^3。它们之间明显存在着密度差异,这一差异的密度模型,为利用重力找矿提供了有利物理依据。

第四章 典型矿床地质—地球物理特征

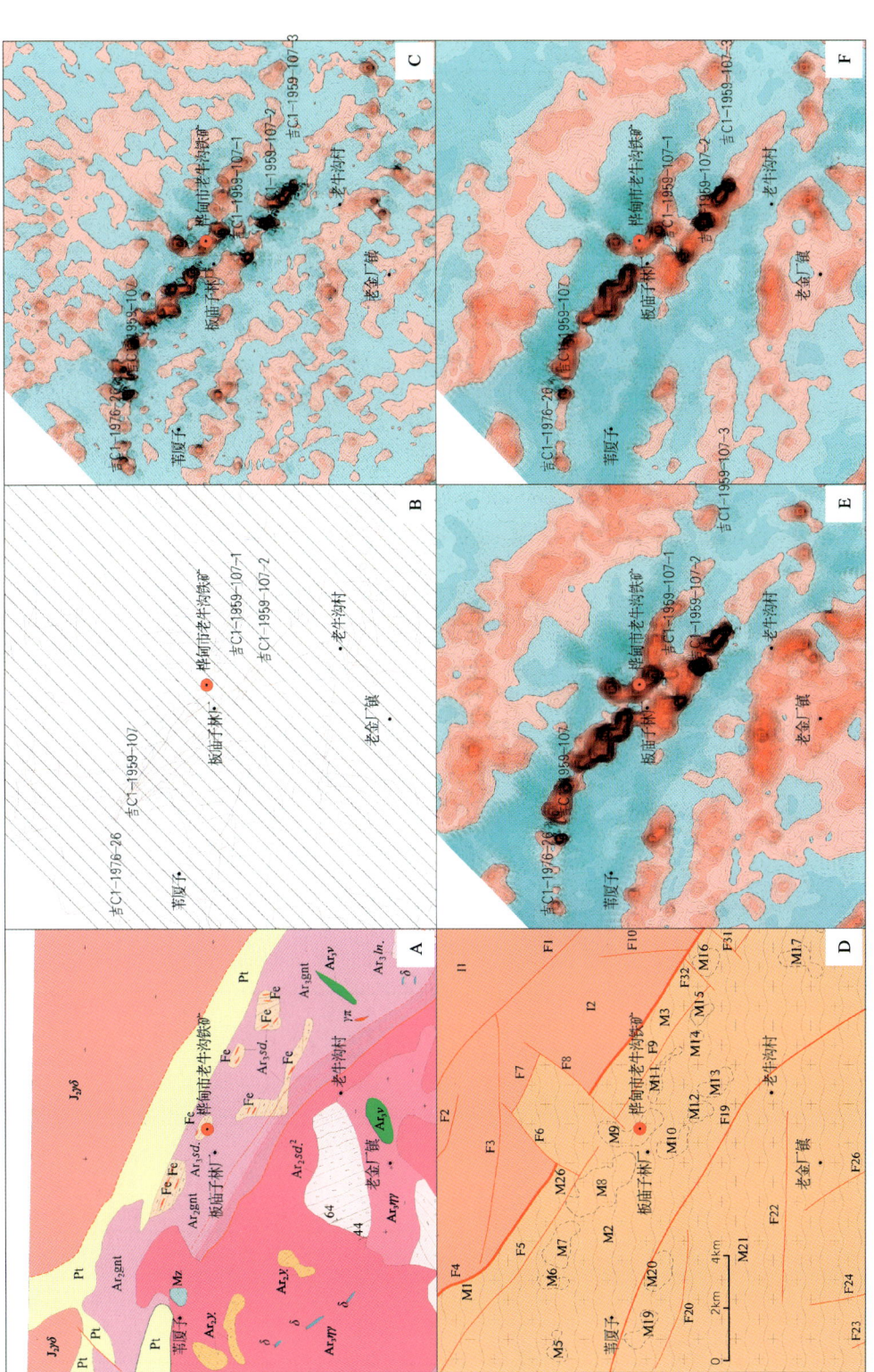

图 4-1-6 老牛沟典型铁矿床所在地区地质矿产及物探剖析图

A. 地质矿产图；B. 航磁ΔT剖面平面图；C. 航磁ΔT化极等值线平面图；D. 航磁推断地质构造图；E. 航磁ΔT化极垂向一阶导数等值线平面图；F. 航磁ΔT等值线平面图

1. 中生代火山岩；2. 元古宙碳酸盐岩、砂砾岩、粉砂岩；3. 三道沟岩组；4. 老牛沟岩组；5. 杨家店岩组；6. 四道砬子河岩组；7. 新太古代变二长花岗岩；8. 新太古代变辉长-辉绿岩；9. 中太古代变石英闪长质片麻岩；10. 花岗斑岩脉；11. 闪长岩脉；12. 磁铁石英岩；13. 产状；14. 性质不明断层/推测断层；15. 韧性剪切带；16. 重磁推断变质岩地层及注记；17. 重磁推断酸性岩体及注记；18. 重磁推断一级断裂/二级断裂/三级断裂；19. 重磁推断出露地质界线/隐伏、半隐伏地质界线；20. 航磁异常编号；21. 铁矿床；22. 正等值线nT；23. 零值线nT；24. 负等值线nT

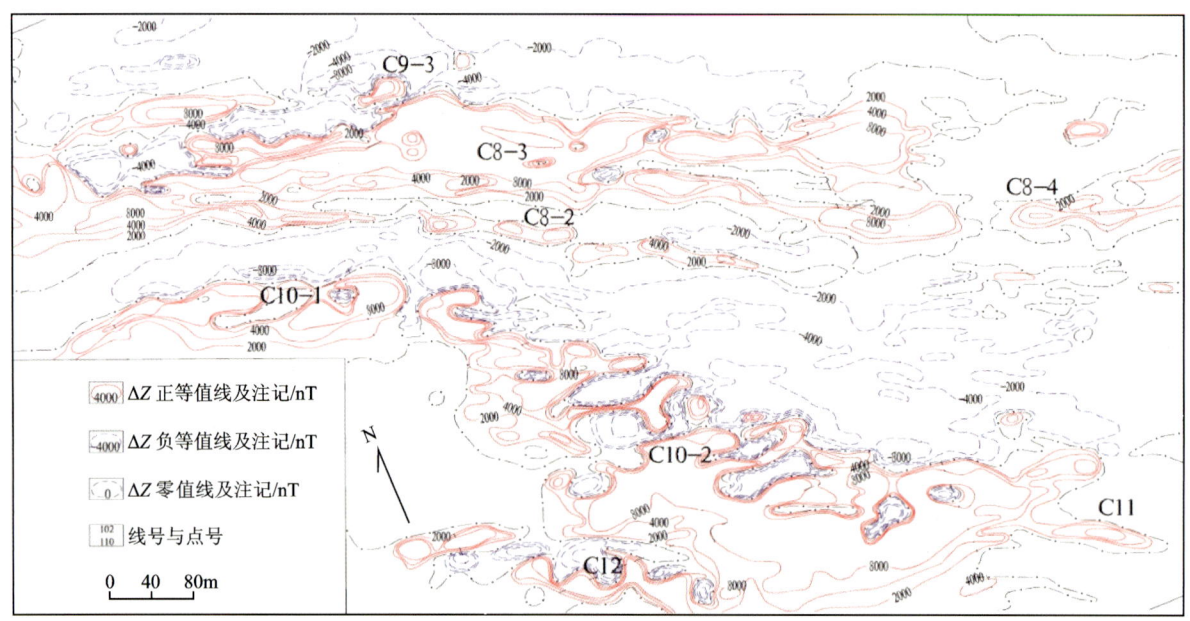

图 4-1-7　桦甸市老牛沟铁矿区大西沟东山矿段 ΔZ 等值线平面图（引自关显祖等,1983）

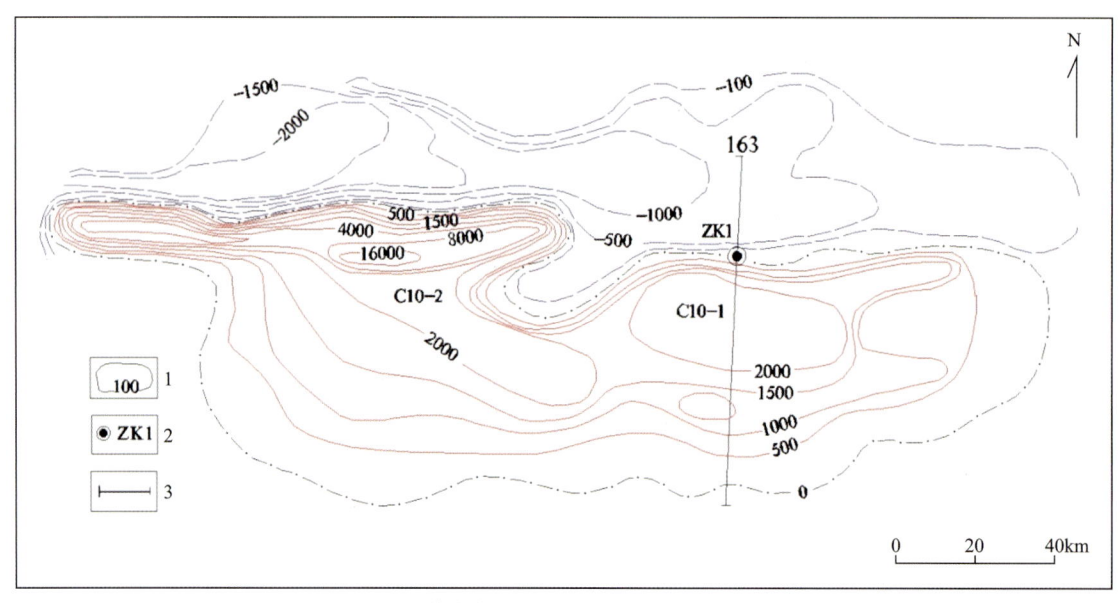

1.ΔZ 等值线及注记/nT；2.钻孔；3.剖面线

图 4-1-8　C10 异常 ΔZ 等值线平面图（引自关显祖等,1983）

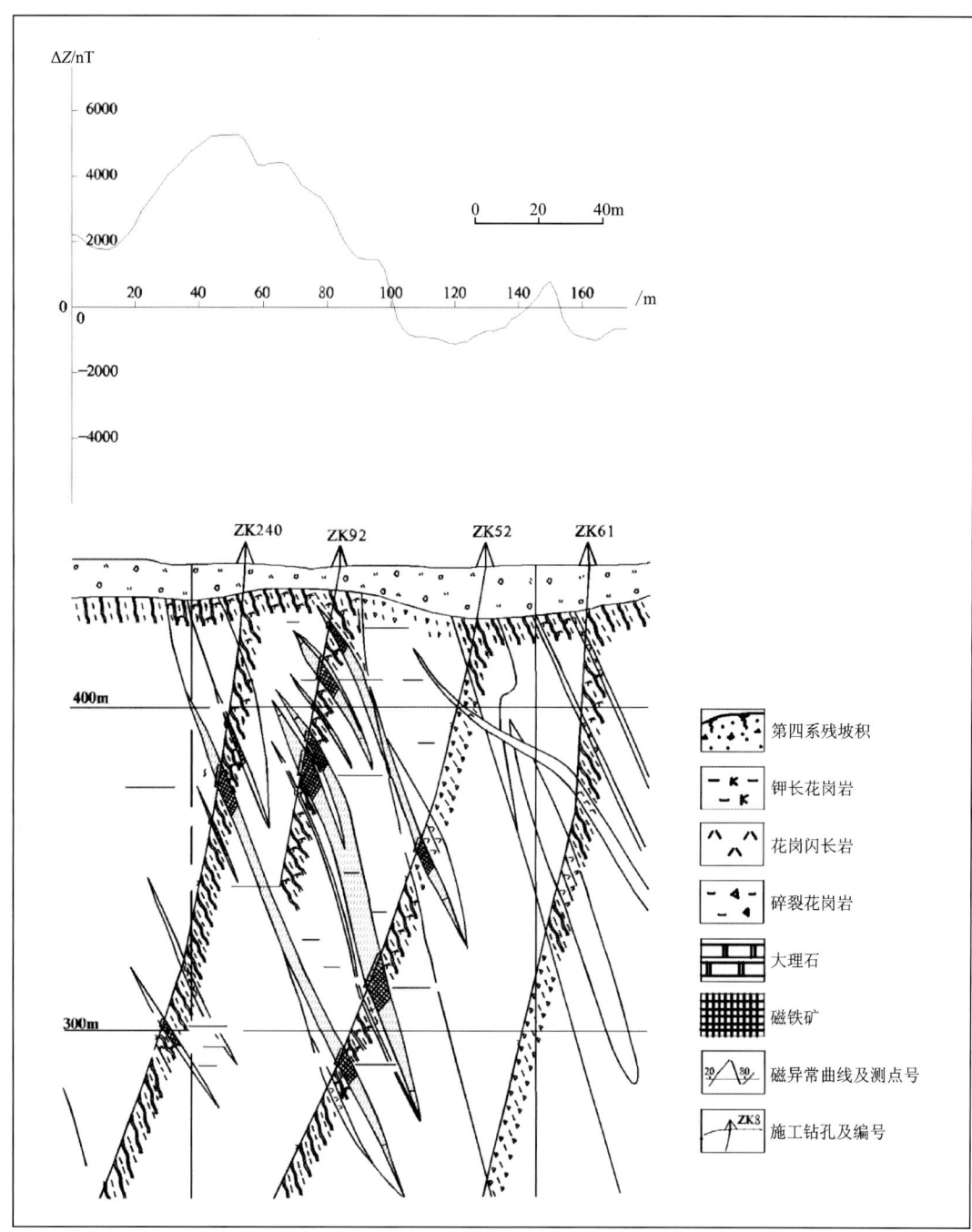

图 4-1-9　桦甸市老牛沟铁矿区(稻草矿段)163 线综合剖面图(引自关显祖等,1983)

磁铁石英岩和磁铁角闪石岩是老牛沟铁矿床矿体的两种主要矿石类型。经矿区岩(矿)石物性标本测定,两类矿石均属强磁性矿石,前者常见磁化率 κ 为 $97\,000\times10^{-5}$ SI,J_r 为 $29\,000\times10^{-3}$ A/m。但矿区广泛分布的变质岩类和混合岩类磁性相对较弱,与矿石磁性差异较大,因此,本类型矿床具有较充分的磁测找矿物理前提。

(4)老牛沟铁矿位于 1:25 万区域重力场中高、低布格异常间北西向的线性梯度带上,和其局部正向变异扭曲部位。重力异常特征清晰地反映了成矿的地质构造条件和产出的有利部位。故区域重力区域异常特征是划分此类型铁矿成矿远景区、段的重要地球物理信息。

(5)1:5 万航磁异常具有直接圈定矿带和划分矿段的找矿效果,其异常特征是在平稳负背景场上呈现由强度 $167\sim3270$ nT 不等的多个椭圆状局部异常有规则排布成的带状异常,与其附近异常比,具有强度高、梯度陡、形态规律等特征。

(6)1:5000地面磁测,可以直接圈定出露或近地表规模较大的铁矿体或多个矿体组成的矿脉带,两者均有强度大(5000～1000nT)、梯度陡、狭长带状异常反映,但异常形态不同,前者多为规律的单峰状,而后者常见为双峰状或多峰状。此外,地面磁测尚能发现有一定埋深和规模的盲矿体,异常多为强度小于5000nT的低缓异常。

三、板石沟铁矿床

(一)矿床地质概述

板石沟大型沉积变质铁矿床位于吉林南部台区龙岗复背斜南翼边缘四方山—板石沟北东向倒转复式向斜北东段之珍珠门—上青沟向斜核部,其西南侧与浑江凹陷相邻。

矿区出露地层为太古宇夹皮沟群杨家店组一套角闪岩相沉积变质岩系,原岩归属太古宙早期硅铁质绿岩建造的上部层位,为鞍山式铁矿的主要赋矿层位。其中,含磷硅铁质建造成矿最为有利,为板石沟铁矿的赋存层位。它的岩石组合主要有斜长角闪岩、黑云斜长片麻岩、角闪片岩、浅粒岩夹磁铁石英岩等。

矿区构造是以北东向构造体系和东西向构造体系联合作用为特点,控制了矿区地层和矿体的空间分布。出露地层走向为北东东向,倾向北西,倾角40°～60°。矿带呈纺锤状近东西向产出,长8km,宽3km(最宽处)。全区共查明工业矿体142个,按其产出可划分为15个矿组。

该矿床产于杨家店组上亚组含磷硅铁质建造中,矿体形态以似层状为主,界线与围岩清晰,产状一致。矿体围岩为含铁斜长角闪岩、角闪片麻岩、角闪石、云母片岩及混合岩。矿体多成群分段产出,规模大小不一,长100～1150m,厚几米至35m,延深多小于延长。矿石类型主要为石英磁铁矿、石英角闪磁铁矿和角闪磁铁矿3种。

(二)矿床地球物理异常特征

1. 矿床所在区域重磁场特征

板石沟铁矿在1:25万区域布格重力等值线图上一相对局部重力高异常内(图4-1-10)。异常呈北东向规整椭圆状,长8km,宽4km,为一北东向重力高异常带上叠加异常,矿区叠加剩余异常形态和范围与板石沟铁矿带基本吻合。结合地质资料综合分析,异常恰处在板石镇向上斜,与杨家店组的上亚组含磷硅铁质建造层位相同,故该异常认为与古太古代上部旋回顶部角闪岩相含铁绿岩地层关系密切,进而指出了板石沟鞍山式铁矿赋矿层位的分布和矿区控矿构造基本特点,是间接找矿的重要地球物理标志。在剩余重力等值线图上,铁矿床处于区内中部局部重力高异常带西侧梯度带由南西转为北西的转折部位,反映出2个方向的断裂构造在此交会的特征。在1:25万区域航磁异常图上,铁矿床位于椭圆状局部正磁异常上,以100nT等值线圈定的局部正磁异常呈北东东走向,长7.5km,宽4.2km,最大值200nT,异常北西侧为强度较低的负磁异常。该处地表出露太古宇杨家店组含磷硅铁质建造。在航磁异常化极和化极垂向一阶导数异常图上,由于消除了地磁场斜磁化的影响,铁矿床处于局部正磁异常中心位置。

2. 矿床所在地区磁场特征

板石沟铁矿在1:5万航磁图上有明显异常反映(图4-1-11),异常系由吉C1-1977-15、吉C1-1977-17、吉C1-1977-239、吉C1-1977-16、吉C1-1977-21等5个编号异常组成。它的形态呈一北东东向似纺锤状异常带,长11km,最宽处5km,异常强度大(190～888nT)、梯度北陡南缓,北侧以伴有-220～-150nT负值异常为特征。

第四章 典型矿床地质—地球物理特征

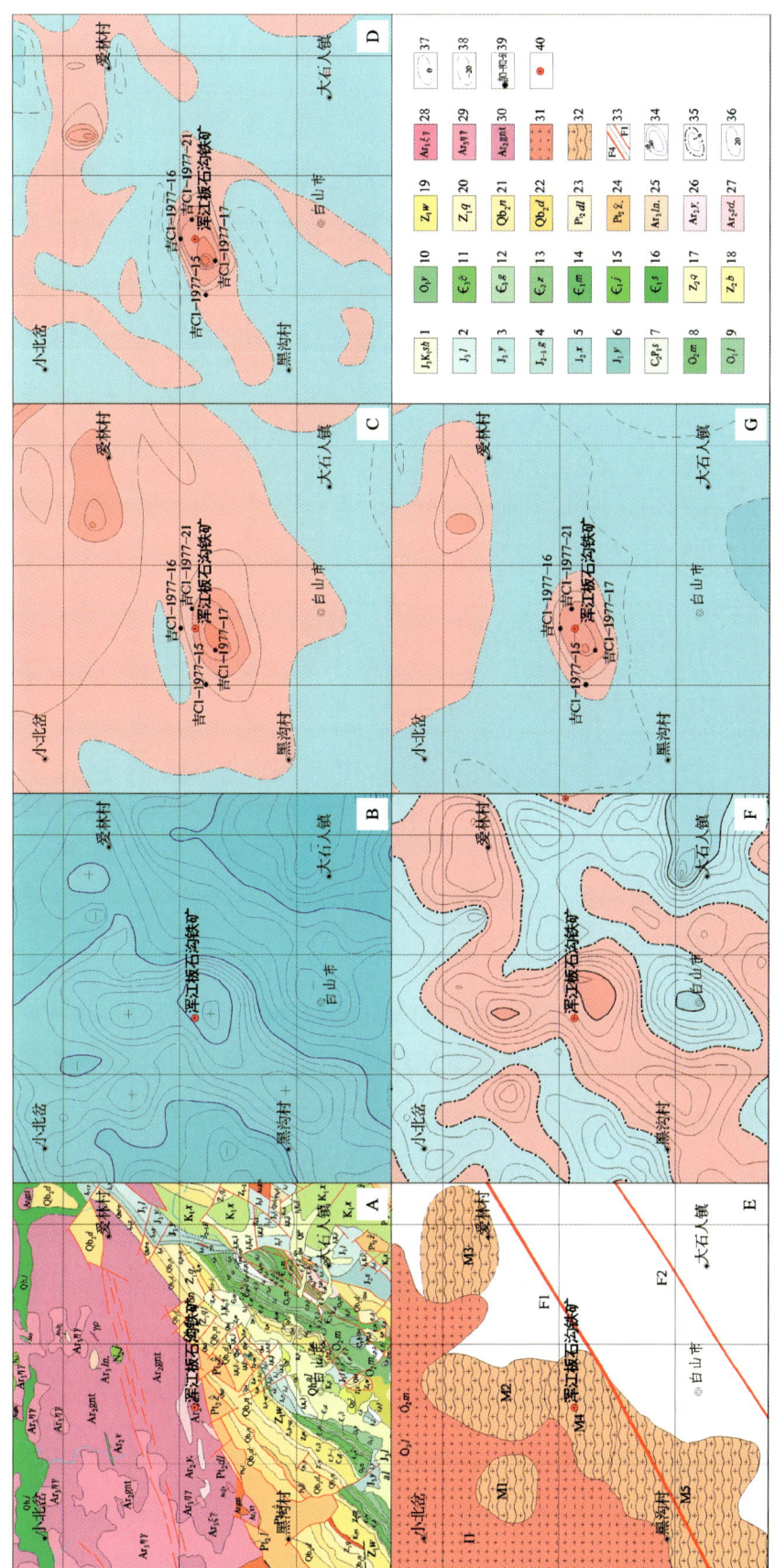

图 4-1-10 板石沟典型铁矿床所在区域地质矿产及物探剖析图

A. 地质矿产图；B. 布格重力异常图；C. 航磁ΔT等值线平面图；D. 航磁ΔT化极等值线平面图；E. 重磁推断地质矿产反物探剖析图；F. 剩余重力异常平面图；G. 航磁ΔT化极等值线平面图

1.石人组；2.林子头组；3.鹰嘴砬子组；4.果松组；5.小东沟组；6.义和组；7.石嘴子组；8.马家沟组；9.亮甲山组；10.冶里组；11.炒米店组；12.崮山组；13.张夏组；14.馒头组；15.碱厂组；16.水洞组；17.青沟子组；18.八道江组；19.万隆组；20.桥头组；21.南芬组；22.钓鱼台组；23.大栗子组；24.珍珠门岩组；25.老牛沟岩组；26.杨家店岩组；27.四道砬子河岩组；28.变钾长花岗岩；29.变二长花岗岩；30.英云闪长质片麻岩；31.变质表壳性岩体及注记；32.重磁推断变质性岩体及注记；33.重磁推断地层及注记；34.布格重力异常等值线；35.剩余重力异常等值线；36.航磁正等值线/nT；37.航磁负等值线/nT；38.航磁ΔT化极等值线/nT；39.航磁异常点及编号；40.铁矿床

注：原地质矿产图、重磁推断地质矿产图比例尺为1:25万；航磁数据为2km×2km网格数据，重力为1:20万数据。

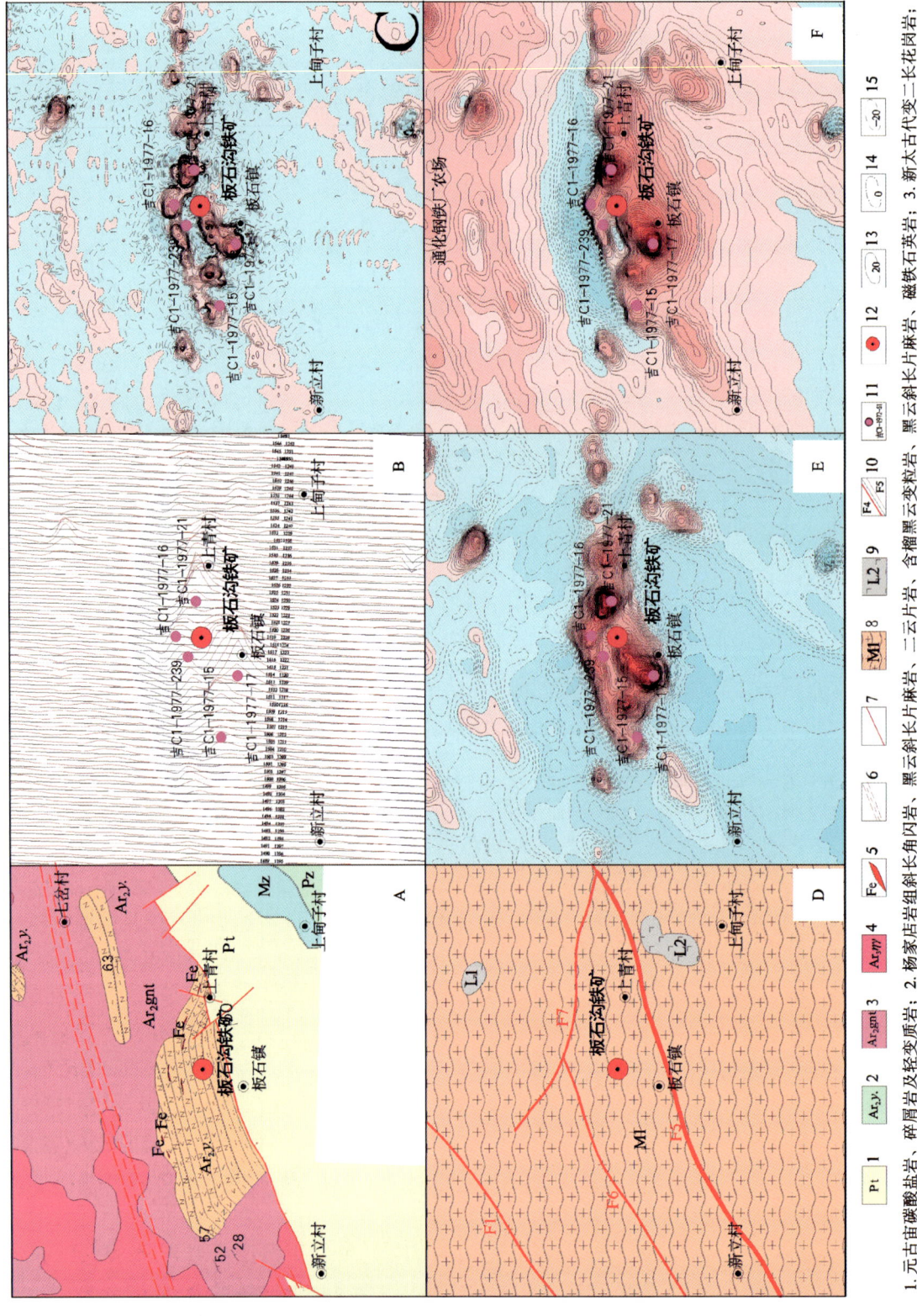

图 4-1-11 板石沟典型铁矿床所在地区地质矿产物及物探剖析图

A. 地质矿产图；B. 航磁ΔT剖面平面图；C. 航磁ΔT化极垂向一阶导数等值线平面图；D. 航磁推断地质构造图；E. 航磁ΔT化极等值线平面图；F. 航磁ΔT等值线平面图

1. 元古宙碳酸盐岩、碎屑岩及轻变质岩；2. 杨家店岩组斜长变质岩；3. 新太古代变二长花岗岩；4. 中太古代英云闪长质片麻岩；5. 磁铁石英岩；6. 韧性剪切带；7. 性质不明断层；8. 重磁推断变质岩地层及注记；9. 重磁推断火山岩岩体及注记；10. 重磁推断二级断裂、三级断裂及注记；11. 航磁异常点及编号；12. 铁矿床；13. 正等值线/nT；14. 零等值线/nT；15. 负等值线该异常是由多个近椭圆状局部异常构成，大体可分为南、北两带。北带呈向北突出的弧形，由吉 C1-1977-239、吉 C1-1977-16、吉 C1-1977-21 等 3 个异常组成，各异常间连续性较好，规律性明显；南带呈略向南突出弧形串珠状异常带，异常出现在西半段。异常规模大小不一，其中吉 C1-1977-17 号异常最大，长 2.5km，宽 1.2km，呈北东向椭圆状，最大强度 888nT，梯度北西侧略大于东南侧，北端伴有不大的负值异常，经综合分析，该异常应由埋深较大的盲矿体引起。北带吉 C1-1977-21 号异常系由上清沟矿段 1、2、3、4、5、6、7、8 等矿组综合引起，吉 C1-1977-16 和吉 C1-1977-239 两异常为李家堡子的 9、10、11、12、13、14、15 矿组综合反映；南带吉 C1-1977-15 和吉 C1-1977-17 号异常则由棒槌园子矿段的 16、17、18 矿组所引起。由此看出，1∶5 万航磁异常能够较准确圈出板石沟矿带范围，清晰划出各矿段的分布。

3. 地磁异常

板石沟铁矿区 1∶10 000 地面磁法找矿效果十分显著，依然测出了一近东西分布的似纺锤状异常带，长 9km，最宽处 3.5km。它的结构亦同航磁一样出现了南北 2 个异常带。北带由 1，2，…，15 等局部异常组成，而南带分布有 16、17、18、19 等 4 个异常。总的看来，地磁异常具有强度高（1000～10 000nT）、梯度陡，呈狭窄尖峰状，北侧多伴有一定的负值，异常成带、分段、成群分布等特征。矿区工程勘探表明，区内绝大多数异常由铁矿体引起，地磁异常是矿区找矿评价的重要标志。

（三）矿床地质—地球物理找矿模型

依据上述矿床地质、地球物理找矿标志，将该矿床地质—地球物理找矿模型归纳如下。

（1）板石沟铁矿床铁质来源于海底中基性火山喷发—沉积作用，经过火山喷发间歇或者后期的海水作用聚集形成含磷硅铁质建造后，再经过区域变质和混合岩化热液叠加、改造而形成。矿床处于区域北东和东西两组构造体系联合控制的珍珠门-上清沟向斜的太古宙早期绿岩带上部沉积旋回杨家店组第三亚组角闪岩相地层中。

（2）石英磁铁矿、角闪磁铁矿是板石沟铁矿的主要矿石类型，标本磁性测定表明两类矿石均属极强磁性，前者磁化率（κ）为 $130\,000\times10^{-5}$SI，剩余磁化强度（J_r）为 $30\,610\times10^{-3}$A/m；后者 κ 为 $112\,300\times10^{-5}$SI，J_r 为 $23\,150\times10^{-3}$A/m。然而，矿体围岩磁性均属弱—中等强度，与矿石磁性差异十分明显，具有较充分磁性找矿前提。岩（矿）石标本重力密度参数：磁铁石英岩、其他成因磁铁矿密度分别为 3.32×10^3kg/m^3、3.98×10^3kg/m^3，太古宇杨家店组密度参数为 2.90×10^3kg/m^3，矿体与围岩密度差分别为 0.42×10^3kg/m^3、1.08×10^3kg/m^3。它们之间明显存在着密度差异，这一差异的密度模型为利用重力找矿提供了有利物理依据。

（3）板石沟铁矿在 1∶25 万区域布格重力等值线图上，恰好处于区域负重力场中一相对 3×10^{-5}m/s^2 强度局部重力高异常内。经与地质关联，异常与该矿床赋矿层位（硅铁质建造）关系密切。因此，重力高异常是该类型矿床重要的区域间接找矿标志。

（4）该矿床在 1∶5 万航磁图中有十分明显的异常反映。异常平均强度大（190～888nT），梯度陡，北侧伴有较大负值等特征，异常不仅能够圈定出矿带，而且还能够指示矿段的空间分布。

（5）1∶10 000 地磁找矿效果更为翔实、具体，地磁异常除了能够确定矿带和划分矿段外，更大的作用是可以直接圈定出露或近地表规模较大的单个矿体或矿组（密脉带）。前者异常多为强度 10 000～20 000nT 的单峰状狭窄的带状异常，后者多为尖陡的双峰状或多峰状异常带。

四、大栗子式铁矿床(小栗子铁矿床)

大栗子式沉积变质铁矿是吉林省重要的富铁矿床类型,位于大栗子铁矿区外围西南 2km 处的小栗子铁矿,是中型大栗子式富铁矿床。建立该矿床地质—地球物理找矿模型,对于加强大栗子矿区外围普查找矿,扩大找矿远景具有较大指导意义。

(一)矿床地质概述

小栗子铁矿位于中朝准地台辽东台隆,太子河-浑江陷褶断束之老岭复式背斜的东南翼。小栗子铁矿属于震旦系覆盖层下的大栗子式铁矿床,盖层厚度 50~400m,主要岩石为一套石英砂岩、页岩、泥灰岩、碳酸盐岩。矿区地质详见图 4-1-12。

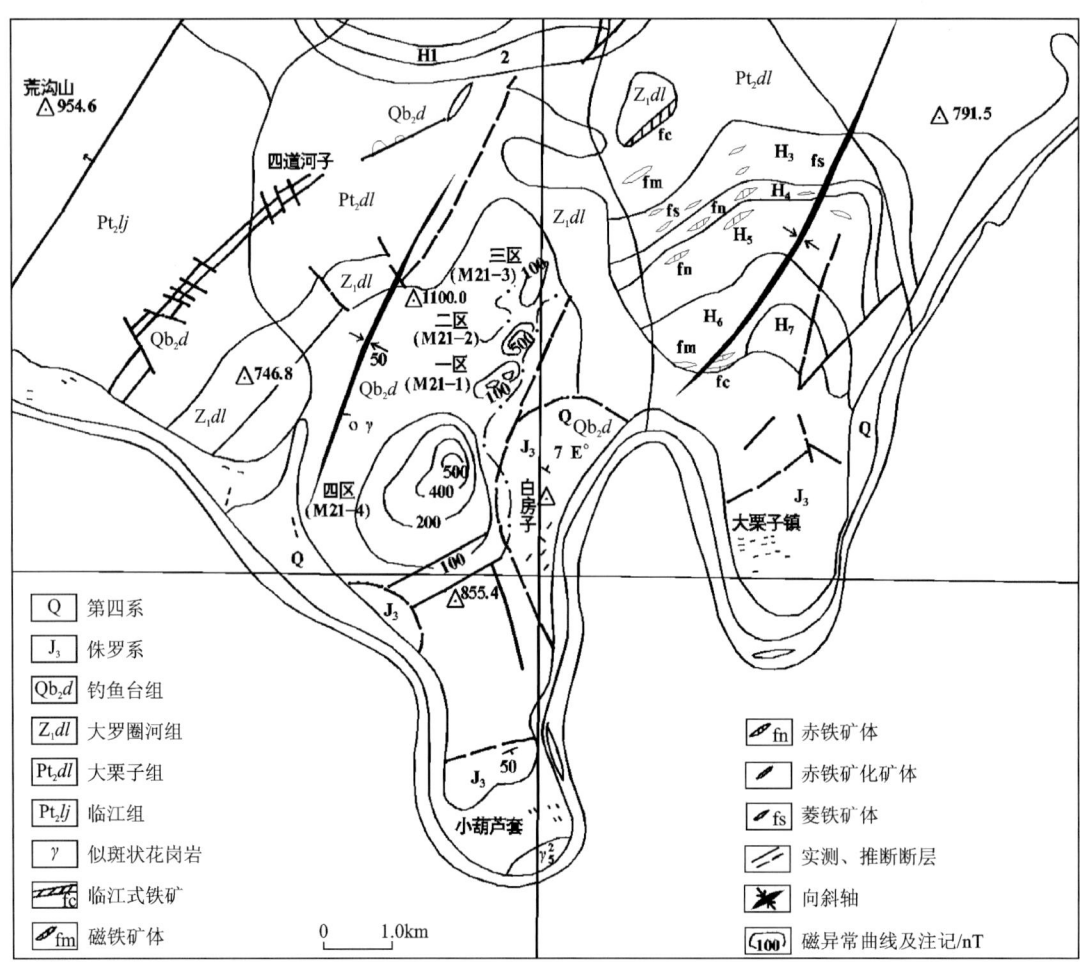

图 4-1-12 小栗子铁矿区地质示意图(引自张秋生、傅万城,1986,修改)

小栗子矿床是由 4 个矿段(原为区)组成,各矿段分别与 4 个磁异常相对应。矿带呈北东 10°~20° 断续展布,工程控制长 3500m,宽 30~150m,控制延深 300m。产状与地层产状相一致,倾向北西西,倾角 60°~75°,矿带为一单斜构造。截至 20 世纪 90 年代末,在一、二、四矿段共探明工业矿体 24 条。

矿体呈层状、似层状,与围岩呈整合接触,沿走向、倾向具有同步变形特征。主要矿体长 30~500m。矿体成群产出,矿体间多呈平行或斜列式展布。所见含矿层为大栗子组 H_4、H_5 之主要含矿岩段,属于含铁碳酸盐岩建造。主要矿体群均产于千枚岩夹变质粉砂岩向碳酸盐岩相的过渡带中。

矿石中金属矿物以磁铁矿为主,其次为赤铁矿、菱铁矿、水锰矿等。以这些铁矿物在矿石中所占比例组成不同的矿石类型,主要有菱磁铁矿、菱铁赤铁矿及磁铁菱铁矿等。

(二)矿床地球物理异常特征

磁法找矿是常用的有效手段,大栗子铁矿也不例外,该类型矿床矿石是以弱磁性的赤铁矿、菱铁矿或赤铁菱铁矿矿石类型为主,故无论是地面磁测还是航空磁测均未取得理想的找矿效果。然而,该区找矿实践认识到矿石中的赤铁矿、菱铁矿一旦遭受岩浆热液蚀变则大部分可以转化为有磁性的磁铁矿或赤铁磁铁矿、菱铁磁铁矿。经采样物性测定,赤铁磁铁矿矿石 κ 为 $(18\,400 \sim 91\,400) \times 10^{-5}$ SI,J_r 为 $(1820 \sim 20\,900) \times 10^{-3}$ A/m,菱铁磁铁矿矿石 κ 为 $(64\,800 \sim 201\,600) \times 10^{-5}$ SI,J_r 为 $(3740 \sim 18\,000) \times 10^{-3}$ A/m,均显示有较强磁性,进而指出了这一改造型铁矿体具有磁法找矿的物理前提。20 世纪 80 年代初在矿区外围小栗子沟查证地面磁法 M21 号异常,在震旦纪盖层下找到了经热液蚀变改造的大栗子式富铁矿床。

1. 矿床所在区域重磁场特征

由图 4-1-13 看出,在 1:25 万重力异常图上,本区重力场是以负场为特征,其中四道阳岔—二道河子—小西沟相对重力高异常带最为规律、明显。在图域内,异常带大体分为东、西两段。西段(四道阳岔-错草-浑江铅锌矿)呈北东走向,长约 18km,宽 3~7km;东段(浑江铅锌矿—工人宿舍)近东西向,长约 17km,宽 4~6km。该异常带是由四道阳岔、错草和小西沟等 3 个椭圆状的局部重力高异常组成,剩余强度由西至东逐渐降低。

经与地质、矿产资料关联发现,在该异常带内集中分布有中、小型大栗子式富铁矿床和矿(化)点达 21 处之多,其中大栗子和小栗子 2 个中型富铁矿分布在小西沟局部重力高异常的东部和南部边缘梯级带上。此外,异常带形态和方位恰与老岭背斜北东段基本吻合,与中元古界老岭群地层岩系分布大体一致,3 个局部重力高异常区内老岭群上部层位大栗子组千枚岩夹大理岩含铁建造发育。综上可知,重力高异常主要与老岭群变质岩系关系密切,含铁碳酸盐岩建造应是引起异常带内局部重力高异常的主要地质因素。所以本区域重力异常不仅能够反映出大栗子式沉积变质铁矿的基本成矿地质构造全貌,同时亦能指出含矿层位的分布,为深入找矿提供重要的地球物理找矿信息。

在 1:25 万区域航磁异常图上,小栗子铁矿床位于平稳低缓负磁场区中,区域上由北西向南东磁场值缓慢降低,等值线平直且延伸较长,呈北东走向,负磁异常中心在中朝边境附近,表现出新元古界青白口系和中元古界大栗子岩组的低磁性特征。矿床处场值约为 -120 nT。

2. 矿床所在地区磁场特征

小栗子铁矿在 1:5 万高精度航磁图上(图 4-1-14)有较清晰异常反映,在一北东向平稳负值梯级带南东侧小栗子沟一带出现一近北北西向近椭圆形的局部低缓弱异常,编号为吉 C1-1990-114,长 2500m,宽 1250m,横向曲线左右对称,纵向曲线北密南缓,其中心偏向北侧。异常幅值仅有 80nT,属于负磁场中相对微弱高值异常。该异常位于小栗子铁矿带的南半部,与矿带上的地磁 M21-4 号异常吻合,是南部矿段隐伏矿体群的反映。

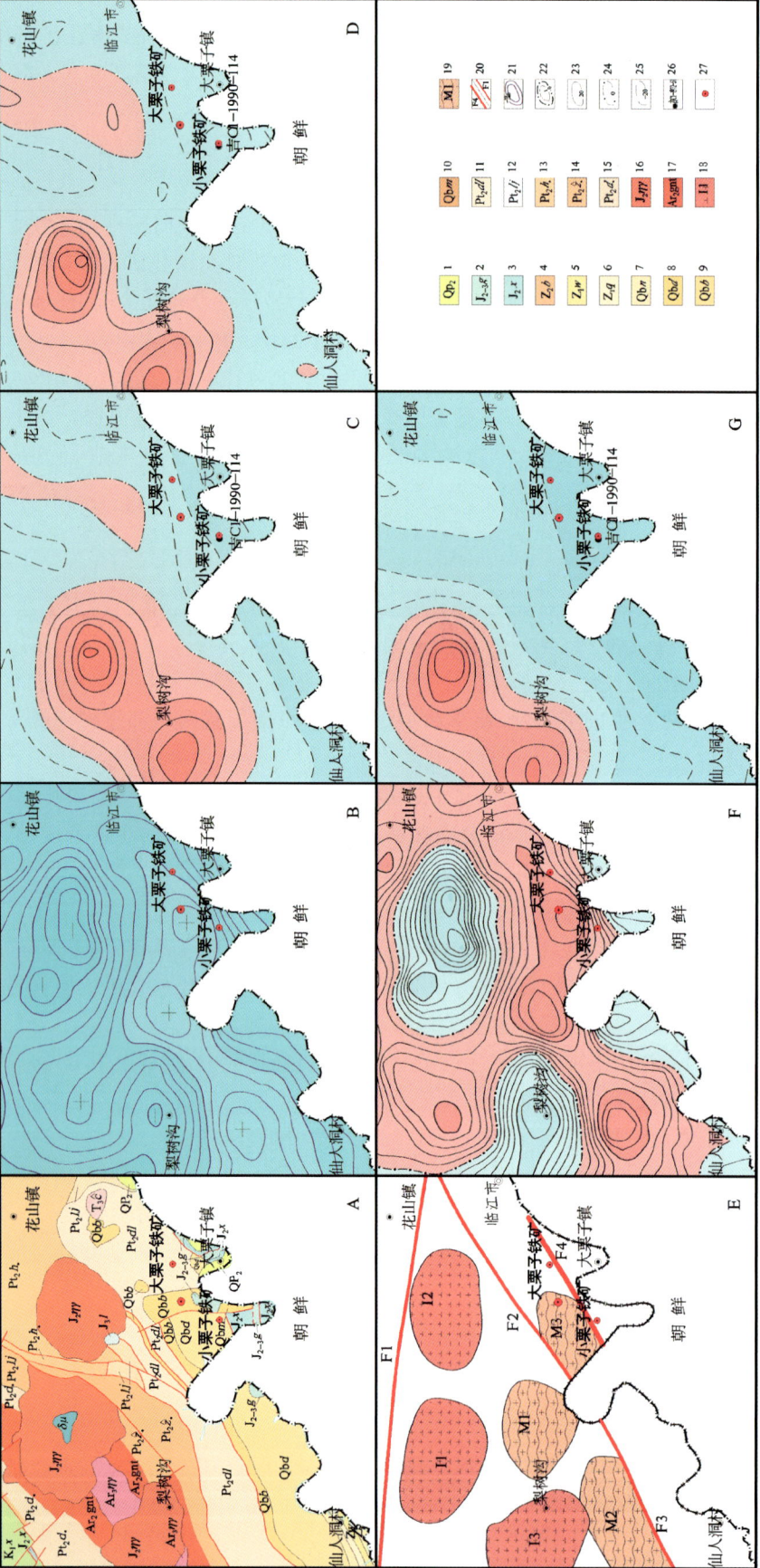

图 4-1-13 小栗子典型铁矿床垂向一阶导数等值线平面图

A. 地质矿产图；B. 布格重力异常图；C. 航磁ΔT等值线平面图；D. 航磁ΔT化极等值线平面图；E. 重磁推断地质构造图；F. 剩余重力异常图；G. 航磁ΔT化极等值线平面图

1. 第四系；2. 果松组；3. 小东沟组；4. 八道江组；5. 万隆组；6. 桥头组；7. 南芬组；8. 钓鱼台组；9. 白房子组；10. 马达岭组；11. 大栗子组；12. 临江组；13. 花山岩组；14. 珍珠门岩组；15. 达台山岩组；16. 中侏罗世二长花岗岩；17. 中太古代英云闪长质片麻岩；18. 重磁推断酸性岩体及注记；19. 重磁推断变质岩地层及注记；20. 重磁推断一级断裂、二级断裂及注记；21. 布格重力异常等值线；22. 剩余重力异常等值线；23. 航磁正等值线；24. 航磁负等值线；25. 航磁零值线；26. 航磁异常点及编号；27. 铁矿床

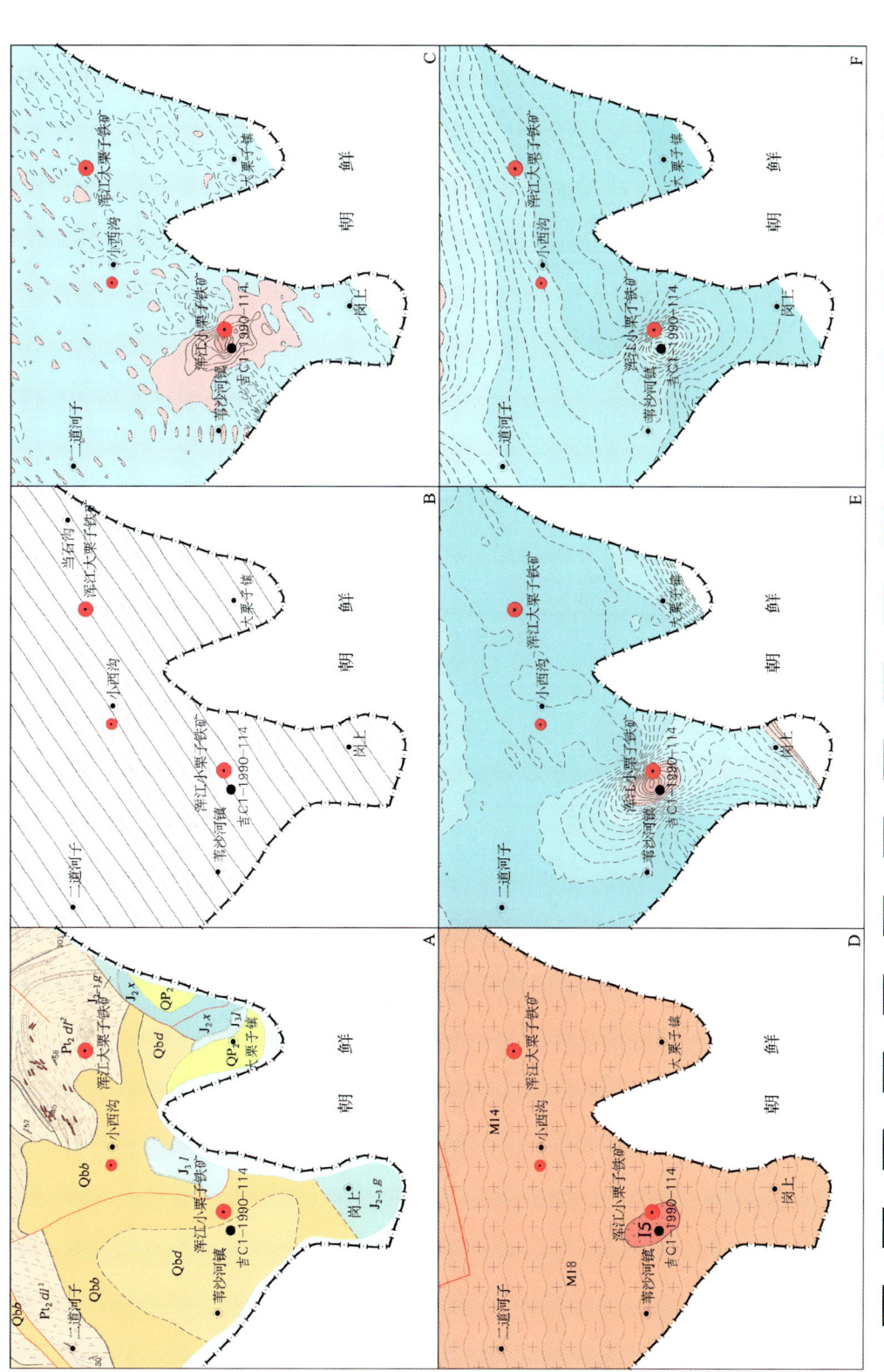

图 4-1-14　小栗子典型铁矿床所在地区地质矿产及物探剖析图

A. 地质矿产图；B. 航磁ΔT剖面平面图；C. 航磁ΔT化极等值线平面图；D. 航磁推断地质构造图；E. 航磁ΔT化极垂向一阶导数等值线平面图；F. 航磁ΔT化极等值线平面图

1. 第四系；2. 林子头组；3. 果松组；4. 小东沟组；5. 白房子组；6. 大栗子组；7. 角度不整合；8. 断层；9. 产状；10. 重磁推断变质岩地层注记；11. 重磁推断酸性岩体及注记；12. 航磁异常点及编号；13. 铁矿床；14. 正等值线/nT；15. 零等值线/nT；16. 负等值线/nT

3. 地磁异常

小栗子铁矿是查证地磁 M21 号异常发现的。由图 4-1-15 可见,该异常是由 4 个呈北北东向串珠状排布的局部异常(M21-1～M21-4)组成,异常均属似椭圆状的低缓异常,异常规模和强度有由南向北变小、变弱的趋势。M21-1 号异常长 400m,宽 100m,最高强度 500nT;M21-2 号异常长 600m,宽 150m,最高强度 700nT;M21-3 号异常长 700m,宽 200m,最高强度 200nT;M21-4 号异常长 2500m,宽 2000m,最高强度 1000nT。4 个异常经钻探查证,均由震旦系盖层下大栗子式富铁矿引起。例如:M21-1 号异常 ZK8061 孔,穿过 20m 震旦系盖层后于井深 51.30m 后陆续见到 6 层富铁矿,总厚度为 31.42m,品位 53.50%。M21-4 号异常 ZK8288 孔,在孔深 363m 穿过震旦系盖层后共见富铁矿 6 层,总厚度为 27.29m,品位 57.21%。M21-2 号异常二区零号勘探线 Z59 孔,穿过 68m 震旦系盖层后于井深 96m 后陆续见到 3 层富铁矿,其实测曲线与 Z59 钻孔矿体理论曲线不符,之后又打了 3 个钻孔,陆续见到比较大的富铁矿,其实测曲线与矿体理论曲线基本吻合(图 4-1-16)。

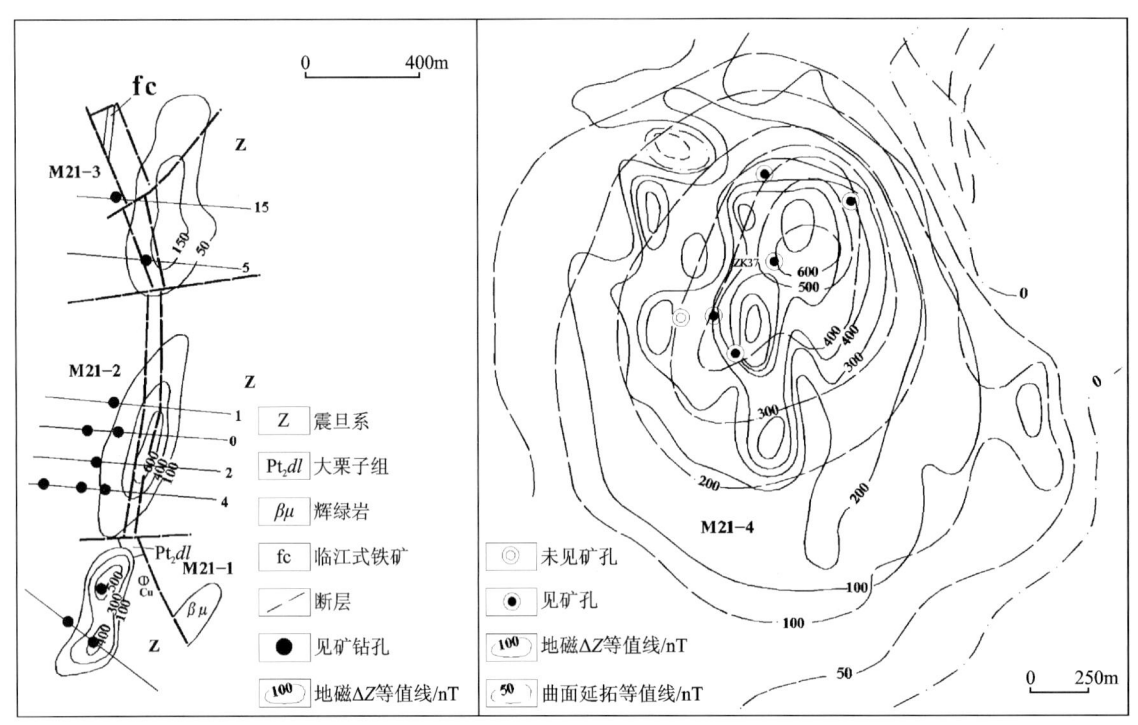

图 4-1-15　M21 异常等值线平面图(引自张秋生、傅万城,1986,修改)

总之,异常查证表明,4 个地磁异常系属各隐伏矿段中平行或斜列排布的矿体群综合反映(图 4-1-17)。与航磁异常比较,后者仅在以磁铁矿石为主的南矿段有明显反映,而在北部以赤铁矿石为主的矿段则无异常出现。在圈定矿体、揭示矿体埋深及大致了解矿体产状等方面,地磁效果明显好于航磁效果。

(三)矿床地质—地球物理找矿模型

综合上述矿床地质、航磁、地磁异常特征,现将小栗子式富铁矿床地质—地球物理找矿模型归纳如下。

(1)小栗子富铁矿床属震旦系盖层下经岩浆热液蚀变改造隐伏的大栗子式富铁矿床。盖层厚 50～400m,下部含矿层位是与已知大栗子富铁矿床同属于中元古界老岭群上部大栗子组千枚岩夹大理岩层。矿体呈层状、似层状产出,严格受含矿层位和岩相控制。含铁层位为 H_4、H_5 岩段,岩相与铁白云石大理岩关系密切,应归属含铁碳酸盐岩建造。小栗子富铁矿层产于千枚岩夹变质粉砂岩向碳酸盐岩相过渡带中。矿体产出因受褶皱变形影响和断裂构造控制,在空间分布上多是成带、分段成群展布。

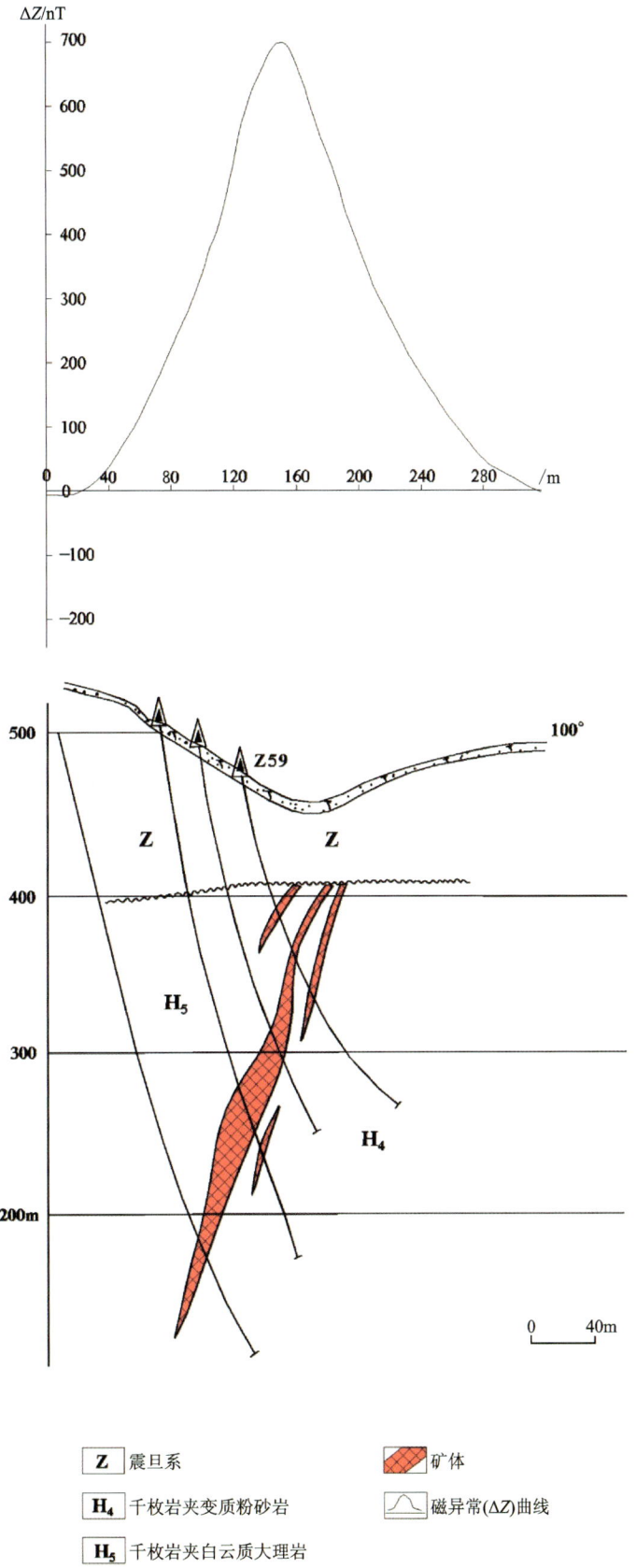

图 4-1-16 小栗子二区零号勘探线剖面图及磁异常曲线(引自张秋生、傅万城,1986,修改)

(2)小栗子铁矿与已知大栗子铁矿的主要差别是,前者处于岩浆活动较强烈的地质环境中,矿体均不同程度地遭遇了岩浆热液变质作用,原来矿石中的赤铁矿、菱铁矿大部分或部分形成了有磁性的磁铁矿、赤铁磁铁矿、菱铁磁铁矿,致使矿体磁性与围岩磁性产生较明显差异,而大栗子矿区各矿段并未遭受如此强的热液变质作用,矿石类型仍然以赤铁矿、菱铁矿为主,这是磁法找矿效果不同的根本原因。

(3)大栗子和小栗子铁矿分布在东西向重力高异常带东段小西沟局部重力高异常南侧北东东向重力梯级带上,重力高异常是该类型铁矿成矿远景区(段)的重要划分标志。

(4)1:5万航空磁测在小栗子铁矿床上取得了一定的找矿效果。磁场以在北东向负场线性梯级带边部出现的规则似椭圆状强度较弱的低缓异常($\Delta T_{max} \approx 80\text{nT}$)为特征,这种负磁场中的低值弱异常是此类型矿床较典型的找矿标志。

(5)该矿床地磁异常均属强度一般不超过1000nT的呈串珠状有规律分布的低缓异常,地面磁测是寻找经过岩浆热液蚀变改造的大栗式富铁矿的一种最有效手段。

(6)验证埋深较大的隐伏矿床引起的低缓磁异常,往往钻探工程布置很难一步有效到位,在落空井中配施磁测井工作是取得查证成功的重要手段。在M21-4号规模较大异常查证过程中,能在370m以下找到9条富铁矿体,磁测井发挥了重要作用。

岩(矿)石标本重力密度参数:赤铁矿、其他成因磁铁矿密度分别为 $4.08 \times 10^3 \text{kg/m}^3$、$3.98 \times 10^3 \text{kg/m}^3$,元古宙震旦系密度参数为 $2.71 \times 10^3 \text{kg/m}^3$,矿体与围岩密度差分别为 $1.37 \times 10^3 \text{kg/m}^3$、$1.27 \times 10^3 \text{kg/m}^3$。它们之间明显存在着密度差异,这一差异的密度模型为利用重力找矿提供了有利物理依据。

五、吉昌铁矿床

(一)矿床地质概述

吉昌(大猪圈)小型夕卡岩型铁矿床位于吉林优地槽吉林复向斜双阳-磐石褶皱束西南侧磐双接触带的中段。

由于矿区处在太平岭花岗岩体与其北侧上古生代地层接触带内带,区内地层极不发育,仅见少量零星分布的下石炭统鹿圈屯组地层残留体,其岩性为一套海相火山碎屑岩—碎屑岩—碳酸盐岩建造,主要岩性有大理岩、石英岩及角岩等。区内燕山期花岗岩类广泛发育,太平岭偏碱性花岗岩体为一侏罗纪多期次岩浆侵入活动形成的复合式岩体,岩性组合有斜长花岗岩、正长花岗岩、钾质花岗岩。矿区东西向、南北向及北西向断裂构造发育,对区内岩浆活动和矿体分布有较明显的控制作用。

该矿床共查明矿体31个,呈星点状分布在南北长2km,东西宽1km的矿带内。其中,Ⅰ、Ⅱ、Ⅱ(新)、Ⅲ、Ⅸ、Ⅹ、Ⅺ 7个矿体(组),是提供工业储量和开采的主要矿体。矿体围岩为夕卡岩或花岗岩,前者界线不清,属渐变关系,后者清楚。矿体形态多为透镜状或扁豆状。矿体规模较小,一般长20～100m,最大长度168m(Ⅲ号),厚度多在2.5～8.0m之间,最厚可达60m(Ⅰ号),延深30～128m。矿体走向多为近南北或北西向,倾角较陡,一般在50°～75°。矿石类型为石榴石磁铁矿、辉石磁铁矿两种矿石矿物组合,金属矿物以磁铁矿为主,其次为磁黄铁矿、黄铜矿、褐铁矿、辉铜矿、闪锌矿、方铅矿;非金属矿物主要为石榴石、钙铁辉石、透辉石、石英、角闪石、硅灰石等。矿石为粒状变晶结构,块状、浸染状、斑杂状、条带状构造。矿石品位TFe一般在22.85%～36.5%,富者可达50%。

(二)矿床地球物理异常特征

1. 矿床所在区域重磁场特征

吉昌-新立铁矿化集中区在1:25万布格重力等值线图上,位于沙河镇区域重力低异常与其北侧烟筒山重力高异常之间呈北西向分布的伊通-桦甸重力梯级带的中段,吉昌-联合村东西向重力梯级带南侧近南北分布的红石村-太平岭局部重力低异常的北半部。该异常在剩余重力等值线图上可分解成两个叠加局部异常(红石村和太平岭)。红石村异常呈南北条带状,长20km,东西宽10km;北部太平岭叠加异常呈东西椭圆状,长15km,宽7.5km。吉昌铁矿位于此异常的西端。

经综合资料分析,区域性伊通-桦甸重力梯级带是由沙河镇北西分布的海西期大的花岗岩基与其北东侧烟筒山上古生代地层侵入接触带引起,该接触带应属一条复杂的断裂构造带,对本区后期岩浆活动有明显控制作用。红石村-太平岭低值异常为一燕山期沿前述断裂带侵入的复合式偏碱性侵入体的反映。红石村岩体为早侏罗世侵入的斜长花岗岩;太平岭岩体为晚侏罗世侵位的钾长花岗岩。吉昌铁矿的形成应该与这两期岩浆活动有着密切关系。

在1:25万区域航磁异常图上,铁矿床位于中东部块状负磁异常区西北部,异常东西长15.1km,南北宽13.6km,最低值为-150nT。该负磁异常区内及边部集中分布有12处夕卡岩型小型铁矿床或矿点,地表出露大面积的晚三叠世红石砬子正长花岗岩体,岩体上有4~5处早石炭世鹿圈屯组砂岩、粉砂岩夹灰岩地层,以捕虏体形式零星出露,岩体与地层的热液交代作用形成吉昌式夕卡岩型铁矿。周围负磁场背景有所抬高,其上分布有6~7处规模大小不等、走向各异、强度不大的正磁异常,地表出露有中三叠统太平岭黑云母正长花岗岩体。

2. 矿床所在地区磁场特征

吉昌铁矿在1:5万航磁剖面平面图上,仅在一条测线上呈一孤立点异常显示。该异常是在一片负背景场上出现的正、负急剧变化的陡峰状小异常。正值出现在南侧,为一尖峰状,强度135nT,其北侧相伴负值强度远大于正值,ΔT为-875nT,异常规模小,涉及范围约0.75×0.5km^2。经与地质扣合,异常落入矿区内,通过地面检查,为含铁夕卡岩所引起。异常规模小与该矿床矿体小、产出分散、测线平行矿带走向等因素有关。

异常规模小、强度相对较弱、多呈孤立峰状则是该区夕卡岩型磁铁矿的航磁异常特征。

3. 地面磁异常

矿区1:5000比例尺地面磁测共发现有编号异常27处(Ⅰ、Ⅱ、Ⅲ…Ⅹ、Ⅺ、Ⅷ)。异常多集中出现在矿区近南北向不规则椭圆状负背景场上的一些近南北向零星分布的孤岛状小异常。各孤立异常规模大小不一,一般长50~200m,宽30~100m,异常强度较大,极大值多在400~6400nT,曲线规整,对称性较好,北侧多伴有负异常。异常特征详见图4-1-17。

矿区内编号异常多数已被工程查证,均与含铁夕卡岩体有关,是详查找矿的重要标志。有一定规模近地表的矿体均可引起大于1000nT陡峰状异常。例如,Ⅲ号矿体磁异常极大值可达6400nT,Ⅱ号矿体为3200nT,Ⅹ号矿体为3200nT。强度小于1000nT的低缓异常,多半是有一定规模的隐伏矿体的反映。如矿区北Ⅳ、Ⅹ号异常(图4-1-17)。经Ⅰ号线801孔查证,在深部打到了水平板状磁铁矿矿体(图4-1-18)。由此可见,地面磁测在寻找圈定出露或近地表矿体,以及探查一定规模的盲矿体方面均取得了较明显的地质效果。

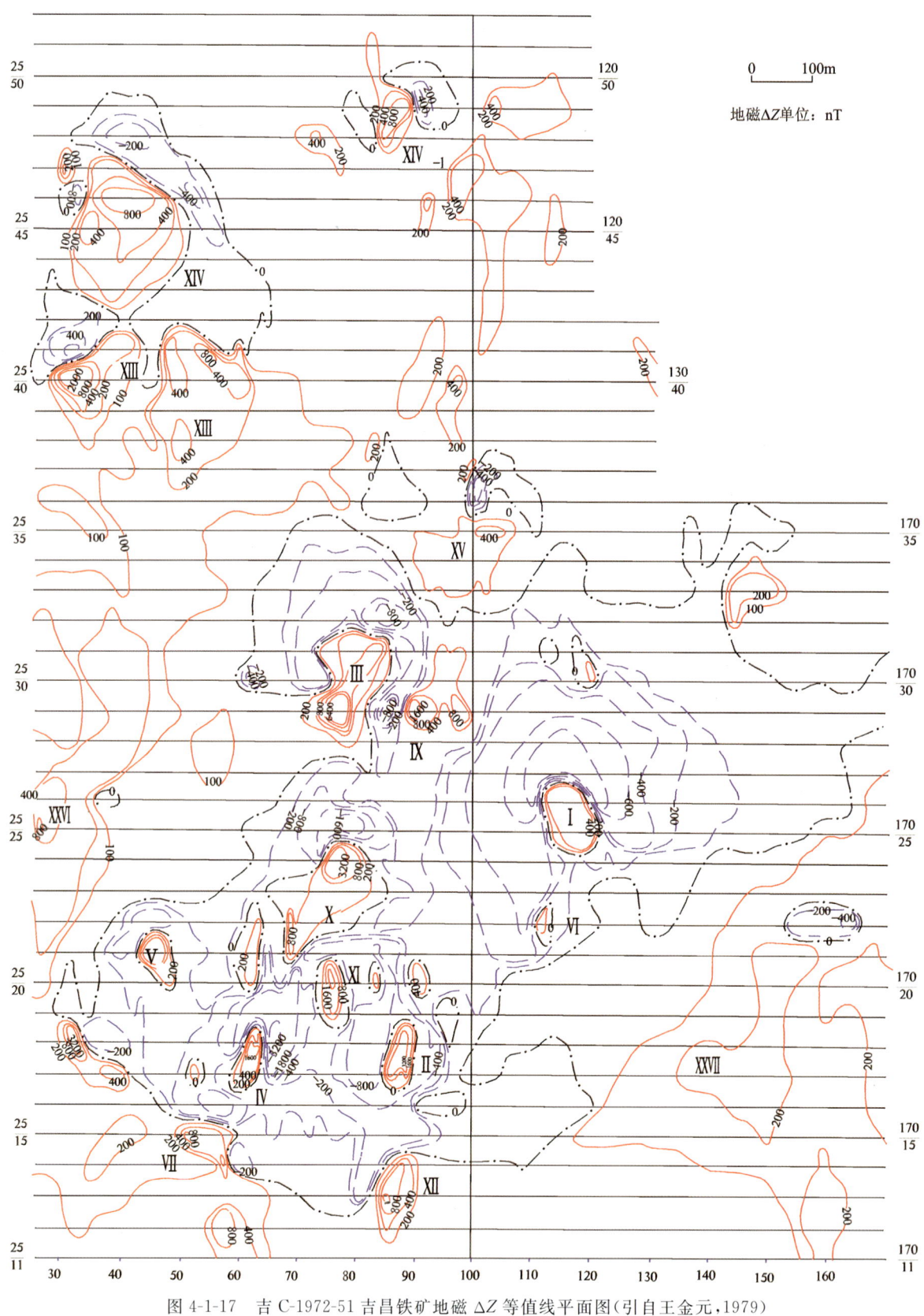

图 4-1-17　吉 C-1972-51 吉昌铁矿地磁 ΔZ 等值线平面图（引自王金元，1979）

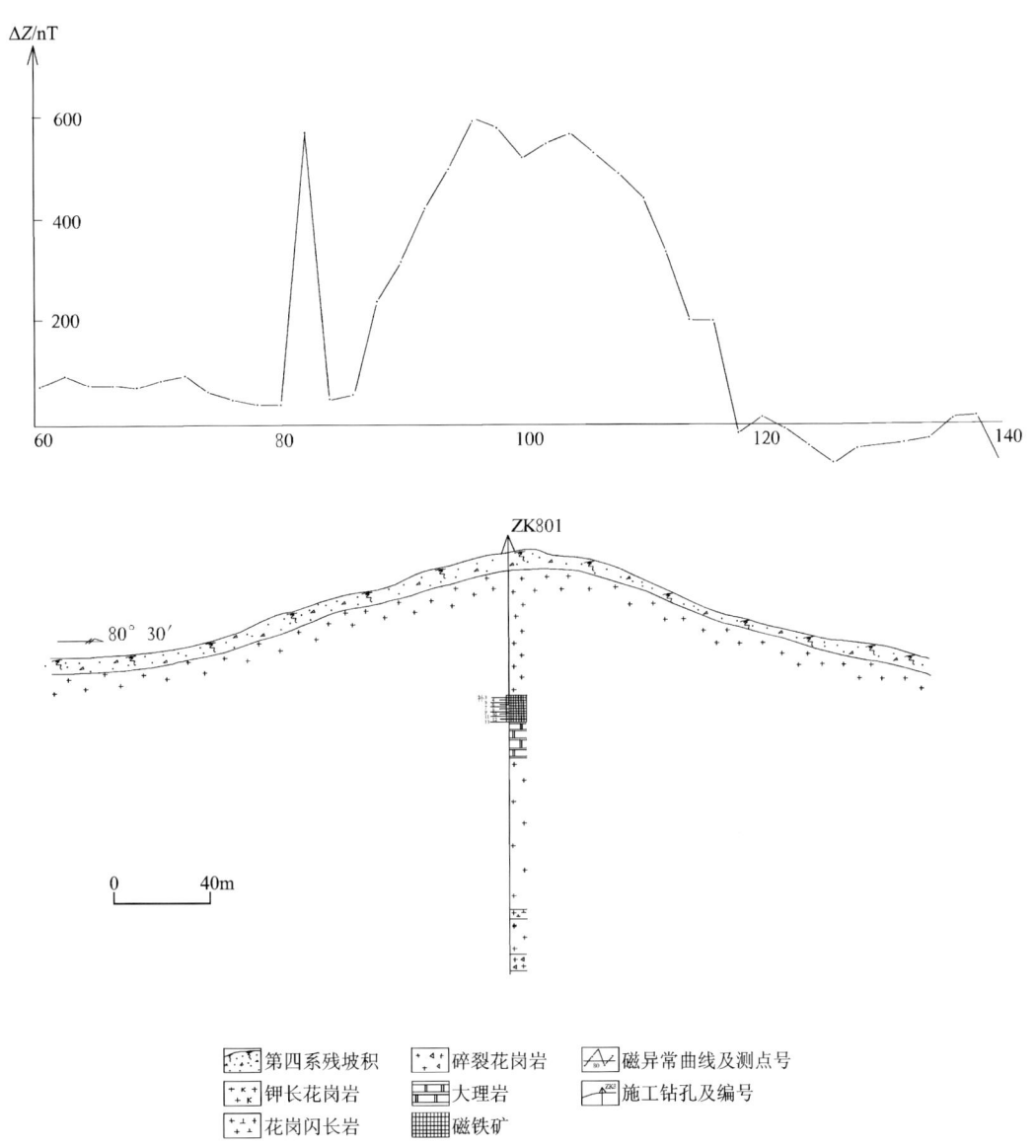

图 4-1-18 吉昌铁矿 Ⅹ、Ⅳ 磁异常 Ⅰ 线综合剖面图(引自王金元,1979)

(三)矿床地质—地球物理找矿模型

依据上述矿床地质、地球物理找矿标志,可将吉昌铁矿床找矿模型归纳如下。

(1)该矿床系属燕山期花岗岩与上古生代下石炭统鹿圈屯组残留体大理岩接触,经岩浆热液渗透交代大理岩而形成的夕卡岩型磁铁矿床。据综合资料分析,铁质来源一是早石炭世海底火山喷发—沉积含铁建造,二是晚侏罗世偏碱质花岗岩浆晚期含矿热液,矿床具有多物质来源特征。矿床产出受太平岭钾长花岗岩侵入接触带控制,夕卡岩化带是找矿的重要标志。

(2)矿区岩(矿)石物性标本测定表明,磁铁矿石具有强磁性,κ 为 $14\,200 \times 10^{-5}$ SI,J_r 为 $34\,000 \times 10^{-3}$ A/m。含铁辉石夕卡岩和含铁石榴石夕卡岩亦具较强磁性,κ 为 $(27\,400 \sim 43\,700) \times 10^{-5}$ SI,J_r 为 $(18\,300 \sim 19\,800) \times 10^{-3}$ A/m。然而,其围岩花岗岩和大理岩均属弱—极弱磁性,与磁铁矿石和含铁夕卡岩存在很大的磁性差异,而且磁铁矿体与夕卡岩有着共生关系,可作为统一磁性找矿目标考虑,二者是引起有找矿意义异常的两个不可分离的综合因素。

(3) 吉昌铁矿处在北西区域性重力梯级带中段的太平岭近东西分布的负重力局部异常内。该矿床产出受呈北西向分布的花岗岩与上古生代地层接触内带控制,是形成夕卡岩型铁矿的地质构造前提。同时,燕山中-晚期偏碱质花岗岩岩浆侵入后期含矿热液裂隙充填亦是成矿不可忽视的类型。

(4) 由于夕卡型矿床矿体规模较小,而且盲矿体较多,航空磁测比例大小决定了找矿地质效果,本区1∶5万航磁才有矿致异常显示。

吉昌铁矿床航磁异常具有规模小,强度相对较弱,呈现有孤立的单峰状异常等特征。然而,1∶5000比例尺地面磁测具有较好的找矿作用,现有的编号地磁异常多数是与相应探明的磁铁矿体对应,一般强度大于1000nT高峰状异常系属近地表矿体引起,而小于1000nT宽缓异常多为具一定埋深的盲矿体反映,地磁异常是矿区详查找矿十分有效的标志。

第二节 铜镍矿典型矿床地质—地球物理特征

铜、镍在吉林省有色矿产资源中占有重要的地位,其中镍矿储量位于全国前列。中华人民共和国成立以来,铜、镍虽然都探明了一定的储量,但仍满足不了经济发展的需要,属短缺矿种。这些矿产大、中、小型矿床多,单矿种矿床少,且伴生矿床多,具有多矿质来源、多种成矿叠加的特征,表现出了复杂的成因类型。据以往铜、镍矿种资料分析,可划分出如下几种成因类型(表4-2-1)。

表4-2-1 铜镍矿典型矿床矿产预测类型划分一览表

序号	典型矿床	矿产预测类型	成矿时代	矿种	预测方法类型	预测工作区
1	磐石红旗岭铜镍矿床	红旗岭式基性—超基性岩浆熔离-贯入型	印支期、海西期	Cu、Ni	侵入岩体型	红旗岭、双凤山、川连沟-二道岭子、大山嘴子
2	通化赤柏松铜镍矿床	赤柏松式基性—超基性岩浆熔离-贯入型	前寒武	Cu、Ni	侵入岩体型	赤柏松-金斗、大肚川-露水河
3	桦甸漂河川铜镍矿床	红旗岭式基性—超基性岩浆熔离-贯入型	印支期	Cu、Ni	侵入岩体型	漂河川
4	和龙长仁铜镍矿床	红旗岭式基性—超基性岩浆熔离-贯入型	海西期	Cu、Ni	侵入岩体型	六颗松-长仁
5	白山市杉松岗铜钴(伴生镍)矿床	杉松岗式沉积变质型	前寒武	Cu、Ni	变质型	荒沟山-南岔
6	通化二密铜矿床	二密式斑岩型	燕山期	Cu	侵入岩体型	赤柏松-金斗、二密-老岭沟
7	白山大横路铜钴矿床	大横路式沉积变质型	前寒武	Cu、Co	变质型	荒沟山-南岔

基性—超基性岩浆熔离-贯入型铜镍矿床,以铜、镍为主。它是一种与基性—超基性岩有关的矿床,表现为有侵入熔浆就地熔离和深部分异矿浆贯入成矿方面两种作用。基性—超基性岩浆活动受区域性深大断裂控制。在北部槽区集中产于槽台分界线-开原-和龙深大断裂北侧吉林褶皱系边缘活动带中,侵入围岩为下古生界呼兰群(青龙村群)变质岩系,主要成矿期为海西早期;在南部台区,基性—超基性岩浆侵入活动受早元古代裂谷盆地边缘本溪-浑江深断裂控制,产于其北侧龙岗陆核穹隆构造的边缘,侵入围岩为中太古代四道砬子河组古志片麻岩中,侵入时代为阜平-五台构造活动期,主要有磐石红旗岭铜镍矿床、桦甸漂河川铜镍矿床、和龙长仁铜镍矿床及通化赤柏松铜镍矿床。

斑岩型铜矿床,以铜、铜金、铜钼为主导,是与浅成—超浅成中酸性花岗质斑岩体(或次火山岩体)有关的矿床。含矿岩体本身富含成矿元素,并随同源岩浆脉的侵入演化而成矿元素浓集增高,成矿多以晚期阶段活动成矿。岩浆活动受区域性复合断裂控制。成矿期多发生在印支期和燕山期且以后者为主。主要有二密铜矿、小西南岔铜金矿、大黑山铜钼矿。

沉积变质型铜钴镍矿床,具有层控矿床特征,中元古界老岭群珍珠门岩组白云质大理岩和早古生代寒武系—奥陶系泥砂岩、碳酸盐岩建造为矿源层。北东向区域性断裂为控岩、控矿构造,矿体产于层间构造破碎带或断裂中。主要有白山杉松岗铜钴镍矿床、白山大横路铜钴矿。

按矿产预测类型,对磐石红旗岭硫化铜镍矿床、通化赤柏松铜镍矿床、白山市杉松岗铜钴(伴生镍)矿床、通化二密铜矿床分述如下。

一、磐石红旗岭铜镍矿床

(一)典型矿床成矿地质特征

1. 矿田地质简述

磐石红旗岭铜镍矿田位于吉林褶皱系南部边缘活动带东西成矿亚带西段。这一成矿亚带分布在南部地台与北部地槽过渡地带,基性—超基性岩体的侵入均受两大地质构造单元分界线开原-和龙深大断裂控制。已知主要铜镍矿田(红旗岭、漂河川、长仁—獐项等)明显集中产于这一深大断裂的北侧槽区边缘活动带。下古生界呼兰群与青龙村群为一套变质中酸性火山喷发岩建造和以碳酸盐岩为主的沉积建造,老变质岩地层中,基性—超基性岩浆活动主要发生在中志留世末期加里东运动地层面返褶皱期和海西早期、晚期槽台间深断裂第二期、第三期构造活动期。红旗岭基性—超基性岩群区位于呼兰复式背斜东南部,受辉发河深大断裂与其北西侧次级北西向区域性压性断裂带(黑石镇-烟筒山断裂及桦甸-双河镇断裂)联合控制(图4-2-1)。岩群产出因受北西向构造控制而分带展布,由西南向北东可划分为Ⅰ、Ⅱ、Ⅲ等3个北西向岩带。Ⅰ号岩带有13个岩体,Ⅱ号岩带有17个岩体,Ⅲ号岩带有5个岩体,共计赋存有基性—超基性岩体35个(不包括其外围岩体)。岩体形态多样,有盆状、单斜状、脉状及墙状等。岩石类型包括辉长岩—辉石岩—橄榄岩型和角闪岩—角闪辉石岩—角闪辉长岩型两类岩体。区内前者多属含矿岩体,Ⅰ号岩带岩体多为此类岩体,而Ⅱ、Ⅲ号岩带岩体多属后种类型。成岩时代各带岩体亦不相同,Ⅰ号岩带多为海西早期侵位,而Ⅱ、Ⅲ号带则多为加里东期和海西晚期。

红旗岭矿田共有含矿岩体6个(1号、2号、3号、新3号、7号、9号),这些含矿岩体均分布在Ⅰ号岩带之内。矿床规模有大型矿床2个(1号、7号岩体),小型矿床4个(2号、3号、新3号、9号)。矿床成因类型是以深成矿浆贯入为主,其次为就地结晶熔离。

2. 1号、7号含矿岩体大型硫化铜镍矿床地质特征

1)1号含矿岩体

1号含矿基性—超基性岩体位于岩区Ⅰ号岩带的中部。岩体属于辉长岩—辉石岩—橄榄岩—橄辉岩类型,于海西早期侵入位于早古生界呼兰群黑云母片麻岩、角闪片岩等变质岩系中。出露面积0.2km²,平面呈似纺锤形,走向北西40°,长980m,宽150~280m,延深560m。岩体横断面形态为似盆状,纵断面呈一向北西侧侧伏的不对称岩盆状,北西端倾角75°,南东端倾角36°,岩体埋深由南而北逐渐变深,于南端翘起处矿化强,铜、镍富集(图4-2-1)。

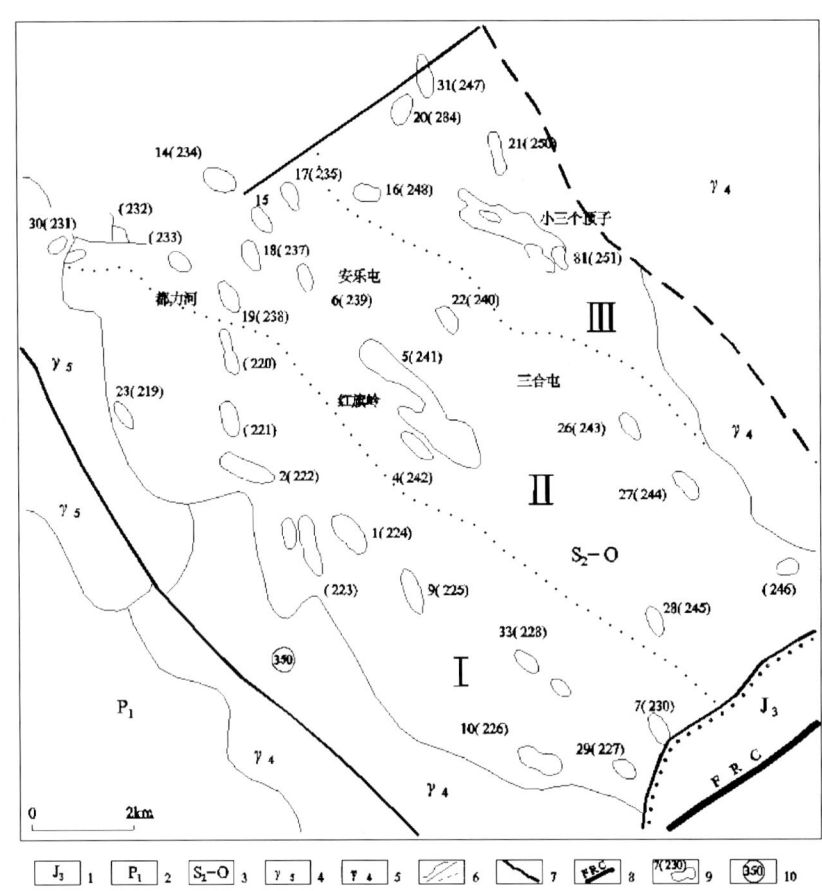

图 4-2-1 红旗岭铜镍矿田地质图(引自张秋生、傅万城等,1986)

1.上侏罗统火山碎屑岩;2.下二叠统砂、板岩、灰岩;3.中志留统—奥陶系呼兰群变质岩系;片岩及大理岩;4.燕山期钾长花岗岩;5.海西期黑云母花岗岩及花岗闪长岩;6.实测及推测一般性断裂;7.区域性大断裂;8.岩石圈断裂;9.中性—基性—超基性岩体(杂岩体)界线、编号;10.岩体同位素年龄值/Ma

1号岩体岩相在平面上由里向外可划分出3个同心椭圆状岩相带,依次为辉长岩相—辉石岩相—橄榄岩相、橄辉岩相,三者体积比为1:95:4。早期研究认为,3个岩相彼此为过渡结晶相变关系。但近年来研究认为,三者之间是侵入或隐秘侵入接触关系,总体应是一个复式岩体。各相带岩石蚀变不强,次闪石化、蛇纹石化、滑石化、黑云母化及绿泥石化等蚀变与矿化关系密切。含矿岩相有辉石岩相和橄榄岩相(橄辉岩相),矿体主要赋存于橄榄岩相中。金属硫化物平均35%左右,由上至下其含量有逐渐增加的趋势。其中,辉长岩相金属硫化物含量甚微,呈极细乳滴状散布于造岩矿物颗粒之间。含长辉橄岩相中有"上悬透镜状"与"底部似层状"矿体,前者规模小,品位低,工业意义不大;后者位于岩体底部,与岩体为渐变过渡关系,矿石以稠密浸染型与海绵陨铁状构造为特征。无论是上悬矿体还是底部矿体,矿石均由磁黄铁矿(60%)、镍黄铁矿(35%)与黄铜矿(5%)组成。矿石中 Ni/Cu=2:3。此外,在含长橄辉岩相中还赋存有"底部似层状"矿体,其形态与产状变化同所在岩相一致。矿化在岩体东南端翘起部位含长橄辉岩相中最强,铜、镍品位最高。矿石矿物组合除了磁黄铁矿(60%)、镍黄铁矿(30%)与黄铜矿(5%)外,尚见少量斑铜矿、黄铁矿及砷镍矿。矿石中 Ni/Cu=5.3。岩体中矿体分布特征详见图 4-2-1。

研究认为,含长辉橄岩中底部矿体与含长橄辉岩中底部矿体成因是不同的,前者以就地结晶熔离作用形成为主,而后者是深成富硫化物矿浆贯入成因。

2)7号含矿岩体

7号含矿岩体位于红旗岭岩区Ⅰ号带的南东端,辉发河深大断裂北西侧边部,侵入围岩为下古生界黄营屯组黑云母片麻岩、角闪斜长片麻岩及大理岩等,与围岩呈构造接触。岩体东南段被古近系砂砾岩层掩盖。岩体呈岩墙状北西60°方向产出。岩体控制长750m(表露长275m),均宽28.5m,控制延深533m,产状倾向北东,倾角75°～80°。岩体属斜方(顽火)辉石岩类型,岩相是以斜方辉岩相为主,岩体边缘发育有少量混染成因的苏长岩。此外,尚有后期辉橄岩浆和纯硫化物矿液沿断裂贯入。

金属硫化物矿化遍及整个岩体,故岩体即是矿体(称之为"满罐式"),成矿规律达到大型(Ni金属量达20.6万t),在吉林省成了小岩体有大矿床的典型范例。斜方辉石岩中矿化特征与1号岩体中橄辉岩矿化相同,在此重点对脉岩中矿化和脉状矿体的矿化特征进行简述。橄榄岩脉中稠密浸染型矿化产于接触带附近的斜方辉石岩内之纵向节理中,作为脉石矿物的橄榄石几乎全部蛇纹石化。已知矿脉厚10m,向两端变薄,水平延长250m,延深200m。金属硫化物呈稠密浸染状及海绵陨铁状构造。硫化物含量占20%,矿物组合磁黄铁矿(56%)、镍黄铁矿(39%)及黄铜矿(5%),三者含量比11.2∶7.8∶1。矿石平均含量Ni 3.43%,Cu 0.66%,Ni/Cu=5.2;纯硫化物矿脉产于斜方辉石岩与橄榄岩脉接触破碎带内,三者皆为侵入接触关系。矿脉控制长约100m,宽1～2m,延深150m。矿石多为致密块状、斑点状构造。金属矿物亦由磁黄铁矿(58%)、镍黄铁矿(35%)及黄铜矿(7%)组成,三者含量比8.3∶5∶1。

研究认为,7号"满罐式"含矿岩体应属于深熔分异富硫化物熔浆直接贯入成因;纯硫化物型矿脉则为富硫化物熔浆最后分异出的残余含矿流体沿岩体边部断裂构造上侵而形成。

(二)地球物理特征

1. 矿床所在区域重磁场特征

1)区域重力异常

红旗岭基性—超基性岩群所处区域布格重力场为一在负背景场上产出的海龙-黑石北东向重力低异常带的北西侧红旗岭-三道岗呈北西向展布的重力高异常带的东南端(图4-2-2)。在剩余重力异常图上,该重力高异常带长约40km,宽约20km,其内可分解出红旗岭、茶尖岭和三道岗等3个北西走向的局部重力高剩余异常。这3个剩余重力高异常区恰是红旗岭、茶尖岭和三道岗3个基性—超基性岩体群分布区。其中红旗岭岩区重力高异常形态呈北西向规则椭圆状,长约10 km,宽8 km,其四周被二道岗、西半截河、黑石等重力低异常围合,并在高低异常之间呈现明显线性重力梯级带,在区内北东向梯级带有团林镇—蛟河口乡—黑石镇、富太镇—呼兰镇和茶尖岭—呼兰镇等3条,北西向有松山镇—富太镇—石嘴镇、五道沟—呼兰镇—驿马镇等2条。红旗岭剩余重力高异常处在北东和北西两组重力梯级带切割成的菱形断块区内。

经与地质和矿产资料关联,红旗岭基性—超基性岩群(共计35个岩体)均分布在该重力高异常区内。红旗岭矿田赋有大型硫化铜镍矿床2个(1号、7号岩体),小型矿床4个(2号、3号、新3号、9号岩体),呈北西带状展布在红旗岭重力高异常区的南西侧。红旗岭-三道岗重力高异常带分布基本上与呼兰倾伏背斜吻合,出露地层主要为早古生界晚寒武世黄莺屯组斜长片麻岩、黑云斜长变粒岩、角闪斜长变粒岩和蓝晶石片岩,以及早、中奥陶世小三个顶子组变质砂岩、石英砂岩、粉砂岩与结晶灰岩、大理岩及少量火山岩。此外,在其西南侧茶尖岭一带还出露有中、晚二叠世石盒子组中酸性火山岩、砂砾岩夹灰岩透镜体。区内早、晚古生界浅变质岩系是红旗岭基性—超基性岩的主要侵入围岩。依据区域物性资料分析,红旗岭重力高异常主要为古生界地层岩性所引起,区内基性—超基性岩群大量侵入增加了古生界地层的基性程度,亦是引起重力高异常的重要地质因素。此外,前述北东和北西向两组重力梯级带均是已知断裂构造所引起,这两组断裂控制了矿田的分布。其中团林-蛟河口-黑石镇断裂是敦-密区域性深大断裂带组成部分,是深源岩浆上侵的通道,而其北西向次级断裂为储岩、储矿构造。总之,本区1∶25万区域重力异常特征指出矿田的分布范围,以及矿田构造体系的基本特征,受北东和北西向两组重力梯级带控制的重力高异常是红旗岭矿田区域性重力异常找矿标志。

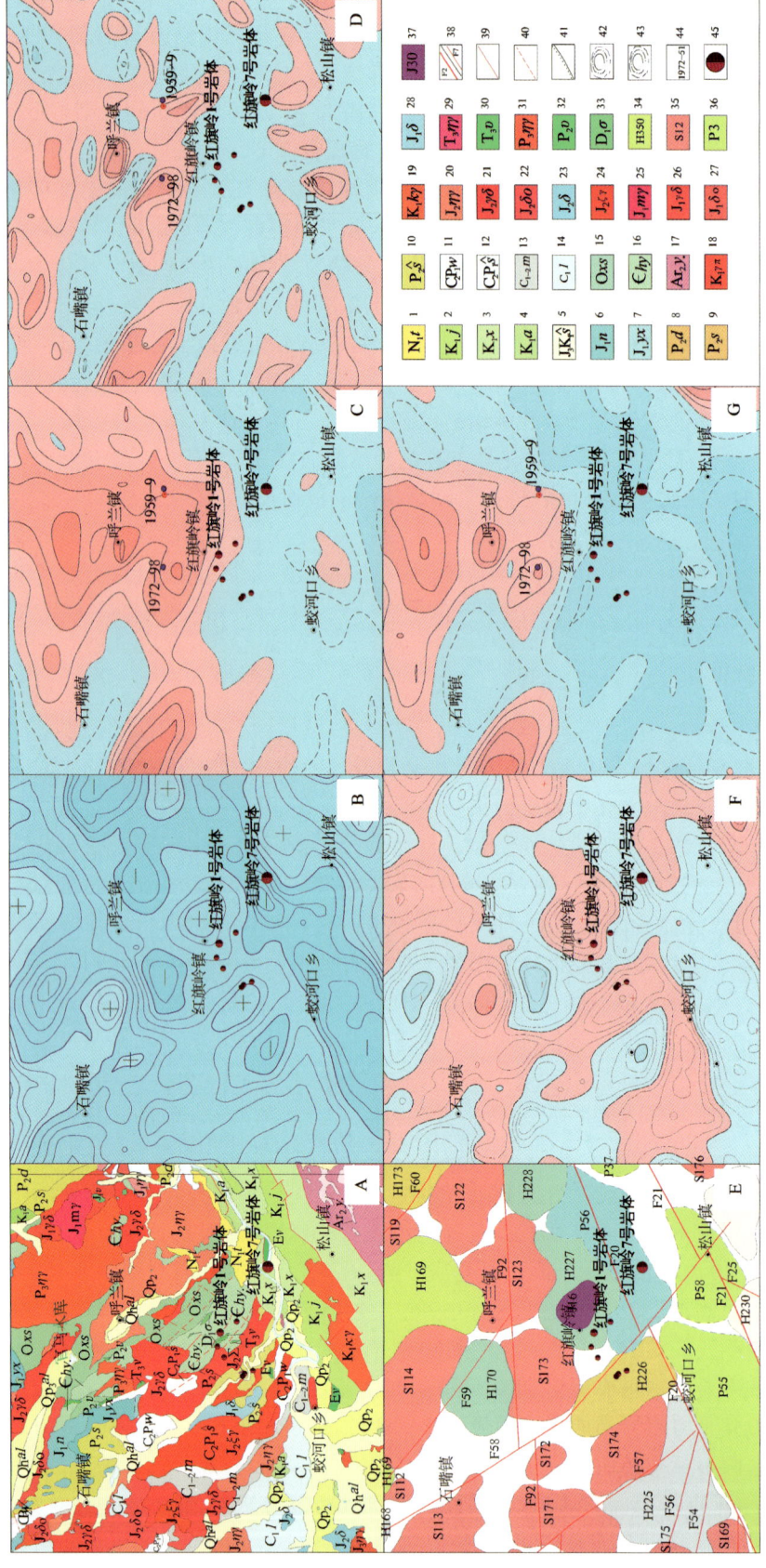

图 4-2-2 红旗岭典型铜镍矿床所在区域地质矿产及物探剖析图

A. 地质矿产图；B. 布格重力异常图；C. 航磁 ΔT 等值线平面图；D. 航磁 ΔT 化极等值线平面图；E. 重磁推断地质构造图；F. 剩余重力异常图；G. 航磁 ΔT 化极垂向一阶导数等值线平面图

1. 土门子组；2. 金家屯组；3. 小南沟组；4. 安民组；5. 石人组；6. 南楼山组；7. 玉兴屯组；8. 大河深组；9. 窝瓜地组；10. 石盒子组；11. 寿山沟组；12. 石嘴子组；13. 磨盘山组；14. 鹿圈屯组；15. 小三个顶子组；16. 黄莺屯组；17. 杨家店组；18. 早白垩世碱长花岗岩；19. 早白垩世花岗闪长岩；20. 中侏罗世花岗闪长岩；21. 中侏罗世石英闪长岩；22. 中侏罗世二长花岗岩；23. 中侏罗世正长花岗岩；24. 中侏罗世正长岩；25. 白云母二长花岗岩；26. 早侏罗世石英闪长岩；27. 早侏罗世二长花岗岩；28. 早侏罗世闪长岩；29. 中酸性岩体；30. 晚三叠世二长花岗岩；31. 晚二叠世二长花岗岩；32. 中二叠世辉长岩；33. 早泥盆世辉石岩；34. 重磁推断酸性岩体、中酸性岩体及注记；35. 重磁推断地层及注记；36. 重磁推断盆地及注记；37. 重磁推断基性-超基性岩体及注记；38. 重磁推断二级、三级断裂及注记；39. 实测断层；40. 推测性质不明断层；41. 实测角度不整合界线；42. 布格重力异常；43. 航磁异常等值线/nT；44. 甲、乙类航磁异常点及编号；45. 铜镍矿床（点）

2)航磁异常特征

红旗岭矿田 1∶25 万航磁异常特征不甚明显,处在红旗岭-二道岗北西向高磁异常带的南西侧边缘(图 4-2-2)。在化极图上,矿田分布在北西向正负磁场间梯级带内。然而,垂向一阶导数正负磁异常分布和结构展现出一定的规律性。红旗岭矿田位于团林-蛟河口-黑石北东向串珠状正磁异常带的北西侧,蛟河口-细林-牛心和五道河-呼兰-驿马两条北西向高磁异常带间红旗岭-石嘴子北西向负磁异常带的南东段。负磁异常带北西长约 30km,宽约 20km,异常平缓、低弱,最小强度为 -50nT。该区在前述两条高磁异常带之间局部磁异常(正、负)走向多为北西向,其外侧则多近东西向,而且正、负异常之间线性零等值线方向随异常走向不同而有所改变,在负异常区内的线性零值线方向多以北西向为主。

在 1∶5 万航磁异常图上,各矿段均处于负磁场区上的强度较弱的局部相对高异常的边部(图 4-2-3)。由图看出,重磁局部正、负剩余异常之间有密切负相关关系。重力正、负异常与航磁负、正异常相对应。由此指出,引起重磁异常地质因素有着同源性。经与地质关联,负航磁异常带多半是由上、下古生代变质岩地层引起。古生代地层是本区基性—超基性岩浆侵入的主要围岩,因此,区内负磁异常(相对重力高异常)控制了该区基性—超基性岩的产生,具有间接找矿意义。高磁异常主要由加里东期、海西期及燕山期中—酸性花岗岩侵入岩所引起,各相岩浆活动受北东、北西和东西向 3 组构造控制。北东向岩体产出受区域性团林-蛟河口-黑石深大断裂(敦-密断裂)控制;北西向岩体主要沿蛟河口-牛心乡、黑石-烟筒山及五道沟-呼兰-驿马等北西断裂产生。区域航磁异常特征指出北东向和北西向两组断裂构造交切的块状负磁场区控制了红旗岭硫化铜镍矿田的分布。北东向深大断裂是深源岩浆活动的通道,而北西向断裂是基性—超基性岩的储岩构造。

2. 1 号、7 号含矿体物探异常特征

红旗岭 1 号、7 号岩体 2 个大型硫化铜镍矿床的发现,是地质与物化探相结合的结果。其中综合物探方法(磁法、重力、激电、自电)的应用,对于快速发现岩体,评价岩体的含矿性起到了重要作用。

1)1 号含矿岩体

矿区详查结果表明,重、磁方法在 1 号含矿岩体上均有明显异常反映(图 4-2-4),重力剩余异常等值线以零值线圈闭的异常范围、形态与岩体相一致,反映了二者内在的相关性。地面磁测以 200nT 等值线圈定的高磁异常和岩体形态、范围相吻合。异常呈北西向长椭圆形,强度由北向南逐渐升高,最高达 800～1000nT,异常强度变化与岩体岩相变化具有一定的相关性,大体随岩性基性程度增大而升高。200～600nT 范围与岩体辉长岩相分布一致,600～800nT 与辉石岩相大体吻合,>800nT 则与橄榄岩相相对应。由此可见,地面大比例尺磁测除能发现和圈定具有一定规模的岩体外,尚对其岩相划分具有一定的效果。

在 1 号岩体上,激电中梯、视电阻率联合剖面及自然电位结构取得了一定的找矿效果(图 4-2-5)。激电中梯 η_s 曲线在 1 号岩体上出现明显高值异常反映,强度一般在 5%～10%,最高可达 38%。异常形态在岩体变窄处呈现单峰状,而在变宽处则出现"鞍形"异常(即在岩体边缘叠加有局部在 10%～20% 强度的高峰状异常),而岩体围岩 η_s 曲线平稳低缓,强度仅在 2%～3%。分析认为,岩体与围岩电化学活动性的差异主要为岩体电子导体含量相对围岩增高引起,异常与岩体普遍磁黄铁矿化关系更为密切。岩体南端和其西侧边缘高峰状异常多与硫化铜镍矿体赋存部位相一致,推断异常是由矿体引起。此外,自然电位测量在岩体南端出露的氧化矿体上产生强度达 -400mV 的自电异常,异常机制无疑与硫化铜镍矿化强度高和氧化还原界面潜(潜水面)有关。总之,岩体金属硫化物富集是引起激电和自电异常的主导因素,因此,激电和自电异常对评价 1 号岩体的含矿性起到了一定的作用。

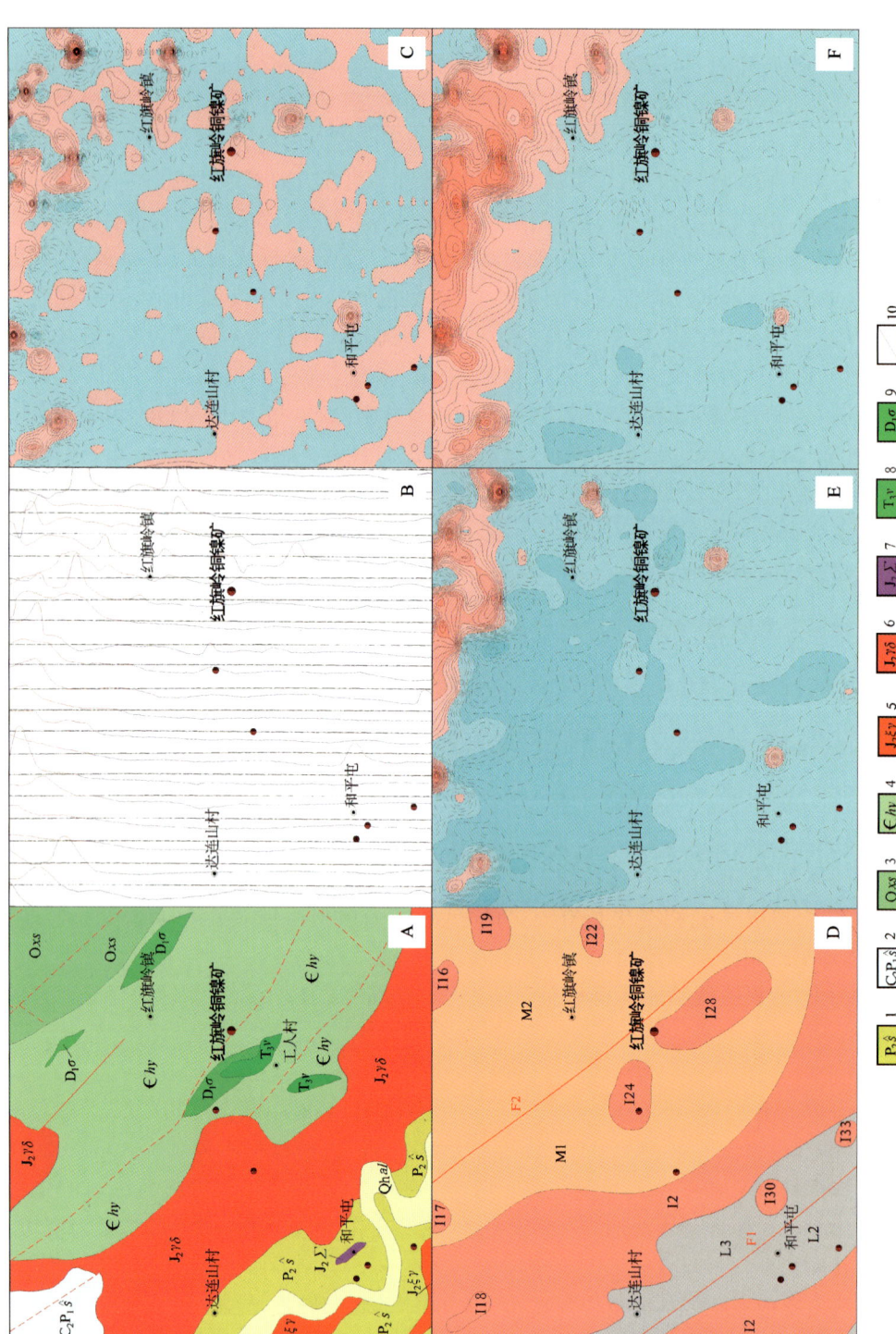

图 4-2-3 红旗岭典型铜镍矿床垂向一阶导数等值线平面图及航磁ΔΤ化极等值线平面图

A. 地质矿产图; B. 航磁ΔΤ剖面平面图; C. 航磁ΔΤ化极等值线平面图; D. 航磁推断地质构造图; E. 航磁ΔΤ化极垂向一阶导数等值线平面图; F. 航磁ΔΤ化极等值线平面图

1. 石盒子组; 2. 石嘴子组; 3. 小三个顶子组; 4. 黄莺屯组; 5. 中侏罗世正长花岗岩; 6. 中侏罗世花岗闪长岩; 7. 中侏罗世超基性岩(辉橄岩); 8. 晚三叠世辉长岩; 9. 早泥盆世辉长岩; 10. 实测性质不明断层; 11. 推测性质不明断层; 12. 磁法推断酸性岩体及注记; 13. 磁法推断变质地层及注记; 14. 磁法推断火山岩地层及注记; 15. 磁法推断三级断裂及注记; 16. 磁法推断三级断裂及注记; 17. 航磁异常零值线/nT; 18. 航磁异常负值等值线/nT; 19. 航磁异常正等值线/nT; 20. 铜镍矿

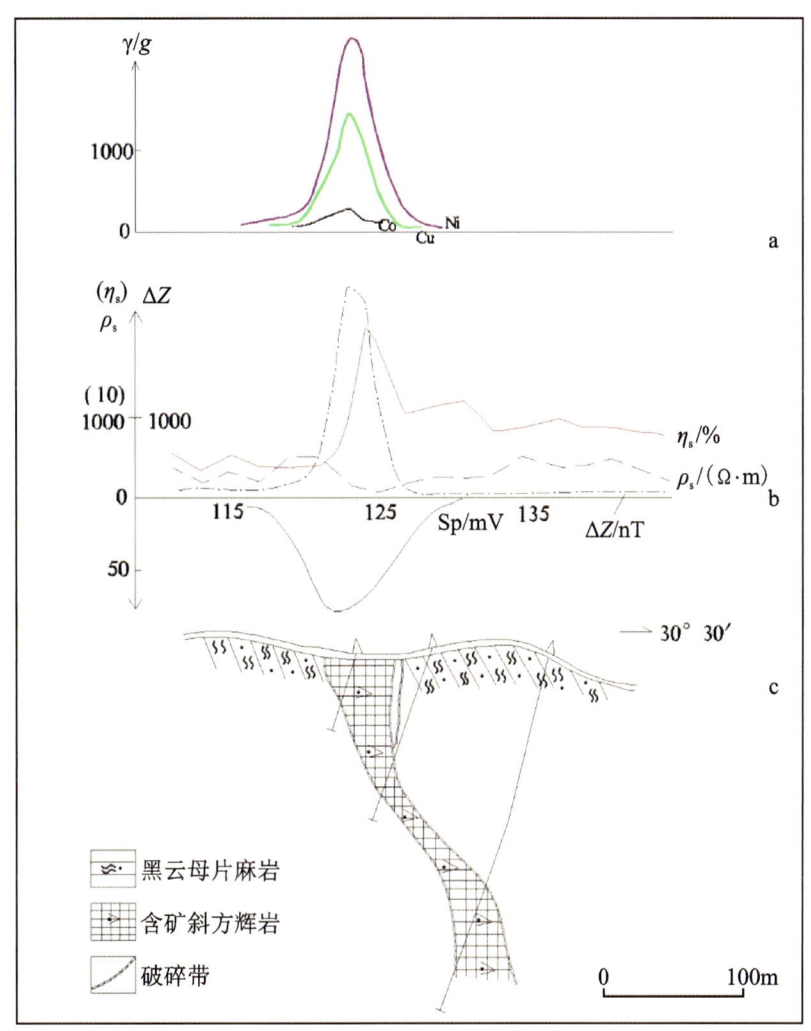

图 4-2-7　红旗岭铜镍矿 7 号含矿岩体典型矿床勘探综合剖面图(引自张秋生、傅万城等,1986,修改)
a.化探镍、铜、钴异常曲线;b.激电中间梯度视极化率异常曲线、视电阻率异常曲线、ΔZ 异常曲线、自然电位异常曲线;
c.地质剖面图

(三)磐石红旗岭铜镍矿床地质—地球物理找矿模型

综合上述矿床地质特征和地球物理异常特征,可归纳、总结出矿床地质—地球物理找矿模型(表 4-2-2)。

表 4-2-2　磐石红旗岭铜镍矿床地质—地球物理找矿模型表

地质条件	构造环境	矿床位于天山-兴蒙-吉黑造山带(Ⅰ)包尔汉图-温都尔庙弧盆系(Ⅱ)下二台-呼兰-伊泉陆缘岩浆弧(Ⅲ)盘桦上叠裂陷盆地(Ⅳ)内。辉发河超岩石圈断裂不仅是两构造单元的分界线,也是含镍基性—超基性侵入岩体的导岩(矿)构造,与之有成因联系的北西向次一级断裂为储岩(矿)构造
	岩石组合	辉长岩-辉石岩-橄榄岩型与斜方辉石岩-苏长岩型为主要的含矿岩体
	构造标志	区域上受槽台两大构造单元接触带辉发河-古洞河超岩石圈断裂控制,是区域导岩构造。与辉发河-古洞河超岩石圈断裂有成因联系的次一级北西向断裂是控岩控矿构造

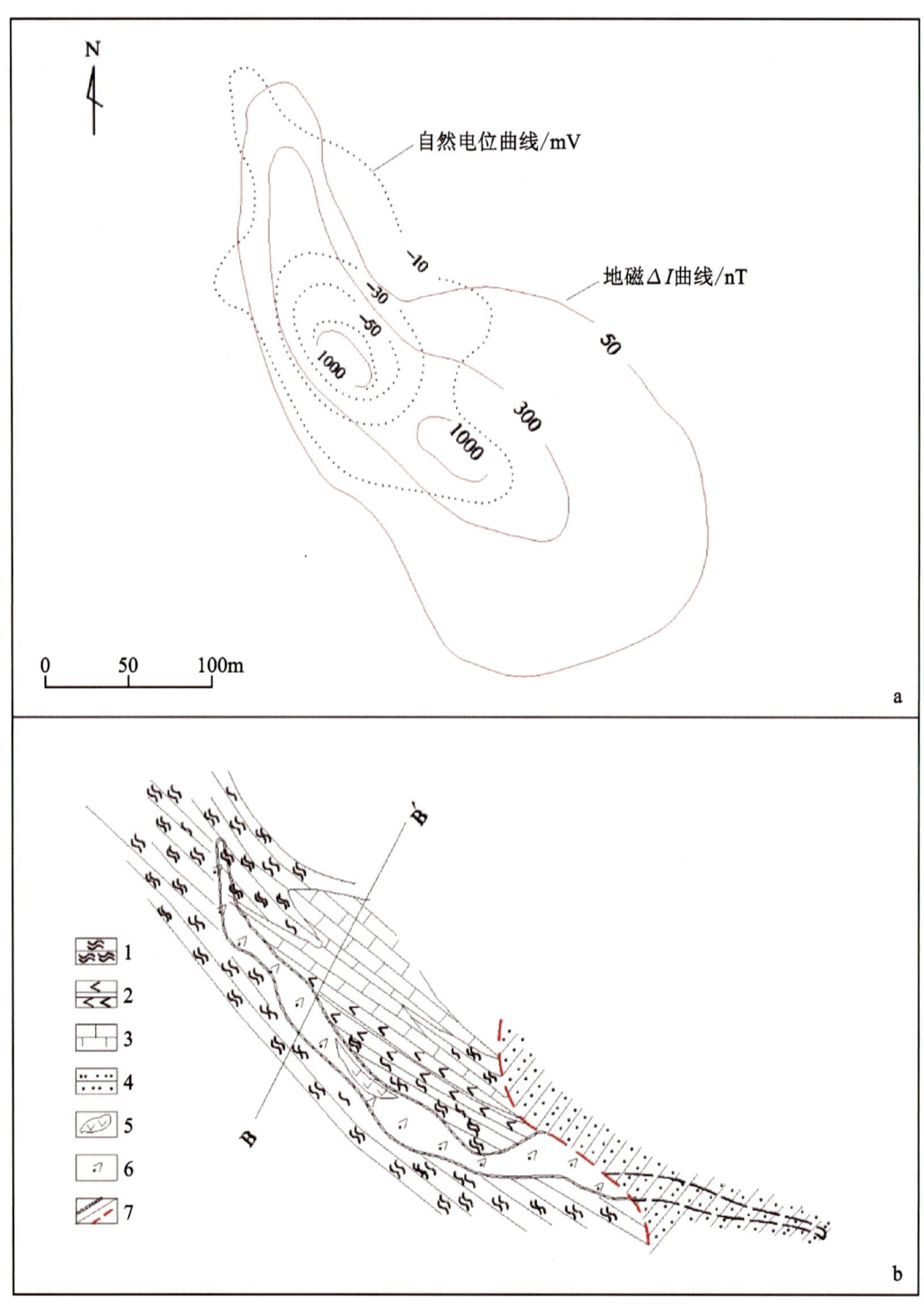

1.黑云母片麻岩;2.角闪片岩;3.大理岩;4.砂砾岩;5.橄榄岩脉;6.斜方辉岩;7.构造破碎带/断层

图 4-2-6　红旗岭铜镍矿 7 号岩体所在位置地质及物探剖析图(引自张秋生、傅万城等,1986,修改)

a.地磁 ΔZ 等值线、自然电位异常等值线图;b.7 号含矿岩体地质图

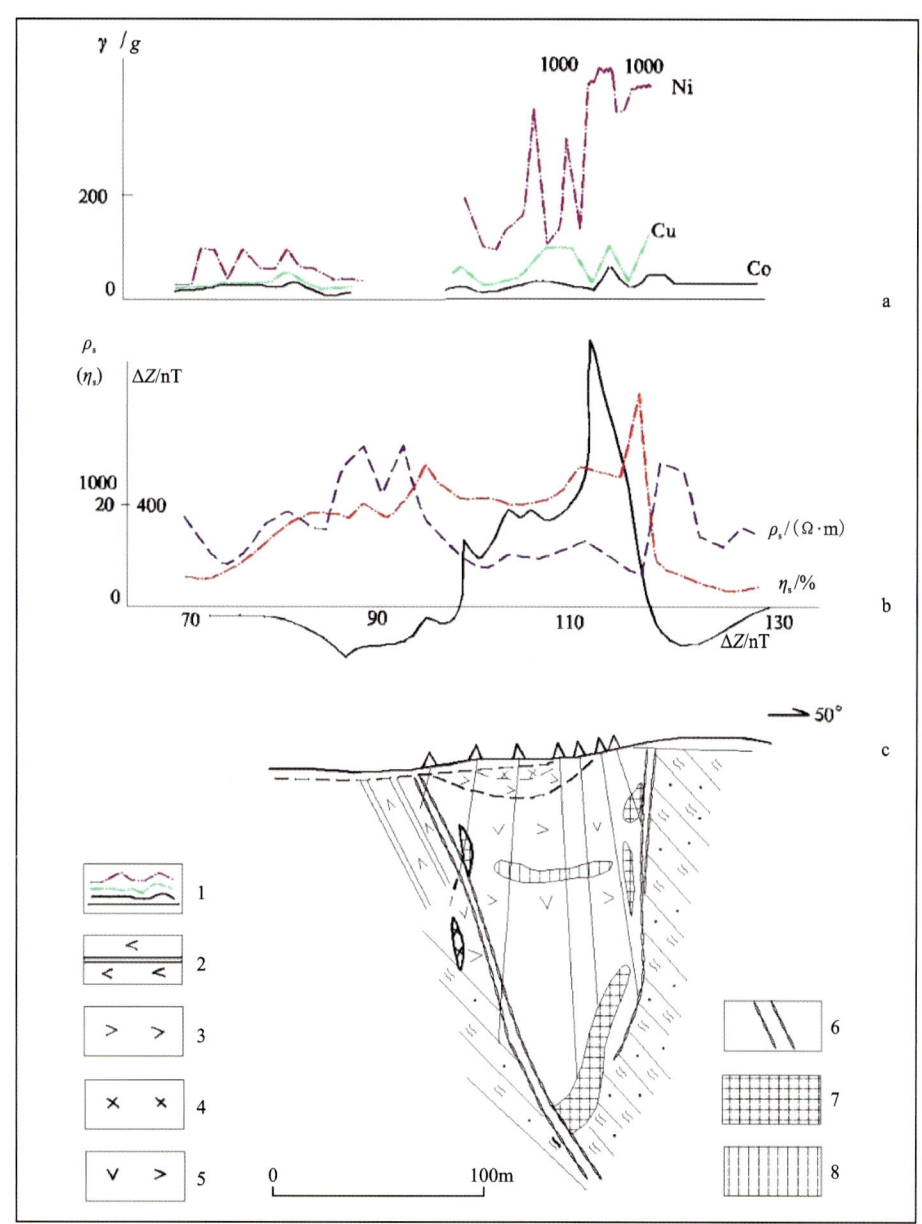

1.黑云母片麻岩;2.角闪片岩;3.辉岩;4.辉长岩;5.辉榄岩;6.破碎带;7.工业矿体;8.上悬矿体

图 4-2-5　红旗岭铜镍矿 1 号含矿岩体综合剖面图(引自张秋生、傅万城等,1986)

a.化探镍铜钴异常曲线;b.激电视电阻率、视极化率、地磁异常曲线;c.地质剖面图

2)7 号含矿岩体

7 号岩体硫化铜镍矿床是深熔分异出的富含铜镍熔浆直接贯入形成的"满罐式"单一的矿体,其大比例尺综合物探方法异常特征要比 1 号岩体就地熔离分异成因矿床异常更为直观、简单、明显(图 4-2-6)。剖面上的磁异常(ΔZ)、激电异常(η_s)、视电阻率异常(ρ_s)和自然电位异常(Sp)均直接由含矿岩体(矿体)引起(图 4-2-7)。因此,两高(ΔZ、η_s)和两低(ρ_s、Sp)异常组合成为该成因类型矿床的找矿标志。在矿区采用快速、简捷的地面磁测和自然电位常规方法有效地圈定和评价了 7 号含矿岩体的空间分布。地面磁法以 300nT 等值线圈闭异常和自然电场法的-10mV 电位等值线圈闭异常的范围和形态基本重合,并且与 7 号含矿岩体水平地面投影形态、范围相吻合。磁、电异常引起机制主要与岩体富含磁黄铁矿、镍黄铁矿、黄铜矿等金属硫化物有关。由此看出,对于圈定浅埋深的"满罐式"的矿化岩体,采用简捷、轻便的常规经典老式物探手段(磁法、自电)便可取得满意的地质效果。

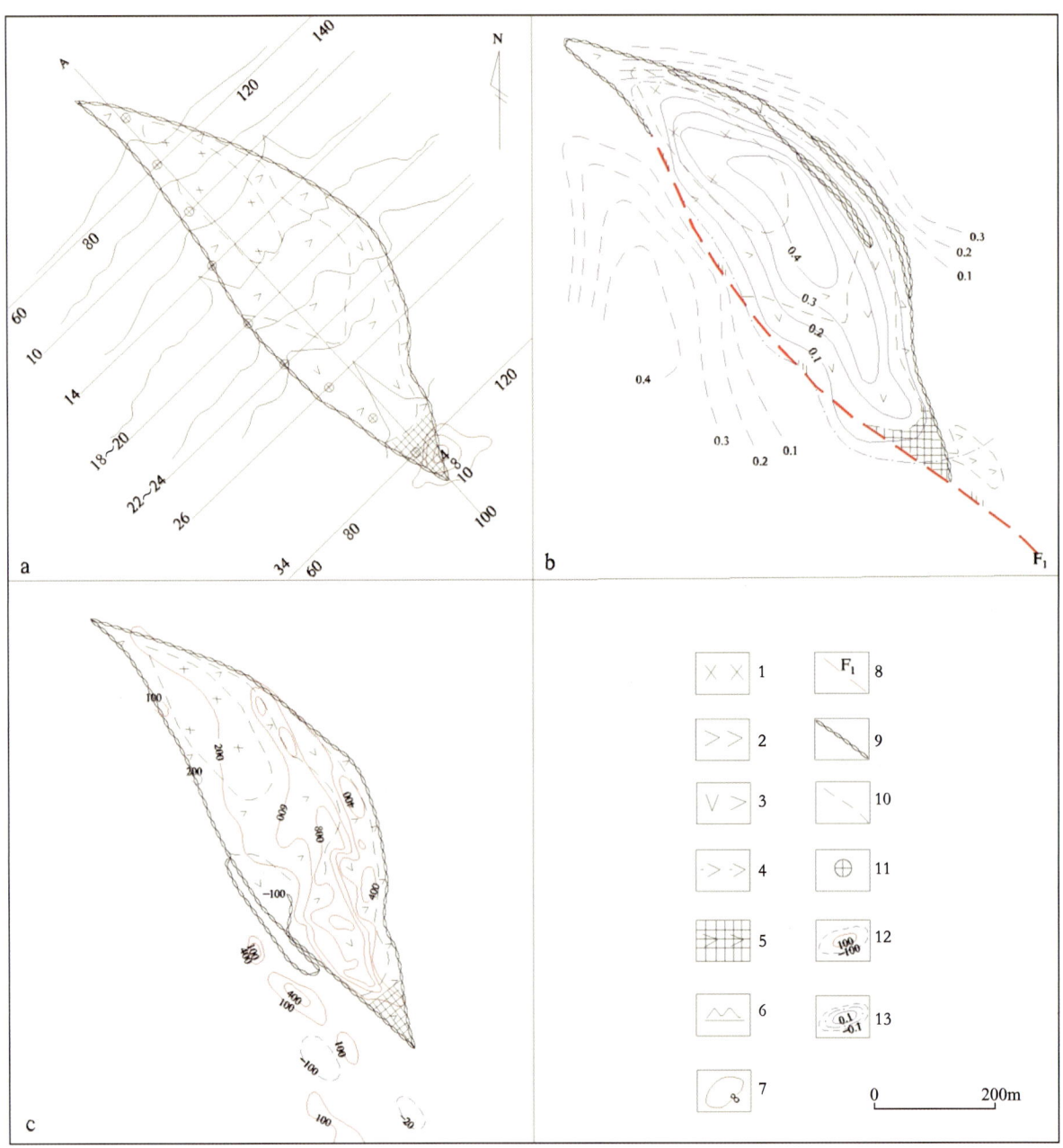

1.辉长岩;2.辉石岩;3.辉石橄榄岩;4.橄榄岩;5.工业矿体;6.激电视极化率曲线(1cm=10%);7.自然电位等值线/mV;8.断层及编号;9.构造破碎带;10.推断岩相界线;11.联剖视电阻率正交点;12.磁法 ΔZ 正、负常曲线/nT;13.剩余 Δg 异常正、负等值线/nT

图 4-2-4　红旗岭铜镍矿 1 号含矿岩体所在位置地质矿产及物探剖析图(引自张秋生、傅万城等,1986)

a.1 号含矿岩体激电自电综合平面图;b.1 号含矿岩体剩余 Δg 异常平面图;c.1 号含矿岩体磁法综合平面图

续表 4-2-2

地球物理标志	重力	在重力异常图上,红旗岭基性—超基性岩群所处区域布格重力负背景场上产出的海龙-黑石北东向重力低异常带的北西侧红旗岭-三道岗呈北西向展布的重力高异常带的东南端。红旗岭矿田赋有大型硫化铜镍矿床 2 个,小型矿床 4 个,呈北西带状展布在红旗岭重力高异常区的南西侧。红旗岭-三道岗重力高异常带分布基本上与呼兰倾伏背斜吻合,出露地层主要为早古生界寒武系、奥陶系变质岩地层。海龙-黑石北东向重力低异常带为敦-密区域性深大断裂带组成部分,是深源岩浆上侵的通道,而其北西向次级断裂为储岩、储矿构造
	磁法	在 1∶5 万航磁异常图上,各矿床均处于负磁场区上的强度较弱的局部相对高异常的边部
	电法	激电中梯在 1 号岩体上出现明显极化率高值异常反映,强度一般在 5%～10%,最高可达 38%。异常形态在岩体变窄处呈现单峰状,而在变宽处则出现"鞍形"异常,而岩体围岩 η_s 曲线平稳低缓,强度仅在 2%～3%。异常与岩体普遍磁黄铁矿化极为密切。在岩体南端和其西侧边缘高峰状异常多,与硫化铜镍矿体赋存部位相一致,推断异常是由矿体引起。此外,自然电位测量在岩体南端出露的氧化矿体上产生强度达−400mV 的自电异常。总之,岩体金属硫化物富集是引起激电和自电异常的主导因素,因此,激电和自电异常评价 1 号岩体的含矿性起到了一定的作用

二、通化赤柏松铜镍矿床

(一)典型矿床成矿地质特征

1. 地质构造环境及成矿条件

矿床位于前南华纪华北东部陆块(Ⅱ)龙岗-陈台沟-沂水前新太古代陆核(Ⅲ)板石新太古代地块(Ⅳ)内的二密-英额布中生代火山-岩浆盆地的南侧。

1)地层

区内地层主要以太古宙地体表壳岩为主,主要岩性为黑云斜长片麻岩、斜长角闪岩夹浅粒岩、透闪石岩及麻粒岩,变质程度较深,属高级角闪岩相与麻粒岩相,多被太古宙英云闪长岩侵入,仅以包体存在于英云闪长岩中。矿区东侧湾湾川一带表壳岩以片状斜长角闪岩、浅粒岩为主,多被钾长花岗岩侵入。

2)侵入岩

太古宙早期中酸性岩浆活动强烈,区域内形成大面积奥长花岗岩和英云闪长岩,现已被改造成片麻状花岗岩类和闪长岩类。

本区基性岩分布广泛,第一期基性岩(>2500Ma)多呈岩床、岩脉产出,由于受多期变质变形改造,具片理构造,片理产状与区域片理产状一致,如小赤柏松、高丽庙角闪岩、变质辉长岩等;第二期基性—超基性岩(早元古代<2500Ma)分布于三棵榆树、赤柏-金斗穹状背形核部,呈岩墙(脉)状南北或北东向侵入到太古宙地体中,已知含矿岩体均属这一期。赋矿岩体类型主要有辉绿辉长岩—橄榄苏长辉长岩—二辉橄榄岩—细粒苏长岩,含矿辉长玢岩型,为多次侵入复合岩体,具深源液态分离及良好的就地分异,赋存铜镍矿,如赤柏松 1 号矿体。

燕山期中酸性脉岩广泛分布,主要有钠长斑岩、花岗斑岩、闪长玢岩等,空间上与基性岩相伴,产状相似,切割基性岩体,反映了控岩构造的继承性。

赤柏松 1 号基性岩体:侵入太古宙英云闪长岩中,呈岩墙状产出,地表长 4800m,宽 40～140m,面积 0.4km²,走向北北东 5°～10°,北段倾向南东 63°～84°,中南段倾向转为北西 55°～86°,岩体北端翘起,向南东东方向侧状 45°左右,直到已控制的Ⅶ线,其侧伏产状尚无明显变化。赤柏松 1 号岩体为同源岩浆多次侵入的基性—超基性复式岩体,由主侵入体与附加侵入体组成。

3)构造

赤柏松矿区处于 2 个三级构造单元接触带,古陆核一侧褶皱、断裂构造发育。

褶皱构造:太古宙经历多期变质变形,表现在本区是 3 个穹状背形,即南侧三棵榆树背形、中部赤柏松-金斗穹状背形、东侧湾湾川背形,其褶皱轴走向分别为北东 50°、北西 20°、北西 40°。

断裂构造:本区主要断裂构造为本溪-二道江断裂,为铁岭-靖宇台拱与太子河-浑江陷褶断束的 2 个三级构造单元分界断裂,形成于五台运动末期,具多期活动特点,总体走向西段为东西向,东段转为北东向,赤柏松矿区位于转弯处内侧。

2. 矿体三度空间分布特征

Ⅰ号基性岩体的矿体产于岩体翘起的北端并向岩体侧伏方向延伸,矿体受岩相控制,产于斜长二辉橄榄岩中下部,由上部熔离成矿和下部贯入成矿叠加而成,贯入成矿则构成富矿部位。矿体与围岩界线为渐变的,矿体总体较完整,矿化均匀。

Ⅰ号岩体中铜镍矿体形态和产状受岩体控制,北端翘起,深部向南东东方向侧伏,倾伏角 45°左右。

矿体地表长 200m,厚 24.72~31.45m,最大斜深 730m,斜长 1000m,深部最大厚度 51.6m,一般 35.12~45.95m。

按矿体赋存的岩相、矿体形态、产状、矿石类型及成因将矿体划分为 4 种类型:似层状矿体,位于侵入体底部斜长二辉橄榄岩中;细粒苏长辉长岩矿体,整个岩体都是矿体;含矿辉长玢岩矿体,几乎全岩体都为矿体;硫化物脉状矿体,沿裂隙贯入于含矿辉长玢岩接触处,局部贯入近侧围岩中。

3. 矿石类型及矿物组合

1)矿石类型

矿石类型为铜镍硫化物型。

2)矿物组合

所见金属矿物有磁黄铁矿、镍黄铁矿、黄铜矿、黄铁矿、紫硫镍矿、辉镍矿、针镍矿、方黄铜矿、墨铜矿、白铁矿、毒砂、斑铜矿、方铅矿、辉钼矿、闪锌矿、磁铁矿、钛铁矿、铬尖晶石、赤铁矿、金红石、钙钛矿、锐钛矿、自然金、针铁矿、孔雀石、蓝铜矿、铜蓝等。以磁黄铁矿、镍黄铁矿、黄铜矿为主,三者紧密共生。含镍矿物主要为镍黄铁矿,其次为紫硫镍矿、辉镍矿、针镍矿。

4. 矿石结构构造

1)矿石结构

共结结构和显微文象状似共结结构,是熔离矿石最常见的结构,磁黄铁矿、镍黄铁矿和黄铜矿密切共生,黄铜矿又常沿前两种矿物边缘分布。交代结构是贯入成矿和热液期的黄铁矿、白铁矿、紫硫镍矿等沿镍黄铁矿、磁黄铁矿的裂隙和边缘交代,为贯入成矿中常见的结构。此外,还有热液阶段的交代结构,如黄铜矿、方铅矿交代黄铁矿等。

2)矿石构造

浸染状构造和斑点状构造,为金属硫化物散布于硅酸盐矿物间,是熔离成因矿石中普遍发育的构造。贯入型矿石中主要发育稠密浸染状、细脉状、角砾状和块状构造,富硫化物矿脉多见于块状矿石中,细脉状构造还出现在细粒和斑状苏长辉长岩的接触部位。

5. 蚀变类型及分带性

Ⅰ号岩体从不含矿岩相到含矿岩相,黑云母的含量由 1.5×10^{-2} 增长到 5×10^{-2},在贯入型矿石中金属硫化物周围分布有黑云母等,这是一种钾化的表现。还有次闪石化,在含矿的岩体边部较为发育。

6. 控矿因素及找矿标志

1)控矿因素

岩浆控矿：分布本区早元古代为有利成矿期。复式岩体是构造多次活动、岩浆多次侵入的产物，多形成大而富的矿床，单式岩体分异完善，基性程度愈高，对形成熔离型矿床越有利。就地熔离矿体，一般位于岩体底部或下部，深源液态分离贯入型矿体多位于先期侵入岩体底部、边部或近侧围岩中。

构造控矿：本溪-浑江超岩石圈断裂为控制区域基性—超基性岩浆活动的导矿构造，区域基性岩体沿断裂古隆起一侧，分段(群)集中分布。基底穹隆核部断裂构造控制基性—超基性岩产状、形态等特征。

2)找矿标志

镍/硫和镍、硫丰度是基性程度和含矿性重要标志。

(二)地球物理特征

1. 矿床所在区域重磁场特征

赤柏松铜镍矿床，在1∶25万布格重力异常图上，处于"人"形重力高异常带右支的内侧，高异常带场态宽缓。右支的端处，也就是矿床的南东部叠加有近等轴状局部重力高异常。在剩余重力异常图上，异常特征更为明显，矿床处于椭圆状剩余重力高异常中心，异常长4.4km，宽2.5km。矿床的南西侧分布有近东西走向呈似椭圆状布格重力低异常，边部有梯度带环绕。该梯度带北东段总体呈北西走向，在矿床位置有局部错动，显示出北西向和北东向重力梯度带交会的特征，同时也是北侧重力高异常向南正向变异的部位。与1∶25万地质图进行对比，矿床处于北西向、北东向、东西向断裂构造交会部位，含矿辉绿岩体位于局部重力高异常上。根据辉绿岩体、新太古代片麻岩、侏罗纪火山沉积地层密度依次降低物性参数特征，新太古代英云闪长质片麻岩、花岗质片麻岩分布区与重力高异常带较吻合，推断是引起重力高异常带的主体，侵入其中的新元古界冰湖沟变质辉绿岩体呈北东走向，沿北西方向雁形排列和平行排列，构成赤柏松岩基性—超基性群，是引起重力高异常带上的局部重力高的主要因素，推断辉绿岩体深部规模变大，重力低异常区与侏罗系火山沉积范围基本一致。

在1∶25万区域航磁异常图上，赤柏松铜镍矿床位于叠加在正磁异常背景上的北东东走向，规整的椭圆状局部正磁异常上，异常长13.7km，宽7.3km，异常南东侧梯度陡，北西缓。在航磁异常化极等值线图上处于局部正磁异常南缘北东向梯度带的内侧。在航磁异常化极垂向一阶导数等值线图上处于局部正磁异常边缘上。结合1∶25万地质图进行对比分析，区域航磁异常背景正磁异常为中低磁性的新太古代片麻岩的反映，围绕其边部的梯度带与相应河谷位置相当，应有断裂构造存在。局部正磁异常主要由辉绿岩体较高磁性引起。

2. 矿床所在地区磁场特征

在1∶5万航磁异常图上，赤柏松铜镍矿床处在赤柏松西部以300～340nT为背景圈定的航磁异常区内的北部，吉C-1987-123强磁异常向北东低缓异常过渡部位上，背景异常的东部、东北部及西部共分布着3条线性低磁异常带。大都岭-赤柏松-快大茂子线性低磁异常带走向北东，快大茂子到金斗北侧线性低磁异常带走向北西；大都岭-小赤柏松-金斗线性低磁异常带走向近南北，前两个在地质上对应着两条断裂构造带，后者处于新太古代片麻岩分布区，推断有隐伏的断裂构造带存在，线性低磁异常带两侧的磁异常梯级带反映了断裂构造带的宽度。

矿床处的背景异常呈椭圆状，北北东走向，异常长5km，宽2.7km，东侧梯度带陡且走向平直，西侧梯度带陡并有错动显示，走向上发生改变。背景异常区南端及中部分别叠加有吉C-1975-94、吉C-1987-123异常，最大强度分别为580nT、520nT。吉C-1975-94近等轴状，直径约1.2km，南西侧梯度带陡，东侧略缓,向北与吉 C-1987-123 相连,吉 C-1987-123 呈似椭圆状,长 1.8km,宽 1km,最大值出现在该异常的东端,这 2 个航磁异常均为甲类异常,为已知含铜镍矿的基性岩体引起。在航磁异常化极等值线图上,矿床处于吉 C-1987-123 磁异常北东侧边部,同时是北西走向梯度带和北东走向梯度带的交会处,所夹区域为宽缓异常区,梯度带交会处应是断裂构造交会位置。在航磁异常化极垂向一阶导数等值线图上局部正磁异常更加明显,矿床处于正磁异常向西凹进顶部的零等值线附近,同时也是东北侧菱形局部磁异常之西南尖端处,该菱形局部磁异常是已知基性岩体的反映。

3. 矿床所在位置地球物理特征

通化地区综合地质队 1974 年在赤柏松矿区完成了 1:2.5 万的物探、化探工作,根据磁测和土壤扫面圈定基性岩体,结合剖面性电法工作,进一步研究了主要基性岩体含矿性及产状。

1) 矿区岩(矿)石物性参数特征

矿区及外围岩(矿)石物性参数详见表 4-2-3、表 4-2-4。

表 4-2-3 赤柏松矿区岩(矿)石磁参数统计表

岩石名称	标本/块	$\kappa/10^{-5}$ SI		$J_r/10^{-3}$ A·m^{-1}		备注
		变化范围	常见值	变化范围	常见值	
磁铁石英岩	4	9299~7163	32 798	1400~19 500	8320	
含磁铁矿角闪岩	5	7540~13 823	10 593	850~5900	2270	
安山岩	17	1483~14 074	8218	640~15 800	2400	
钠长斑岩	18	4046~12 566	7980	380~15 800	2400	
斜辉橄榄岩	9	2262~20 986	5466	1800~6500	1690	1972 年资料
闪长岩	31	1508~10 933	4725	210~11 900	750	
闪长玢岩类	29	679~12 566	3368	170~7000	1000	
橄榄苏长岩	7	1068~4398	2187	450~3400	1150	1972 年资料
辉长辉绿岩	40	0~6535	2011	0~1300	250	
辉长玢岩	3	691~2865	1759	870~6450	2800	
黑色流纹岩	8	1420~2639	1634	210~670	520	部分为 1972 年资料
辉长岩类	32	50~3519	1169	0~540	180	部分为 1972 年资料
石英正长斑岩	11	0~2639	942	0~8050	840	
斜长角闪岩	26	0~3142	892	0~720	80	
细粒蚀变辉绿辉长岩	23	0~3016	842	0~200	50	
混合岩类	30	0~2513	829	0~7800	350	
流纹岩	31	0~2011	402	0~340	60	
凝灰岩	12	25~1005	264	0~3500	600	

表 4-2-4 赤柏松矿区岩(矿)石电参数统计表

岩(矿)石名称	标本/块	ρ 平均值/(Ω·m)	η 平均值/%
致密块状硫化铜镍矿石	4	0.5	8.0
浸染状铜镍矿石	9	700	6.0
辉长玢岩	4	2000	1.0
闪长岩	4	2100	1.4
辉长辉绿岩	11	2700	1.4
苏长岩	5	2800	1.1

续表 4-2-4

岩(矿)石名称	标本/块	ρ 平均值/$(\Omega \cdot m)$	η 平均值/%
橄榄岩	4	3100	1.0
混合岩	8	3200	1.0
辉绿岩	5	3400	
片麻岩	6	3500	1.4

赤柏松矿区广泛出露太古宇鞍山群地层,中基性岩体(脉)尤为发育,岩石磁性复杂(表 4-2-3)。由表 4-2-3 可以看出,本区磁铁石英岩磁性最强,磁化率高达 $32\ 798 \times 10^{-5}$ SI,可引起近 10 000nT 的磁异常。岩石以基性岩、中性岩磁性较强,但中基性岩间磁性差异较小,斜辉橄榄岩、闪长岩、闪长玢岩等磁性较强,磁化率一般为 $(3300 \sim 5500) \times 10^{-5}$ SI,可以引起 1000nT 以上的磁异常,其次为橄榄苏长岩、辉长辉绿岩、辉长玢岩、黑色流纹岩、辉长岩等,具有中等磁性,磁化率一般在 $(1200 \sim 2200) \times 10^{-5}$ SI 之间,可以引起 $500 \sim 1000$ nT 的磁异常。磁性较弱,形成区域背景场的岩性有石英正长斑岩、细粒蚀变辉绿辉长岩、流纹岩、凝灰岩及混合岩、斜长角闪岩等,一般在 $(260 \sim 950) \times 10^{-5}$ SI 之间。从赤柏松矿区岩(矿)石电参数统计表(表 4-2-4)可以看出,致密块状硫化铜镍矿石电阻率最低,平均值为 $0.5\Omega \cdot m$,极化率高达 8%,富浸染状矿石电阻率较低,平均值为 $700\Omega \cdot m$,极化率高达 6%,矿体的围岩,从超基性—基性岩类到古老变质岩系之混合岩、片麻岩类,都具有较高的电阻率,一般在 $2000 \sim 3500\Omega \cdot m$ 之间,而极化率普遍低于 1.5%。因此矿石表现为低电阻率、高极化率特征,而围岩表现为高电阻率、低极化率特征。

综上所述,可知矿区中性岩脉与基性岩脉(体)间磁性差异不明显,基性岩含矿量越高,导电性越好,矿体与围岩有明显电性差异,非矿基性岩与围岩电性差异不大,与中基性岩有关的多种元素中仅 Cr、Ni、Cu 有土壤异常显示。本区磁铁石英岩分布局限,一般只能形成强大的孤立异常,比较容易鉴别。而中性岩脉与基性岩脉(体)由于异常幅度接近,形态相似,不易区分,形成很大干扰,应仔细研究异常特点,借助地质、电法、化探等综合方法鉴别之,所以在本区具有开展物化探工作的前提。

2)矿床所在位置电场、磁场特征

(1)地磁异常特征。现将矿区最主要的Ⅰ号含矿基性岩体的物探异常分析如下。

从地磁剖面平面图上可以看出,由于区内北北东向中基性岩体(脉)极其发育,区内磁异常显得较为杂乱,但依然有规律可循,可划出岩体边界,异常走向以北北东为主,与中基性岩体(脉)有一定的对应关系。图中几个主要异常编号分别为 C1-1、C2、C7、C11。通过分析得知,C1-1 由Ⅰ号含矿基性岩体引起,基性岩体由辉绿辉长岩、橄榄苏长辉长岩、二辉橄榄岩组成,二辉橄榄岩为含矿岩石;C2、C7、C11 分别由辉绿辉长岩、辉长玢岩、闪长岩引起。C1-1 和 C2 异常之间,Ⅰ号基性岩体北端,有北西向沟谷,应有断裂构造存在。

C1-1 是 C1 异常的北段,C1-2、C1-3 是 C1 的中段和南段,C1 走向北北东,长近 6000m,两端尖灭。宽几十米到百余米,强度一般为 $500 \sim 1000$ nT,北段 C1-1 较南段 C1-3 高,负值不明显,梯度陡,北段西侧较东侧陡,南段西侧较东侧缓。该异常由辉绿辉长岩(向下基性增高),即Ⅰ号含矿基性岩体引起,埋深小,下延大。北段倾向南东,南段倾向北西,后者基性程度较差。

C1-1 北端(矿区)有联剖与激电异常,并与土壤 Cu 异常,Ni、Cr 异常相吻合。

C2 异常位于 C1-1 北部,走向北北东,长 2200m,两端均趋于尖灭。宽百余米,强度变化大,一般为 $200 \sim 1000$ nT,反映了物性不均匀,梯度大,西侧有负值。由辉绿辉长岩,即Ⅱ号岩体引起,埋深小,下延大。倾向北西,南端有 Cu、Cr 单点异常。

C7 异常位于 C1-1 东侧,相距 100m,走向北北东,长 2000m,两端尖灭。宽 $20 \sim 30$m,强度 1000nT 左右,无负值,呈尖峰状,经槽探证实,为辉长玢岩引起。

C11 异常位于 C1-1 西侧,相距 100m,走向北东,长 2500m,宽 50m,强度近 1000nT,为闪长岩引起,有工程证实。

(2)电法剖面异常特征。Ⅰ号含矿基性岩体Ⅱ号勘探线,处于硫化铜镍矿体北段。

①联剖异常特征。三种极距联剖,于矿体出露部位出现60m的低阻带,得到清晰的正交点(ρ_s值小于800Ω·m),交点两侧视电阻率曲线不对称,北西侧曲线幅度大,梯度陡,伴有视电阻率极小值(ρ_s值小于20Ω·m),随AO加大,交点东移,勘Ⅱ处于山脊地形,经过地形改正后,曲线上述特征尤为明显,该异常具h>MN的良导薄板曲线特征(图4-2-8)。

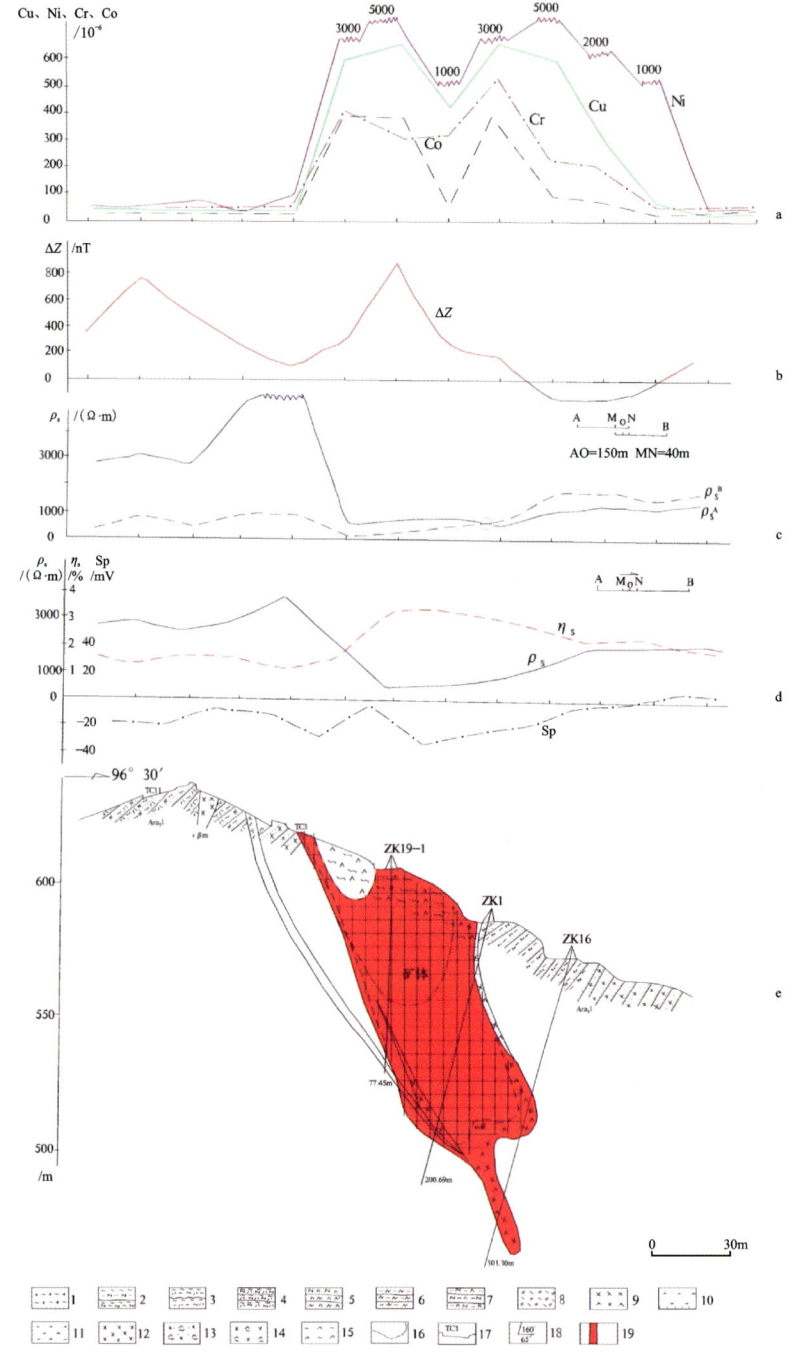

1.均质混合岩;2.黑云血肠片麻岩质混合岩;3.黑云角闪斜长片麻岩质混合岩;4.斜长角闪岩质混合岩;5.斜长角闪岩;6.黑云斜长片麻岩;7.黑云斜长角闪片麻岩;8.钠长斑岩;9.辉长玢岩;10.闪长斑岩;11.闪长岩;12.辉绿辉长岩;13.斑状苏长岩;14.橄榄苏长岩;15.含长斜辉橄榄岩;16.岩相界线;17.探槽及编号;18.地层产状;19.硫化铜镍矿体

图4-2-8 赤柏松硫化铜镍矿Ⅰ号含矿岩体勘探剖面图(引自邹敏熙、宋克等,1976,修改)

a.化探异常图;b.地磁剖面图;c.联剖视电阻率图;d.激电中梯视极化率、视电阻率及自然电位图;e.地质剖面图对比地质剖面，ρ_s^A 和 ρ_s^B 同时极小值对应矿体出露中心位置，视电阻率曲线在矿体倾斜一侧缓，交点向移矿体倾斜一侧偏移，根据电性资料，已知矿体属低阻性质，无疑联剖异常应为矿体的反映。

②激电异常特征。勘 II 出现激电异常总宽约 60m，极化率 η_s 极大值为 3.5%，对应于矿体在地表中心位置，极大值两侧 η_s 曲线不对称，在矿体倾斜一侧梯度较缓，η_s 曲线上述特点显示激发体，是具有一定厚度的板状体，ρ_s 曲线在矿体出露部位，有明显的低阻显示，ρ_s 值在 500Ω·m 左右。从电法结果看，只有硫化铜镍矿体才有高的极化率，该异常由已知矿体所引起。

（三）通化赤柏松铜镍矿床地质—地球物理找矿模型

总结上述矿床地质、地球物理找矿标志，建立该矿床地质—地球物理找矿模型如下（表 4-2-5）。

（1）本溪-浑江深断裂为控制区域基性岩浆活动的导岩构造，区域基性岩体沿此断裂古隆起一侧分段（群）集中分布。赤柏松岩群则受基底褶皱及与之有成因联系的断裂构造制约，它控制着基性岩体的分布范围、形态及产状。如赤柏松 1 号岩体、新安岩体沿赤柏松-金斗穹状背斜核部剪裂带呈近南北向分布。

赤柏松岩群由不同时代、多期侵入的岩体组成。目前发现的赋存有工业矿体的岩体皆属第二期老岩体。

区内岩体类型较多，但已发现的含矿岩体皆属辉绿辉长岩—橄榄苏长辉长岩—含长二辉橄榄岩（或二辉橄榄岩）型的基性—超基性杂岩体，除深熔贯入式矿体外，岩体分异越好对成矿越有利，矿体赋存于基性程度较高的橄榄岩相之中。

多次侵入（复合岩体），多期迭加矿化对成矿有利。

（2）实际资料表明，硫化铜镍矿体严格控制于基性岩体内，I 号含矿岩体中，铜镍矿体与围岩无明显界限，矿体受岩相控制十分严格。主要赋存含长二辉橄榄岩相内，局部赋存于与该岩相邻接的橄榄苏长辉长岩相内，而辉绿辉长岩相内，矿化微弱，未见矿体。

镍铜含量变化的总趋势大体是随接近岩体端部（地表）及底部（剖面上自上而下），含量递增，有一定规律性，且一般镍铜含量的变化区间不算太大。沿矿体侧伏方向镍铜含量的变化不很明显。

（3）矿区内虽然岩石磁性复杂，但通过磁性和电性参数，磁异常、电法异常及土壤异常综合分析，可以圈定基性岩体乃至含长二辉橄榄岩（含矿）的分布范围。中性岩脉与基性岩脉（体）间磁性差异不明显，但导电性后者好于前者。矿体与围岩有明显电性差异，非矿基性岩与围岩电性差异不大，矿石中以磁黄铁矿、镍黄铁矿、黄铜矿为主，表现为低电阻率、高极化率特征，而非矿基性岩与围岩表现为高电阻率、低极化率特征。与中基性岩有关的多种元素中仅 Cr、Ni、Cu 有土壤异常显示。所以本区具有开展物化探工作的前提。

（4）含矿基性岩体与围岩，铜镍矿体与围岩的磁性、电性的明显差异，在磁异常视电阻率、极化率异常及磁异常充分表现出来（图 4-2-8）。

在矿体出露部位，联剖出现低阻带，得到清晰的正交点，交点两侧视电阻率曲线不对称，视电阻率曲线在矿体倾斜一侧缓，交点向矿体倾斜一侧偏移。激电中梯异常对应低视电阻率和高视极化率特征，视极化率曲线在矿体倾斜一侧梯度较缓。

地磁在矿体出露部位有明显的磁异常，最大强度为 950nT，含矿岩体产生背景异常，其上叠加较窄异常为含长二辉橄榄岩及辉绿辉长岩引起。

（5）矿床位于区域布格重力异常北西向、北东向梯度带交会并发生错动部位及重力高异常带的边缘，说明矿床产出明显受太古宇鞍山群古老变质岩基底隆起和断裂构造控制，含矿的辉绿辉长岩群侵入其中产生局部重力高异常。重力高异常带的边缘、梯度带交会并发生错动部位是寻找与基性—超基性岩有关的硫化铜镍矿床的有利部位。

（6）1∶5 万航磁异常是含矿基性岩体磁性的综合反映，矿床一般位于断裂构造交会处及基性岩体

（脉）的端部，因此，航磁异常梯度带交会处和航磁局部异常沿走向的端部则是找矿的最佳地段。

（7）本区实际资料证明，运用物化探综合方法寻找与基性—超基性岩有关的硫化铜镍矿床是有效的。"三高一低"（磁异常高、激电异常高、化探异常高、视电阻率低）的综合异常，往往指示硫化铜镍矿体的存在。

表 4-2-5 通化赤柏松铜镍矿床地质—地球物理找矿模型表

地质条件	构造环境	矿床位于前南华纪华北东部陆块（Ⅱ）龙岗-陈台沟-沂水前新太古代陆核（Ⅲ）板石新太古代地块（Ⅳ）内的二密-英额布中生代火山-岩浆盆地的南侧
	岩石组合	辉绿辉长岩—橄榄苏长辉长岩—二辉橄榄岩—细粒苏长岩，含矿辉长玢岩
	构造标志	本溪-二道江断裂转弯处内侧为控制区域上基性岩浆活动的超岩石圈断裂。分布在穹状背形的核部的北东或北北东向断裂构造是本区控岩、控矿构造
	围岩蚀变	Ⅰ号岩体从不含矿岩相到含矿岩相，黑云母的含量由 1.5×10^{-2} 增加到 5×10^{-2}，在贯入型矿石中金属硫化物周围分布有黑云母等，这是一种钾化的表现。还有次闪石化，在含矿的岩体边部较为发育
地表找矿标志		出露含矿基性岩体
找矿历史标志	文字记录	1970年通化地区综合地质大队在进行613矿踏勘中，于高丽城沟发现橄榄苏长岩转石，1971年进一步追索和揭露，从而发现并初步圈定了地表铜镍矿体。1972年对该区进行普查勘探，1976年6月提交了"吉林省通化县赤柏松硫化铜镍矿床Ⅰ号矿体地质勘探报告"
地球物理标志	重力	在布格重力异常图上，处于"人"形重力高异常带右支的内侧，在剩余重力异常图上，矿床处于椭圆状剩余重力高异常中心。在矿床位置有梯度带局部错动，显示出北西向和北东向重力梯度带交会的特征。重力高异常带与新太代片麻岩分布区较吻合，重力低异常区与侏罗纪火山沉积范围基本一致
	磁法	在1:5万航磁异常图上，赤柏松铜镍矿床处在吉C-1987-123强磁异常向北东低缓异常过渡部位上，异常突然变窄，推断北西向和北东向断裂构造在此交会，吉C-1987-123最大值为530nT，低缓异常最大值为350nT，航磁正局部异常为已知含铜镍矿的基性岩体引起
	电法	在矿体出露部位，联剖出现低阻带，得到清晰的正交点，交点两侧视电阻率曲线不对称，视电阻率曲线在矿体倾斜一侧缓，交点向移矿体倾斜一侧偏移；对应低视电阻率和高视极化率特征，视极化率曲线在矿体倾斜一侧梯度较缓

三、白山市杉松岗铜钴（伴生镍）矿床

（一）典型矿床成矿地质特征

1. 地质构造环境及成矿条件

矿床位于前南华纪华北东部陆块（Ⅱ）胶辽吉元古宙裂谷带（Ⅲ）老岭坳陷盆地（Ⅳ）内。荒沟山"S"形断裂带中部。

1）地层

区域内出露的地层自老至新有太古宇地层、古元古界老岭群、新元古界震旦系以及不整合在上述地层之上的中生界（图4-2-9）。

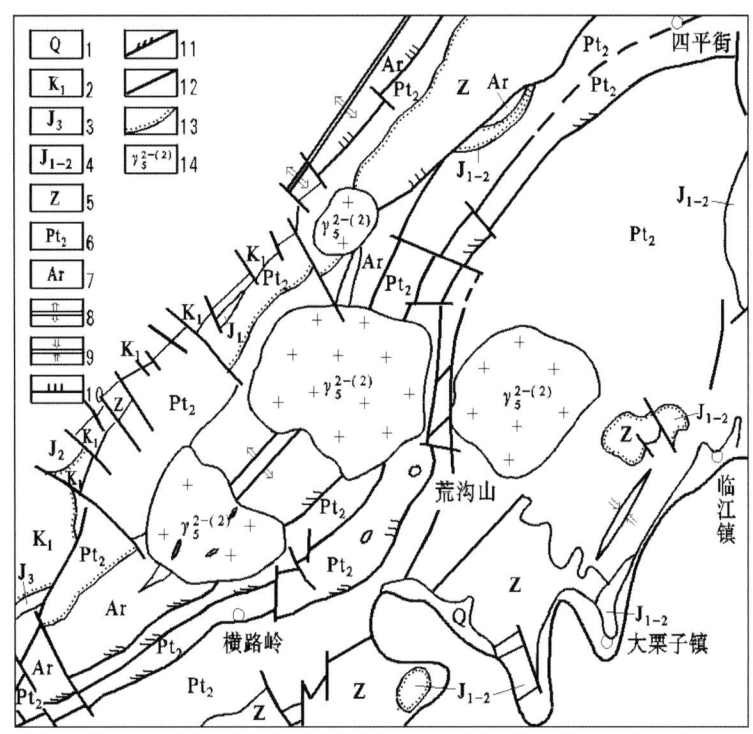

1.第四系;2.下白垩统;3.上侏罗统;4.中下侏罗统;5.震旦系;6.中元古界;7.太古宇;8.背形;9.向形;10.逆断层;11.韧性剪切断层;12.性质不明断层;13.不整合;14.燕山期花岗岩

图 4-2-9　白山市荒沟山铜钴镍矿床区域地质图

矿区出露的地层为老岭群珍珠门岩组上段和花山组下段。花山组下段地层出露面积较大,其东侧与草山岩体接触,西侧与珍珠门岩组呈断层接触。岩层总体走向近南北,倾向东或北东,局部南西倾。矿体主要产于花山组(Pt_2h)底部4个岩性层的中间2个岩性层中,为沉积变质—后期改造层控型矿床。4个岩层自下而上为:

(1)Pt_2h_1岩层,以灰色—灰绿色千枚状片岩为主,夹变质粉砂岩薄层。

(2)Pt_2h_2岩层,以深灰色—灰黑色千枚状变质粉砂岩、千枚状片岩为主,夹灰色—灰绿色薄层状大理岩、变质粉砂岩透镜体。该层为钴镍铜矿体的主要含矿层位。

(3)Pt_2h_3岩层,以灰黑色—灰绿色千枚状片岩为主,夹深灰色—灰黑色变质粉砂岩透镜体。该层亦为钴镍铜矿体的主要含矿层位。

(4)Pt_2h_4岩层,以斑点状千枚状岩、变质粉砂岩及黑棕色角岩为主,为草山岩体边部接触变质的产物,其中角岩分布在岩体边部。

2)侵入岩

区域内燕山早期侵入岩体有老秃顶子、草山和梨树沟3个岩体。3个岩体的岩性均为似斑状黑云母花岗岩。老秃顶子岩体出露面积57km²,岩体内有捕虏体,并有后期脉岩侵入;草山岩体出露面积35km²,岩体边部形成较完整的角岩蚀变晕圈;梨树沟岩体出露面积约30km²。矿床西侧为老秃顶子岩体,岩体界面向东倾斜,倾角70°左右;矿床东侧为草山岩体,岩体界面向西倾斜,倾角亦为70°左右,推测其深部有相连之势。矿床即分布在两岩体中间狭长地带的偏南位置处。

区内脉岩多呈岩墙或岩脉状产出,分布广泛。基性脉岩有苏长辉长岩、辉绿岩、闪斜煌斑岩等,中—酸性脉岩有闪长岩、石英闪长岩、闪长玢岩、花岗斑岩、霏细岩等,碱性岩有粗面岩、二长斑岩等。闪长岩脉与矿化关系较为密切,有时地表闪长岩脉本身就是矿体。

3)构造

矿区内构造较复杂,褶皱构造规模较小,断裂构造发育,具有多期活动的特点。花山组地层总体为一北西—北北西走向,向北东倾斜的单斜构造,岩石中小型褶曲、揉皱现象明显。矿区内断裂构造比较发育,大致划分为南北向、北西向和北东向3组断裂。南北向断裂属区域上横路岭-荒沟山-小四平"S"形断裂带的组成部分,属压扭性,为成矿前断裂。铜镍钴矿体即产于该断裂上盘花山组底部岩层中。北西向断裂为一组较为发育的张扭性断裂,形成于岩层褶皱期,后期又有复活,复活后对矿体有破坏作用。北东向断裂在走向和倾向上均有多变的特点,沿断裂有较多闪长岩脉贯入,与地层倾向相反或直交,其形成时间较晚,往往切割其他断裂,属成矿后断裂,破坏了矿体的连续性。

2. 矿体三度空间分布特征

杉松岗铜钴(镍)矿床,目前已发现并有工程控制的矿体共计18条,各矿体集中分布在长800m,宽500m范围内。按矿体产状、空间分布及矿石特征可分为2个矿带。

1号矿带:分布于Pt_2h_2中,矿带长700m,宽200m,由8条矿体组成,矿体呈层状、似层状产出,其含矿岩性为千枚状片岩、千枚状变质粉砂岩及薄层状大理岩。

2号矿带:分布于Pt_2h_3中,矿带长750m,宽240m,由10条矿体组成,矿体呈层状、似层状产出,其含矿岩性为千枚状片岩。

各矿体平行产出,产状与围岩一致,矿体群平面上略呈弧形展布。

3. 矿石类型及矿物组合

1)矿石类型

矿石的工业类型以硫化矿石为主,氧化矿石次之。矿石的自然类型,按矿石的特征可划分为千枚状变质粉砂岩型矿石,千枚状片岩型矿石,大理岩型矿石,闪长岩型矿石。

2)矿物组合

金属矿物有黄铜矿、辉砷钴矿、硫钴矿、辉钴矿,次为磁黄铁矿、闪锌矿、方铅矿、辉铜矿、斑铜矿、黄铁矿,氧化矿物有孔雀石、褐铁矿、蓝铜矿等。脉石矿物主要为石英、绿泥石、绢云母、方解石等。

4. 蚀变特征与类型

矿体的围岩蚀变属中—低温热液蚀变,总体上蚀变较弱,蚀变与围岩没有明显的界线,呈渐变过渡关系。主要蚀变类型有硅化、绢云母化、绿泥石化、碳酸岩化,硅化、绢云母化与成矿关系比较密切,在蚀变发育部位钴铜矿化较强。

5. 控矿因素及找矿标志

1)控矿因素

矿体产于花山组下部岩段4个岩性层的中间2个岩性层中,2个含矿岩性层岩性为千枚状片岩、千枚状变质粉砂岩及薄层状大理岩,与相邻的大横路钴铜矿床产在同一层位。

矿体呈层状、似层状产出,产状稳定,矿体连续。钴铜镍品位变化呈正相关关系。

矿体围岩蚀变弱,矿体与围岩界线不清,肉眼难以分辨。

岩浆岩及构造与矿化关系密切。矿床产于"S"形构造带内,区内构造活动伴随十分强烈的岩浆活动,矿区两侧为燕山早期侵入体,它们对成矿元素的活化、迁移和富集成矿起到一定的作用。

2)找矿标志

镍/硫和镍、硫丰度是基性程度和含矿性的重要标志。

(1)地表有孔雀石、蓝铜矿、褐铁矿等氧化矿物的出现,化探次生晕钴、铜、镍异常明显。

(2)岩石破碎且呈深灰色—灰黑色,片理化发育,硅化、绿泥石化发育部位是找钴铜镍矿的间接标志。

该矿床属沉积变质后期改造层控型小型钴铜镍矿床。

(二)地球物理特征

1. 矿床所在区域重磁场特征

在1∶25万布格重力异常图上,白山市杉松岗铜镍钴矿床位于草山花岗岩体产生的近椭圆状重力低异常西南边部弧形梯度带上,该异常东西走向,东西两端各有一个重力低中心。椭圆状重力低异常西北侧有一个规模相对较小的等轴状重力低异常毗邻分布,位于燕山期老秃顶子花岗岩体东北部,推断与此岩体有关。杉松岗铜镍钴矿床分布在两岩体中间的狭长地带花山组地层中,该处南北向断裂构造发育,断裂带宽2~10m,刚好从近椭圆状和等轴状重力低异常中间穿过,属区域上横路岭-荒沟山-四平街"S"形构造的组成部分。在剩余重力异常图上,上述椭圆状、等轴状2个重力低异常共同组成一个形态规整的椭圆状负重力局部异常,整个负异常呈东西走向,长14.7km,宽8.4km,异常东陡西缓,铜镍钴矿床位于椭圆状负异常的西南部内侧。

在1∶25万区域航磁异常图上,杉松岗铜镍钴矿床位于老秃顶子岩体产生的东西走向椭圆状正磁异常东部边缘零值线上,该处等值线南北走向,梯度较缓,处于珍珠门岩组、花山组地层南北向狭长分布区,其西侧老秃顶子岩体异常强度略高,最大值为280nT,梯度较陡,而东侧草山岩体则处在宽缓负磁场中,仅在岩体东部沿接触带上出现较弱的正异常。

在航磁异常化极等值线图上,老秃顶子岩体与正磁异常形态位置完全吻合,珍珠门岩组、花山组地层、铜镍钴矿床及草山岩体完全处于北东走向的负磁场中。铜镍钴矿床处于老秃顶子岩体较陡正磁异常向南东东方向宽缓负磁场过渡的梯度变化位置。

2. 矿床所在地区磁场特征

在1∶5万航磁异常剖面平面图和等值线平面图上,铜镍钴矿床位于老秃顶子岩体产生的等轴状正磁异常向东部低缓负磁场区过渡位置,该处异常强度约—10nT,等值线南北走向,梯度西侧明显陡于东侧。东部负磁场分布区与珍珠门岩组、花山组地层、临江组及草山岩体出露位置大体一致。南部有1个航磁吉C1-1987-47蚀变带异常,异常低缓,长1.9km,宽1.6km,最大强度27nT。草山岩体东侧边部沿接触带上出现规模较大、强度较高的带状正异常,最大强度160nT。

在航磁异常化极及化极垂向一阶导数等值线图上,老秃顶子岩体正磁异常和吉C1-1987-47正磁异常均向北移动,铜镍钴矿床靠近南侧吉C1-1987-47正磁异常边部而远离老秃顶子岩体正磁异常。吉C1-1987-47蚀变带异常处于花山组与临江组接触带上,异常的形成与燕山期老秃顶子岩体、草山岩体的岩浆热液活动有关,花山组含矿地层受燕山期老秃顶子岩体、草山岩体的岩浆热液活动影响,产生区域性变质、蚀变,对铜镍钴矿床形成和富集成矿起到重要作用。

3. 矿床所在位置地球物理特征

1)矿区岩(矿)石物性参数特征

(1)磁性特征。区内出露的各类岩石磁性仅具中弱磁性,其中闪长玢岩、闪长岩类等中基性岩(脉)磁性最高,磁化率平均值 κ 为 880×10^{-5} SI,剩余磁化强度平均值 J_r 为 377×10^{-3} A/m,具有中等磁性。似斑状花岗岩具有中弱磁性,磁化率平均值 κ 为 339×10^{-5} SI,剩余磁化强度平均值 J_r 为 113×10^{-3} A/m。变质岩系的大部分,包括大理岩、变质砂岩、千枚状片岩、角岩等均无(微)磁性。矿区岩石磁参数统计结果详见表4-2-6。

表 4-2-6　杉松岗铜镍钴矿区岩石磁参数统计表

岩石名称	标本/块	$\kappa/10^{-5}$ SI		$J_r/10^{-3}$ A·m^{-1}	
		变化范围	平均值	变化范围	平均值
似斑状花岗岩	9	0～2011	339	0～553	113
闪长岩类	12	0～2639	880	0～1508	377
大理岩	4	0		0	
变质砂岩、千枚状片岩	41	0		0	
角岩	14	0		0	

（2）电性特征。矿区各类含矿岩石极化率普遍较高，一般在6.0%以上。含黄铜矿硅化大理岩极化率最高，达17.8%；含碳质千枚状片岩和含黄铜矿变质粉砂岩极化率较高，一般在6%～8%，两者属同一数量级，前者为干扰岩石，应与含矿岩石区分开来。矿区岩（矿）石电参数统计结果详见表4-2-7。

表 4-2-7　杉松岗铜镍钴矿区岩（矿）石电参数（极化率）统计表

岩石名称	含碳质千枚状片岩	含黄铜矿变质粉砂岩	含黄铜矿硅化大理岩	灰黑色千枚状片岩	千枚状片岩	变质砂岩	大理岩	片岩	花岗岩	闪长岩
$\eta/\%$	8.3	6.3	17.8	3.42	<1.0	<1.0	<1.0	<1.0	<1.0	<1.0

2) 矿床所在位置磁场特征

在1∶1万地质图上，矿区位于靠近珍珠门岩组、花山组地层接触带的花山组地层一侧。珍珠门岩组、花山组地层西侧分布有老秃顶子岩体，东侧分布有草山岩体。矿区中基性脉岩广泛分布，主要为北东向产出，少量为北西向及南北向，沿断裂侵位，呈脉状产出，成群出现。

本区老秃顶子岩体和草山岩体的磁场特征有明显的差别，草山岩体无磁性，呈-50nT的稳定磁场，老秃顶子岩体在矿区附近呈100～200nT的跳跃磁场。

沿草山岩体西侧的外接触带出现较强地磁异常，沿南北成带，分布在花山组地层内，各局部异常呈近南北及北北西走向，与地层走向或岩体边界走向一致。异常与外接触带的角岩圈分布有关，角岩圈宽200～500m，虽然参数测定磁性较弱，但磁场强度较草山岩体略高，强度一般为50～100nT，局部含铁高者可达200～400nT。

矿区与西部、南部邻区处在0～50nT平静正磁场区内，异常强度低缓，被北、东、南三面50～100nT的带状正磁异常环绕。其中东侧带状正磁异常紧密，异常强度为100nT，沿北北西走向有一定连续性，为接触带的角岩圈南北带状异常的中段。矿区南部外围即角岩圈南段，出现异常最大值，强度达400nT，其北侧伴有负异常。

（三）白山市杉松岗铜钴（伴生镍）矿床地质—地球物理找矿模型

综合上述矿床地质特征和地球物理异常特征，可归纳、总结出矿床地质—地球物理找矿模型（表4-2-8）。

表 4-2-8　白山市杉松岗铜钴（伴生镍）矿床地质—地球物理找矿模型表

地质条件	岩石类型	富含碳质的千枚岩
	成矿时代	早元古代
	成矿环境	前南华纪华北东部陆块（Ⅱ）胶辽吉元古宙裂谷带（Ⅲ）老岭坳陷盆地（Ⅳ）内
	构造背景	褶皱构造：矿区位于老岭背斜的中段南东翼，地层岩石中小的挠曲、揉皱现象十分发育。 断裂构造：区内以近南北向断裂与成矿关系最为密切，属横路岭—荒沟山—四平街"S"形断裂带的组成部分，为压扭性断裂，矿体产于该断裂上盘花山组地层中

续表 4-2-8

矿床特征	控矿条件	地层控矿：矿体严格受老岭群花山组富含碳质的千枚岩层位的控制。 断裂控矿：区内以近南北向断裂与成矿关系最为密切，为压扭性断裂，断层两侧岩层发生强烈破碎和片理化、糜棱岩化，并伴随有强烈的矿化作用，沿断裂有花岗岩岩枝及闪长岩脉的侵位，显示多期活动的特点，矿体产于该断裂上盘花山组地层中
	蚀变特征	矿区内围岩蚀变属中—低温热液蚀变，总体上蚀变较弱，蚀变与围岩没有明显的界线，呈渐变过渡关系。主要蚀变类型有硅化、绢云母化、绿泥石化、碳酸岩化，硅化、绢云母化与成矿关系比较密切，在蚀变发育部位，钴铜矿化较强
	矿化特征	矿体主要赋存在花山组第二岩性段含碳绢云千枚岩中。矿体主要受三道阳岔-三岔河复式背斜北西翼次一级褶皱构造控制，该褶皱由 5 个紧密相连褶曲组成，3 个向形，2 个背形，每个褶曲宽约 200m。褶曲轴呈北东-南西向，枢纽产状 215°∠30°，轴面近直立，顶端歪斜，矿体形态受复式褶皱控制，矿体与地层同步褶皱，褶皱向北东翘起，向南西倾伏，倾伏角 17°～22°，沿走向呈舒缓波状。矿区共圈出三层矿体，矿体均呈层状、似层状、分枝状或分枝复合状，矿体均赋存在同一含矿层内，与围岩呈渐变关系，并同步褶皱，矿体连续性好
综合信息	地球化学	矿床所在区域 Ni、Co 化探异常没有响应。圈出的 Cu 异常具有清晰的三级分带及明显的浓集中心，异常强度较高，峰值为 $744×10^{-6}$，中带加内带的面积为 $24km^2$，NAP 值 143。呈带状分布，南北向延伸的趋势。Au、Ag、Pb、Zn 异常沿北东向呈带状分布，规模较大，分带较明显，与矿床存在较密切的响应关系。与 Cu 空间套合紧密，与分布在矿床外围的 Co、Ni 亦有较好的套合，整体形成较复杂元素组分富集的叠生地球化学场。1∶2000 的土壤测量结果显示，Cu、Co、Ni 均有较好的异常反应，套合好，呈正消长关系，钴铜矿体即落位异常内。经槽探验证，Cu 质量分数 $>1200×10^{-6}$，为 Cu 矿化引起（李东见，1995），推测 Co、Ni 异常亦应是矿变异常。岩石异常显示，Cu、Co 原生晕北西向分布，浓度分带明显，推测伴生 Ni 在矿体深部亦应有明显的原生晕展布
	地球物理	在布格重力异常图上，矿床位于草山花岗岩体产生的近椭圆状重力低异常西南边部弧形梯度带上，该异常东西走向。异常西北侧有一个规模相对略小的等轴状重力低异常毗邻分布，矿床靠近重力低异常间断处西南外侧，处在区域上横路岭-荒沟山-四平街"S"形构造之上。 在 1∶5 万航磁异常等值线平面图上，铜镍钴矿床位于老秃顶子岩体产生的等轴状正磁异常向东部低缓负磁场区过渡位置，该异常强度约-10nT，等值线南北走向，梯度西侧明显陡于东侧。东部负磁场分布区与老岭群变质岩地层及草山岩体出露位置大体一致。南部有 1 个航磁吉 Cl-1987-47 蚀变带异常，异常低缓
	重砂	具有直接指示作用的镍黄铁矿没有异常响应。异常表现好的重砂矿物为白钨矿，其次为自然金、方铅矿。因此，应用重砂异常在该区预测伴生镍矿作用不大
	遥感	矿床分布于北东向与北北东向断裂交会部位。隐伏岩体形成的环形构造内部或边部附近，矿区附近有东西向脆韧性变形构造带通过，铁染异常零星分布于矿区外围。中元古界带要素，石灰沟块状构造分布于此
找矿标志		老岭群花山组地层中含碳质千枚岩、千枚状变质粉砂岩、千枚状片岩或夹少量薄层状大理岩为赋矿层位。1∶20 万水系沉积物地球化学测量中，面积比较大的钴、铜、镍区域异常，异常结构复杂，元素种类较多，并且异常中亲 Fe 元素族和亲 S 元素族的异常套合好。地层岩石中有孔雀石、蓝铜矿、褐铁矿、黄铜矿等金属矿物矿化显示

四、通化二密铜矿床

(一)典型矿床成矿地质特征

1. 地质构造环境及成矿条件

矿床位于晚三叠世—新生代构造单元华北叠加造山-裂谷系(Ⅰ)胶辽吉叠加岩浆弧(Ⅱ)吉南-辽东火山-盆地区(Ⅲ)柳河-二密火山-盆地区(Ⅳ)三源浦中生代火山沉积盆地内。

1)地层

区内出露主要地层有上侏罗统果松组、鹰嘴砬子组、林子头组。

果松组:上部为暗灰紫色安山质集块岩、安山质凝灰角砾岩,斑状安山岩等;中部为灰紫色安山角砾岩、安山质集块岩、灰绿色斑状安山岩;下部为绿黑色斑状玄武安山岩、灰紫色安山岩夹粉砂岩薄层(图4-2-10)。

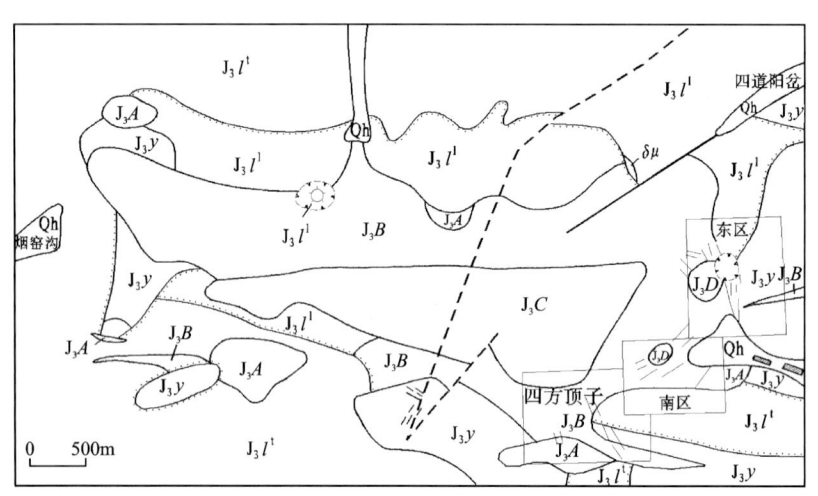

1.全新统;2.林子头组六合屯流纹岩段;3.林子头组太安安山岩段;4.鹰嘴砬子组;5.松顶山序列花岗斑岩单元;6.松顶山序列石英二长闪长岩单元;7.松顶山序列中粒石英闪长岩单元;8.松顶山序列细粒石英闪长岩单元;9.闪长玢岩;10.实测及推测地质界线;11.不整合地质界线/推测断层;12.环形构造;13.推测火山口;14.铜矿脉;15.铜矿生产矿段

图4-2-10 通化县二密铜矿床地质图

鹰嘴砬子组:上部为灰绿色流纹质凝灰岩、紫红色粉砂岩、砂质页岩、灰绿色流纹质凝灰岩等;下部为紫红色砂砾岩、巨(粒)砾岩、页岩等。

林子头组:上部为安山岩、凝灰岩互层夹安山质火山角砾岩;中部为粉砂岩、砾岩夹凝灰岩;下部为深灰色安山岩、二长安山岩等。

2)侵入岩

侵入岩主要是石英闪长岩和花岗斑岩,岩体皆规模较小,呈岩株状,具次火山岩性质,属浅成—超浅成岩性,与同期火山岩相对应,构成了复式岩体,复式岩体侵入盆地中林子头组中,总体呈北西向展布,面积仅9km²,岩体向东南倾,倾角较缓,向南东分出两个岩枝伸入围岩。

脉岩主要见有细晶岩、闪长玢岩、橄榄辉长玢岩等。

3) 构造

三源浦盆地是一个平缓开阔的向斜盆地,由于石英闪长岩体侵入的上拱作用,岩体周围地层向外倾斜形成似穹隆状构造形态。

控岩构造:北西向、东西向断裂交会破火山口处,导出松顶山序列侵入,闪长岩冷凝固结时产生收缩,形成应力薄弱带控制后期花岗斑岩侵入。

控矿构造:①与松顶山序列内外接触带、各个单元间接触带大致平行或斜交的北西、东西、北北东向断裂控制早期矿体。②花岗斑岩内外接触带北西向张性、张扭性、扭性裂隙群控制晚期矿体分布。③于东区生产中段至地表-60m中段及井北210~300m中段发育的环形破碎带控制浸染状富矿体。

成矿后断裂:北西向断裂主要分布在四方顶子区和南区。北东向断裂见于四道阳岔、四方顶子区,切断北西向断裂,以剪性为主。南北向断裂见于四方顶子南区,小横道河子及东区外围,属扭性。东西向断裂见于主矿区西部。

2. 矿体分布特征

矿床位于松顶山复式岩体东段,矿体沿石英闪长岩与花岗斑岩体内外接触带分布,自北向南分四道阳岔、东区、东南区、南区、四方顶子、小横道河子等几个区段。1998年在岩体北部,石英闪长岩体中见到以浸染状、细脉浸染状为主的矿体,具有一定找矿前景。

二密铜矿大小工业矿体84条。按矿体产出部位分为两大矿体群:一是石英闪长岩体顶部围岩中垂直于接触带张性断裂系统中的矿体;二是近接触带并与之平行的断裂系统中的矿体群。矿体按矿化特点可划分脉状-细脉浸染状矿体、脉状-复脉状矿体、网脉-浸染状矿体、浸染状矿体、块状矿体,以脉状-复脉状矿体类型为主。另外花岗斑岩附近的浸染状矿化体-矿体,集中产在花岗斑岩顶部。围岩或隐爆角砾岩内,斑岩体内亦有赋存。矿体呈椭圆状、柱状、扁豆状等,矿石以浸染状为主。隐爆角砾岩内的富矿体赋存于隐爆角砾岩底部花岗斑岩冷凝收缩产生的空间带内。

3. 矿石类型及矿石结构构造

1) 矿石类型

主要有黄铜矿-白铁矿型,含铜磁铁矿型,次有电气石型、黄铜矿-磁黄铁矿-黄铜矿-毒砂型、孔雀石-褐铁矿型。

2) 矿石结构构造

结构有自形-半自形结构、他形晶结构、斑状结构、包含结构、固溶体分解结构、交代结构。构造有块状构造、条带状构造、浸染状构造、角砾状构造、脉状构造、网脉状构造、胶状构造等。

4. 蚀变类型及分带性

矿区内存在面状和线状两种蚀变类型。

面状蚀变主要发育在松顶山复式岩体和周围火山岩地层中,主要有黄铁矿化、黄铜矿化、绿泥石化、绿帘石化、电气石化、镜铁矿化、褐铁矿化、碳酸盐化、高岭土化、绢云母化、硅化等。

线状蚀变主要发育在矿体上下盘近矿围岩中,蚀变矿物种类明显受围岩岩性控制。在石英闪长岩及花岗斑岩中,从矿体两侧发育有黄铜矿化、黄铁矿化、磁黄铁矿化、绢云母化、高岭土化、硅化、绿泥石化、绿帘石化等;在安山岩中矿体两侧以硅化、绿泥石化为主,其次为绢云母化、高岭土化。

5. 控矿因素及找矿标志

1) 控矿因素

石英闪长岩接触带附近，大致平行接触带近东西向、北东向，以及外接触带安山岩中北西向陡倾斜断裂，控制与石英闪长岩有关的矿脉；花岗斑岩体与石英闪长岩接触带，控制着与花岗斑岩有关的矿体；花岗斑岩内环形破碎体构造，控制着与斑岩有关的块状富矿。

2) 找矿标志

以电气石化、硅化、绢云母化、高岭土化、绿泥石化、黑云母化为主，电气石化、硅化伴少量铜钼矿化是矿化头晕，为重要的找矿标志；孔雀石化、褐铁矿化也是主要找矿标志。

（二）地球物理特征

1. 矿床所在区域重磁场特征

在 1:25 万布格重力异常图上（图 4-2-11），二密中生代火山盆地整体上呈现出大面积重力低异常区，其北部叠加有北北东向椭圆状布格重力低局部异常，二密铜矿床即位于该椭圆状重力低局部异常的东南端梯度带扭曲部位，由此向东南方向等值线呈凸起状，显示有北西-南东向次一级的重力低异常带的存在。近椭圆状布格重力低异常长 12.6km，宽 6.4km，北宽南窄，中心偏北，向南等值线较缓，场值逐渐升高。东西两侧梯度带梯度略陡且接近，西侧呈弧形向西凸起，东侧梯度带平直但在铜矿床处向东南方向发散。

在剩余重力异常图上，铜矿床处于重力低异常南部平缓异常区的东南缘，也是南北向椭圆状重力低异常转为南东向异常的过渡部位。

从 1:25 万地质图上看出，椭圆状重力低异常大部分处于上侏罗统果松组和松顶山石英闪长岩体、花岗斑岩体分布区，仅重力低异常中心东北外侧为新太古代变质二长花岗质片麻岩分布区。根据区域重力报告中物性密度参数统计结果，新太古代片麻岩、侏罗系火山沉积地层、松顶山中酸性岩体具有密度依次降低的物性参数特征，重力低异常中心分布区的果松组火山岩有爆发相与喷溢相显示，地质上推测有火山喷发中心，同时中心处有六合屯花岗斑岩体出露，因此可推断为本区最主要的岩浆侵入活动中心，果松组火山岩与新太古代变质二长花岗质片麻岩的角度不整合接触说明此火山机构为深源性质。南部重力低平缓异常区与松顶山石英闪长岩体的东部主体部分位置一致，推断石英闪长岩体为与六合屯花岗斑岩体同源同期的产物，铜矿体一般分布在松顶山岩体与侏罗系火山岩的接触带上，与松顶山石英闪长岩体侵入有着密切关系。

在 1:25 万区域航磁异常图上，二密铜矿床位于南北走向椭圆状局部磁异常的西北边部内侧，此局部磁异常叠加在马当以西近圆状正磁场背景之东半部，南北向长 7.6km，东西向宽 5.0km，强度不高，约 400nT，梯度西缓东陡，西侧边缘梯度带内侧与松顶山中酸性岩体、火山岩接触带位置大致吻合。推断局部磁异常为具有中强磁性的侏罗系火山岩（以果松组为主）引起的磁异常。正背景磁场西半部呈宽缓平稳场态特征。以环绕正背景磁场边部的梯度带为界，背景场值在 150～250nT，规模约 11.2km×11.2km。环形梯度带除西北部外，其他部分均与相应河谷位置吻合，显示出环形构造的磁场特征。正背景磁场为以沉积为主的火山沉积盆地及松顶山序列岩体的中低磁性反映。

在航磁异常化极垂向一阶导数等值线图上，局部正磁异常南北向变长，梯度西缓东陡特征更明显，铜矿床处于西侧边缘梯度带内侧。

第四章 典型矿床地质—地球物理特征

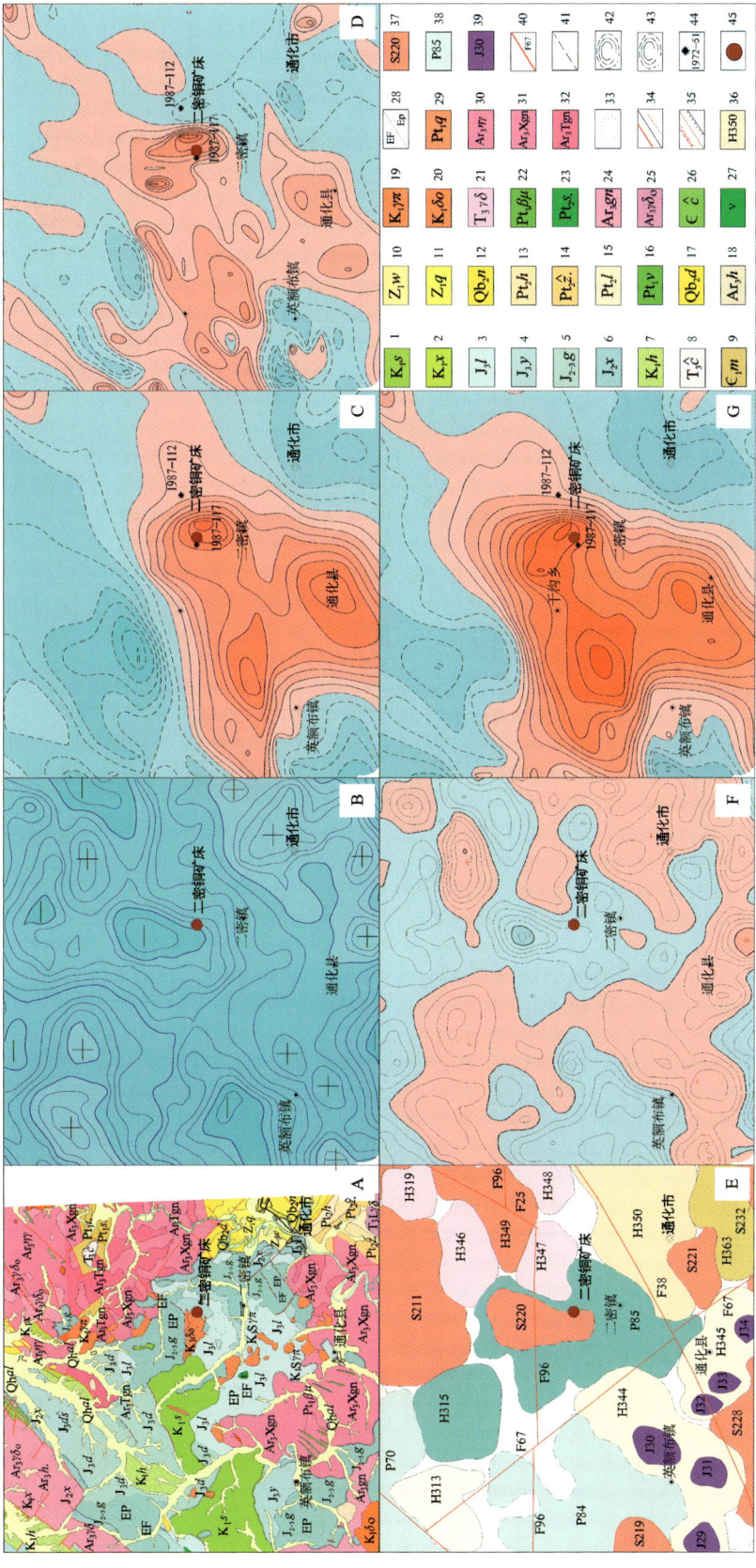

图 4-2-11 二密典型铜矿床所在区域地质矿产及物探剖析图

A. 地质矿产图；B. 布格重力异常图；C. 航磁ΔT等值线平面图；D. 航磁ΔT化极等值线平面图；E. 重磁推断地质构造图；F. 剩余重力异常图；G. 航磁ΔT化极垂向一阶导数等值线平面图

1. 三颗榆树组；2. 小南沟组；3. 林子头组；4. 鹰嘴砬子组；5. 果松组；6. 小东沟组；7. 亨通山组；8. 长白山组；9. 馒头组；10. 万隆组；11. 桥头组；12. 南芬组；13. 花山组；14. 珍珠门岩组；15. 林家沟组；16. 早远古变质辉长岩岩脉；17. 钓鱼台组；18. 红透山组；19. 松顶山石英闪长斑岩；20. 松顶山花岗斑岩；21. 龙头花岗闪长岩；22. 辉绿岩；23. 双庙岩床；24. 照阳片麻岩；25. 新太古代石英闪长岩岩脉；26. 砂米店组；27. 辉长岩脉；28. 爆发相；29. 线基沟组、喷溢相；30. 新太古代变二长花岗岩；31. 雪花片麻岩；32. 太阳沟片麻岩；33. 相边界线；34. 实测性质不明断层界线/推测性质不明断层；35. 切性剪切带/实测角度不整合交界线；36. 重磁推断地层及注记；37. 重磁推断中酸性岩体及注记；38. 重磁推断盆地及注记；39. 重磁推断基性—超基性岩体及注记；40. 重磁推断三级断裂及注记；41. 隐伏/半隐伏重磁推断断层；42. 剩余重力异常、布格重力异常常；43. 航磁异常等值线/nT及注记；44. 航磁异常点及注记；45. 铜镍矿床

2. 矿床所在地区磁场特征

在1：5万航磁异常图上（图4-2-12），松顶山岩体分布形态总体上与相对低磁异常区相对应，东侧、东北侧、东南侧有强磁异常环绕，最高值为860nT，出现在距离接触带稍远的东北外侧。特别是侵入岩体东部主体部分低磁场区特征明显，边部梯度陡，磁异常中心偏向东南，最低值为60nT，但由于受斜磁化影响，低磁场区相对侵入岩体略向南移，经过化极后，低磁异常区边部梯度带与岩体边界基本吻合，西部低磁场特征则不明显。这主要是因为侵入岩体中心在东部，岩体较西部深，加之东部岩体矿化蚀变亦强于西部，以中粒石英闪长岩、石英二长闪长岩为主体的中弱磁性的岩体经矿化蚀变后产生退磁，磁性进一步降低，与周围的细粒石英闪长岩、中性火山岩相比磁性差异明显，可形成明显的低磁异常区。而西部低磁场不明显主要是因为松顶山岩体由东向西逐渐变窄、变薄，受围岩细粒石英闪长岩、中性火山岩较强磁性影响增强，从而使西部磁场整体抬高。

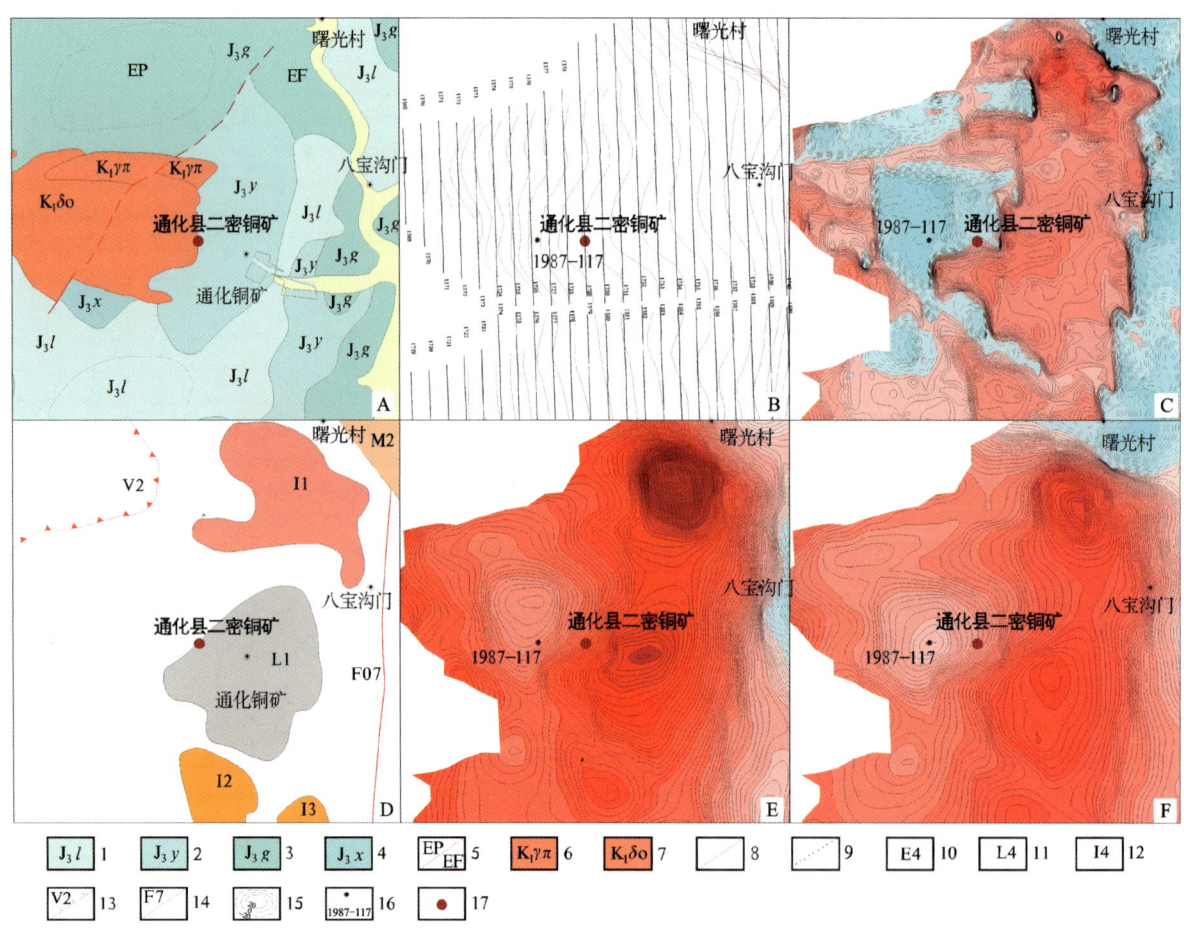

1.林子头组；2.鹰嘴砬子组；3.果松组；4.小东沟组；5.爆发相喷溢相；6.松顶山花岗斑岩；7.松顶山石英闪长岩；8.实测性质不明断层；9.相变界线；10.磁法推断中性岩体及注记；11.磁法推断火山岩地层及注记；12.磁法推断变质岩地层及注记；13.磁法推断火山构造线及注记；14.磁法推断三级断裂及注记；15.航磁异常零等值线及注记、航磁异常负等值线及注记、航磁异常正等值线及注记；16.航磁异常点及编号；17.铜矿床

图4-2-12 二密典型铜矿床所在地区地质矿产及物探剖析图

A.地质矿产图；B.航磁 ΔT 剖面平面图；C.航磁 ΔT 化极垂向一阶导数等值线图；D.重磁推断地质构造图；E.航磁 ΔT 化极等值线图；F.航磁 ΔT 等值线图

在航磁异常化极垂向一阶导数等值线图上，上述岩体东部主体部分与负磁异常区位置大致吻合，东北、东、东南、西南四面正磁场围绕，北侧边部有条带状负磁异常分布，东部负磁异常区西南角向东南方伸出的条带状负异常与出露岩支位置吻合，但比岩支在走向上要长很多，推断该岩支以隐伏的形式继续

向东南方向伸出,西部低磁场特征也有明显增强。岩体南北边缘接触带与磁异常梯度带大体吻合,岩体东部边缘接触带外侧有南北走向磁异常梯度带出现,并有东西向错动显示,推断此处为松顶山侵入岩体东部隐伏的实际边界,磁异常梯度带错动部位处推断有北西向断裂存在。二密铜矿体主要分布在松顶山岩体东部、东南部内外接触带上,分为东采区、南采区及四方顶子采区,与上述东部明显的低磁场区关系密切,矿体多分布在低磁场区边缘梯度带上。

3. 矿床所在位置地球物理特征

二密铜矿区及外围大功率激电找矿工作是在20世纪90年代中期矿山着手二轮找矿的形势下开始启动的。1995年吉林省勘查地球物理研究院最先在东部矿区的西侧边部2.56km²范围内开展网度40m×20m的激电中梯普查,发现9处激电异常,其中4处钻探验证见到工业矿体,找矿效果显著。1998年继续在松顶山岩体北部和西部内外接触带上完成网度100m×20m大功率激电普查6.8km²,发现8处激电异常,其中在11号异常上进行的2个验证钻孔都见到了工业铜矿体,扩大了该区的找矿成果。1999年、2001年、2003年、2006年吉林省勘查地球物理研究院和吉林省地质调查院在1995年、1998年普查区的西部、东部、南部又相继开展了大功率激电普查工作,这样针对松顶山岩体及外围的大功率激电普查工作基本完成,取得了对松顶山岩体及外围的区域电场特征及局部异常特征的完整认识。

下面仅对1995年的DHJ-5异常、1998年的DHJ-11异常2个钻探验证见矿激电异常进行综合地球物理特征研究。

1)矿区岩(矿)石物性参数特征

矿区及外围岩(矿)石物性参数详见表4-2-9。

表4-2-9 二密铜矿区岩(矿)石物性参数统计表

地质单元	符号	岩(矿)石名称	常见值			
			$M/\%$	$\rho_s/(\Omega \cdot m)$	$\kappa/10^{-5}SI$	$J_r/10^{-3}A \cdot m^{-1}$
林子头组六合屯流纹岩段	$J_3 l^1$	流纹岩、流纹质凝灰岩	0.9	6310	25	20
		安山质凝灰岩	1.0	3970	4084	1150
林子头组太安安山岩段	$J_3 l^t$	安山质晶屑岩屑凝灰岩	1.0	3643	1558	1240
		安山岩	0.7	6310	251	160
		凝灰岩	1.0	1547	25	10
松顶山序列	$J_3 D$	花岗斑岩	2.1	4305		
	$J_3 C$	石英二长闪长岩	1.2	1249	1483	1170
	$J_3 B$	中粒石英闪长岩	0.9	1995	289	110
		蚀变石英闪长岩	1.2	548	38	40
	$J_3 A$	细粒石英闪长岩	2.1	2751	7703	1210
		黄铜矿化安山岩	3.0	4800	1583	1080
		黄铁矿化闪长岩	5.2	1000	188	70
		浸染状磁黄铁矿石	5.8	4179	2815	43 500
		稠密浸染状铜矿石	42.0	18	1043	360
		块状铜矿石	42.5	1	314	80

(1)磁性特征。在火山岩中,安山质凝灰岩类为中强磁性,磁化率为 4084×10^{-5} SI,剩余磁化强度为 1150×10^{-3} A/m;安山岩、流纹岩、流纹质凝灰岩具有弱磁性,磁化率一般为 $(25 \sim 250) \times 10^{-5}$ SI,剩余磁化强度一般小于 200×10^{-3} A/m;在松顶山序列岩体中,细粒石英闪长岩、石英二长闪长岩为中强磁性,磁化率常见值分别为 7700×10^{-5}、1483×10^{-5},剩余磁化强度常见值分别为 1210×10^{-3} A/m、1170×10^{-3} A/m;中粒石英闪长岩为中弱磁性,磁化率为 290×10^{-5} SI,剩余磁化强度为 110×10^{-3} A/m;蚀变石英闪长岩为弱磁性。花岗斑岩磁性微弱。

铜矿石或矿化岩石具有强弱不等的磁性,其中浸染状磁黄铁矿石为中强磁性,磁化率为 2815×10^{-5} SI,剩余磁化强度为 $43\,500 \times 10^{-3}$ A/m;稠密浸染状铜矿石为中低磁性,磁化率为 1043×10^{-5} SI,剩余磁化强度为 360×10^{-3} A/m;块状铜矿石为弱磁性,磁化率为 314×10^{-5} SI,剩余磁化强度为 80×10^{-3} A/m。

(2)电性特征。区内铜矿石及矿化岩石具有高极化特征,其中铜矿石最强,充电率 M 常见值高达 42.5%,矿化岩石一般为 3.0%~5.8%,在非矿化岩石中,细粒石英闪长岩、花岗斑岩充电率稍高,M 为 2.1%,其余均为 1.0%左右。因此,矿石与围岩之间有着明显的充电率差异。

区内铜矿石电阻率最低,其常见值一般为 $1 \sim 18\Omega \cdot m$;蚀变石英闪长岩电阻率较低,一般为 $540 \sim 1000\Omega \cdot m$;中粒石英闪长岩、石英二长闪长岩具有中高电阻率特征,常见值一般在 $1200 \sim 2000\Omega \cdot m$ 之间;细粒石英闪长岩、花岗斑岩和火山岩类岩石电阻率逐渐升高,普遍大于 $2750\Omega \cdot m$,最高为 $6310\Omega \cdot m$。

综合上述岩(矿)石电性、磁性参数特征,铜矿石具有低电阻率、高极化率、中低磁性,铜矿石与矿化岩石、非矿化岩石三者之间有着显著的电性、磁性差异,这表明本区具备物探找矿的地球物理前提。

2)矿床所在位置电场、磁场特征

(1)DHJ-5 激电异常。①平面异常特征。DHJ-5 异常位置地表出露有强蚀变石英二长闪长岩(硅化、绢云母化及褐铁矿化)和含黄铁矿化电气石石英脉,晚期岩浆活动强烈。该低视充电率异常总体呈串珠状东西向分布,各局部高异常形态、走向各异,规模及强度大小不等,边部梯度陡;南侧有明显的向东南呈弧形凸起的低视充电率异常带环绕,该带上的几处局部低视充电率异常走向不同、规模不等,但形态简单(图 4-2-13)。激电异常由 DHJ-5-1、DHJ-5-2、DHJ-5-3 3 部分组成。其中 DHJ-5-1 异常规模最大,面积约 120m×46m,强度最高,视充电率最大值为 7.3%,形状不规则,以北东走向为主体,中间部分局部向南东呈锥形凸起,周边梯度陡。DHJ-5-2 异常呈向北凸起弧形,最大值出现在两端,为 5.0%,为已知隐爆角砾岩型铜矿体产生的激电异常。DHJ-5-3 异常由北东向排列的 2 个小椭圆状异常组成,最大值为 6.0%。DHJ-5-1、DHJ-5-2、DHJ-5-3 三处异常均处在低视电阻率异常范围上,仅 DHJ-5-1 异常处的视充电率异常范围比低视电阻率异常范围小很多,处于后者的西半部位置,视电阻率也为整个 DHJ-5 异常最低值区,最小值为 $50\Omega \cdot m$。DHJ-5-2、DHJ-5-3 异常处于地磁 ΔZ 的低磁异常带及低磁异常边部梯度带上;DHJ-5-1 异常中心部分楔形异常处在近东西向椭圆状局部高磁异常上,磁场最大值为 1900nT,北东和北西部分则处于局部高磁异常的两侧低磁异常带上;局部高磁异常与东南一侧的四处椭圆状及条带状异常呈正、负相间的雁形排列形态,并且正磁异常强度依次降低,负磁异常强度依次增大,形状也由椭圆状、条带状过渡到线状。如果去除斜磁化的影响,DHJ-5-1 异常应处在局部高磁异常东南边部梯度带及负磁异常带上。综上所述,DHJ-5 异常具有低视电阻率、高视充电率、低磁(或低磁边部梯度带)的综合异常特征,这是找矿的重要标志。

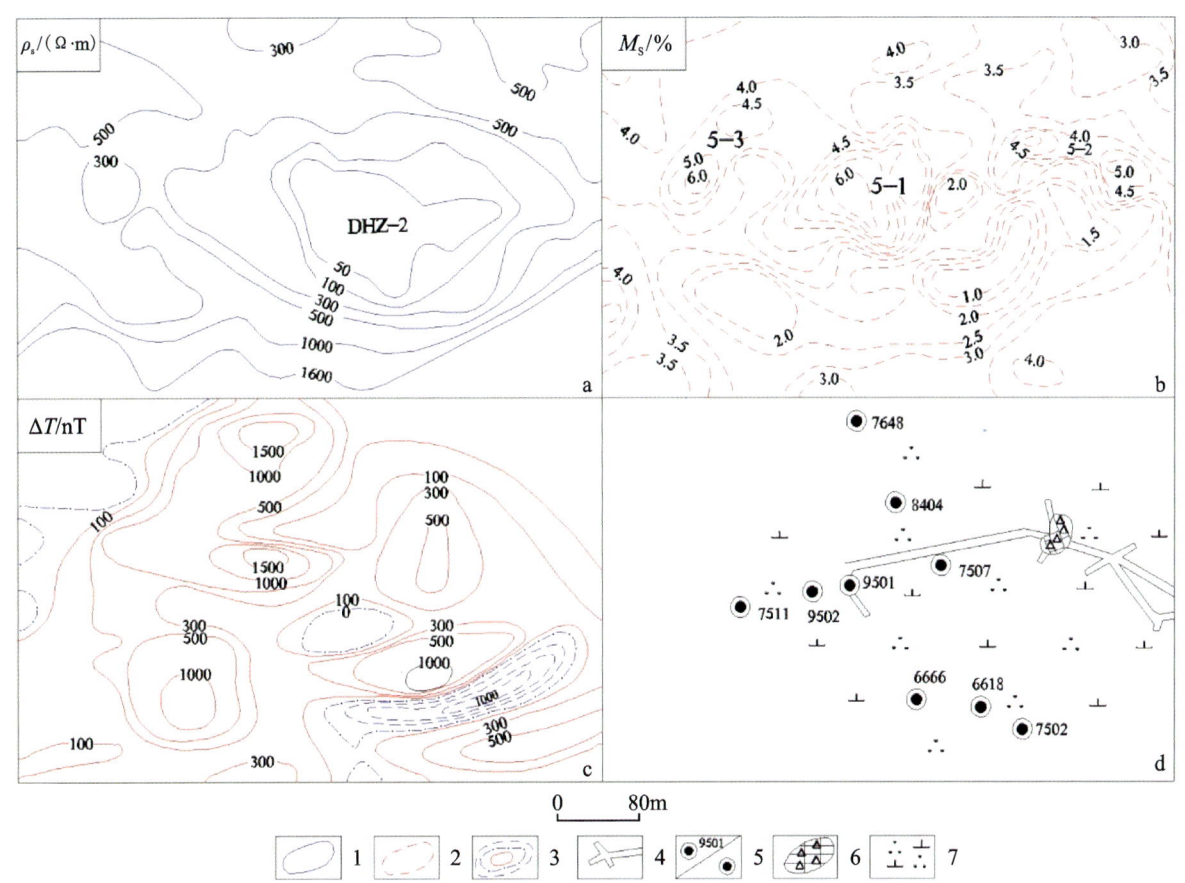

1.ρ_s等值线；2.M_s等值线；3.地磁ΔT等值线；4.坑道；5.见矿钻孔/未见矿钻孔及编号；
6.隐爆角砾岩型铜矿体；7.石英闪长岩

图4-2-13 二密铜矿DHJ-5激电异常地质及物探剖析图(引自关键等,1995)
a.视电阻率等值线平面图；b.视充电率等值线平面图；c.地磁ΔT等值线平面图；
d.零米中段(标高432m)坑道平面图

②剖面异常特征。在DHJ-5激电异常上的测深剖面长200m,测线方位0°(图4-2-14)。激电中梯剖面上显示出明显低阻高激化特征。测深断面图上,在$AB/4=100m$时视电阻率开始出现低阻异常,向深部未封闭；视充电率则出现最大值,向深部异常变窄,并逐渐封闭。根据全区见矿钻孔的测深成果资料总结出激电测深的勘探深度大致相当于$AB/4$。根据以往经验并结合电法数据处理解释软件进行的一维视电阻率反演结果,推断异常体顶部埋深100m,中心埋深约140m。经ZK9501深部验证,在138~166m之间见3层细脉浸染型工业铜矿体,黄铜矿呈微粒状、星散分布在蚀变石英闪长岩中,总厚度13.07m,平均品位0.66%,最高品位1.28%。

(2)DHJ-11激电异常。①平面异常特征。从DHJ-11激电异常地质及物探剖析图上可以看出(图4-2-15),DHJ-11异常处在中粒石英闪长岩与林子头组六合屯段流纹岩接触带上,异常中心在中粒石英闪长岩一侧。

在视充电率值为3.0%~4.5%的背景场中,以4.5%等值线圈定的异常形态呈东西走向,东宽西窄,长约500m,中间段宽约80m,异常梯度西陡东缓,沿走向有3处局部异常,最西端异常出现最大值为7.3%。DHJ-11高充电率异常与视电阻率小于1500Ω·m的低阻区形态及位置吻合较好,最低视电阻率值小于500Ω·m。视电阻率与视充电率异常分布形态都是东宽西窄,梯度西陡东缓,表明异常体在西部宽度窄、埋深浅,向东变宽、埋深变深。

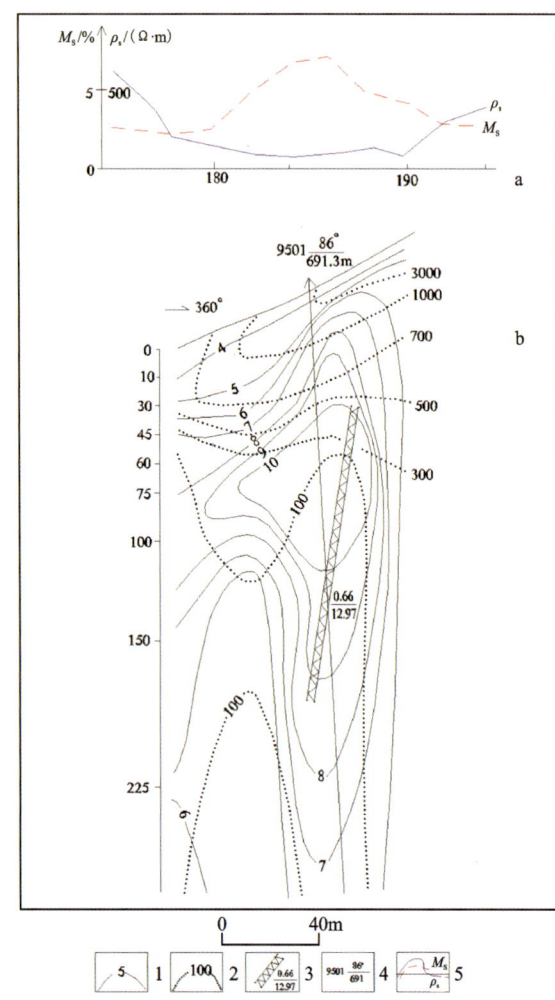
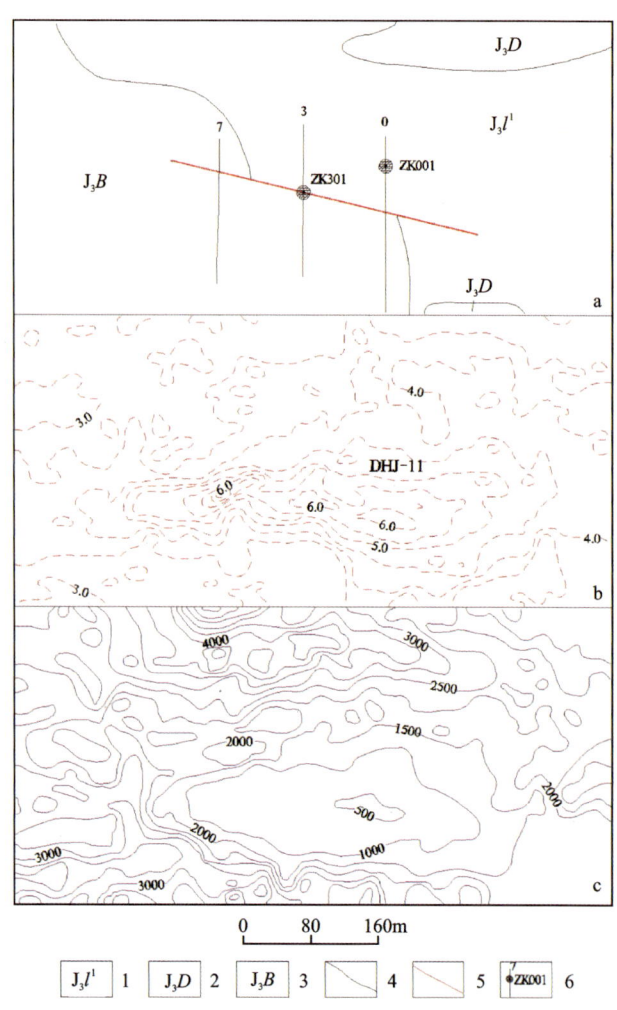

图 4-2-14　DHJ-5 异常典型矿床勘探剖面图
（引自关键等，1995）

a.激电中梯视电阻率、视极化率异常曲线；b.激电测深断面图

图 4-2-15　DHJ-11 激电异常地质及物探剖析图
（引自戴洪键等，1999）

a.地质图；b.视充电率等值线平面图/%；c.视电阻率等值线平面图/(Ω·m)

②剖面异常特征。DHJ-11 激电异常上的 0 号勘探线测深剖面长 200m，测线方位 0°。激电中梯剖面上显示出低阻高极化特征，地磁剖面上显示低磁异常特征。在测深断面图上（图 4-2-16），AB/4＝150m 深度左右出现向下封闭上通地表的小于 600Ω·m 低阻异常区，其下部为大于 600Ω·m，小于 1000Ω·m 的相对低阻异常区，低阻及相对低阻异常区南北两侧为视电阻率大于 1000Ω·m 相对高阻异常区，南侧的底部更高，达 3000Ω·m。在 AB/4＝100m 深度出现较窄的大于 5% 的视充电率异常，在 AB/4＝225m 深度以下异常变宽并且未封闭。高极化区与低阻异常区基本吻合，反映出在石英闪长岩体与林子头组火山岩接触带岩体一侧矿化蚀变较强。经 ZK001 深部验证，在 127.35～445.75m 之间见 5 层工业铜矿体，厚度一般在 4.33～8.39m，总厚度 27.94m，品位一般在 0.5%～1.64% 之间。顶部两层矿脉为晚期贯入式铜矿体，下部三层为浸染型工业铜矿体。5 层铜矿体全部处在相对低阻高极化区段上。

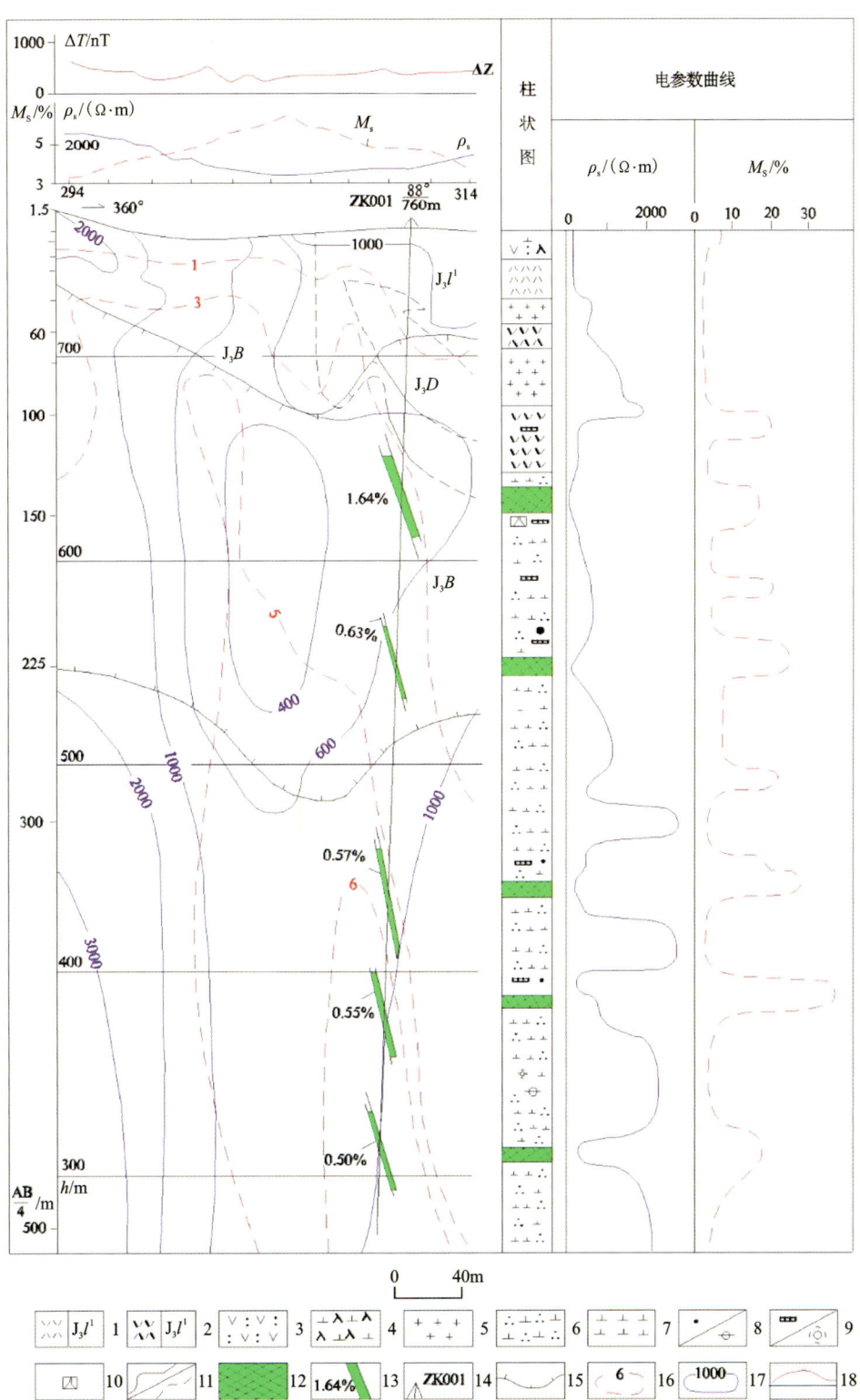

1.林子头组六和屯段流纹岩;2.林子头组六和屯段流纹斑岩;3.林子头组六和屯段安山质凝灰岩;4.林子头组六和屯段闪长玢岩;5.松顶山序列花岗斑岩;6.松顶山序列中粒石英闪长岩;7.松顶山序列细粒石英闪长岩;8.黄铜矿化/绿帘石化;9.黄铁矿化/硅化;10.方铅矿化;11.实测及推测地质界线;12.铜矿化;13.铜矿体及品位;14.钻孔及编号;15.ρ_s 一维反演低阻界面;16.M_s 等值线及注记;17.ρ_s 等值线及注记;18.地磁 ΔZ 异常曲线

图 4-2-16 二密铜矿 DHJ-11 异常 0 号典型矿床勘探剖面图(引自戴洪键等,1999)

(三)通化县二密铜矿床地质—地球物理找矿模型

综合上述矿床地质特征和地球物理异常特征,可归纳总结出矿床地质—地球物理找矿模型(表 4-2-10)。

表 4-2-10　通化县二密铜矿床地质—地球物理找矿模型表

地质条件	构造环境	矿床位于晚三叠世—新生代构造单元华北叠加造山-裂谷系(Ⅰ)胶辽吉叠加岩浆弧(Ⅱ)吉南-辽东火山-盆地区(Ⅲ)柳河-二密火山-盆地区(Ⅳ)三源浦中生代火山沉积盆地内
	岩石组合	石英闪长岩和花岗斑岩
	构造标志	北西向、东西向断裂交会破火山口处;松顶山序列内外接触带、各个单元间接触带大致平行或斜交的北西、东西、北北东向断裂控制早期矿体。花岗斑岩内外接触带北西向张性、张扭性、扭性裂隙群控制晚期矿体分布
	围岩蚀变	面状蚀变主要有黄铁矿化、黄铜矿化、绿泥石化、绿帘石化、电气石化、镜铁矿化、褐铁矿化、碳酸盐化、高岭土化、绢云母化、硅化等。线状蚀变主要发育在矿体上下盘近矿围岩中,蚀变矿物种类明显受围岩岩性控制,在石英闪长岩及花岗斑岩中,从矿体两侧发育有黄铜矿化、黄铁矿化、磁黄铁矿化、绢云母化、高岭土化、硅化、绿泥石化、绿帘石化等;安山岩中矿体两侧以硅化、绿泥石化为主,其次为绢云母化、高岭土化
地表找矿标志		燕山期石英闪长岩和花岗斑岩出露区,以电气石化、硅化、绢云母化、高岭土化、绿泥石化、黑云母化为主,电气石化、硅化伴少量铜钼矿化是矿化头晕,为重要的找矿标志;孔雀石化、褐铁矿化也是主要找矿标志
找矿历史标志	文字记录	二密铜矿的勘探工作始于 1950 年 4 月,截至 1992 年,已探明铜矿平均品位 0.78%。1995 年吉林省勘查地球物理研究院在岩体东部开展大功率激电测量,发现 9 处异常,对其中 DHJ-2、DHJ-3、DHJ-4、DHJ-5 号异常经钻探查证,均见到以浸染型为主的铜矿体;1998—1999 年,吉林省地勘局通化地质勘查研究院和吉林省勘查地球物理研究院共同在该区开展了第二轮铜矿普查,于 2000 年 2 月将两次工作一并编写为《吉林省通化二密铜矿外围普查综合普查成果报告》;1998 年吉林省地勘局通化地质勘查研究院对 DHJ-11 号异常查证,钻孔中均见到了浸染型矿体,铜最高品位 7.18%,矿体最大厚度 8.81m,展示了较好的找矿前景;2003 年吉林省地质调查院对上述 DHJ-10、DHJ-11、DHJ-18-1 异常进行钻探查证并进行进一步控制工作,2004 年 7 月提交了《吉林省通化市二密铜矿(七道沟—烟窑沟)普查报告》
地球物理标志	重力	矿床位于二密中生代火山盆地大面积重力低异常背景区上叠加的近南北向椭圆状重力低局部异常转为向南东伸出的次一级异常的转折部位。布格重力低异常长 12.6km,宽 6.4km,北宽南窄,中心偏北
	磁法	在 1∶5 万航磁异常图上,松顶山岩体分布形态总体上与相对低磁异常区相对应,四周有强磁异常环绕,侵入岩体东部主体部分低磁场区特征尤为明显,边部梯度陡,磁异常中心偏向东南,最低值为 60nT。矿床处于航磁异常梯度带扭曲、交会部位及低磁异常区
	电法	激电中梯视充电率 M_s 高、视电阻率 ρ_s 低,自然电场 UM 负异常,瞬变电磁 Vt 高异常,视电阻率联剖出现低阻正交点

第三节 铅锌矿典型矿床地质—地球物理特征

铅锌矿在吉林省有色矿产资源中占有重要的地位,中华人民共和国成立以来,虽然都探明了一定的储量,但仍满足不了经济发展的需要,属短缺矿种。这些矿产中中大型矿床少而小型矿床多,单矿种矿床少,而伴生矿床多,具有多矿质来源、多种成矿叠加的特征,表现出了复杂的成因类型。据各矿种以往资料分析,铅锌主要矿床成因类型分别是:夕卡岩型——天宝山铅锌矿床,海相火山-沉积型——放牛沟多金属硫铁矿床,陆相火山热液型——地局子铅锌矿床,沉积型——荒沟山铅锌矿床,沉积-改造型铅锌矿床——正岔铅锌矿床。其中放牛沟多金属硫铁矿床地质—地球物理特征将在硫铁矿典型矿床一节中进行介绍。

一、龙井市天宝山多金属矿床

(一)典型矿床成矿地质特征

1. 地质构造环境及成矿条件

矿床位于晚三叠世—新生代东北叠加造山-裂谷系(Ⅰ)小兴安岭-张广才岭叠加岩浆弧(Ⅱ)太平岭-英额岭火山-盆地区(Ⅲ)罗子沟-延吉火山-盆地群(Ⅳ),处于北东向两江断裂与北西向明月镇断裂带交会部位东侧,天宝山中生代火山盆地南侧,天宝山倾伏背斜轴部。

1)地层

区内出露地层主要有早古生代青龙村群黑云斜长片麻岩、斜长角闪岩;石炭系(天宝山群)亮晶灰岩、板岩;二叠系中酸性火山岩及碎屑岩夹板岩、灰岩等(图4-3-1)。

2)岩浆岩

(1)侵入岩。在矿区岩浆活动较频繁,有加里东期片麻状花岗岩、海西期花岗闪长岩类、印支期斑状二长花岗岩、燕山期斑岩类。

(2)火山岩。矿区火山岩亦较发育,分布于天宝山顶和九户洞一带,主要岩性有流纹岩、安山岩、英安岩、玄武安山岩及其相应的凝灰岩类。根据产出特征和年代学资料,将其按岩石地层单位,划分为古早古生代变质基性火山岩、三叠纪(安山岩、流纹岩)火山岩、侏罗纪火山岩和早白垩世火山岩。

(3)岩浆岩特征。岩浆岩属Ⅰ型,形成深度较大,达上地幔或下地壳。产生于造山带和岛弧环境,为钙碱系列。含矿岩体中成矿元素含量高,一般铜、钼、金、银、铅、锌等是同类岩体的1~100倍。天宝山矿区的岩体或火山岩含铜。

3)构造

断裂构造分为3组,即北西向、东西向、南北向。根据其相互切割关系判断,形成时序为东西向断裂较早,北西向断裂次之,南北向断裂最晚。就其性质而言,东西向与南北向断裂为张性或张扭性,而北西向断裂则为压扭性或压性。这几组断裂构造控制了岩浆岩、角砾岩筒、爆破角砾岩群及矿化体的分布,特别在两组或两组以上断裂的交会处往往形成矿床。

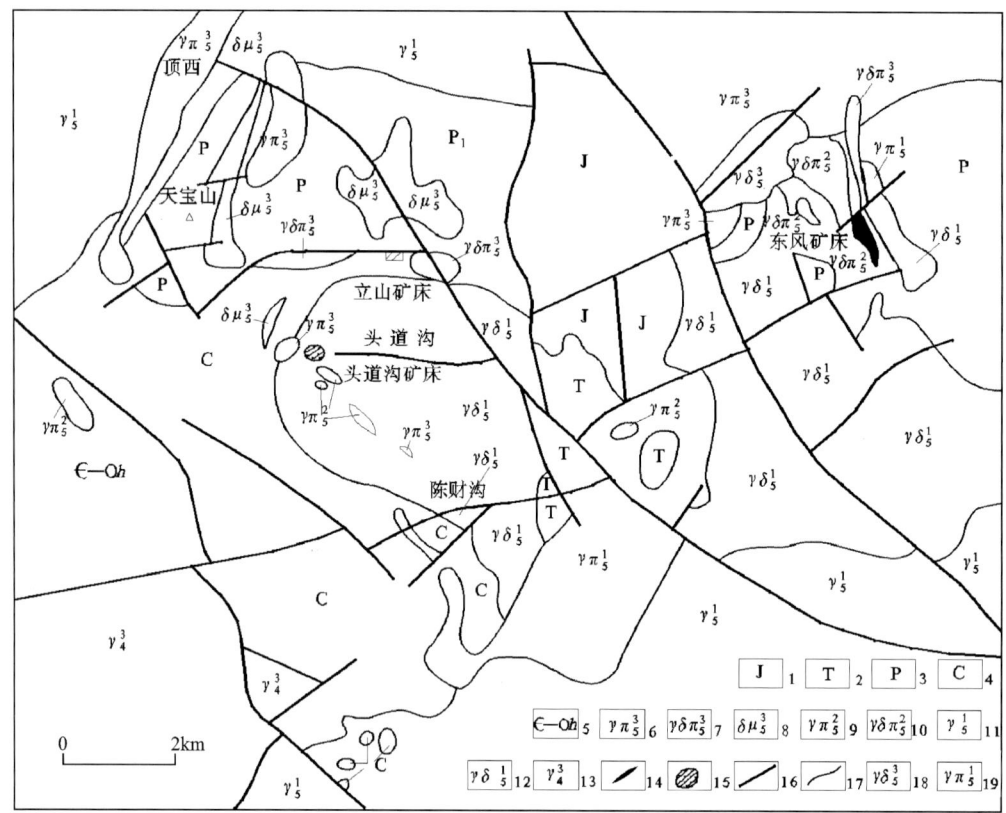

1.侏罗系中性火山岩夹砂砾岩;2.三叠系酸性火山岩;3.二叠系变质火山岩;4.石炭系大理岩;5.寒武系—奥陶系黄莺屯组;6.燕山晚期花岗岩;7.燕山晚期花岗闪长斑岩;8.燕山晚期花岗闪长玢岩;9.燕山早期花岗闪长岩;10.燕山早期花岗闪长斑岩;11.印支期花岗岩;12.印支期花岗闪长玢岩;13.海西晚期花岗岩;14.矿体;15.隐爆角砾岩;16.断裂;17.地质界线;18.燕山晚期花岗闪长岩;19.印支期花岗斑岩

图 4-3-1 龙井市天宝山多金属矿床矿区地质图

2. 矿体分布特征

天宝山矿田的矿床成因组合具有多位一体的特点,形成完整的成矿系列,主要矿床有立山矿床、东风矿床和新兴矿床等。

1) 立山矿床

矿床主要赋存于头道沟花岗闪长岩、英安斑岩与"天宝山岩块"的接触带中。矿体小而多,但断续延深较大,矿体形态复杂,包括透镜状、板状、脉状、巢状等。总体规律是上部以脉状为主,中部以透镜状、板状为主,下部以似层状为主。

矿床围岩蚀变主要为层状夕卡岩,主要蚀变矿物为石榴子石、透辉石、方柱石或葡萄石等。

2) 东风矿床

东风矿区出露的地层是二叠系红叶桥组的一套变质的中酸性火山—沉积岩系。其下部为中酸性火山岩及其火山碎屑岩;中部为偏酸性火山岩与不纯灰岩互层;上部为一套以中性熔岩为主的火山岩。地层产状,走向290°～345°,倾向南西,倾角30°～55°。矿体产于中下部层位中。东风矿床由东风南山矿体、中部东风矿体及北西部北山矿体构成。

3) 新兴矿床

该矿床产于头道沟花岗闪长岩体内,并受头道沟东西向断裂、新兴-陈财沟北西向断裂和卫星南北向断裂交会处的角砾岩筒所控制。蚀变具有分带现象:筒内蚀变强,筒边蚀变弱,围岩蚀变更弱,筒内以次生石英岩化为主,边部为青磐岩化,围岩常有较明显的黄铁矿化。在震碎裂隙中充填粉红色含锰方解石脉。

3. 矿石类型及矿物组合

1）矿石类型

闪锌矿-磁黄铁矿矿石、黄铜矿-闪锌矿-磁黄铁矿矿石、闪锌矿-磁铁矿-磁黄铁矿矿石、闪锌矿＋黄铜矿＋方铅矿、黄铜矿＋方铅矿＋闪锌矿、闪锌矿＋磁黄铁矿等。

2）矿物组合

立山矿床矿石矿物为闪锌矿、黄铜矿、方铅矿、磁黄铁矿、黄铁矿等。东风矿床矿石矿物主要为磁黄铁矿、闪锌矿、黄铁矿、磁铁矿、方铅矿、白铁矿和毒砂。新兴矿床矿石矿物以闪锌矿、方铅矿为主，次为黄铜矿、黄铁矿、砷黝铜矿、自然铋和银矿物复硫化物、自然金等。

4. 矿石结构构造

立山矿床产于岩体中的矿石以中粗粒半自形结构为主，多具脉状、块状、角砾状构造。产于透辉石、石榴子石夕卡岩中矿石为他形粒状结构，常具浸染状构造、斑点状构造。产于灰岩和板岩的多为层状矿体，结构以微细粒、他形粒状结构为特征，具条带状构造。东风矿床矿石构造以条带状构造、致密块状构造和浸染状构造为主，脉状构造次之，还见到球粒状或鲕状构造、胶状构造和变余构造。新兴矿床有粗晶粒状结构、环状构造、粒间充填构造、脉状构造、浸染状构造等。

5. 蚀变类型及分带性

头道沟花岗闪长岩和立山英安斑岩与碳酸盐岩接触带广泛形成夕卡岩带，控制夕卡岩型矿床，主要类型为石榴子石-单斜辉石夕卡岩，单斜辉石夕卡岩，石英-绿帘石夕卡岩等。

角砾岩筒型矿床受面状蚀变控制，主要围岩蚀变为早期钾化、中期硅化、水云母化、绿泥石化，晚期方解石化、沸石化。

热液脉状矿体近矿蚀变，内带以硅化、水云母化为主，外带为绿泥石化、碳酸盐化。

立山矿床围岩蚀变主要为层状夕卡岩，主要蚀变矿物为石榴子石、透辉石、方柱石或葡萄石等；新兴矿床筒内蚀变强，筒边蚀变弱，围岩蚀变更弱，筒内以次生石英岩化为主、边部为青磐岩化，围岩常有较明显的黄铁矿化。在震碎裂隙中充填粉红色含锰方解石脉。

6. 控矿因素及找矿标志

1）控矿因素

石炭系（天宝山岩块）与二叠系（红叶桥组）砂板岩、灰岩、中酸性火山岩是矿床控矿层位。印支期—海西期花岗闪长岩、英安斑岩、石英闪长岩等为矿床提供了物质、热液、热能。东西向、北西向、近南北向3组断裂交会处控制部分矿床的形成。燕山期花岗斑岩（多为脉状）与碳酸盐岩地层形成夕卡岩型热液脉状多金属矿化。

2）找矿标志

蚀变标志，立山矿床主要为夕卡岩化，新兴矿区筒内主要具石英岩化，其次为绿帘石化、绿泥石化、黄铁矿化等。

（二）地球物理特征

1. 矿床所在区域重磁场特征

在1∶25万布格重力等值图上，区内整体上北东高南西低，重力梯度带以北西向分布为主要特征，形态起伏多变。局部重力高、重力低相间分布，以等轴状居多，椭圆状、不规则状占少数（图4-3-2）。天

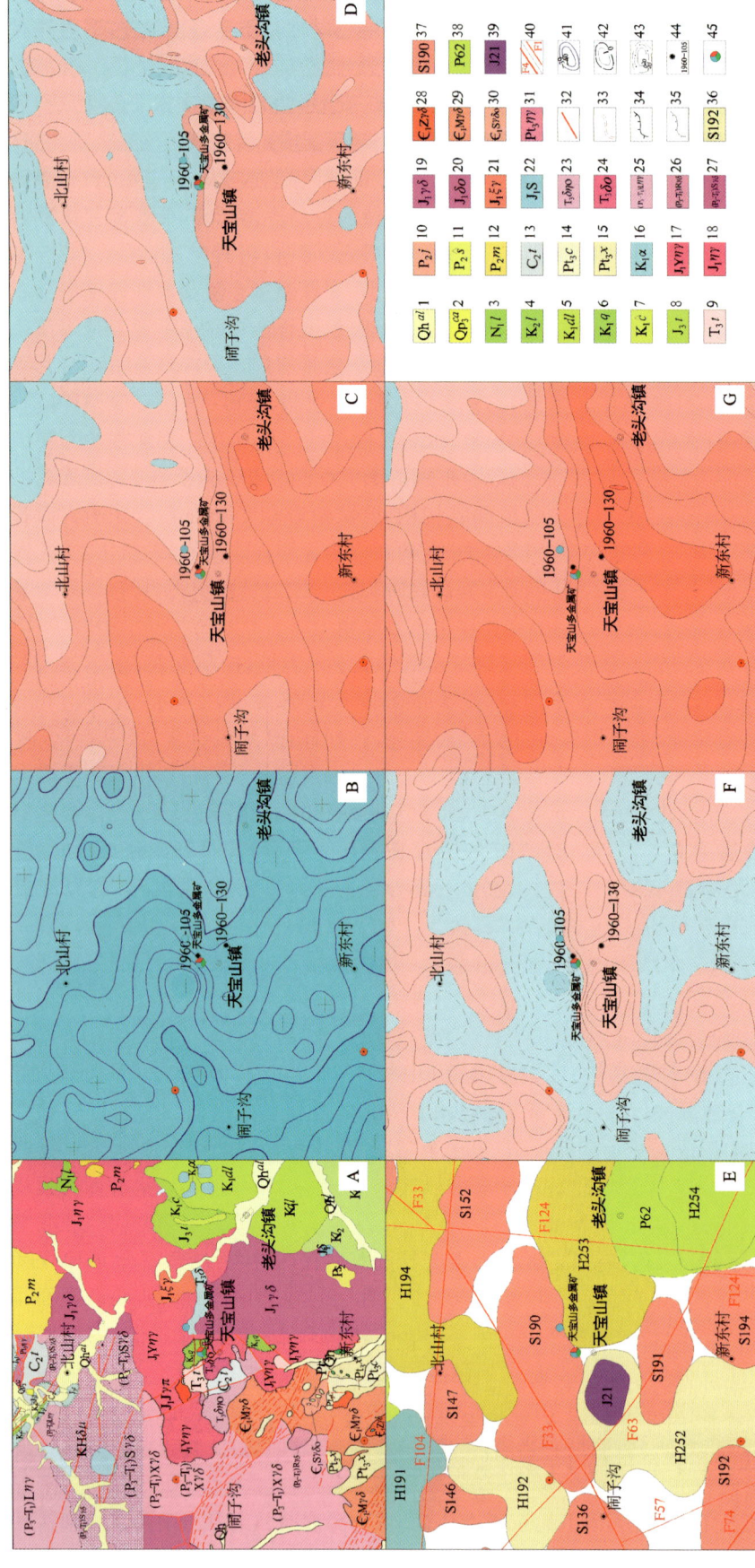

图 4-3-2 天宝山典型铅锌矿矿床所在区域地质矿产及物探剖析图

A. 地质矿产图；B. 布格重力异常图；C. 航磁ΔT等值线平面图；D. 航磁ΔT化极等值线平面图；E. 重磁推断地质构造图；F. 剩余重力异常图；G. 航磁ΔT化极等值线平面图

1. 全新世Ⅰ级阶地冲积层；2. 晚更新世Ⅱ级阶地堆积；3. 老爷岭玄武岩；4. 龙井组；5. 大砬子组；6. 泉水村组；7. 长财组；8. 老田菁组；9. 托盘沟组；10. 解放村组；11. 寺洞沟组；12. 庙岭组；13. 天宝山组；14. 长仁大理岩；15. 新车村岩组；16. 早白垩世安山岩；17. 榆树川组斑状含角闪石花岗闪长岩、中细粒二长花岗岩；18. 早侏罗世中粒、中细粒斑状二长花岗岩；19. 早侏罗世中粒似斑状含角闪石花岗二长花岗岩；20. 早侏罗世石英闪长岩；21. 早侏罗世碱长花岗岩；22. 早侏罗世闪长岩；23. 晚三叠世东南沟石英二长花岗岩；24. 晚三叠世水涝地石英二长花岗岩；25. 晚三叠世—早三叠世仁义顶子花岗闪长岩；27. 晚二叠世—早三叠世石英石门中细粒二长花岗岩；26. 晚二叠世—早三叠世亮兵中细粒二长花岗岩；28. 早吴武忠清沟细粒花岗闪长岩；29. 早寒武世盂山北沟中细粒片麻花岗闪长岩；30. 早寒武世石头老爷佛英云闪长岩；31. 新远古带变质二长花岗岩；32. 新远古带变质片麻岩体及注记；33. 韧性剪切带；34. 实测地质不明断层；35. 实测角度不整合界线；36. 重磁推断酸性中酸性中酸性一岩体及注记；37. 重磁推断地层及注记；38. 重磁推断盆地及注记；39. 重磁推断基性—超基性岩体及注记；40. 重磁推断三级断裂构造及注记；41. 布格重力异常等值线及注记；42. 剩余重力异常(14km×14km)；43. 航磁异常等值线平面图；44. 航磁异常点及编号；45. 多金属矿床宝山多金属矿床在区域上处于总体呈北西西"之"形展布梯度带中段上靠近南东重力高场区一侧。该处梯度带(中段)由西向东转为北东向,梯度陡,北西侧分布有西窄东宽的杏仁状重力低异常。南东侧分布有被北西向梯度带断开的两处北东东向条带状重力高异常,此较大规模的线性梯度带由南东向北西在矿床处终止,为北西西"之"形展布梯度带的组成部分,是槽台边界附近的次一级大断裂的反映。在剩余重力异常图上,处于北东东走向的北部重力低异常带与南部重力高异常带之间的过渡带上,该处梯度带呈向东南凸起弧形,梯度陡。重力低异常带地表出露侏罗纪花岗岩。重力高异常带处出露有石炭纪天宝山组灰岩、粉砂岩。

在1:25万区域航磁异常图上,矿床位于北东部低磁异常区向南西相对高磁异常区楔入的尖端部位,该部位南北两侧外部各有一条北东走向条带状高磁异常。北部的北东向梯度带终止于东西向梯度带上矿床所在位置。在航磁异常化极等值线图上,条带状高磁异常形态更加完整、明显。在航磁异常化极垂向一阶导数等值线图上,原场图上的北东部低磁异常区与南西部低磁异常区贯通在一起,形成一条北东东向的负磁异常带,矿床处于负磁异常带与南部正异常区间的零值线上。推断贯通区内的条带状北东东向负磁异常带与规模较大的断裂构造有关。

2. 矿床所在地区磁场特征

在1:5万航磁异常剖面平面图上(1960年航磁测量数据比例尺为1:10万)(图4-3-3)。天宝山多

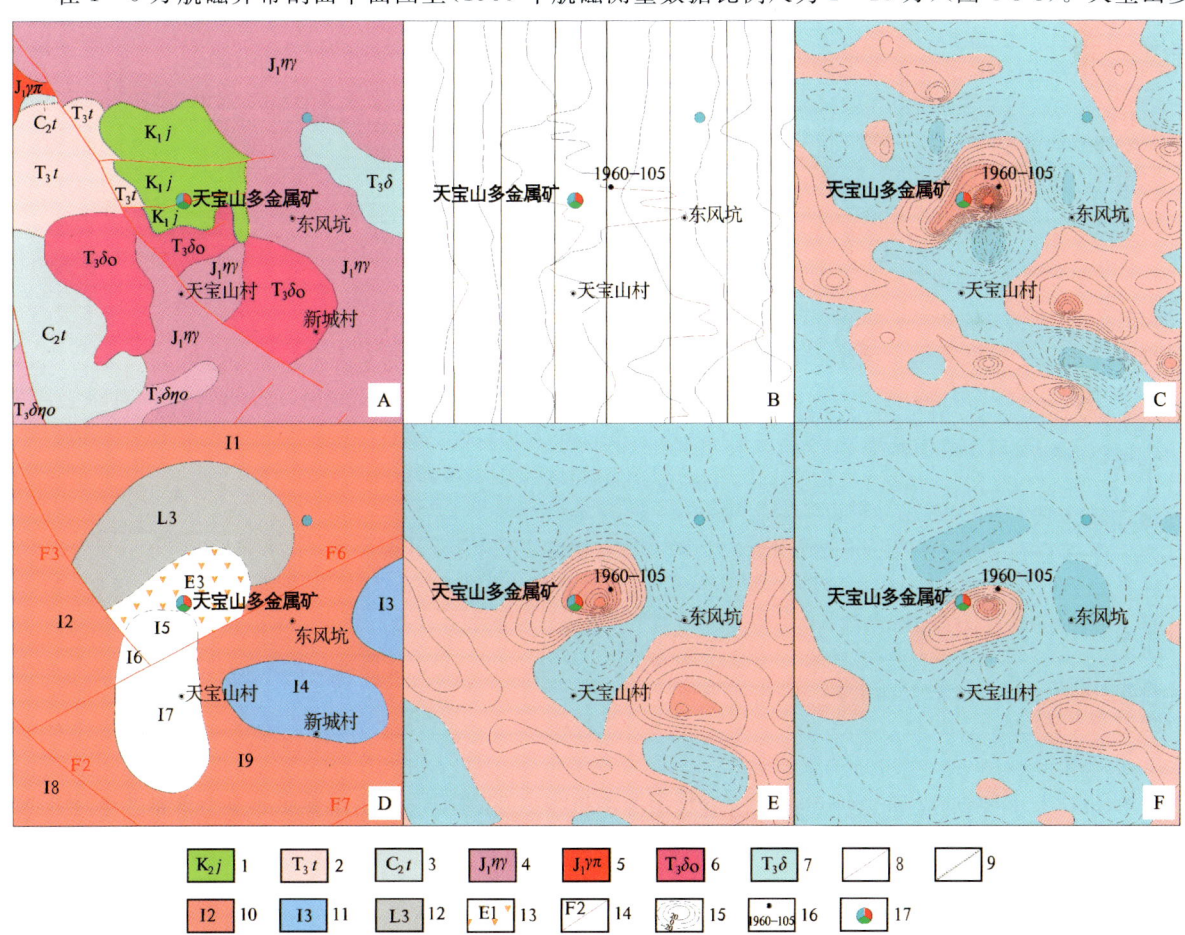

1.金沟岭组;2.托盘沟组;3.天宝山组;4.早侏罗世二长花岗岩;5.早侏罗世花岗斑岩;6.晚三叠世石英闪长岩;7.晚三叠世闪长岩;8.实测性质不明断层;9.实测不整合界线;10.磁法推断中酸性岩体;11.磁法推断中性岩体;12.磁法推断火山岩地层;13.磁法推断磁性蚀变带;14.磁法推断三级断裂及注记;15.航磁异常正、零、负等值线及注记;16.航磁异常点及编号;17.铅锌矿床

图4-3-3 天宝山典型铅锌矿床所在地区地质矿产及物探剖析图

A.地质矿产图;B.航磁ΔT剖面平面图;C.航磁ΔT化极垂向一阶导数等值线图;D.重磁推断地质构造图;E.航磁ΔT化极等值线图;F.航磁ΔT等值线图

金属矿床位于负背景场中两条线有显示的双峰正异常之上,两侧梯度陡。在航磁异常等值线图上,矿床处于北东东走向长条状正磁异常的中部北西侧边缘梯度带的内侧,异常长约 2.3km,宽约 1.0km,西半部低缓,东半部强度大梯度陡,最大强度为 400nT。正磁异常北西侧有伴生负异常与之平行排列,东侧、东南侧也有强度、规模较小的等轴状负异常出现。在航磁异常化极等值线图上,矿床处于长条状正磁异常中高磁异常向低缓过渡部位及梯度带由紧密到稀疏的变化部位。在航磁异常化极垂向一阶导数等值线图上,矿床处长条状正磁异常的低缓部分明显变窄。推断长条状正磁异常为火山岩与石炭纪天宝山组灰岩接触蚀变带异常。

(三)龙井市天宝山多金属矿床地质—地球物理找矿模型

综合上述矿床地质特征和地球物理异常特征,可归纳总结出矿床地质—地球物理找矿模型(表 4-3-1)。

表 4-3-1 龙井市天宝山多金属矿床地质—地球物理找矿模型表

地质条件	构造环境	矿床位于晚三叠世—新生代东北叠加造山-裂谷系(Ⅰ)小兴安岭-张广才岭叠加岩浆弧(Ⅱ)太平岭-英额岭火山-盆地区(Ⅲ)罗子沟-延吉火山-盆地群(Ⅳ),处于北东向两江断裂与北西向明月镇断裂带交会部位东侧,天宝山中生代火山盆地南侧,天宝山倾伏背斜轴部
	岩石组合	砂板岩、灰岩、中酸性火山岩,花岗岩、石英闪长岩类
	构造标志	东西向、北西向、南北向 3 组断裂交会处控制部分矿床的形成
地质条件	围岩蚀变	头道沟花岗闪长岩和立山英安斑岩与碳酸盐岩接触带广泛形成夕卡岩带,控制夕卡岩型矿床,主要类型为石榴子石-单斜辉石夕卡岩,单斜辉石夕卡岩,石英-绿帘石夕卡岩等。 角砾岩筒型矿床受面状蚀变控制,主要围岩蚀变早期钾化、中期硅化、水云母化、绿泥石化,晚期方解石化、沸石化。 热液脉状矿体近矿蚀变,其内带以硅化、水云母化为主,外带为绿泥石化、碳酸盐化。 立山矿床围岩蚀变主要为层状夕卡岩,主要蚀变矿物为石榴子石、透辉石、方柱石或葡萄石等;新兴矿床筒内蚀变强,筒边蚀变弱,围岩蚀变更弱,筒内以次生石英岩化为主、边部为青磐岩化,围岩常有较明显的黄铁矿化。在震碎裂隙中充填粉红色含锰方解石脉
地球物理标志	重力	在 1:25 万布格重力异常图上,矿床在区域上处于总体呈北西西"之"形展布梯度带中段上靠近南东重力高场区一侧。该处梯度带(中段)由西向东转为北东向,梯度陡,北西侧分布有西窄东宽的杏仁状重力低异常。南东侧分布有被北向梯度带断开的两处北东东向条带状重力高异常,此较大规模的线性梯度带由南东向北西在矿床处终止,为北西西"之"形展布梯度带的组成部分,是槽台边界附近的次一级大断裂的反映
	磁法	在 1:5 万航磁异常剖面图上(1960 年航磁测量数据比例尺为 1:10 万),矿床处于北东东走向长条状正磁异常的中部北西侧边缘梯度带的内侧,异常长约 2.3km,宽约 1.0km,西半部低缓,东半部强度大梯度陡,最大强度为 400nT。正磁异常北西侧有伴生负异常与之平行排列
	电法	在矿体反映为明显低阻高极化异常

二、集安市正岔铅锌矿床

（一）典型矿床成矿地质特征

1. 地质构造环境及成矿条件

矿区位于前南华纪华北东部陆块（Ⅱ）胶辽吉古元古代裂谷带（Ⅲ）集安裂谷盆地（Ⅳ）内。正岔复式平卧褶皱转折端。矿区西侧沿褶皱轴有燕山期岩株式闪长岩、斑状花岗岩侵入体。矿区东南部有燕山晚期花岗斑岩小侵入体（矿区内呈现隐伏岩体）。

1）地层

集安群荒岔沟组是含矿围岩，矿区可分3段：上段石墨黑云变粒岩、斜长角闪岩夹石墨大理岩，中部夹断续的层状铅锌矿，厚度大于27m；中段厚层粗粒石墨大理岩夹斜长角闪岩、含层状铅锌矿，厚200m；下段石墨变粒岩、透辉石透闪变粒岩，斜长角闪岩，赋铅锌矿，厚245m（图4-3-4）。

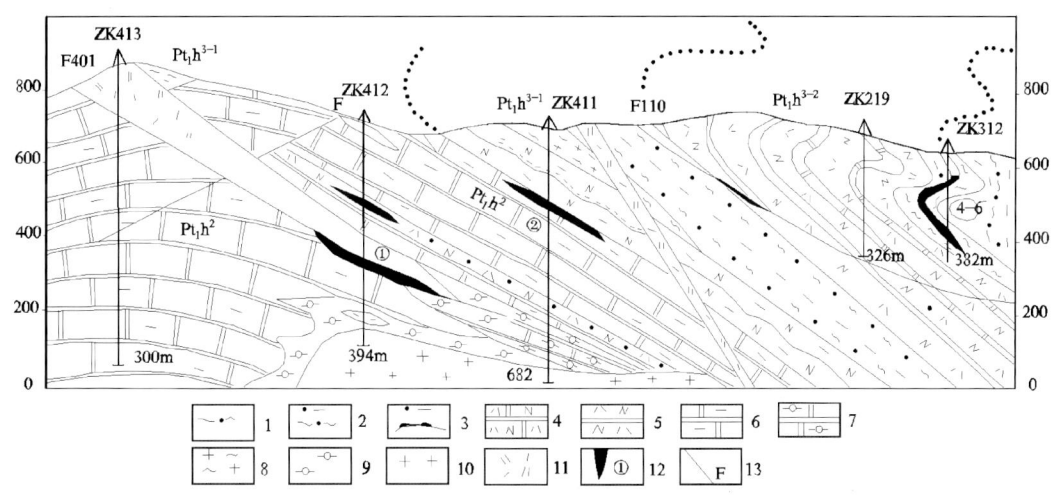

1.石墨黑云变粒岩；2.石墨透辉变粒岩；3.黑云斜长片麻岩；4.斜长角闪岩夹大理岩；5.斜长角闪岩；6.石墨大理岩；7.夕卡岩化大理岩；8.混合岩；9.夕卡岩；10.花岗斑岩；11.钠长斑岩；12.矿体及编号；13.断裂带

图4-3-4　集安市正岔铅锌矿床剖面图

2）构造

（1）褶皱构造集安群组成的虾蜢沟-四道阳岔背斜，是矿区主要褶皱，轴向北西，向南东倾没，近倾没端北侧出现一系列同轴向倾向相反的小褶皱或倒转背斜，后者为控矿构造。

（2）北东向冲断层，破坏了上述褶皱构造完整性，有些小褶皱很可能是这组断裂的次级构造，是矿区主要控矿构造，为燕山期产物。

3）侵入岩

矿区最强烈的侵入作用发生在中生代，先后有复兴屯闪长岩株、南岔斑状花岗岩和正岔花岗斑岩等中酸性小岩体侵入。它们主要沿背斜轴部分布，构成地表孤立、地下相连的北西向岩浆岩侵入带。

2. 矿体三度空间分布特征

正岔铅锌矿已知矿体48个，分别集中赋存于荒岔沟组上段和中段，形成上、下2个含矿段。矿体呈似层状、扁豆状,受一定层位控制,与地层同步褶曲。有时形成与褶皱形态一致的鞍状矿体。矿床是花岗斑岩体热作用产物,这是再生矿床的成矿特点。

3. 矿石类型及矿物组合

1) 矿石类型

矿石类型为浸染铅锌硫化物矿石。

2) 矿物组合

主要矿石矿物为方铅矿和闪锌矿,次要矿物有黄铜矿、墨铜矿、斑铜矿、方黄铜矿、蓝辉铜矿、黝铜矿、硫钴矿、辉银矿、脆硫锑银矿、辉锑银矿、碲铅矿、辉钼矿。少量的铅矾、白铅矿、菱锌矿、铜蓝、孔雀石、辉铜矿等氧化物。脉石矿物主要为透辉石、石榴子石,石英、硅灰石、绿泥石、绿帘石、金云母、黑云母、角闪石、霓辉石、透闪石次之,还有少量黄铁矿、磁黄铁矿、磁铁矿、赤铁矿、钾长石、褐铁矿等。

4. 矿石结构、构造

矿石结构以结晶粒状和包含结构为主,固溶体分离结构和交代结构次之,连生结构少见;矿石构造以浸染状构造为主,条带状和斑杂状构造次之,块状构造少见。

5. 蚀变类型及分带性

成矿前早期夕卡岩化有透辉石化、石榴石化、黑柱石化、硅灰石化;晚期夕卡岩化有钾长石化、绿帘石化、霓辉石化、透闪石化。

成矿期蚀变主要有萤石化、绿泥石化、硅化。

成矿后蚀变主要有绿泥石化、碳酸盐化。

6. 控矿因素及找矿标志

1) 控矿因素

集安群荒岔沟组既是矿源层,也是富矿层;燕山期花岗斑岩体的侵位,在带来部分成矿物质的同时,更重要的是提供了热液流体,在上升的过程中不断地萃取矿源层中的成矿元素,形成富矿流体。断裂构造主要起到导岩作用,大型褶皱构造中的小褶皱或倒转背斜,为控矿构造,为成矿提供了构造空间。

2) 找矿标志

区域上集安群荒岔沟组地层和燕山期花岗斑岩体侵位关系的存在。区域上大型褶皱构造核部或次级小褶皱。霓辉石化、透闪石化、绿帘石化等晚期夕卡岩化可以作为找矿标志。以 Pb、Zn 元素为主的化探异常的存在。

(二) 地球物理特征

1. 矿床所在区域重磁场特征

在 1∶25 万布格重力异常图上,区内全部为负重力场区。在花甸—清河有一条总体以北东走向为主,在中段沿北西方向有较大错动、转折的重力梯度带,错动距离约 6.7km。梯度带以东为相对重力低异常区,以西为相对重力高异常区。集安市正岔铅锌矿床处在梯度带向西凸起的转折部位。其东侧有一东西走向条带状重力低异常相邻,线性梯度带在矿床附近都出现程度不同的扭曲、错动。在剩余重力异常图上,铅锌矿床位于江甸—财源相对重力高异常向北东和南东两个方向伸出的两个分支之间的、梯度较缓的近等轴状剩余重力低异常北侧边缘。

与 1∶25 万地质图对比,结合区域物性密度参数资料分析得知,重力高异常区(带)由密度较高的古元古界集安群荒岔沟岩组、大东岔岩组老变质岩地层引起。西岔金矿床、金厂沟金矿床和正岔铅锌矿床所在处的两处剩余重力低异常均由已知晚印支期复兴村二长花岗岩、石英闪长岩岩体引起。前者岩体规模大，重力低异常范围大，重力值也更低；后者岩体小，重力低异常范围也小，重力值稍低。布格重力异常等值线的线性梯度带及错动带多数与已知断裂构造位置吻合或部分吻合，部分吻合的推断为半隐伏断裂构造，个别与无已知断裂构造相对应的则推断深部有隐伏的断裂构造存在。

在1:25万区域航磁异常图上，西岔金矿床、正岔铅锌矿床位于东西走向头西尾东鱼形负磁异常的后半部，头部跨入辽宁省。负磁异常宽缓，略有波动，强度在0~150nT之间，与重力高异常位置大体吻合，为古元古界集安群荒岔沟岩组、大东岔岩组老变质岩地层的反映。鱼形负磁异常的外侧北部江甸一带、清河一带，南部花甸一带航磁正异常主要为中弱磁性的古元古代中酸性侵入岩体引起的异常。南部花甸一带航磁正异常强度高于北部正磁异常，最大值达到250nT，靠近负磁场区一侧梯度较陡，这主要是岩体分布区分布有半隐伏、隐伏的集安群含硼镁铁岩系抬高了磁异常。西岔金矿床所在位置−50nT等值线局部向西南负磁场区明显凸起，北东部正异常向南偏西方向也有凸起，正岔铅锌矿床位于两处凸起之间，反映出有较弱剩余磁异常的存在，这是因为晚印支期复兴村岩体磁性较弱，不能引起较强的磁异常。在航磁化极等值线图上，铅锌矿床处于近似条带状负磁异常东部正磁异常一侧，等值线发生"S"弯转。在航磁化极垂向一阶导数等值线图上，铅锌矿床处于弱正磁异常东半部，金矿床处于近东西向弱正磁异常的西端，其相邻外侧均为负磁场区，与集安群老地层和复兴村岩体接触带异常特征相一致。

2. 矿床所在地区磁场特征

在1:5万航磁异常图上，区内以负磁场为背景，大面积负磁场区内分布有大小3处正磁异常，编号为吉C-1990-29、C-1990-31、C-1990-32。前2个异常分布在南部，规模较大，后1个异常分布在中东部，规模较小。

C-1990-31正磁异常为区内最高，呈反"S"形，由三小一大4个局部异常组成，规模最大局部异常的强度也最高，达280nT，"S"形磁异常边部梯度陡，北侧伴有明显负异常，最低值为−90nT。位于东部复兴村岩体的南部边缘，航检结果为岩体与集安群荒岔沟岩组接触部位蚀变带异常，其东北端外侧分布有正岔铅锌矿床。

C-1990-31异常西侧边部有一北北西走向，由南向北强度逐渐降低的条带状异常，长4.2km，宽0.4km，并有伴生条带状负异常断续出现，推断此异常为沿北北西向断裂构造侵入的中酸性岩脉引起。

C-1990-32正磁异常呈北北西走向的扁豆状，规模小，强度低，梯度陡，与东部强度更低的次一级低缓异常一起组成一个相对磁力高异常，背景值为−30~−20nT，似哑铃状，北西侧有伴生负异常。正岔铅锌矿床即位于东端次一级异常的南侧边缘，北西向和北东向较缓的线性梯度带在此处相交，推断该异常与隐伏的中酸性侵入体及蚀变带有关。

在航磁异常化极等值线图上，已知及推断中酸性侵入体（脉）引起磁异常的特征明显增强，并去除了斜磁化的影响。铅锌矿床位于北部C-1990-32似哑铃状异常和南部C-1990-31的紧密连接部位，推断引起两异常的中酸性侵入体在深部同源。

在航磁异常化极垂向一阶导数等值线图上，正磁异常细节更突出，铅锌矿床处梯度缓。C-1990-31异常西部边缘的北北西走向条带状正、负异常紧密相伴，在走向上延伸连续、稳定、平直，说明控制中酸性岩脉侵入的断裂构造具有较大的规模和深度。

3. 矿床所在位置地球物理特征

矿田内开展过面积性磁法、激发极化法工作。

1）地磁场特征

矿田内玄武岩、安山岩、辉绿岩、闪长岩、铅锌矿、黄铁矿、斜长角闪岩及石墨透辉变粒岩等均具有磁性,少数磁性较强。其他岩石磁性相对较弱。

(1)复兴村闪长岩体。该岩体磁场特点是南部边缘磁场高,其他部分磁场低。高磁异常带呈弧形,近东西走向,长约8km。由岩体边缘蚀变带引起,中部低异常区由岩体本身引起。

(2)中基性脉岩。闪长玢岩脉在 ΔZ 剖图上呈明显的线性异常,强度一般为300nT或1000~2000nT,两侧均少负值。玄武岩脉的异常也呈线状,强度在400nT左右。

(3)荒岔沟岩组。磁异常很弱,多在50nT内波动,表现为正常场特征。

(4)断裂构造。断裂上方出现线性梯度带或异常错动带。断裂带内充填闪长玢岩脉时,表现为线性异常特征;断裂带内充填钠长斑岩脉时,线性异常特征不明显,但经过化极及垂向导数处理后,线状特征变得明显。

(5)铅锌矿体的磁场。正岔西山夕卡岩型铅锌矿体上 ΔZ 曲线无异常反映;东山夕卡岩型含铜铅锌矿体磁性较强,出现正负交替尖峰状异常,强度在-1000~1000nT之间变化,表现为强烈跳动的磁场。

综上所述,根据磁异常可以圈定岩体边界,研究岩体在深部的隐伏产状,可直接寻找夕卡岩型含铜铅锌矿体。

2)电场特征

(1)在闪长岩和大理岩上极化率变化平稳,形成极化率背景场。电阻率为高阻,变化剧烈,构成区内大面积高阻群。

(2)含石墨地层形成高极化、低电阻率的电场特征。含石墨岩石产生干扰电场异常。

(3)断裂构造带有低阻显示。

(三)集安市正岔铅锌矿床地质—地球物理找矿模型

综合上述矿床地质特征和地球物理异常特征,可归纳、总结出矿床地质—地球物理找矿模型(表4-3-2)。

表4-3-2 集安市正岔铅锌矿床地质—地球物理找矿模型表

地质条件	构造环境	矿区位于前南华纪华北东部陆块(Ⅱ)胶辽吉古元古代裂谷带(Ⅲ)集安裂谷盆地(Ⅳ)内
	岩石组合	粗粒石墨大理岩夹斜长角闪岩;石墨变粒岩、透辉石透闪变粒岩,斜长角闪岩;燕山期花岗斑岩
	构造标志	正岔复式平卧褶皱转折端。虾蟆沟-四道阳岔背斜近倾没端北侧出现一系列同轴向倾向相反的小褶皱或倒转背斜
	围岩蚀变	成矿前早期夕卡岩化有透辉石化、石榴石化、黑柱石化、硅灰石化;晚期夕卡岩化有钾长石化、绿帘石化、霓辉石化、透闪石化。成矿期蚀变主要有萤石化、绿泥石化、硅化。成矿后蚀变主要有绿泥石化、碳酸盐化
地球物理标志	重力	在1:25万布格重力异常图上,矿床处于东部重力低异常区向西延伸的次一级长条状重力低局部异常的西北端部,北东向线性梯度带和等值线北西向错动带在矿床边部相交,线性梯度带出现扭曲、错动
	磁法	在1:5万航磁异常图上,正岔铅锌矿床即位于吉C-1990-32扁豆状正磁异常的东部次一级低缓异常南侧边缘,北西向和北东向线性梯度带在此处相交。推断该异常与隐伏的中酸性侵入体及蚀变带有关
	电法	在闪长岩和大理岩上极化率变化平稳,形成极化率背景场。电阻率为高阻,变化剧烈,构成区内大面积高阻群。含石墨地层形成高极化率、低电阻率的电场特征。含石墨岩石产生干扰电场异常。断裂构造带有低阻显示

三、白山市荒沟山铅锌矿床

(一)典型矿床成矿地质特征

1. 地质构造环境及成矿条件

矿床位于前南华纪华北东部陆块(Ⅱ)胶辽吉元古宙裂谷带(Ⅲ)老岭坳陷盆地内。荒沟山"S"形断裂带中部。

1)地层

区域内出露的地层自老至新有太古宙地体、古元古界老岭群、中元古代震旦系以及不整合在上述地层之上的中生界(图4-3-5)。矿体主要赋存于薄-微层硅质及碳质条带状或含燧石结核的白云石大理岩中。在矿体的上、下盘或矿体中常见有厚度不大的绿泥片岩。

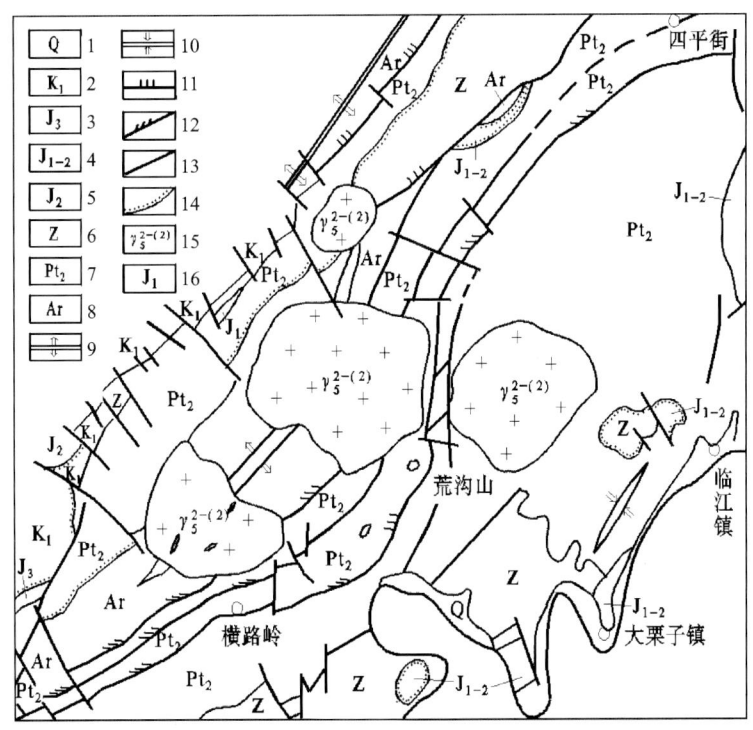

1.第四系；2.下白垩统；3.上侏罗统；4.中下侏罗统；5.中侏罗统；6.震旦系；7.古元古界老岭群；8.太古宇；
9.背形；10.向形；11.逆断层；12.韧性剪切断层；13.性质不明断层；14.不整合；15.燕山期花岗岩；16.下侏罗统

图4-3-5 白山市荒沟山铅锌矿床区域地质图

2)侵入岩

区域内燕山早期侵入岩体有老秃顶子、梨树沟和草山3个岩体。3个岩体的岩性均为似斑状黑云母花岗岩。脉岩有闪长玢岩、辉绿岩、闪斜煌斑岩等，多呈岩墙或岩脉状侵入，多形成于成矿后，并切穿矿体。

3)构造

矿区内构造较复杂，珍珠门岩组地层构成一复式的向斜构造，其间又包括一系列形态多样的次级褶皱，且控制了矿体的分布，尤以次级同斜倒转褶皱控矿明显。矿区内断裂构造发育，主要有3组，第一组为走向北北东,属压扭性层间断裂,具有多期继承性活动特点,为矿区内主要含矿构造。第二组走向北东,压扭性断裂,主要被晚期岩脉充填,并对早期岩脉或矿体穿插及错动。第三组走向南北,分布及规模次于前两组,主要见于主矿带两侧,被矿体或岩脉充填。

2. 矿体三度空间分布特征

荒沟山铅锌矿已发现矿体 76 个,矿体产状普遍较陡,倾向南东,个别向北西倾斜。矿体呈似层状顺层产出,但在走向或倾向上与围岩都有 5°左右的交角。矿体总体呈北东向展布,走向 5°~30°,倾角 50°~90°。矿体规模大小不等,一般长 120~360m,最长达 400m,厚 0.5~5m,最厚达 8.6m,平均厚度 0.5~1m。每一矿体系由一条或数条矿脉构成。各矿体或矿脉之间在平面上和剖面上均呈雁行式排列,具有尖灭侧现或尖灭再现特点。

3. 矿石类型及矿物组合

1)矿石类型

矿石类型包括黄铁矿石、综合矿石、方铅矿石及氧化矿石。

2)矿物组合

矿物组合主要有黄铁矿、闪锌矿和方铅矿,此外尚有极少量的磁铁矿、磁黄铁矿、黄铜矿和黝铜矿。脉石矿物数量很少,有石英、白云石和方解石。

4. 矿石结构、构造

矿石结构有自形、半自形粒状结构;溶蚀交代结构、骸晶结构;压碎结构、溶蚀结构;固溶体分离结构。矿石构造有块状构造、条带状构造、角砾状构造、浸染状及细脉浸染状构造、流动构造。

5. 蚀变类型及分带性

围岩蚀变主要有碳酸盐化、硅化、黄铁矿化、滑石化、透闪石化、蛇纹石化等。

6. 控矿因素及找矿标志

1)控矿因素

(1)地层和岩性的控制作用。区域内的铅锌矿、铜矿、黄铁矿等硫化物型矿床(点)以及原生矿化类型不明的硫化物铁帽,绝大多数赋存在元古宇老岭群珍珠门岩组大理岩中,矿化具有明显的层位性。

(2)构造控制作用。本矿床是典型受压扭性层间破碎带控制的后生矿床。黄铁矿脉是岩层发生褶皱时沿大理岩或片岩的层理或挠曲部位发生的张性层间剥离构造充填而成。之后又发生层间的挤压运动,黄铁矿脉破碎,铅锌矿化叠加在黄铁矿脉之上形成铅锌矿体。

2)找矿标志

(1)珍珠门岩组大理岩富含 Zn、Pb、Cu、Fe,以及 Ag、Sb、Hg、Cd 等亲 S 元素,区域上应注意寻找与变质热液成因有关的各种金属硫化物矿床。

(2)珍珠门岩组地层中的薄层-微层硅质或碳质条带状或含燧石结核的白云石大理岩是形成和寻找 Pb、Zn 等硫化物矿床的最有利岩层。

(3)受到继承性构造破碎的黄铁矿层或其邻近地段是 Pb、Zn 矿化的有利场所;利用氧化带铁帽中的 Zn、Pb、As、Cd、Sb、Hg 等元素含量判断原生硫化物矿体类型。

(4)根据矿脉组成出现和具有雁行式侧列的特点,应注意已知矿体(床)的延长部位和平行系统的找矿工作。

(二)地球物理特征

1. 矿床所在区域重磁场特征

在1:25万布格重力异常图上,白山市荒沟山铅锌矿床位于七道沟—临江老岭背斜基底隆起所引起的相对布格重力高异常带在东部由北东向转为东西向的转折部重力高局部异常北侧边缘梯度带上。重力高局部异常近等轴状,直径约5.3km,并向北西方向延伸出次一级长条状重力高局部异常带,矿床则位于伸出部位的梯度带上。重力高局部异常与珍珠门岩组大理岩有关,北侧重力低局部异常与燕山期老秃顶子及草山似斑状黑云母花岗岩体有关。

在1:25万区域航磁异常图上,荒沟山铅锌矿床位于老秃顶子岩体产生的东西走向椭圆状正磁异常的东南边缘梯度带上,其内侧梯度略陡,外侧梯度缓。矿床所处珍珠门岩组地层及其东南部大栗子组地层共同产生低缓的正、负磁异常区。老秃顶子岩体与西南部梨树沟岩体产生的磁异常表现为北东走向哑铃状异常,老秃顶子岩体异常强度略高,最大值为280nT。

2. 矿床所在地区磁场特征

在1:5万航磁异常剖面平面图和等值线平面图上,矿床位于老秃顶子岩体产生的等轴状正磁异常的东南部70nT等值线上。该处等值线梯度比内外两侧略陡,呈向东南凸起的弧形,为珍珠门岩组地层产生的平稳低缓正磁场区,距离北西侧燕山期老秃顶子岩体1.5km。

(三)白山市荒沟山铅锌矿床地质—地球物理找矿模型

综合上述矿床地质特征和地球物理异常特征,可归纳总结出矿床地质—地球物理找矿模型(表4-3-3)。

表4-3-3 白山市荒沟山铅锌矿床地质—地球物理找矿模型表

地质条件	构造环境	矿床位于前南华纪华北东部陆块(Ⅱ)胶辽吉元古宙裂谷带(Ⅲ)老岭坳陷盆地内
	岩石组合	薄-微层硅质及碳质条带状或含燧石结核的白云石大理岩
	构造标志	珍珠门岩组地层构成一复式的向斜构造,其间又包括一系列形态多样的次级褶皱,且控制了矿体的分布,尤以次级同斜倒转褶皱控矿更为明显。走向北北东压扭性层间断裂为矿区内主要含矿构造。南北向主要见于主矿带两侧,被矿体或岩脉充填
	围岩蚀变	围岩蚀变主要有碳酸盐化、硅化、黄铁矿化、滑石化、透闪石化、蛇纹石化等,其中黄铁矿化、硅化及围岩的褪色化与矿化的关系比较密切,一般出现在近矿体几米以内的大理岩中。此外,区域性的蚀变主要为滑石化和透闪石化
地表找矿标志		区域上应注意寻找与变质热液成因有关的各种金属硫化物矿床;珍珠门岩组地层中的薄层-微层硅质或碳质条带状或含燧石结核的白云石大理岩是形成和寻找Pb、Zn等硫化物矿床的最有利岩层;受到继承性构造破碎的黄铁矿层或其邻近地段是Pb、Zn矿化的有利场所;利用氧化带铁帽中的Zn、Pb、As、Cd、Sb、Hg等元素含量判断原生硫化物矿体类型;根据矿脉组成出现和具有雁行式侧列的特点,应注意已知矿体(床)的延长部位和平行系统的找矿工作

续表 4-3-3

地球物理标志	重力	在1∶25万布格重力异常图上，矿床位于七道沟—临江老岭背斜基底隆起所引起的布格重力高异常带在东部由北东向转为东西向的转折部重力高局部异常北侧边缘梯度带上。重力高局部异常近等轴状，直径约5.3km，并向北西方向延伸出次一级长条状重力高局部异常带，矿床则位于伸出部位的梯度带上。重力高局部异常与珍珠门岩组大理岩有关，北侧重力低局部异常与燕山期老秃顶子及草山似斑状黑云母花岗岩体有关
	磁法	在1∶5万航磁异常图上，矿床位于老秃顶子岩体产生的等轴状正磁异常的东南边缘70nT等值线上。该处异常宽缓，为珍珠门岩组地层产生的平稳低缓正磁场区，距离北西侧燕山期老秃顶子岩体1.5km
	电法	电法高阻高激化异常

第四节　金矿典型矿床地质—地球物理特征

金矿是吉林省优势矿产之一。在吉林省内各大构造活动期均表现有较强的成矿活动，进而造成金矿成矿因素的多样性和复杂性。根据对前人资料分析，吉林省金矿成因类型可划分为变质热液型、岩浆热液型、火山及次火山岩热液型、沉积型四大类。此外，各大类型又可按成矿因素和矿质来源细划成多个成因亚类。为了开展典型矿床研究，建立综合找矿模型，而在各亚类型中选出了具有代表性的典型矿床（表4-4-1）。

吉林省金矿成因类型中，岩浆热液型不占重要地位，其余3种类型属于重要商品经济类型，详细成因类型划分和典型矿床见表4-4-1。

表 4-4-1　金矿典型矿床矿产预测类型划分一览表

矿床成因类型	矿床成因亚类型	主要地质特征	典型矿床名称
变质热液型	古绿岩型金矿	为吉林省主要金矿类型，矿体以石英脉为主，产于南部台区龙岗陆核北缘裂陷槽内，新太古代夹皮沟群老牛沟组为主要含矿层位，成矿与晚太古代末期阜平构造活动的变质作用有关。矿体就位于挤压断裂带、压扭性断裂带、挤压片理化带及韧性剪切带中	桦甸市夹皮沟金矿床
	含碳质（火山）碎屑岩—碳酸盐岩系金矿	该类型在吉林省金矿资源亦占主导地位，在吉林省地台区和地槽区均有分布。前者产于台区老岭背斜南北两翼中元古界老岭群珍珠门岩组、花山组及大栗子组等地层中。矿体受北东向挤压断裂带和层间断裂控制；后者产于北部槽区二道甸子—漂河川复背斜西南倾伏端和大黑山条垒北东向构造带次级断裂带中，下古生代奥陶系石缝组、志留系桃山组为主要含矿建造	二道甸子金矿床、山门银(金)矿床；通化县南岔金矿床、荒沟山金矿床
	基性熔岩—细碧角斑岩建造	此类型金矿在台、槽区均有分布。前者产于龙岗陆核北缘清茶馆—白水滩北西向弧形挤压带与北东向两江大断裂交会处的中元古界色洛河群地层中含金石英脉受北东向断裂控制；后者产于吉林复向斜—头道川背斜西翼，围岩为上古生界下石炭统鹿圈屯组浅海陆源碎屑-碳酸盐岩及细碧角斑岩建造中的细碧岩及凝灰岩中。含金石英脉受北东向硅化挤压构造带火山岩片理面及层间破碎带控制	海沟金矿床；头道川金矿床

续表 4-4-1

矿床成因类型	矿床成因亚类型	主要地质特征	典型矿床名称
火山及次火山热液型	火山热液型金矿	该类型是吉林省重要金矿类型。产于滨太平洋断裂体系和古亚洲断裂体系联合控制的中生代火山-岩浆岩带内的火山构造盆地或其边缘基底隆起带中。成矿活动主要发生在火山喷发—喷溢后次火山岩浆侵入阶段，矿体赋存于晚三叠世—早白垩世火山活动形成的钙碱性中酸性火山岩系构造裂隙和火山颈浅成—超浅成中酸性次火山岩中。该类型矿体产出受火山机构控制	汪清县刺猬沟金矿床；香炉碗子金矿床
	次火山热液型金矿		珲春市小西南岔铜金矿床
沉积型	古砾岩型金矿	此类型可分为古砾岩型和现代河床冲积砂矿两个亚类型，前者分布在新生代沉积盆地内，含金层位为下白垩统大砬子组砂、砾岩层和新近系土门子组底部砾岩层。大砬子组含金层稳定性差，品位和厚度变化大；土门子组含金层位相对连续、面积大，可圈出工业矿体，找矿意义大；后者多分布在槽、台区原生金集聚地区的 3~4 级河谷中。含金层为河床—河谷—河漫滩砂金建造和阶地砂金建造，成矿时期为第四系上更新统和全新统的下部	黄松甸子金矿床
	现代河床冲积型砂金矿		珲春河砂金矿床
夕卡型		此类型金矿在吉林省少见。产于大黑山条垒火山—盆地群内，矿体赋存于南泉眼单元石英闪长岩与下二叠统范家屯组大理岩接触带所形成的夕卡岩带中。金矿体产出还明显受兰家倒转向斜构造中的呈北北东向分布的兰家向形构造控制，矿体均产于地层向形构造的东西两侧与石英闪长岩接触带地层一侧。矿体分布与产状分别与接触带分布和产状相一致	长春市兰家金矿床

下面对通化县南岔金矿床、长春市兰家金矿、珲春市小西南岔铜金矿床、桦甸市夹皮沟金矿床、汪青县刺猬沟金矿床等分述如下。

一、通化县南岔金矿床

（一）典型矿床成矿地质特征

1. 地质构造环境及成矿条件

矿床位于前南华纪华北东部陆块（Ⅱ）胶辽吉元古宙裂谷带（Ⅲ）老岭坳陷盆地（Ⅳ）内。荒沟山"S"形断裂带西南端（图 4-4-1）。

1）地层

区域出露的地层以中元古宙老岭群珍珠门岩组和大栗子组为主，珍珠门岩组为金的富矿层位，上覆青白口系钓鱼台组及上侏罗系林子头组。

珍珠门岩组为一套海相碳酸盐岩建造。下段以浅灰色厚层状白云质大理岩为主；中段以浅灰色白云质大理岩，局部夹薄层状透闪白云质大理岩及钙质绢云片岩为主；上段以石榴钙质绢云片岩、绢云片岩、千枚岩、绿泥片岩为主。

大栗子组为一套海相泥质碎屑建造，自下而上划分为 4 个岩性段。下部以石榴绿泥片岩、钙质片岩夹薄层大理岩及石英岩为主，为主要金铁含矿层；中下部以钙质片岩与薄层状大理岩互层为主；中上部以绢云片岩夹数层透镜状大理岩为主；上部以绢云千枚岩为主。钓鱼台组主要岩性为含砾石英粗砂岩、石英砂岩。

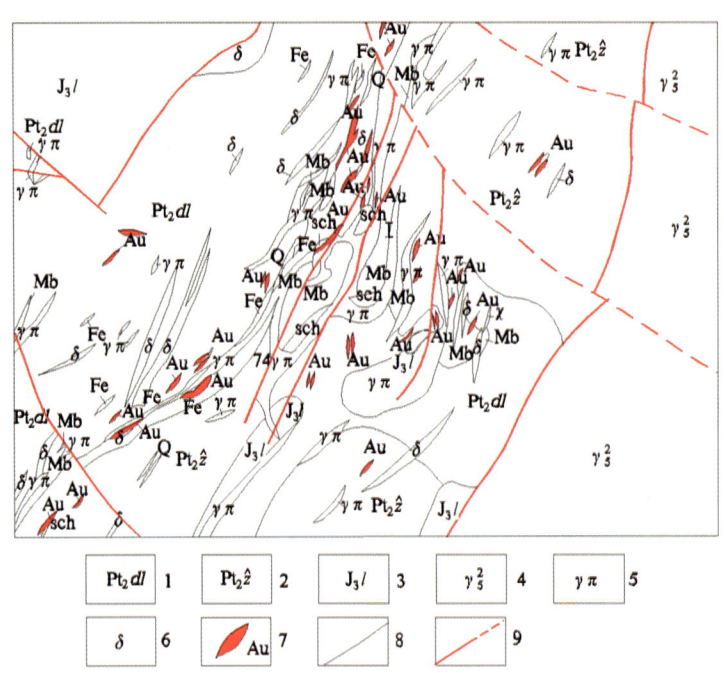

1.大栗子组;2.珍珠门岩组;3.侏罗系林子头组;4.燕山期黑云母花岗岩;5.辉长玢岩;
6.闪长岩;7.矿体;8.地质界线;9.断层

图 4-4-1 通化县南岔金矿床地质图

林子头组主要岩性为凝灰岩、流纹岩、安山岩、火山角砾岩、凝灰质砂页岩。

2)岩浆岩

区内岩浆活动频繁,自印支期到燕山晚期,具多期次活动特点。

(1)幸福山岩体。属印支晚期,呈近南北向的椭圆状岩株,岩体主要岩石类型为黑云斜长花岗岩、花岗闪长岩。岩体中见有钓鱼台组石英砂岩捕虏体及闪长岩脉的穿切现象。岩体内外带分异良好。

(2)头道沟岩体。属燕山早期第三侵入阶段,分布在Ⅰ矿段的南东侧,岩体由中细粒钾长花岗岩、粗粒钾长花岗岩、似斑状黑云母花岗岩及花岗闪长岩组成。岩石种类、结构均较简单,彼此之间渐变过渡,形成岩体不同相带。岩体属半深成相岩基,与珍珠门岩组呈侵入接触。

(3)脉岩。区内脉岩较为发育,闪长岩、霏细岩多在Ⅰ—Ⅱ矿段成群分布,花岗闪长岩、闪长玢岩、花岗斑岩、煌斑岩、玄武岩、细晶岩等岩脉只在Ⅰ矿段中零星出露。

3)构造

(1)褶皱。矿区主体构造为大南岔-老营沟复式背斜。该背斜由于北西侧被大面积侏罗系火山岩覆盖,南东侧为老虎山岩体侵入,加之后期构造的强烈破坏,支离破碎,出露不完整。背斜核部为珍珠门岩组第一段,两翼依次出露珍珠门岩组二、三段及花山组一至四段。背斜总长 4.5km,枢纽方向北东 40°,向北东侧伏,倾伏角 35°,南西段被侏罗系火山岩覆盖,背斜北西翼Ⅰ矿段出露完整,倾向北西,倾角变化大,为 17°~80°,一般轴部陡(70°~80°),远离轴部逐渐变缓(17°~50°)。南东翼缺失花山组,倾向南东,倾角 35°~50°。总体上看是一东缓西陡的斜歪褶皱,背斜轴部及两翼次一级褶皱十分发育。已知片岩型矿体均赋存于背斜北西翼的背形构造部位。

(2)断裂。①控矿(容矿)断裂构造。层间断裂:发育于珍珠门岩组白云质大理岩和花山组片岩接触面及近侧地层中的褶皱的转折部位及地层产状变化部位。断裂面走向一般为 30°~40°,断裂带由构造角砾岩、蚀变岩及片理化岩石组成,是本区主要容矿构造,已知片岩型矿体多赋存于此断裂中,背形构造的转折部位是寻找厚大矿体的有利部位。此断裂具有活动的多期性及继承性的特点。

北东向脆性剪切断裂带:沿背斜核部发育的被闪长岩脉、霏细岩脉等脉岩充填的构造,断裂带长1100余米,宽数十米到250m,走向一般与背斜轴平行展布,为30°～40°,倾向南东为主,倾角变化较大。此组断裂也是主要容矿构造,已知闪长岩型矿体全部沿此断裂带分布。

②成矿后断裂。北东向断裂:多为成矿期北东向剪切断裂的继承性活动产物,区内较发育。北西向断裂:为本区的最后一期断裂构造,比较发育,规模大,多沿沟谷分布。

2. 矿体分布特征

片岩型金矿赋存在珍珠门岩组上段与大栗子组下段接触界面近片岩一侧,受层间断裂控制,已控制接触界面长1100m,走向35°～40°,倾向北西,倾角55°～70°,西部近直立,倾向南东,深部沿倾斜方向呈褶曲状。片岩型金矿体主要赋存背形褶曲鞍部。

闪长岩型金矿体赋存在侵入于珍珠门岩组上段白云质大理岩中蚀变闪长岩中,位于片岩型矿体的下部,为盲矿体,呈脉状,北东-南西方向延伸,倾向南东,倾角一般为60°～80°。

3. 矿石类型及矿物组合

1)矿石类型

片岩型金矿矿石据矿石组构、硫化物含量分为块状矿石、稀疏浸染状矿石、细脉状浸染型矿石;闪长岩型金矿石分为星点浸染状矿石、细脉浸染状矿石。

2)矿物组合

片岩型矿石主要矿物有黄铁矿、毒砂、白铁矿、自然金、金银矿-银金矿、石英、白云石、绢云母,次要矿物有磁黄铁矿、黄铜矿、深红银矿、螺状硫银矿、磁铁矿、褐铁矿、斜长石、电气石、重晶石、石榴子石、黏土矿物、铜蓝、方解石。微量矿物有方铅矿、闪锌矿、黝铜矿、菱铁矿、软锰矿。蚀变及氧化矿物有石英、方解石(白云石)、重晶石、黏土矿物、铜蓝、褐铁矿、黄钾铁矾和绿帘石。闪长岩型矿石主要矿物有毒砂、黄铁矿、白铁矿、自然金、斜长石、角闪石、绿泥石、石英,次要矿物有钛铁矿、磁铁矿、磁黄铁矿、黄铜矿、次闪石、白云石(方解石)。微量矿物有磷灰石、锆石。蚀变及氧化矿物有褐铁矿、次闪石、绿泥石、白云石(方解石)和石英。

4. 矿石结构、构造

片岩型矿石主要有自形—他形粒状结构、交代结构、包含结构、浸染状结构。闪长岩型矿石主要有包含结构、浸染状结构。矿石构造主要为块状构造、星点浸染状构造、细脉浸染状构造。

5. 蚀变类型及分带性

蚀变类型主要有硅化、毒砂黄铁矿化、碳酸盐化、绿泥石化、绢云母化、褐铁矿化等,金矿主要与硅化、毒砂黄铁矿化关系密切。

(1)硅化:是区域内与成矿关系密切而普遍的蚀变。脉状硅化,脉状石英伴生硫化物与金矿化相一致,石英细脉中尤为普遍;细粒均匀硅化,石英呈微细粒状均匀分布,此种硅化伴生微细粒毒砂黄铁矿化。在矿体附近尤为明显。

(2)毒砂黄铁矿化:与片岩型金矿化关系极为密切,由热液蚀变过程中暗色矿物的铁与热液中的硫、砷络合物结合而成。

(3)碳酸盐化:区域内普遍发育,以长期性和多阶段性为特点。

(4)绿泥石化、绢云母化:是成矿期普遍发育的面型交代蚀变。

(5)类夕卡岩化:主要发育于片岩型金矿近矿围岩与白云质大理岩接触带中,是早期成矿作用蚀变产物,分布不普遍。

6. 控矿因素及找矿标志

1)控矿因素

地层:矿体及矿化多分布于白云质大理岩与片岩接触面近片岩一侧。少量矿体分布于白云质大理岩中。

构造:矿体多产于片岩与大理岩接触界面背形褶曲转折部位的层间断裂、层间剥离及裂隙中,少量矿体赋存于大理岩内北东向闪长岩脉上盘接触带断裂中近闪长岩一侧。

2)找矿标志

片岩型金矿,珍珠门岩组上段白云质大理岩与花山组下段片岩接触界面的背形褶曲鞍部是容矿的有利部位。毒砂矿化是直接的找矿标志。Au、Ag、As、Sb、Bi、Hg组合异常带是重要找矿标志。闪长岩型金矿,珍珠门岩组上段白云质大理岩层中的蚀变闪长岩脉是直接找矿标志。北东向构造,尤其同北西向断裂构造复合部位是构造找矿标志。强烈蚀变带,其中硅化、绢云母化、绿泥石化、碳酸盐化以及岩石褪色等蚀变岩及现象是找矿标志。

(二)地球物理特征

1. 矿床所在区域重磁场特征

在1:25万布格重力异常图上,南岔金矿矿床处于七道沟—临江北东东向相对布格重力高异常带的南西段。在金矿床北东8km处出现布格重力异常最大值,在此最大值处,布格重力高异常带最宽,往北东东方向逐渐变窄,异常强度也逐渐降低;往南西方向,布格重力高异常带在金矿床所在处异常宽度突然变窄,并且走向也由北东转为南北,这种变化较明显。重力高异常带南、北两侧梯度带走向为北东向—北东东向。梯度带北侧比南侧陡。向东在临江附近交会在一起。重力高异常带的南部、北部为相对重力低异常带(区)(图4-4-2)。

在剩余重力异常图上,重力高、低异常带(区)特征更为明显。重力高异常带上有沿北东东向呈串珠状分布的7个局部重力高异常,这些重力高异常边缘梯度带上,或分布有沉积变质型铁矿、铜钴矿,或分布有岩浆热液改造型金矿,即南岔、大横路、错草沟、荒沟山、八里沟、老三队等金矿和荒沟山铅锌矿、天后沟铅锌矿、大横路铜钴矿、大栗子铁矿等。反映了这些与老岭群老地层有关的矿产和重力高异常的密切关系。南岔金矿床所在处重力高局部异常近似等轴状,直径约3.6km。

从南岔一带岩(矿)石物性参数统计表可知,老岭群珍珠门岩组、花山组、大栗子组地层平均密度为$2.74\times10^3 kg/m^3$,太古宙混合花岗岩平均密度为$2.70\times10^3 kg/m^3$,印支期、燕山期花岗岩体平均密度为$2.68\times10^3 kg/m^3$,各地质单元之间有明显的密度差,能产生不同强度的重力异常。将1:25万布格重力异常图、剩余重力异常图与1:25万地质图对比分析,重力高异常带与老岭背斜基底隆起有关,主要由老岭群珍珠门岩组、花山组、大栗子组地层大理岩、千枚岩、石英片岩引起。太古宙混合花岗岩和青白口系沉积地层也能产生一定程度的重力高异常。重力高异常带北部东段椭圆状重力低局部异常由燕山期梨树沟、老秃顶子及草山似斑状黑云母花岗岩体引起。北部西段北东走向的条带状重力低局部异常带是侏罗系果松组、林子头组火山沉积盆地的反映,两者分布范围大体一致。南部重力低异常区由印支期幸福山、燕山期老虎山花岗岩体引起。

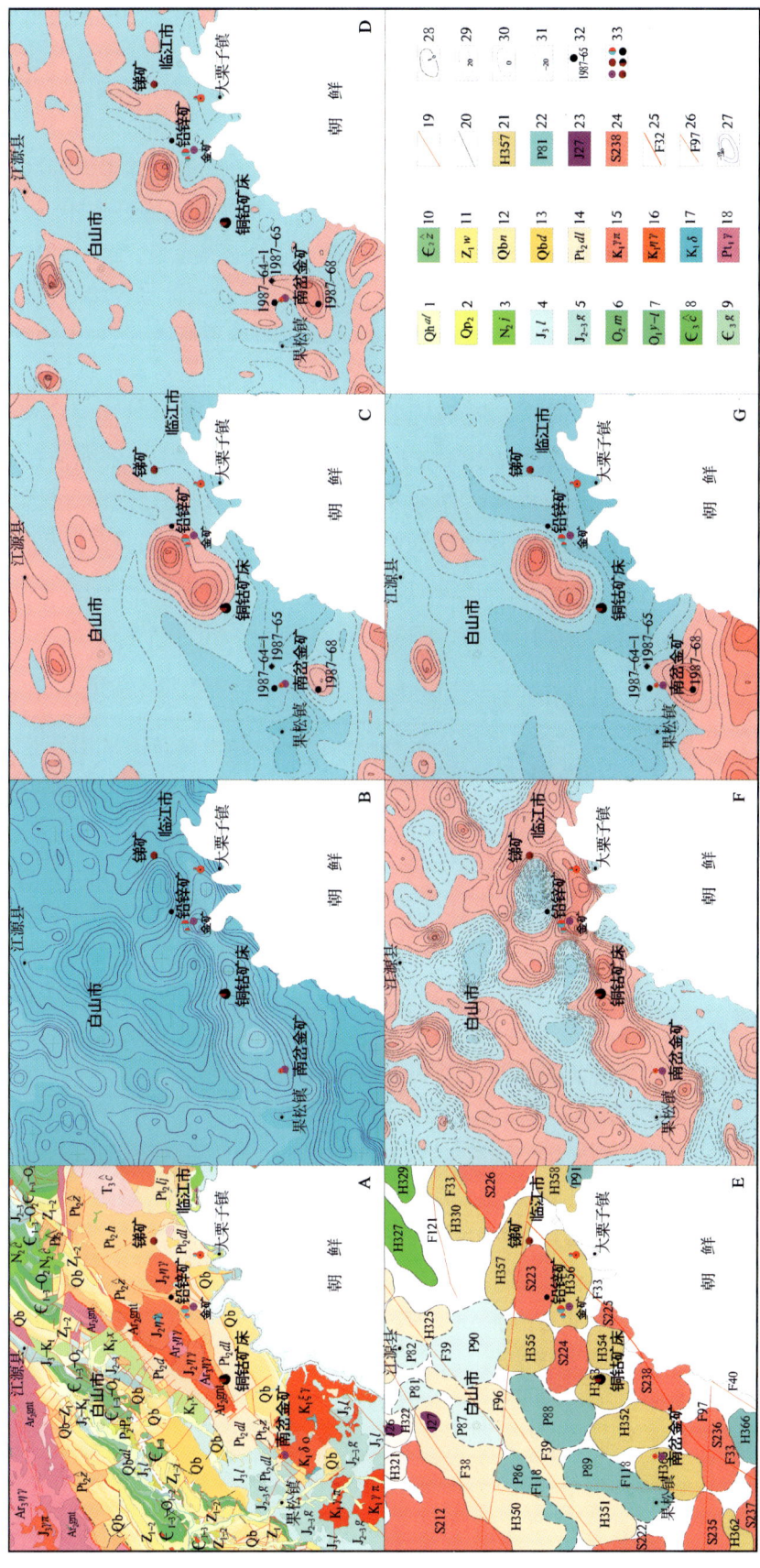

图 4-4-2 南岔典型金矿所在区域地质构造剖析图

A. 地质矿产图; B. 布格重力异常图; C. 航磁ΔT等值线平面图; D. 航磁ΔT化极垂向一阶导数等值线平面图; E. 重磁推断地质构造图; F. 剩余重力异常图; G. 航磁ΔT化极等值线平面图

重力高异常带南、北两侧梯度带为老岭群地层与青白口系沉积地层、印支期和燕山期侵入花岗岩体及侏罗系、白垩系火山沉积盆地的断层接触带的反映。金矿床处于布格重力高异常带宽度突然变窄处及剩余重力高异常的边缘，这种重力场特征是已知北西向断裂和向东凸起的南北向弧形断裂的反映，具有利的成矿地质构造条件。

在1:25万区域航磁异常图上，南岔金矿床位于负磁场区，其东南部分布有北东走向近椭圆状正磁异常，西部分布有不规则的负磁异常，北部为开阔平稳的负磁场区。南岔金矿床即处于正、负磁异常间北东走向梯度带北端，同时也是正、负磁异常与北部开阔平稳负磁场区的交界位置。这种磁场特征反映出北东向与北西向交叉断裂的存在。在航磁异常化极等值线图上，正磁异常整体呈等腰三角形状，金矿床处在三角形北端头部西侧正磁异常边缘零等值线上，北侧为大面积的负磁场区，北东向梯度带、异常突变带特征即断裂特征更为清楚。在航磁异常化极垂向一阶导数等值线图上，金矿床处于零磁异常等值线上，其西南部为负磁场区，北、东、南三面正磁异常环绕。

结合1:25万地质图进行分析，上述正磁异常由印支期幸福山黑云斜长花岗岩、花岗闪长岩岩体引起，负磁异常区与老岭群珍珠门岩组、花山组、大栗子组地层，青白口系沉积地层，侏罗系（火山）沉积盆地分布范围相吻合。航磁异常等值线、化极等值线梯度带和异常突变带及垂向一阶导数零等值线位置，反映了老岭群地层、青白口系沉积地层，侏罗系（火山）沉积盆地、幸福山花岗岩岩体等地质体相互间的断层接触关系。

2. 矿床所在地区磁场特征

在1:5万航磁异常图上（图4-4-3），南岔金矿床位于负磁场区内局部相对高磁异常范围的东南边缘部位。以-160nT等值线圈定的局部高磁异常呈似椭圆状，走向北东，长1.17km，宽0.63km，最大磁异常强度为-136nT。其东、西两侧为两片大面积的低于-160nT的负磁场区，最小值出现在金矿床东南一带，场值为-200nT。

矿床附近磁场形态复杂，为变化的负磁场，水平梯度较缓。负磁场是无磁性的老岭群地层大理岩、片岩的反映，磁场形态复杂变化是大理岩、片岩内部和大理岩、片岩之间断层接触的反映。金矿床所在处局部相对高磁异常是由与北东走向的金矿脉伴生磁铁矿体引起的。磁铁矿体与金矿脉走向平行，且分布在金矿脉的北西一侧，同样沿北东向断续分布，这与金矿床处于局部相对高磁异常的东南边缘部位是一致的。因此，在本区磁铁矿体产生的磁异常可作为找金的指示信息。

负磁场区外围北部、北东部及东南部分别分布有吉C-1987-64-1、吉C-1987-64、吉C-1987-65和吉C-1987-68-1航磁异常。吉C-1987-64-1和吉C-1987-64总体呈条带状，走向东西。C-1987-64-1为低缓异常，异常强度为-40nT，为已知铁矿引起；C-1987-64异常强度为40nT，为凝灰质安山岩引起的叠加异常。吉C-1987-65呈椭圆状，北东走向，异常强度为20nT，地磁剖面查证结果表明是由混染蚀变带引起。吉C-1987-68-1由幸福山花岗岩岩体引起，异常强度为276nT。

在航磁异常化极等值线图上，东南部正磁异常分布形态与幸福山花岗岩岩体范围更为一致。矿床西北、东北部大理岩和片岩分布区与平稳宽缓的负磁异常相对应。金矿床则处在磁异常由东南向北西凸起转为向北凸起的东侧转折部位上，此处南北向梯度带较陡，这些磁异常特征与实测的北东向、北西向、南北向交叉断裂的分布比较吻合。向北凸起的局部磁异常南北两端同时分布有金、铁矿床（点），南端分布有小型沉积变质型铁矿床一处，热液改造型金矿床小型、中型各一处，北端分布有小型沉积变质型铁矿床一处，小型热液改造型金矿床一处，说明此磁异常是由与金矿体伴生或共生的磁铁矿体引起的。

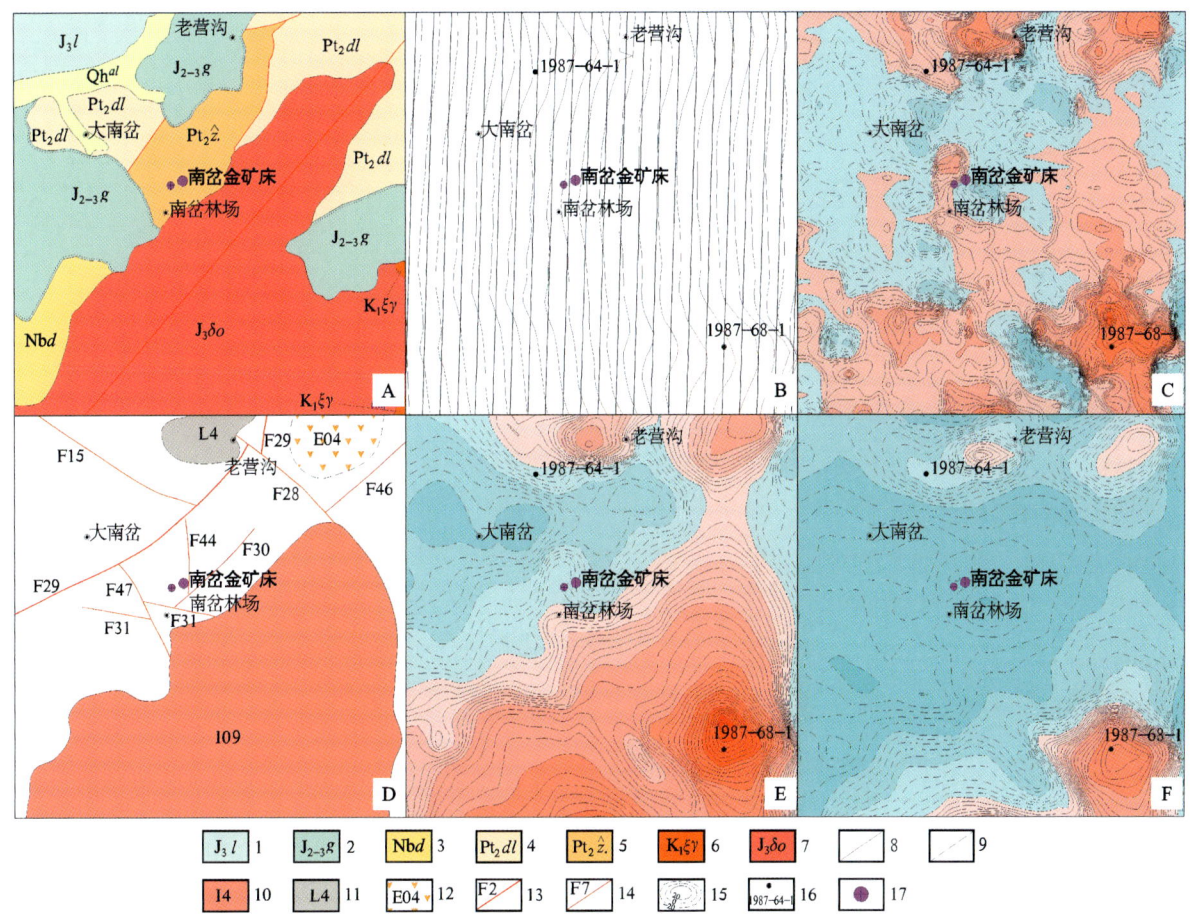

1.林子头组;2.果松组;3.钓鱼台组;4.大栗子组;5.珍珠门岩组;6.早白垩世碱长花岗岩;7.晚侏罗世石英闪长岩;8.实测性质不明断层;9.推测性质不明断层;10.磁法推断中酸性岩体;11.磁法推断火山岩地层;12.磁法推断磁性蚀变带;13.磁法推断二级断裂及注记;14.磁法推断三级断裂及注记;15.航磁异常正、零、负等值线及注记;16.航磁异常点及编号;17.金矿床

图 4-4-3　南岔典型金矿床所在地区地质矿产及物探剖析图

A.地质矿产图;B.航磁 ΔT 剖面平面图;C.航磁 ΔT 化极垂向一阶导数等值线图;D.重磁推断地质构造图;E.航磁 ΔT 化极等值线图;F.航磁 ΔT 等值线图

在航磁异常化极垂向一阶导数等值线图上,所反映的浅部正磁异常及剩余磁异常特征更加显著,金矿床、铁矿床分布在正磁异常边缘梯度带上。正磁异常西、北、东三面被负异常区围绕,向南突然变窄且强度突然变低,并与南部的北西西向的磁异常西北端部相连。

3. 矿床所在位置地球物理特征

1)矿区岩(矿)石物性参数特征

矿区及外围岩(矿)石物性参数详见表 4-4-2。

表 4-4-2　南岔一带岩(矿)石物性参数统计表

地质时代	符号	标本/块	岩(矿)石名称	常见值				
				$\kappa/$ 10^{-5} SI	$J_r/$ 10^{-3} A·m^{-1}	$M/\%$	$\rho/$ (Ω·m)	$\sigma/$ 10^3 kg·m^{-3}
白垩系	$K_1 y$	3	石英砂岩	0	0	7.2	3500	2.66

续表 4-4-2

地质时代		符号	标本/块	岩(矿)石名称	常见值				
					$\kappa/$ 10^{-5} SI	$J_r/$ 10^{-3} A·m^{-1}	$M/\%$	$\rho/$ $(\Omega \cdot m)$	$\sigma/$ 10^3 kg·m^{-3}
侏罗系		J_3	51	凝灰岩	2	0	3.9	700	2.43
			18	褐铁矿化凝灰岩	7	0	9.6	1380	2.53
			15	安山岩	540	130	4.7	1350	2.60
			3	长石石英砂岩	0	0	5.0	3770	2.57
青白口系 钓鱼台组		Qbd	14	石英砂岩	5	0	9.9	2990	2.64
老岭群	大栗子组	Pt$_2$dl	117	片岩	18	0	5.5	2820	2.74
			19	黄铁矿片岩	50	0	12.3	3350	2.75
	花山组	Pt$_2$h	94	绢云片岩	19	0	5.5	3310	2.73
			15	磁黄铁矿化片岩	190	740	14.1	2740	2.75
			17	褐铁矿化片岩	13	0	11.6	8410	2.73
	珍珠门岩组	Pt$_2$ż.	43	大理岩	0	0	3.6	3450	2.79
龙岗群	杨家店岩组	Ar$_1$y.	4	混合片麻岩	520	90	4.2	7540	2.64
			10	条带状混合岩	12	0	5.5	2640	2.73
			3	混合花岗岩	150	100	4.8		2.60
	四道砬河组	Ar$_1$s	3	条带状混合岩	23	0	6.8	7010	2.74
			8	黑云角闪斜长片麻岩	660	30	5.4	3990	2.72
燕山期		$\gamma_5^{2(3)}$	14	黑云钾长花岗岩	730	460	8.1	2760	2.74
		$\gamma_5^{2(2)}$	30	似斑状黑云花岗岩	1030	120	7.4	5530	2.62
印支期		γ_5^1	5	黑云斜长花岗岩	1140	690	6.1	1900	2.74
		$\upsilon\pi$	16	霏细岩	8		5.7	590	2.50
		δ	9	细粒闪长岩	22	0	6.2	5700	2.70
			12	磁铁矿	34 960	11 040	25.0	1990	2.84
			42	破碎蚀变岩型金矿石	33	0	45.4	2200	3.08
			14	蚀变闪长岩型金矿石	14	0	7.4	3622	2.78

(1)密度特征。地层中龙岗群和老岭群密度较大,相对新的侏罗系、白垩系地层密度较小,青白口系沉积地层密度略高于侏罗系、白垩系地层密度;老岭群与青白口系之间,存在明显的密度差异,密度差为 0.21×10^3 kg/m^3。侵入岩中梨树沟岩体密度比龙岗群和老岭群地层密度小,在区内属低密度地质体。因此,在本区可以利用重力场进行地层和岩体的划分。

(2)磁性特征。①龙岗群地层磁化率加权平均值为 290×10^{-5} SI,剩余磁化强度为 32×10^{-3} A/m,具有弱磁性。老岭群珍珠门岩组、花山组、大栗子组地层岩石磁化率加权平均值为 26×10^{-5} SI,剩余磁化强度大部分为零,具有微弱磁性;仅花山组磁黄铁矿化片岩具有中弱磁性,磁化率为 190×10^{-5} SI,剩余磁化强度为 740×10^{-3} A/m。侏罗系(火山)沉积地层中,凝灰岩、褐铁矿化凝灰岩、长石石英砂岩等大部分岩石磁性微弱,接近零值,其中仅安山岩具有中磁性,磁化率为 540×10^{-5} SI,剩余磁化强度为 130×10^{-3} A/m。因此,侏罗系(火山)沉积地层整体磁性较弱,不足以引起磁异常。②龙岗群、老岭群、侏罗系地层中都有磁性体存在，但仅老岭群的磁性与矿（化）体有关。③老岭群与龙岗群之间存在一磁性界面，二者差异明显。珍珠门岩组与花山组之间也存在一磁性界面，前者无磁性，后者属微弱磁性。④侵入岩类，印支期黑云斜长花岗岩磁化率为 1140×10^{-5} SI，剩余磁化强度为 690×10^{-3} A/m，具中等磁性；燕山期似斑状黑云花岗岩磁化率为 1030×10^{-5} SI，剩余磁化强度为 120×10^{-3} A/m，黑云钾长花岗岩磁化率为 730×10^{-5} SI，剩余磁化强度为 460×10^{-3} A/m，均具中等磁性，均可引起磁异常。侵入岩体中，幸福山岩体、梨树沟岩体具有中等磁性，老虎山岩体磁性较弱。其他岩（脉）类均磁性微弱。⑤本区磁铁矿为强磁性，显著高于其他岩（矿）石，为区内最强磁性。破碎蚀变岩型金矿石、蚀变闪长岩型金矿石磁性微弱。

（3）电性特征。①侏罗系地层具有低阻低极化特征。②大栗子组与花山组片岩，由于黄铁矿化较为普遍，从而加强了激发极化效应和导电性能。③珍珠门岩组大理岩高阻、低极化，花山组片岩低阻、高极化，两者之间存在电性界面，因此利用激电可圈定接触带。④本区磁铁矿和破碎蚀变岩型金矿石具有强极化率、中等电阻率。与其他岩石相比，极化率较高，电阻率较低。

从上述岩（矿）石物性参数特征可以总结出以下认识：区内高极化参数均与矿石及矿化岩石有关，如黄铁矿化片岩、磁铁矿、破碎蚀变岩型金矿石等。高密度参数与岩性类别及时代有关，时代较早的老岭群地层密度高于其他时代较晚地层密度，也高于侵入岩体密度。含暗色矿物（黑云母、角闪石）较多的岩石和矿化较强的岩石密度值高。

2）矿床所在位置磁场、电场、剖面异常特征

（1）磁场特征。①区内磁场有一明显的北东—南西条带状异常，异常两端均未封闭。轴部异常极值从 $1000\sim5000$ nT，两侧为正常场。条带状异常是花山组底部以磁铁矿体为主的磁性体。异常北西侧分布花山组片岩，南西侧为珍珠门岩组大理岩，均为弱磁性体（图4-4-4）。②带状异常轴沿着花山组与珍珠门岩组的接触带分布，两者较为吻合，说明磁铁矿体赋存在花山组底部的接触带附近。③从异常带与附近南岔金矿体的分布形态看出，金矿体与磁铁矿有一定的空间关系。

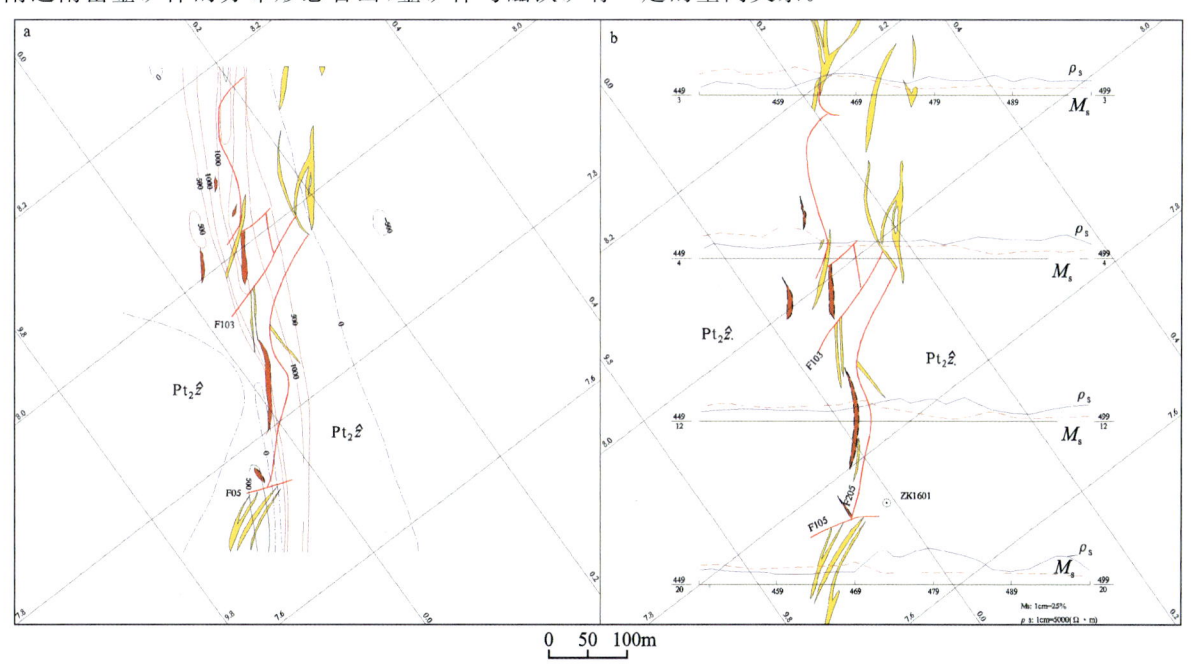

图4-4-4　南岔金矿典型矿床所在位置地质矿产及物探剖析图（引自张仲学、李文贵等，1989、1990）

a.地质矿产、地磁异常综合图；b.地质矿产图、激电中梯视充电率 M_s 曲线、视电阻率 ρ_s 剖面平面图

综上所述,可认为带状磁异常是本区找接触带的重要标志,也是间接找金的标志之一。

(2)电场特征。极化场及视电阻率在宏观场上,明显地呈现出两种电性接触面(图4-4-4)。各测线以469点及附近为界,花山组片岩段,电场以低阻、高极化为特点,珍珠门岩组的大理岩段,电场以高阻、低极化为特点。两种场的过渡带是两种岩性段的接触带。因此,激电中梯视充电率、视电阻率梯度带是直接寻找断裂接触带的标志。

(3)剖面异常特征。从南岔金矿16线综合剖面图(图4-4-5)可以看出,磁场在469点出现高5000nT的强磁异常,与花山组底部岩层中含磁铁矿有关,极值附近两侧出现的负场与磁铁矿体的产状、磁化方向有关,远离极值两侧是正常场,为片岩、大理岩的反映。激电中梯在471点的接触带两侧电性发生了显著变化,片岩段高极化低电阻异常特征,特别是在磁铁矿附近出现激电高值,已为ZK1605、ZK1608证实。大理岩段呈低极化高阻异常特征。

土壤测量金在474点出现70×10^{-9}异常,与金矿体有关。

(三)通化县南岔金矿床地质—地球物理找矿模型

1. 地质找矿标志

老岭群是区内控矿地层,珍珠门岩组大理岩与花山组片岩断裂接触带及其附近是金的重要控矿部位,珍珠门岩组大理岩与大栗子组断裂接触部位也有金矿体。控矿构造以北东向为主,南岔金矿位于荒沟山"S"形旋扭构造的南西端,此构造为重要的金成矿带,北东向构造与其他方向构造的交会复合部位为成矿有利地段。金及其他金属的成矿作用与印支期、燕山期的岩浆活动具有密切的空间关系,尤其与脉岩直接有关,脉岩密集发育地段即为成矿有利地段。

1)片岩型金矿体找矿标志

(1)珍珠门岩组上段白云质大理岩与花山组片岩接触界面的背形褶曲鞍部是容矿的最有利部位。

(2)毒砂矿化,尤其是针状毒砂是直接找矿标志。

2)闪长岩型矿体找矿标志

(1)珍珠门岩组上段白云质大理岩层中的蚀变闪长岩脉是直接找矿标志。

(2)北东向构造,尤其同北西向断裂复合部位是构造找矿标志。

(3)强烈蚀变带,其中硅化、绢云母化、绿泥石化、碳酸盐化以及岩石褪色等蚀变岩是找矿标志。

2. 地球化学找矿标志

Au、Ag、As、Sb、Bi、Hg组合异常带是重要的找矿标志,其中土壤异常Au含量大于或等于100×10^{-6}、As含量大于5000×10^{-6}是直接找矿标志。

3. 物探找矿标志

片岩、大理岩与侵入岩体间接触带在重力场上显示的是重力高与重力低异常间梯度带,重力高异常带宽度突然变窄处及剩余重力高异常的边缘,北东向、北西向等重力梯度带交会部位,往往是断裂构造或接触带及相交会的反映,具有利的成矿地质构造条件。

航磁异常等值线、化极等值线梯度带较陡处,磁异常突变带、垂向一阶导数正异常边缘零等值线及转折部位,反映了含金的老岭群地片岩、大理岩之间及与侵入岩体之间的断层接触位置。

鉴于磁铁矿与金矿体在空间分布的密切关系,磁铁矿为强磁性,磁铁矿和破碎蚀变岩型金矿石具有强极化率、中等电阻率。在M_s、ρ_s由高异常(或低异常)区转化为低异常(或高异常)区变化带上,出现磁法ΔZ异常附近,激电测深断面图上M_s高异常圈闭内,往往是金属硫化物富集及找金的有利地段。

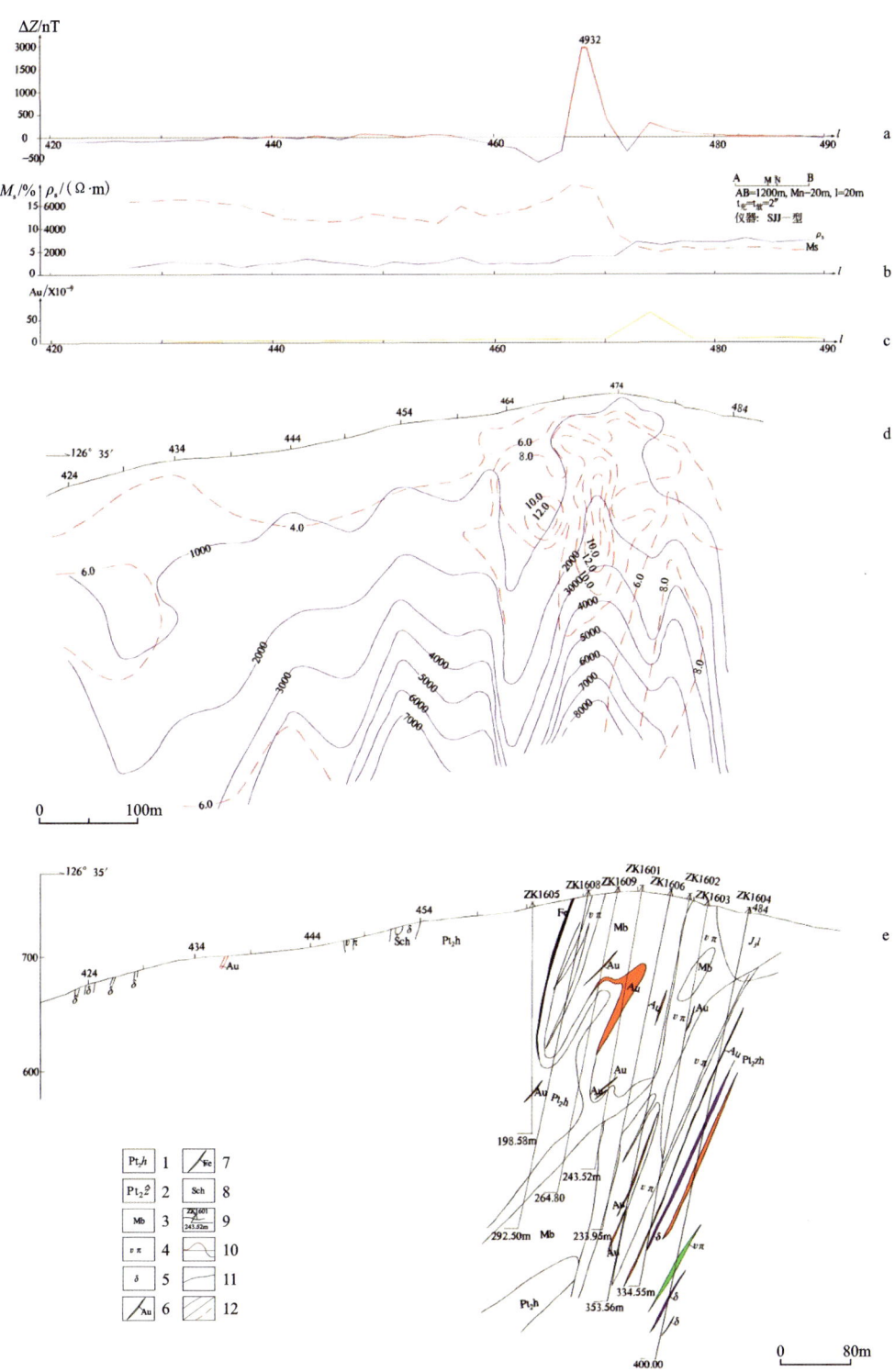

1. 老岭群花山组：钙质绢云片岩、绢云片岩、绢云千枚岩；2. 老岭群珍珠门岩组：大理岩、白云质大理岩；3. 大理岩；4. 霏细岩、霏细斑岩；5. 闪长岩；6. 金矿体；7. 铁矿体；8. 片岩；9. 钻孔编号及孔深；10. 地磁 ΔZ 异常曲线；11. 激电视充电率、视电阻率曲线；12. 激电视电阻率、激电视充电率等值线

图 4-4-5　南岔金矿 16 线典型矿床勘探剖面图（引自张仲学、李文贵等，1989、1990）

a. 地磁异常曲线；b. 激电中梯视充电率、视电阻率曲线；c. 化探金异常曲线；d. 激电测深视电阻率、视极化率断面图；e. 地质剖面图

综合上述矿床地质特征和地球物理异常特征,可归纳总结出矿床地质—地球物理找矿模型(表 4-4-3)。

表 4-4-3　通化县南岔金矿床地质—地球物理找矿模型表

地质条件	构造环境	矿床位于前南华纪华北东部陆块（Ⅱ）胶辽吉元古宙裂谷带（Ⅲ）老岭坳陷盆地（Ⅳ）内,荒沟山"S"形断裂带西南端
	岩石组合	石榴绿泥片岩、钙质片岩、白云质大理岩、蚀变闪长岩
	构造标志	发育在珍珠门岩组大理岩与花山组片岩接触界面的断裂构造,背形褶曲、层间断裂、层间剥离构造
	围岩蚀变	主要有硅化、毒砂黄铁矿化、碳酸盐化、绿泥石化、绢云母化、褐铁矿化等,金矿主要与硅化、毒砂黄铁矿化关系密切
地表找矿标志		片岩型金矿,珍珠门岩组上段白云质大理岩与花山组下段片岩接触界面的背形褶曲鞍部是容矿的有利部位。毒砂矿化,尤其是针状毒砂矿化是直接的找矿标志。Au、Ag、As、Sb、Bi、Hg 组合异常带是重要找矿标志。在电法 M_s、ρ_s 由高异常区(低异常)转化为低异常(高异常)区变化带上出现磁法 ΔZ 异常附近,激电测深断面图上 M_s 高异常圈闭内,往往是金属硫化物富集地段。闪长岩型金矿,珍珠门岩组上段白云质大理岩层中的蚀变闪长岩脉是直接找矿标志。北东向构造,尤其同北西向断裂构造复合部位是构造找矿标志。强烈蚀变带,其中硅化、绢云母化、绿泥石化、碳酸盐化以及岩石褪色等蚀变岩是找矿标志
找矿历史标志	采矿遗迹	本区是铁矿老矿区,从 1932 年开始至 1972 年曾多次进行过铁矿地质工作;1988 年南岔金矿建矿,进行小规模地表开采
	文字记录	1983 年吉林省地质矿产局第四地质调查所在该区发现 1：5 万金化探及重砂异常;1984—1987 年开展普查工作,1988 年开展详查工作
地球物理标志	重力	1：25 万布格重力异常图,金矿床北东出现最大值,异常带最宽,往北东东方向逐渐变窄,异常强度也逐渐降低;往南西方向,宽度突然变小,走向由北东转为南北
	磁法	1：5 万航磁异常图,金矿床位于负磁场区内,局部相对较高磁异常范围的东南边缘部位,异常呈椭圆状,走向北东,其东西两侧为两片大面积的负磁场区。区内地磁场呈北东—南西条带状异常,南东部为强正常场区。 老岭群大栗子组为弱磁性,珍珠门岩组为极弱磁性,侵入岩为中等磁性;大栗子组底部磁铁矿体为强磁性
	电法	电场极化场及视电阻率在宏观场上,明显地呈现出两种电性接触面。大栗子组片岩由于黄铁矿化较为普遍,呈现低阻、高极化特征,珍珠门岩组大理岩呈现高阻、低极化特征。珍珠门岩组与大栗子组之间有明显电性界面,破碎蚀变型金矿体充电率高于围岩,电阻率虽然明显低于大理岩,但与片岩不易区分。蚀变后闪长岩脉电阻率也变低。地电场,大栗子组片岩为低阻、高极化,珍珠门岩组大理岩为高阻、低极化,两种场的过渡带是两组地层的接触带

二、长春市兰家金矿床

长春市兰家金矿是吉林省少见的夕卡岩型金矿体,研究和提取其综合找矿信息,建立地质—地球物理找矿模型,对于指导本区找矿评价具有重要意义。

(一)典型矿床成矿地质特征

兰家金矿位于吉黑海西期褶皱区,吉林优地槽西缘伊-舒北东向深大断裂上盘,大黑山条垒中段之东南侧兰家倒转向斜内。

矿区出露地层为上古生界下二叠统范家屯组一套浅海相-陆缘碎屑-火山碎屑岩建造。岩石组合是以长英质角岩类大理岩为主,地层呈北北东向展布的倒转向斜,以大的捕虏体分布于晚三叠世侵入的南泉眼单元石英闪长岩体内。地层北西和南东侧与石英闪长岩接触的内外带中普遍发育有夕卡岩化,并在北西侧外接触带形成了夕卡岩型兰家金矿床和东风磁铁矿床,而在南东侧形成含铜硫铁矿床。

兰家金矿床按金矿成因类型和产出部位可划分为东、西两个矿段:西矿段共查明夕卡岩型金矿体12个,其中19、20号为主要矿体;东矿段共查明破碎蚀变岩型(中温热液型)金矿体9个,其中1号为主矿体,其他矿体规模小而不具工业意义。兰家金矿是以夕卡岩型为主要成因类型。现以19、20号夕卡岩型金矿体为例,对兰家夕卡岩型金矿成矿基本特征叙述如下。

矿床形成于夕卡岩化晚期热液蚀变阶段,矿体赋存于南泉眼单元石英闪长岩与下二叠统范家屯组大理岩接触带所形成的夕卡岩带中。矿体产出受夕卡岩分带控制,近岩体一侧形成透辉石、石榴石夕卡岩,划属为夕卡岩内带;近地层一侧则形成阳起石夕卡岩,划为夕卡岩外带。19、20号矿体赋存在内外夕卡岩带中间部位。夕卡岩型金矿体产出还明显受兰家倒转向斜构造中的呈北北东向分布的兰家向形构造控制,其影响了区内金、铁及含铜硫铁矿体分布和产状。矿体均产于地层向形构造的东西两侧与石英闪长岩接触带地层一侧。矿体分布和产状分别与接触带分布和产状相一致。西侧接触带中的金矿体和磁铁矿体倾向110°,倾角50°~73°,东侧接触带上含铜硫铁矿体倾向290°,倾角0°~75°(上陡下缓)。此外,矿体好坏尚与地层褶皱复杂程度和断裂构造影响有关。19、20号矿体由南向北随褶皱构造逐渐复杂而变好。北西西向一组断裂构造横切大理岩、夕卡岩分布,为成矿前断裂,对矿体赋存有利,构造发育处矿体变得厚大。

夕卡岩型金矿体形态较复杂,多呈脉状、囊状,不规则团块产出,矿体分支复合现象明显。矿体规模一般较小,19、20号矿体长分别为130m和366m,平均厚度分别为3.49m和7.27m,控制延深分别为63m和140m,金矿体延长要大于延深,矿体向北侧状,矿体由南向北规模增大,金品位升高,金矿体基本上与磁铁矿体、含铜硫铁矿共生在一起,这是兰家夕卡岩矿床基本特征之一。

矿体的矿石类型主要有碎裂石榴石夕卡岩,石榴石磁铁矿夕卡岩和阳起石夕卡岩等。矿石金属矿物组合有磁铁矿、黄铁矿、磁黄铁矿、赤铁矿、方铅矿、闪锌矿、毒砂、斜方铅铋矿、自然铋、辉铅铋矿、辉铋矿、辉砷钴矿、黄铜矿、黝铜矿、白钨矿及自然金等。金主要以自然金赋存在辉铋矿、自然铋、磁铁矿、黄铁矿、石榴石、阳起石等矿物的裂隙或晶隙间。19、20号主矿体金平均品位分别为10.85×10^{-6}和8.51×10^{-6}。矿石结构以他形晶粒状为主,次为自形、半自形粒状结构。矿石构造主要有细脉状、显微细脉(网脉)状、放射状、束状及浸染状,而块状、斑点状次之。

矿体围岩蚀变以夕卡岩化、绿帘石化、钠长石化、赤铁矿化、水云母化及绿泥石化为主,硅化、电气石化、萤石化次之。

研究认为,兰家金矿床金矿化与晚三叠世侵入的南泉眼单元石英闪长岩有成因联系。据1:5万区调资料,U-Pb同位素年龄值211.5Ma,岩体时代属晚三叠世。因此,兰家金矿被认为是印支造山期挤压与伸展作用转换阶段的产物(陈行景,1966),其成矿期属于燕山早期。

(二)地球物理特征

1. 矿床所在区域重磁场特征

1)区域重力场

在1∶25万布格异常图上(图4-4-6),兰家金矿床位于呈北东向且近平行的依通-舒兰与四平—长春—榆树两条区域重力梯级带间挟持的大黑山断续分布的重力高异常带中段绿家湾重力高异常北东缘兰家村向北延伸"舌状"正向变异东侧。在14km×14km为窗口滑动平均剩余重力异常,矿床处于伊-舒重力梯级带西支大南—新安—桦皮厂重力梯级带北西侧相邻重力高异常带中部,新安镇长椭圆状重力高异常北西缘兰家村向北突出"舌状"正向变异异常南端东侧。布格异常与剩余异常相比,后者是前者进一步分解细化的结果,异常形态分布更加具体、翔实,在一定程度上突出了地质浅源重力信息。

综合地质分析认为,布格异常与剩余重力异常所呈现出的北东向大南—新安—桦皮厂区域性重力梯级带系属伊-舒中新生代断陷带与其北西侧大里山条垒间深大断裂构造的反映。该断裂两侧沉积建造、岩浆活动、构造形态及矿产种类和分布截然不同,应是本区主要的控岩控矿构造。绿家湾布格重力高异常反映了古生代变质岩基底隆起构造的分布,区内剩余重力异常与出露、半出露或浅层的隐伏的古生界地层岩系分布有关,而重力低异常则多为印支晚期至燕山期中—酸性花岗岩类及中-新生代沉积盆地所引起。由此可见,区域重力场特征反映了兰家金矿田呈北东向主体构造线控制的大黑山金、多金属成矿带中段的一个矿化集中区,并且受次级近南北向与东西向断裂复合部位控制。同时还指出古生代基底隆起区是制约矿田产出的必要条件,基底隆起往往古生代地层出露和岩浆岩均很发育,为内生金属矿形成提供了有利条件。兰家金矿便处于绿家湾基底隆起北东边缘突起变异处。

2)区域航磁异常场

在1∶25万航磁图上(图4-4-6),兰家金矿处在伊-舒北东向负磁异常带北西大黑山断续分布的高磁异常带中段东风局部高磁异常带内。在化极垂向一阶导数异常图上,东风局部异常呈北东向带状产出,由多个长轴为北东向的椭圆状小异常斜列式排布而成,化极后异常强度多在200~300nT。该异常带大体以兰家村为界可划为南北两端,南端称同心异常,北端称钱家屯异常,后者相对前者沿长线方向在兰家村北发生横向水平错位。兰家金矿便处在南北两异常间方向错位变异线上。

关联地质不难看出,区域性大黑断续分布高磁异常中的局部高磁异常,多半是显生宙以来加里东期、海西期、印支期及燕山期多旋回岩浆活动的结果,区内基性—超基性、基性、中基性、中性、中酸性、酸性岩体等均较发育,特别是晚印支期—燕山期岩浆活动更为强烈,分布广泛,形成了大黑山构造岩浆带的主体。物探测定表明,区内各类侵入岩均具一定磁性,尤其是印支晚期石英闪长岩、闪长岩、花岗岩、花岗闪长岩和燕山早期的二长花岗岩、黑云母花岗岩等。由于侵位规模较大,在大—中比例尺航磁图上均有不同程度的正异常反映。东风高磁异常带内的局部异常多呈中—酸性花岗质岩类的反映。另外,按其磁异常的走向及变化特征,可推断本区区域主体构造线方向应是以北东向为主,此外,在兰家村北侧存在有北西西(或东西向)较大次一级断裂构造并错断了北东方向主体构造。

综上述分析,区域磁场特征,指出了兰家地区晚印支期—早燕山期中酸性花岗岩十分发育。其分布受区域主构造线控制呈北东向带状产出,这种多旋回、多期次岩浆活动无疑会给本区域成矿提供丰富矿质来源和成矿所必需的热源。兰家金矿就与晚印支期南泉眼单元石英闪长岩侵位关系密切。此外,该区域成矿除与岩浆活动有关外,区域北东向主构造线控矿大黑山金、多金属成矿带的分布,兰家金矿田则分布在北东与北西向(或东西)向断裂交会处,是控制矿田的主要构造系统。

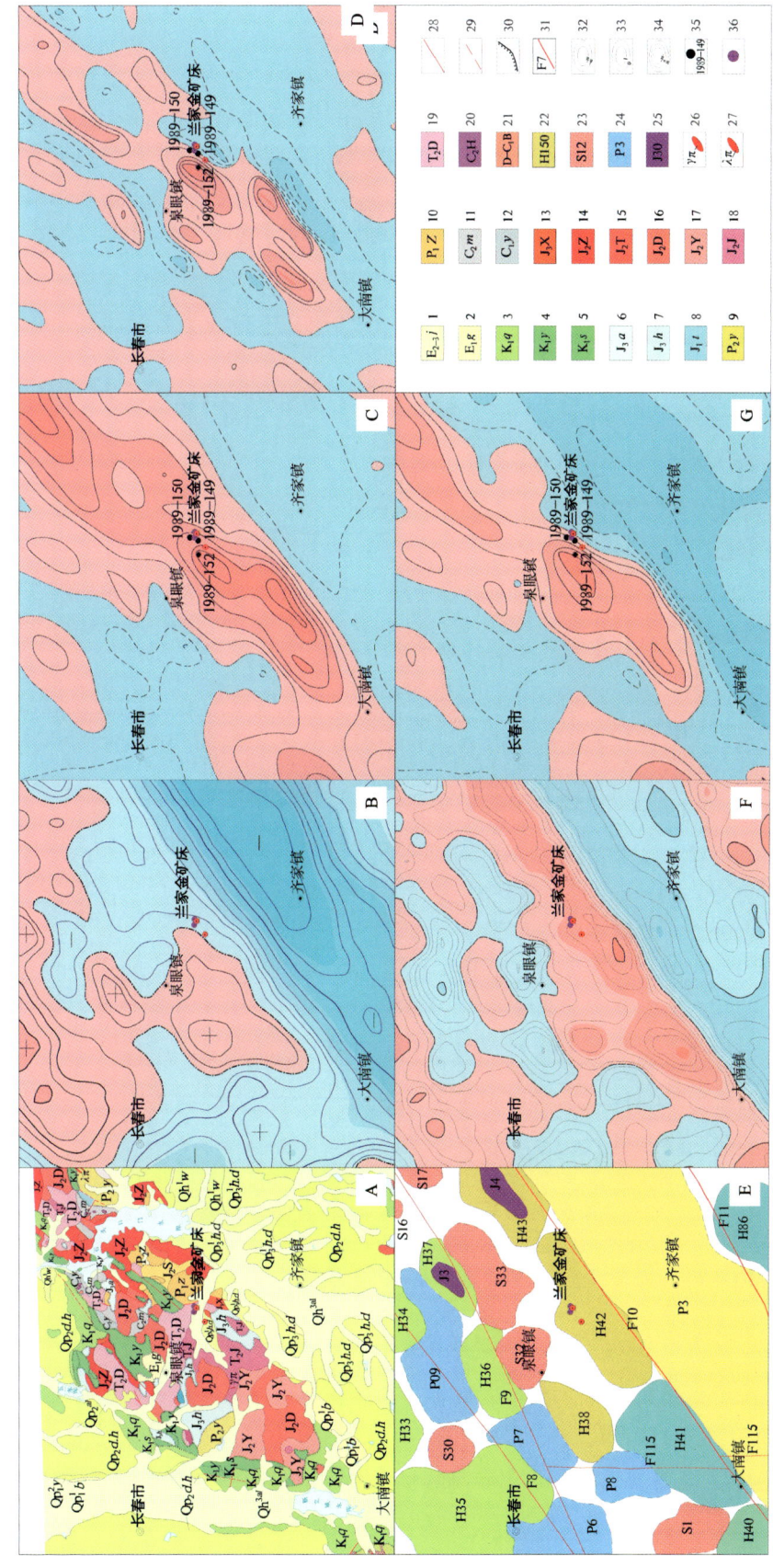

图4-4-6 兰家典型金矿床所在区域地质矿产及物探剖析图

A. 地质矿产图；B. 布格重力异常图；C. 航磁ΔT等值线平面图；D. 航磁ΔT化极垂向一阶导数等值线平面图；E. 剩余重力异常图；F. 剩余重力异常图；G. 航磁ΔT化极等值线平面图

1.吉舒组；2.伍富组；3.泉头组；4.营城组；5.沙河子组；6.安民组；7.火石岭组；8.太阳岭组；9.杨家冲组；10.哲斯组；11.磨盘山组；12.余富屯组；13.新立屯花岗斑岩；14.杂木沟中粒黑云母碱长花岗岩；15.太阳岭中细粒花岗岩；16.大岭中细粒黑云母花岗岩；17.杨家窑中细粒黑云母花岗闪长岩；18.解放屯中细粒花岗闪长岩；19.钓鱼台中细粒黑云母石英闪长岩；20.花信子蛇纹石橄榄岩；21.北沟细粒辉石角闪石岩；22.重磁推断地层及注记；23.重磁推断酸性中酸性岩体及注记；24.重磁推断盆地及注记；25.重磁推断基性—超基性岩体及注记；26.花岗斑岩脉；27.流纹斑岩脉；28.实测性质不明岩脉；29.实测性质不整合界线；30.实测角度不整合界线；31.重磁推断裂及注记；32.布格重力异常等值线/nT；33.剩余重力异常(14km×14km)；34.航磁等值线/nT及注记；35.航磁异常点及编号；36.金矿点

2. 矿床所在地区磁场特征

在1∶5万航磁平剖图及平面等值线图上,兰家矿田处于南部东风异常带同心北东向椭圆状高磁异常北半部北东侧边缘。由图4-4-7看出,同心高磁异常在兰家地区大体呈北东楔状,属于一两级叠加异常,Ⅱ级异常呈北东条带状叠加在Ⅰ级高背景磁异常上,大体分为东、西两个异常带,西带规模要大于东带。在航磁等值线上,两异常带均由多个串珠状局部小异常组成,异常排布规律明显,尤其东带与兰家金、铁、铜、硫等矿产空间分布关系密切,反映了兰家矿田的磁场特征。

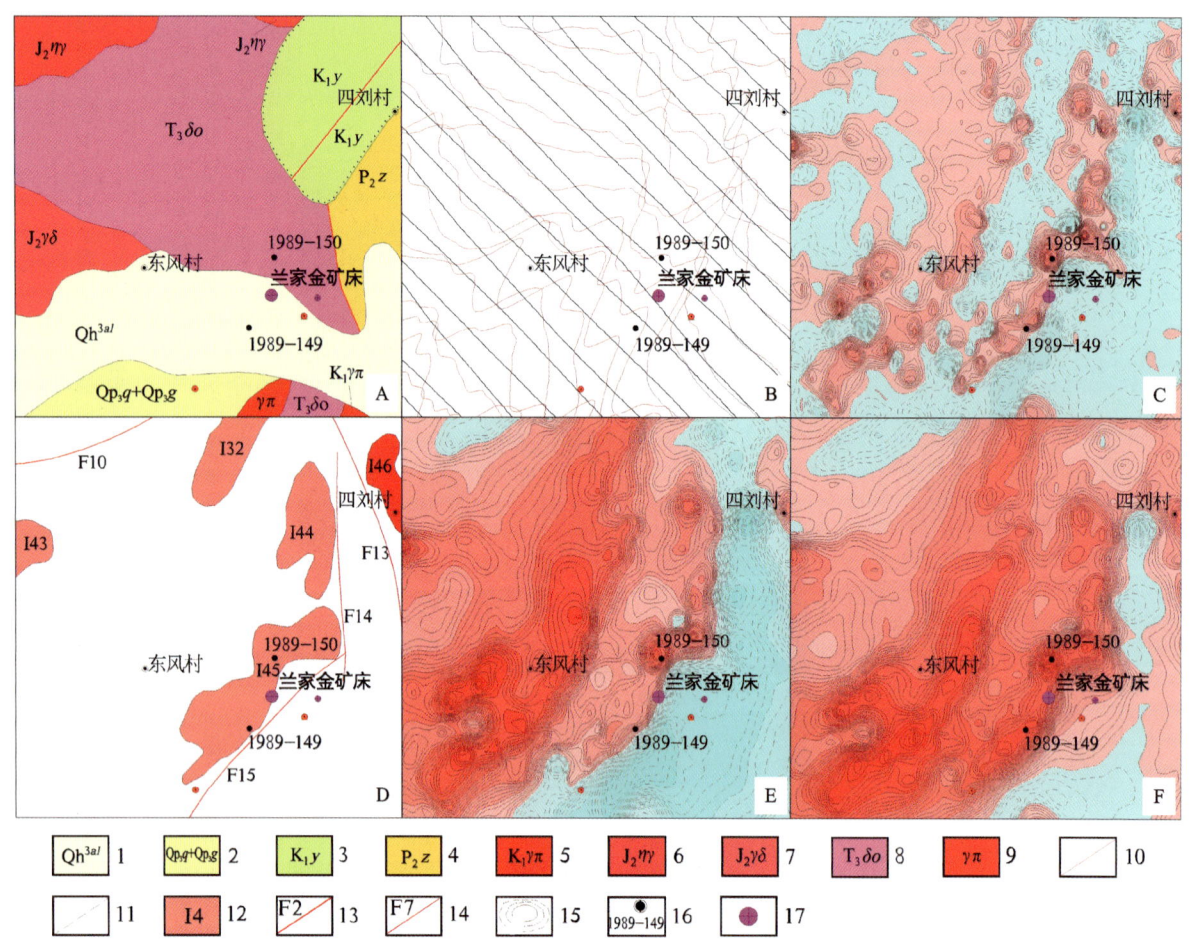

1.现代堆积;2.青山头组+顾乡屯组;3.营城组;4.哲斯组;5.早白垩世花岗斑岩;6.中侏罗世二长花岗岩;7.中侏罗世花岗闪长岩;8.晚三叠世石英闪长岩;9.花岗斑岩;10.实测性质不明断层;11.推测性质不明断层;12.磁法推断中酸性岩体;13.磁法推断二级断裂及注记;14.磁法推断三级断裂及注记;15.航磁异常正、零、负等值线/nT及注记;16.航磁异常点及编号;17.金矿床

图4-4-7 兰家典型金矿床所在地区地质矿产及物探剖析图

A.地质矿产图;B.航磁ΔT剖面平面图;C.航磁ΔT化极垂向一阶导数等值线图;D.重磁推断地质构造图;E.航磁ΔT化极等值线图;F.航磁ΔT等值线图

综合地质分析,同心高异常是多期岩浆活动的反映,Ⅱ级串珠状叠加异常推断为由晚期构造岩浆岩引起。东异常带局部异常地区检查,认为其与晚印支期石英闪长岩,燕山早期花岗闪长岩,二长花岗岩体有关。区内负磁异常多是晚古生代范家屯组及中新生代白垩系和古近系、新近系地层反映。依据兰家夕卡岩型金、铜、铁矿床成矿地质特征,该异常带中的局部高磁异常边缘是寻找夕卡岩型矿床的有利部位。

3. 矿床所在位置地球物理特征

矿区于20世纪70年代先后开展了地层磁法、重力、激电详查测量,综合物探方法配合矿区详查和勘探工作取得了较好的地质效果。

1) 矿区岩(矿)石磁性、密度特征

矿区岩(矿)石物性测定结果指出,磁铁矿石、含铜磁黄铁矿石具有较强的磁性,二者磁化率(κ)分别为 $82\,600 \times 10^{-5}$ SI、4000×10^{-5} SI,剩余磁化强度(J_r)分别为 7400×10^{-3} A/m、$12\,100 \times 10^{-3}$ A/m。区内含铁夕卡岩亦具有一定的磁性,磁化率(κ)为 6000×10^{-5} SI,剩余磁化强度(J_r)为 5000×10^{-3} A/m。由此可见,赋含磁铁矿和含铜磁黄铁矿的夕卡岩带要较围岩(石英闪长岩、大理岩等)存在有较大磁性差异,磁法找矿前提较为充分。

经岩(矿)石标本密度测定,磁铁矿石和含铜磁黄铁矿石平均密度(σ)分别为 3.64×10^3 kg/m³、4.72×10^3 kg/m³,较其围岩(石英闪长岩、大理岩、长英质角岩)高[$(0.8 \sim 1.2) \times 10^3$ kg/m³],两者密度差异较大,具备了重力找矿的物理前提。

2) 已知勘探剖面综合物探方法试验效果

兰家夕卡岩型金矿多与夕卡岩型磁铁矿和含铜磁黄铁矿有密切共生关系,各类矿种矿体互为依存而形成统一含矿构造蚀变带,为矿区采用磁法、重力方法开展金矿资源勘查评价提供了地质依据。

(1) 矿区16号勘探线上的物探试验结果。16号地质勘探线位于矿区西侧与1号磁铁矿体共生的19、20号等金矿体赋存的金矿带北段,是19、20号主矿体规模品位最好的。该处两矿体为向东倾斜的隐伏矿体。通过试验、磁法、重力及激电,在金矿带上均取得了较好的地质效果(图4-4-8)。高精度重力含矿的夕卡岩带上呈现宽缓重力高异常反映,剩余重力异常梯度西陡东缓,为圈定含矿(金、铁)夕卡岩带和判断其产状提供了依据。地面磁法在含金磁铁矿带上出现陡尖峰状磁力高异常,高磁异常两侧曲线梯度亦同重力异常西侧略陡于东侧,异常极大值为1700nT。磁异常可直接反映含金磁铁矿带位置和产状。激电 η_s 曲线高低直接与矿带两侧石英闪长岩、长英质角岩有关。后者明显大于前者。但在含矿的夕卡岩带上 η_s 有增高趋势,最高可达28%,要比地层高5%。显然与矿带良好电子导电有关,对找矿应有一定的作用。

(2) 矿区0号勘探路线物探试验效果。0号勘探路线是勘探评价矿区含铜磁黄铁矿体的主导剖区。全区共发现矿体11条,其中1号勘探线处7号矿体规模最大,最厚达21.53m。产状倾向西,倾角上陡下缓,为一埋深百余米的隐伏矿体,在其顶部还发现有3条向西倾的很薄的磁铁矿脉。该勘探线采用的物探方法试验表明,由于矿体埋藏过深,激电效果不甚明显,重力和磁法在矿体上取得了一定的效果,尤其高精度重力在矿体上取得了一定的效果。高精度重力测量对矿体反映较好,剩余重力值在矿体上部呈现出宽缓规整异常(图4-4-9)。异常曲线梯度东陡西缓,异常最大值 0.35×10^{-5} m/s,有效地反映了矿体断面形态位置和其产状。地层磁测固矿体埋深大而效果不明显,仅对浅埋深小磁铁矿脉有一定显示,由此看出,重力寻找有一定规模埋深较大隐伏矿体,较磁法和电法显示出独到的作用。

3) 矿区重磁异常的特征

通过矿区1:5000比例尺地面磁测和高精度重力测量,在兰家夕卡岩型金、铜、铁、硫矿带上取得了较理想的地质效果(图4-4-10)。矿区共发现编号异常15处(A1、A2、…、A15),异常规模一般较小,多出现在正负成片磁场交替部位,形态为尖峰状,强度一般在1000~2000nT,最高可达3000nT。其中A5和A3分别由矿区西侧金、磁铁矿矿带和其东南含铜(金)磁黄铁矿带引起。前者因矿体埋藏浅并部分出露地表而异常强度大,梯度陡;后者因属深部盲矿体而异常显得低缓(最大500nT)。关联矿区地质,局部多处在正负背景场的分界处,有效说明矿区矿体多在石英闪长岩(正磁场)与长英质角岩(低磁场)接触部位,是形成夕卡岩金属矿床的有利前提,因此矿区剩余磁异常找矿意义较大。

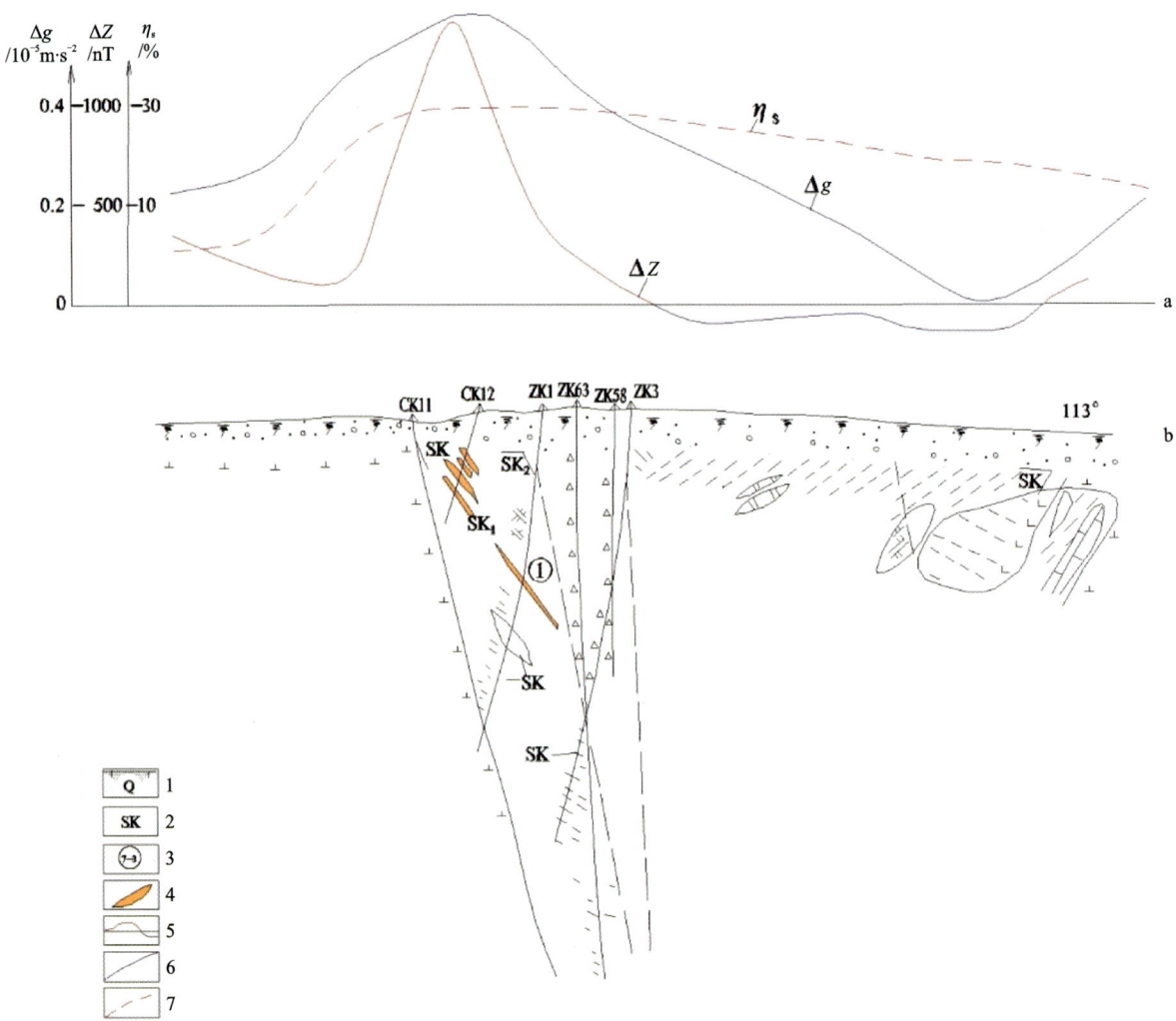

1.第四系;2.夕卡岩;3.矿体号;4.金矿体;5.磁法 ΔZ 异常曲线;6.剩余重力 Δg 异常曲线;7.激电视极化率曲线

图 4-4-8 兰家金矿区 16 号线勘探剖面图(引自地矿部物化探所,1992)

a.重力剩余异常曲线、磁法异常曲线、激电视极化率曲线;b.地质剖面图

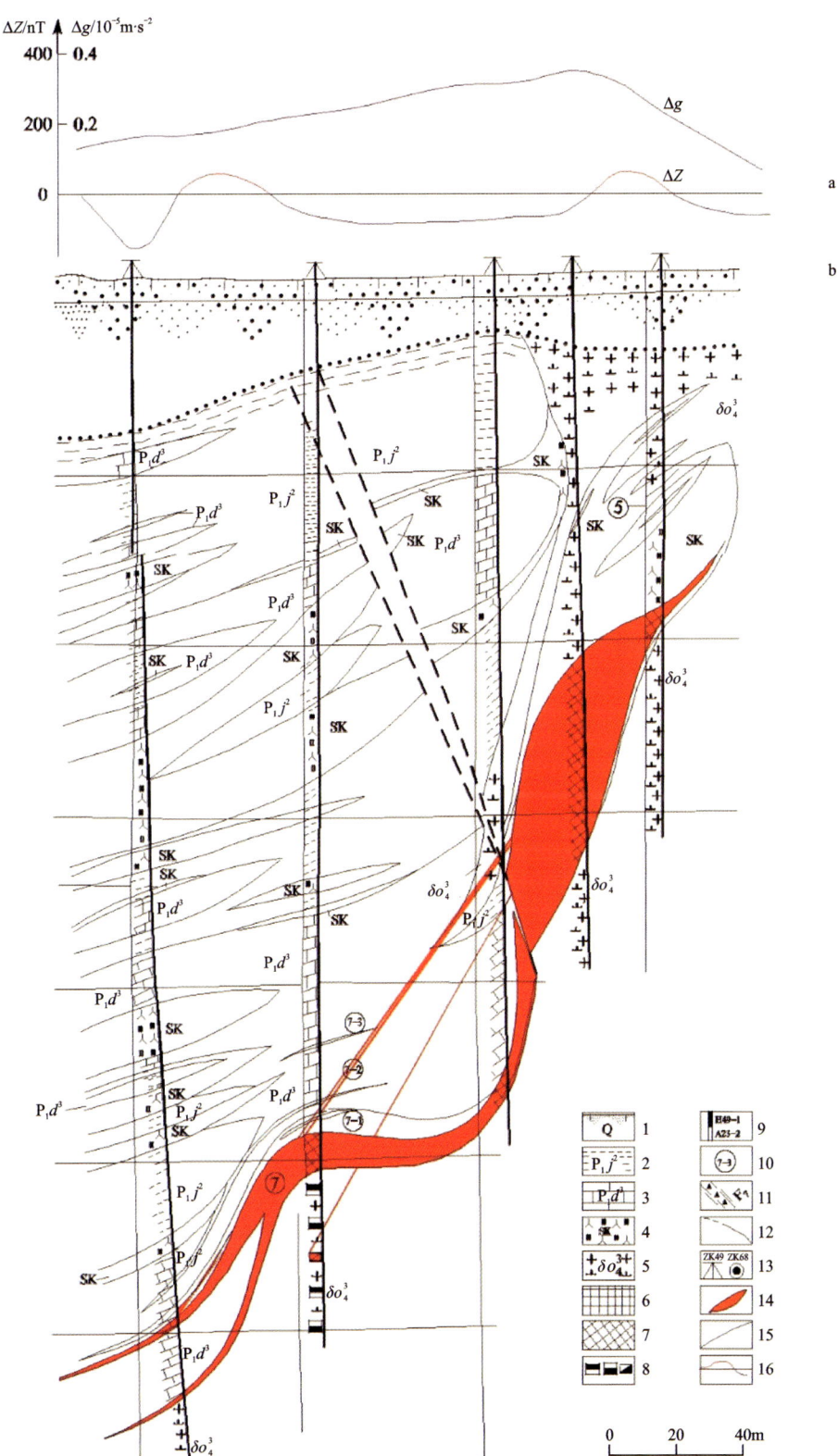

1. 第四系；2. 下二叠统角岩；3. 下二叠统大理岩；4. 夕卡岩；5. 海西晚期石英闪长岩；6. 磁铁矿；7. 磁黄铁矿；8. 磁黄铁矿化、黄铁矿化、黄铜矿化；9. 取样位置及编号；10. 矿体号；11. 断裂破碎带；12. 地质界线；13. 钻孔及编号；14. 含铜硫铁矿体；15. 剩余重力 Δg 异常曲线；16. 磁法 ΔZ 异常曲线

图 4-4-9　兰家金矿区 0 号线勘探剖面图（引自侯启满等，1993）

a. 重力剩余异常曲线、磁法异常曲线；b. 地质剖面图

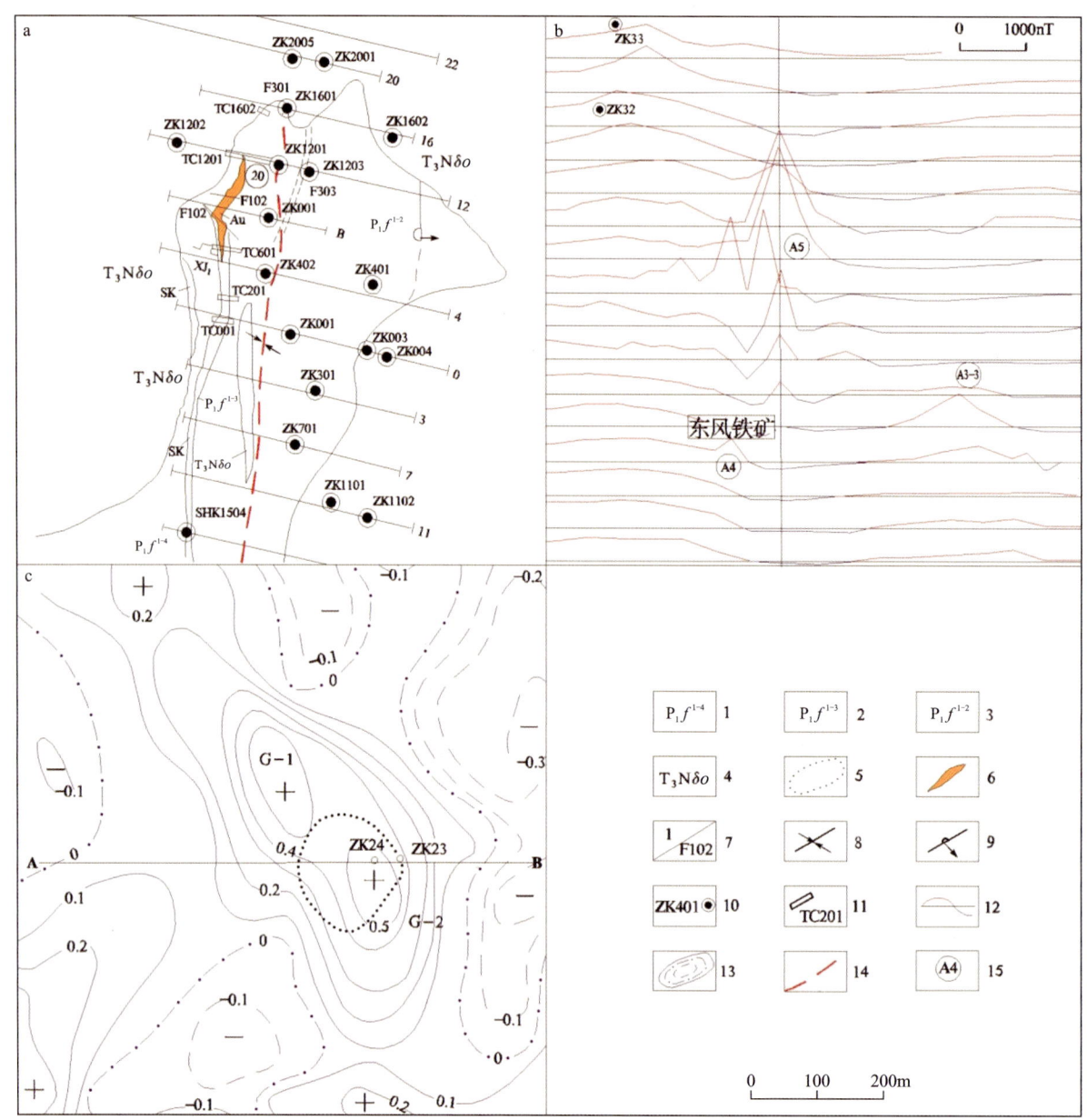

1.范家屯组一段4层;2.范家屯组一段3层;3.范家屯组一段2层;4.石英闪长岩;5.隐伏含铜硫铁矿体地面投影范围;6.金矿体;7.断层及编号;8.兰家向形构造;9.兰家倒转向斜;10.钻孔及编号;11.槽探及编号;12.ΔZ曲线(1cm=1000nT);13.Δg剩余异常等值线(线距为0.1×10^{-5}m/s^2);14.断层界线;15.磁异常编号

图 4-4-10 兰家典型金矿床所在位置地质矿产及物探剖析图(引自侯启满等,1993)

a.地质矿产图;b.地磁ΔZ异常曲线;c.剩余重力异常等值线

矿区高精度重力测量,在中部出现了呈北北西向分布椭圆状剩余重力高异常,长轴长700m,短轴长300m,面积约为2.1km^2。其内可划分出呈北北西向两个斜列排布的椭圆状叠加局部异常(G-1、G-2),两异常最高值均为0.5×10^{-5}m/s^2。G-1和G-2重力异常分别与地面磁异常A5和A3基本吻合,重磁异常显有同源性。经正演计算,G-1深部无高密度体存在,主要为浅部含金、铁夕卡岩带的反映。G-2号异常浅部不存在明显高密度体而深部则存在有高密度体分布。经ZK23、ZK24钻孔深部验证,在167m处打到了厚21.5m含铜(金)磁黄铁矿体,充分证明了高精度重力测量寻找隐伏矿床的有效性。此外,矿区重力异常中部高而周围低的结构特征,较好地反映了中部下二叠统范家屯组以捕房体产于南泉眼单元石英闪长岩中的空间分布形态。

综合上述兰家夕卡岩型金矿资源评价,借助于其与磁铁矿和含铜磁黄铁矿共生的成矿地质特点,采用地面磁法、重力测量,是快捷有效的方法。

(三)长春市兰家金矿床地质—地球物理找矿模型

根据上述矿床地质特征和地球物理异常特征,可归纳总结出矿床地质—地球物理找矿模型(表 4-4-4)。

表 4-4-4　长春市兰家金矿床地质—地球物理找矿模型表

地质条件	构造环境	矿区位于晚三叠世—新生代华北叠加造山-裂谷系(Ⅰ),小兴安岭-张广才岭叠加岩浆弧(Ⅱ),张广才岭-哈达岭火山-盆地区(Ⅲ),大黑山条垒火山-盆地群(Ⅳ)内
	岩石组合	变质粉砂岩、杂砂岩、泥质粉砂质板岩、斑点板岩组合,大理岩(灰岩)
	构造标志	走向北北东向褶皱,北西向、北西西向断裂构造
	围岩蚀变	(1)夕卡岩型金矿:围岩蚀变主要有绿帘石化、钠长石化、赤铁矿化、水云母化、硅化、电气石化、沸石-萤石化、碳酸盐化等。其中赤铁矿化、硅化与金成矿关系密切。(2)蚀变岩型金矿:围岩蚀变强烈,种类较多,主要有阳起石化、硅化、绢云母化、电气石化、夕卡岩化、绿泥石化、碳酸盐化、钾长石化等蚀变作用
地表找矿标志		臭葱石、黄钾铁矾、铁帽、褐铁矿化板岩、角岩、石英脉等是破碎蚀变岩型金矿氧化矿石标志;阳起石化夕卡岩、金属硫化物矿化夕卡岩、磁铁矿化阳起石夕卡岩是夕卡岩型原生金矿找矿标志;磁异常、激电异常、重力异常,特别是套合异常是金矿的间接找矿标志;金及指示元素组合复杂,又具分带特征的套合异常,是金矿的化探找矿标志
找矿历史标志	文字记录	1987年吉林省地质局第一地质调查所综合研究分队在蒋家屯后山发现了金矿点;1988—1989年吉林省地质局第一地质调查所地质三分队在蒋家金矿点进行普查工作,发现以兰家金矿床蒋家矿段Ⅰ号矿体为主的9条矿体;1990—1991年吉林省地质局第一地质调查所地质三分队在该区进行普查—详查工作,发现了兰家金矿床东风矿段主矿体(20号矿体);1992—1993年吉林省地质局第一地质调查所地质三分队对兰家金矿进行详查勘探,1993年10月提交了"吉林省双阳县兰家金矿床勘探报告"
地球物理标志	重力	在1:25万布格异常图上,金矿床位于呈北东向且近平行于四平—长春—榆树两条区域重力梯级带间挟持的大黑山断续分布的重力高异常带中段繁家湾重力高异常北东缘兰家村向北延伸"舌状"正向变异东侧。剩余重力异常上矿床处于伊-舒重力梯级带西支大南—新安—桦皮厂重力梯级带北西侧相邻重力高带中部,新安镇长椭圆状重力高异常北西缘兰家村向北突出"舌状"正向变异异常南端东侧。 高精度重力含矿的夕卡岩带上呈现宽缓重力高异常反映,梯度西陡东缓
	磁法	在1:5万航磁平剖图及等值线平面图上,兰家矿田处于南部东风异常带同心北东向椭圆状高磁异常北半部北东侧边缘。同心高磁异常在兰家地区大体呈北东楔状,属于一两级叠加异常,Ⅱ级异常呈北东条带状叠加在Ⅰ级高背景磁异常上,大体分为东、西两个异常带,西带规模要大于东带。 地面磁法在含金磁铁矿带上出现陡尖峰状磁力高异常反映两侧曲线梯度亦同重力异常西侧略陡于东侧,异常极大值为1700nT。磁异常可直接反映含金磁铁矿带位置和产状
	电法	激电 η_s 曲线高低直接与矿带两侧石英闪长岩、长英质角岩有关。后者明显大于前者。但在含矿的夕卡岩带上 η_s 有增高趋势,最高可达28%,比地层高5%

三、珲春市小西南岔铜金矿床

(一)典型矿床成矿地质特征

1. 地质构造环境及成矿条件

矿区位于晚三叠世—新生代东北叠加造山-裂谷系(Ⅰ)小兴安岭-张广才岭叠加岩浆弧(Ⅱ)太平岭-英额岭火山-盆地区(Ⅲ)罗子沟-延吉火山-盆地群(Ⅳ)构造单元内。

1)地层

本区出露地层主要是下古生界青龙村群变质岩,二叠系及侏罗系地层。

青龙村群:主要分布于矿田东部,呈南北向狭长带状分布,在矿区中部呈捕房体零星分布于海西晚期花岗岩体中。青龙村群下部以斜长角闪岩、斜长角闪片麻岩为主,中部以黑云母片岩、石墨片岩、二云片岩为主,上部为红柱石、矽线石板岩、砂质板岩等。

二叠系:矿区范围内主要出露下统柯岛组和上统开山屯组,主要分布在北部边缘。

柯岛组上部为紫红色、灰绿色中酸性火山凝灰岩,火山角砾岩及熔岩,夹灰色砂岩、板岩等。下部以灰紫色浅海相砂砾岩为主,夹粉砂岩、板岩等。

开山屯组上部为黑色板岩,中下部为海陆交互相粗砂岩和灰黑色板岩等。

侏罗系:主要分布在矿田南部和西北部的断陷盆地中,出露有上统屯田营组、金沟岭组,主要为一套中酸性火山岩夹正常沉积碎屑岩类。

2)岩浆岩

矿区及外围广泛出露,可划分为海西期、印支期、燕山期、喜马拉雅期4个构造岩浆旋回。以海西晚期和燕山早期侵入岩最为发育。

3)构造

位于汪清—珲春燕山期内陆断陷盆地延边五凤-刺猬沟-小西南岔火山-次火山型金矿带的东段。

褶皱构造:发育在由早古生代浅-中深变质岩系组成的结晶基底中,构成线性延伸或紧闭型褶皱。主要褶皱构造有五道沟向斜,轴向近南北,小西南岔金、铜矿位于向斜的西翼。

断裂构造:断裂构造十分发育,主要有4组构造。

东西向断裂,主要发育于矿田南北两端的马滴达和杜荒子—大北坡一带,它们是延吉-图们-马滴达壳断裂和敦化-汪清-春化壳断裂的东延部分,是一系列高角度近东西走向冲断层,倾向隆起一侧,片理化及糜棱岩化发育。

北北东向断裂,主要发育于三道沟—小西南岔一带,由一系列北北东走向、平行密集的挤压破碎带和右斜列的冲断层组成。三道沟断裂倾向西,沿断裂有闪长玢岩、花岗闪长斑岩等多期次火山岩充填。该断裂带与北西向、东西向断裂交切处,集中分布燕山早期的火山-深成杂岩,分布有金铜矿床、矿点。如小西南岔金铜矿床、白虎山金矿点等。

北西向断裂,主要发育于大、小六道沟—大西南岔一带,沿断裂带有燕山早期中酸性侵入岩、次火山岩零星出露,并分布有大西南岔、豹虎岭等金铜矿。小西南岔金铜矿位于与北北东向断裂交会处,此组断裂倾向西南或近直立,西南盘下降并右行扭动,属平移正断层。

南北向断裂,发育较差,主要见于四道沟、五道沟地区,为近南北向片理化带和断层角砾岩,属早期挤压片理化带被中生代东西向断裂共轭的南北向张性断层沿袭改造而成。部分燕山早期侵入岩和次火山岩及四道沟金矿点受其控制。

2. 矿体三度空间分布特征

矿体严格受北北西向压性断裂及其次级断裂控制。总的矿化范围长 2.51km,宽 0.8km,已圈出大小矿体 34 个,略呈"S"形北北西向延伸,以香房沟为界,分北山矿段和南山矿段。

北山矿段 12 个矿组,共 22 个矿体,矿体多向东倾或近直立。根据矿体形态、产状等特点,矿体可分为复脉型、单脉型、密脉型和网脉或细脉浸染型等 4 种矿体类型。

南山矿段已圈出 7 个矿体,该矿段矿体产状稳定、连续性好,规模大,均为单脉型矿体。

3. 矿石类型及矿物组合

1) 矿石类型

矿石类型主要为氧化矿石和硫化矿石。根据矿化蚀变及矿物组合,硫化矿石又划分为硫化物型、少硫化物型、中硫化物型及高硫化物型 4 种类型。

2) 矿物组合

主要金属矿物有黄铜矿、黄铁矿、磁黄铁矿、自然金、银金矿,其次有毒砂、胶黄铁矿、斑铜矿、闪锌矿、方铅矿、斜方辉铅铋矿等。表生矿物有褐铁矿、针铁矿、孔雀石、铜蓝、自然铜、白铁矿、辉铜矿、沥青铜矿等。非金属矿物以石英、方解石为主,其次为绢云母、绿泥石、绿帘石、阳起石、沸石等。

4. 矿石结构、构造

(1) 结构主要有半自形晶结构、文象结构、乳滴状结构、交代溶蚀结构、包含结构、填隙结构、胶结结构、斑状压碎结构、揉皱结构。

(2) 构造主要有块状构造、细脉浸染状构造、条带状构造、梳状构造、多孔状构造。

5. 蚀变类型及分带性

(1) 钾长石化及黑云母化,有两种蚀变:一是成矿前与燕山早期花岗岩侵入有关的钾长石化和黑云母化,分布广泛;二是成矿早期的酸性次火山岩-花岗闪长斑岩中产生的钾长石化和黑云母化,往往伴生有绢云母化、硅化及黄铁矿化、黄铜矿化、辉钼矿化等,主要发现于北山矿段西部隐伏花岗斑岩中。

(2) 阳起石化及透闪石化,是成矿早期的一种蚀变,多见于斜长角闪岩、角闪石角岩围岩接触处,呈放射状、球状集合体。

(3) 硅化及绢云母化,是矿区近矿围岩最发育的蚀变,主要分布于容矿断裂带中。石英呈网脉状、团块状、浸染状。绢云母化与硅化伴生。

(4) 碳酸盐化,是主成矿期硫化物-石英方解石脉阶段和硫化物-方解石脉阶段产生的蚀变类型。

(5) 绿泥石化,成矿前的蚀变多分布于燕山早期花岗岩体中断裂带和细晶岩脉中。成矿期的绿泥石化产于容矿断裂带中,呈微细网脉状或浸染状、团块状分布于蚀变岩中,绿泥石化一般与绢云母化、硅化伴生,分带较明显,构成弱蚀变带的主要蚀变类型,称远矿蚀变。

6. 成矿时代及成因

小西南岔金矿床,其形成主要与燕山早期的中酸性次火山岩有关,还与早期花岗斑岩有关。小西南岔金铜矿床的形成,具有多期、多类型成矿作用叠加特点,如与闪长岩、花岗斑岩有关的斑岩型铜、金矿化,与中基性次火山岩-闪长玢岩有关的火山-次火山热液型金铜矿化,主成矿期为后者。矿体形态以脉状和复脉状为主,网脉状、细脉浸染状矿体次之,主要成矿期围岩蚀变为硅化、绢云母化、绿泥石化、碳酸盐化。据上述特点,小西南岔矿床成因类型归属于斑岩型及火山次火山热液单脉-复脉状金铜矿床。

7. 控矿因素及找矿标志

1）控矿因素

区域上东西向大断裂和其共轭断裂控制中生代火山盆地以及隆起构造格架，在隆折带、断陷盆地带次级隆起区，主要出现铜-钼和金-铜系列成矿作用。而断陷带中次级凹陷区，则出现铅-锌和金-铜成矿系列。矿床受区域性断裂交切构造控制。在两组构造交切部位发育有燕山早期火山-深成杂岩体。岩浆控矿，小西南岔矿床形成主要与燕山早期火山-深成杂岩、晚期中酸性次火山岩有关，尤其是中基性次火山岩与成矿关系密切。

2）找矿标志

小西南岔矿床是多期阶段成矿作用叠加而成，早期钾长石-黑云母-绿帘石和阳起石-透闪石-绿泥石，是早期与花岗闪长岩、花岗斑岩有关的铜、铜-钼矿化阶段产物，蚀变范围广。中期硅化-绢云母化、碳酸盐化是金铜矿化阶段产物，是近矿蚀变组合，晚期碳酸盐化-绿泥石化为近矿蚀变外带。

（二）地球物理特征

1. 矿床所在区域重磁场特征

在1：25万布格重力异常图上，小西南岔金铜矿床处于金泉岗-小西南岔-杨金沟南北向重力梯度带上，该梯度带西部为大面积的布格重力异常负场区，东侧为与之平行的南北走向重力高异常带，在其南北两端叠加有正重力高局部异常，重力高异常带以东为重力异常负场区，负场区向东进入俄罗斯境内。

金泉岗-小西南岔-杨金沟南北向重力梯度带宽约5.0km，长约67km，向北延入黑龙江省，向南终止于中俄国界，梯度西缓东陡。重力梯度带沿南北向呈"波浪起伏状"，梯度陡缓也有变化。矿床处于梯度变陡处，梯度变化达每千米3.75×10^{-5}m/s^2，其南部梯度带明显发生扭曲、错动。

在剩余重力异常图上，局部异常特征更为明显，金铜矿床处于重力高异常和重力低异常过渡带的零等值线上，同时也是梯度带弯转部位。重力高异常区与出露或隐伏的早古生代香房子岩组、杨金沟岩组、马滴达岩组等老变质岩有关。重力低异常区与印支期二长花岗岩、花岗闪长岩等酸性岩体及火山沉积盆地分布有关。

金泉岗-小西南岔-杨金沟南北向重力梯度带与区域性大断裂位置较为吻合。断裂东侧主要出露香房子岩组、杨金沟岩组、马滴达岩组等老变质岩，可引起重力高异常。断裂西侧分布有大范围的印支期酸性岩体，可引起重力低异常。这种重力异常特征与小西南岔金铜矿床分布在老变质岩与中酸性岩体（脉）的接触带附近，并赋存于岩体（脉）一侧是一致的。重力梯度带的扭曲、错动反映了断裂构造交叉、错断的存在，是寻找金铜矿的有利部位。

在区域航磁异常图上，小西南岔金铜矿床处于以150nT等值线圈定的高背景正磁异常区内。高背景磁异常区北西一侧，为低磁异常区，磁异常宽缓，强度最低为50nT，面积较小；东南一侧，为低磁异常区，磁异常宽缓，南部有负场区，强度最低为-50nT，面积相对较大，与高背景区有一明显的平直线性梯度带相隔，该线性梯度带经过春化西部，走向北东，推断有隐伏的区域性断裂构造存在。金铜矿床所在处磁异常总体呈北东走向。北侧局部磁异常为条带状，北东走向，长14km，宽4.5km，最大强度400nT，两侧梯度陡，东南一侧略缓；南侧局部磁异常为扁豆状，北东东走向，长11.2km，宽6km，最大强度400nT，东南侧略陡，北侧与北部局部异常相连。金铜矿床位于两个局部正磁异常之间的外侧梯度带扭曲、错动处。与经过春化西部的北东走向的线性梯度带较近，推断有次一级的东西向和已知的北东向（香房河断裂）交叉断裂构造存在。在航磁异常化极等值线图上，上述南、北两个局部正磁异常变为一个异常，异常中心在北段，金铜矿床位于局部正磁异常走向由北北东到北东东向转折部位外侧梯度带向内坳陷、扭曲部位。在航磁异常化极垂向一阶导数等值线图上，处于北东向局部负异常西南顶端零值线上，北侧、西南及东南有条带状、椭圆状磁异常环绕分布。

2. 矿床所在地区磁场特征

在 1∶5 万航磁异常图上，小西南岔铜金矿床位于北东向条带状低磁异常西南端负异常北侧边缘，即北东向线性梯度带上。矿区外围有数十个航磁异常环绕分布，这些异常梯度陡、强度大、形态多样，一般在 200～500nT，最大值为 900nT，为磁性较强的印支期、海西期中酸性侵入岩体引起的磁异常。而矿区周围的低磁异常区由遭受强烈混染（可能是引起闪长岩退磁的主要原因）的闪长岩引起，矿床所在的线性梯度带北东段平直，走向较稳定，规模较大，梯度较陡。西南段梯度缓，有北西向线性梯度带存在，横跨并垂直于北东向线性梯度带的两侧，且相互平行，推断是北西向断裂构造被后期的北东向断裂构造错断，并沿北东向发生位移所致。北东向线性梯度带东侧分布有条带状低磁异常区，其西南端有一等轴状负异常，矿床即位于负异常北侧边缘上。条带状低磁异常区为断裂构造带的反映，等轴状负异常为北东向、北西向、东西向断裂构造交会和矿化蚀变带（热液蚀变退磁）的综合反映。

3. 矿床所在位置激电异常特征

1）平面特征

矿区 1969 年开展过二极装置的激发极化法（矿区北段 AO＝10m，L＝5m；矿区南段 AO＝20m，L＝10m），由于矿化蚀变带广泛发育，矿体产状陡，倾角一般在 80°左右，二极激发极化法比较有效，在岩体和矿脉上都有不同程度的极电异常反映，显示出较好的横向分辨岩体（脉）的能力。下面主要介绍矿区北段的激电异常特征。

在矿区北段剖面平面图上，以 η_s 值的 3％～5％圈定的背景场，激发极化异常比较平稳，强度不大，显示的是区内大面积分布的花岗岩、闪长岩引起的正常场特征。背景场上叠加有数量较多以北北西走向为主的线性激电异常，沿北东东向近乎平行排列，异常多呈尖峰状，这与区内含矿热液活动受广泛发育的北北西走向断裂构造控制有关，激发极化异常与岩体金属矿化有关，黄铁矿、磁黄铁矿、闪锌矿、方铅矿等金属硫化物和黄铜矿均能引起激电异常。矿区岩体（脉）矿化蚀变强烈、普遍，总体抬高了背景场的强度，在此基础上，矿（化）体、富含金属硫化物的矿化蚀变带共同引起较强的激电异常。异常场约占测区的 3/4，激电异常可以分为两个区带，即 280 点以西为西区，280～400 点为东区。激电异常宽度一般在 2～50m，以 5～10m 为多，最长为 720m，异常强度多在 7％～17％，东区异常位于西区异常的东南部。西区线性异常排列间隔较密，东区线性异常相对稀疏，均以北北西走向为主。这些线性异常反映了矿化蚀变带中金属含量富集的位置，西区线性异常间隔密，矿体排列间隔也密，矿体也集中分布，东区线性异常稀疏，相应矿体也稀少。线性异常与金铜矿体分布位置基本吻合，说明线性异常由含金铜矿化蚀变带引起。

2）剖面特征

在矿区北段 3 勘探线综合剖面图上，每条含金铜矿化蚀变带上，都有激电异常反应。矿体类型、厚度、产状及向下延伸规模不同，所引起的异常规模则不尽相同。矿体倾向多向东倾或近直立；矿体向东倾则激电异常东缓西陡，矿体直立则激电异常两侧梯度差别不大。矿石呈分散浸染状，则异常强度较大，宽度也较大；矿石呈致密块状，则异常强度较弱，多呈尖峰状。矿体厚引起的异常也宽，而且强度大，矿体倾角小或向下延伸较深，则异常变宽缓。

（三）珲春市小西南岔铜金矿床地质—地球物理找矿模型

综合上述矿床地质特征和地球物理异常特征，可归纳总结出矿床地质—地球物理找矿模型（表 4-4-5）。

表 4-4-5　珲春市小西南岔金铜矿床地质—地球物理找矿模型表

地质条件	构造环境	矿区位于晚三叠世—新生代东北叠加造山-裂谷系（Ⅰ）小兴安岭-张广才岭叠加岩浆弧（Ⅱ）太平岭-英额岭火山-盆地区（Ⅲ）罗子沟-延吉火山-盆地群（Ⅳ）构造单元内
	岩石组合	花岗斑岩及次火山岩
	构造标志	三道沟—小西南岔一带与北西向、东西向断裂交切部位
	围岩蚀变	阳起石化及透闪石化，是成矿早期的一种蚀变，硅化及绢云母化是矿区近矿围岩最发育的蚀变，碳酸盐化是主成矿期硫化物-石英方解石脉阶段和硫化物-方解石脉阶段产生的蚀变类型
地表找矿标志		早期钾长石-黑云母-绿帘石和阳起石-透闪石-绿泥石，是早期与花岗闪长岩、花岗斑岩有关的铜、铜-钼矿化阶段产物，蚀变范围广。中期硅化-绢云母化、碳酸盐化是金铜矿化阶段产物，是近矿蚀变组合，晚期碳酸盐化-绿泥石化为近矿蚀变外带
找矿历史标志	文字记录	1975—1976 年有色 603 队为扩大矿区远景，对矿点外围进行物化探面积性工作，发现较好的金铜异常；1982 年有色 603 队在 11 号脉北部延长部位的北山东侧，发现具有工业价值的辉锑矿石英脉型金锑矿体；1983 年有色 603 队重点在 7 号矿点 1 号矿体具有工业价值长达 100 多米；1985 年有色 603 队对北山钼矿点进行地表评价工作。 1987 年有色 603 队在北山北延投入 1∶1 万地质、化探、物探综合测量 20 km²。同时对 7 号矿点 1、2、3 号矿体深部进行控制，施工 4 个钻孔。对 9 号金锑矿点Ⅱ号构造蚀变带进行深部找矿评价工作，施工 3 个钻孔；1988 年有色 603 队在 1987 年地质物化探工作的基础上，圈定 5km² 范围进行 1∶1 万地质补课；1994—1995 年有色 603 队对小西南岔矿区北山北延金铜矿进行普查
地球物理标志	重力	1∶25 万布格重力异常图，矿床处于负场区沿南北向呈波浪起伏状梯度带上，矿床位置重力异常梯度陡缓变化剧烈，且北东与北西梯度相交会。南部梯度带明显发生扭曲、错动。 1∶25 万剩余重力异常图，矿床处于重力高异常和重力低异常过渡带的零等值线上，同时也是梯度带弯转部位
	磁法	矿床位于 1∶5 万航磁异常图北东向条带状低磁异常西南端负异常北侧边缘，即北东向线性梯度带上。矿区外围有数十个航磁异常环绕分布，这些异常梯度陡、强度大
	电法	激电异常激发极化异常比较平稳，强度不大，背景场上叠加有数量较多的以北北西走向为主的线性激电异常，沿北东东向近乎平行排列，异常多呈尖峰状

四、桦甸市夹皮沟金矿田(床)

(一)矿田(床)地质特征

1. 矿田地质概述

夹皮沟金矿田位于华北地台北缘东段，龙岗陆核北侧会全栈古穹隆构造北缘夹皮沟晚太古代裂陷槽内。

矿田产出受老牛沟—夹皮沟构造韧性剪切带控制，呈北西向带状产于太古宇夹皮沟群花岗—绿岩地体中。由西至东矿段由扳庙子、三道岔、夹皮沟、八家子、六批叶等大中小型十余处矿床和数十余处矿(化)点组成。矿带长约 30km，宽 3~5km(图 4-4-11)。

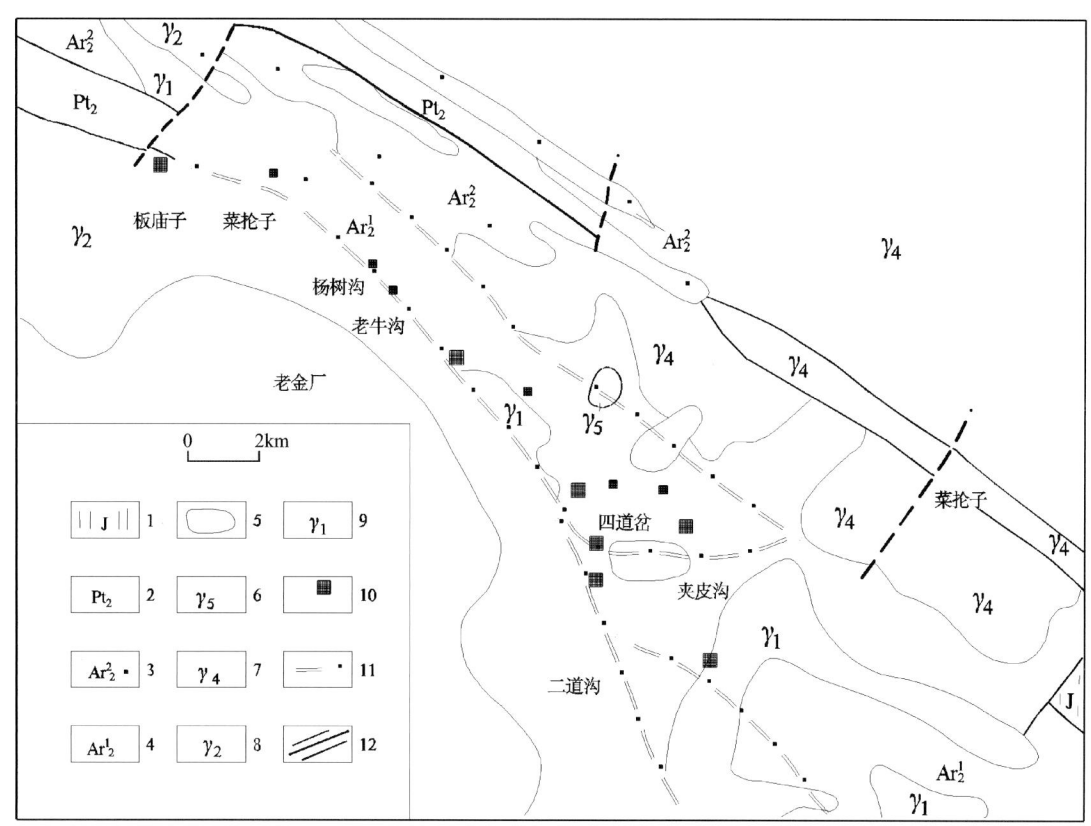

1.侏罗系；2.色洛河群；3.夹皮沟绿岩带上部层位；4.夹皮沟绿岩带下部层位；5.太古宙高级区；6.燕山期花岗岩；7.海西期花岗岩；8.五台-中条期钾长花岗岩；9.阜平期英云闪长岩-奥长花岗岩；10.金矿床；11.韧性剪切带；12.断层及推断断层

图 4-4-11　桦甸市夹皮沟金矿田地质略图（引自傅万城等，1988）

矿田区出露地层主要为不整合于太古宇龙岗群之上的上太古界夹皮沟群一套绿片岩和角闪岩相浅变质岩系。夹皮沟群由下部层位老牛沟组和上部层位三道沟组岩段组成。前者原岩为铁镁质—超铁镁质火山岩系，岩性有斜长角闪岩、角闪岩、黑云变粒岩、角闪磁铁石英岩及少量超铁镁质岩石；后者原岩属铁镁质、长英质火山岩—沉积岩系，岩性主要有黑云变粒岩、黑云片岩、磁铁石英岩、斜长角闪岩等。金矿主要赋存于老牛沟组铁镁质火山岩中，而铁矿则以三道沟组岩段为主。

区内构造复杂，是以阜平期的褶皱构造和韧性构造剪切带为主导，褶皱轴和韧性剪切带展布方向总体上为北西向。继阜平期构造韧性剪切带形成之后，从早元古代至中生代又经历了多期构造岩浆活动而叠加了多期脆性断裂，为金矿富集提供了有利空间，矿田储矿构造多为韧性构造剪切带内多期发育的脆性线性断裂构造，含矿断裂按其与韧性剪切带空间分布关系，可分为两类：一是与韧性剪切带大致平行，仅在倾向上有小的交角或与其相反；二是两者斜交或垂直。勘查表明，前一组断裂规模较大，切割较深，赋存金矿脉规模较后一组断裂要大，连续性要好，成为矿田各矿床的主要矿体。区内褶皱构造多是挤压变形所形成的紧密同斜褶皱，主要分布有夹皮沟、大线沟、大西沟等向斜和菜抢子、高犁庄、板庙岑等背斜。矿田大部分金矿床位于褶皱构造轴部或转折端陡翼部位。

区内岩浆活动频繁、强烈，以阜平期、五台-中条期和海西期最为发育，燕山期次之。阜平期云英闪长岩—奥长花岗侵入或捕虏铁镁质绿岩地层而形成花岗—绿岩体，控制了区内金铁矿产的分布。五台-中条期钾长花岗岩和海西期花岗岩分别产于矿带的西南部和北东部，燕山期钾长花岗岩仅在其东南部和北东部有所出露。此外，海西期和燕山期脉岩十分发育，常见辉绿岩、闪长玢岩、石英正长斑岩、闪长岩等。这些脉岩产出多与含金石英脉分布关系密切，金矿脉有的赋存于岩脉裂隙内或其上、下盘，有的与脉岩相互穿插，其本身含金构成金矿体，由此说明两者形成就位空间和时间的相近性。

夹皮沟金矿田有已知大、中、小型金矿床14处，它们的产出显示了明显的层控特征，多数产于上太古界夹皮沟群下部层位的老牛沟组铁镁质—超铁镁质火山岩地层中，金矿带的分布与老牛沟组地层走向一致。矿体形态主要为似层状、透镜状、复脉状及扁豆状、脉状。矿体沿走向及倾向变化复杂，分支复合、尖灭再现明显。矿体主要走向以北西向和北东向为主，倾向南西或南东。矿体规模变化较大，长50～200m(最长770m)，厚0.5～5m(最厚22m)，延深100～300m(最深670m)，延深多大于延长。

矿体矿石类型以含金石英脉型为主，其次为破碎蚀变岩型。矿石主要金属矿物为黄铁矿、黄铜矿、方铅矿，次为磁黄铁矿、闪锌矿、磁铁矿、白铁矿、白钨矿、辉钼矿、辉银矿、铜银铅铋矿、菱铁矿等。金矿物有自然金、银金矿、针碲金矿、碲金矿等。脉石矿物有石英、绿泥石、绢云母、方解石等。氧化矿物有褐铁矿、孔雀石、铜蓝等。矿物结构以自形、半自形粒状结构，交代残余结构及破碎结构为主。矿石构造有条纹状、条带状、角砾状、网状及脉状构造等。

夹皮沟金矿带围岩蚀变有较明显的水平分带性，按地球化学可分出北带(高硅带)、中带(高铜钛带)、南带(高铅锌镍带)。近矿围岩蚀变宽度较窄，两侧强蚀变带宽1～2m，最宽不超过10m，主要有绿泥石化、绢云母化、黄铁矿化、硅化、方解石化及铁白云石化等。其中绿泥石化、绢云母化、黄铁矿化与金矿化的关系最为密切。

夹皮沟金矿床具有多成因、多期成矿特点，始于太古宙晚期变质变形，终于燕山期就位，大体经历了如下成矿阶段：晚太古代(3100～2500Ma)裂陷槽形成，地壳深部中基性岩浆侵位及火山活动带来了大量金元素，形成初始矿源层；晚太古代末—早元古代初(2500Ma)，大规模区域变质、变形作用，使金进一步富集；中元古代(1000Ma)大规模岩浆活动和变质作用则使金又一次富集，大部分金矿体得以形成；中生代(240～140Ma)的印支期—燕山期，特别是在燕山期，受环太平洋活动带岩浆构造活动影响，进一步使金矿得以富集而最终形成夹皮沟金矿田。

综上所述，可将夹皮沟金矿床成因归为火山沉积变质热液成矿并叠加后期岩浆热液再造复合成矿。

2. 典型矿床地质特征

夹皮沟金矿田各矿床，虽然产出地质构造环境、成矿机制、控矿条件等近于相同，可归属于与绿岩有关的变质热液型金矿床，但是各矿床的近矿围岩、储矿构造、矿体产出形态、矿化特征、矿石类型、矿物组合、矿石结构及构造、围岩蚀变等尚存有一定差异，在不同程度上均呈现出了某些独具特色的矿床地质特征。矿田内西、中、东各段的板庙子以及三道岔、六批叶典型矿床地质结构特征列表叙述如表4-4-6所示。

表4-4-6　夹皮沟金矿带典型矿床地质特征简表

矿床名称	主要矿脉号	控矿条件			矿脉形态	矿化特点	含金矿物	矿石特征		
		近矿围岩	控矿构造	脉岩				矿石类型	金属矿物组合	结构与构造
板庙子(中型矿床)	301-303	角闪斜长混合片麻岩	挤压破碎带	辉绿岩脉上、下盘	扁豆状、脉状	303号脉为含金硅化带，金品位富，品位与形态变化大，黄铁矿粒很细，色深。301号脉为含金石英脉，较稳定，含菱铁矿	自然金	含金黄铁矿矿石	黄铁矿，少量黄铜矿、菱铁矿	粒状结构，网状、块状、浸染状构造

续表 4-4-6

矿床名称	主要矿脉号	控矿条件			矿脉形态	矿化特点	含金矿物	矿石特征		
		近矿围岩	控矿构造	脉岩				矿石类型	金属矿物组合	结构与构造
三道岔（中型矿床）	1-3	角闪斜长片麻岩及斜长角闪岩	挤压片理化带上叠加规模大、产状稳定的压扭断裂带	与矿脉关系不明显	复脉状	大型盲矿：上部为单脉，深度为复脉，分支复合等产状及形态变化大，主要为含金石英脉，有的片理化带为工业矿体，有的矿脉位于斜长角闪岩上盘，深部角闪岩局部为矿体	自然金、含银自然金、银金矿	含金黄铁矿矿石为主	铜银铅铋矿、黄铁矿、白铁矿、黄铜矿、方铅矿、闪锌矿、磁铁矿、磁黄铁矿、白钨矿、含铋硫盐、辉铋矿	粒状、胶状、乳滴状、压碎结构、条带状、网脉状、块状、浸染状、角砾状构造
六批叶（中型矿床）	2-1 2-2	蚀变花岗质碎斑(粉)岩、糜棱岩、蚀变微晶闪长岩硅化石英脉	挤压片理化韧性剪切带，叠加晚期脆性断裂	辉绿岩、辉石闪长岩脉(体)与铅银矿化有关，石英硫化物脉与金矿化有关	脉状、似脉状、长扁豆状	2-1矿体为矿床最大矿体，向南东侧倾伏，向深有分支复合，多金属硫化物呈细脉及网脉状，局部见团块及条带。2-2号矿体为含金最富矿体，向南东侧伏，大部分为盲矿体，多金属硫化物属细脉及条带，局部见致密条带及团块	自然金、含银自然金、金-银矿	含金蚀变岩型	以黄铁矿为主，次为闪锌矿、方铅矿、褐铁矿、赤铁矿、黄铜矿、黝铜矿、银金矿、自然金、自然银、辉银矿、深红银矿等	自形、半自形、他形显微粒状晶质结构，压碎结构，交代结构，块状、团块状、浸染状、角砾状、细脉—网脉状等构造

（二）地球物理特征

1. 矿床所在区域重磁场特征

夹皮沟金矿田在1:25万布格重力异常图上，位于区域性会全栈似团块状相对重力高异常与其北东侧小黄泥河—大蒲紫河区域重力低异常间梯级带上。该重力梯级带是区域性开源—海尤—桦甸—和龙巨型重力梯级带中间组成部分，在本区呈北西向略向北东突出弧带状产出，长约40km，宽5~10km。梯级带等值线呈舒缓波状，局部有正向或负向变异，梯度变化较明显，一般每千米在$(1\sim2)\times10^{-5}$ m/s^2。往其西南侧会全栈区域重力高异常由中部重力高值区和其周边梯级带两部分组成，总面积为1200km^2（30km×40km），高值区可划分出几个大小不等、强度不一的局部重力高异常，其北东侧小黄泥河—大蒲柴河重力低异常，规模大，宏观呈北西带状展布。此外，会全栈布格重力高异常区14km×14km为窗口滑动平均剩余重力异常，出现了多个大小不等、方向各异、强度不一的似椭圆状正的剩余重力高异常，夹皮沟金矿田就处在这片正重力异常区北东的边缘相对重力低异常带上。

在1:25万航磁图上（或化极图）上，夹皮沟矿田位于会全栈较复杂磁力高异常区北东缘两条近平行呈北西向带状磁力高异常间相对低磁异常带内，两条高异常带强度均达250nT，低值带最低强度为−150nT。赋矿低值带的垂向一阶导数异常更为清晰明了，其长约45km，宽10~13km，该区磁场总体上呈现条带状正、负相间磁场特征。

经重力、航磁异常综合分析，本区重、磁异常在强度、形态、分布等方面有着一定的相关性，反映了同一地质构造不同的地球物理层面。综合分析地质和矿产资料，对区内重、磁场特征可作出如下地质解释：

（1）会全栈重力高和磁力高区域异常反映了太古宇龙岗古陆块边缘会全栈局部穹窿构造特征，进而指出本区经历过漫长壳幔的构造升降活动，最终由于局部地幔凸起导致地壳上隆，除了形成周边环状较大的断裂外，尚使区内太古宇铁镁质（超铁镁质）—长英质火山岩—沉积岩基底岩系出露地面并构成短轴背斜构造，这一基性度较高地块则是引起区域重力高、磁力高同步异常最主要的地质原因之一。

（2）其北东侧小黄泥河—大蒲北西向带状重力低异常和其区内同步出现的北西向产出的条带状正、负相间的磁力异常带均反映了槽台分界的富尔河超岩石圈（或岩石圈）深大断裂带空间分布特征。重力低异常是自显生宙以来大量中—酸性岩浆沿这一断裂侵入（或喷出）而形成的岩浆岩带的反映。磁力异常则反映了在挤压应力作用下出现的构造褶皱带特点，正异常带多是古老基性基底岩系或是基性—超基性或中生代以来花岗质侵入岩带的反映；负异常带多是多期继承性断裂构造活动形成的蚀变破碎带（韧、脆性）的反映。3条明显的地磁力低异常带具体指出该地区区域性深大断裂带是由富尔河、清茶馆—白水滩、老金厂—夹皮沟3条构造组成，代表了本地区主要构造线的方向，而且后者为控制夹皮沟金矿田和老牛沟铁矿田分布的主要构造。

（3）会全栈重力高异常周边环带状梯级带和其局部正向变异与成矿作用具有一定的联系，区内金、铜、铁矿产的产出多沿这一环带状梯级带分布，特别是北东侧更为明显。此外，区内一些中、大型矿产地多出现在梯级带正向变异附近。关联地质分析，前者反映环形构造控制特点，而后者多是绿岩地体反映，指出重要的成矿事件与绿岩地体关系密切。

2. 矿床所在地区（矿田）磁场特征

1∶5万航磁平剖图（或等值线平面图）宏观磁场总体上展现出北西向正、负条带相间磁场特征。夹皮沟金矿田磁场是在这片条带状磁场中五道沟—菜岔子和老金厂—东北岔两条正异常带间所挟持的呈北西向展布的负磁异常带。该异常带规模较大，两端在图幅内均为封闭，控制长度约为50km，宽5～10km。负异常强度一般在－600～－200nT，曲线高低波动变化不大，规律性较明显。在这负场区中间赋存一条呈北西向断续分布的狭窄尖峰状强异常带，又将其划分为南北两条小的负异常带，其中南带分布于苇厦子—老牛沟—六批叶一带，在空间上与夹皮沟金矿带相吻合。

综合地质构造分析，该负磁场带恰处于槽台边界过渡带上，为太古宙龙岗古陆核北部边缘晚太古代裂陷槽分布区，是新太古界夹皮沟群绿岩集中产出地段。区内经历了阜平、中条、加里东、海西及燕山等多旋回构造岩浆活动，致使地层岩系遭受了多期强烈变形及变质作用，褶皱及断裂构造发育，混合岩化及花岗岩化强烈矿化蚀变普遍，形成了受富尔河超岩石圈断裂控制的次一级老金厂-夹皮沟构造韧性剪切带。据此推断，夹皮沟金矿田的负（弱）磁场带应是老金厂-夹皮沟构造韧性剪切带蚀变破碎带的属性。此外，按该负（弱）磁场空间分布、内部磁场结构等特征，可进一步提出如下两点新的找矿有用信息：

（1）关于控制夹皮沟金矿带的构造韧性剪切带向东南延伸问题，可依据磁场特征推断，其向东南延伸较远，可达六批叶附近，为找矿拓宽了空间。

（2）该负（弱）磁场带规模较大，其内又可分为南北两支亚带，南带控制了已知夹皮沟金矿带的产出，应值得重视的是北带找矿的研究。

3. 典型矿床地球物理异常特征

夹皮沟金矿田赋存有大、中、小型金矿床14处，这些矿床主要成矿因素和控矿主导条件虽然有相同之处，均可归为沉积变质热液型金矿床（统称绿岩型），但是由于各矿床具体成矿地质条件不同，各找矿标志亦不尽相同，进而导致各种地球物理属性的差异性，因此，各矿床的有效方法组合（即地球物理找矿模型）也各有所异。

1）板庙子金矿床

板庙子金矿床（中型模型）位于夹皮沟金矿带（田）西段，由矿床地质特征可知，矿体产出严格受东西向挤压下构造破碎带控制。矿体主要赋存在辉绿岩脉上、下盘，在空间就位上有伴生关系。矿体矿石类型为含金石英脉或硅化蚀变类型，并伴生有细粒状黄铁矿等金属硫化矿物。据岩（矿）石物性测定，挤压构造碎裂岩较围岩有很好的导电性，同时矿体较围岩有一定的电化学活动性，辉绿岩脉具较强的磁性（$\kappa \approx 4000 \times 10^{-5}$ SI），要高于围岩4~6倍，由此看出，该矿床具备有较好的地球物理找矿前提。

20世纪60年代中期找矿实践证明，综合物化探找矿取得了较好的地质效果。板庙子矿区第6号勘探路线物化探试验结果表明（图4-4-12），视电阻率联合剖面法 ρ_S^A 和 ρ_S^B 两支曲线在主要矿体（303及301号脉）上方均有低阻正交点异常反映，两者半差曲线（F）在相应部位出现零值异常。研究认为，视电阻率异常是容矿构造破碎带的反映。中间梯度激发极化法在303号脉上获得视极化率为4.5%的尖峰状异常，金属因数（$f = \eta_s / \rho_s$）曲线在301号脉和303号脉上均有异常出现。综合分析指出，激电异常主要与含有一定金属硫化物的金矿化体有关。剖面上磁测结果在两矿脉上方均出现了规整清晰的高磁异常，磁异常无疑为辉绿岩脉引起，化探土壤测量亦出现明显的铜量异常。由上可见，在板庙子金矿床上综合物化探取得了 ΔZ、η_s(f)及Cu量高而 ρ_s 低的"三高一低"异常找矿标志特征。

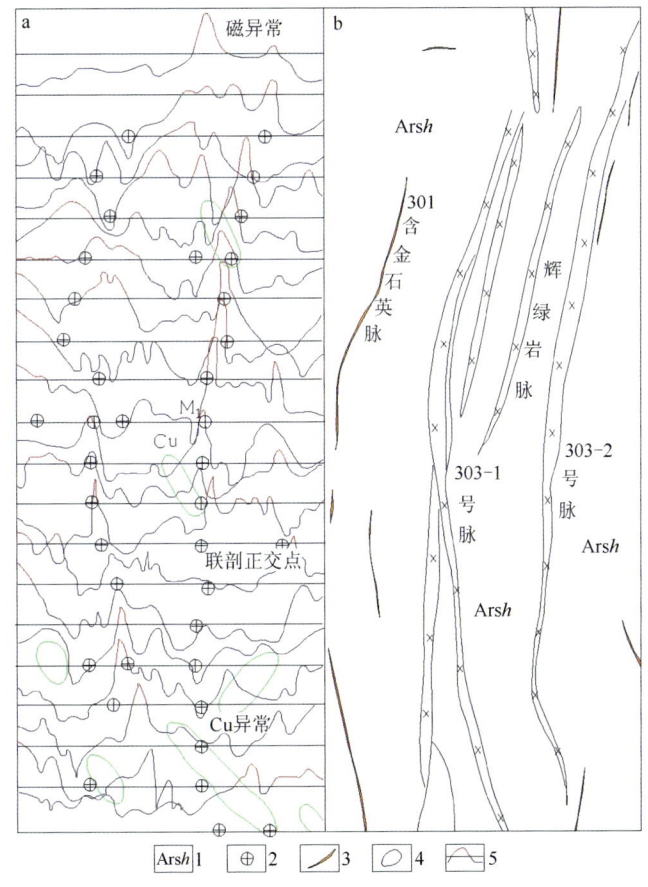

1.鞍山群三道沟组；2.联剖正交点；3.含金石英矿脉；4.化探铜异常曲线；5.地磁剖面曲线

图4-4-12　板庙子金矿床地质及物探剖析图（引自傅万城等，1988）

a.地磁剖面异常曲线、化探Cu异常曲线；b.地质剖面图

在已知剖面试验的基础上，采用地面磁测和视电阻率联剖装置在矿区开展了面积性测量。地面磁测在与金矿体伴生的辉绿岩脉上取得了较好的反映，凡是有一定规模的脉体均测到了有规律的高磁异常。另外，视电阻率联合剖面法在与含金矿脉、辉绿岩脉三位一体的挤压构造破碎带上亦测到了连续性较好的低阻正相关异常带。工程查证表明，磁、电异常重合多属找矿有效异常（图4-4-13）。

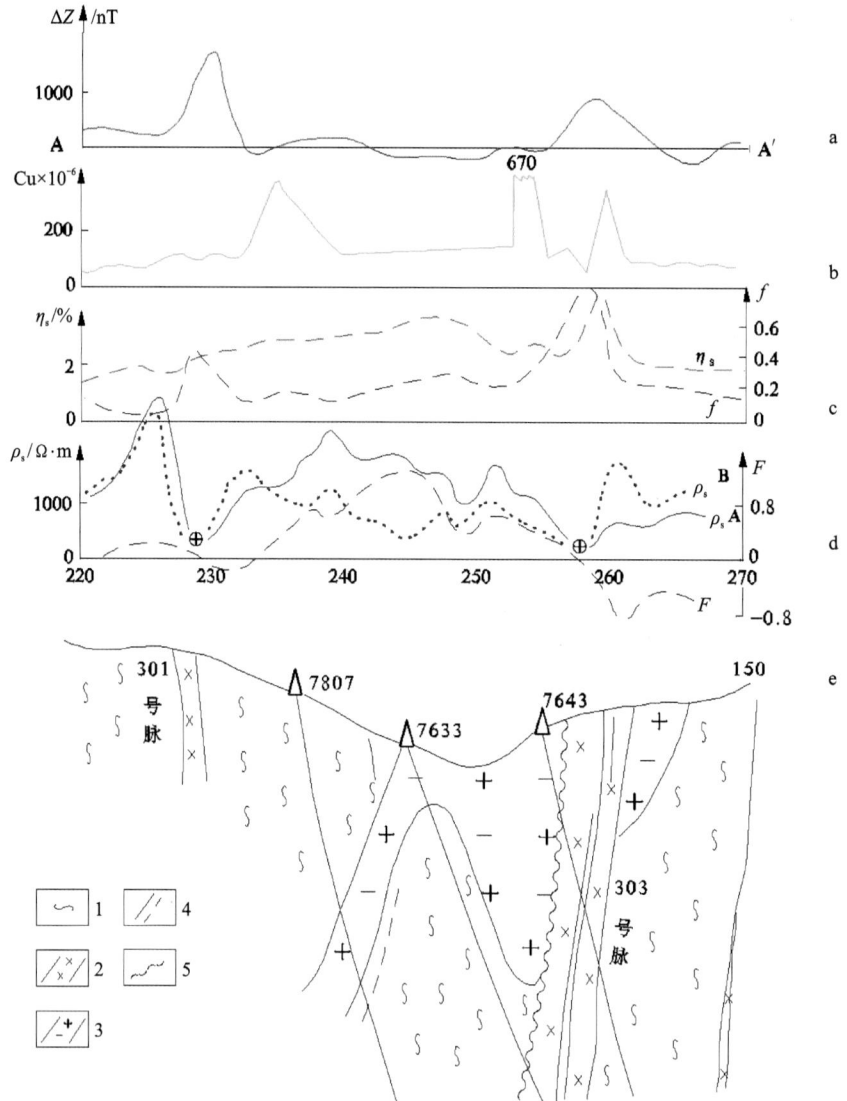

1.混合片麻岩;2.辉绿岩脉;3.花岗岩脉;4.含金石英脉;5.破碎带

图 4-4-13　板庙子金矿床 AA′线综合剖面图(引自傅万城等,1988)

a.地磁剖面异常曲线;b.化探 Cu 异常曲线;c.激电中间梯度视极化率及金属因素;d.联剖视电阻率及半差曲线;e.地质剖面图

2) 三道岔金矿床

三道岔金矿床位于夹皮沟金矿带(田)中段,为一大型隐伏的以石英脉型为主的矿床。该矿床地表找矿标志不甚明显,矿体与中一基性脉岩关系不明,但矿体产于挤压片理化带,叠加有规模大、产状稳定压扭性断裂构造内,其次含金石英脉脉体大而且含较多金属硫化物及氧化金属矿物。赋矿片理岩化带岩石为千枚岩、糜棱岩及碎裂岩等,为矿体直接围岩。由此可见,该矿床具备有视电阻率剖面法圈定和追索构造片理化带与激发极化法寻找隐伏的规模较大含矿石英脉的物理前提。

矿区 4 号勘探物探综合试验结果(图 4-4-14)表明,激电联合剖面测得的视电阻率和视极化率两类电法参数(ρ_s,η_s),在隐伏的含矿构造片理岩化带头部地面投影部位分别有明显的"+""-"交点异常反映。综合地质和物性资料可知,视电阻率正交点异常主要是容矿构造片理化带的反映,而视极化率异常主要与含金的以金属硫化物占主导的石英脉或(硅化带)关系密切。此外,地区磁测在构造片理岩化带(含矿断裂)地面投影位置上,恰好处于高低磁场间梯级带上。关联地质不难看出,右侧高磁场($\Delta Z_{max} \approx 300nT$)对应角闪岩斜长片麻岩段,而右侧低磁场($\Delta Z_{min} \approx 50nT$)则对应注入片麻岩段。

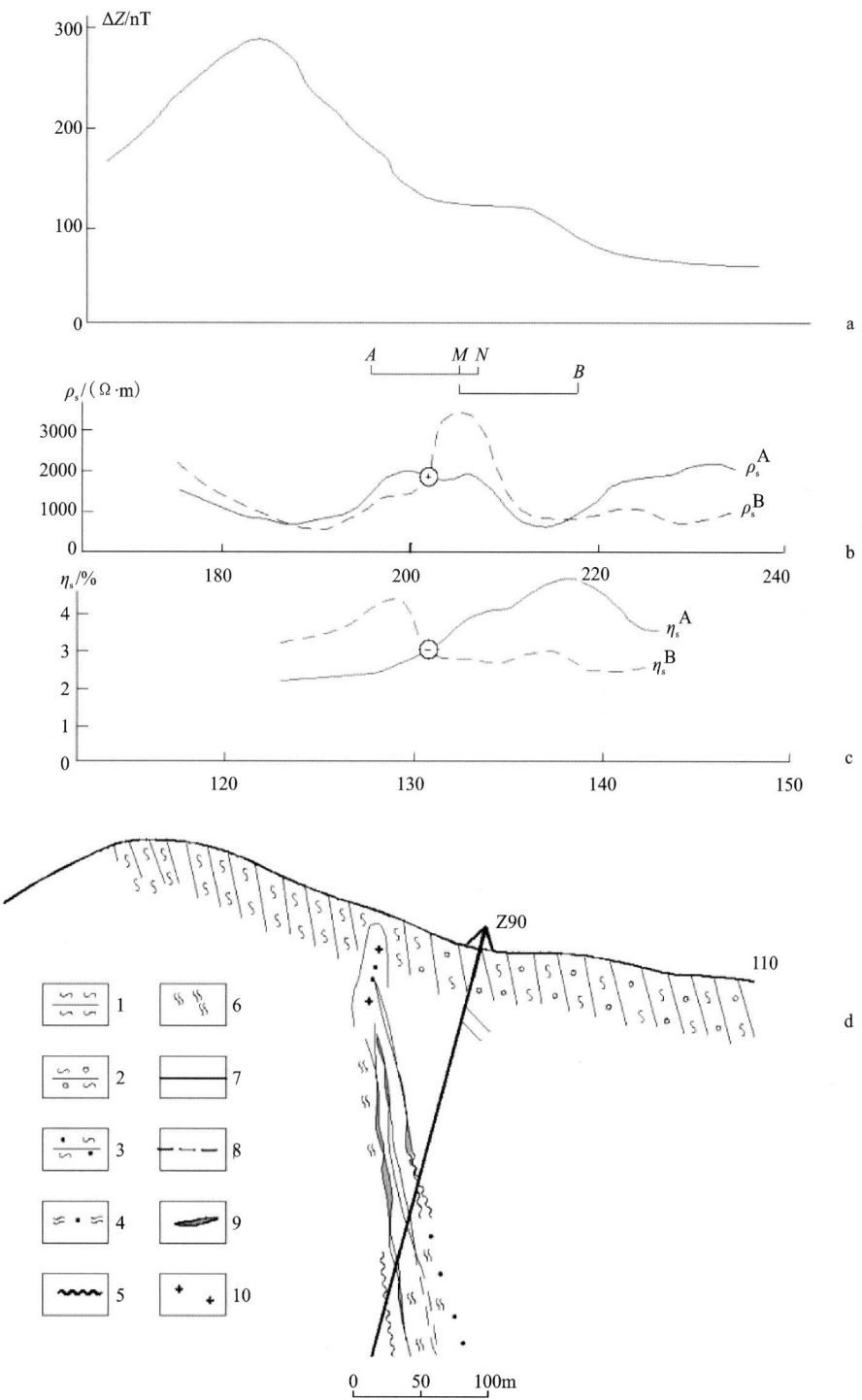

1.角闪斜长片麻岩;2.注入片麻岩;3.混合片麻岩;4.石英正长岩;5.破碎带;6.片理化带;7.实测地质界线; 8.推测地质界线;9.含金石英脉(大于 4g/t);10.含矿断裂

图 4-4-14　三道岔 4 线综合剖面图(引自傅万城等,1988)

a.地磁 ΔZ 异常曲线;b.视电阻率联剖异常曲线;c.视极化率联剖异常曲线;d.地质剖面图

铁镁质成分前者要明显高于后者,这是引起高低不同磁场的主要地质因素。由于含矿构造片理岩化带产于两者岩性界面上,故地面磁测结果亦具有一定的间接找矿作用。

此外,采用视电阻率联合剖面法在矿区进行1:1万比例尺面积性测量,在圈定和追索含矿断裂(破碎带、片理化带)取得了比较明显的地质效果(图4-4-15),在同一含矿断裂带上,各条测线上绝大多数都可测得低阻正交点异常,这些低阻正交点异常带为深入找矿评价指出了方向。

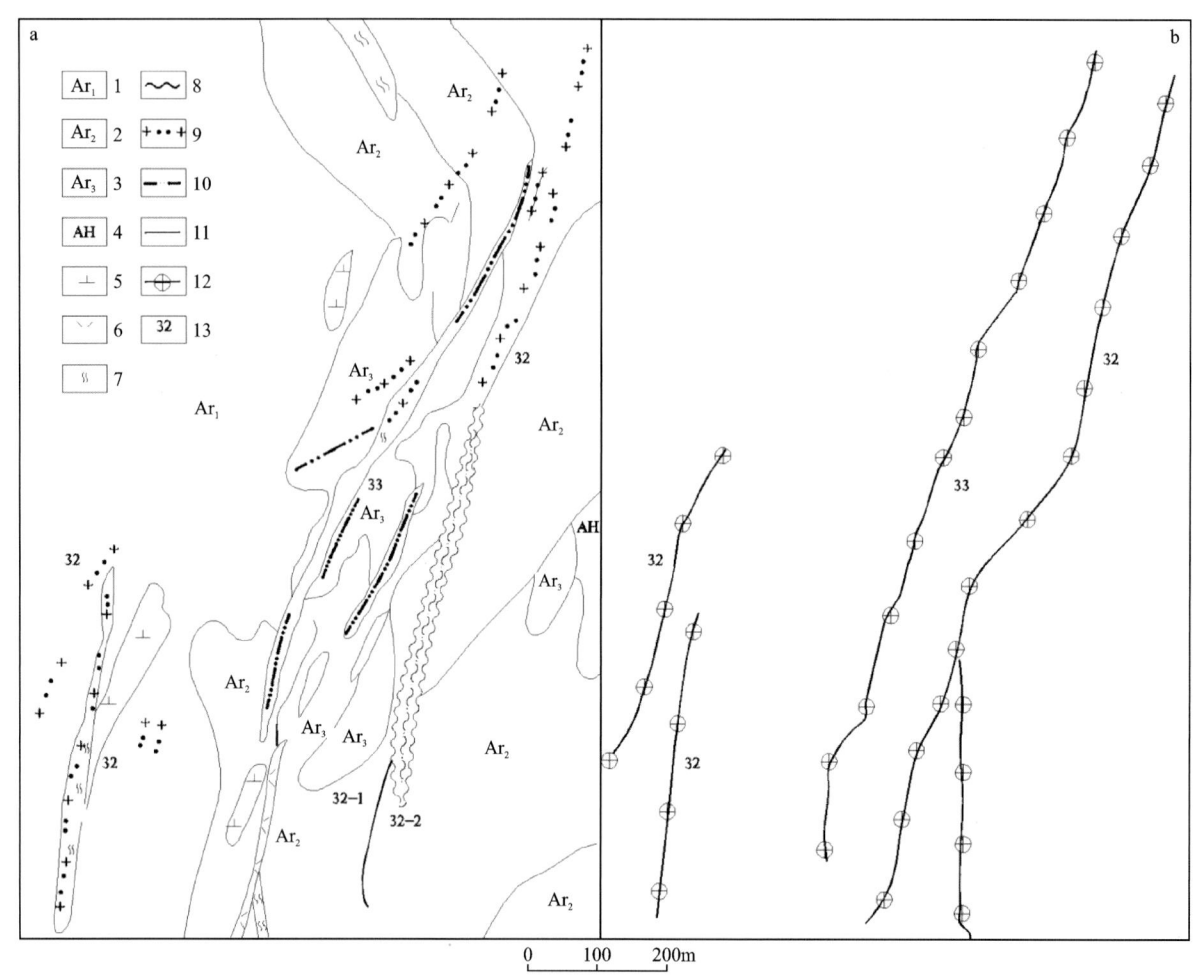

1.混合片麻岩;2.注入片麻岩;3.角闪斜长片麻岩;4.斜长角闪岩;5.细粒闪长岩;6.长英岩;7.片理化带;8.破碎带;9.含矿断裂;10.含矿石英脉;11.地质界线;12.联剖异常轴;13.联剖异常编号

图4-4-15 三道岔金矿所在位置地质及物探剖析图(引自傅万城等,1988)

a.地质剖面图;b.联剖正交点异常轴线

3)六批叶金矿床

六批叶中—大型蚀变岩型金矿床,位于夹皮沟金矿带(田)东南段。矿体产出主要受北西向主构造韧性剪切带控制,产于韧性剪切带内与其相平行的后期断裂构造蚀变破碎带中。矿区出露岩性以奥长花岗岩为主,而黑云斜长片麻岩、斜长角闪岩和磁铁石英岩等绿岩系呈捕虏体零星出露。矿床主要由Ⅰ、Ⅱ两条相平行的含金构造蚀变带组成(图4-4-16)。矿体直接围岩为蚀变花岗质碎斑(粉)岩、糜棱岩、蚀变微晶闪长岩及硅化石英脉。金矿体产出与石英硫化物脉有关,铅银矿体则与辉绿岩、辉石闪长岩脉分布关系密切。Ⅰ号矿化带共探明有关矿体6条,除2-1和2-1-1号矿体出露地表外,其余为隐伏矿体;Ⅱ号矿化带共探明金矿体4条,除2-2号为部分出露外,其条均属隐伏矿。矿石类型为含自然金、含银自然金-银矿蚀变岩。2-1号矿体规模最大,2-2号含金最高。矿石以富含金属硫化物为特征。矿体多为脉状、似脉状及长扁豆状。

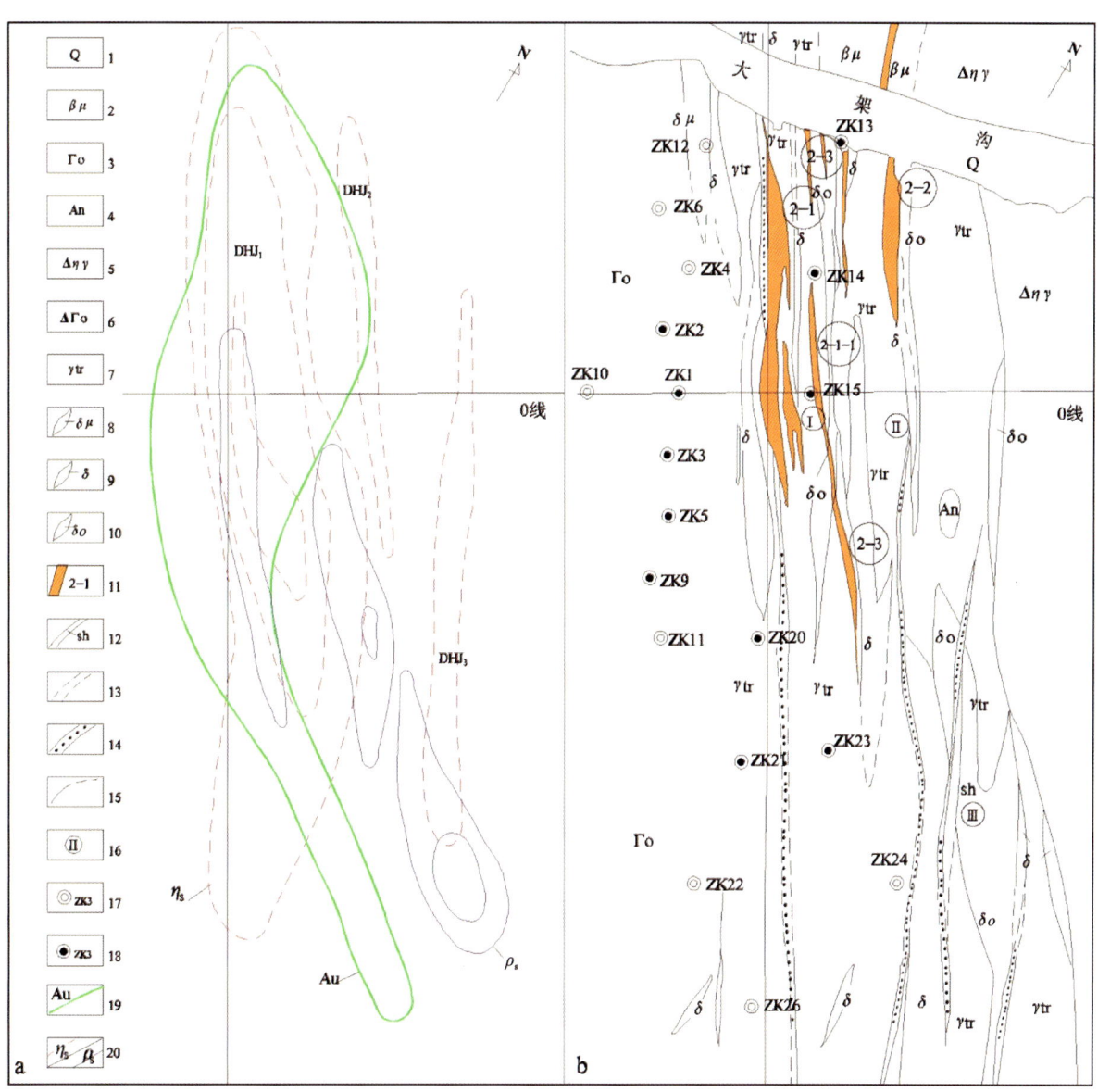

1.第四系冲、洪积物；2.辉绿岩；3.英长花岗岩；4.斜长角闪岩；5.碎裂二长花岗岩；6.碎裂奥长花岗岩；7.花岗质碎裂碎斑岩；8.闪长玢岩；9.细粒闪长岩；10.石英闪长岩；11.金矿体及编号；12.蚀变带；13.脆(韧)性剪切带；14.破碎带；15.实测及推断地质界线；16.矿化带及编号；17.钻孔位置及编号(见矿孔)；18.钻孔及编号；19.化探金异常曲线；20.视极化率、视电阻率异常曲线

图 4-4-16　六批叶金矿所在位置地质及物探剖析图(引自朱春生等,2005)
a.化探金量曲线,激电视极化率、视电阻率异常等值线；b.地质剖面图

岩(矿)石标本物性测定结果表明,矿石相对围岩具有低磁性($\kappa \approx 86 \times 10^{-5}$ SI)、高极化率($\eta \approx 17.36\%$)、高电阻率($\rho \approx 4830 \Omega \cdot m$)特征。由于矿石富含金属硫化物,多呈浸染状构造,而且具有强硅化蚀变,故为激电法寻找和圈定矿体提供了前提。此外,含矿蚀变带(蚀变碎岩、糜棱岩、矿化石英脉)相对围岩(奥长花岗岩、石英闪长岩)均属弱磁场$[\kappa \approx (20 \sim 32) \times 10^{-5}$ SI$]$。由此可见,地面磁测圈定含矿构造蚀变破碎带具备有较好的物性依据。由矿区 0 号勘探线物化探综合剖面图可以看出(图 4-4-17),激发极化法 η_s 和 ρ_s 在 I、II 号含矿构造蚀变带上出现明显高极化、低电阻异常反映。矿体局部异常则叠加在前者之上,η_s 有更加高峰值出现,ρ_s 在较低异常内呈局部高阻异常显示,为近一步划分矿体提供了依据。地面磁测和化探土壤金量测量在出露地表的 I 号矿带上效果明显,出现低磁($\Delta T \approx 12 nT$)、高金量($Au \approx 6.0 \times 10^{-9}$)异常,但在规模较小而又隐伏的 II 号矿带上未见到好的效果。

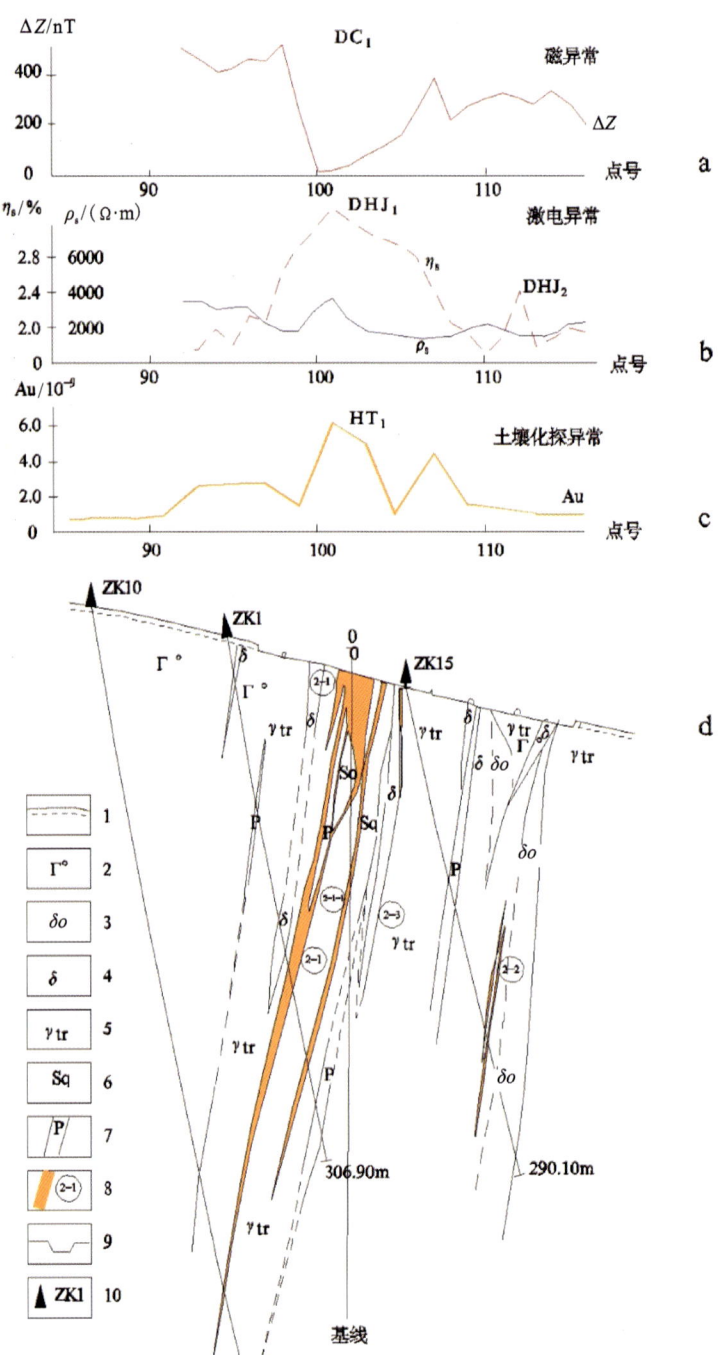

1. 表土及残坡积物；2. 奥长花岗岩；3. 石英闪长岩；4. 细粒闪长岩；5. 花岗质碎裂碎斑岩；6. 硅化石英脉；7. 破碎带；8. 矿体及编号；9. 探槽及位置；10. 钻孔及编号

图 4-4-17　六批叶金矿 0 线综合剖面图（引自朱春生等，2005）
a. 地磁 ΔZ 异常曲线；b. 激电中间梯度视极化率、视电阻率异常曲线；c. 化探金土壤异常曲线；d. 地质剖面图

矿区 1∶1 万激电面积积性测量，共发现 η_s 异常 3 处（DHJ-1、DHJ-2、DHJ-3），异常呈现平行的条带状分布，异常下限为 1.7%，最高 3.4%。关联矿区地质，这 3 处激电异常分别是Ⅰ、Ⅱ、Ⅲ号矿带的反映。ρ_s 曲线仅在Ⅰ号矿带上有条带状高阻异常显示，ρ_{smax} 可达 3670Ω·m（下限为 1600Ω·m），而在Ⅱ、Ⅲ号矿带上异常规律性不够明显。此外，土壤金量测量在出露的Ⅰ号矿带上效果较好，但在隐伏的Ⅱ、

Ⅲ号矿带上方法效果不佳。

总之,综合物化探方法应用,在规模较大的矿带上,可提供高 η_s、高 ρ_s、高 Au 量、低 ΔT("三高一低")综合找矿信息,可借以指导外围找矿工作。

(三)桦甸市夹皮沟金矿床地质—地球物理找矿模型

综合上述矿床地质特征和地球物理异常特征,可归纳总结出矿床地质—地球物理找矿模型(表 4-4-7)。

表 4-4-7　桦甸市夹皮沟金矿床地质—地球物理找矿模型表

地质条件	构造环境	前南华纪华北东部陆块(Ⅱ)龙岗-陈台沟-沂水前新太古代陆块(Ⅲ)夹皮沟新太古代地块(Ⅳ)内,处于辉发河-古洞河深大断裂向北突出弧形顶部
	岩石组合	斜长角闪岩、超镁铁质变质岩、夹黑云变粒岩和条带状磁铁石英岩,金矿床赋存于镁铁质火山岩之中
	构造标志	北西向阜平期褶皱轴及韧性剪切,在韧性剪切带中有多次脆性构造叠加,形成了多条平行的挤压破碎带。大部分金矿床位于褶皱构造轴部、陡翼或倾没端,并与韧性剪切带在空间上呈现协调性
	围岩蚀变	绿泥石化、绢云母化、黄铁矿化、硅化、方解石化、铁白云石化等
地球物理标志	重力	夹皮沟金矿田位于区域性会全栈似团块状相对重力高异常与其北东侧小黄泥河—大蒲紫河区域重力低异常间呈北西向略向北东突出弧带状梯级带上。梯级带等值线呈舒缓波状,局部有正向或负向变异,梯度变化较明显。剩余重力异常图上,处在正重力异常区北东的边缘相对重力低异常带上
	磁法	1:5万航磁异常平面图上,夹皮沟金矿田位于五道沟—菜炝子和老金厂—东北岔两条正异常带间所挟持的呈北西向展布的负磁异常带上。该异常带规模较大,控制长度约为 50km,宽 5～10km。负异常强度一般在 -600～-200nT,曲线高低波动变化不大,规律性较明显。在这负场区中间赋存一条呈北西向断续分布的狭窄尖峰状强异常带,又将其划分为南北两条小的负异常带,其中南带分布于苇厦子—老牛沟—六批叶一带,在空间上与夹皮沟金矿带相吻合。该负磁场带恰处于槽台边界过渡带上,为太古宙龙岗古陆核北部边缘晚太古代裂陷槽分布区,是新太古界夹皮沟群绿岩集中产出地段
	电法	矿体具有高阻、高极化异常特征

五、汪清县刺猬沟金矿床

(一)典型矿床成矿地质特征

1. 地质构造环境及成矿条件

矿区位于晚三叠世—中生代小兴安岭-张广才岭叠加岩浆弧(Ⅱ)太平岭-英额岭火山-盆地区(Ⅲ)罗子沟-延吉火山盆地群(Ⅳ)内,受北北东向图门断裂带与北西向嘎呀河断裂复合部位控制。

1)地层

矿区出露有二叠系地层和中侏罗统屯田营组火山岩。二叠系地层零星出露,为一套浅变质的海相—海陆交互相沉积岩,并夹有少量火山碎屑岩。大部分地区被侏罗系火山岩所覆盖,并与下伏二叠系地层呈角度不整合接触(图 4-4-18)。

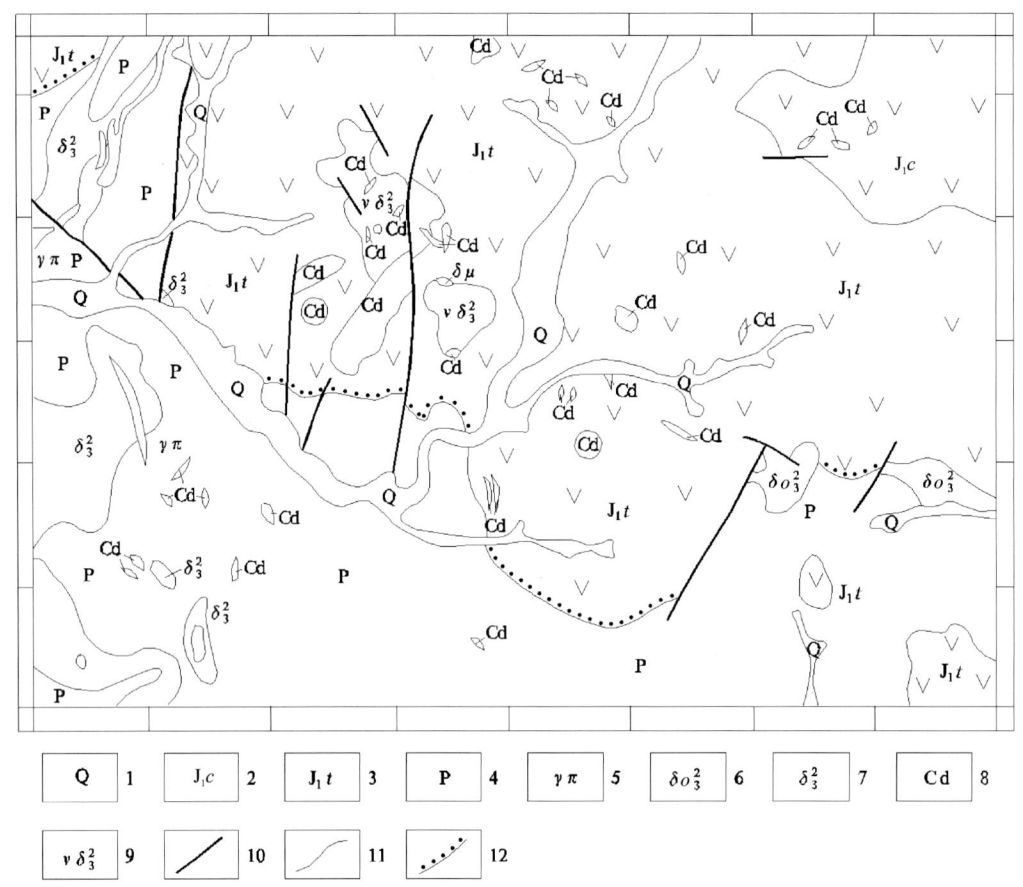

1.第四系；2.长财组火山岩；3.屯田营组火山岩；4.二叠系浅变质岩；5.花岗岩；6.石英闪长岩；7.闪长岩；8.次安山岩；9.辉石闪长岩；10.断裂；11.地质界线；12.不整合地质界线

图 4-4-18 汪青县刺猬沟地区地质图

屯田营组火山岩岩性为安山质集块岩、角砾凝灰熔岩夹安山岩，其中次安山岩、次安山玄武岩、次粗面安山岩等次火山岩体呈脉状侵入。中酸性火山喷发岩大面积分布于尖山子以东，总体呈东西向展布，受东西向断陷盆地控制，刺猬沟金矿就产于该组火山岩之中。

2）侵入岩

燕山期花岗岩闪长岩小侵入体在矿区东部二叠系地层中有出露，距矿区约 4km，推测在矿区深部存在隐伏岩体。矿区内有闪长岩、辉石闪长岩、花岗斑岩和次安山岩脉，均受近东西向与北西向、北东向构造交会部位控制。在空间上和时间上与成矿有较密切的关系。

3）构造

矿区位于百草沟-苍林东西向断裂、新和屯-西大坡北东向断裂和大柳河-海山北西向断裂交会处，围绕矿区四周有安山质角砾岩和集块岩呈环带状分布。其中东山见有多层熔结凝灰岩和松脂岩，并有次火山岩相当发育，因此，刺猬沟矿床所处部位可视为一个寄生埋藏火山口。

成矿构造：矿体受近火山口相辐射状断裂，即沿成矿前的北西向（被次火山岩脉充填）和北北东向（被次安山玄武岩充填）两组剪裂形成的追踪张裂控制。矿区有成矿断裂带 3 条，从西向东依次编号为Ⅰ、Ⅱ、Ⅲ号断裂带。Ⅰ号断裂带，地表出露长 1320m，宽 10～20m，延深 750m，总体走向北东 10°近直立，沿走向、倾向均呈"S"形波状展布；Ⅱ号断裂带，地表出露长 940m，宽 0.5～10m，延深 300m，总体走向北东 30°，倾向南东，倾角 65°～80°，沿走向呈"S"形展布；Ⅲ号断裂带，地表出露长 340m，宽 0.05～0.90m，总体走向北东 10°，倾向不定，倾角大于 60°。

成矿断裂是叠加在火山口的断裂构造。

成矿后断裂:按方向分为北北东向,北北西向和北西向3组,切割和破碎矿体,但错距均不大。

2. 矿体三度空间分布特征

金矿床由3条含金方解石石英脉组成,脉体产在中侏罗世第一次火山喷发旋回的安山质凝灰角砾熔岩和安山岩中,沿走向和倾向延至二叠纪地层中,但脉体迅速变窄、尖灭。

3条含金方解石石英脉距离很近,其中Ⅰ、Ⅱ号脉相距80m,Ⅱ、Ⅲ号脉相距400m,3条脉走向上近平行,Ⅰ号脉规模最大,Ⅱ号脉次之,Ⅲ号脉最小。含矿脉体类型有冰长石-石英脉。

矿体沿走向不连续,每个独立矿体之间隔70～120m,矿体之间由低品位石英方解石脉连接,矿体厚度小于或等于脉体厚度。

矿体赋存于脉体上部,一般距地表50～200m,矿体与脉体侧伏方向一致,并且矿体底界与不整合面近于平行,相距200m左右。

3. 矿石类型及矿物组合

(1)矿石类型属贫硫化物石英-方解石型矿石。

(2)矿物组合:矿石中金属硫化物含量少,主要是黄铁矿、辉银矿、银金矿,其次为闪锌矿、方铅矿、黝铜矿、针碲金矿、碲银矿、自然银、自然金、辉铜矿,局部出现硬锰矿、辰砂、硫锑铅矿、孔雀石、褐铁矿、菱铁矿等。脉石矿物主要是方解石、石英,其次有白云母、钾长石、重晶石、钠长石、绢云母、明矾石、冰长石、玉髓等。

4. 矿石结构、构造

矿石结构有自形、半自形结构,浸染状结构、他形粒状结构、固溶体溶离结构、压碎结构、隔板状和交代状、港湾状结构。矿石构造有角砾状构造、晶洞(晶簇)构造、梳状构造。

5. 蚀变类型及分带性

刺猬沟金矿围岩蚀变受断裂控制,可分为3期。

(1)早期蚀变:主要有青磐岩化作用,形成绿泥石、绢云母、碳酸盐、钠长石、石英等蚀变矿物组合。

(2)成矿期蚀变:成矿期蚀变有两种,早期为钾质泥化,由伊利石-水云母、碳酸盐等矿物组成;晚期硅化、碳酸盐化蚀变,往往叠加于钾质黏土化带上,并常形成复脉体,是矿区主要矿化蚀变类型,矿物组合有方解石、石英及少量明矾石、泥质物等,呈带状分布于脉体两侧。

(3)矿期后蚀变:主要有绿泥石化、叶蜡石化等,沿裂隙分布。

6. 矿床的直接控矿因素和找矿标志

(1)控矿因素:区域上受近东西向百草沟-苍林断裂和北东向亲合屯-西大坡断裂及北西向大柳树河-海山断裂交会处形成的火山盆地控制。矿体赋存在上侏罗统屯田营组钙碱性安山质岩-次火山侵入杂岩及火山口相和断陷部位,主要含矿岩石为安山质角砾凝灰熔岩和次火山岩。矿体受叠加在火山口附近的北北东向断裂构造控制。

(2)找矿标志:主要蚀变类型为青磐岩化、沸石化、赤铁矿化、冰长石化、黄铁矿化、碳酸盐化及硅化等。地球化学标志,1:20万、1:5万水系沉积异常,土壤化探异常,前缘元素为Hg、Sb,中部元素为W、Ti、Cu、Bi、As等,下部元素为Cr、Ni、Mo、Pb、Be、Ag、Au等。

(二)地球物理特征

1. 矿床所在区域重磁场特征

在1∶25万布格重力异常图上,矿床处于北西向和东西向重力梯度带交会处,北东侧为相对重力低异常分布区,在矿床处呈向南西凸起形态,西部、南部为相对重力高异常分布区。在剩余重力异常图上,近似环状局部重力高异常带内为重力低异常分布区,显示出中心式火山机构特征。矿床处于重力高异常带西部内侧向重力低异常区过渡部位,东部附近有一规模较小的重力低局部异常。环状局部重力高异常带与二叠系、三叠系地层有关,其内部重力低异常区与刺猬沟组安山岩、英安岩及火山碎屑岩有关。

在1∶25万区域航磁异常图上,矿床处于东部北东东向展布的近似条带状强磁异常的西南端向北西侧北东走向椭圆状低缓局部异常过渡部位。在航磁异常化极垂向一阶导数等值线图上,由北西向南东正、负异常带相间排列,正磁异常带北东向分布特征明显。矿床处于北东向负、低磁异常带中,与两侧正异常带的西南端位置相对应。推断北东向负、低磁异常带为断裂构造带的异常反映。

2. 矿床所在地区磁场特征

在1∶5万航磁异常图上,矿床处于北西走向楔形低磁异常中心部位,该处最低值为-50nT,异常北西窄,东南宽,西南及东南两侧梯度带较陡,低磁异常中心靠近两条梯度带交会处。显示出火山口断陷部位为北西向和北东向断裂构造交会的特点。在航磁异常化极等值线图上,矿床处负值区向北西明显扩大,其北东部有3处较小的负磁异常沿北西向排列。负磁异常镶嵌在低缓正磁场中,周边有强磁异常分布,北西和南东出现最强磁异常,为1260nT。低缓正磁场分布区推断为火山机构分布范围。

(三)汪清县刺猬沟金矿床地质—地球物理找矿模型

综合上述矿床地质特征和地球物理异常特征,可归纳总结出矿床地质—地球物理找矿模型(表4-4-8)。

表4-4-8 汪清县刺猬沟金矿床地质—地球物理找矿模型表

地质条件	构造环境	矿区位于小兴安岭-张广才岭叠加岩浆弧(Ⅱ)太平岭-英额岭火山-盆地区(Ⅲ)罗子沟-延吉火山盆地群(Ⅳ)内,受北北东向图门断裂带与北西向嘎呀河断裂复合部位控制
	岩石组合	安山质角砾凝灰熔岩和次火山岩
	构造标志	成矿构造:矿体受近火山口相辐射状断裂,即沿成矿前的北西向(被次火山岩脉充填)和北北东向(次安山玄武岩充填)两组剪裂形成的追踪张裂控制
	围岩蚀变	(1)早期蚀变:主要有青磐岩化作用,形成绿泥石、绢云母、碳酸盐、钠长石、石英等蚀变矿物组合。 (2)成矿蚀变:成矿期蚀变有两种,早期为钾质泥化,由伊利石-水云母、碳酸盐等矿物组成;晚期硅化、碳酸盐化蚀变,往往叠加于钾质黏土化带上,并常形成复脉体,是矿区主要矿化蚀变类型,矿物组合有方解石、石英及少量明矾石、泥质物等,呈带状分布于脉体两侧。 (3)成矿期后蚀变:主要有绿泥石化、叶蜡石化等,沿裂隙分布
地表找矿标志		安山质角砾凝灰熔岩和次火山岩出露区;近火山口相辐射状断裂,即沿成矿前的北西向(被次火山岩脉充填)和北北东向(次安山玄武岩充填)两组剪裂形成的追踪张裂;主要蚀变类型为青磐岩化、沸石化、赤铁矿化、冰长石化、黄铁矿化、碳酸盐化及硅化等

续表 4-4-8

找矿历史标志	文字记录	该矿发现于1966年,当年吉林省地质局延边地区综合地质大队开展地表工作;1967年吉林省地质局延边地区综合地质大队进行初查;1973—1974年吉林省地质局延边地区综合地质大队进行详查勘探
地球物理标志	重力	在1:25万布格重力异常图上,矿床处于北东向局部重力低异常向南西凸起的端部。在剩余重力异常图上,处于重力低异常边部,正、负重力异常的过渡带上,梯度缓。负重力异常是火山口断陷部位的异常反映
	磁法	在1:5万航磁异常图上,矿床处于北西走向楔形低磁异常中心部位,异常北西窄,东南宽,西南及东南两侧梯度带较陡,低磁异常中心靠近两条梯度带交会处。显示出火山口断陷部位为断裂构造交会部位的特点
	电法	电性是低阻、高极化异常

第五节　钨矿典型矿床地质—地球物理特征

(一)典型矿床成矿地质特征

1. 地质构造环境及成矿条件

珲春市杨金沟岩浆热液型钨矿床位于吉黑褶皱系延边优地槽褶皱带东部大北城-前山南北向褶断带中段,出露地层主要为下古生界五道沟群,由古火山、碎屑沉积岩经受低-中级区域变质作用,并叠加动力变质和接触热变质作用,形成的一套变质岩系,总体走向近南北,长30km,东西宽214km。构造变形强烈,断裂和褶皱发育,侵入岩有基性-中性-酸性岩体、岩脉、岩株等。海西晚期大六道沟黑云母斜长花岗岩体;印支期五道沟二长花岗岩-花岗岩体;燕山早期小西南岔石英闪长岩体,农坪-杨金沟浅成花岗岩等。

1)地层

区域出露的除第四系外均为下古生界五道沟群,分为下、中、上3个岩性段。下段可见厚度约583m,中段可见厚度约547m,上段可见厚度约456m。下段主要有变质中-细粒砂岩夹变质流纹岩;中段主要由斜长角闪片岩、斜长角闪岩、钙质云母片岩、黑云母石英片岩和薄层状不纯大理岩组成;上段主要有红柱石黑云母石英片岩、绿泥石绢云母石英片岩和二云石英片岩。

2)构造

矿区为一单斜构造(杨金沟向斜的西翼),整体走向北西,倾向北东,倾角40°～80°,近南北带状分布,局部层间褶曲发育。断裂构造主要有走向断裂和斜向断裂。走向断裂与区域上的主要构造线一致,属压性断裂构造,南北延长较大,长2km,倾向北东,倾角65°～80°。斜向断裂与区域上的主要构造线有一定交角,属张性断裂构造,北西延长不大,总长0.8～1.0km,倾向南西,倾角40°～70°。上述两组断裂构造均被后期的石英脉充填,构成石英脉-石英细脉带,而且脉带方向性强,延伸稳定,连续性好。

3)侵入岩

闪长岩出露于向斜核部,以岩体及岩枝状产出,接触界线清楚,沿接触带见烘烤及绿泥石化、阳起石化、绿帘石化、硅化等蚀变,局部见星点、团块状黄铁矿、磁黄铁矿化。花岗斑岩分布于下古生界五道沟群中,呈小岩滴状、岩枝状,面积不足50m²,与围岩接触处多见黑色泥化带,并见浸染状白钨矿化、毒砂等。

石英脉发育,总体走向北西-南东,倾向以北东为主,其次为南西向,分布于五道沟群中、上段斜长角闪片岩、斜长角闪岩、云母石英片岩中。

2. 矿体三度空间分布特征

矿体以脉状、复脉状含白钨矿石英脉-石英细脉带产于斜长角闪片岩、斜长角闪岩、钙质云母片岩、黑云母石英片岩中,脉与脉的间距为 5~50cm,在石英脉之间或石英脉两侧的围岩中也发生了强烈的蚀变,形成蚀变岩,它们共同组成了矿体,与岩层产状一致,少数矿体与岩层产状不一致。现已发现白钨矿体 87 条,自西向东分为 3 个矿带和北部 B 线矿体群。

3. 矿石类型及矿石矿物组合

金属矿物主要以白钨矿为主,少量黑钨矿,次为毒砂、黄铁矿、磁黄铁矿、黄铜矿、硫铜锑矿、辉钼矿等金属矿物。脉石矿物有石英、黑云母、斜长石、钠长石、磷灰石、绿泥石、方解石等。

4. 矿石结构及构造

矿石结构有粗粒、细粒结晶结构、包裹乳滴状结构、交代结构、填隙结构。矿石构造有脉状、细脉浸染状构造、角砾状构造。

5. 围岩蚀变

硅化:主要沿裂隙充填和交代,使岩石褪色或形成硅化石英脉。
钠长石化:交代斜长石与热液蚀变石英共生在一起,经常与白钨矿伴生。
黑云母化:呈细小鳞片状集合体产出,分布不均匀,穿插交代角闪石或斜长石,被白钨矿交代。
阳起石化:呈脉状、细脉状产出,常被白钨矿交代,出现菊花状集合体。
白云母化:沿石英脉两侧分布,呈片状集合体或放射状。
磷灰石化、榍石化、电气石化:经常伴随热液蚀变出现,与白钨矿伴生。
此外还有透辉石化、透闪石化、方柱石化、绿帘石化、绿泥石化、绢云母化、碳酸盐化。

6. 控矿因素及找矿标志

下古生界五道沟群中斜长角闪岩、绿泥片岩夹变质凝灰岩中钨的丰度为 10.31×10^{-6},认为该地层是区内钨的主要矿源层之一。

区内花岗斑岩为陆源弧新型挤压钙碱性岩石系列,对金、钨矿床的形成十分有利。花岗斑岩体内部有望发现浸染状白钨矿体。

杨金沟钨主矿带内发育大量石英脉带,岩石强烈褪色,普遍见有白钨矿化。

研究区内蚀变闪长玢岩(花岗闪长斑岩)具有碳酸盐化、绢云母化,在其上、下盘均见有白钨矿化。

五道沟群与燕山期花岗斑岩接触层面,有望发现规模更大的矿体。

(二)地球物理特征

1. 矿床所在区域重磁场特征

在 1:25 万布格重力异常图上,珲春市杨金沟钨矿床处于闹枝沟—杨金沟—小西南岔—北大城一线南北向重力梯度带上。该梯度带宽约 5.0km,长约 67km,向北延入黑龙江省,向南终止于中俄国界,梯度西缓东陡,梯度带沿南北向呈"波浪起伏状",梯度陡缓也有变化。矿床处于梯度变陡处,梯度变化达每千米 $3.75\times10^{-5}\,\mathrm{m/s^2}$,其南部梯度带明显发生扭曲、错动。

该梯度带西部为大面积的布格重力异常负场区,最低值出现在区内西北部杜荒子以南。东侧为与之平行的南北走向重力高异常带,其南北两端叠加有正重力高局部异常,最大值出现在河东屯西南部,中部有两处形态不明显、强度不大的重力高局部异常,重力高异常带以东为重力异常负场区,负场区向东进入俄罗斯境内。

钨矿床处于宽度较大的重力梯度带上局部由东向西凸起部位北东一侧,反映出北西向断裂和北东向断裂在凸起顶部相交,钨矿床位于北东向断裂构造上。在剩余重力异常图上,处于南北向重力高异常带西侧边部东西向椭圆状局部重力高异常东侧边部,闹枝沟—杨金沟—小西南岔—北大城一线南北向重力梯度带与区域性大断裂位置较为吻合。断裂东侧主要出露香房子岩组、杨金沟岩组、马滴达岩组等老变质岩,可引起重力高异常;断裂西侧分布有大范围的印支期中酸性岩体,可引起重力低异常。

在1:25万区域航磁异常图上,杨金沟钨矿床处于三道沟—杨金沟—春化金矿北东走向线性梯度带的中部,北西部有一北西西走向的线性梯度带终止于此。两梯度带北侧区域有一总体呈北东走向的"鸭嘴"形局部高磁异常,长23.8km,宽12.0km,最大强度400nT。区内东南部为低磁异常区,磁异常宽缓,面积相对较大,南部有负场区,强度最低为 $-50\mathrm{nT}$。

在航磁异常化极等值线图上,矿床处于负磁异常区内北东向和南北向线性梯度带交会处。

2. 矿床所在地区磁场特征

在1:5万航磁异常剖面平面图和等值线平面图上,矿床处于北东走向的低缓平稳正磁场区的东南边部,该处场值约10nT,东南边部外侧为负磁场区。西部有一条不明显的北东走向梯度带分布,是一条断裂构造的反映。在航磁异常化极、化极垂向一阶导数等值线图上,矿床处于大面积低缓负磁场中。

第六节 锑矿典型矿床地质—地球物理特征

(一)典型矿床成矿地质特征

1. 地质构造环境及成矿条件

临江市青沟子岩浆热液型锑矿床,位于前南华纪华北东部陆块(Ⅱ)胶辽吉元古宙裂谷带(Ⅲ)老岭拗陷盆地内。

1)地层

区域内出露的地层主要为下元古界老岭群珍珠门岩组、临江组和大栗子组。珍珠门岩组出露于区域的北西部,主要为白云石大理岩。

临江组出露于青沟子背斜核部,由北东向转南东向展布,呈向北东突出的弧形,为一套海相泥质碎屑岩建造,变质较浅。下部为二云片岩夹薄层石英岩,上部为中厚层石英岩(标志层)夹薄层绢云片岩等。临江组为锑矿的主要含矿层位,与上覆的大栗子组呈整合接触。

大栗子组分布在青沟子背斜两翼,也是由北东向转至南东向展布,划分为3个岩性段。下段为二云片岩、绢云片岩夹薄层石英岩;中段为十字石二云片岩、绢云片岩、千枚岩、二云片岩夹大理岩;上段为块状大理岩,赋存大栗子铁矿。

2)构造

区域及外围构造变形发育,早元古宙老岭群经历了三期变质变形。第一期为以层理为变形面的近南北向的紧闭同斜。第二期为以第一期变形形成的透入形的片理为变形面的北西向的歪斜褶皱,在褶皱斜折端,发育有折劈理,是一种非透入性构造。第三期变形为以第二期变形形成的透入性片理为变形面北东向开阔的等厚褶皱。在褶皱转折端发育有扇形断层。青沟子背斜主体为第二期北西向变形,由于第三期变形的改造,使其呈向北突出近东西向展布的褶皱。区域断裂构造主要有北东向、东西向、北东向及北西向。

3)侵入岩

区域出露有草山似斑状黑云母花岗岩岩体及少量中性脉岩。草山岩体出露在矿区的西部,属Ⅰ型花岗岩。矿区内脉岩不甚发育,规模不大,主要分布在矿区中部及北部,具有闪长岩、闪长玢岩、辉绿岩、煌斑岩。呈东西向、北东向、北西向展布,长几十米至600m不等,宽度1m至几十米,并多充填在断层中。

2. 矿体三度空间分布特征

矿床主矿脉带6条,赋存10条工业矿体。矿脉严格受断裂构造控制,从Ⅰ、Ⅲ矿组各中段看,矿脉带产状亦有明显的变化,反映了多期构造复合叠加、继承的特点。矿体在矿脉中连续性差,呈尖灭再现和尖灭侧现分布。单个矿体以脉状、薄层状为主,其次为扁豆状、透镜状和不规则状。

3. 矿石类型及矿物组合

(1)矿石类型:青沟子锑矿氧化带不发育,矿石自然类型均为硫化物矿石。

(2)矿物组合:矿石矿物成分主要有辉锑矿、自然砷、钨铁矿、黄铁矿、磁黄铁矿、白铁矿、毒砂、磁铁矿、钛铁矿、褐铁矿、石英、绢云母、绿泥石、黑云母、方解石、电气石和石墨等。

4. 矿石结构构造

矿石结构有粒状结构、自形晶结构、显微叶片状结构、放射状结构、交代残余结构、显微状结构、应力双晶结构及碎斑结构;构造有块状构造、团块状构造、浸染状构造、条带状构造、条纹状构造、细脉-脉状构造、胶结角砾-角砾状构造、晶洞(簇)构造。

5. 蚀变类型及分带性

矿床围岩蚀变种类主要为硅化、绢云母化、碳酸盐化、绿泥石化、黄铁矿化、毒砂化和辉锑矿化。

矿体上盘比矿体下盘矿化强。蚀变种类以硅化、碳酸盐化、黄铁矿化、毒砂化为主,绿泥石化、电气石化、辉锑矿化较弱;蚀变特征以裂隙、微裂隙充填为主;蚀变规模,矿体上盘宽十几米,矿体下盘几米;蚀变分带不明显。从坑道矿脉带中观察,硅化与锑矿相伴出,硅化较强的部位矿化好;硅化弱、矿化差;无硅化基本无矿。

6. 控矿因素及找矿标志

1)控矿因素

构造控矿:矿区内锑矿脉(体)主要受北东向、北北东向、北西向、近南北向和近东西向断裂构造控制,矿脉的展布方向严格受构造面的制约。青沟子锑石的工业矿体,均控制在青沟子倒转背斜的核部,两翼矿化不佳。综上所述,北东向深大断裂是导矿构造,次级构造为储矿构造。

地层控矿:锑矿化明显受地层岩性控制,主要矿体赋存在临江组、大栗子组泥质碎屑岩的中浅变质岩系的云母片岩、石英岩、千枚岩中,这些岩石有利于断层破碎带和节理裂隙的形成。其中断裂构造上下盘为绢云片岩、二云片岩,形成了较好的封闭条件,有利于矿液富集。

岩浆岩与成矿的关系:矿床与岩浆岩在空间上、时间上、成因上有着极为密切的联系,矿床成因为中低温热液充填型,主要是印支期草山单元黑云母花岗岩期后热液活动的产物。多期次热液活动与多次成矿作用以及相伴的中酸性岩脉侵位,无疑为锑成矿提供了良好的物源和热源。

2) 找矿标志

北东向陡倾斜断裂及旁侧次级断裂构造是区域找矿标志;褶皱构造加上断裂构造是寻找锑矿体的构造标志;临江组、大栗子组碳质绢云片岩、千枚岩、石英岩等为锑矿床地层岩性标志;断裂带硅化、黄铁矿化、毒砂化等是找矿的蚀变标志。

(二) 地球物理特征

1. 矿床所在区域重磁场特征

在1:25万布格重力异常图上,青沟子锑矿床位于龟形重力低异常的东侧梯度带边缘,其外围重力高异常环绕。重力低异常由两部分组成,西北龟头呈等轴状,异常较小,梯度缓,与老秃顶子花岗岩体有关,东部龟身近椭圆状,东西走向,异常规模大,梯度陡,为整个重力低异常的主体部分,为草山花岗岩体引起。东侧锑矿床处重力高异常平缓,向南北两侧场值逐渐升高,形成半环形异常带,为老岭群花山组、临江组、大栗子组地层引起。在剩余重力异常图上,整个负异常呈椭圆状,东西走向,长14.7km,宽8.4km,异常东侧梯度陡,锑矿床位于梯度带边部靠近零值线的正场一侧。

在1:25万区域航磁异常图上,草山花岗岩体以平稳的负磁场为特征。岩体东侧边缘有一纺锤形较弱的正异常带穿过,并继续向北北东伸出。锑矿床位于纺锤形正异常带东部的低缓负磁场中,靠近正异常带的中部-10nT等值线向北西方向凸起的端部。经化极垂向一阶导数处理,锑矿床更加靠近纺锤形正异常带中部扭曲部位,正异常带变宽。正异常带是岩体与围岩发生交代作用,形成具有磁性的夕卡岩所致。

2. 矿床所在地区磁场特征

在1:5万航磁异常图上,区内正异常位于草山花岗岩体东半部边缘,为东沟—五人把"S"形正异常带南段岩体与老岭群地层接触带异常。西部以正异常为主,整体呈向东凸起的弧形,由西向东磁场强度逐渐降低,其上叠加的局部异常均分布在接触带或两侧,最高值在西南部四方顶子附近,强度为80nT。东部负异常区以南高北低为特征,北侧较低负异常以北西走向为主,最低值出现在锑矿床的东北部,编号为吉C1-1990-122,形态为等轴状,航检为蚀变带异常,负异常区中南高北低的北西向分界线推断有北西向断裂构造存在。正、负异常过渡位置负场一侧有一条南北向梯度带贯穿全区,在锑矿床处向东凸起,形成一处强度较弱的剩余磁异常,最大值为-10nT,应为蚀变带磁异常。梯度带的西侧分布有吉C1-1990-125正磁异常,强度为30nT,略高。以锑矿床处凸起异常为界,梯度带北段紧密,南段发散。经化极处理,锑矿床处南北向梯度带及剩余磁异常明显突出,经化极垂向一阶导数处理,锑矿床完全落在剩余磁异常的中心部位。

综合上述，岩体与锑矿床的形成有密切关系，是青沟子锑矿床形成的主要热源，岩体对围岩热变质作用较为强烈，产生蚀变带磁异常，锑矿床距离接触带稍远，磁异常减弱。锑矿床位于南北向梯度带与北西向梯度带、场区分界线的交会处，反映出矿床的形成受构造控制的特点。

(三)临江市青沟子锑矿床地质—地球物理找矿模型

综合上述矿床地质特征和地球物理异常特征，可归纳总结出矿床地质—地球物理找矿模型(表 4-6-1)。

表 4-6-1　临江市青沟子锑矿床地质—地球物理找矿模型表

地质条件	构造环境	前南华纪华北东部陆块(Ⅱ)胶辽吉元古宙裂谷带(Ⅲ)老岭拗陷盆地内
	岩石组合	二云片岩、石英岩、花岗岩
	构造标志	开阔的等厚褶皱转折端发育有扇形断层部位，叠加有北东向、东西向断裂部位
	围岩蚀变	主要为硅化、绢云母化、碳酸盐化、绿泥石化、黄铁矿化、毒砂化和辉锑矿化
地表找矿标志		北东向陡倾斜断裂及旁侧次级断裂构造是区域找矿标志；褶皱构造加上断裂构造是寻找锑矿体构造标志；临江组、大栗子组碳质绢云片岩、千枚岩、石英岩等为锑矿床地层岩性标志；断裂带硅化、黄铁矿化、毒砂化等是找矿的蚀变标志
找矿历史标志	文字记录	20 世纪 50 年代长春地质学院在填图中发现锑矿转石，在此基础上原通化地质大队多次对该点进行检查。1982 年冶金 602 队，1987—1988 年吉林省地质矿产局第四地质调查所对该区进行过普查；1991—1993 年第四地质调查所进行详查
地球物理标志	重力	在 1∶25 万布格重力异常图上，青沟子锑矿床位于头西尾东龟形重力低异常的东侧梯度带边缘，其外围重力高异常环绕。重力低异常东西走向，长约 14.7km，宽约 8.4km，边部梯度陡，为草山花岗岩体引起。锑矿床处东侧半环形平缓重力高异常环绕，为老岭群变质岩引起
	磁法	在 1∶5 万航磁异常图上，区内正异常位于草山花岗岩体东半部边缘，为岩体与老岭群地层接触带异常。锑矿床处于靠近正异常区的东部负异常区一侧南北向线性梯度带局部向东凸起部位，为一处强度较弱的相对高磁异常，最大值为－10nT，应为蚀变带磁异常。锑矿床位于南北向梯度带与北西向梯度带、场区分界线的交会处，反映出矿床的形成受构造控制的特点

第七节　铬矿典型矿床地质—地球物理特征

吉林省铬铁矿资源少，但是永吉县小绥河侵入岩浆型铬铁矿床却具有代表性。本次仅选取小绥河侵入岩浆型铬铁矿床一例作为典型矿床，矿产预测类型为大小绥河式侵入岩浆型，成矿时代为海西期，应用于小绥河、开山屯、头道沟 3 个铬矿预测工作区。

永吉县小绥河侵入岩浆型铬铁矿床地质—地球物理特征如下。

(一)典型矿床成矿地质特征

1. 地质构造环境及成矿条件

矿床位于天山-兴蒙-吉黑造山带(Ⅰ),小兴安岭-张广才岭弧盆系(Ⅱ3),小顶山-张广才岭-黄松裂陷槽(Ⅲ2),双阳-永吉-蛟河上叠裂陷盆地(Ⅳ3)内。

1)地层

区内地层出露有石炭纪—泥盆纪通气沟组,主要岩性为砂岩、粉砂岩;志留纪—泥盆纪二道沟群浅海相碎屑岩,呈带状分布,主要岩性为砂岩、灰岩、板岩等。

2)岩体

区内出露的岩浆岩主要为小绥河超基性岩体。小绥河超基性岩带位于吉林古生代晚期褶皱带,向北毗邻依兰-伊通中生代地堑。岩带由大小16个岩体组成,除九站Ⅷ岩体半隐伏岩体面积达$0.52km^2$之外,其余均在$0.2\sim0.03km^2$或更小。岩体侵入于由纵向冲断层所控制的狭长的志留纪—泥盆纪二道沟群单斜地层中,呈带状。岩体与围岩走向一致,倾向相反。控岩构造与古生代地层的构造关系密切,岩体侵入于较老的变闪长岩及蚀变辉长岩中并为中生代酸性—基性脉岩所穿插,推测超基性岩的侵入时代是古生代。

小绥河Ⅰ号超基性岩体长4800m,宽$20\sim140m$,平均宽度为40m,面积约$0.2km^2$;走向北东74°,倾向南东,倾角$50°\sim80°$,为一具有膨缩现象及北西$280°\sim300°$侧支的脉状单斜岩体。

岩体已全蛇纹石化,原生造岩矿物及原岩结构构造已被破坏殆尽,仅按次生结构构造划分为粗粒叶蛇纹岩和致密状蛇纹岩两种。粗粒叶蛇纹岩主要位于岩体上盘部位,向下逐渐变窄,致密状蛇纹岩主要位于岩体下盘部位,向下变宽。两种蛇纹岩以突变关系为主,有时呈递变关系。粗粒叶蛇纹岩较完整,致密状蛇纹岩则多呈角砾状且主要由胶蛇纹岩组成。初步认为两者属同期同源再度侵入关系,将粗粒叶蛇纹岩定为含辉纯橄岩(Φ_1^2),致密状蛇纹岩定为斜辉辉橄岩(Φ_2^2)。粗粒叶蛇纹岩是主要近矿围岩。

中生代侵入的辉绿岩和石英钠长斑岩呈脉状广泛侵入于岩体上盘围岩及岩体中,产状与岩体一致。石英钠长斑岩规模大、分布广,浅部倾角$45°\sim60°$,向深变为80°,在$100\sim180m$深度较严重地破坏了①号矿体,②号矿体则在近地表部位即被破坏;再往下,分支现象较多,对矿体的破坏不甚明显。

2. 矿体特征

永吉县小绥河铬铁矿床已查明3条矿体,其中Ⅰ号矿体最大,约占总量的90%。

(1)①号铬矿体最长93m,呈似脉状、雁行状、扁豆状产出,厚度0.89m,矿体东富西贫,Cr_2O_3最高品位为33.43%,最低品位为6.18%,平均22.81%。矿体主要赋存在标高110m以上的浅部,在一个矿体中,往往中心为稠密浸染状,向边缘过渡为浸染状及致密块状矿化岩石。矿体赋存在深大断裂北侧粗粒叶蛇纹岩中,呈脉状、雁行状分布,总体产状$72°\sim164°$,与岩体产状一致。

(2)②号矿体:该矿体与①号矿体同属一个控矿构造,产状与①号矿体一致,位于①号矿体分支膨大部位粗蛇纹岩南侧,矿石以中等浸染状为主,少许稠密浸染状矿石分布。

(3)③号矿体:位于①号矿体下盘一盲矿体矿石以稠密浸染状类型为主,矿体仅有4个钻孔控制,矿体产状和规模可靠性差。

3. 矿石物质成分

(1)矿石类型:稠密浸染状矿石占60%,稀疏-中等浸染状及块状矿石占40%。

(2)矿物组合:主要矿物为铬尖晶石矿,次要矿物为赤铁矿、褐铁矿及微量磁铁矿、黄铁矿、针镍矿、硫钴矿和六方硫钴矿等。脉石矿物主要为叶绿泥石及单斜绿泥石,其次为白云石及少量铬斜绿泥石。

(3)矿石的结构构造。含矿岩石的结构主要为似斑状结构。矿石的构造主要为稠密浸染状构造、稀疏浸染状构造、斑点状构造。

4. 蚀变类型

区内围岩蚀变主要有铬铁矿化、滑石化、碳酸盐化、硅化、褐铁矿化、绿泥石化、黄铁矿化。

5. 成矿时代

成矿时代为海西期。

6. 控矿因素

(1)构造控矿:受伊-舒深大断裂控制,北东向构造既为容矿构造,也为控矿构造。

(2)粗粒叶蛇纹岩和致密状蛇纹岩为控矿岩体,提供赋矿层位。岩体分叉、膨大部位,控矿构造最发育。

(3)矿体在围岩中均可见到。矿体均产在蚀变带内。

(二)地球物理特征

1. 矿床所在区域重磁场特征

在1∶25万布格重力异常图上(图4-7-1),铬铁矿床位于西部依兰-伊通中生代地堑重力低异常带与东部古生界地层重力高异常带间梯度带边部,靠近重力高一侧。重力梯度带北东走向,规模大,宽约9.4km,梯度每千米变化3.0×10^{-5}m/s²,为依兰-伊通岩石圈断裂带的东界。重力梯度带在岔路河——拉溪-大绥河为北东走向,大绥河-孤店子-乌拉街转为北北东走向,矿床处在转折端外侧边部。在剩余重力异常图上,矿床位于北东—北北东走向的一拉溪—小绥河—九站一线重力高异常带上,该带西南段宽度明显窄于北北东段,并出现两个重力高异常中心,反映出被已知北西向大绥河断裂错断的重力场特征。

在1∶25万区域地质图上,依兰-伊通地堑重力低异常带地表主要为新生代沉积地层。一拉溪—小绥河—九站一线重力高异常带地表主要出露有古生代志留纪—泥盆纪西别河组浅海相碎屑岩,石炭纪通气沟组砂岩、粉砂岩,二叠系中世范家屯组砂岩、粉砂岩、板岩,上二叠统杨家沟组含砾砂岩、板岩、砂岩,上三叠统四合屯组安山岩、安山质熔岩、角砾岩,下侏罗统玉兴屯含砾砂岩、凝灰质砾岩、砂岩、粉砂岩夹中酸性火山碎屑岩。重力高异常带主要为古生代地层引起。

第四章 典型矿床地质—地球物理特征

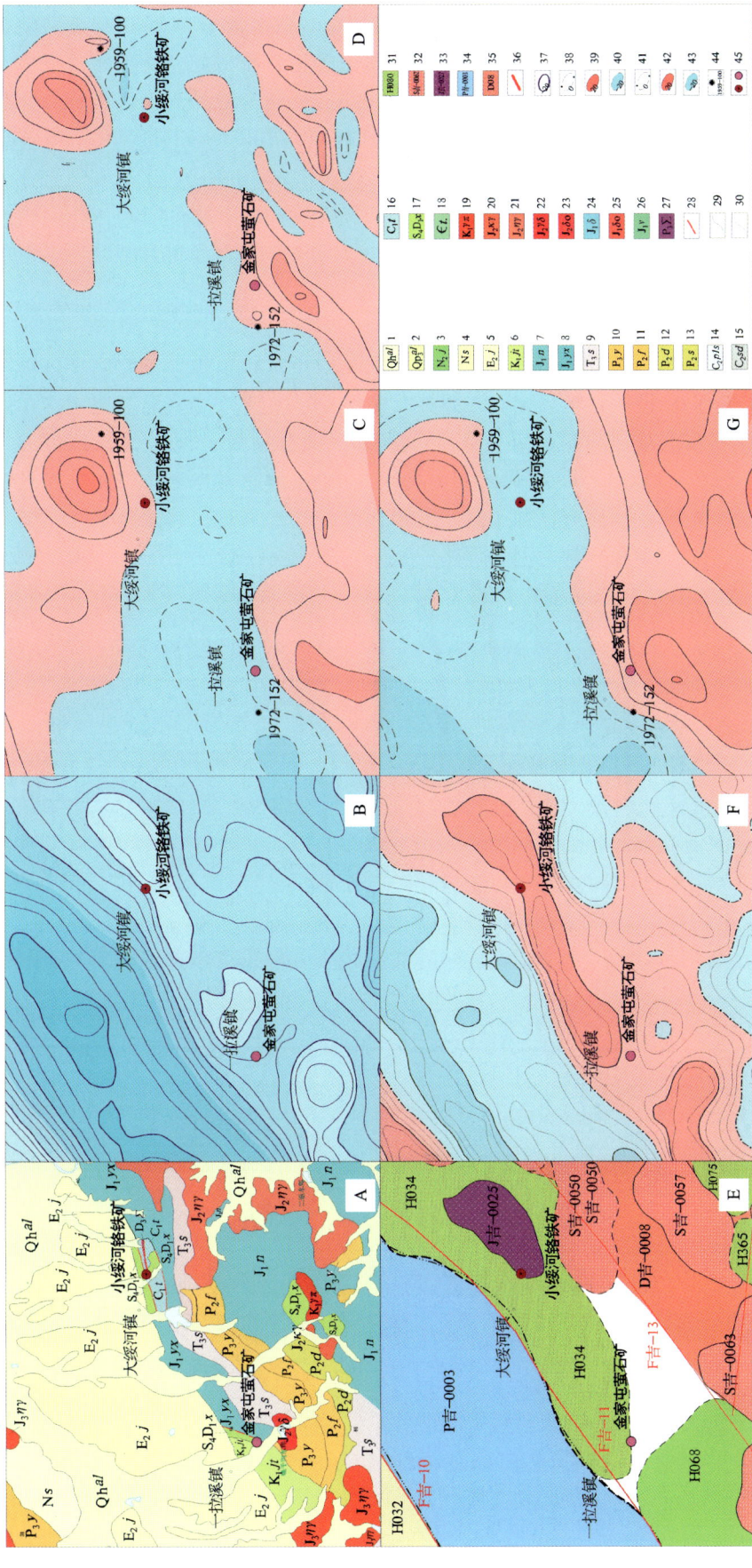

图4-7-1 小绥河典型铬铁矿矿床所在区域地质矿产及物探剖析图

A. 地质矿产图; B. 布格重力异常图; C. 航磁ΔT等值线平面图; D. 航磁ΔT化极垂向一阶导数等值线平面图; E. 重磁推断地质构造图; F. 剩余重力异常图; G. 航磁ΔT化极等值线平面图

1. Ⅰ级阶地及现代河床, 河漫滩, 砂砾石堆积; 2. Ⅱ级阶地, 砂砾石堆积, 砂土, 亚砂土, 粗砂; 3. 军舰山组; 4. 水曲柳组; 5. 吉舒组; 6. 泉头组; 7. 南楼山组; 8. 玉兴屯组; 9. 四合屯组; 10. 杨家沟组; 11. 范家屯组; 12. 大河深组; 13. 寿山沟组; 14. 石嘴子组; 15. 四嘎气组; 16. 通气沟岩; 17. 西别河组; 18. 头道沟组; 19. 早白垩纪花岗斑岩; 20. 中侏罗纪碱长花岗岩; 21. 中侏罗纪二长花岗岩, 似斑状二长花岗岩; 22. 中侏罗纪花岗闪长岩; 23. 中侏罗纪花岗闪长岩; 24. 中侏罗纪石英闪长岩; 25. 早侏罗纪石英闪长岩; 26. 早侏罗纪闪长岩; 27. 晚二叠纪橄榄岩, 辉橄岩; 28. (地质)推断断裂; 29. 整合岩层界线; 30. 角度不整合界线; 31. 中侏罗断基性岩体及注记; 32. 重力推断中酸性岩体及注记; 33. 重力推断盆地及注记; 34. 重力推断岩浆岩带及注记; 35. 重力推断岩浆岩带及注记; 36. 重力推断断裂; 37. 布格重力异常等值线及注记; 38. 航磁异常等值线及注记; 39. 剩余重力异常正等值线及注记; 40. 剩余重力异常零值线及注记; 41. 航磁异常正等值线及注记; 42. 航磁异常正等值线平面图; 43. 航磁异常负等值线及注记; 44. 航磁异常点及注记; 45. 铬铁矿床, 萤石矿床在1∶25万区域航磁异常图上,矿床位于大绥河-九站等轴状正磁异常南部边缘零值线附近,该处异常梯度缓,南部为大面积平静负磁场区。正磁异常长、宽约13.5km,强度大于200nT,梯度略陡,北、东、南3面负磁异常环绕。在航磁异常化极等值线图上在矿床位于等轴状正磁异常南部负磁场中。等轴状正磁异常位于依兰-伊通中新生代沉积盆地内,距盆地东界较近,推断为隐伏火山机构所引起的异常。大面积负磁场区为新生代沉积盆地及古生代沉积地层的异常反映。

北东向依兰-伊通岩石圈断裂构造带为本区超基性岩体的上通道,小绥河含铬铁矿超基性岩体受北东东向次一级构造控制,处于古生代地层重力高异常带边部,由于规模不大,由航磁2km×2km网格数据生成的航磁异常等值线图上无异常显示,古生代地层和依兰-伊通盆地的低缓负磁异常区连成一片。

2. 矿床所在地区磁场特征

在1∶5万航磁异常等值线平面图上(图4-7-2),矿床位于北东向条带状正磁异常北侧负磁场区一侧。正磁异常由南西向北东部逐渐升高,最大强度大于80nT,梯度较陡,位于负磁场背景之中。在航磁异常化极等值线图上,正异常分解为南西和北东两个局部异常,最大值分别为-20nT、40nT,组成一条北东向带状异常;矿床处于两个局部异常之间,并靠近北侧梯度带,小绥河超基性岩体与北东部异常位置完全吻合;两个局部异常之间的矿床西侧有已知小绥河北西向断裂构造通过。在航磁异常化极垂向一阶导数等值线图上,矿床处于低缓正磁异常之上。

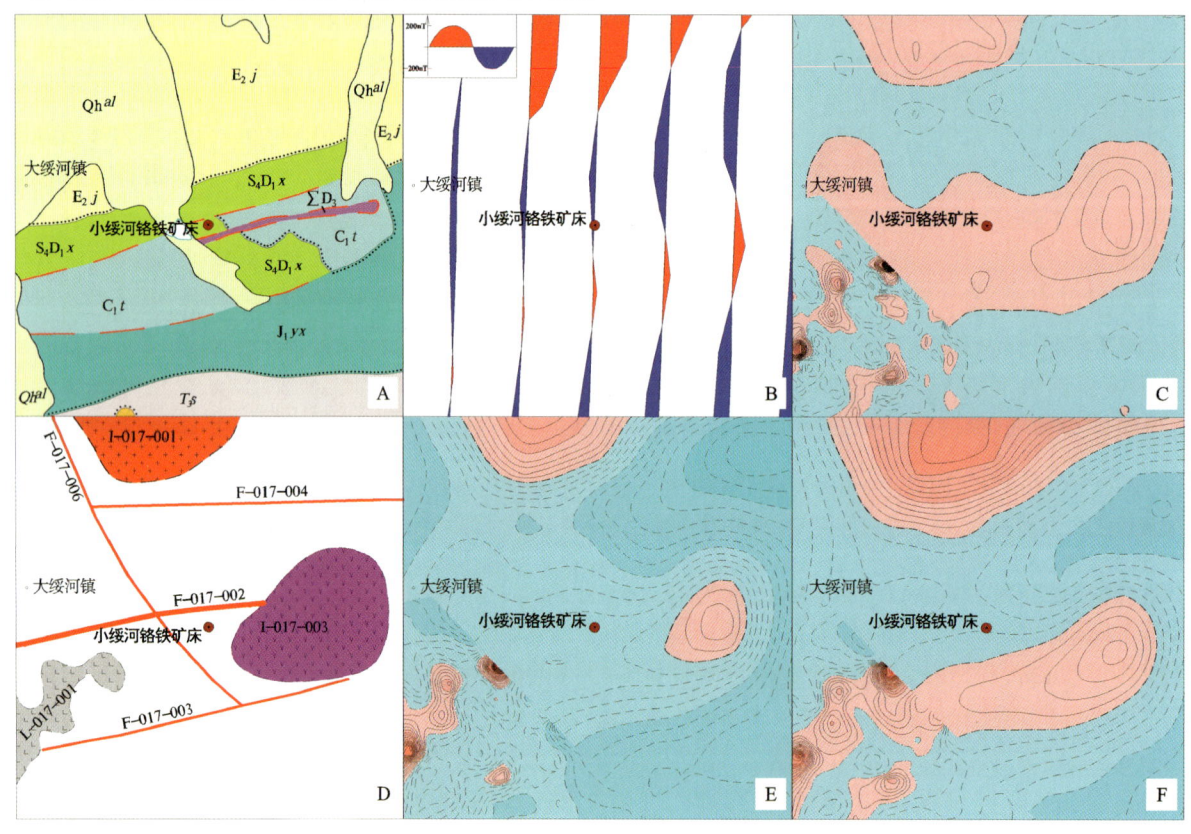

1.全新世;2.吉舒组;3.玉兴屯组;4.四合屯组;5.通气沟组;6.西别河组;7.晚泥盆世橄榄岩;8.整合地质界线;9.角度不整合地质界线;10.推断断层;11.磁法推断超基性岩体;12.磁法推断酸性岩体;13.磁法推断火山岩地层;14.磁法推断断裂构造;15.磁法推断出露、隐伏、半隐伏地质界线;16.航磁异常零值线及注记、航磁异常正等值线及注记、航磁异常负等值线及注记;17.铬铁矿床

图4-7-2 小绥河典型铬铁矿床所在地区地质矿产及物探剖析图

A.地质矿产图;B.航磁 ΔT 剖面平面;C.航磁 ΔT 化极垂向一阶导数等值线平面图;D.航磁推断地质构造图;E.航磁 ΔT 化极等值线平面图;F.航磁 ΔT 等值线平面图

3. 矿床所在位置地球物理特征

1)矿区岩(矿)石物性参数特征

矿区磁性最高为超基性岩石,即蛇纹岩类,磁化率平均值一般为$(4700\sim7700)\times10^{-5}$SI,具有中强磁性,剩余磁化强度平均值一般为$(1500\sim2900)\times10^{-3}$A/m,磁性较强,可以产生强度较大的磁异常。安山岩、闪长岩、碎屑凝灰岩及凝灰质角砾岩磁化率平均值一般为$(150\sim1169)\times10^{-5}$SI,剩余磁化强度一般为$(1360\sim3200)\times10^{-3}$A/m,属较弱磁性,均不引起明显的磁异常。

铬铁矿矿石类,致密块状铬铁矿磁性较弱,与其他弱磁性岩石一样,无明显异常;稠密浸染状铬铁矿具有中-弱感磁,但剩磁在矿区为最高,达4090×10^{-3}A/m,可引起较强磁异常。矿区具有磁性的岩(矿)石物性参数统计结果详见表4-7-1。

表 4-7-1 矿区磁性岩(矿)石物性参数统计表

岩石名称	标本/块	$\kappa/10^{-5}$SI			$J_r/10^{-3}$A·m^{-1}			备注
		最大值	最小值	平均值	最大值	最小值	平均值	
粗粒蛇纹岩	79	143 005	0	5843	65 100	0	1510	
角砾状蛇纹岩	13	15 645	1294	5303	6500	610	2010	
片状蛇纹岩	17	15 331	1257	7691	16 450	400	2880	
蛇纹岩	13	14 514	804	4725	7800	140	2540	
致密块状铬铁矿	6	1646	0	289	1120	0	200	
稠密浸染状铬铁矿	6	2488	251	1118	13 600	230	4090	
安山岩	13	1973	0	151	1560	60	450	
闪长岩	7-4	767	565	641	920	280	530	7块标本中4块有磁性
碎屑凝灰岩	15-2	741	163	352	3380	550	1360	15块标本中2块有磁性
凝灰质角砾岩	17-2	1244	1093	1169	340	280	320	17块标本中2块有磁性

矿区其他无磁性的岩石(磁性极弱)有石英钠长斑岩、花岗斑岩、灰岩、板岩、片岩、英安岩、白岗质花岗岩、煌斑岩、角闪岩、流纹岩、霏细岩、粉砂岩含砾砂岩等,均不引起磁异常。

2)矿床所在位置地磁场及重力场特征

(1)地磁异常平面特征。矿区内分布的小绥河Ⅰ号超基性岩体含①号和②号两条铬铁矿体,岩体地磁异常呈北东东向带状,长约1000m,向两端延出区外。异常带东窄西宽,西半部宽约200m,北半部宽约50m,最窄处仅有20m左右,北侧梯度陡,最大有280nT/m的变化,南侧缓,两侧明显不对称,反映出超基性岩体南东倾斜的特点。异常强度一般为500~1000nT,最高达4200nT,出现在异常中部①号铬铁矿体之上,该处北侧伴有-300~-200nT的负磁异常。②号铬铁矿体处磁异常强度相对较低,大于1000nT。

在小绥河Ⅰ号超基性岩体①号和②号铬铁矿体地质图上,超基性岩体沿北东东向展布,与磁异常分布的形态特征比较吻合。岩石磁性测定结果,超基性岩石具有强磁性,表明磁异常确实是由超基性岩引起,西部岩体规模大,对应异常宽大,东部岩体规模小,对应异常宽度也比较窄小。①号和②号两条铬铁矿体与岩体、磁异常走向一致,矿体上方出现峰值,表明铬铁矿体感磁与剩磁方向一致,磁化强度达到最大,异常也最高,高于超基性岩。

(2)剖面磁异常特征。在小绥河Ⅰ号超基性岩体①号铬铁矿体Ⅰ线综合剖面图上,超基性岩体倾向南东,底部为致密状蛇纹岩,顶部为粗粒叶蛇纹岩,粗粒叶蛇纹岩为矿体围岩,矿体附近的压扭性断裂破碎带向下延深较大。岩体两侧围岩为志留纪—泥盆纪二道沟群单斜地层,岩性为石英绿泥片岩、绿泥片岩、云母绿泥片岩。矿体北侧片岩以北,有石英钠长斑岩、闪长岩、辉长岩及中基性脉岩分布。异常南北两侧梯度陡,且北侧陡于南侧,最大强度为 4200nT,北侧伴有负磁异常。异常宽度与磁性较强的粗粒叶蛇纹岩范围比较吻合,矿体上方出现异常最大值。异常显示岩体及矿体产状较陡且南倾,与实际地质产状一致。

(3)重力场特征。①号铬铁矿体重力异常试验。在Ⅰ号铬铁矿体钻探剖面附近,作了 4 条试验剖面,网度为 10m×5m,矿体上点距加密到 2~3m,工作精度为 0.03×10^{-5} m/s^2。矿体与围岩的密度差达 $(0.64\sim1.20)\times10^3$ kg/m^3,浮土厚度为 0~2m,铬铁矿体所反映的布格重力异常值比围岩高出 $(0.03\sim0.12)\times10^{-5}$ m/s^2。由此看出,重力测量效果较好,利用重力方法能够寻找埋深较浅的小型铬铁矿。

小绥河水库的岩体重力异常特征。①号矿体以西约 200m 处,小绥河水库的岩体呈膨大、分枝形态,为成矿有利地段,水深一般为 2m,浮土厚度为 14~25m,湖底地形平。为此在水库冰面上进行了重、磁详测,测网为 20m×10m,面积为 300m×400m,重力测量的总观测精度为 0.028×10^{-5} m/s^2,共发现 9 条局部重力异常,异常值较低,但连续性较好,较非异常部分高出 $(0.04\sim0.06)\times10^{-5}$ m/s^2。其中 5 个异常的钻探验证结果,除 CK76 孔外,均见非矿高密度地质体。经正演计算,理论值与实测值相吻合。尤其是长达 260m 的①号异常,在平面上完全与辉石岩的狭长条带一致。重力异常验证结果见表4-7-2。

表 4-7-2　重力异常验证结果登记表

钻孔号	剩余重力异常		验证结果		密度/ 10^3kg·m^{-3}	浮土深度/m	剩余密度/ 10^3kg·m^{-3}	备注
	强度/ 10^{-5}m·s^{-2}	长度/m	高密度体	厚度/m				
70	0.12	40	辉长岩	5	2.94	17	0.38~0.57	矿石密度 3.00~3.70×10^{3}kg/m^3;粗粒叶蛇纹岩密度 2.36×10^{3}kg/m^3
			辉石岩					致密蛇纹岩密度 2.56×10^{3}kg/m^3
71	0.05~0.16	260	辉石岩	5	2.94	14	0.38~0.57	
72	0.05~0.13	100	辉石岩	5	2.94	26	0.38~0.57	
76	0.05~0.12	80	蛇纹岩		2.56	25	0~0.19	
66	0.05~0.12	70	辉长岩	16	2.94	25	0.38~0.57	

(三)永吉县小绥河铬铁矿床地质—地球物理找矿模型

综合上述矿床地质特征和地球物理异常特征,可归纳总结出矿床地质—地球物理找矿模型(表4-7-3)。

表 4-7-3 小绥河铬铁矿床找矿模型表

地质条件	岩石类型	粗粒叶蛇纹岩,致密状蛇纹岩
	成矿时代	同位素年龄为 360Ma(沈阳地质矿产研究所,2004),成矿时代为海西期
	成矿环境	矿区位于山河-榆木桥子 Au-Ag-Mo-Cu-Fe-Pb-Zn 成矿带(Ⅳ5)、大绥河 CuFe 找矿远景区(Ⅴ13)。矿床赋存于超基性岩体中,受深大断裂构造的影响,沿依兰-伊通深断裂的南缘活动带分布。成矿作用为岩浆融离型
	构造背景	大地构造位置位于天山-兴蒙-吉黑造山带(Ⅰ1)小兴安岭-张广才岭弧盆系(Ⅱ3)小顶山-张广才岭-黄松裂陷槽(Ⅲ2)双阳-永吉-蛟河上叠裂陷盆地(Ⅳ4)。伊舒大断裂控矿,容矿控矿构造为北东向断裂
矿床特征	控矿条件	①构造控矿:受伊-舒深大断裂控制,北东向构造既为容矿构造,也为控矿构造。 ②粗粒叶蛇纹岩和致密状蛇纹岩为控矿岩体,提供含矿、赋矿层位。 ③矿体在围岩中均可见到。矿体均产在蚀变带内
	蚀变特征	区内围岩蚀变主要有铬铁矿化、滑石化、碳酸盐化、硅化、褐铁矿化、绿泥石化、黄铁矿化
	矿化特征	铬矿体最长 93m,呈似脉状、雁行状、扁豆状产出,厚度小于 1m,矿体东富西贫,Cr_2O_3 最高品位为 33.43%,最低品位为 6.18%,平均 22.81%。矿体主要赋存在标高 110m 以上的浅部,在一个矿体中,往往中心为稠密浸染状,向边缘过渡为浸染状及致密块状矿化岩石。基本查清了①、②号矿体形状、产状、规模及矿石质量
综合信息	地球化学	在矿床所在区域 Cr 没有异常反应,对小绥河铬铁矿缺乏支撑,没有显示直接的找矿指示作用。圈定的 Cr 异常主要分布在矿床外围。与铬铁矿相关的 Co、Mn、Fe_2O_3、MgO、Al_2O_3 异常在矿床区域亦没有什么反应。Ni 异常与矿床积极响应,矿致性质明显,可指示找矿。主矿体赋存于①号超基性岩体中,有上富下贫的趋势。最高品位为 35%,最低品位为 6.18%
	地球物理	在 1:25 万布格重力异常图上,矿床位于依兰-伊通岩石圈断裂带的东界北东走向重力梯度带向南东凸起处,靠近东侧的北东走向局部重力高异常一侧,局部重力高异常在矿床位置突然变窄。重力高异常为古生界地层及超基性岩体引起。 在 1:5 万航磁异常等值线平面图上,矿床位于负磁场区一侧,南部正磁异常逐渐升高,梯度较陡;在异常化极等值线图上,矿床处于两个局部异常之间。小绥河①号超基性岩体①号和②号铬铁矿体沿北东东向展布,与磁异常分布的形态特征比较吻合。 超基性岩石,剩余磁化强度平均值一般为 $(1500\sim2900)\times10^{-3}$ A/m,磁性较强。致密块状铬铁矿磁性较弱,稠密浸染状铬铁矿具有中-弱感磁,但剩磁在矿区为最高,达 4090×10^{-3} A/m,亦可引起较强磁异常
	重砂	在矿床相邻水域有铬尖晶石重砂异常,可直接指示外围找矿预测
	遥感	矿区位于依兰-伊通断裂带北侧,有北东向、北西向断裂穿过此区,有多个与隐伏岩体有关的环形构造,区内为遥感浅色色调异常区,有高度集中羟基异常及零星铁染异常分布
找矿标志		①粗粒叶蛇纹岩和致密状蛇纹岩为直接找矿标志。 ②构造标志:北东向构造分叉、膨大部位是矿体赋存的有利部位,是直接找矿标志。 ③蚀变标志:蚀变岩石、铬铁矿化、滑石化、碳酸盐化、硅化、褐铁矿化、绿泥石化、黄铁矿化蚀变岩石是该区的直接找矿标志。 ④地球物理标志:重力高、磁力高区及布格异常相对高区与铬矿有关,应该引起足够重视

第八节 钼矿典型矿床地质—地球物理特征

吉林省钼矿典型矿床主要分布在天山—兴蒙造山带吉黑褶皱系内,只有靖宇天合兴铜钼矿床、临江铜山铜钼矿床位于华北东部陆块区。矿产预测类型划分和典型矿床选择见表 4-8-1。

表 4-8-1 钼矿典型矿床矿产预测类型划分一览表

典型矿床	矿产预测类型	成矿时代	矿种	预测方法类型	预测工作区
永吉大黑山钼矿床	大黑山式斑岩型	燕山期	Mo	侵入岩体型	前撮落—火龙岭，西苇
靖宇天合兴铜钼矿床	天合兴式斑岩型	燕山期	Mo	侵入岩体型	天合兴
舒兰季德屯钼矿床	大黑山式斑岩型	印支期	Mo	侵入岩体型	季德屯—福安堡
敦化大石河钼矿床	大黑山式斑岩型	燕山期	Mo	侵入岩体型	大石河—尔站
安图刘生店钼矿床	大黑山式斑岩型	燕山期	Mo	侵入岩体型	刘生店—天宝山
龙井天宝山钼多金属矿床	大黑山式斑岩型	燕山期	Mo	侵入岩体型	刘生店—天宝山
临江铜山铜钼矿床	铜山式夕卡岩型	燕山期	Mo	层控内生型	六道沟—八道沟
桦甸四方甸子钼矿床	四方甸子式石英脉型	燕山期	Mo	层控内生型	前撮落—火龙岭

按照矿产预测类型，对永吉大黑山钼矿床、临江铜山铜钼矿床、桦甸四方甸子钼矿床分述如下。

一、永吉大黑山钼矿床

斑岩型矿床为吉林省有色金属和贵金属矿产重要成因类型之一。大黑山斑岩型钼（铜）矿床钼储量为超大型，伴生铜储量达大型，位居省内探明钼、铜矿床资源总量首位，潜在经济价值巨大。

（一）矿床地质特征概述

矿床位于吉黑海西期褶皱带的南部，吉林优地槽-吉林复向斜"弧形构造"顶部内侧，大黑山早古生代断隆-前撮落倒转背斜核部，受东西向基底断裂带与北北东向断裂带交会部位控制。

前撮落含矿细粒斜长花岗斑岩（$\gamma_{0\pi5}^{2(2)-3}$）侵入围岩，东侧和北侧为下古生界呼兰群头沟组变质中基性火山岩及浅海相变质砂、板岩。西侧和南侧为长岗岭中细粒斜长花岗岩（$\gamma_{05}^{2(2)-2b}$）。含矿岩体是同源不同期侵入的复式岩体（图 4-8-1），按岩浆侵位先后顺序，可划分为①长岗岭中细粒斜长花岗岩（$\gamma_{05}^{2(2)-2b}$、186.9Ma）、②前撮落细粒斜长花岗斑岩（$\gamma_{0\pi5}^{2(2)-3}$、180.1Ma）、③斜长花岗斑岩（$\gamma_{0\pi5}^{2(2)-4}$、175.3Ma）、④霏细状斜长花岗斑岩（$\gamma_{0\pi5}^{2(2)-5}$、161.42～169.8Ma）等 4 期。此外在岩体形成过程中伴有多次隐爆作用（熔浆隐爆、汽热隐爆），局部形成了隐爆角砾岩。矿床钼、铜矿化主要与第②和第③期岩浆侵入活动关系密切，第②期岩浆侵位形成的前撮落细粒斜长花岗斑岩呈北东向椭圆状岩株产出，面积约 3.7km²，岩体钼、铜矿化普遍，蚀变较强，是贫钼、铜矿化的母体；第③期岩浆活动形成的斜长花岗斑岩呈不规则东西带侵位于细粒斜长花岗斑岩体的中部，面积约 0.33km²。岩体矿化蚀变强烈，是矿床富钼矿段主要载体。经岩体岩石化学成分及岩石化学指数特征研究，含矿复式岩体系属钙碱性岩石组合。此外，通过硫、锶、氧同位素分析，指出复式岩体来自同一岩浆源，是上地幔或下地壳同熔型岩浆经深部分异多次上侵的产物。

大黑山钼（铜）矿体是一个规模巨大的单一矿体，面积约 2.33km²，占含矿岩体 2/3。矿体形态简单，平面呈不规则圆形，富矿居中近直立筒状。矿体赋存于斜长花岗斑岩及其周围细粒斜长花岗斑岩体中，斜长花岗斑岩体中上部的含粒斑岩为富矿段。钼矿化自中心向外，强度逐渐变弱。以 Mo≥0.05%为边界圈出的富矿段集中分布在中部斜长花岗斑岩体内，东西长约 0.9km，南北宽约 0.22km，面积 0.198km²；以 Mo 0.02%～0.04%圈定的贫钼矿主要赋存在斜长花岗斑岩周围的细粒斜长花岗斑岩中。钼伴生的铜矿化点位多在0.03‰～0.05‰之间,空间分布基本上与贫钼矿化同步呈环带状展布于富钼矿段的周围。此外,含矿复合岩体黄铁矿化十分发育,含量一般在3‰～5‰之间,岩体东西部矿化均超出岩体范围而进入围岩之中。含矿复式岩体主要遭受了两期岩浆侵入造成的气液蚀变作用,形成了一套完整大范围环形结构面式蚀变。自中心向外可划分出5个蚀变带,似伟晶岩化带(石英核)、黄铁绢云母化带、石英-钾化带、石英-绢云母化带、弱绿泥石黄铁矿化带。大黑山铜钼典型矿床所在位置地质矿产及物探剖析图详见图4-8-1。

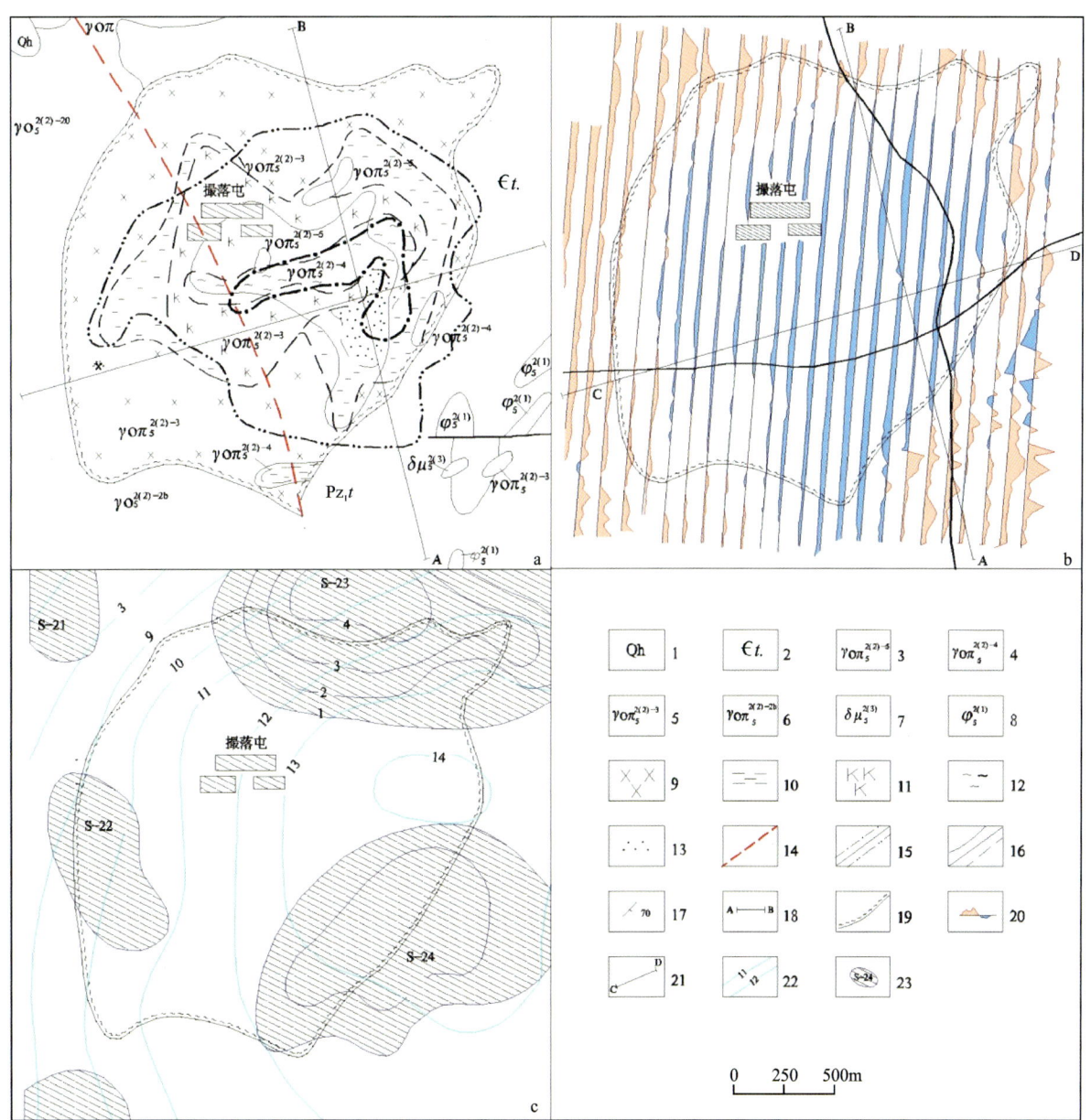

1.现代冲积层;2.头道沟岩组变质砂岩、千枚状板岩;3.霏细状斜长花岗斑岩;4.斜长花岗斑岩;5.细粒斜长花岗斑岩;6.中细粒斜长花岗斑岩;7.闪长玢岩;8.基性—超基性岩;9.弱绿泥石黄铁矿化带;10.石英-白云母化带;11.石英-钾长带;12.黄铁绢英岩化带;13.似伟晶岩化带(石英核);14.断层(虚线为推测);15.富、贫钼矿边界;16.地质界线(虚线为蚀变界线);17.层面产状;18.综合剖面位置;19.矿化岩体范围;20.磁法ΔZ曲线,纵坐标1cm=1000nT;21.重力Δg剖面位置;22.视极化率滑动平均异常等值线;23.剩余重力异常及编号

图4-8-1 大黑山铜钼典型矿床所在位置地质矿产及物探剖析图(引自李世杰等,1983)

a.地质平面图;b.地磁剖面平面图;c.视极化率背景异常及剩余重力异常等值线平面图

矿石金属矿物组成以黄铁矿、辉钼矿为主,黄铜矿、黝铜矿、闪锌矿、方铅矿、白钨矿、辉铋矿及自然金等次之。矿石结构有叶片状、鳞片状、半自形—他形粒状、交代残余及压碎、揉皱结构。矿石构造以细脉状、细脉浸染状构造为主,次为浸染状、角砾状及团块状构造。

综上所述,大黑山钼(铜)矿床成矿作用是与长岗岭复式岩体中第2、3两期斜长花岗斑岩侵入活动有关,具有同心环状结构的面状矿化和蚀变特点,为一典型斑岩型钼(铜)矿床。找矿时代为燕山期。

(二)矿床地球物理场特征

1. 矿床区域重、磁场特征

1)区域重力场

矿床所在区域布格重力场处在由取柴河—南楼山—旺起—永吉—黄榆—取柴河环形重力梯级带所围成的似圆状形态复杂的负重力异常区内。这片负场区在14km×14km滑动平均剩余重力异常图上,呈现出诸多强度、形态、走向及规模各异的局部正、负剩余重力异常,其外围被较连续的串珠状正的剩余重力高异常带所环绕,这一宏观场态与布格重力场态势极为相似,都以似圆形场态为基本特征(图4-8-2)。

综合地质资料分析,环形布格重力梯级带和环状剩余重力异常零值线,推断是由该区北东、北西、东西、南北等4组断裂带交会联合形成的环状断裂构造带所引起。其内负剩余重力异常主要与上三叠统四合屯组中性火山岩、下侏罗统南楼山组中性、中—酸性火山岩,以及侏罗世—白垩世中—酸性花岗岩类关系密切;正剩余重力异常多半是早古生界寒武系头道沟组、晚古生界下石炭统鹿圈屯组及中二叠统范家屯组等古生界出露、半出露及隐伏基底地层的反映。据此推出,该区断裂构造发育,处在多组断裂交会部位,构成了吉中地区构造活动的枢纽(中心),尤其是北东、北西、东西及南北向等4组方向断裂联合而形成的大黑山环状断裂构造控制了本区多期岩浆喷发和侵入活动,并为区内内生金属矿产的形成提供了丰富矿质来源,成矿必需的热源和储矿的有利空间。这一环形断裂构造控制了大黑山和南楼山两处火山活动中心,成了这两矿化集中区(矿田)基本控矿构造。

2)区域磁场

在1:25万航磁异常(图4-8-2)上,大黑山钼(铜)矿床处在一不规则状圆形区域复杂高磁异常的中部。该异常具有两级叠加异常的基本特征。Ⅰ级基础异常为不规则圆形,形态和范围大体与重力布格异常相近,异常强度一般在50~100nT;Ⅱ级叠加异常长轴多为北东向似椭圆状,呈斜列式集中分布在Ⅰ级异常区的中部。大黑山钼(铜)矿床在垂向化极异常处于两个北东向椭圆状局部异常(吉C-1959-31、吉C-1959-44和吉C-1972-157号异常)之间低磁区内。化极垂向一阶导数剩余局部异常Ⅱ级叠加多呈北东向带状,其强度、形态及规模具有相似的群体特征。

经综合资料分析,区域航磁与重力异常形态和范围的相似性,多与同源构造作用有关,进而反映了本区大黑山环形断裂构造的存在,并且控制了晚三叠世—早白垩世中—酸性岩浆火山喷发和侵入活动。与地质关联看出,该高磁异常的Ⅰ级异常范围是与大黑山、南楼山火山盆地分布基本一致的,故此,认为异常与火山岩分布关系更为密切。Ⅱ级异常则为由区内多期构造岩浆活动的晚期岩浆侵入形成的中—酸性花岗质岩体所引起。此外,异常群体走向特征,尚清晰指出了区内岩浆活动明显受北东向断裂构造控制,可见区内北东向构造是主体构造线方向。

总之,区域航磁异常进一步指出,大黑山地区是吉中地区构造岩浆活动最发育的中心,构成了独具特点的地质异常,具备有大型—超大型内生金属矿床良好的成矿地质环境。

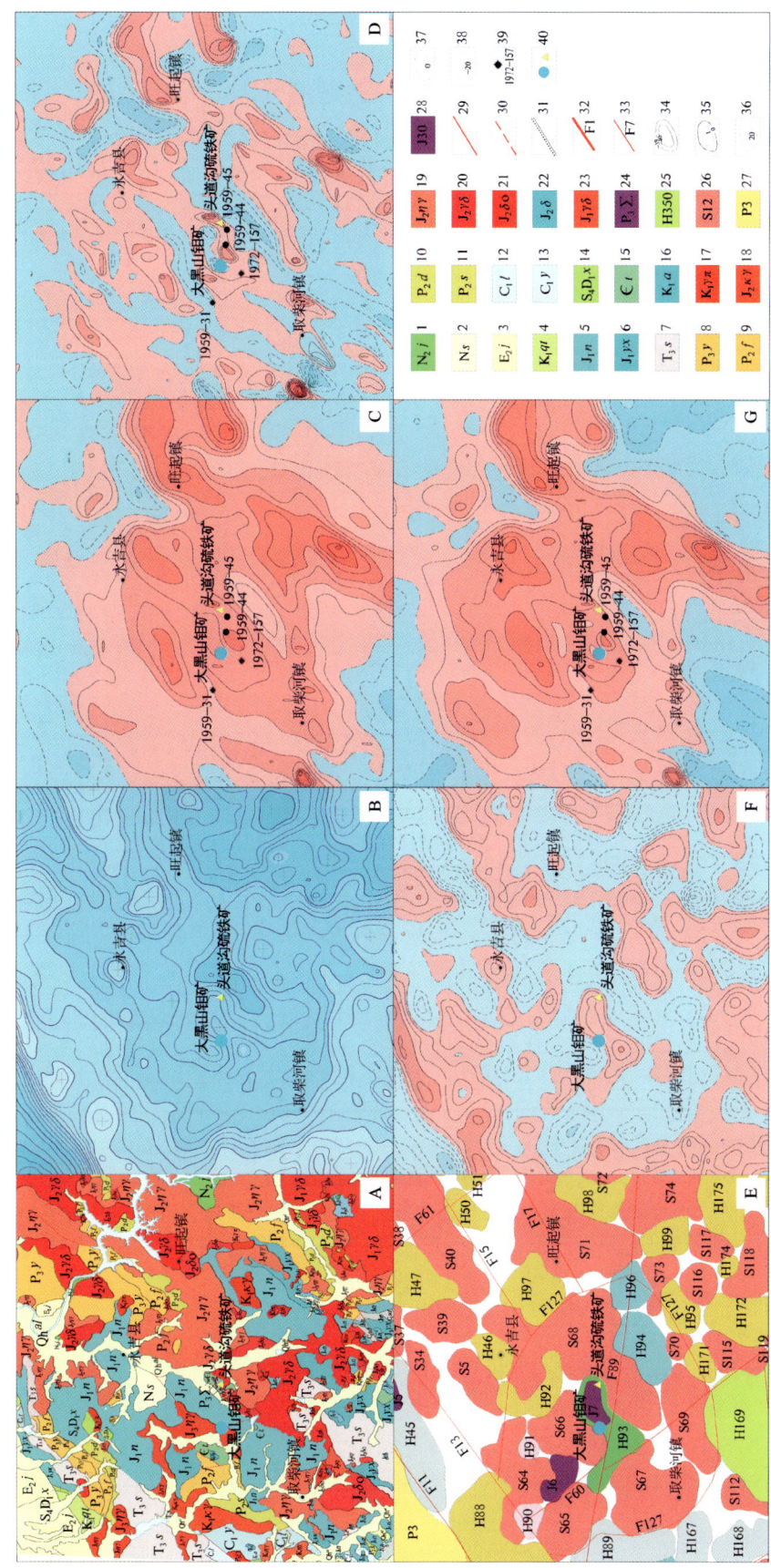

图 4-8-2 大黑山典型钼矿床所在区域地质矿产及物探剖析图

A. 地质矿产图；B. 布格重力异常图；C. 航磁ΔT等值线平面图；D. 航磁ΔT化极等值线平面图；E. 重磁推断地质构造图；F. 剩余重力异常图；G. 航磁ΔT化极垂向一阶导数等值线平面图

1. 军舰山组；2. 永曲柳组；3. 吉舒组；4. 泉头组；5. 南楼山组；6. 玉兴屯组；7. 四合屯组；8. 杨家沟组；9. 范家屯组；10. 大河深组；11. 寿山沟组；12. 鹿圈屯组；13. 富余屯组；14. 西别河组；15. 头道沟组；16. 早白垩世次安山岩；17. 早白垩世晶洞碱长花岗岩；18. 早白垩世花岗斑岩；19. 中侏罗世二长花岗岩；20. 中侏罗世右英闪长岩；21. 中侏罗世花岗闪长岩；22. 中侏罗世闪长岩；23. 早侏罗世闪长岩；24. 二叠纪橄榄岩；25. 重磁推断地层及注记；26. 重磁推断酸性—中酸性岩体及注记；27. 重磁推断基性—超基性岩体及注记；28. 实测性质不明断层；29. 推测性质不明断层；30. 推测性质不明断层；31. 角度不整合界限；32. 重磁推断二级断裂及注记；33. 重磁推断二级断裂及注记；34. 布格重力异常等值线及注记；35. 剩余重力异常等值线及注记；36. 航磁正等值线及注记；37. 航磁零值线及注记；38. 航磁负等值线及注记；39. 航磁异常点及编号；40. 钼矿床、硫铁矿床

2. 所在矿田航磁异常特征

由1∶5万航磁图看出(图4-8-3),大黑山钼(铜)矿床所在矿田磁场特征,主要表现为被一呈北东向环带状高磁异常环抱的呈似圆状负异常—撮落屯异常,面积约4km²,强度一般为-200～-100nT。其周围环带高磁异常按异常强度、形态、规模等特征,又可分为北西亚带和南东亚带。前者曲线呈舒缓波状,形态宽缓,有较好的规律性,强度多在300～500nT;后者强度高,梯度北西侧陡,南东侧缓,局部呈尖峰状,北西侧伴有明显负值,曲线连续性差,可划分出数个呈似圆形、椭圆形局部小的异常,强度多大于500nT,最高可达1500～2000nT,形态总体呈南东突出的北东向展布弧带状。

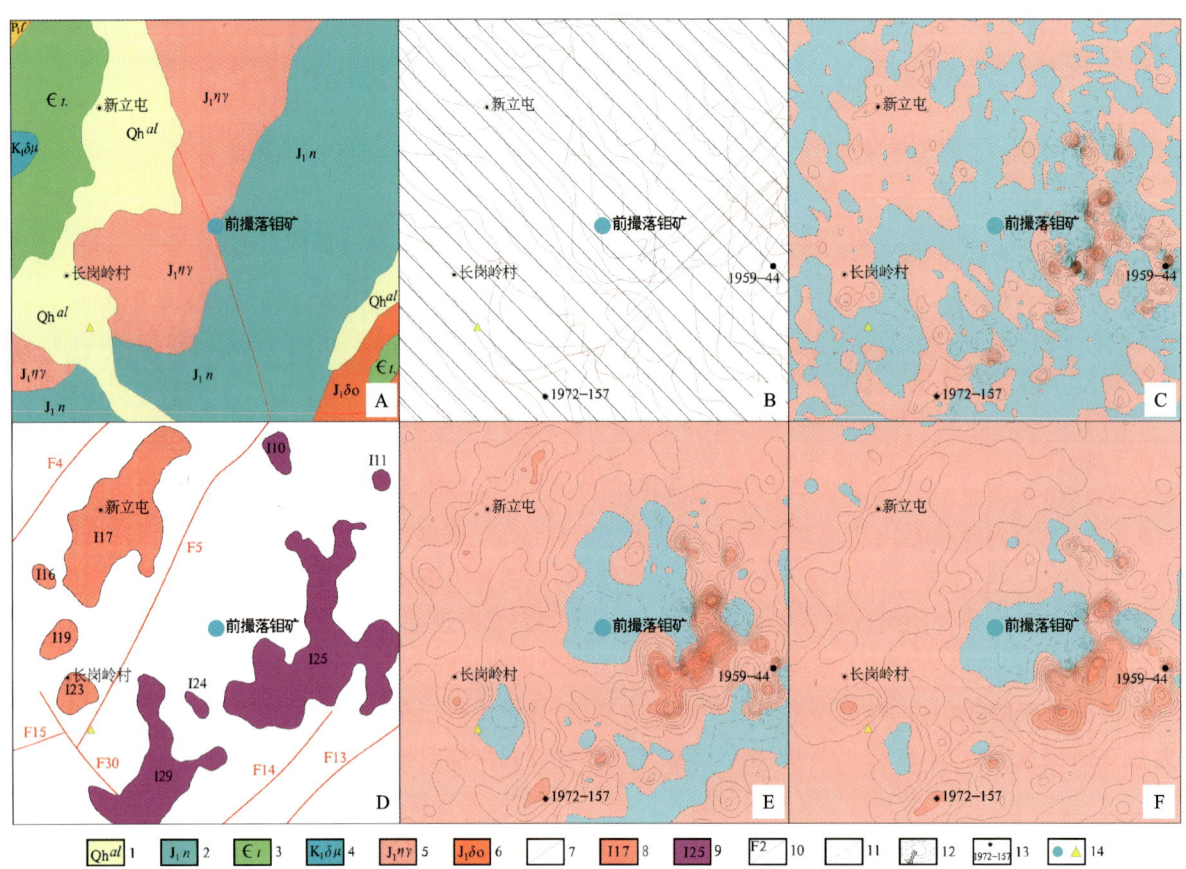

1. 全新世;2. 南楼山组;3. 头道沟岩组;4. 早白垩世闪长玢岩;5. 早侏罗世二长花岗岩;6. 早侏罗世石英闪长岩;7. 实测性质不明断层;8. 磁法推断中酸性岩体;9. 磁法推断超基性岩体;10. 磁法推断三级断裂及注记;11. 磁法推断隐伏、半隐伏地质界线;12. 航磁异常正、零、负等值线及注记;13. 航磁异常点及编号;14. 钼矿床、硫铁矿床

图4-8-3 大黑山典型铜钼矿床所在地区地质矿产及物探剖析图

A. 地质矿产图;B. 航磁ΔT剖面平面图;C. 航磁ΔT化极垂向一阶导数等值线图;D. 重磁推断地质构造图;E. 航磁ΔT化极等值线图;F. 航磁ΔT等值线图

综合分析认为,该环带高磁异常主要与大黑山—头道沟地区海西晚期—燕山期岩浆活动关系密切。其北西亚带为晚侏罗世—早白垩世二长花岗岩、黑云母斜长花岗岩、碱长花岗岩引起;南东亚带则是晚海西期超基性岩、中侏罗世石英闪长岩、二长花岗岩反映。前撮落负异常与长岗岭含矿复式岩体有关,该斜长花岗岩体因遭受多期次岩浆侵入热气液蚀变作用造成热退磁而出现负异常特征。此外,依据本区磁异常线性特征,这一含矿岩体主要受北东与东西向断裂交会控制,应属大黑山矿田主导构造体系。

3. 矿床重、磁、电异常特征

1) 岩(矿)石密度、磁性及电性特点

经物性测定,矿化蚀变岩体(矿石)具有弱磁性,矿化蚀变岩石(斜长花岗斑岩)标本 κ 为 $(0\sim20)\times 10^{-5}$ SI,而其外围围岩中细粒斜长花岗岩 κ 约 728×10^{-5} SI,头道沟组斜长角闪岩 κ 约 2200×10^{-5} SI,两者均属中等磁性。由此可见,矿化蚀变岩体与其围岩存在有一定磁性差异,为磁测圈定含矿岩体提供了前提。

岩、矿石标本密度测定指出,含矿的细粒斜长花岗斑岩(矿石)σ 为 $(2.61\sim2.65)\times 10^3$ kg/m³,围岩中细粒斜长花岗岩 σ 为 $(2.67\sim2.70)\times 10^3$ kg/m³,斜长角闪岩 σ 为 $(2.71\sim2.80)\times 10^3$ kg/m³。由此看出含矿岩体与围岩尚存有 $(0.10\sim0.15)\times 10^3$ kg/m³ 的密度差,具有低密度物理性质。

岩、矿石标本电化学性质测定结果,矿化蚀变岩石(矿石)极化率 η 为 7.6%,而围岩 η 为 4.3%~6.7%,可见,矿石相对围岩电化学动性偏高,存在有一定的差异,主要与含有较多黄铁矿有关,为采用激电法间接找矿提供了依据。

2) 已知地质剖面综合物化探试验结果

由大黑山钼矿床 A—B 综合剖面(图 4-8-4)看出,地面磁法和重力测量在含矿岩体上均出现了明显的负异常反映。磁法负异常强度 $-400\sim -300$ nT 在与头道沟变质中基性火山岩接触带上出现尖陡状正磁异常,用之控制含矿岩体十分准确。在古生代地层上多为正异常反映。重力在含矿岩体上的剩余异常强度为 $(-3\sim -2)\times 10^{-5}$ m/s²,零值点恰处在接触界线附近,而在其围岩上出现正异常,圈定含矿岩体效果明显。

在含矿岩体上,电法亦取得了较好的地质效果,中间梯度装置的视充电率出现波动的高极化场反映,平均强度在 3.5%左右,两侧围岩强度在 5%~20%。在接触带附近视充电率最高,可达 40%,视电阻率相应高视充电率异常位置出现波动的低电阻率异常,最低可达 150Ω·m。视充电率和视电阻率在岩体上分别出现高低异常基础上所产生的波动主要与含矿岩体内矿化强弱和蚀变不均有关。这种不均一性在联合剖面装置上得到了较集中的反映,强金属矿化地段,视充电率出现"反交点"异常而视电阻率出现"正交点"异常;岩体内硅化和接触带上角岩化带上视电阻率有"反交点"异常出现,如若泥化和构造破碎较强地段则视电阻率有"正交点"异常反映。此外,在剖面上自然电位相对重、磁负异常范围出现有不强的正自然电位特征,这主要与矿床处在负地形(小盆地)而潜水面接近地面关系密切,亦与细脉浸染型为主的矿化类型有关。总之,电法测量对于圈定含矿岩体和了解矿化、蚀变特征是行之有效的手段。

剖面上土壤测量,在含矿岩体上有明显的钼异常出现,而且铜、铅、锌、银成矿元素有以钼为中心向两侧出现铜→铅锌银分带的趋势,在一定程度上揭示了矿化的分带性。

综上所述,重、磁、电及土壤次生量测量,在大黑山巨型斑岩钼(铜)矿床上出现"三高三低"异常标志,即有视充电率(M_s)、自然电位(Sp)、土壤钼量异常高,而磁、重及视电阻率异常低的特征。

3) 矿床上的磁、电异常特征

于 20 世纪 80 年代,先后在矿床上开展了 1:1 万地面磁测和 1:2.5 万自然电位、大功率激电测量,以及剖面性的重力测量,重、磁出现负异常,自然电位和视充电率呈现高值异常,视电阻率为低阻反映,在含矿岩体上均有不同程度的反映(图 4-8-4)。综合物化探方法在大黑山斑岩型钼(铜)矿床上应用效果明显,取得的"三高三低"异常标志为在本区寻找和评价同类型矿床提供了可类比的有效模型。

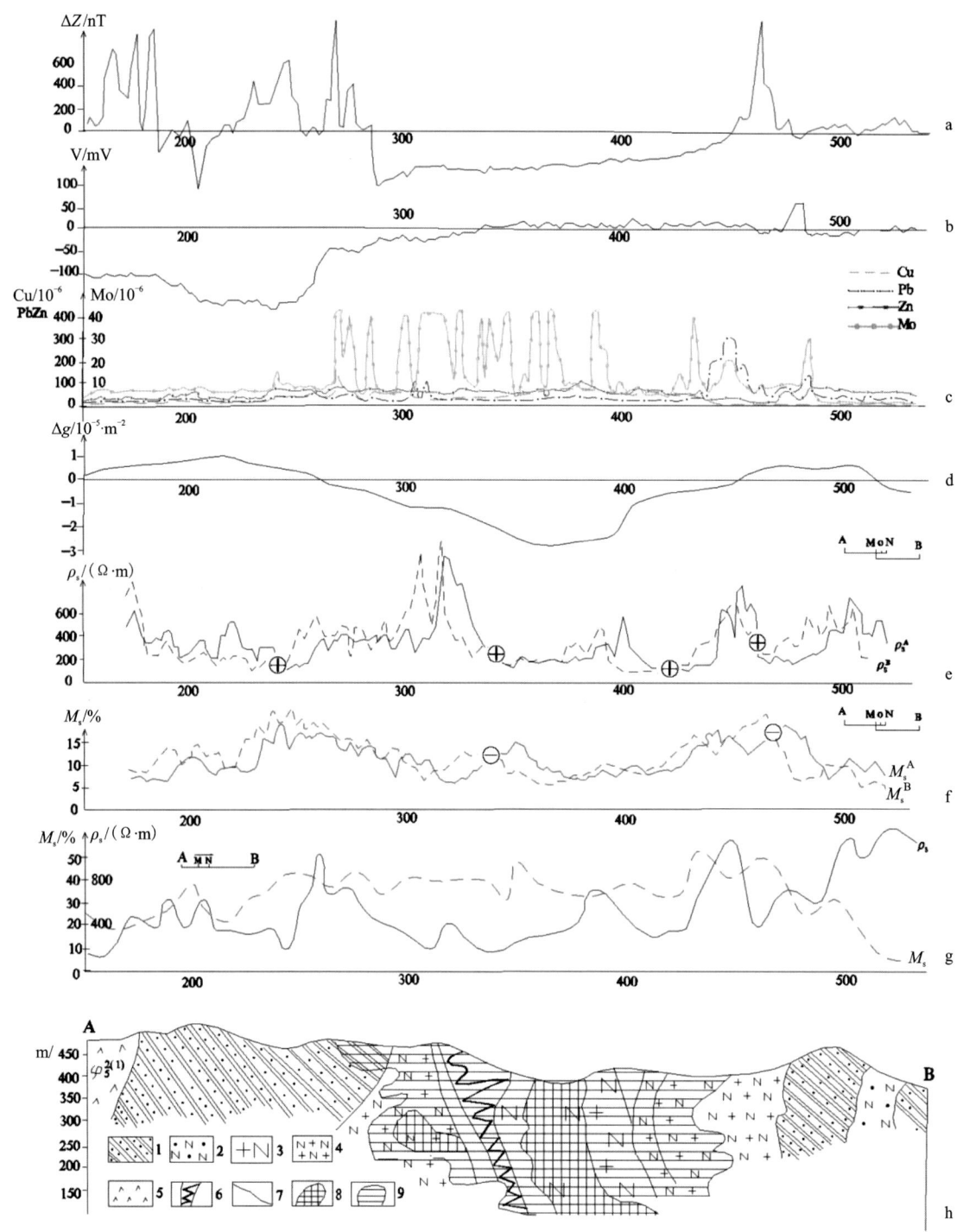

1.变质砂岩、千枚状板岩、大理岩;2.霏细状斜长花岗岩;3.斜长花岗斑岩;4.中细粒斜长花岗岩;5.超基性岩;6.石英脉;7.实测地质界线;8.富矿范围;9.贫矿范围

图 4-8-4 大黑山典型铜钼矿床综合剖面图(引自李世杰等,1983)

a.地磁异常曲线;b.自然电位异常曲线;c.化探异常曲线;d.剩余重力异常曲线;e.联剖视电阻率曲线;f.联剖激电充电率曲线;g.激电中间梯度视充电率和视电阻率曲线;h.地质剖面图

(三)永吉县大黑山钼矿床地质—地球物理找矿模型

综合上述矿床地质特征和地球物理异常特征,可归纳总结出矿床地质—地球物理找矿模型(表4-8-2)。

表 4-8-2 永吉县大黑山钼矿床找矿模型表

地质条件	岩石类型	花岗闪长岩、花岗闪长斑岩及霏细状花岗闪长斑岩
	成矿时代	辉钼矿 Re-Os 同位素等时线年龄为(168.2±3.2)Ma(据李立兴等,2009)
	成矿环境	矿床位于东西向、北北东向压扭性断裂带在两组断裂交会处,矿体赋存于花岗闪长岩、花岗闪长斑岩及霏细状花岗闪长斑岩中
	构造背景	矿区位于东北叠加造山-裂谷系(Ⅰ1)小兴安岭-张广才岭叠加岩浆弧(Ⅱ3)张广才岭-哈达岭火山-盆地区(Ⅲ3)南楼山-辽源火山-盆地群(Ⅳ4)
矿床特征	控矿条件	岩体控矿:花岗闪长岩、花岗闪长斑岩及霏细状花岗闪长斑岩岩体控矿。构造控矿:东西向基底断裂和中生代北北东向断裂是矿区重要控岩、控矿构造,构造多次活动有利成矿
	蚀变特征	大黑山钼矿区内岩石遭受了普遍的热液蚀变作用,主要有硅化、高岭土化、绢云母化、钾化、碳酸盐化不发育。蚀变与矿化关系密切,富矿体主要赋存在中等蚀变带中,蚀变具水平分带特征
	矿化特征	钼矿化多呈薄膜状或稀疏浸染状,多高岭土化,石英呈浑圆状,基质主要为石英、斜长石及黑云母。角砾岩中见稀疏浸染状黄铁矿、辉钼矿,含矿性较差。在矿区北侧花岗闪长斑岩与花岗闪长岩接触部位见隐爆角砾岩筒
综合信息	地球化学	①矿区原生晕主成矿元素 Mo 在花岗斑岩体中异常反应最强烈,其次为 W、Sn、Cu,亦有较好的异常显示,可作为寻找钼矿的重要伴生指示元素。外侧围岩中 Pb、Zn、Ag 异常,可作为斑岩性钼矿的前缘指示元素。 ②矿区次生晕异常:Mo、W、Sn、Sr、Cu、Pb、Zn、As、Ag 异常好,其中 Mo、W 的离散程度最大,变异最明显,异常规模最显著,空间上套合完整
	地球物理	在区域布格重力场中,矿床处在由取柴河—南楼山—旺起—永吉—黄榆—取柴河环形重力梯级带所围成的似圆状形态复杂的负重力异常区内。其内负剩余重力异常主要与上三叠统四合屯组中性火山岩、下侏罗统南楼山组中性、中-酸性火山岩,以及侏罗—白垩纪中-酸性花岗岩类关系密切。1:5万航磁图矿床主要表现是被一呈北东向环带状高磁异常环抱的呈似圆状负异常,与长岗岭含矿复式岩体有关。其周围环带高磁异常,与大黑山-头道沟地区岩浆活动关系密切
	重砂	主要指示矿物辉钼矿圈出两处重砂异常,矿物含量分级较高,二者分布在钼成矿带的西南部水域集水口,对钼典型矿床不支持。主要的共生矿物白钨矿在钼矿控制的汇水盆地内都有较好的异常反应,显示出与钼矿积极的响应关系,具备优良的矿致性,对预测钼矿提供重要的间接指示信息。由辉钼矿-白钨矿-铜族组合异常释放的综合信息是重要预测依据
	遥感	北东向柳河-吉林断裂带与北西向桦甸-双河镇断裂带交会处,遥感浅色色调异常区,分布羟基异常。有多个为基性岩类引起的环形构造和与隐伏岩体有关的环形构造
找矿标志		中细粒花岗闪长岩中绢英岩蚀变条带较发育,标志较为明显。在花岗闪长斑岩岩体上部有一个偏离矿化中心石英核(3号硅化带)。 斑岩体上部、边部隐爆角砾岩发育,它们是找矿的明显标志。 在矿化岩体上有磁力、自然电位、重力负异常。在矿床围岩上磁力、自然电位和重力为环状正异常,η_s、ρ_s 为环状高值带。 1:20万、1:5万土壤化探异常明显,为钼、铜、钨、银、锡、铅异常。矿床原生晕具有钼、钨、铜、银、铅、锡、锶、锌等元素组合异常,主成矿元素钼异常位于组合异常中央。 综上所述,大黑山斑岩钼矿具有明显的地质、地球物理和地球化学找矿标志,这些标志对区域斑岩型钼矿床的找矿和预测工作将起到一定的指导作用

二、临江铜山铜钼矿床

(一)典型矿床成矿地质特征

1. 地质构造环境及成矿条件

矿区位于华北叠加造山-裂谷系(Ⅰ)胶辽吉叠加岩浆弧(Ⅱ)吉南-辽东火山盆地区(Ⅲ)长白火山-盆地群(Ⅳ)。区域断裂构造控制该区中生代岩浆活动,成矿作用受火山构造控制。

1)地层

矿区主要地层为中元古界老岭群珍珠门岩组。其上部为角岩夹大理岩及角岩与片岩类夹大理岩;下部为厚层白云石大理岩(图4-8-5)。

中生代火山岩分布于矿区北西、南东两侧。这套地层分布面积较广,总体呈近东西向展布,倾向分别为北西及南东,倾角20°～40°。其岩性组成下部为碎屑岩及中性火山岩,上部为中酸性火山岩。

2)岩浆岩

矿区地处中生代鸭绿江构造岩浆岩带中。区内燕山期岩浆喷发-侵入活动十分频繁。

喷出岩:辉石安山岩、安山质角砾岩、安山岩、流纹岩、流纹质晶屑岩屑凝灰岩、流纹质火山角砾岩等,表现由中性-中酸性-酸性分异演化的完整序列。火山岩化学性质属钙碱系列。

侵入岩:矿石见闪长岩、石英闪长岩、花岗闪长岩、闪长玢岩、英安斑岩、花岗斑岩等。它们侵入同期火山岩及老岭群地层中。与该区火山岩为同源岩浆演化产物,构成火山—侵入杂岩系列,其中以石英闪长岩与矿关系密切。闪长玢岩、英安玢岩、花岗斑岩等或为岩枝,或为脉岩。

3)构造

矿区位于中朝陆块北缘,鸭绿江断裂带北东侧,头道沟-长白镇近东西向断裂北侧,中生代烟筒沟火山岩断陷盆地东南部边缘。区域东西向断裂构造及北东向断裂构造控制该区中生代岩浆活动。北西向断裂为主要控矿构造。北东向断裂破碎带与浸染状铜钼矿化密切相关,倾向150°,倾角40°～50°,规模小,常发生在花岗闪长岩与围岩接触带附近。

2. 矿体三度空间分布特征

(1)矿化特征及规模特征:矿区位于两个中生代火山岩盆地的中间隆起地段。在火山活动过程中,这里形成一系列环状、辐射状断裂及次火山岩体,为成矿创造了良好的条件。与该矿床相关的铜山花岗闪长岩体,即沿火山岩盆地边缘的环形断裂侵入,长轴大体呈近东西向;其岩枝沿辐射状断裂侵入,多呈北西向。矿区北西向断裂与珍珠门岩组大理岩类层面基本吻合。矿体主要产于花岗闪长岩体与珍珠门岩组接触带夕卡岩内,呈北西向展布。平均品位0.2%,属小型夕卡岩型钼矿,勘查程度详查,闭坑矿区。

矿化水平分带:内接触带及钾化石英闪长玢岩岩枝(脉)体内,发育钼矿化或铜钼矿化,局部形成钼矿工业矿体;正接触带及外接触带矿化以铜为主,外接触带围岩中具铅、锌矿化。

矿化垂直分带:600m标高以上矿体条数多,矿带宽,向下矿体条数变少,矿带变窄,单矿体规模变小至尖灭,600m标高以上以铜为主,几乎没有单独钼矿体,400～600m标高以铜为主,但出现单独钼矿体;400m标高以下,以钼为主,形成单独矿体,铜矿化减弱。

富矿体产于楔形岩体的前缘含水矿物复杂夕卡岩中。

1.钾长石化花岗闪长岩;2.花岗闪长岩;3.角闪岩;4.花岗闪长斑岩或闪长斑岩;5.夕卡岩;6.厚层结晶灰岩;7.玄武岩;8.石英正长斑岩、石英斑岩;9.基性岩脉、辉绿岩、角闪岩、煌斑岩;10.闪长岩;11.实、推测整合岩层界线;12.矿体;13.接触性质不明

图 4-8-5 铜山铜钼典型矿床地质图

(2)矿体形态、规模、产状。铜山矿床有 60 多个大小不等的矿体。矿体形态复杂,为扁豆状、似层状、透镜状、不规则脉状。边界不清,须依化学分析圈定,矿体产状与地层产状大体一致,走向北西,倾向

北东,倾角 45°～60°。

3. 矿物组合及矿石类型

(1)矿物组合:矿石矿物主要为黄铜矿、辉钼矿、斑铜矿、闪锌矿,次为方铅矿、闪锌矿、磁铁矿、黄铁矿、硫砷铜矿、黝铜矿。脉石矿物主要为石榴石、透辉石、绿帘石,次为阳起石、符山石、长石、方解石、沸石、石英、钾长石、葡萄石。

(2)矿石类型:含钼硫化物矿石。

(3)矿石结构构造:矿石呈交代残余结构、固溶分解结构、格子状结构。致密块状构造、细脉浸染状构造、团块状构造。

4. 蚀变类型

围岩蚀变种类包括青磐岩化、硅化、绢云母化、黄铁矿化、夕卡岩化,矿化蚀变有夕卡岩型矿化蚀变和钾化斑岩型矿化蚀变。

5. 成矿时代及成因

矿床产于燕山期花岗闪长岩体与老岭群珍珠门岩组大理岩接触带的夕卡岩中。为夕卡岩型钼矿床,推断该矿床形成于燕山早期。

6. 控矿因素及找矿标志

(1)控矿因素:北西向断裂构造及北东向断裂破碎带控矿;燕山期花岗闪长岩体与老岭群珍珠门岩组大理岩接触带的夕卡岩带控矿。

(2)找矿标志:中生代火山岩盆地边缘,基底隆起带,碳酸盐岩石与中酸性小侵入体的接触带上;内接触带及钾化石英闪长玢岩岩枝(脉)体内,发育钼矿化、铜钼矿化及蚀变,局部形成钼矿工业矿体;正接触带及外接触带矿化以铜为主,外接触带围岩中具铅、锌矿化。夕卡岩化等蚀变均为良好找矿标志;Cu、Mo、Ag、Bi、Pb、Zn 6 元素组合是本矿床的成矿指示元素。

(二)地球物理特征

1. 矿床所在区域重磁场特征

矿区内西矿段六道沟铜钼矿和东矿段铜山铜矿东西相距 5.4km,在 1:25 万布格重力异常图上,分别处于向南东方向弧形凸起重力高异常带上相互靠近的两个局部重力高异常边部。西侧局部重力高异常为椭圆状,北西走向,长 5.0km,宽 3.5km,六道沟铜钼矿床处于该异常的南侧边部梯度带的内侧,梯度带东西走向,梯度陡;东侧局部重力高异常为椭圆状,北西西走向,长 4.3km,宽 2.6km,铜山铜矿处于该异常的北侧边缘等值线弯曲处,梯度缓。在剩余重力异常图上,两个矿段所在的两个局部重力高异常南北侧有两个比较明显的局部重力低异常分布。

在 1:25 万地质图上,铜钼矿床位置地表出露有奥陶系灰岩和白垩纪闪长岩,相当于矿区的老岭群珍珠门岩组大理岩与燕山期花岗闪长岩体。铜山铜矿床地表为大面积的新生代玄武岩,推断下部有隐伏的老岭群珍珠门岩组大理岩与燕山期花岗闪长岩体。夕卡岩型铜钼矿产于接触带内侧,夕卡岩型铜矿产于正接触带上。燕山期花岗闪长岩体产生的局部重力低异常与珍珠门岩组大理岩产生的局部重力高异常的过渡部位的梯度带通常是夕卡岩带产出部位,是夕卡岩型铜钼矿产出的有利地段。

在 1:25 万区域航磁异常图上,东矿段(铜山铜矿)处于北西走向楔形局部正磁异常的西北端部内侧,其北侧等值线密集,为由西向东转为北东的磁场梯度带的转折处,梯度带北西部为负磁异常分布区。

西矿段(铜钼矿)处于楔形局部正磁异常和西部低缓局部正磁异常之间过渡部位靠近北部东西向梯度带部位。在1∶25万航磁化极异常图上,磁异常北移,铜钼矿床处于两个局部正磁异常过渡部位南侧东西向梯度带上,铜山铜矿处于东部强磁异常之上。两个局部正磁异常应为燕山期花岗闪长岩体引起,东部异常明显升高是磁性不是很强的新生代玄武岩异常叠加所致,负磁异常为珍珠门岩组大理岩引起。

2. 矿床所在地区磁场特征

在1∶5万航磁异常图上,西侧、东侧两个矿段分别处于正磁场背景中的一个局部低磁异常边部梯度带内侧和一个局部高磁异常中心。低磁异常呈椭圆状,北东东走向,长3km,宽1.3km,东部边缘梯度陡,异常强度最小值为30nT,地表出露奥陶纪灰岩及中酸性小侵入体;局部高磁异常为长条状,北西走向,长3.2km,宽1.6km,边部梯度陡,异常强度最大值出现在东南端,为600nT,此异常与东南部另一规模、形态、强度都比较接近的局部高磁异常相连,呈斜列式分布,地表出露大面积玄武岩。异常与中酸性侵入体及新生代玄武岩有关。

3. 矿床所在位置地球物理特征

1959—1979年间,吉林省冶金队等在矿区25km²范围内投入地面磁测和激发极化法等物探方法,其中联剖、测深、充电法方法分别确定矿体(化)位置、勘查该层基底(花岗闪长岩)起伏和联系矿体上都取得了一定的效果。

(1)联合剖面法:在地形地质条件较好条件下效果较好,正交点异常大都与矿体或矿化夕卡岩有关。在地形不好条件下,经过地形改正收到预期效果。

(2)电磁勘探工作是解决基岩起伏的一种有效方法。在铜山矿区特别是在邻区(冰湖沟矿区)都取得了较好的地质效果。

(3)充电法可解决两矿体相连问题,以及追溯矿体的走向延长。

(三)临江市铜山铜钼矿床地质—地球物理找矿模型

综合上述矿床地质特征和地球物理异常特征,可归纳总结出矿床地质—地球物理找矿模型(表4-8-3)。

表4-8-3 铜山铜钼矿床地质—地球物理找矿模型表

预测要素		内容描述
地质条件	岩石类型	花岗闪长岩、大理岩、夕卡岩
	成矿时代	推测为燕山期
	成矿环境	矿床受东西向断裂构造及北东向断裂构造控制,燕山期花岗闪长岩控矿,古生界灰岩、大理岩含矿层位
	构造背景	矿区位于华北叠加造山-裂谷系(Ⅰ)胶辽吉叠加岩浆弧(Ⅱ)吉南-辽东火山盆地区(Ⅲ)长白火山-盆地群(Ⅳ)。矿床受东西向断裂构造及北东向断裂构造控制
矿床特征	控矿条件	北西向断裂构造及北东向断裂破碎带控矿;燕山期花岗闪长岩体与古生界灰岩、大理岩接触带的夕卡岩带控矿
	蚀变特征	围岩蚀变种类包括青磐岩化、硅化、绢云母化、黄铁矿化、夕卡岩化。矿化蚀变有夕卡岩型矿化蚀变和钾化斑岩型矿化蚀变
	矿化特征	矿体主要产于花岗闪长岩体与古生界灰岩、大理岩接触带夕卡岩内,呈北西向展布。铜山矿床共计有60多个大小不等的矿体。矿体形态复杂,为扁豆状、似层状、透镜状、不规则脉状。边界不清,须依化学分析圈定。矿体产状与地层产状大体一致,走向北西,倾向北东,倾角45°~60°

续表 4-8-3

预测要素		内容描述
综合信息	地球化学	1：5万测量数据对1：20万化探Cu、Mo具有三级分带和明显浓集中心异常，异常规模较大。Cu、Mo、Au、Pb、Zn、Ag异常套合好
	地球物理	矿床处于向南东方向弧形凸起重力高异常带上相互靠近的两个局部重力高异常边部，等值线弯曲处，梯度陡。燕山期花岗闪长岩体产生的局部重力低异常与古生界灰岩、大理岩产生的局部重力高异常的过渡部位的梯度带通常是夕卡岩带产出部位，是夕卡岩型铜钼矿产出的有利地段
	重砂	具有直接指示意义的辉钼矿、铜族没有异常反应。主要共生矿物白钨矿圈出4个异常，含量分级较高，面积为 4.11km²、4.66km²、1.80km²、4.10km²。其中，1号异常对六道沟铜钼矿积极支撑，是矿致异常，可直接用于找矿预测。白钨矿-石英构成的组合异常区是有利的找矿预测地段
	遥感	分布在近东西向头道—长白断裂带北侧，与隐伏岩体有关的环形构造比较发育，矿区内及周围遥感铁染异常零星分布
找矿标志		①碳酸盐岩石与中-酸性小侵入体的接触带，外带200～300m范围内，近处层间破碎发育处，为直接找矿标志。 ②花岗闪长岩与碳酸盐类岩石的接触部或附近，为直接找矿标志。 ③不纯碳酸盐岩石是良好的成矿围岩，特别是有不同岩性互层泥质岩石作为上覆盖层时；成分复杂的夕卡岩是赋矿直接围岩，为直接找矿标志。 ④石英闪长玢岩中发育的钾化斑岩型铜钼矿化及蚀变，夕卡岩化等蚀变均为良好的找矿标志。 ⑤接触构造线凹凸部分对成矿最为有利，并且当夕卡岩体赋存在火成岩体或岩枝接触面上盘的围岩间，最为有利于金属矿物的积聚。为直接找矿标志。 ⑥Cu、Mo、Ag、Bi、Pb、Zn 6元素组合是本矿床的成矿指示元素

三、桦甸四方甸子钼矿床

(一)典型矿床成矿地质特征

1. 地质构造环境及成矿条件

大地构造位置位于东北叠加造山-裂谷系(Ⅰ1)小兴安岭-张广才岭叠加岩浆弧(Ⅱ3)张广才岭-哈达岭火山-盆地区(Ⅲ3)南楼山-辽源火山-盆地群(Ⅳ4)。

1)地层

矿区地层主要出露南楼山组(J_1n)，岩性为英安质晶屑岩屑凝灰岩、英安质凝灰岩，局部夹脉状英安岩。

2)岩浆岩

矿区仅出露四方甸子侵入体，为矿区含矿赋矿层位，呈南北向展布，岩性为中-细粒黑云母花岗岩，中-细粒花岗结构，块状构造，同位素年龄 177.35Ma。该岩体东缘与南楼山组英安质凝灰岩呈侵入接触，接触带走向近南北。

矿区内还见有少量黑云母石英闪长岩、钾长花岗岩、花岗斑岩等脉岩。

区内侵入岩主要为中-酸性岩，侵入时代以燕山期为主，海西期少量。其中四方甸子侵入体、锅盔顶子侵入体、夹兴顶子侵入体与本区钼、铜多金属成矿关系密切。岩体内矿床、矿(化)点多处。

3)构造

门头砬子-东沟断裂为成矿期断裂，是主要控矿构造，是区域北西向双河镇-桦甸断裂次级构造，发育在四方甸子岩体中,带宽十几厘米至十几米,产状总体走向350°左右,倾向260°左右,倾角60°~80°。断裂性质为张扭性,被后期石英脉充填,形成一组平行分布的石英脉带,具较强的辉钼矿化,并富集形成了钼矿体。矿体规模、形态、产状严格受断裂控制(图4-8-6)。

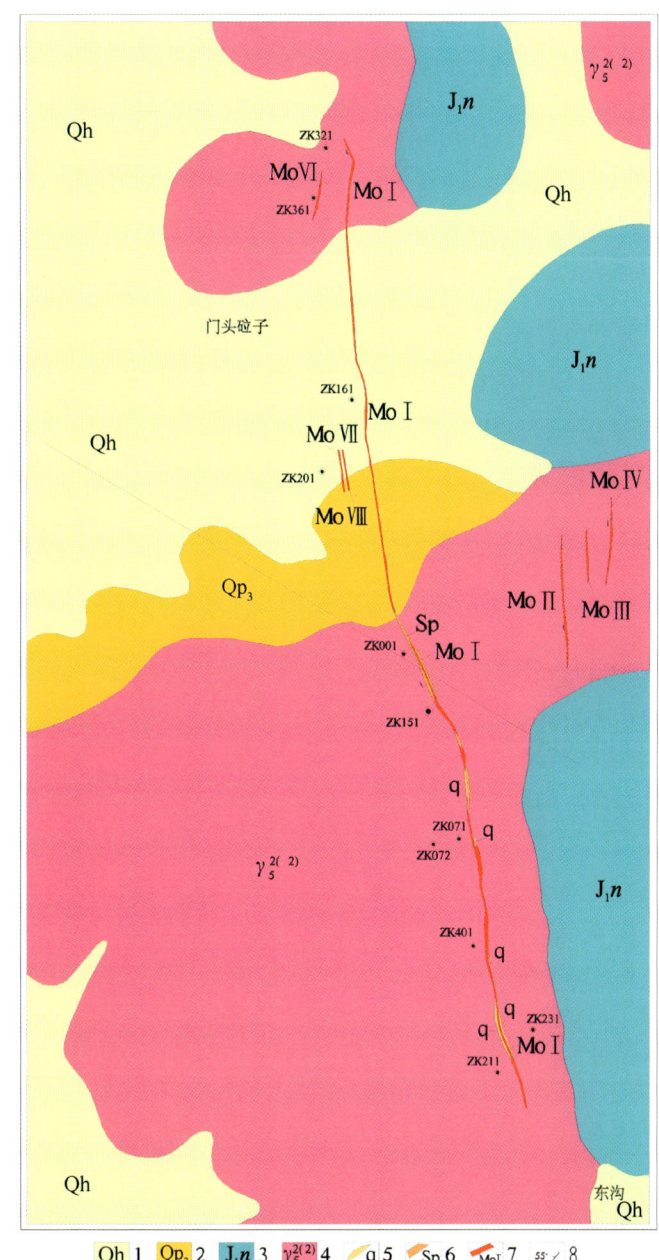

1.河床、河漫滩砂砾石堆积及Ⅰ级阶地;2.Ⅱ级阶地,由亚黏土含少量碎石组成;3.英安质凝灰岩;4.黑云母花岗岩;5.石英脉(含钼);6.硅化、高岭土化蚀变带;7.钼矿体及编号;8.产状

图4-8-6 吉林省桦甸四方甸子钼矿床矿区地质图

2.矿体三度空间分布特征

四方甸子钼矿1999—2000年评价后提交详查报告;2006—2007年在其区内西侧又发现了新的矿体。该矿床主矿脉带断续延长约2km,属热液石英脉型矿床。矿石C+D+E平均品位0.59%,远景储量达到中型矿床规模,属石英脉型钼矿,勘探程度详查,目前共发现7条钼矿体,Ⅰ号矿体是主要工业矿体。

四方甸子典型矿床位于双(河镇)-桦(甸)断裂中段的北东侧,钼矿体为含辉钼矿石英脉及浸染状辉钼矿化蚀变岩形式,产于门头砬子-东沟北北西向断裂中,矿体呈脉状,透镜状产出。呈北北西向展布,南北长3.5km,东西宽2km,面积7km²。岩体被门头砬子-东沟断裂带切割,沿裂隙充填含钼石英脉,裂隙周围具较强的矿化,大部分富集成钼矿体。

Ⅰ号钼矿体特征:Ⅰ号矿体以含辉钼矿石英脉及浸染状辉钼矿化蚀变岩形式赋存于北北西向门头砬子-东沟断裂带内。

矿体呈脉状,局部有尖灭再现、分枝复合的现象,但总体上呈连续的脉状。矿体由南至北,控制总长度3100余米。矿体厚度在0.4～8.0m之间,平均1.56m,属于较稳定矿体。矿体北段钻孔实际控制斜深135～220m。矿体走向340°～350°,倾向225°～272°,倾角44°～82°。矿体平均品位为0.41%(原生矿体)。

3. 矿石矿物组合及矿石类型

(1)矿物组合。金属矿物主要有辉钼矿,其次有少量黄铁矿,局部见有微量白铁矿及褐铁矿。脉石矿物主要为微细粒石英、隐晶质玉髓,其次为条纹长石、微斜长石,少量黑云母,微量黄铁矿。

(2)矿石类型:矿床中矿石类型以原生矿石为主。

①自然类型:石英脉型矿石,此类矿石是构成富钼矿体的主要矿石类型。构造角砾岩型矿石,该类型矿石品位较高。蚀变花岗岩型矿石,该类型矿石品位较低。②工业类型只有单钼矿石。

4. 矿石结构构造

矿区内矿石结构主要有自形—半自形粒状结构、半自形晶粒状结构、胶状结构,具有胶状结构、隐晶质结构的特征。矿石构造主要有稀疏浸染状构造、稠密浸染状构造、斑点状构造,细脉状构造、角砾状构造、块状构造等。

5. 矿体围岩及围岩蚀变

矿体围岩以黑云母花岗岩为主,局部为黑云母花岗岩、细粒黑云母石英闪长岩、细粒黑云母石英闪长岩、花岗闪长岩、细粒花岗岩、钾长花岗岩。

矿体围岩蚀变主要为硅化、高岭土化,其次局部尚见有钾长石化、绿帘石化、绿泥石化及黄铁矿化。蚀变以含矿石英脉为中心,其两侧围岩发育强度和宽度不等的条带状蚀变。靠近石英脉为硅化带(宽0.1～2.0m),其内赋存有辉钼矿化石英细脉(局部富集成矿),向外为高岭土化带(宽0.5～5.0m),局部出现钾长石化、绿泥石化及黄铁矿化。总的看来,钼矿化与硅化蚀变关系密切,具有中低温热液条带状蚀变特征。

6. 成矿时代

区内经受了加里东期、海西期、燕山期构造运动;区内以燕山期侵入岩为主,推断成矿时代为燕山期。

7. 控矿因素及找矿标志

四方甸子钼矿床成因认为多属于中-低温热液浸染状石英脉型钼矿床。

(1)控矿因素。①构造控矿:主要成矿控矿构造为双河镇-桦甸断裂的次级构造门头砬子-东沟断裂。②地层控矿:南楼山组火山岩与成矿关系密切。③岩体控矿:区内与成矿关系密切的是燕山期中-酸性侵入岩。即赋矿岩体也为控矿岩体,又提供成矿物资及热量。

(2)找矿标志。①区域找矿标志:吉中火山盆地,燕山期中酸性侵入岩分布,或(附近)构造发育地带是找矿重点,区域有水系沉积物Mo、W、Sn、Bi组合异常。②矿区找矿标志:含钼石英脉产在燕山早期中细粒黑云母花岗岩体由断裂构造控制的蚀变带内；地表只有流失孔和钼华的石英脉分布地段；见有条带状分布硅化、高岭土化蚀变带；有北北西向条带状高极化（$M_s > 3\%$）、中高阻（$\rho_s = 2500\Omega \cdot m$）电法异常；土壤钼异常或钼高背景区。

（二）地球物理特征

1. 矿床所在区域重磁场特征

从1：25万布格重力异常图看出，四方甸子钼矿床处于较为明显的北东走向五里河子重力低局部异常，在南部转为向南南东方向伸出的异常末端，靠近南部规模较大重力高异常向北东突然变窄处。该处等值线密集，梯度陡，反映南北两侧地质体密度变化较大。从异常形态变化看，钼矿床处在北西向、北东向、东西向异常线性梯度带即断裂构造交会处。

布格重力异常中的五里河子重力低异常向南南东方向伸出的异常部分，在剩余重力异常图上分离成一个独立的片状重力低局部异常。四方甸子钼矿床处在片状异常的南部内侧。南部规模较大重力高异常与向北东伸出的长条状局部重力高异常的连接处，推断有八道河子—四方甸子—三道川北西向断裂构造通过，钼矿床位于此断裂之上。

对比1：25万地质图，推断四方甸子钼矿床所在的重力低局部异常为半隐伏的中侏罗世二长花岗岩引起，重力高异常为古生界基底隆起引起。

在1：25万区域航磁异常图上，四方甸子钼矿床位于北部和东部两条串珠状正磁异常带所夹的低缓正磁异常区内，该处磁异常强度在50nT左右。在航磁化极异常图上，则位于两条串珠状正磁异常带所夹部位内侧的低缓负磁异常区内。较强正磁异常主要为上三叠统及侏罗系火山沉积地层山岩和燕山期中酸性侵入岩体引起，负磁异常主要为燕山期酸性侵入岩体（含钼矿）和新生代沉积地层引起。

2. 矿床所在地区磁场特征

含矿赋矿的燕山期四方甸子酸性侵入岩体，在1：5万航磁异常图上表现为低缓正磁异常，在航磁化极异常图上表现为低缓负磁异常。其他燕山期中-酸性侵入岩体也具有相同磁异常特征。周围分布的异常群、异常带上的局部异常较强、较陡，与低磁异常或负磁异常相伴，反映出上三叠统、上侏罗统火山沉积地层的异常跳跃变化的磁场特征。

3. 矿床所在位置地球物理特征

1）矿区岩（矿）石物性电参数特征

在矿区以往曾采用小四极称标本法，对矿区出露的岩（矿）面进行了充电率（M）和电阻率（ρ）测定，岩（矿）石电化学活动性和导电性具有如下特征。

辉钼矿石（含矿石石英脉）及矿化蚀变岩石的电化学活动性较正常围岩（花岗岩）偏高，充电率是正长花岗岩的2.3~7.3倍，指出了二者间电化学活动的差异性。然而，矿石和矿化蚀变岩石平均充电率值（3.9%~10.0%）相对较低，证明了该矿床的钼矿石矿化类型应属于贫硫化物类型。

矿石及矿化蚀变岩石的电阻率（ρ）值要明显高于花岗岩，前者要高于后者3~10倍，两者存在有较大的差异。矿石及矿化蚀变岩石这种高阻特性与强硅化蚀变和负硫化物矿化类型有密切的关系。

综上可知，四方甸子钼矿床的矿石和矿化蚀变岩石组成的矿化蚀变带相对围岩—花岗岩的充电率（M）和电阻率（ρ）均存在有"低—高—低"电性模型特征，激电找矿具备较好的物探前提。

2）矿床所在位置激电视充电率（M_s）和视电阻率（ρ_s）异常特征

于1989年、1999年先后两次在矿区用激电中梯装置开展过1：10 000比例尺的面积性测量。工作在四方甸子花岗岩体中围绕东沟—门头砬子Ⅰ号主矿带布置的基线方位350°，测网100m×20m，总面积 4.04km²。

1989 年激电测量沿 I 号主矿带进行,全区共发现编号激电异常 5 个(DHJ89-1、DHJ89-2、DHJ89-3、DHJ89-4、DHJ89-5 号),其中经槽探和钻探查明的 DHJ89-1、DHJ89-4、DHJ89-3 3 个断续首尾相接的近南北向条带状高视充电率(M_s)、高视电阻率(ρ_s)组合异常(总长约 3000m)为 I 号主矿带引起,DHJ89-2 号异常亦推断为矿致异常。I 号主矿带北段由于第四纪广泛覆盖矿体异常效果不如南段明显,于 1999 年在其北段和两侧成矿有利地段又重新布置了激电中梯扫面测量,共发现强度不同异常 9 个(DHJ99-1、DHJ99-2、DHJ99-3、…、DHJ99-9),其中 DHJ99-1、DHJ99-5、DHJ99-7 3 个异常分别与 DHJ89-1、DHJ89-4、DHJ89-3 号异常大体重合,均属主矿带北段矿体引起,DHJ99-3、DHJ99-4 两个异常经槽探、钻探查证又新发现了 II、IV、VII、VIII 号矿体。总之,1999 年发现的 9 个异常有 6 个是矿体引起,取得了比较好的找矿效果。

综上不难得出,矿区具有找矿意义的激电异常显示有如下特征。①异常均呈近南北向产出的狭窄带状,反映了该区矿化活动受近南北向断裂带控制,具有热液脉型成矿特点。②异常多属高视充电率(M_s)和高视电阻率(ρ_s)组合异常,二者密切生成联系,高视电阻率异常,指出矿区钼矿化活动与强硅化蚀变度有关,硅化蚀变是引起高阻异常的内因。③矿致 M_s 和 ρ_s 参数变化较大,不够稳定。充电率 M_s 异常强度偏低,最大值多在 3.5%~5%。背景值 $M_s \leqslant 3\%$ 这种弱化学活动特别是与矿床矿面总金属硫化物多少有直接关系,反映了钼矿石属于贫硫化型,圈定 M_s 异常必须配合 ρ_s 异常综合考虑才能提高激电找矿效果。④激电法在矿区能够取得令人满意的地质效果,银矿体赋存于偏酸性的花岗岩体中,非干扰因素少(黄铁矿化,石墨矿化等)是主要原因。

3)I 号矿体 20 号勘探线激电异常特征

20 号勘探位于 I 号矿体北段中部第四纪覆盖区。地表第四纪(主要全新统)原厚度多在 10m 以上,给地质找矿带来了更大困难。但是通过激电测量在 I 号矿体延长线位置获得了较明显宽缓状 M_s 和 ρ_s 极大值,相对 M_s 极值向西偏移约 20m 高达 4500πm(背景 2500πm),半极值宽 45m。经与已知异常类比推断由 I 号矿体所引起,ZK201 验证在斜井深 92.89~103.54m 打到了视厚度 10 余米较富钼矿体(最高品位 1.05%),矿体围岩为细粒闪长岩,矿体围岩有强硅化蚀变,视厚度达 30m,而且细粒钾长花岗岩脉发育。由此证实了 M_s、ρ_s 异常与钼矿体有关,为 I 号矿体引起。M_s、ρ_s 异常略有偏移是由地电断面性质和方法地面效应决定的。前者以矿体浅部效应为主导,后者则以深部效应占主导。

由上看出,高视充电率(M_s)高电阻率(ρ_s)组合异常是四方甸子钼矿重要的地球物理标志,激电方法在矿区指导找矿起到了较好作用。

(三)桦甸市四方甸子钼矿床地质—地球物理找矿模型

综合上述矿床地质特征和地球物理异常特征,可归纳总结出矿床地质—地球物理找矿模型(表 4-8-4)。

表 4-8-4　四方甸子钼矿床地质—地球物理找矿模型表

	岩石类型	细粒花岗岩、花岗闪长岩、细粒黑云母石英钾长花岗岩
地质条件	成矿时代	推断为燕山期
	成矿环境	矿床赋于门头碇子-东沟断裂为主一组平行分布的石英脉带构造中。燕山期中-酸性的细粒花岗岩、花岗闪长岩、细粒黑云母石英钾长花岗岩为近矿围岩
	构造背景	成矿区位于东北叠加造山-裂谷系(I1)小兴安岭-张广才岭叠加岩浆弧(III3)张广才岭-哈达岭火山-盆地区(III3)南楼山-辽源火山-盆地群(IV4)。矿床赋存于门头碇子-东沟断裂为主一组平行分布的石英脉带构造中

续表 4-8-4

矿床特征	控矿条件	①构造控矿:主要成矿控矿构造为双河镇-桦甸断裂的次级构造(门头砬子-东沟断裂)。②岩体控矿:区内与成矿关系密切的是燕山期中-酸性的细粒花岗岩、花岗闪长岩、细粒黑云母石英钾长花岗岩。即赋矿也为控矿岩体提供成矿物质及热量
	蚀变特征	围岩主要有细粒花岗岩、花岗闪长岩、细粒黑云母石英钾长花岗岩。其他矿体围岩为黑云母花岗岩。蚀变有硅化、高岭土化,局部钾化、绿泥石化。矿体围岩蚀变强度不同,蚀变带宽度不等。其特征为,以石英脉为中心,两侧围岩发育宽度不等的蚀变带,靠近石英脉为硅化带,宽度一般为 0.1~2.00m,带内发育辉钼矿化石英细脉,局部富集成矿;向外为高岭土化带,宽度 0.5~5.0m,最宽处可达 10m 左右,其次局部分布有钾长石化、绿泥石化、黄铁矿化等
	矿化特征	该矿床主矿脉带断续延长约 2km,矿石品位平均在 0.2%~0.5% 之间,远景储量达到中型矿床规模,目前共发现 7 条钼矿体,I 号矿体是主要工业矿体。岩体被门头砬子-东沟断裂带切割,沿裂隙充填含钼石英脉,裂隙周围具较强的矿化,大部分富集成钼矿体
综合信息	地球化学	1:20 万化探元素为 Mo、Cu、Pb、Zn、Ag、W、As、Sb,其中 Mo、W 同心套合,Cu、Pb、Zn、Ag 构成 Mo 的中带,Zn、As、Sb 构成 Mo 的外带。异常轴与控矿构造一致
	地球物理	四方甸子钼矿床处于较为明显的北东走向五里河子重力低局部异常在南部转为向南南东方向伸出的异常末端,靠近南部规模较大重力高异常向北东突然变窄处。该处梯度陡,钼矿床处在北西向、北东向、东西向异常线性梯度带即断裂构造交会处。重力低局部异常为半隐伏的中侏罗世二长花岗岩引起,重力高异常为古生界基底隆引起。赋矿的燕山期四方甸子酸性侵入岩体为 1:5 万航磁异常低缓正异常,航磁化极异常为低缓负异常
	重砂	主要的共生矿物白钨矿在钼矿控制的汇水盆地内都有较好的异常反应,显示出与钼矿积极的响应关系,具备优良的矿致性,对预测钼矿提供了重要的间接指示信息。由辉钼矿-白钨矿-铜族构成的组合异常有 1 个,面积 3.45km^2,空间上与 2 号辉钼矿异常叠合,释放综合性的重砂指示信息
	遥感	桦甸-双河镇断裂带与柳河-吉林断裂带交会。左侧为遥感浅色色调异常区,有零星铁染异常分布
找矿标志		①燕山期中-酸性岩分布区及其附近是重要成矿区及找矿靶区,为直接找矿标志。②北西向深大断裂次级构造,为直接找矿标志。③地表具有流失孔和钼华的石英脉分布区,为直接找矿标志。④条带状分布的硅化、高岭土化蚀变带,为直接找矿标志。⑤北北西向条带状分布的高极化(M_s>3.0%),中高阻(ρ_s=2500Ω·m),为间接找矿标志。⑥土壤钼异常或钼高背景区,分布有水系沉积物、土壤、岩石测量 Mo 异常多处,为间接找矿标志

第九节 银矿典型矿床地质—地球物理特征

吉林省银矿典型矿床在天山-兴蒙造山带吉黑褶皱系内与华北东部陆块区均有分布,矿产预测类型划分和典型矿床见表 4-9-1。

表 4-9-1　银矿典型矿床矿产预测类型划分一览表

典型矿床	矿产预测类型	成矿时代	预测方法类型	预测工作区
四平山门银矿床	山门式热液型	燕山期	层控内生型	山门
磐石民主屯银矿床	民主屯式火山热液型	石炭纪	火山岩型	民主屯
集安西岔金银矿床	西岔式热液改造型	燕山期	层控内生型	热闹-青石
汪清红太平多金属矿床	红太平式火山岩型	加里东期、印支期	火山岩型	梨树沟-红太平、天宝山
抚松西林河银矿床	西林河式岩浆热液型	燕山期	侵入岩体型	西林河
和龙百里坪银矿床	百里坪式岩浆热液型	燕山期	侵入岩体型	百里坪
白山刘家堡子-狼洞沟金银矿床	刘家堡子-狼洞沟式热液充填型	燕山期	层控内生型	上甸子-七道岔
永吉八台岭银金矿床	八台岭式构造蚀变岩型	燕山期	层控内生型	八台岭-孤甸子

下面对四平山门银矿床、磐石民主屯银矿床、抚松西林河银矿床、白山刘家堡子-狼洞沟银矿床分述如下。

一、四平山门银矿床

(一)矿床地质特征概述

矿床位于吉黑褶皱系吉林优地槽西缘大黑条垒南段伊-舒深大断裂西侧上盘,次一级北北东向和北西向断裂复合部位。

由图 4-9-3 看出,矿区出露地层主要为下古生界寒武纪—奥陶系西保安组和上奥陶统石缝组一套浅变质海相火山—沉积岩系,其中后者是主要的含矿层位(矿源层)。石缝组地层可分为上、中、下 3 个亚层位:下部岩性为变流纹岩、变英安岩夹变质粉砂岩;中部为大理岩夹变质钙质粉砂岩;上部为细砂岩、板岩等。中、上层位是银、金矿体赋存有利围岩。该组地层呈捕虏体零星赋存于花岗岩内,大体呈北东向延伸,长约 2km,宽数十米至五百余米,倾向北西。

区域岩浆活动频繁而强烈,加里东期至燕山期均有岩浆侵入或喷发。矿区印支期—燕山期中-酸性岩浆岩发育,出露面积达 60% 以上,呈北东向、北北东向带状出露于张家屯—太平屯—大富堡一带。矿带西侧印支期太平石英闪长岩体(193.3Ma)东缘沿北北东向超覆侵入于石缝组地层之上,岩体边部捕虏体较多,呈透镜状沿接触带分布,接触面受后期断裂构造破坏而形成了断裂叠加—复合接触带,控制了主矿体空间分布。东侧燕山早期二长花岗岩体(158.1Ma)以北北东向带状产出,与石英闪长岩呈侵入接触并形成宽 300～500m 接触交代混染带,部分银矿体产在混染带的构造裂隙中。燕山晚期各类脉岩发育,主要有辉石闪长岩、辉长岩、细粒二长花岗岩、霏细岩、煌斑岩、细粒闪长岩、闪长玢岩等。岩脉在空间上与矿体关系密切,受同一构造控制而相互平行展布。

矿区断裂构造十分发育,主体构造线为北北东向,属于区域断裂构造组成部分。控矿断裂系由多次活动复合叠加而成,经历了压扭—张扭—压扭的活动过程。早期压扭活动环境封闭,发育糜棱岩化和碳化岩石(黑带);中期拉张活动形成角砾岩带,被成矿热液充填交代形成角砾状矿石;后期压扭性活动形成了挤压破碎带。此外,在区域上还发育有北西向及南北向断裂构造。

山门银(金)矿床呈北北东向带状展布,长10km,宽1~2km,自北往南分为张家屯、龙王、卧龙、云潘及古洞5个矿段。其中龙王矿段已经勘探和评价,银储量规模达大型,伴生金储量达中型,矿带资源潜在远景十分可观。

卧龙矿段共发现银(金)矿体10余个,其中1、2、3号矿体为主要矿体。矿体在平面和剖面投影,多为似层状、脉状和透镜状并相互平行或斜列式展布,倾向290°~310°,倾角20°~60°。其中3号矿体规模最大,矿体赋存于石英闪长岩与石缝组地层接触带上,长大于1800m(两端未封闭),多隐伏地下,出露地表长仅为300m,厚度变化大,在0.12~30m之间,富集标高50~250m,斜深为300~400m。1、2号矿体规模相对较小,侧列于3号矿体下盘,产于石缝组中部亚层条带状大理岩夹变质粉砂岩层间破碎带内,单矿体最长400m,厚1~2m(最大10余米),富集标高在100m以下,埋深大于150m。

矿体矿化类型属破碎蚀变岩型。矿石按成矿元素组合可分为银矿石、银金矿石、金银矿石、含银、金铅锌矿石及铅锌矿石等类型。矿石金属矿物主要有黄铁矿、方铅矿、闪锌矿、黄铜矿、辉锑矿。含银矿物为银黝铜矿、辉银矿、深红银矿、脆银矿、硫砷铜银矿、硫锑铜银矿、自然银、自然金、银金矿、金银矿等。

矿石结构主要有自形、半自形晶粒结构,他形晶粒结构,交代残留、交代侵蚀、填隙、包含、压碎等结构。矿石构造以稀疏浸染状和脉状为主,次为团块状、角砾状、网脉状构造等。

成矿期热液蚀变常见为硅化、黄铁绢云岩化、碳酸盐化、水云母化等。以矿体为中心银矿化富集与硅化更为密切,早期黄铁绢云岩化强度大、范围宽,分布在矿体上、下盘,是找矿重要标志。

综上可见,山门银(金)矿属于受构造、地层岩性和岩浆活动三位一体联合控制的中—低温热液型矿床。

(二)地球物理特征

1. 矿床所在区域重磁场特征

1)区域重磁场

在1:25万区域布格重力场图上(图4-9-1),山门地区布格重力场是以北东向石岭-叶赫重力梯级带和其北西侧太平屯北东延伸的半椭圆状重力高异常(另一半在辽宁省)为显著特征。石岭-叶赫重力梯级带规模大(在内南北两端未封闭),其北端与吉林省伊-舒中-新生代断陷带北西侧边缘区域性重力梯级带相接,向南延入辽宁省,梯级带宽2~5km。梯级带重力等值线线性排布较均匀,变化明显,梯度变化一般为每千米$(1\sim2)\times10^{-5}$ m/s^2。结合地质构造分析,石岭-叶赫重力梯级带应属大黑山条垒与伊-舒断陷带间岩石圈大断裂向南延部分的反映,为Ⅱ、Ⅲ级构造单元划分界线,是控制本区沉积建造、岩浆活动和成矿作用的主体构造。山门银(金)矿位于石岭-叶赫梯级带北西侧太平屯重力高异常的南东侧。该重力异常呈椭圆状北东向展布,在吉林省城内长约20km,宽7~10km,面积约170km^2。其形态规整并略向南东突出,重力强度由北向南逐渐增高。在剩余重力异常图上太平屯重力高异常处于由多个似椭圆状重力高异常以北东向断续排布的重力高异常的南西端。经与地质关联,太平屯重力高异常处在石岭隆起,太平屯早古生代地层(寒武系—奥陶系西堡安组和上奥陶系石缝组等)出露区,故推断该重力高异常应是早古生代变质岩系基底上隆引起。

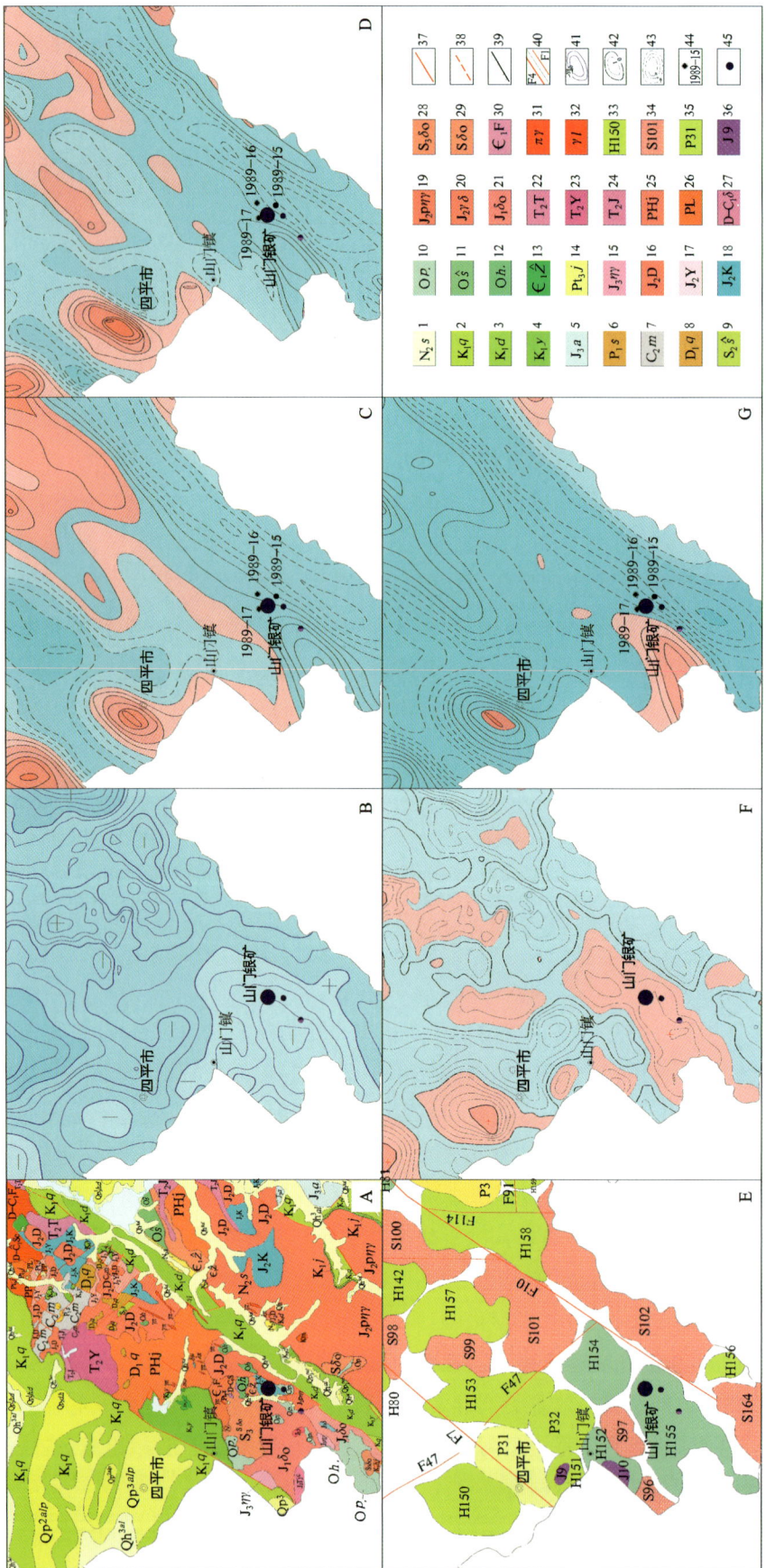

图 4-9-1 山门金银矿典型矿床所在区域地质矿产及物探剖析图

A. 地质矿产图；B. 布格重力异常图；C. 航磁ΔT等值线平面图；D. 航磁ΔT化极垂向一阶导数等值线平面图；E. 剩余重力异常图；F. 航磁ΔT化极等值线平面图

综上可见,区域性北北东、北东向构造体系和早古生代基底隆起是控制该矿床产出的主要区域构造因素。

2)区域航磁异常特征

在1:25万航磁异常和其化极垂向一阶导数异常图上,区域异常也与区域重力场一样,除了能够清晰反映伊-舒地堑与大黑山条垒间岩石圈大断裂和太平屯早古生代基底隆起存在外,尚能反映出该区加里东期、海西期、燕山期等基性、中基性、中酸性及酸性侵入岩体的分布。区域物性资料指出,本区各时期侵入岩大部分都具中—强磁性,当具有一定规模时均能引起不同强度磁异常。在太平屯布格重力高异常上亦同样出现了与重力异常形态范围相似的椭圆状磁力高异常,并且山门银(金)矿依然处在磁力高异常南东边缘外侧上。以零值线圈闭的异常面积约150km²,强度为150~200nT,两侧梯度南东侧大于北西侧。异常出露岩性主要为印支晚期和燕山早期的闪长岩、石英闪长岩、二长花岗岩。故此推断该异常多与中性、中酸性侵入岩体有关。由矿体与异常空间分布关系判断,山门银(金)矿形成,与多期岩浆活动关系更为密切。由此,说明矿床在有利的区域成矿背景上除了与区域主体构造系统早古生代基底隆起有关外,多期岩浆活动也为成矿提供了极为有利的条件。

2. 矿床所在矿田磁场特征

山门银(金)矿田在1:5万航磁图上显示出,在一较复杂高磁异常区内,呈现一条北北东向分布低磁异常带为特征(图4-9-2)。高磁异常区系属大黑山条垒北北东向断续分布的高磁异常带南段组成部

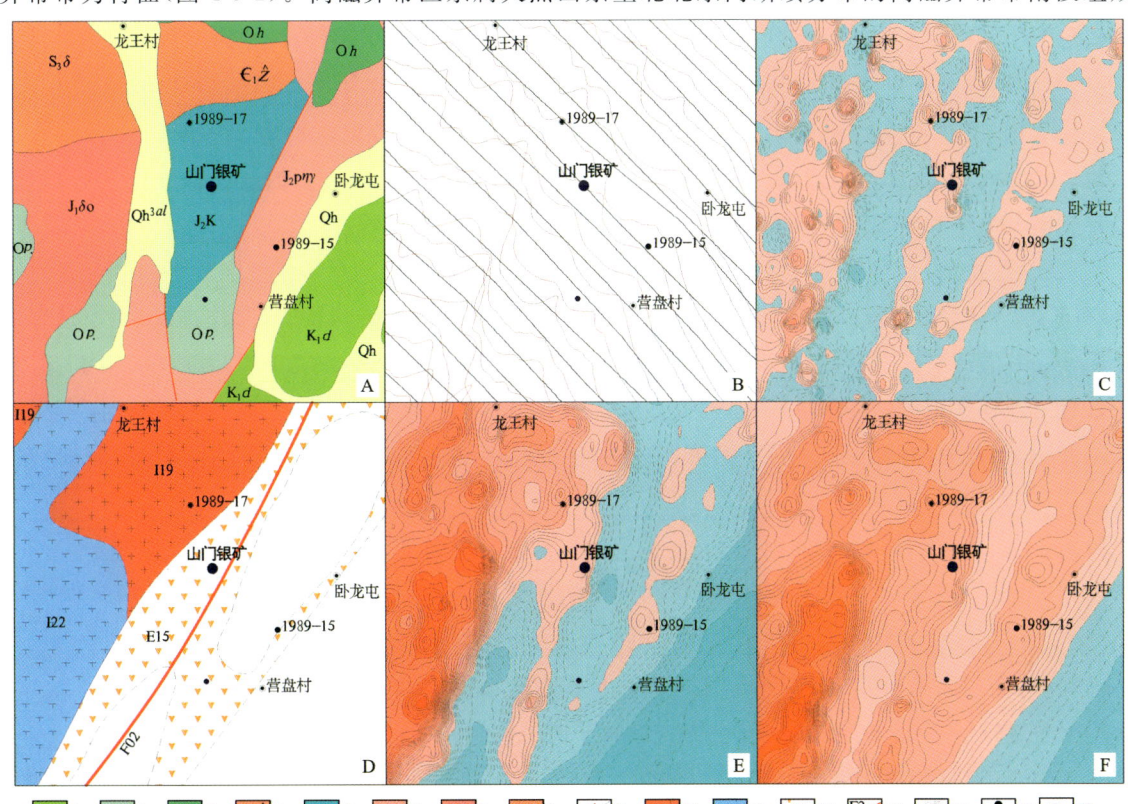

1.登楼库组;2.盘岭岩组;3.黄顶子组;4.张厦组;5.靠道子细粒角闪石黑云母闪长岩;6.中侏罗世二长花岗岩;7.早侏罗世石英闪长岩;8.早志留世闪长花岗岩;9.实测性质不明断层;10.磁法推断中基性岩体及注记;11.磁法推断中性岩体及注记;12.磁法推断磁性蚀变带及注记;13.重磁推断二级断裂及注记;14.航磁异常正等值线、零等值线、负等值线及注记;15.航磁异常点及编号;16.银矿床

图4-9-2 山门典型银矿床所在地区地质矿产及物探剖析图

A.地质矿产图;B.航磁ΔT剖面平面图;C.航磁ΔT化极垂向一阶导数等值线平面图;D.航磁推断地质构造图;E.航磁ΔT化极等值线平面图;F.航磁ΔT等值线平面图

分,其南东侧与伊-舒断陷带低磁异常带相邻;北西侧以四平-长春深断裂与松辽中、新生代盆地低缓磁异常区接连。在平剖图和等值线图上磁场波动变化有一定规律性,沿北北东向(纵向)形成高低相间的较复杂的高磁异常带。区内磁场强度由北东向南西逐渐增多,最大强度可达600nT,一般多在200~300nT。综合地质构造分析,这些异常多半是加里东期、海西期、印支期和燕山期基性、中性及中—酸性岩浆沿构造侵入的反映,尤其印支晚期、燕山早期侵入岩占多数。由此指出,该区岩浆活动强烈,并具有多期性、多类型特点,应是该区成矿活动矿质主要来源和成矿必须的热源条件。

山门银(金)矿带所赋存的低磁异常带位于卧龙—云潘(营盘)一线北西侧1.6km处,呈北北东向展布,长约8km,宽0.6~1.2km。南端在云潘南被一近南北向高磁异常带截断,错至古洞村以北不远处,向南延入辽宁省。在化极和垂向一导异常则以负异常带为特征,化极磁异常强度-200~-100nT两侧梯度较对称。综合分析认为,低磁异常带是本区构造矿化蚀变带的反映,控制了山门银(金)矿化活动的分布,对于今后找矿工作具有一定的指导意义。

3. 矿区电、磁异常特征

1) 矿区岩(矿)石物性参数特征

(1)电性参数特征:构造矿化蚀变带中的矿石和矿化蚀变岩石相对正常的围岩具有较强的电化学活动性和导电性。其内矿石为含银的石墨构造角砾岩、含银的变质砂岩和含银黄铁矿化大理岩,充电率(M)多在20%~27%,电阻率(ρ)一般在140~900Ω·m。其内矿体围岩为硅化石英闪长岩、黄铁矿化石英脉、含碳硅质大理岩、石墨化碎裂大理岩等蚀变岩类;充电率常见值为10%~37%,电阻率为300~1300Ω·m。但蚀变破碎带两侧正常围岩石英闪长岩、二长花岗岩充电率在2%~4%,电阻率常为1000~1500Ω·m。由此可见,含矿蚀变破碎带岩(矿)石相对两侧正常岩石的电性存在有较大的差异,具备有激电充电率和电阻率参数圈定含矿构造蚀变带的地球物理前提。

(2)磁参数特征:矿区除了少量中—基性脉岩(闪长玢岩、煌斑岩等)有较强磁性外[$\kappa \approx (3800 \sim 10800) \times 10^{-5}$ SI],分布较广的中性,中—酸性花岗岩类(闪长岩,石英闪长岩,二长花岗岩等)具有中等强度磁性[$\kappa \approx (570 \sim 1000) \times 10^{-5}$ SI]。然而,含矿的构造矿化蚀变带内的岩(矿)石(各类银矿石,上奥陶统石缝组蚀变大理岩、混染岩、碎裂岩等)均属无磁性—弱磁性[$k \approx (0 \sim 100) \times 10^{-5}$ SI],相对大片中—酸性花岗岩其具有弱磁性特征。故此判定,这一矿化蚀变带会显示低磁异常反映,为磁测间接找矿提供了依据。

2) 矿床电、磁异常特征

吉林省地矿局于20世纪80年代初,在四平山门地区寻找与基性—超基性岩有关的硫化铜镍矿床而施测了1:1万激电、磁法扫面,在工区张家屯—卧龙—古洞一带发现了一条北北东走向,长约8km,宽0.5~1km的高视充电率(M_s)、低视电阻率(ρ_s)、低磁(ΔZ)套合较好的综合异常带(图4-9-3),经过工程查证后确系含银、金矿化构造蚀变带所引起,进而发现了山门大型银(金)矿床。

综合异常中视充电率(M_s)异常较低、视电阻率(ρ_s)和低磁(ΔZ)更加明显、规律。视其异常强度、形态特征,激电异常属于两级叠加异常:一级异常以6%为下限圈出的异常带在古洞屯以北比较连续,而往南则离开了主体异常延伸方向并向西平移约1km;二级叠加异常多呈不规则的椭圆状断续有规律排布在一级异常内,强度一般在10%~14%,走向多与一级异常一致,其规模长0.5~1km,宽0.3~0.5km。异常带两侧梯度东侧略大于西侧。视电阻率异常呈带状分布在激电异常带中部,异常在龙王屯以北分为两极近平行的低阻异常带,东带与二级激电异常带相吻合,西带则与低磁异常相一致。异常强度均小于800Ω·m。低磁异常以零值圈定的异常基本与激电一级异常形态相近,其局部高值异常一

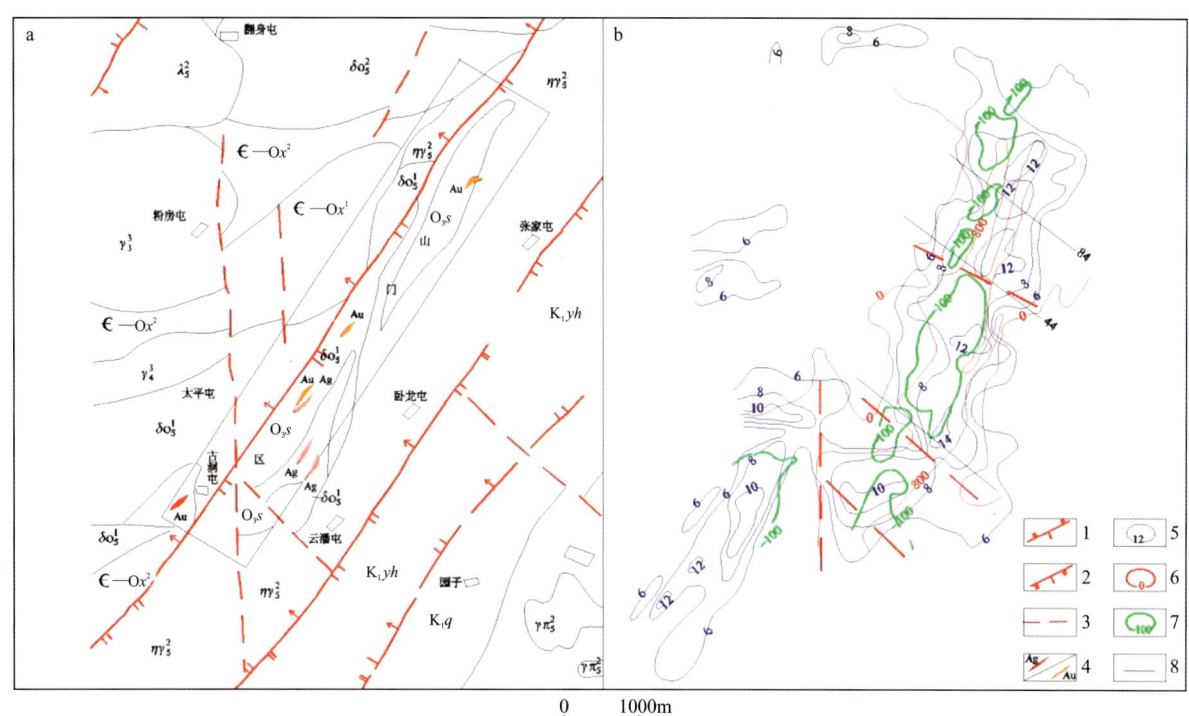

Kyh.下白垩统叶赫组；Kq.下白垩统泉头组；O_3s.上奥陶统石缝组；$\epsilon-Ox^{2-1}$.寒武系—奥陶系西保安组片岩段和变粒岩段；λ_5^2.流纹岩；$\gamma\pi_5^2$.花岗斑岩；$\eta\gamma_5^2$.二长花岗岩；δo_5^1.石英闪长岩；γ_3^4.黑云母花岗岩

1.压扭性断层；2.张扭性断层；3.推测断层；4.金、银矿体；5.激电视电阻率曲线；6.激电视极化率异常曲线；7.磁法异常曲线；8.地质界线

图 4-9-3 山门银（金）矿典型矿床所在位置地质矿产及物探剖析图（引自杨贵林、刘志和等，1992）
a.地质剖面图；b.激电视极化率异常曲线、激电视电阻率曲线、磁法异常曲线

般大于$-100nT$。经与地质关联，M_s、ρ_s、ΔZ 这一套合异常具有同源性，指出了三者均是张家屯—卧龙—古洞同一银、金矿化构造蚀变带不同物理属性的反映。此外，依据综合异常形态特点，特别是激电二级异常的分段性，可将整个异常带由北向南划分成张家屯、龙王、卧龙、云潘、古洞 5 个矿化集中区，这与地质详查（勘探）评价划分的 5 个矿段是相一致的。

卧龙矿段 35 号勘探线综合剖面图清晰展示了 1、2、3 号银（金）矿体综合物、化探异常特征图（图 4-9-4）。电法联合剖面装置在矿带的垂向投影头部出现了视充电率 M_s^A 和 M_s^B 反交点异常，视电阻率 ρ_s^A 和 ρ_s^B 正交点异常；中间梯度装置 M_s 出现了梯度陡而缓的高值异常，ρ_s 曲线产生了梯度陡而缓的低值异常。地面磁法在含矿蚀变带上有低磁异常反映。电法四极对称测深装置，在剖面各测点上测到了"H"型 ρ_s 和"K"型 M_s 异常。M_s 和 ρ_s 断面等值线异常较好地反映出有上、下两个均向西倾的异常存在，并与地质断面上、下两个向西倾的矿脉带相吻合。综上可见，综合物、化探找矿效果较为理想，不仅能够较准确的指出隐伏的矿脉带顶部投影位置，而且还能反映出矿脉带的倾向，可为布置山地工程（钻、槽、井探）提供有效的地球物理信息。

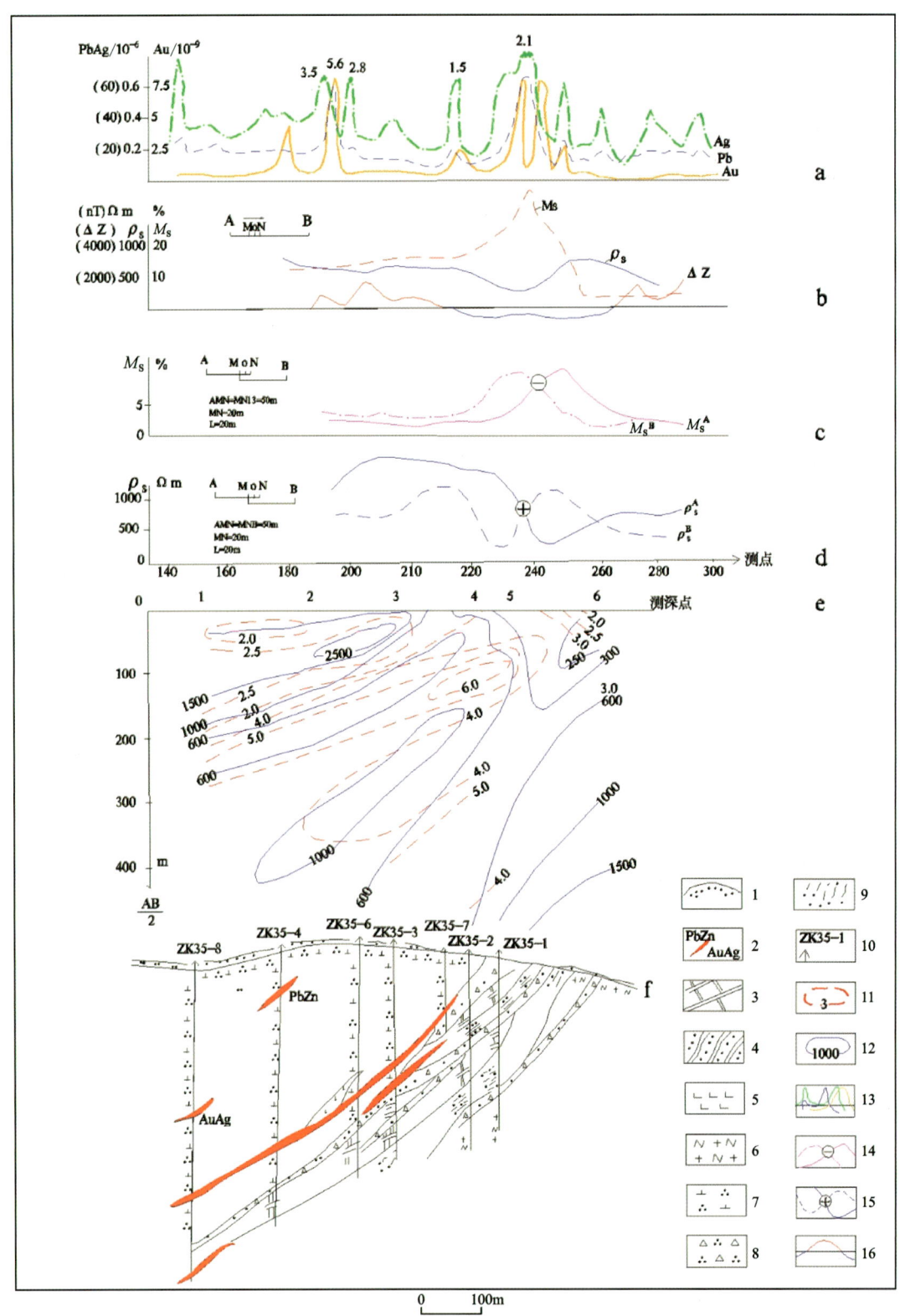

1.第四系;2.矿体;3.大理岩和硅化大理岩;4.变质砂岩;5.闪长玢岩;6.二长花岗岩;7.石英闪长岩;8.破碎带;9.变粒岩;10.钻孔及编号;11.激电视极化率异常曲线;12.视电阻率异常曲线;13.化探铅银金异常曲线;14.激电联剖视充电率异常曲线;15.激电联剖视极化率异常曲线;16.地磁 ΔZ 异常曲线

图 4-9-4　山门银(金)矿 35 号勘探线典型矿床勘探剖面图(引自杨贵林、刘志和等,1992)

a.化探铅银金异常曲线;b.地磁异常曲线、激电中梯视极化率曲线、视电阻率曲线;c.激电联剖视充电率曲线;d.联剖视电阻率曲线;e.电测深视电阻率、视极化率断面异常曲线;f.地质剖面图

(三)四平市山门银矿床地质—地球物理找矿模型

综合上述矿床地质特征和地球物理异常特征,可归纳总结出矿床地质—地球物理找矿模型(表4-9-2)。

表 4-9-2　四平市山门银矿床评价物探找矿模型表

地质条件	岩石类型	含碳变质粉砂质、泥质、钙质板岩、大理岩、花岗闪长岩
	成矿时代	燕山晚期
	成矿环境	东北叠加造山-裂谷系(Ⅰ)小兴安岭-张广才岭叠加岩浆弧(Ⅱ)张广才岭-哈达岭火山-盆地区(Ⅲ)大黑山条垒火山-盆地群(Ⅳ)内
	构造背景	矿床受区域性依兰-伊通断陷旁侧断裂控制,主干断裂旁侧的次级北北东向断裂是容矿构造,具有多期活动特点,其结构面性质较复杂,大致经历了压扭—张扭—压扭的活动过程
矿床特征	控矿条件	地层控矿:奥陶纪黄莺屯组变质粉砂质、泥质、钙质板岩、大理岩为赋矿层位。 岩体控矿:燕山期中酸性侵入岩为主要的控矿岩体,不同性质、不同期次的小侵入体、岩脉与矿体相伴产出,有的产于矿体上、下盘,直接成为矿体顶、底板围岩。 构造控矿:北北东向依兰-伊通地堑边缘断裂靠隆起一侧次一级平行断裂和层间断裂是主要的容矿构造,北北东向与北西向断裂交会部位是矿床产出的有利部位
	蚀变特征	蚀变主要是硅化、黄铁绢云岩化、碳酸盐化和水云母化、黏土化等,具明显的分带性。银矿化富集与硅化关系密切,其蚀变强度一般与矿化的富集强度成正比
	矿化特征	矿体分布于燕山早期花岗闪长岩与奥陶系黄莺屯组地层的内外接触带,矿体产出严格受北东向断裂控制,矿体呈脉状、似层状和透镜状。卧龙矿段已查明大小工业矿体11条,主要矿体有8条;龙王矿段已查明大小工业矿体11条,主要矿体有5条,其中仅卧龙矿段3号矿体部分出露地表,其余矿体均为隐伏-半隐伏矿体,最低见矿标高为-200m,深部未封闭,以银矿为主,伴生金。矿体呈近平行侧列展布,平面上呈左行斜列,倾向上呈向下盘斜列,相邻矿体间距10～30m,水平分布宽度80～100m,矿带总体走向北东25°～30°,倾向北西,倾角20°～60°,一般下部矿较缓,上部矿体较陡,主体矿体走向延长较大,倾向延长较小,同一矿体在产状缓的部位,矿体变厚,产状陡的部位矿体变薄。 斑岩体中上部含砾花岗闪长斑岩几乎囊括了全部富矿,部分矿体已达斑岩体顶部围岩内。自矿体向外,矿化强度减弱,矿体与围岩成渐变关系
综合信息	地球化学	1:20万化探数据圈出矿床所在区域的Ag异常具有较好的二级分带,峰值243.26×10^{-6},面积19.65km²,沿北东向呈条带状分布;与Ag套合紧密的元素主要有Au、Cu、Zn、As、Sb、Hg、Na_2O、K_2O、SiO_2。 土壤化探异常显示的特征元素组合为Ag-Au-Cu-Pb-Zn。在卧龙-龙王矿段是元素异常集中区,Ag、Au、Cu异常空间套合较好,具明显的包含结构。 矿床岩石化探异常显示的特征元素组合为Ag-Au-Cu-Pb-Zn-As-Sb-Hg,其中Ag在黄莺屯组地层的强富集强度是克拉克值的几倍至十几倍
	地球物理	山门银矿位于石岭-叶赫梯度带北西侧太平屯重力高异常的南东侧。该重力异常呈椭圆状北东向展布,长约20km,宽7～10km。其形态规整并略向南东突出,重力强度由北向南逐渐增高。重力高异常是早古生代变质岩系基底上隆引起。 在1:5万航磁图上,山门银矿处在北北东向分布的,沿东东方向相间排列的高、低磁异常带之中间一条磁力高异常带的东南边部。磁力高异常带为燕山期中—酸性岩浆沿构造侵入的反映
	重砂	主要指示矿物自然银没有异常反应。主要伴生物自然金围绕山门银(金)矿圈2个自然异常,面积分别为2.89km²、1.61km²,对银(金)矿积极支持,是矿致异常,具有直接指示作用。矿区内代表的矿物组合为自然金、白钨矿、黄铁矿,其组合异常可释放综合找矿信息
	遥感	北东向伊舒线性构造带-伊舒断裂带的西支断裂上,有直径约8km的岩浆侵入环形构造存在,矿床位于北东向线性构造带上及环形构造的中部,是形成大矿的最有利地段

续表 4-9-2

| 找矿标志 | 深大断裂两侧断块隆起边缘北北东向次级平行断裂带及与北西向断裂带交会部位是矿床产出的有利部位。奥陶纪黄莺屯组地层分布区，尤其是含黄铁矿及石墨较高的大理岩夹变质粉砂岩、砂质板岩分布区。中生代岩浆侵入活动频繁地区，尤其是不同性质、不同期次的小侵入体、岩脉与黄莺屯组接触带为找矿有利部位。黄铁绢云岩化、强硅化蚀变破碎带、含硫化物石英脉、含黄铁矿、闪锌矿、方铅矿化的蚀变破碎带。线性低缓负磁场带是追索控矿构造的间接找矿标志，低阻高激化异常是矿体或含矿层位的指示标志。1∶5 万水系沉积物化探测量 Ag、Pb、Co 浓度克拉克值大于 1.1 的异常区，尤其是与银异常配套的 Au、Cu、Pb、Zn、Sb 套合异常。土壤 Au、Ag、Cu、Pb、Zn 5 种元素的综合异常与矿带分布范围基本吻合 |

二、磐石民主屯银矿床

（一）典型矿床成矿地质特征

1. 地质构造环境及成矿条件

构造背景：大地构造位置位于天山-兴蒙-吉黑造山带（Ⅰ1）包尔汉图-温都尔庙弧盆系（Ⅱ6）下冶-呼兰-伊泉陆缘岩浆弧（Ⅲ4）盘桦上叠裂陷盆地（Ⅳ5）。

1）地层

矿区出露的地层除第四系全新统外，仅有石炭系下统余富屯组地层（图 4-9-5）。

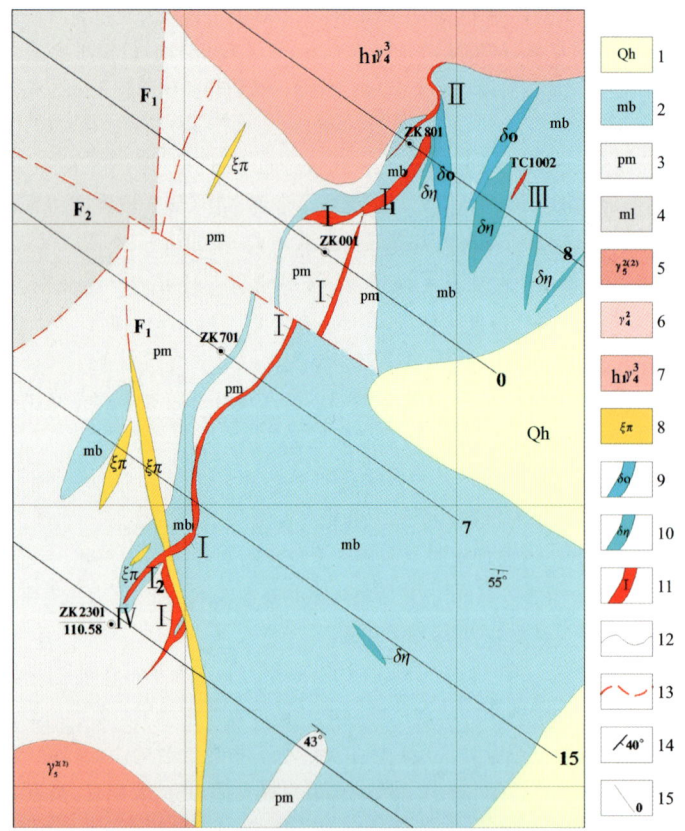

1.第四系砂、黏土及砾；2.下石炭统余富屯组大理岩；3.余富屯组千糜岩；4.余富屯组糜棱岩；5.燕山期中粗粒花岗岩；6.海西期中细粒花岗岩；7.混染岩化中细粒花岗岩；8.正长斑岩脉；9.石英闪长玢岩脉；10.闪长玢岩脉；11.银矿体及编号；12.地质界线；13.推断断层；14.产状；15.勘探线位置及编号

图 4-9-5　民主屯银矿床地质图（据张大山等，1991）

下石炭统余富屯组(C_1y):岩性由石英角斑岩、角斑岩、角斑质凝灰岩、细碧岩、细碧玢岩夹大理岩、砂岩组成,其余大量岩石均为糜棱岩和千糜岩,少部分板岩和大理岩内见有碳质,为主要含矿地层。

余富屯组地层普遍具有变质现象,表现为灰岩形成细粒大理岩,泥质岩石已变质为板岩,钻孔(ZK701)所见到的碳质板岩中的碳质已经转变为石墨。另外,千糜岩和糜棱岩中普遍存在的长石、石英,绢云母矿物,也可能有一部分是由于区域变质作用形成的,或与动力变质作用相叠加而形成的。

2)岩浆岩

岩浆岩除海西期中细粒花岗岩(γ_4^2)、燕山期中粗粒花岗岩($\gamma_5^{2(2)}$)岩体外,还有正长斑岩、闪长玢岩、石英闪长玢岩等脉岩。

中细粒花岗岩属弱钙碱型。中粗粒花岗岩出露于矿区南部,呈小岩株侵入于余富屯组地层中,面积约$0.1km^2$。岩石有碎裂现象。

3)构造

矿区内主要为北东和北西向断裂。

(1)F1位于矿区中部,走向近南北,倾向西,倾角45°~65°。在21线至19线破坏矿体,含矿石英脉被破碎,在23至15线被正长斑岩脉充填,为张性正断层。

(2)F2位于7线附近,地貌表现为沟谷,走向北西,倾向不清,平面表现为右行平移,错断矿体。

物探资料推测,在31线至0线间,存在一条北东东向断层,但尚未经地质证实。

2. 矿体特征

目前共圈定Ⅰ、Ⅱ、Ⅲ、Ⅳ4条矿体,以Ⅰ号矿体为主,发现了Ag、Au、Cu、Pb、Zn矿(床)点和化探异常,矿体延深情况尚不十分清楚,矿体中段是否连续不肯定。金平均品位0.41×10^{-6},银平均品位228×10^{-6},矿石体重$2.39\times10^3kg/m^3$,规模小型。

(1)Ⅰ号矿体形态为似层状,平面上呈舒缓波状,走向北东30°~40°,倾向北西,倾角60°~90°。断层F1、F2对矿体起破坏作用。Ⅰ号矿体长444m,矿体延深仅在钻孔ZK2301中控制主矿体斜深48m,分枝矿体Ⅰ2斜深62m,其他部位推测延深50m以内。

Ⅰ号矿体平均厚度2.75m,最大厚度11.20m,最小0.47m,在顶底板大理岩层的间距增大处,出现膨大或分枝现象。厚度变化系数为60.6%,厚度变化较稳定。

(2)Ⅱ号矿体位于大理岩和海西期中细粒花岗岩接触带,主体走向北东55°,波状弯曲,倾向北西,倾角45°~55°,延长80m,见矿宽度分别为2.00m和0.50m,品位分别为50×10^{-6}和43×10^{-6},仅YM1中见工业矿体,见矿宽度5.6m,最高Ag品位880×10^{-6},平均553×10^{-6},矿石类型为块状石英脉。

(3)Ⅲ号矿体围岩为千糜岩,见矿宽1.00m,Ag品位170×10^{-6},矿石类型为块状石英脉。

(4)Ⅳ号矿体宽70cm,Ag品位700×10^{-6},矿石类型为块状石英脉。

3. 矿石类型

1)矿石类型

块状石英脉型和角砾状石英脉型矿石。

块状石英脉矿石:为完整石英脉,灰白色、白色,粒状结构,块状构造,局部为梳状构造、条带状构造。矿物成分主要为石英,还见有黄铁矿、毒砂、辉银矿、辉锑矿、深红银矿、锑银矿、自然金、自然银等。Ag品位较富,体重$(2.24\sim2.57)\times10^3kg/m^3$,平均$2.49\times10^3kg/m^3$。氧化程度较低,该类型是主要矿石类型。

角砾状石英脉型矿石:石英脉被后期构造作用破坏,形成构造角砾岩,使矿石具角砾状构造。角砾成分为脉石英,角砾含银,角砾间胶结物不含银,见有黄铁矿、毒砂。品位较低,体重$(2.06\sim2.38)\times10^3kg/m^3$,平均$2.29\times10^3kg/m^3$。此类矿石被破碎,氧化程度极高。

2）矿石物质组分

金属矿物：黄铁矿、黄铜矿、闪锌矿、自然铅、铝矾、锐钛矿、磁铁矿、磁黄铁矿、辉银矿、辉锑银矿、深红银矿、锑银矿、自然金、自然银。其中以黄铁矿最常见，含量0～4%。

非金属矿物：主要为石英，其次为少量的绢云母、绿泥石、绿帘石、角闪石、辉石。黄铁矿、毒砂、闪锌矿、黄铜矿常共生；辉锑银矿、深红银矿、锑银矿、自然银、自然金共生。

夹石矿物：矿体中夹石少，且达不到剔除厚度，银平均品位大于最低工业品位，固均划入矿体。

3）矿石的结构构造

矿石结构：含矿岩石粒状结构，石英呈他形—半自形晶体，粒度0.5～4mm，石英颗粒紧密镶嵌状分布。

矿石构造：块状构造，石英紧密镶嵌，呈致密块状。条带状构造，由灰色、白色石英形成灰白相间条带。梳状构造，石英晶体沿裂隙壁相对排列。浸染状构造，黄铁矿等金属矿物呈浸染状分布于石英之间，粒度0.05～0.12mm，含量0～4%。

4. 蚀变及矿化

蚀变类型：硅化、绿帘石化、绿泥石化、绢云母化、黄铁矿化、毒砂化等。硅化十分普遍，分为含银和不含银两类。黄铁矿化与银矿化没有明显相伴关系。毒砂仅见于银矿体内，呈浸染状分布，粒度一般0.05mm左右，与银矿化呈正相关关系。

其他蚀变围岩中还有绿帘石化、绿泥石化，主要见于岩体、中酸性脉岩、大理岩中，与银矿化无关联，偶尔伴有金矿化。

5. 成因类型及找矿标志

1）矿床成因类型

矿体位于下石炭统余富屯组低变质中酸性火山碎屑岩中相对较致密的大理岩及其所夹相对较疏松的千糜岩内，热液提供了热量和成矿物资运移载体，相对致密的大理岩成为矿液的阻挡层，而相对较疏松的千糜岩为矿液提供了运移通道和沉积空间，赋矿空间存在于较大韧性断层内大理岩和板岩内碳质中。矿体与围岩界线清楚，对围岩的交代作用极微弱，矿石具梳状构造、条带状构造、晶簇构造，显示热液充填作用的特点。本矿床的成因类型为火山热液型。

2）找矿标志

(1)具有梳状构造、条带状构造、晶簇构造的石英脉，是直接找矿标志。

(2)Ag的化探异常，尤其是Au、Ag、As、Sb、Hg、Pb异常的套合，是间接找矿标志。

(3)在大量糜棱岩、千糜岩内具有相对致密碳酸岩层存在时，是可能赋存矿体的有利空间。

(4)地层标志：余富屯组地层是找矿标志层位。

(5)硅化、绢云母化是近矿蚀变标志，强烈硅化蚀变岩是直接找矿标志。

(6)中酸性侵入体正长斑岩以及与余富屯组地层接触带是找矿有利部位。

（二）地球物理特征

1. 矿床所在区域重磁场特征

在1:25万布格重力异常图上，磐石民主屯火山热液型银矿床处在著名的盘双接触带吉昌一段北部面积较大的三角形重力高异常区内东西向局部重力高异常与北东向局部重力低异常间梯度带上。该梯度带呈北东走向，并在矿床附近沿北西方向发生扭动，反映出北东向断裂构造受燕山期酸性岩株或脉岩上涌而沿北西方向发生扭曲。三角形重力高异常区对应下石炭统余富屯组、鹿圈屯组，上石炭统磨盘山组等古生界地层出露区。矿床所在梯度带东南烟筒山附近长条状局部重力高异常，近东西走向，为余富屯组中酸性火山岩夹灰岩及砂岩地层的异常反映，北西侧近椭圆状局部重力低异常，呈北东走向，为中新生界火山盆地分布区。

在1：25万航磁异常图上，余富屯组中酸性火山岩仅产生强度在50～150nT左右的背景正磁场区。银矿床处在烟筒山附近的燕山晚期酸性岩体（或其边部角岩）所引起的叠加椭圆状局部正磁异常边缘北东走向梯度带上，即燕山酸性岩体与余富屯组的接触带上，局部正磁异常最大强度为350nT。区域背景正磁异常及局部磁异常总体沿北东走向展布，反映出磁异常受北东向构造活动所控制。

2. 矿床所在地区磁场特征

在1：5万航磁异常图上，民主屯银矿床处在余富屯组石英角斑岩、细碧岩（含铁）引起的吉C1-1959-7强磁异常向南西方向阶梯状逐渐降低的一个次级低缓异常台阶的边部上，该处磁异常值为220nT。异常南侧边部有较陡的北西向梯度带通过，可能是一条隐伏断裂构造位置或是北西向航磁测线的影响。推断该次级低缓异常是燕山期花岗岩与余富屯组地层接触带的角岩异常。

在1：5万航磁化极异常图上，银矿床处在北西走向强度微弱的长方形异常南侧边部。

3. 矿床所在位置地球物理特征

1) 矿区岩（矿）石物性参数特征

民主屯银矿区岩（矿）石物性参数资料，引自《吉林省磐石县民主屯银矿普查报告》（张大山、杨震华等，1991）（表4-9-3）。

表4-9-3　民主屯银矿区岩（矿）石电参数统计表

岩（矿）石名称	块数	极化率 η_s/%		
		最大值	最小值	常见值范围
大理岩	25	17.5	2.3	2.5～15
正长斑岩	19	4.5	0	0～4
碳质板岩	7	69	30	30～60
含矿硅化大理岩	15	38	2	5～10
闪长玢岩	8	4.5	0.1	0.1～2
花岗岩	30	25	0	10～20
石英脉	15	50	15	25～40
石英闪长玢岩	15	26	0	5～15
千糜岩	14	17	0	5～10

从表中可以看出，矿区内极化率最高者为碳质板岩，石英脉次之，两者差别不大，常见值范围均大于25%，其他岩石极化率常见值范围均低于20%，其中正长斑岩和闪长玢岩最低，极化率常见值范围低于4%。大理岩为银矿体主要围岩，含矿硅化大理岩极化率中等偏低，与其他岩石差异不明显，尤其是碳质板岩对激电异常的干扰较大，对异常解释造成困难。

2) 矿区激电异常特征

通过本区1：1万激电中梯0.78km²扫面后得出结论：除Ⅰ号激电异常与Ⅰ号银矿体套合较好（但并非是Ⅰ号矿体反映，而是碳质板岩引起）外，其余各编号异常均未套合在矿体之上。这说明激化在本区寻找厚度薄、规模小、延伸不大矿体效果不好，加上本区碳质岩不存在，为激电找矿工作带来干扰，给异常解释带来困难，今后没必要再投入激电工作。

(三)磐石市民主屯银矿床地质—地球物理找矿模型

综合上述矿床地质特征和地球物理异常特征,可归纳总结出矿床地质—地球物理找矿模型(表4-9-4)。

表4-9-4 磐石市民主屯银矿床地质—地球物理找矿模型表

地质条件	岩石类型	糜棱岩、千糜岩、大理岩、碧玉岩及板岩
	成矿时代	海西中期
	成矿环境	天山-兴蒙-吉黑造山带(Ⅰ)包尔汉图-温都尔庙弧盆系(Ⅱ)下二台子-呼兰-伊泉陆缘岩浆弧(Ⅲ)磐桦裂陷盆地(Ⅳ)内
	构造背景	北北东向分布的头道川大岭至桦树河,大梨河复式背斜为本区的主体构造。北北东向展布的头道川-太平川-烟筒山构造韧性剪切带为容矿构造,控制了头道川-烟筒山金、银、铜矿带的分布
矿床特征	控矿条件	地层控矿:下石炭统余富屯组中酸性火山岩—碳酸盐岩建造为银(金)的矿源层,岩性除大理岩、碧玉岩及少量板岩外,大部分为糜棱岩、千糜岩。 岩体控矿:海西期中细粒花岗岩为主要的控矿岩体,边部有固化混染现象。 构造控矿:头道川大岭—桦树河子、大梨河北北东向的复式背斜是区域主体构造,控制了头道川—风倒树—烟筒山金、银、银成矿带的产出。北北东向头道川—太平川—风倒树—新发屯韧性剪切带是控矿构造
	蚀变特征	蚀变主要为硅化、绿帘石化、绿泥石化、绢云母化、黄铁矿化、毒砂等
	矿化特征	共发现查明4条银矿体,其中Ⅰ号矿体规模最大,为主矿体,Ⅱ、Ⅲ、Ⅳ号矿体规模均较小。矿体产于大理岩与千糜岩互层带中,并与围岩产状基本一致,其上、下盘围岩为大理岩和千糜岩。Ⅰ号矿体形态为似层状,平面上呈舒缓波状,走向北东30°～40°,倾向北西,倾角60°～90°。矿体长44.4m,控制矿体斜深48～62m,矿体平均厚度2.75m。金平均品位$0.41×10^{-6}$,银平均品位$228×10^{-6}$
综合信息	地球化学	1:20万化探在矿床所在区域圈出具有三级分带和明显浓集中心的Ag异常面积221km²,带状分布,峰值$15.021×10^{-6}$,NAP值为3871。该异常与西山民主屯银矿积极响应,是优良的矿致异常。与Ag异常套合紧密的元素主要有Au、Cu、Pb、As、Sb、Hg,形成复杂元素组份富集的叠生地球化学场,是找矿的主要场所。土壤Ag、Au、Cu、Pb、Zn、As、Sb、Hg异常再现性比较理想,空间套合完整,具有较强的浓度分带以及显著的浓集中心,其浓集中心部位即是矿体分布位置。岩石异常显示矿体Au、Ag、As、Sb异常反应强烈,叠合紧密,强度较高
	地球物理	在1:25万布格重力异常图上,磐石民主屯火山热液型银矿床处在东西向局部重力高异常与北东向局部重力低异常间梯度带上,矿床附近沿北西方向发生扭动,反映出北东向断裂构造受燕山期酸性岩株或脉岩上涌而沿北西方向发生扭曲。重力高异常区对应古生界石炭系地层出露区。北西侧近椭圆状局部重力低异常,呈北东走向,为中新生界火山盆地分布区。 在1:5万航磁异常图上,民主屯银矿床处在余富屯组石英角斑岩、细碧岩(含铁)引起的吉C1-1959-7强磁异常向南西方向阶梯状逐渐降低的一个次级低缓异常台阶的边部,该处磁异常值为220nT。异常南侧边部有较陡的北西向梯度带通过,可能是一条隐伏断裂构造位置或是北西向航磁测线的影响,推断该次级低缓异常为燕山期花岗岩与余富屯组地层接触带的角岩引起
	重砂	矿床控制水域上游有自然金重砂异常,对追索源头找矿有帮助。自然金-白钨矿-黄铁矿组合异常为民主屯金银矿外围找矿提供重要依据
	遥感	双阳-长白断裂带与柳河-吉林断裂带交会,周围分布遥感浅色色调异常区。遥感铁染羟基异常零星分布
找矿标志		①具有梳状构造、条带状构造,晶族构造石英脉是直接找矿标志。 ②大量糜棱岩、千糜岩内具有相对致密碳酸盐岩层存在时,是赋存矿体的有利空间。 ③在大理岩与千糜岩接触部位强硅化、黄铁矿化蚀变是直接找矿标志。 ④见有银土壤化探异常,尤其是与Au、As、Sb、Hg、Pb套合异常是重要的间接找矿标志。 ⑤高激电异常带则是金属矿化带标志。 ⑥中酸性侵入体与余富屯组地层接触带是找矿有利部位

三、抚松西林河银矿床

(一)典型矿床成矿地质特征

1. 地质构造环境及成矿条件

构造背景:大地构造位置位于东北叠加造山-裂谷系(Ⅰ1)小兴安岭-张广才岭叠加岩浆弧(Ⅱ3)太平岭-英额岭火山-盆地区(Ⅲ4)老爷岭火山-盆地群(Ⅳ6)。

(1)地层:区内出露地层主要有古元古界老岭群上亚群板房沟组和珍珠门岩组,中元古界色洛河群,新元古界青白口系钓鱼台组,中生界侏罗系小营子组、果松组和石人组,新生界古近系、新近系和第四系。

矿区北部分布有花岗岩,划分黄泥岭单元($T_1 h$)和五道溜河单元($J_2 w$)。与成矿关系密切的古元古界老岭群珍珠门岩组地层,岩性为白云质大理岩,与下伏板房沟组呈整合接触(图4-9-6)。

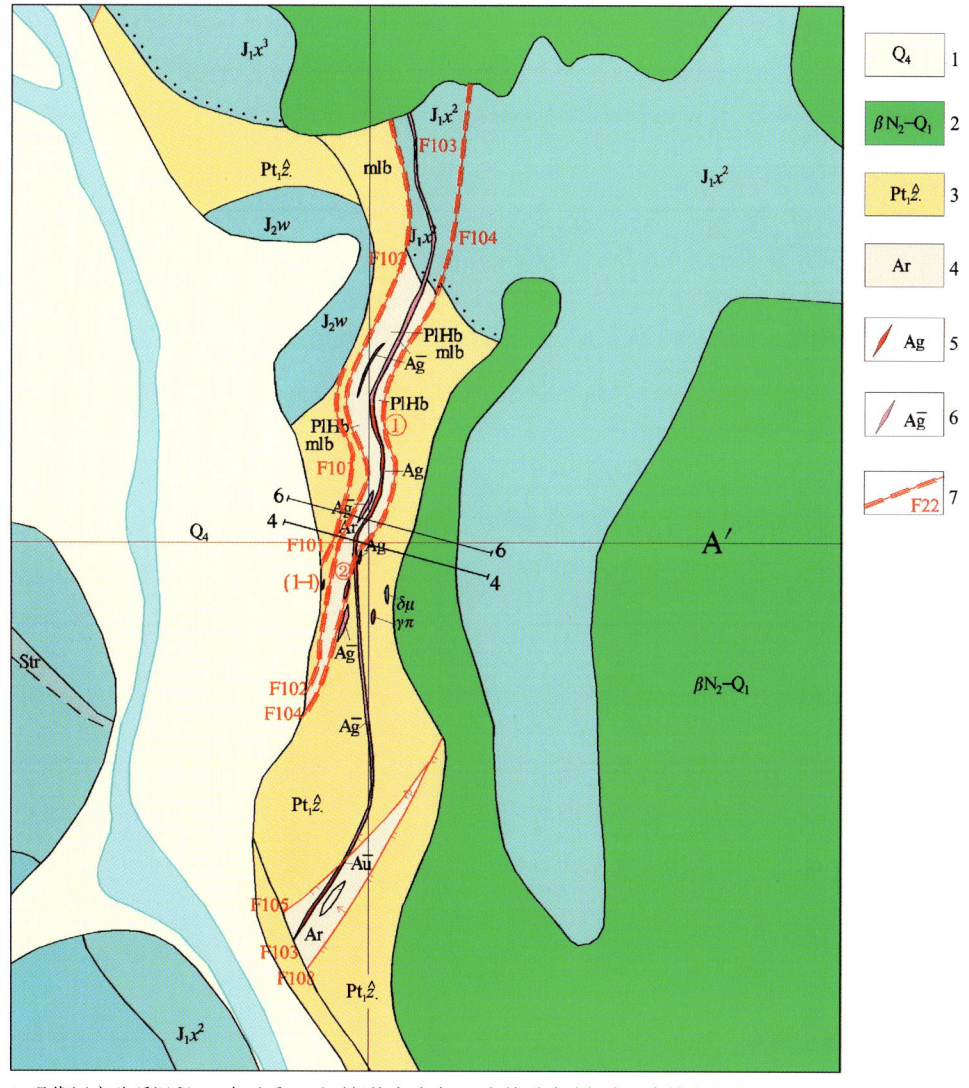

1.现代河床砂砾沉积;2.古近系—下更新统玄武岩;3.老岭群珍珠门岩组糜棱岩化大理岩;4.太古宙花岗质糜棱岩;5.银矿体;6.银矿化体;7.韧脆性剪切带

图4-9-6 西林河银矿床地质图

(2)侵入岩：区内大面积出露太古宙花岗岩体，中侏罗世五道溜河单元西林河侵入体及中酸性脉岩。

太古宙花岗岩：岩性为云英闪长岩、奥长花岗岩、花岗质糜棱岩、糜棱岩化花岗岩等。太古宙表壳岩呈残留体分布其中。

五道溜河单元西林河侵入体：侵入侏罗系小营子组，岩性为钾长花岗岩，与成矿关系密切，是西林河银矿的主要热源。

除此之外，矿区内脉岩大多沿裂隙充填或与矿体相伴出现。

(3)构造：区内构造活动强烈，韧性及脆性断裂均有出露，韧性断裂形成较早，脆韧性断裂形成较晚，而且韧性断裂为主要控矿构造，以北西向和北东向断裂为主，近东西向断裂次之。近东西向断裂形成时间较晚，并切穿北西向断裂。

2. 矿体特征

矿床特征：矿体赋存于太古宙花岗岩与元古宙珍珠门岩组大理岩接触带中，以银为主，伴生金、铜、铅、锌、锑等多金属矿床。详查工作共发现了3条银矿体。由于资金有限，仅对①号矿体进行了详查工作，矿体总体走向北北东，倾向北西或南东，倾角65°～85°。平均品位213.44×10^{-6}。

矿体特征：矿体严格受F102及F103构造蚀变带控制。矿体产状不稳定，反映了多期构造复合叠加、继承的特点。矿体分布于构造蚀变带中或主构造的次级裂隙中。矿体在构造蚀变带中连续性较好，单个矿体以脉状、薄脉状为主，其次为扁豆状及透镜状。其中①号矿体为较具规模的工业矿体，②号矿体走向为单工程控制的矿体。

3. 矿石物质组分及矿石类型

1)矿石物质组分

矿石矿物主要有辉银矿、黄铁矿、黄铜矿、方铅矿、闪锌矿、辉锑矿。脉石矿物主要为石英、绢云母、方解石等。其中辉银矿、黄铁矿、石英、绢云母为常见矿物。

2)矿石类型

(1)自然类型：矿石自然类型均为硫化物矿石。

(2)工业类型：黄铜矿—方铅矿—闪锌矿辉银矿矿石；方铅矿—黄铁矿—黄铜矿辉银矿矿石。

3)矿石的结构构造

矿石结构：他形晶粒状结构、自形晶结构。

矿石构造：块状构造、团块状构造、浸染状构造、细脉—脉状构造、结角砾—角砾状构造。

4. 蚀变特征及分带

西林河银矿围岩蚀变种类主要为硅化、绢云母化、辉银矿化、黄铁矿化、黄铜矿化、方铅矿化、闪锌矿化、辉锑矿化等。蚀变特点：矿体顶板比底板蚀变强，以硅化、黄铁矿化为主，蚀变多沿裂隙，微裂隙分布，蚀变分带不明显。硅化与银矿化关系密切，硅化与银矿体相伴出现，硅化较强的部位矿化好，无硅化基本无矿。

5. 成矿时代

推测成矿时代为燕山期。

6. 成因类型及成矿就位机制

首先银矿体严格受蚀变带控制，而蚀变带受构造控制，控矿构造的次级裂隙是矿体的富集部位，从而矿体与围岩界线明显。其次与矿化有密切关系的蚀变有强硅化、绢云母化，此蚀变为近矿围岩蚀变，为受热液晚期作用的结果。另外，矿石构造多见致密块状、脉状、网脉状、浸染状构造，因此确定矿床为岩浆热液型。

早期太古宙花岗岩带来了部分成矿物质，燕山期五道溜河岩浆热液的侵入，一方面提供了大量的成矿物质，另一方面又将地层中成矿元素萃取出来赋存在岩浆中，形成了富含成矿物质的岩浆，同时又加热地下水形成混合热液，由于珍珠门岩组糜棱岩化大理岩与太古宙花岗质糜棱岩属脆性岩石，易于形成构造节理裂隙，且岩石封闭条件较好，岩石中的碳质，对矿液的渗透和金属元素的吸附等有利成矿因素，使成矿元素不断富集，最后在构造有利部位成矿。

7. 控矿因素及找矿标志

1) 控矿因素

(1) 老岭群珍珠门岩组糜棱岩化大理岩控矿，矿体赋存在珍珠门岩组大理岩与太古宙花岗质糜棱岩接触带。

(2) 北东向深大断裂是导矿构造，其次级构造北东向断裂构造及韧脆性剪切带，为成矿提供了空间，为主要控矿、储矿构造。

(3) 太古宙花岗岩为成矿提供了部分成矿物质，燕山期五道溜河侵入岩体与成矿关系密切，除提供成矿物质外，还提供了热源。

2) 找矿标志

(1) 北东向断裂及北西向断裂密集区，糜棱岩带，周边分布有燕山期花岗岩，是重要的构造及岩浆岩找矿标志。

(2) 太古宙花岗岩及珍珠门岩组大理岩接触带，为界面找矿标志。

(3) 沿断裂分布的硅化、黄铁矿化、褐铁矿化、绢云母化蚀变带是找矿的蚀变标志。

(4) 金银及其指示元素的重砂、分散流、次生晕、原生晕等异常是地球化学标志。

(5) 银矿砖石、废弃的采坑、老窿等，可做为银矿直接找矿标志。

(二) 地球物理特征

1. 矿床所在区域重磁场特征

在1:25万布格重力异常图上，西林河银矿床及其北部相邻的西林河锑矿均处于西林河南部规模较大的重力低异常向北伸出的狭小异常之上，被北西部团块状和北东部椭圆状两个局部重力高异常所挟持。北西部重力高异常梯度缓，北东部重力高异常位于双阳附近，梯度陡。

在剩余重力异常图上，矿床处在宝马—西林河北西向重力低异常带北西端向西、东、北伸出的3个风扇叶状狭小重力低异常中的北支之上，该支剩余重力低异常近南北走向，长4.8km，宽2.5km。

两处重力高异常与太古宇、元古宇基底隆起有关。矿床处与重力低异常与上三叠统托盘沟组火山沉积地层、晚二叠纪—早三叠纪小蒲柴河花岗闪长岩岩体及北西向—北北西向华北陆块北缘东段断裂构造带有关。

在1:25万区域航磁异常图上，西林河银矿床位于沿江—双阳北西向负或低磁异常带内，靠近南部西林河附近的正磁异常的顶部。

在航磁异常化极等值线图上，西林河银矿床位于北北西走向的西林河局部正磁异常与北西向负磁异常带的过渡部位，该处梯度略陡。在航磁化极垂向一阶导数等值线图上，磁异常北西向线性特征明显。

北西向线性负磁异常带为上三叠统托盘沟组、小河口组，白垩系大拉子组火山沉积、碎屑沉积地层及断裂构造带等的综合反映，具有断陷盆地的性质。其南侧分布有大面积太古宙花岗岩，与西林河银矿成矿关系密切。

2. 矿床所在地区磁场特征

在 1∶5 万航磁异常图上，位于北东走向线性局部正异常带东侧，北东走向长轴较短的局部负磁异常中。正异常边部梯度陡，中心偏向东北端，最大值为 60nT，北西侧出现平行相伴的明显线性局部负异常带，北东端延长线上有一北东走向条带状局部负磁异常。这些局部正异常、负异常均处于大面积负磁场区中。在航磁异常化极和垂向一阶导数等值线图上，正异常范围变大，强度明显升高，局部低磁、负磁异常特征突出。银矿床所处的不明显负异常带推断为北东走向的控矿断裂，正异常带推断为燕山期中酸性侵入岩体引起，与西林河银矿的形成关系密切，为银矿形成提供热源。

（三）抚松县西林河银矿床地质—地球物理找矿模型

综合上述矿床地质特征和地球物理异常特征，可归纳总结出矿床地质—地球物理找矿模型（表 4-9-5）。

表 4-9-5　抚松县西林河银矿床地质—地球物理找矿模型表

地质条件	岩石类型	白云质大理岩、花岗质糜棱岩、糜棱岩化花岗岩、钾长花岗岩
	成矿时代	推测成矿时代为燕山期
	成矿环境	矿床位于东北叠加造山-裂谷系（Ⅰ）小兴安岭-张广才岭弧盆系（Ⅱ）太平岭-英额岭火山-盆地区（Ⅲ）老爷岭火山-盆地群（Ⅳ）
	构造背景	区域北东向深大断裂是导矿构造，其次级北东向断裂构造及韧脆性剪切带提供了成矿空间，为主要的控矿、储矿构造；矿体赋存于珍珠门岩组大理岩与太古宙花岗质糜棱岩接触带上
矿床特征	控矿条件	地层控矿：老岭群珍珠门岩组白云石大理岩和太古宙花岗质糜棱岩为成矿提供了部分成矿物质，矿体赋存于珍珠门岩组大理岩与太古宙花岗质糜棱岩接触带内。 构造控矿：北东向深大断裂是导矿构造，其次级北东向断裂构造及韧脆性剪切带，为主要控矿、储矿构造，矿体严格受构造蚀变带控制。 岩浆岩控矿：燕山期五道溜河侵入岩体与成矿关系密切，一方面提供了大量成矿物质，另一方面又将地层中成矿元素萃取出来赋存在岩浆中，形成了富含成矿物质的岩浆，同时加热地下水形成混合热液，沿构造薄弱处充填聚集成矿
	蚀变特征	主要为硅化、绢云母化、辉银矿化、黄铁矿化、黄铜矿化、方铅矿化、闪锌矿化、辉锑矿化等。矿体顶板比底板蚀变强，以硅化、黄铁矿化为主，硅化与银矿化关系密切，硅化较强的部位矿化好
	矿化特征	共发现了 3 条银矿体，以银为主，伴生金、铜、铅、锌、锑等多金属，矿体严格受构造蚀变带控制，矿体产状不稳定，总体走向北北东，倾向北西或南东，倾角 65°～85°。反映了多期构造复合叠加、继承的特点。矿体以脉状、薄脉状为主，其次为扁豆状及透镜状，其中①号矿体为较具规模的工业矿体，矿体地表控制长 1200m，控制斜深 160m，厚度为 0.17～8.42m，平均厚度 1.70m，矿体银品位在地表较低，在深部有增高的趋势，银品位一般为 $50.1\times10^{-6}\sim1\,098.9\times10^{-6}$，平均品位 218.33×10^{-6}，矿体倾向 275°～290°，矿体具有分枝复合及尖灭再现特点

续表 4-9-5

综合信息	地球化学	1：20万化探圈出具有三级分带和明显浓集中心的 Ag 异常。峰值为 260.51×10^{-6}，面积 $90.55km^2$，北西向带状分布。与西林河银矿积极响应，是优良的矿致异常。与 Ag 空间套合紧密的元素有 Au、Cu、Pb、Zn、Sb、As、Hg，除 Hg 以外，其他元素浓集中心呈同心套合，Sb、As、Hg 异常面积相对较大，形成复杂元素组份富集的叠生地球化学场，是评价找矿的主要场所。在香水河—940高地—西林河一带，Au、Ag 土壤异常呈北西向条带状分布，尤其是 Au 异常规模较大，呈"雁行"连续分布，表现出对 Au-Ag 矿体强力支撑作用。岩石异常特征显示，矿体与岩浆热液关系密切，Ag、Au 岩石异常曲线起伏较大，具有脉状、网脉状特征
	地球物理	在1：25万布格重力异常图上，西林河银矿床及其北部相邻的西林河锑矿均处于西林河南部规模较大的重力低异常向北伸出的狭小异常之上，被北西部团块状和北东部椭圆状两个局部重力高异常所挟持。北西部重力高异常梯度缓，北东部重力高异常梯度陡。两处重力高异常与太古宇、元古宇基底隆起有关。矿床处重力低异常与三叠系上统托盘沟组火山沉积地层、晚二叠纪—早三叠纪花岗闪长岩岩体及北西向—北北西向华北陆块北缘东段断裂构造带有关。 在1：5万航磁异常图上，以大面积负磁场区为背景，西林河银矿床位于北东走向线性局部正异常带东侧的北东走向长轴较短的局部负磁异常中。正异常边部梯度陡，北西侧伴有明显线性局部负异常带。银矿床所处的不明显负异常带推断为北东走向的控矿断裂，正异常带推断为燕山期中酸性侵入岩体引起，与西林河银矿的形成关系密切，为银矿形成提供热源
	重砂	矿床所在区域可圈出自然金异常，与西林河金银矿积极响应，是优质的矿致异常，直接显示了西林河金银矿的存在位置。自然金-白钨矿-黄铁矿构成的组合异常指示效果更显著，更具备实际意义
	遥感	那尔轰—松江断裂带与北西向、北北西向断裂交会处，分布有铁染异常
找矿标志		北东向断裂及北西向断裂密集区、糜棱岩带，周边分布有燕山期花岗岩，是重要的构造及岩浆岩找矿标志；太古宙花岗岩及珍珠门岩组大理岩接触带为重要的找矿部位。金银及其指示元素的重砂、分散流、次生晕、原生晕等异常是地球化学标志；沿断裂分布的硅化、黄铁矿化、褐铁矿化、绢云母化蚀变带是找矿的蚀变标志

四、白山刘家堡子-狼洞沟银矿床

（一）典型矿床成矿地质特征

1. 地质构造环境及成矿条件

构造背景：大地构造位置位于华北叠加造山-裂谷系（Ⅰ2）胶辽吉叠加岩浆弧（Ⅱ4）吉南-辽东火山-盆地区（Ⅲ5）抚松-集安火山-盆地群（Ⅳ9）。

1）地层

区内出露有新元古界青白口系钓鱼台组、南芬组地层，主要岩性为石英岩、云母质细砂岩；震旦系桥头组、万隆组、八道江组地层，主要岩性为石英岩、薄层泥灰岩、长藻灰等。

下古生界寒武系馒头组、毛庄组、徐庄组、张夏组、崮山组、长山组、凤山组地层，为主要含矿层位，主要岩性为页岩、粉砂岩、鲕状灰岩、竹叶状灰岩等；下奥陶统的冶里组、亮甲山组及中统下马家沟组地层，主要岩性为白云质灰岩、厚层灰岩及豹皮灰岩夹薄层页岩。

上古生界石炭系—二叠系地层主要为砂岩、页岩；中生界侏罗系—白垩系地层，侏罗系以砂岩为主夹煤层,白垩系为流纹岩及砂岩、砾岩,凝灰质火山杂岩。

2)岩浆岩

区内出露的岩浆活动主要为燕山中晚期,表现形式为先喷发后侵入,主要以凝灰岩及熔结凝灰岩类为主,产出时代大体为上侏罗世—下白垩世,以裂隙喷发堆积为主,但也有超浅成侵入体石英闪长斑岩,呈脉状岩墙穿插于寒武系、奥陶系地层中,与金银多金属矿化关系密切。

3)构造

矿区位于浑江向斜北翼近轴部,总体上为一单斜构造,岩层总体产状走向北东,倾向南东,倾角30°~50°左右,主要断裂有以下3组。

(1)北东向断裂构造区内发育广泛,走向30°~40°,倾向南东,倾角30°~40°,是沿单斜构造的层间滑动构造演变而成,属压扭性质,局部见Au、Ag、Cu、Pb、Zn矿化。

(2)近东西向断裂构造较发育,一般呈破碎蚀变带形式出现,F1、F2两条主断裂总体上控制着矿床及物、化探异常分布,走向70°~90°,倾向北北西,倾角70°~80°,为压扭性质。断裂面较平直、稳定,向东延至狼洞沟一带,构造带中见片理化碎糜岩,偶见镜透体,上下盘地层位移不大,该组构造内具有金银多金属硫化物充填,形成工业矿体,是区内导矿和赋矿构造,具多期活动特点。

(3)北西向断裂构造,该组构造呈剪切性质,破坏前二组构造及地层的连续性,断距较大。目前该组断裂中没有发现工业矿体,为成矿期后断裂。

2. 矿体特征

矿床规模及分布特征:刘家堡子-狼洞沟金银矿床在长5km,宽1km的范围内,从西至东划分为刘家堡子矿段、东甸矿段、狼洞沟矿段,目前共发现金银矿(化)体12条,品位4.00g/t,它们主要分布在工作程度相对较高的刘家堡子及狼洞沟矿段。勘查程度普查,规模中型。

区内现已发现的矿(化)体,多呈似脉状、偶见囊状,延长十几米至数百米,主矿体延深大于300m,矿体总体分布受F1、F2两条近东西向压扭性断裂组控制,其产状走向近东西,向北倾,倾角陡,在60°以上,个别矿体呈北东向展布,规模较小。总体来看,主矿体产状稳定,受构造控制明显,与围岩界线清晰。

3. 矿石矿物组合及矿石类型

1)矿石矿物组合

金属矿物:矿床内矿石中除自然金、银金矿外,金属矿物主要有黄铁矿、方铅矿、闪锌矿和少量黄铜矿、蓝铜矿、黝铜矿、银黝铜矿等,金属矿物含量10%~15%,次生矿物有孔雀石、蓝铜矿、褐铁矿。生成顺序为黄铁矿→黄铜矿→方铅矿→闪锌矿→碲银矿→碲铅矿→自然金。

非金属矿物:主要有石英、方解石、透辉石、绿帘石、重晶石等。

2)矿石类型

(1)自然类型:本矿的自然类型主要有两种,团块状含黄铁矿、铅锌金银矿石;细脉浸染状含黄铁矿、黄铜矿、铅锌金矿石。

(2)工业类型:矿石工业类型单一,多为含多金属硫化物金银矿石(原生矿石),近地表有少量氧化矿石。

3)矿石的结构构造

(1)含矿岩石的结构。自形-半自形晶粒状结构,乳滴状结构,交代溶蚀结构,包含结构。

(2)矿石的构造。浸染状构造,致密块状构造,细脉穿插构造。

4. 蚀变类型及分带性

区内围岩蚀变主要以硅化、碳酸盐化、绿泥石化、黄铁矿、黄铜矿、方铅矿、闪锌矿化为主，其次为高岭土化、角岩化、钾化、绿帘石化、萤石化、叶蜡石化等。上述蚀变中以硅化与金银矿化关系密切，一般来说硅化越强，金银品位越高。

蚀变及矿化有分带现象，自石英闪长斑岩至灰岩蚀变矿化大致分5带。

石英闪长斑岩蚀变带：主要伴有 Mo、Cu、Au 矿化。

夕卡岩化石英闪长斑岩带：伴有 Cu、Mo、Au 矿化。

夕卡岩带：以含铜黄铁矿体为主，伴生有 Pb、Au、Ag 矿化。

轻微的夕卡岩化大理岩带：此带后期叠加有硅化及碳酸盐化，伴生有 Pb、Zn、Ag、Au 矿化。

大理岩化灰岩带：为矿区蚀变带之外缘，主要由大理岩化灰岩组成，无矿化。

5. 成矿时代

推测成矿时代为燕山期。

6. 地球物理、地球化学特征

地球物理：高重力异常边缘部位和构造梯度带上，较强异常反应为多金属硫化物金银矿体引起。

地球化学：矿区存在 10 余处次生晕异常，证实均由金银矿体引起。

7. 成因类型及成矿就位机制

矿床位于龙岗背斜南翼，浑江古生界凹陷的北西侧，其基底为太古宙龙岗群和中元古代老岭群变质岩系，盖层为下古生界寒武系和奥陶系灰岩及砂页岩等，古老基底为成矿提供了丰富的 Cu、Pb、Zn、Au、Ag 等物质来源。燕山期构造岩浆活动，北东向与东西向构造线的交会部位，对深部矿液上升提供了良好的通道。多次的岩浆活动使成矿物质聚集、富集形成金银矿体。

岩浆晚期中低温富含金银多金属热液，以裂隙充填方式就位到近东西向断裂组和北东向层间断裂组中，形成含多金属硫化物金银矿脉。综上所述，刘家堡子-狼洞沟金银矿床应划属为与燕山晚期超浅成中酸性岩浆岩有关的中低温热液构造裂隙充填型金银矿床。

8. 控矿因素和找矿标志

1）控矿因素

（1）构造控矿：近东西向和北东向断裂构造是矿床内主要容矿构造，刘家堡子矿段主矿体赋存在近东西向断裂组中，狼洞沟矿段矿体均产于北东向断裂中。近东西向构造破碎蚀变带是矿床内主要控矿构造，矿床围岩接受构造作用后常发生破碎，尤以沿火成岩接触带因多次构造复活而形成明显的构造脆弱地段，其矿化强烈，常形成工业矿体，规模、产状完全受构造带控制。

（2）岩体控矿：燕山期中酸性石英闪长斑岩及次流纹岩的侵入是导致岩浆期后溶液上升并为其广泛交代作用创造条件，矿体及矿化均产于岩体影响所形成的变质晕圈内（刘家堡子），而狼洞沟矿体均产在次流纹岩体内。

（3）地层控矿：寒武系灰岩为赋矿层。

2）找矿标志

（1）含金银多金属矿体近地表常形成铁帽，可作为直接找矿标志。

（2）分散流 Au、Ag 异常及次生晕 Au、Ag、As、Sb、Hg、Cu、Pb、Zn 多元素组合异常，各元素异常吻合浓集中心是寻找金银矿体的直接标志。

(3)硅化、碳酸盐化、夕卡岩化及绿泥石化等蚀变为良好的间接找矿标志。

(4)富含多金属的石英、方解石脉可作为直接找金银矿的标志。

(5)Pb、Zn矿(化)体本身就是Au、Ag矿(化)体,可作直接找矿标志。

(6)两组构造交会部及岩体边缘接触带常形成厚大的矿囊、近东西向构造破碎蚀变带为找矿有利部位。

(7)寒武系灰岩与燕山期中酸性石英闪长斑岩及次流纹岩接触带为成矿有利部位。

(二)地球物理特征

1. 矿床所在区域重磁场特征

在1:25万布格重力异常图上,刘家堡子-狼洞沟热液充填型银矿床处于五道江—六道江—板石东部的北北东走向重力梯度带在六道江北部沿东西向错动段上。银矿床附近梯度带的北西一侧布格重力高异常带沿北北东向展布,与地表出露的中元古界、新元古界及下古生界地层范围基本吻合,银矿床北侧有一明显的北北东走向椭圆状局部重力高异常;南东一侧重力低异常带与六道江—白山中生代火山、碎屑沉积盆地分布范围基本吻合,矿床南侧有一明显的东西走向椭圆状局部重力低异常。在剩余重力异常图上,银矿床南北侧重力低、高异常间的梯度带呈北西走向,与地质上已知的江家沟—七道江区域性大断裂的位置大致吻合。

在1:25万区域航磁异常图上,银矿床位于极为平静的负磁场区内,反映了中元古界、新元古界、下古生界沉积地层及六道江中生代火山、碎屑沉积盆地均无磁性或微弱磁性的特点。

2. 矿床所在地区磁场特征

在1:5万航磁异常图上,刘家堡子-狼洞沟银矿床位于吉C-1977-3椭圆状正磁异常北西边部,即正、负磁异常间的东西走向梯度带上。正磁异常东西走向,长1.2km,宽0.3km,强度40~90nT,西约2km有已知六道江小型夕卡岩型铜矿位于吉C-1987-19异常之上。因此推断吉C-1977-3为下古生界张夏组、马家沟组灰岩地层与中酸性侵入体接触蚀变带异常。在航磁异常化极等值线图上,银矿床位于吉C-1977-3异常西端。上述异常特征,反映了银矿床受东西走向的构造蚀变带控制。

(三)白山市刘家堡子-狼洞沟金银矿床地质—地球物理找矿模型

综合上述矿床地质特征和地球物理异常特征,可归纳总结出矿床地质—地球物理找矿模型(表4-9-6)。

表4-9-6 白山市刘家堡子-狼洞沟金银矿床地质—地球物理找矿模型表

地质条件	岩石类型	页岩、粉砂岩、鲕状灰岩、竹叶状灰岩、石英闪长斑岩、次流纹岩
	成矿时代	推测成矿时代为燕山期
	成矿环境	矿床位于华北叠加造山-裂谷系(Ⅰ)胶辽吉叠加岩浆弧(Ⅱ)吉南-辽东火山-盆地区(Ⅲ)抚松-集安火山-盆地群(Ⅳ)
	构造背景	矿床位于龙岗背斜南翼,浑江向斜北翼近轴部,其基底为太古宇龙岗群和古元古界老岭群变质岩系,上覆下古生界寒武系和奥陶系灰岩及砂页岩。区内北东向、近东西向断裂构造发育,近东西向断裂构造为区内主要的导矿和赋矿构造,控制着金银多金属硫化物矿床及物、化探异常的分布

续表 4-9-6

矿床特征	控矿条件	地层控矿：区内古老基底太古宇龙岗群和古元古界老岭群变质岩系及上覆下古生界寒武系灰岩，为成矿提供了丰富的 Cu、Pb、Zn、Au、Ag 等物质来源，矿体主要赋存在寒武系灰岩内。 构造控矿：近东西向和北东向断裂构造是矿床主要的容矿构造，近东西向断裂构造总体上控制着金银多金属矿床及物、化探异常的分布，刘家堡子矿段主矿体赋存在近东西向断裂组中；北东向断裂构造属层间断裂，局部见 Au、Ag、Cu、Pb、Zn 矿化，狼洞沟矿段矿体均产于北东向断裂中。 岩浆岩控矿：燕山期中酸性石英闪长斑岩及次流纹岩的侵入提供成矿物质的同时，还提供了热动力。岩浆晚期中低温富含矿热液，以裂隙充填方式就位到近东西向断裂组和北东向层间断裂组中，形成含多金属硫化物金银矿脉，刘家堡子矿体均产于岩体影响所形成的变质晕圈内，而狼洞沟矿体均产在次流纹岩体内
	蚀变特征	主要以硅化、碳酸盐化、绿泥石化、黄铁矿、黄铜矿、方铅矿、闪锌矿化为主，其次为高岭土化、角岩化、钾化、绿帘石化、萤石化、叶蜡石化等；硅化与金银矿化关系密切，一般来说硅化越强，金银品位就越高
	矿化特征	刘家堡子-狼洞沟金银矿床从西至东划分为刘家堡子矿段、东甸矿段、狼洞沟矿段，目前共发现金银矿（化）体 12 条，主要分布在刘家堡子及狼洞沟矿段；矿（化）体多呈似脉状，偶见囊状、透镜状，延长十几米至数百米，主矿体延深大于 300m，矿体总体分布受近东西向压扭性断裂组控制，其走向近东西，向北倾，倾角在 60°以上，个别矿体呈北东向展布，规模较小。总体来看，主矿体产状稳定，受构造控制明显，与围岩界线清晰，各组分含量变化不大
综合信息	地球化学	1∶20 万化探数据可圈出具有二级分带的 Au、Ag 异常，峰值分别为 6.09×10^{-9}、239×10^{-9}，面积为 $11.39\ km^2$、$18.57\ km^2$，近椭圆状，异常轴向北东。空间上 Au、Ag 异常呈同心套合。与 Au、Ag 异常紧密相关的元素有 Cu、Mo、Pb、Zn。构成较复杂元素组份富集的叠生地球化学场，是成矿的主要场所。矿体上置土壤中 Au、Ag 土壤异常分布连续，异常强度较高，叠合比较完整，呈条带状分布。岩石异常特征显示，Au-Ag 矿体赋存于花岗岩类侵入体与灰岩（寒武系崮山组等）的接触部位以及构造破碎带中，表明 Au-Ag 成矿与地层、断裂以及燕山期的岩浆侵入活动密切相关
	地球物理	在 1∶25 万布格重力异常图上，刘家堡子-狼洞沟热液充填型银矿床处于五道江—六道江—板石东部的北北东走向重力梯度带在六道江北部沿东西向错动段上。银矿床附近梯度带的北西一侧布格重力高异常带沿北北东向展布，与地表出露的中元古界、新元古界及下古生界地层范围基本吻合；南东一侧重力低异常带与六道江-白山中生代火山、碎屑沉积盆地分布范围基本吻合，矿床南侧有一明显的东西走向椭圆状局部重力低异常。 在 1∶5 万航磁异常图上，刘家堡子-狼洞沟银矿床位于吉 C-1977-3 椭圆状正磁异常北西边部即正、负磁异常间的东西走向梯度带上。正磁异常东西走向，长 1.2km，宽 0.3km，强度 40~90nT。推断吉 C-1977-3 为下古生界灰岩地层与中酸性侵入体接触蚀变带异常
	重砂	在刘家铺子-狼洞沟金银矿控制的汇水区域，主要重砂矿物（自然金、白钨矿、铜族、铅族）均没有重砂异常响应，对典型矿床不支持。圈定的自然金异常主要分布在矿床外围回水区域，可用于外围金银矿的预测
	遥感	大川-江源断裂带与兴华-白头山断裂带断裂交会处。白山块状构造内，铁染异常零星分布。有多个与隐伏岩体有关的环形构造分布
找矿标志		北东向与东西向两组构造及其交会部位是重要的构造找矿标志，寒武系灰岩与燕山期中酸性石英闪长斑岩及次流纹岩接触带为找矿有利部位；含金银多金属矿体近地表常形成铁帽，可作为直接找矿标志。分散流 Au、Ag 异常及次生晕 Au、Ag、As、Sb、Hg、Cu、Pb、Zn 多元素组合异常，各元素异常吻合浓集中心是寻找金银矿体的直接标志；硅化、碳酸盐化、夕卡岩化及绿泥石化等蚀变为良好的间接找矿标志；富含多金属的石英、方解石脉可作直接找金银矿的标志；Pb、Zn 矿（化）体本身就是 Au、Ag 矿（化）体，可作直接找矿标志

五、永吉八台岭银矿床

(一) 典型矿床成矿地质特征

1. 地质构造环境及成矿条件

构造背景:大地构造位置位于东北叠加造山-裂谷系(Ⅰ1),小兴安岭-张广才岭叠加岩浆弧(Ⅱ3),张广才岭-哈达岭火山-盆地区(Ⅲ3),大黑山条垒火山-盆地群(Ⅳ2)。

1) 地层

矿区出露的地层主要是二叠系范家屯组和杨家沟组的一套浅变质火山-沉积岩系,为一套单斜岩层,走向北东 $50°\sim 70°$,倾向北西,倾角 $40°\sim 60°$。

范家屯组($P_1 f$):共分 3 个岩性段,底部为安山质砾岩,砾岩夹大理岩透镜体;中部为砂页岩夹薄层辉石安山岩;上部为安山质凝灰角砾岩及角砾凝灰岩、凝灰岩等。

杨家沟组($P_1 y$):底部为黑色泥质板岩及粉砂质板岩;中部为角闪安山岩及变安山岩,金银矿体主要分布于变安山岩中;上部主要为泥质板岩,粉砂质板岩及砂质板岩。靠近岩体形成各类接触变质的角岩,其中变安山岩及其附近的板岩为矿区主要含矿围岩。

2) 岩浆岩

矿区内的侵入岩主要以燕山期中酸性侵入体为主,其次为一些脉岩和次火岩。主要岩石类型有石英闪长岩—石英闪长玢岩,其基质由斜长石、角闪石、石英及蚀变矿物组成;闪长玢岩为成矿前脉岩,岩石多受矿化蚀变,局部形成金银矿体,少部分岩脉与地层和矿体走向大体相同,倾向相反。

3) 构造

矿区内主要为北东和北西向断裂。

(1) 北东向主要为成矿前和成矿期的断裂,且为主要的导矿和容矿构造,产状与地层一致,以层间断裂为主,部分被含矿硅质热液充填,形成金银矿体或矿化体。

(2) 矿区北西向断裂较发育,部分断裂错断了矿体和围岩,与北东向断裂交会处为成矿有利部位。

2. 矿体特征

本区金银矿体呈北东向展布,断续出露长约 4.5km,初步划分 3 个矿段即南西部磨房矿段,有 7 个矿体;中部八台岭矿段有 5 个矿体;北东部影壁山矿段有 3 个矿体。其中Ⅰ-11 为主矿体,长 800m,标高 $50\sim 350$m,垂深 $40\sim 230$m,金品位 1×10^{-6},银品位 200g/t,矿石密度 $2.9\times 10^3 \text{kg/m}^3$,勘查程度勘探,规模小型。

矿体形状、产状、规模:金银矿体由破碎蚀变岩和石英脉组成,呈脉状赋存于板岩、变安山岩或石英闪长玢岩中,呈北东走向,倾向北西,倾角 $40°\sim 65°$,金银矿体平面上呈舒缓波状,膨缩明显,剖面上有上缓下陡的趋势,矿体长一般 $40\sim 125$m,较大矿体长达 $490\sim 800$m,矿体厚一般 $0.5\sim 1$m,最厚 2m,金银矿体受北西向断层错断,断距不大。

3. 矿石类型及矿石物质组分

1) 矿石类型

(1) 自然类型。按矿石氧化程度可划分为氧化矿石、原生矿石,以原生矿石为主。按有益组分赋存的岩石类型可划分为破碎蚀变型金银矿石、石英脉型金银矿石。

(2)工业类型,按有益元素的含量可划分的类型主要为金银铅锌矿石,其次为金矿石、银铅锌矿石。

2)矿石物质组分

金银矿物有自然金、银金矿、螺状硫银矿、辉银矿和银黝铜矿等,其他金属矿物有黄铁矿4%~5%、黄铜矿1%、毒砂6%~8%、方铅矿3%~4%、闪锌矿58%等。

表生矿物有褐铁矿及少量铜蓝、孔雀石、辉铜矿等。

脉石矿物为石英、长石、方解石、绢云母和绿泥石、绿帘石。

矿物组合主要为方铅矿、闪锌矿、黄铁矿,同时出现螺状硫银矿。

3)矿石的结构构造

(1)含矿岩石的结构主要为自形、他形晶粒状结构、他形晶集合体结构、交代结构、压碎结构、固溶体分异结构等。

(2)矿石的构造主要为条带状、角砾状、浸染状、细脉浸染状构造。

4. 蚀变类型及分带性

蚀变类型以中低温为主,局部出现高温型。中低温型蚀变,主要有硅化、绢云母化、碳酸盐化、绿泥石化等;高温型蚀变主要有电气石化、绿帘石化、石榴石化等,只出现于28线以东矿化蚀变带中,说明热液蚀变作用的温度有东高西低的特点。

由于蚀变矿物组合的变化矿物叠加改造程度不同,而导致热液蚀变在空间上有较明显的分带特征,自矿体向外依次为硅化带→硅化绢云母化带→绿泥石化绢云母化碳酸盐化带,有近矿蚀变强,远矿蚀变弱的特点。

5. 成矿时代

推测成矿时代为燕山期。

6. 成因类型及成矿就位机制

中生代以来,区内的构造岩浆活动频繁,造成了矿、水、热及原有物资的活化迁移,岩石圈断裂提供了深源物质通道,叠加富集的中低温热液沿通道多次侵入到次级构造,并在北东与北西构造交会部位聚集形成金银矿,矿体由片理化带及构造裂隙中的强硅化蚀变岩组成。因此,八台岭金银矿属多源中低温条件下的构造蚀变岩型金银矿。

7. 控矿因素和找矿标志

1)控矿因素

(1)构造控矿:深大断裂及旁侧的次级北东、北西向断裂为导矿及容矿构造。

(2)燕山期中酸性侵入体为控矿岩体。

(3)二叠系杨家沟组为控矿地层。

2)找矿标志

(1)构造标志:区域上深大断裂旁侧的次级北东、北西向断裂的交会部位为成矿有利部位。

(2)矿化标志:矿化与蚀变关系密切,硅化多次叠加地段为银金矿化富集部位。

(3)蚀变标志:北东向构造裂隙带,片理化带是寻找构造蚀变岩型金银矿标志。硅化、绢云母化是近矿蚀变标志,强烈硅化蚀变岩是直接找矿标志。

(4)岩体标志:中酸性侵入体石英闪长玢岩以及与杨家沟组地层接触带是找矿有利部位。

(5)地层标志:杨家沟组地层是找矿标志层位。

(6)地球化学标志:Ag、Pb、As、Hg、Au异常组合是寻找含矿蚀变岩化探标志,衬值累乘晕的内带往往与矿化范围吻合。

(二)地球物理特征

1. 矿床所在区域重磁场特征

在1:25万布格重力异常图上,八台岭构造蚀变岩型小型金银矿床位于兰家-八台岭不规则正重力(高)异常的北东端八台岭局部重力高异常上,另有小型金矿床处于局部异常北东边部。该局部异常近等轴状,直径约11km。在剩余重力异常图上,局部重力高异常处在大黑山条垒东南边部北东走向的狭长重力高异常带上,向东与伊通-舒兰断陷盆地重力低异常带西界的巨大线性重力梯度带毗邻。

八台岭金银矿床所处局部重力高异常,地表主要出露有下三叠统卢家屯组砂岩、泥岩夹泥灰岩,上三叠统四合屯组中酸性火山岩系,推断局部重力高异常为八台岭背斜轴部的古生代基底隆起所致,周围重力低异常主要为印支期及燕山期中酸性侵入岩体引起。

在1:25万区域航磁异常图上,金银矿床位于以低缓正磁场为背景的局部高异常之上。背景场为100~200nT。局部高异常呈条带状,北东走向,有两个异常中心,八台岭金银矿床位于西南部异常中心上,异常最大值为500nT。

结合地质图进行分析,低缓背景正磁场为印支期及燕山期酸性侵入岩体引起,较强局部磁异常为上三叠统四合屯组中酸性火山岩系及燕山期中性侵入岩体所引起。

2. 矿床所在地区磁场特征

在1:5万航磁异常图上,八台岭金银矿床位于吉C4-1989-225和吉C4-1989-226两个较强局部正磁异常之间的北西向低磁异常带上。北部吉C4-1989-226位于小碾子沟附近,由西支的北西走向和东支的北东走向两部分组成,整体上呈现向南凸出的弧形异常,金银矿床处在顶部位置,最大强度为900nT,出现在东支异常的南西部位。矿床南部吉C4-1989-225位于黑背村附近,呈片状,北东走向,最大值为680nT,与北部吉C4-1989-226有相连之势。两个较强局部正磁异常边部梯度带陡,以北东向为主,北西向次之,反映出异常主要被北东向断裂构造控制,并被北西向断裂构造错断,矿床受北东向、北西向断裂构造联合控制。

推断较强局部磁异常为二叠系杨家屯组(相当于1:25万地质图中上三叠统四合屯组)中酸性火山岩系及燕山期中性侵入岩体(岩基及岩株)所引起。北西向低磁异常带应为断裂构造及矿化蚀变带的反映。

3. 矿床所在位置地球物理特征

矿区共进行8km² 1:1万激化扫面,圈出充电率(M_s)异常5处(DJ-Ⅰ、DJ-Ⅱ、DJ-Ⅲ、DJ-Ⅳ、DJ-Ⅴ),异常均呈条带状分布,大体走向55°~70°,异常规模最大者长2000m,宽200m,最小者长400m,宽100~150m,异常下限20%,最高值为34%。其中DJ-Ⅱ、DJ-Ⅴ两个异常分布在矿化带上,与金银矿基本吻合。DJ-Ⅲ、DJ-Ⅳ异常规模较大,分布在Ⅰ号矿带南东侧,与土壤和原生晕剖面上的Au、Ag、Sb等异常吻合,是寻找隐伏或半隐伏矿体有利地段。经深部验证未见工业矿体,但是深部却发现了强大的Au、Ag原生晕异常,预示有与Ⅰ号矿带平行隐伏矿体存在。

(三)永吉县八台岭金银矿床地质—地球物理找矿模型

综合上述矿床地质特征和地球物理异常特征,可归纳总结出矿床地质—地球物理找矿模型(表4-9-7)。

表 4-9-7　永吉县八台岭金银矿床地质—地球物理找矿模型表

地质条件	岩石类型	泥质板岩、粉砂质板岩、角闪安山岩及变安山岩、石英闪长岩
	成矿时代	推测成矿时代为燕山期
	成矿环境	矿床位于东北叠加造山-裂谷系（Ⅰ），小兴安岭-张广才岭叠加岩浆弧（Ⅱ），张广才岭-哈达岭火山-盆地区（Ⅲ），大黑山条垒火山-盆地群（Ⅳ）
	构造背景	矿床位于四平-德惠和伊通-舒兰两条壳断裂控制的大黑山条垒内，八台岭背斜北西翼。区内北东向、北西向断裂构造发育，对成矿起重要作用，尤其是北东向断裂构造为主要的导矿和赋矿构造，两组断裂构造交会部位为成矿有利部位，常形成金银矿床、矿点及物化探异常
矿床特征	控矿条件	地层控矿：杨家沟组变安山岩、泥质板岩及粉砂质板岩为主要含矿围岩，靠近岩体接触带形成各类接触变质的角岩，金银矿体主要分布于变安山岩中。 构造控矿：深大断裂及旁侧的次级北东、北西向断裂为导矿及容矿构造，尤其是北东向断裂构造控制着燕山期中酸性侵入体及金银矿体的分布，矿体由片理化带及构造裂隙中的强硅化蚀变岩组成。 岩浆岩控矿：燕山期中酸性侵入体，为本区成矿提供热源及部分成矿物质，石英闪长岩及闪长玢岩脉的侵入，造成了矿、水、热及原有物质的活化迁移，含矿热液沿构造薄弱部位多次侵入次级构造，并在北东与北西构造交会部位聚集、富集形成银金矿
	蚀变特征	蚀变类型以中低温为主，局部出现高温。中低温型蚀变，主要有硅化、绢云母化、碳酸盐化、绿泥石化等；高温型蚀变主要有电气石化、绿帘石化、石榴石化等。蚀变在空间上有较明显的分带特征，有近矿蚀变强，远矿蚀变弱的特点，自矿体向外依次为硅化带→硅化绢云母化带→绿泥石化绢云母化碳酸盐化带
	矿化特征	八台岭银金矿床从南西至北东划分为 3 个矿段，即南西部磨房矿段，有 7 个矿体；中部八台岭矿段，有 5 个矿体；北东部影壁山矿段，有 3 个矿体。金银矿体由破碎蚀变岩和石英脉组成，呈脉状赋存于板岩、变安山岩或石英闪长玢岩中，呈北东走向，倾向北西，倾角 40°～65°，金银矿体平面上呈舒缓波状，膨缩明显，剖面上有上缓下陡的趋势，矿体长一般 40～125m，较大矿体长达 490～800m，矿体厚一般 0.5～1m，最厚 2m，金银矿体受北西向断层错断，断距不大。其中Ⅰ-11 为主矿体，矿体严格受北东向断裂控制，呈脉状赋存于变安山岩中，矿体长 800m，控制斜深 230m，厚 0.30～4.70m，平均厚 1.54m，矿体品位 Au 平均 5.03×10^{-6}，Ag 平均 325.56×10^{-6}
综合信息	地球化学	1∶20 万化探数据在矿床所在区域可圈出具有较好二级分带及明显浓集中心的 Ag 异常，峰值为 181.17×10^{-9}，规模大，面积为 172 km^2，呈带状分布，北东向延伸的趋势，八台岭金银矿床落位其中，是优良的矿致异常。与 Ag 存在套合关系的元素有 Au、Cu、Zn、As、Sb、Bi，形成较复杂元素组分富集的叠生地球化学场，其组合异常可为扩大矿床的外围找矿提供依据。土壤异常显示，Ag、Au 再现理想，其中 Ag 峰值达到 1.0×10^{-6}，具有较强的富集态势。岩石异常中 Au、Ag、Pb、Zn 一般呈正消长关系，并与热液关系密切
	地球物理	在 1∶25 万布格重力异常图上，金银矿床位于兰家-八台岭不规则重力高异常的北东端八台岭局部重力高异常上，该局部异常近等轴状，直径约 11km。向东与伊通-舒兰断陷盆地重力低异常带西界的巨大线性重力梯度带毗邻。局部重力高异常为八台岭背斜轴部的古生代基底隆起所致，周围重力低异常主要为印支期及燕山期中酸性侵入岩体引起。 在 1∶5 万航磁异常图上，八台岭金银矿床位于吉 C4-1989-225 和吉 C4-1989-226 两个较强局部正磁异常之间的北西向低磁异常带上。两个较强局部正磁异常边部梯度带陡，以北东向为主，北西向次之，矿床受北东向、北西向断裂构造联合控制。推断较强局部磁异常为二叠系杨家屯组中酸性火山岩系及燕山期中性侵入岩体所引起。北西向低磁异常带应为断裂构造及矿化蚀变带的反映
	重砂	在矿床控制水域下游有自然金、重砂异常，与八台岭银金矿存在响应关系，可直接指示上游水系金银矿的寻找。自然金-白钨矿-黄铁矿组合异常信息对外围预测有帮助
	遥感	不同方向断裂交会处，有多个与隐伏岩体有关的环形构造分布，遥感浅色色调异常区。羟基异常零星分布

续表 4-9-7

找矿标志	区域上深大断裂旁侧的次级北东、北西向断裂的交会部位为成矿有利部位,燕山期中酸性侵入体及其与二叠系杨家沟组地层接触带附近的北东向构造裂隙带、片理化带是找矿有利部位。Ag、Pb、As、Hg、Au 异常组合是寻找含矿蚀变岩的化探标志,硅化、绢云母化是近矿蚀变标志,强烈硅化蚀变岩是直接找矿标志,是寻找构造蚀变岩型金银矿的标志

第十节 硫铁矿典型矿床地质—地球物理特征

本次选取 4 个硫铁矿典型矿床,分别代表 4 种不同矿产预测类型,在天山-兴蒙造山带吉黑褶皱系内与华北东部陆块区均有分布。矿产预测类型划分和典型矿床见表 4-10-1。

表 4-10-1 硫铁矿典型矿床矿产预测类型划分一览表

典型矿床	矿产预测类型	成矿时代	预测方法类型	预测工作区
永吉头道沟硫铁矿床	头道沟式夕卡岩型	燕山期	层控内生型	倒木河-头道沟
桦甸西台子硫铁矿床	西台子式湖相沉积型	燕山期	沉积型	西台子
临江荒沟山硫铁矿床	狼山式沉积变质型	前寒武	变质型	上甸子-七道岔、热闹-青石
伊通县放牛沟多金属硫铁矿床	放牛沟式海相火山岩型	海西期	火山岩型	放牛沟

下面对永吉头道沟硫铁矿床、临江荒沟山硫铁矿床、伊通放牛沟硫多金属矿床分述如下。

一、永吉头道沟硫铁矿床

永吉县头道沟硫铁矿为一伴有 Cu、Pb、Zn、Fe 等有益组分的中型夕卡岩型多金属硫铁矿床。

(一)典型矿床成矿地质特征

头道沟硫铁矿位于东北叠加造山-裂谷系(Ⅰ1),小兴安岭-张广才岭叠加岩浆弧(Ⅱ3),张广才岭-哈达岭火山-盆地区(Ⅲ3),南楼山-辽源火山-盆地群(Ⅳ4),内头道沟—三家子向斜西端。

矿区出露地层主要为下古生界呼兰群头道沟组一套浅变质岩系,其岩石类型为斜长角闪岩类、透闪石—阳起角闪岩类和夹有黑云硅质角岩。地层走向北东 $70°\sim80°$,倾向南东,倾角 $45°\sim60°$。该组岩石 Fe、Cu、Pb、Zn 元素含量均高于维氏值若干倍,应是该矿床成矿围岩及成矿物质来源之一,此外,在矿区西北、西南尚出露有侏罗系玉兴屯组流纹岩、流纹岩晶屑凝灰岩等火山岩系。

本区岩浆活动频繁,分布有燕山期超基性辉橄岩和花岗闪长岩,以及岩浆期后闪长岩、闪长玢岩、霏细斑岩及煌斑岩等脉岩。矿床形成与其东南部的五里河花岗闪长岩的侵入作用关系密切。夕卡岩带虽然分布于头道沟组地层与超基性岩接触带,但成矿母岩却是相距 700m 的刘家屯—三家子一带的五里河花岗闪长岩。

矿区古生代地层褶皱构造和断裂构造比较发育,头道沟-三家子向斜及北东、东西向断裂构造对成矿有明显的控制作用。

头道沟硫铁矿床由 8 条矿体组成,其中 2、3、4、7、8 号矿体为隐伏矿,在规模较大的硫铁矿体边缘或其间赋有 25 条钼矿体,14 条磁铁辉钼矿体和 18 条磁铁矿体。矿体沿古生代地层间破碎,层间滑动,层间剥离构造充填,呈雁形斜列式产出,矿体产状与地层基本一致。矿带长 700m,宽 50～100m,控制深 280～400m。单矿体形态呈似层状、脉状、扁豆状、囊状等。硫铁矿体长 50～480m,一般长 150～300m,宽 3～14m,控制深 30～370m。钼、钼铁、磁铁矿体长几十米,宽几米。例如钼矿体长 30～40m,最长者 234m,厚 0.42～5.5m,最厚者为 11.7～10.8m,延伸 31～253m。

矿石类型按其矿物成分和共生组合关系,可划分为含铜磁黄铁矿矿石(主要矿石类型)、辉钼矿矿石、磁铁矿矿石、混合矿石 4 种自然类型。

矿石金属矿物主要为磁黄铁矿、黄铁矿、辉钼矿、磁铁矿,次为黄铜矿、毒砂、钛铁矿。矿石组合类型是以磁黄铁矿—辉钼矿、磁铁矿—黄铜矿—黄铁矿及黄铁矿—闪锌矿等为主。金属矿物呈他形—自形粒状、细粒状、板状、叶状结构,矿石主要为浸染状构造,其次为致密块状构造,主要成矿元素为硫、钼、铁。硫铁矿体品位平均为 19.46%(最高 37.36%),辉钼矿体品位平均为 0.09%(最高 0.93%),磁铁矿体 TFe 平均 38.09%(最高 62.55%),磁铁辉钼矿 TFe 一般为 28.23%(最高 51.05%),钼一般为 0.021%(最高 0.52%),伴生钼品位为 0.19%。

矿体围岩蚀变以夕卡岩化为主,其他蚀变有硅化、碳酸盐化、绿泥石化、黑云母化等。其中绿帘石分布于角闪石夕卡岩中,与矿体关系最为密切。

(二)地球物理特征

1. 矿床所在区域重磁场特征

头道沟硫铁矿床位于大黑山铜钼典型矿床正东方向 9km,1:25 万区域布格重力异常图,可参见本章第八节大黑山典型钼矿床所在区域地质矿产及物探剖析图(图 4-8-2)。头道沟硫铁矿床位于前撮落-头道沟-刘家沟重力高异常南东边部等值线密集带的内侧,异常呈扁豆状,主体部分位于前撮落与头道沟之间,呈北东东走向,处于北东向分布的侏罗系南楼山组中性、中-酸性火山岩出露区,推断为隐伏的下古生界地层引起。头道沟向东到刘家沟一带,异常强度降低,表现为向东伸出的次一级异常,与西侧异常主体部以北东走向的河流相隔,地表主要出露有下古生界呼兰群头道沟组地层及 4 处晚二叠世超基性岩体,次一级异常的北、东、南边缘等值线密集围绕,梯度陡,推断为头道沟组地层与侏罗纪中酸性侵入体在深部的接触界线。弧形梯度带南、东外侧重力低异常为侏罗纪中酸性侵入岩体引起。

头道沟硫铁矿床位于头道沟组地层的重力高异常与侏罗纪中酸性侵入岩体的重力低异常之间的过渡部位。

在剩余重力异常图上,头道沟硫铁矿床所处位置异常特征与布格重力异常基本相同。

1:25 万航磁异常图,可参见本章第八节图 4-8-2,头道沟硫铁矿床处于小城子—北甸子北东走向高背景磁异常带上二道沟和刘家沟两处低缓局部正磁异常之间的过渡部位,异常强度在 150～200nT 之间。与东南部北东走向条带状相对低磁异常带以梯度带相隔。

在 1:25 万航磁化极异常图上,头道沟硫铁矿床处于蔡家附近北东走向线性梯度带的北西侧高背景正磁异常区内,该处异常主要为微弱磁性的头道沟组地层的异常反映。矿床北东部刘家沟南北走向的局部正磁异常与超基性岩体出露的位置吻合,西南部北东走向的椭圆状局部正磁异常落在侏罗系南楼山组中性、中-酸性火山岩出露区内。北东走向线性梯度带的东南侧低缓负(正)磁异常带为侏罗纪酸性侵入岩体引起。北东走向线性梯度带推断为头道沟组地层与侏罗纪中酸性侵入岩体的接触界线。

2. 矿床所在地区磁场特征

在 1:5 万航磁异常图上(图 4-10-1),头道沟硫铁矿床位于刘家沟西部吉 C1-1959-45"厂"字形强正磁异常带北侧边缘零值线附近,该正磁异常带北侧到西侧同样有一"厂"字形负磁异常带紧密相伴。正磁异常带上有四处明显的局部强磁异常分布,最大强度达 1850nT。负磁异常带在矿床附近,异常最小值为-470nT。

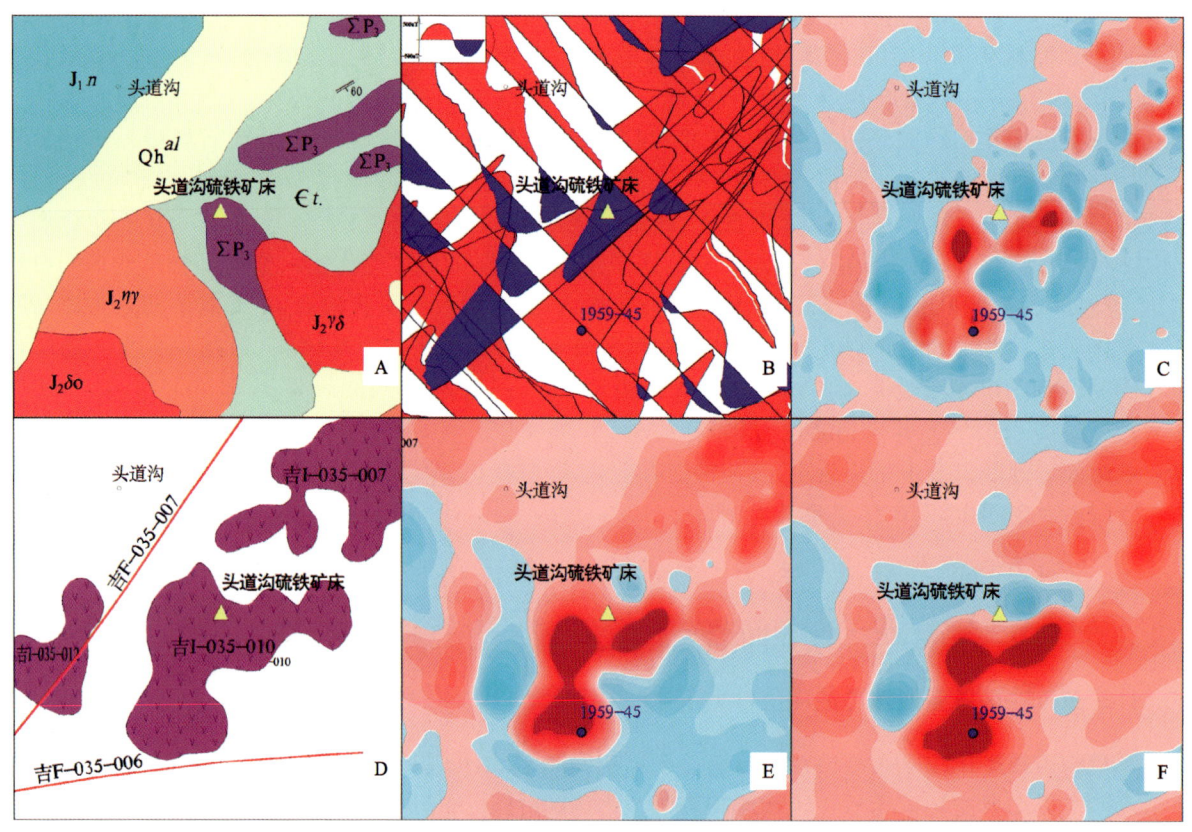

1.全新世；2.南楼山组；3.头道沟岩组；4.中侏罗世二长花岗岩；5.中侏罗世花岗闪长岩；6.中侏罗世石英闪长岩；7.晚二叠世橄榄岩；8.整合地质界线；9.磁法推断超基性岩体；10.磁法推断断裂构造；11.磁法推断出露、隐伏、半隐伏地质界线；12.航磁异常零值线及注记、航磁异常正等值线及注记、航磁异常负等值线及注记；13.航磁异常点及编号；14.硫铁矿床

图4-10-1 头道沟典型硫铁矿床所在地区地质矿产及物探剖析图

A.地质矿产图；B.航磁ΔT剖面平面图；C.航磁ΔT化极垂向一阶导数等值线平面图；D.航磁推断地质构造图；E.航磁ΔT化极等值线平面图；F.航磁ΔT等值线平面图

在1∶5万航磁化极异常图上，硫铁矿床位于"厂"字形强正磁异常带北侧的近东西向梯度带上，西南与等轴状局部强磁异常相邻，东南与北东走向的哑铃状强磁异常相邻。矿床北东部即哑铃状强磁异常北部有两处等轴状负磁异常相伴。

结合地质图对比分析，强正磁异常主要为超基性岩体异常引起，硫铁矿体仅能引起中等强度的磁异常。负磁异常为头道沟组地层与超基性岩体斜磁化或剩磁方向反转综合影响所致。

本区1∶5万航磁测量中超基性岩体引起强正磁异常可以为寻找铬铁矿提供信息，作为寻找硫铁矿体却是干扰异常，只能进一步开展大比例尺地磁、激电等物探方法进行剥离，进而划分出硫铁矿化带异常和超基性岩体异常的相应位置。

3.矿床所在位置地球物理特征

1960—1974年，在矿区前人曾先后开展过大比例尺地面磁法、高精度重力、自然电位、视电阻率联合剖面及激电中梯测量等物探工作，各方法在矿床均取得了较好的地质效果，综合物探对于圈定矿带和深部找矿发挥了不可取代的作用。1973年和1974年物探成果重点介绍如下。

1) 矿区岩(矿)石物性参数特征

1973年、1974年对矿区600多块各类岩(矿)石标本进行了物性参数测定,其中49块进行了磁参数定向测定,物性参数统计结果见表4-10-2。

表4-10-2 头道沟硫铁矿区物性参数统计表

岩(矿)石名称	$\kappa/10^{-5}$ SI		$J_r/10^{-3}$ A·m^{-1}		φ	θ	密度/10^3 kg·m^{-3}		视电阻率/Ω·m	
	变化范围	常见值	变化范围	常见值			变化范围	平均值	变化范围	平均值
磁黄铁矿	0～7540	3770	0～3500	1000	55°	下倾68°	3.5～4.4	3.9	0～500	50
斜长阳起角岩、阳起角岩	0～628	0	0～300	0			2.6～3.6	3.1	0～14 000	2000
黑云硅质角岩	0～628	0	0～500	0						
夕卡岩	0～377	0	0～50	0						
闪长玢岩	0～2011		0～1300							
超基性岩	5655～12 566	8168～10 053	2000～20 000	3000～11 000	30°	下倾60°				
磁铁矿磁铁夕卡岩	1382～150 796	8796～12 566	3000～150 000	50 000～110 000						

从物性参数统计结果可以看出:各种角岩和夕卡岩一般无磁性或具微弱磁性;磁黄铁矿磁化率常见值为3770×10^{-5} SI,剩余磁化强度常见值为1000×10^{-3} A/m,具有中等磁性;超基性岩磁化率常见值达9000×10^{-5} SI,剩余磁化强度常见值达10 000×10^{-3} A/m,具有较强磁性,磁铁矿磁铁夕卡岩磁化率常见值达12 000×10^{-5} SI,剩余磁化强度常见值达110 000×10^{-3} A/m,具有强磁性。另外,地表的磁黄铁矿体磁性较强,而深部岩心标本磁性较弱。浸染状矿石磁性较强,致密块状的富矿磁性较弱。

矿石视电阻率平均值为50Ω·m,明显低于围岩,相差两个数量级,矿石与围岩的密度差为0.8×10^3 kg/m^3。

综合上述,本矿区硫铁矿石与围岩物性差异(重、磁、电参数)明显,采用重力、电法、磁法寻找硫铁矿具备地球物理前提。

2) 矿床所在位置重、磁、电异常特征

(1) 电法异常。1∶5000比例尺激电中梯度扫面,在矿带发现了十分明显的视充电率北东东向分布的异常带,强度7%～15%,背景多在3%～5%之间,长约600m,宽50～100m,异常梯度北侧略陡于南侧,激电对于发现圈定含矿的矿化蚀变带效果显著。

1∶10 000比例尺自然电场测量,在矿带上亦测到了-200～-50mV圈闭异常,其形态为北东东向分布的长椭圆状,长约500m,半值宽80～120m,范围与矿带基本一致。经工程查证,异常为矿引起无疑。

视电阻率联合剖面在矿带上具有低阻"正交点"异常反映。在矿带上联剖装置获得了由硫铁矿体引起的"正交点"异常,亦取得与自电和激电同样的地质效果。

(2) 重、磁异常。1974年1∶10 000比例尺地面磁法详查工作在矿化带有明显高磁异常反映。测区北部头道沟组地层出露区,表现为大面积低缓平稳正、负磁场特征,强度一般在-100～100nT左右。南部、西部为超基性岩出露区,磁异常梯度陡,变化大,一般为-1000～3000nT。西南角霏细岩区负磁场低缓平稳,一般为-300～-200nT。测区中部矿化(磁铁矿化、磁黄铁矿化)夕卡岩带引起的异常呈北东东向展布,长约480m,宽约120m,异常形态规整,一般强度在2000nT左右,局部地段由于受夕卡岩及超基性岩影响而叠加有多处尖峰状跳跃异常,强度变化达-5000～10 000nT,该磁黄铁矿异常为矿区最主要的矿化带。主要矿化带北侧平行相伴的几处椭圆状、等轴状强度较大的正、负局部磁异常及东部尖峰状磁异常,规模不大,强度大小不一,一般在-14 000～10 000nT之间,为磁铁矿磁铁夕卡岩引起的异常。

矿区内分布的超基性岩体,为磁法找矿带来了一定的干扰。

为了开展矿床深部找矿评价,在矿区开展了高精度重力剖面测量,重力在矿带上测到了较明显布格重力异常,其剩余异常强度可达 $0.3×10^{-5} m/s^2$,异常形态规整,梯度较缓,北侧略陡于南侧。钻孔控制的浅部①号矿体经正演计算仅能引起 $0.1×10^{-5} m/s^2$ 异常,这比 $0.3×10^{-5} m/s^2$ 剩余异常要小,推断深部尚有较大的隐伏矿体存在,经深孔验证而发现了②和③号较厚大的隐伏硫铁矿体,由此可见高精度重力测量进行深部找矿评价获得了好的地质效果。

(3)剖面异常。1973年在矿区Ⅴ、Ⅶ、Ⅸ勘探线上,进行了综合物探方法试验,取得了很好的效果,通过研究异常特征,对地质勘探起到了指导作用,Ⅶ勘探线物探方法试验结果见图4-10-2。电法在硫铁矿体上方出现联剖正交点;重力出现剩余重力高异常,异常宽度与高密度的陡产状硫铁矿体沿倾向方向的宽度相当;在矿化体上方出现了明显磁异常,异常梯度陡,与硫铁矿体陡产状特征相吻合。

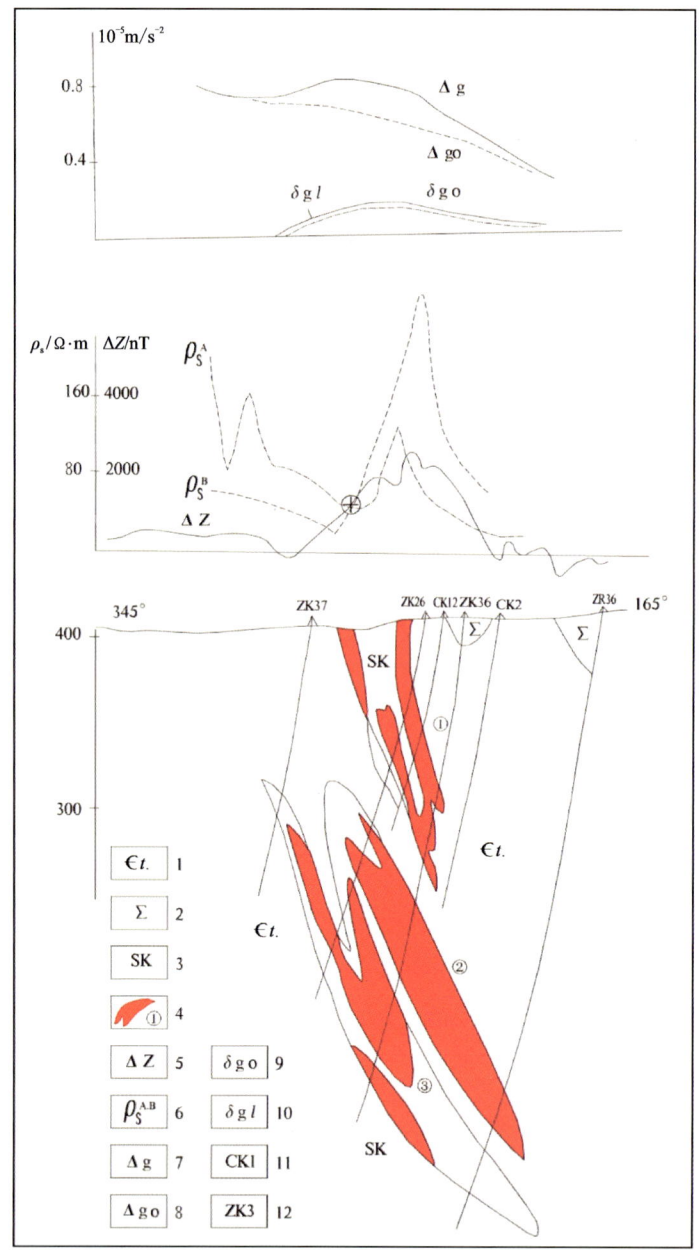

1.头道沟组斜长角闪岩;2.超基性岩;3.夕卡岩;4.硫铁矿及编号;5.磁异常曲线;6.联剖曲线;7.实测布格重力异常曲线;
8.圆滑区域重力异常曲线;9.局部重力异常曲线;10.计算重力异常曲线;11.1963年以前钻孔;12.1973年以后钻孔

图 4-10-2　头道沟硫铁矿区第Ⅶ勘探线综合剖面图(引自秦俊儒等,1977)

(三)矿床地质—地球物理找矿模式

依据矿床上述地球物理异常转证分析,对其地球物理找矿标志地区归纳如下。

地面磁测具有正异常反映,矿床中含铜、钼的磁黄铁矿体和磁铁矿体中的磁黄铁矿、磁铁矿是引起强磁异常的主要地质因素,磁测在矿区内可以提供直接的找矿信息。

重力在矿带上位重力高异常反映,矿床各类型矿体中磁黄铁矿石及磁铁矿石较其围岩有$(1.4\sim2.2)\times10^3\mathrm{kg/m^3}$剩余密度,故可以引起重力高值异常,重力具有较充分的找矿前提。

电法在矿带上,激电充电率为高值异常,视电阻率呈现低阻特征,自然电位出现负值异常,各自产生机制具有同源性,主要与矿体矿石富含金属硫化物和金属氧化物有关,矿体具备有较好的电化学活动性和导电性,电法异常也是找矿重要的物理标志。

综上可知,矿床上应用的各种物探方法虽然都具有较好的找矿效果。但由于每种方法也都存在不同程度的地质干扰,采用单一方法找矿亦都存在有一定程度上的局限性,结合所应用的各类方法特点,在该区找矿应遵循如下流程。

(1)采用1:10 000的比例尺地面磁法、自然电法以及土壤次生晕测量在成矿带上开展面积性普查找矿。

(2)对于普查发现的磁法自电及次生晕相重合综合异常区深入开展1:2000~1:5000比例尺激电中梯度详查,进一步圈定出金属硫化物矿化体位置、形态、规模。

(3)对有找矿意义激电异常布置以高精度重力、磁法、激电(联剖、测深)为主要手段的开展综合精测剖面测量,进行重点评价,为布置山地工程查证提供证据。

综合上述,可归纳总结出矿床地质—地球物理找矿模型(表 4-10-3)。

表 4-10-3 永吉县头道沟硫铁矿床地质—地球物理找矿模型表

地质条件	岩石类型	岩性主要为砂质板岩、碳质板岩、斜长角闪岩、角闪片岩、透闪-阳起角岩、黑云母硅质角岩、变质砂岩、浅粒岩、变粒岩;燕山晚期花岗岩
	成矿时代	成矿时代为燕山期
	成矿环境	燕山晚期花岗岩体与早古生代火山-沉积岩系的外接触带,呼兰群头道沟组斜长角闪岩段为主要的赋矿层位
	构造背景	矿床位于东北叠加造山-裂谷系(Ⅰ)小兴安岭-张广才岭叠加岩浆弧(Ⅱ)张广才岭-哈达岭火山-盆地区(Ⅲ)南楼山-辽源火山-盆地群(Ⅳ)
矿床特征	控矿条件	地层的控矿作用:矿体均赋存于头道沟组中段斜长角闪岩段,成矿围岩是经过区域变质和角岩化的泥质岩石、火山碎屑岩以及中基性火山岩类,在热液的作用下易产生夕卡岩化,形成以充填交代作用为主的矿体。 断裂构造的控制作用:区域性口前-小城子断裂是主要的控矿构造,夕卡岩带及矿体分布于该断裂两侧次级北东向层间构造破碎带、裂隙带,含矿溶液沿构造薄弱带交代充填,形成夕卡岩带及矿体。 岩浆活动的控矿作用:矿床的形成与矿区南东刘家屯燕山期花岗岩-花岗闪长岩-闪长岩系列杂岩体和早古生界呼兰群头道沟组火山-沉积变质岩系接触交代以及顺层交代有关,特别是它的边缘相闪长岩为成矿母岩
	蚀变特征	主要有夕卡岩化、硅化、碳酸盐化、黄铁矿化,其次有绿泥石化、绿帘石化、黝帘石化、绢云母化、闪石化
	矿化特征	矿床由8条矿体组成,各矿体基本互相平行排列,在垂直方向上大致呈斜列式排列;矿床东西延长600m,宽50~100m,控制深度280~400m,单个矿体长度50~480m,厚度3~14m,矿体走向呈北东70°,倾角60°~75°,矿体形态大致呈似脉状、扁豆状和透镜状,在纵向上,上部矿体形态复杂,分支多,品位较低;而下部矿体,矿体形态相对较完整,夹石少,品位较高;在横向上,矿床西段矿体形态简单,夹石少,品位较高;而东段矿体形态较复杂,分支多,品位较低

续表 4-10-3

综合信息	地球化学	没有硫元素的化探异常信息
	地球物理	1∶25 万布格重力异常，头道沟硫铁矿床位于前撮落—头道沟—刘家沟重力高异常南东边部等值线密集带的内侧，异常呈扁豆状，北东东走向，处于北东向分布的侏罗系南楼山组中-酸性火山岩区，推断为隐伏的下古生界地层引起。头道沟向东到刘家沟一带，异常强度降低，表现为向东伸出的次一级异常，出露有下古生界呼兰群头道沟组地层及四处晚二叠世超基性岩体，次一级异常的北、东、南边缘等值线密集围绕，梯度陡，推断为头道沟组地层与侏罗纪中酸性侵入体在深部的接触界线。 在 1∶5 万航磁异常，头道沟硫铁矿床位于刘家沟西部强正磁异常带北侧边缘零值线附近，该正磁异常带北侧到西侧同样有一"厂"字形负磁异常带紧密相伴。强正磁异常主要为超基性岩体异常引起，硫铁矿体仅能引起中等强度的磁异常；只能进一步开展大比例尺地磁、激电等物探方法进行剥离，进而划分出硫铁矿化带异常和超基性岩体异常的相应位置。负磁异常为头道沟组地层与超基性岩体斜磁化或剩磁方向反转综合影响所致
	重砂	在倒木河和头道沟硫铁矿所在水系下游，可圈出两个黄铁矿重砂异常。这两处异常与典型矿床存在一定响应关系，显示直接指示意义
	遥感	柳河—吉林断裂带穿过，并有两个与隐伏岩体有关的环形构造，有两个与基性岩体有关的环形构造。区内为遥感浅色色调异常区，有高度集中的铁染、羟基异常分布
找矿标志		燕山晚期花岗岩体与早古生界呼兰群头道沟组地层的接触带是成矿的有利空间；区域上的夕卡岩化、硅化、碳酸盐化、黄铁矿化及绿泥石化、绿帘石化、黝帘石化、绢云母化、闪石化等是区域上的找矿标志；在岩体接触带附近石榴石-透辉石或绿帘石-角闪石夕卡岩及碳酸盐化发育，并伴有黄铁矿化，是矿体的直接找矿标志

二、临江荒沟山硫铁矿床

（一）典型矿床成矿地质特征

1. 地质构造环境及成矿条件

临江荒沟山海相沉积变质型小型硫铁矿床位于华北东部陆块（Ⅱ）胶辽吉古元古界裂谷带（Ⅲ）浑江坳临盆地（Ⅳ）之老岭背斜南东翼，区域荒沟山"S"形压扭性大断裂中段。成矿区带为老岭金、铅、锌、铜、钴、硫、铁成矿带中部荒沟山—横路岭铅锌硫铁矿化集中区的北东部。

（1）地层：矿区出露地层为古元古界老岭群珍珠门岩组一套浅海—滨岸相陆屑—镁质碳酸盐岩建造。岩性为白云石大理岩夹薄层片岩，依据岩性和结构构造特征可将其由老至新划分为 3 个岩段（相当于珍珠门岩组上部的七、八、九层）：下段为硅质条带状白云质大理岩夹中厚层及眼球状大理岩，主要产于矿区西部；中段是矿区主要含矿层位。岩性又可分为下、中、上三层：下部为中厚层白云石大理岩夹薄层白云质大理岩，其内赋存有中央矿带；中部为滑石大理岩夹中厚层白云质大理岩；上部为薄层条带大理岩夹滑石大理岩及透闪石大理岩。该段地层出露于矿区的中部，上段为厚层块状白云石大理岩，分布于矿区的东部。矿区珍珠门岩组地层以北东向条带状单斜构造产出。地层走向北东，条带状单斜构造产出。地层走向北东 5°～35°，倾向南东，倾角 60°～80°，但因受多期次区域构造活动影响，地层产状局部出现倒转和褶曲，在倾向和走向上均出现有扭转倾向为北西。

区内黄铁矿和铅锌矿矿脉产出及产状与珍珠门岩组白云石大理岩的空间分布有着密切的关系，白云质大理岩是铅锌硫铁矿体的主要围岩。

(2) 侵入岩：印支期—燕山期以来，该区有大量酸性花岗岩和中基性脉岩侵入。在矿区北侧及东侧分布有规模较大的草山、老秃顶子及梨树沟似斑状黑云母花岗岩体。3个岩体岩性、化学成分相似，均属偏碱性重熔型花岗岩，属印支期—燕山期产物。矿区内中—基性脉岩十分发育，按岩石组分可分为闪长-辉长岩和粗斑岩两类。关于酸性花岗岩岩浆活动与铅锌硫铁矿成矿关系。鉴于矿区成矿具有热液裂隙充填、交代特征，初步认为大量酸性岩浆侵入是成矿热能的主要来源，是活化萃取矿源层（镁质大理岩）矿质迁移就位成矿的流体矿化形成的必要条件。

(3) 构造：矿区构造为位于老岭复背斜东南翼而由珍珠门岩组碎屑—碳酸盐岩建造组成的单斜构造。地层走向北东$5°\sim35°$，倾向南东，倾角$50°\sim90°$，但局部出现倒转而倾向北西。区内构造活动是以断裂构造占主导。荒沟山北东向"S"形大断裂带是本区控岩、控矿主体构造体系，矿区因受其影响而主构造线方向亦呈北东向。区内断裂系统控制了矿体与脉岩的产出和分布。从矿脉和脉岩分布来看，矿区断裂主要分布为北北东—北东向和北东东—东西向两组。前一组断裂与矿体产出关系密切，多为成矿前断裂，是矿区主要储矿构造；后一组断裂形成时间要晚于前一组，多被晚期脉岩侵入填充，对矿体有穿插及错断破坏作用，但其影响不大。

2. 矿体分布、形态、规模及产状

该矿床为一黄铁矿、闪锌矿、方铅矿单独赋存或伴生产出的多金属硫铁矿，矿体多呈脉状或大的透镜状赋存于珍珠门岩组白云质大理岩地层中的断裂、层间破碎裂隙带或层面构造内。

矿区共查明矿体60条，其中黄铁矿体49条，闪锌矿体9条，方铅矿体2条。所有矿体除了少数为盲矿体外，大多数是以氧化铁帽为标志的出露矿体。矿体氧化带发育，一般深在20m左右。

矿区矿体分布明显受断裂带控制，形成了走向北北东—北东近于平行的东、中、西3条铅锌硫铁矿带。

3. 矿石类型、组分及结构构造

该矿床矿体多是由单独的闪锌矿体、方铅矿矿体和黄铁矿体或者是锌、铅、硫相伴生综合矿体组成，因此形成有不同的矿石类型及其特有的组分和结构构造。

1) 矿石类型

各类矿体的矿石按其矿物组分分为氧化矿石和硫化矿石两类。硫化矿石又可根据矿石矿物相对含量分为黄铁矿矿石、综合矿石和方铅矿矿石3类。

2) 矿物共生组合

(1) 氧化矿石：矿化的方铅矿石组合有方铅矿、菱镁矿、异极矿、铅矾、黄钾铁矾、褐铁矿及硫镉矿等；氧化的黄铁矿石铁帽组合为褐铁矿、赤铁矿、水赤铁矿、针铁矿及黄钾铁矾等。

(2) 原生硫化矿石：黄铁矿石主要金属矿物为黄铁矿，次要矿物为闪锌矿、方铅矿，脉石矿物以石英为主，方解石、白云石次之。

综合矿石主要矿物为闪锌矿、黄铁矿，次要矿物为方铅矿、黄铜矿、磁黄铁矿，脉石矿物以白云石为主，石英、方解石次之。

(3) 矿石结构构造：黄铁矿石常见矿石结构为自行、半自形粒状结构和压碎结构；结构有块状、条带状。

综合矿石结构有侵蚀结构、骸晶结构、网格状结构，构造多见块状构造、角砾状构造。

方铅矿石多以自形、半自形颗粒结构和块状构造为主。

4. 矿体围岩蚀变特征

本矿床矿体均赋存于白云石大理岩层中，一般常见的围岩为中厚层白云石大理岩、薄层、薄板状白云石大理岩及片岩等，较为常见围岩蚀变有滑石化、硅化、透闪石化及黄铁矿化。其中以滑石化、硅化与

成矿关系密切,而硅化更为闪锌矿体的围岩中所常见,透闪石化与黄铁矿化相伴出现是寻找黄铁矿床的重要标志。

5. 控矿因素及找矿标志

该矿床为黄铁矿、闪锌矿及方铅矿单独赋存或伴生的沉积热液改造型的多金属硫铁矿床,其主要控矿因素和找矿标志如下。

1) 主要控矿因素

(1) 该矿床矿体产出明显受老岭群珍珠门岩组上部地层镁质碳酸盐岩建造控制,矿体围岩皆为白云质大理岩,矿体产状总体上与围岩产状相一致,具有层控矿床的某些基本特征。珍珠门期形成的镁质大理岩层具有胚胎矿源层特点,是本矿床形成的主导因素。

(2) 附近印支期—燕山期大量酸性岩浆侵入提供成矿的热能,带来的岩浆热液及挥发分与在断裂及裂隙中的天水混合形成的流体矿化剂,是活化并萃取地层内的矿质迁至构造带改造形成新的矿体的必要因素。矿区内老秃顶子似斑状黑云母花岗岩体与珍珠门岩组地层外接触带是本矿区成矿的重要控矿部位。

(3) 矿体多发育在珍珠门岩组地层中的同生断裂、层间剥离破碎带或岩层层面之内,矿体边缘平整并与围岩界线清晰,具有构造裂隙充填高角度脉状矿体特征。矿体形成明显受北北东—北东向断裂构造体系控制,区内该组断裂发育的构造带是控制矿床成矿就位的重要前提。

2) 主要找矿标志

(1) 珍珠门岩组上部层位镁质大理岩夹薄层片岩地层岩系中的薄层白云石、大理岩,薄层角闪绿泥石片岩、角闪片岩发育的岩段,是赋矿的有利岩段,是找矿标志之一。

(2) 发育珍珠门岩组地层的北北东—北东向断裂集中的构造带控制了铅锌硫铁钾矿体的产出,是找矿不容忽视的标志。

(3) 利用地表氧化铁帽指导找矿是最直接有效的标志。硫铁矿体地表形成氧化铁帽的氧化物有褐铁矿、水赤铁矿、赤铁矿及黄钾铁矾等;铅锌矿体地表形成有方铅矿、菱锌矿、异极矿等氧化矿物。

(4) 矿体赋存围岩受含矿热液作用常形成明显的滑石化、夕卡岩化、黄铁矿化、透闪石化等蚀变。其中夕卡岩化多为闪锌矿体围岩蚀变特征,透闪石化与黄铁矿化相伴出现时为寻找黄铁矿体的重要标志。

(二) 地球物理特征

1. 矿床所在区域重磁场特征

在1:25万布格重力异常图上,白山市荒沟山硫铁矿床位于七道沟-临江老岭背斜基底隆起形成的相对布格重力高异常带,在东部二道河子附近由北东向转为东西向的转折部位局部重力高异常北侧边缘,同时也是老秃顶子及草山似斑状黑云母花岗岩体局部重力低异常西南边部弧形梯度带的顶部位置。局部重力高异常近等轴状,直径约5.3km,为老岭群珍珠门岩组及花山组、临江组、大栗子组地层引起。其中珍珠门岩组大理岩为硫铁矿含矿层位。

二道河子局部重力高异常北侧边缘还有荒沟山、天湖沟两处热液型小型铅锌矿床,位于硫铁矿床西部附近;异常中部和南部分布有热液型荒沟山中型金矿床、高丽沟、错草沟小型金矿床及海相沉积变质型迎门沟小型含铜硫铁矿床;异常与西部梨树沟似斑状黑云母花岗岩体局部重力低异常之间弧形梯度带上分布有海相沉积变质型银子沟西坡小型硫铁矿床一处。由此可以看出,二道河子局部重力高异常与梨树沟、老秃顶子及草山岩体重力低异常之间梯度带或重力高一侧是寻找海相沉积变质型硫铁矿床及热液型铅锌金矿床的有利地段。

在1:25万区域航磁异常图上,荒沟山硫铁矿床位于老秃顶子岩体产生的近东西走向椭圆状正磁异常的东南边部梯度带上,草山岩体则无异常出现,可能是黑云母等暗色矿物明显变少所致。矿床所处珍珠门岩组及花山组、临江组、大栗子组地层共同产生低缓的正、负磁异常区。老秃顶子岩体与西南部梨树沟岩体产生的磁异常相连组成北东走向哑铃状异常,老秃顶子岩体异常强度略高,为300nT。

在航磁异常化极等值线图上,矿床处于老秃顶子岩体正磁异常东南部外侧低缓负磁异常区一侧。

2. 矿床所在地区磁场特征

在1:5万航磁异常剖面平面图和等值线平面图上,荒沟山硫铁矿床位于老秃顶子岩体产生的等轴状正磁异常的东南部100nT等值线上。该处等值线梯度比内外两侧略陡,呈向东南凸起弧形,推断为老秃顶子岩体在深部局部南倾与珍珠门岩组地层的接触界线。

(三)临江市荒沟山硫铁矿床地质—地球物理找矿模型

综合上述矿床地质特征和地球物理异常特征,可归纳、总结出矿床地质—地球物理找矿模型(表4-10-4)。

表4-10-4 临江市荒沟山硫铁矿床地质—地球物理找矿模型表

地质条件	岩石类型	主要为白云石大理岩、条带状大理岩、滑石大理岩、眼球状大理岩、透闪石大理岩、燧石大理岩、角砾状大理岩及角闪片岩和绿泥片岩
	成矿时代	成矿时代为前寒武纪
	成矿环境	矿床位于荒沟山"S"形断裂带中部。区域北北东及其次级的一组断裂构造为主要的控矿和容矿构造;老岭群珍珠门岩组白云石大理岩层为主要的赋矿层位
	构造背景	矿床位于前南华纪华北东部陆块(Ⅱ)胶辽吉古元古界裂谷带(Ⅲ)老岭隆起地内
矿床特征	控矿条件	地层和岩性控矿:荒沟山硫铁矿床及其他铅锌矿床(点)主要赋存在古元古界老岭群珍珠门岩组中层-薄层-微层硅质及碳质条带或含燧石结核的白云石大理岩夹滑石大理岩及透闪石大理岩中,矿化具有明显的层位性。 岩相古地理环境和生物的控制作用,根据荒沟山铅锌矿床的硫同位素$\delta^{34}S$均为较大的正值,表明硫化物中的硫属生物成因硫,且反映在一个封闭或半封闭的浅海湾或潟湖相中硫酸盐补给不足的条件下形成的。薄层-微层条带状白云石大理岩与中-厚层白云石大理岩成互层状并夹有泥质碎屑岩变质而成的片岩,反映矿床所处部位位于后礁相的古地理环境。 构造控制作用:矿床受区域北北东及其次级的一组断裂构造控制,是典型受压扭性层间破碎带控制的后生矿床。黄铁矿脉是在岩层发生褶皱时沿大理岩或片岩的层理或挠曲部位发生的张性层间剥离构造充填而成,之后又发生层间的挤压运动,黄铁矿脉被破碎,铅锌矿化叠加在黄铁矿脉之上。构造的控矿作用还表现在,由压扭性作用造成的围岩次级张性层间剥离和挠曲的地段,矿体厚度大,往往成为硫铁矿、铅锌富矿体所在部位
	蚀变特征	围岩蚀变主要有滑石化、硅化、透闪石化、白云石化、蛇纹石化、黄铁矿化,其次有绿泥石化、绿帘石化、碳酸盐化、钠长石化、绢云母化等。其中以黄铁矿化、硅化、滑石化及透闪石化与成矿的关系比较密切,此外当透闪石化与黄铁矿化相伴出现时亦为寻找黄铁矿体的重要标志
	矿化特征	荒沟山硫铁矿床内已知发现矿体60条,其中黄铁矿体49条,闪锌矿体9条,方铅矿体2条,组成了一个北东—南西向的中央矿带,长度1500m左右,各矿体或矿脉之间在平面上和剖面上均呈雁行式排列,具有尖灭侧现或尖灭再现特点,矿体长120~360m,宽0.1~5m,矿体为变化不大的脉状矿体,黄铁矿体为稍大的透镜体,而方铅矿体则常为不规则的囊状,矿体规模一般不大,综合矿体的倾斜延深一般大于走向长度

续表 4-10-4

综合信息	地球化学	没有硫元素的化探异常信息
	地球物理	在 1∶25 万布格重力异常图上，荒沟山硫铁矿床位于七道沟-临江老岭背斜基底隆起形成的相对布格重力高异常带在东部二道河子附近由北东向转为东西向的转折部位局部重力高异常北侧边缘，同时也是老秃顶子及草山似斑状黑云母花岗岩体局部重力低异常西南边部弧形梯度带的顶部位置。局部重力高异常近等轴状，直径约 5.3km，为老岭群地层引起，其中珍珠门岩组大理岩为硫铁矿含矿层位。 在 1∶5 万航磁异常剖面平面图和等值线平面图上，荒沟山硫铁矿床位于老秃顶子岩体产生的等轴状正磁异常的东南部 100nT 等值线上。该处等值线梯度比内外两侧略陡，呈向东南凸起弧形，推断为老秃顶子岩体在深部局部南倾与珍珠门岩组地层的接触界线
	重砂	圈定的黄铁矿异常没有矿致源响应，对典型矿床不支持，可用于矿床外围硫铁矿的寻找
	遥感	北东向、东西向断裂多处，老秃顶块状构造内，区域性规模脆韧性变形构造或构造带通过，分布在白云质大理岩形成的带要素内，区内为遥感浅色色调异常区，有铁染异常分布。有一个与隐伏岩体有关的环形构造
找矿标志		珍珠门岩组地层中的薄层-微层硅质或碳质条带状或含燧石结核的白云石大理岩是形成和寻找硫铁矿、铅锌等硫化物矿床的最有利岩层。 压扭性层间破碎带或其邻近地段是硫铁矿、铅锌矿化的有利场所；利用氧化带铁帽中的 Zn、Pb、As、Cd、Sb、Hg 等元素含量判断原生硫化物矿体类型。 化探 Pb、Zn、As、Sb、Cd、Hg 异常的存在。 物探高阻高激化异常

三、伊通县放牛沟多金属硫铁矿床

（一）典型矿床成矿地质特征

1. 地质构造环境及成矿条件

放牛沟多金属硫铁矿床成因，当前一些矿床学家认为其属于海相火山—沉积成因的块状硫化物型多金属硫铁矿床，矿床铅锌和硫铁矿储量分别达到大型和中型。

该矿床位于吉黑海西褶皱系，吉林复向斜西部大黑山条垒南端，洪壹堂-新立屯倾伏向斜北翼与大黑山倾伏背斜南翼之间近东西向压性层间破碎带上。

区域出露地层主要为上奥陶统石缝组和下志留统桃山组，其岩性均为一套浅变质的海相火山—沉积岩系，总体呈东西向展布。岩浆活动主要为加里东晚期和燕山期的花岗岩体侵入。

矿区出露地层为石缝组上段，由上而下岩性为灰绿色片理化安山质凝灰岩、灰白色大理岩夹条带状大理岩、安山岩、流纹岩夹安山质晶屑凝灰岩、英安岩、灰绿色帘石化安山岩、浅灰色条带状大理岩、含石墨绢云母绿泥片岩。上述岩性在空间分布上变化较大，由矿区向东西两侧火山岩变薄，岩性由复杂变为简单，喷发旋回由强到弱，喷发韵律由下向上增强，矿床正处于岩性最复杂，相变最频繁地段。

矿区花岗岩分布于南部，属于后庙岭白质花岗岩体单元南侧的一个近东西向侵位大岩枝。北侧与石缝组呈超覆侵入接触。岩石属钙碱性铝过饱和系列，岩体 Rb-Sr 全岩等时年龄为 352.65Ma，K-Ar 法年龄为 315～371Ma，成岩应属加里东晚期。此期岩浆活动对早期海底火山喷气成矿有叠加改造作用,这一东西向的侵入接触带对矿床的产出有一定的控制作用。

矿区位于轴向近东西的洪壹堂-新立屯倾伏向斜北翼,石缝组地层呈东西向分布构成一简单的单斜构造,产状倾向190°～210°倾角30°～60°。

该矿床共有9个矿体群41条矿体,构成东西长1700m,宽150～400m的含矿带,详见图4-10-3。

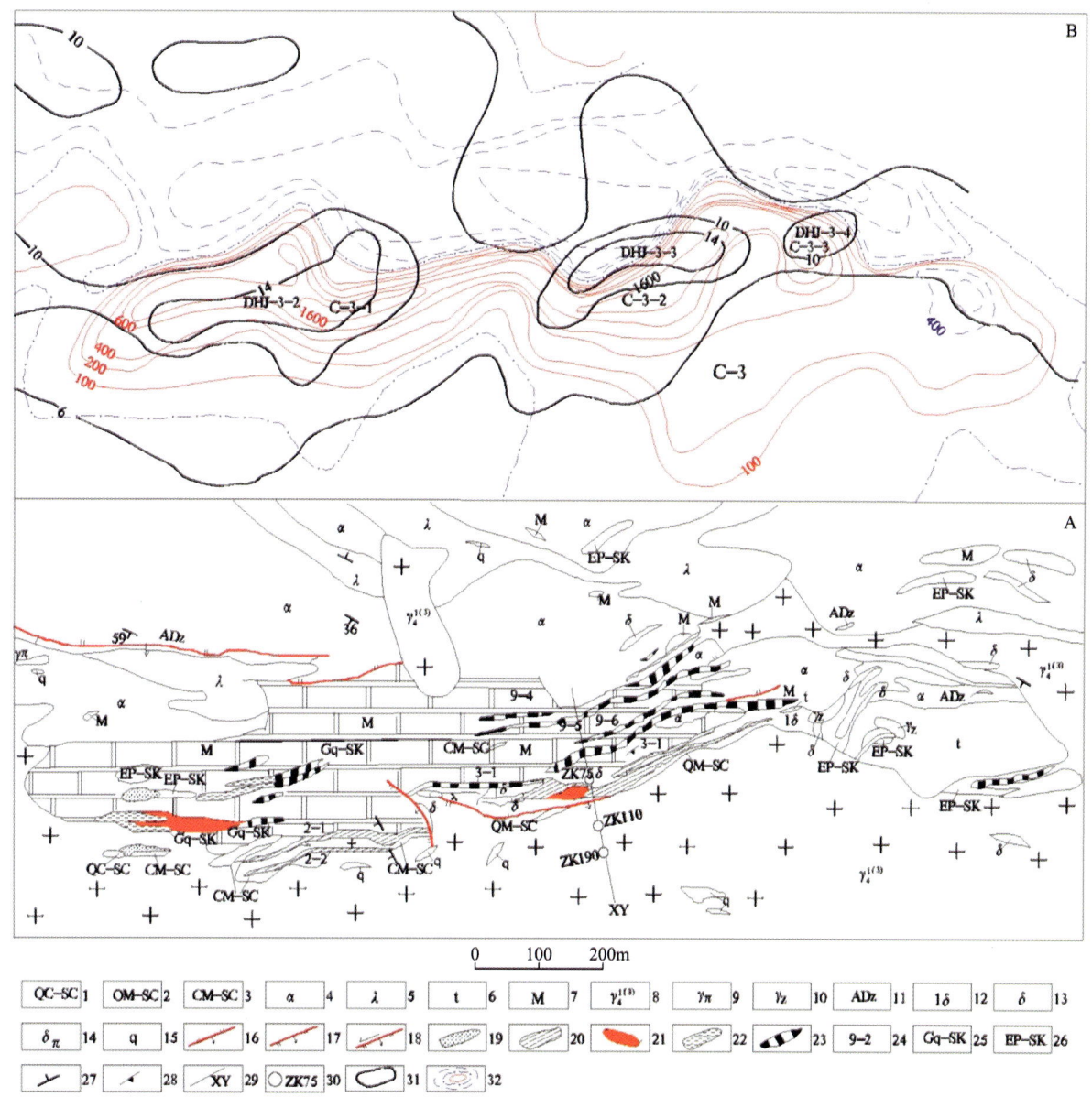

1.石英绢云母片岩;2.石英绿泥石片岩;3.绢云母绿泥石片岩;4.变质安山岩;5变质流纹岩;6.凝灰岩;7.大理岩;8.花岗岩;9.花岗斑岩;10.花岗细晶岩;11.斜长细晶岩;12.蚀变闪长岩;13.细粒闪长岩;14.闪长玢岩;15.石英脉;16.压性断层;17.张性断层;18.张扭性断层;19.磁铁矿体;20.褐铁矿体;21.硫铁矿体;22.硫、铁锌矿体;23.锌矿体;24.矿体编号;25.石榴石夕卡岩;26.绿帘石夕卡岩;27.地层产状;28.片理产状;29.勘探线编号;30.钻孔及编号;31.中间梯度激电充电率异常曲线;32.地磁等值线/nT

图4-10-3 放牛沟多金属硫铁矿典型矿床所在位置地质矿产及物探剖析图
A.地质平面图;B.矿区磁电综合平面图

矿体产于加里东晚期花岗岩体外接触带石缝组地层,距岩体400m范围之内(大矿体多在200m内)。矿体直接围岩主要为条带状大理岩、变质安山岩、变质凝灰岩及流纹岩等。矿体多呈似层状、透镜状和脉状产出,与围岩多为整合接触,产状一致,多向南倾,倾角35°～70°。矿体规模大小不等,长50～

756m，厚 0.22～9.94m，延深 20～180m，其中 3、7、9 3 个矿组矿体规模较大。

矿体类型可分为锌铜矿体、铅锌矿体、铅锌硫铁矿体、硫铁矿体和磁铁矿体。各类型矿体在空间分布上显示有一定的分带性，由南至北（由上而下）依次为磁铁矿体—硫铁矿体或锌硫铁矿体—锌或铅锌矿体。

矿石矿物成分比较复杂，主要矿物有磁铁矿、黄铁矿、磁黄铁矿、闪锌矿、方铅矿、黄铜矿、辉铜矿等，次为辉钼矿、辉铋矿、毒砂、白钨矿。次生矿物有褐铁矿、菱铁矿、软锰矿、硬锰矿。脉石矿物有石榴石、透辉石、透闪石、绿帝石、方解石、石英、绿泥石、萤石等。

矿石类型分为：磁铁矿矿石、硫铁矿矿石、闪锌矿—硫铁矿矿石、闪锌矿矿石、方铅矿—闪锌矿矿石 5 种。

矿石结构主要有自形—半自形粒状、他形粒状交代残留、乳滴状、碎裂及斑状等结构，矿石构造有致密块状、条带状、浸染状、细脉状、变胶状、似鲕状、层纹状、团块状及角砾状等构造。

围岩蚀变主要有青磐岩化、绿泥石化、绿帝石化、黝帘石化、硅化、绢云母化、萤石化、闪石化、夕卡岩化、碳酸盐化及黄铁矿化等。

该矿床成因问题，前人存在着的夕卡岩型、夕卡岩—热液型，以及在海底火山喷气作用有关块状硫化物矿床基础上受后期岩浆—气水热液作用的叠加改造而形成等不同认识。经本次对前人资料的研究分析，认为放牛沟多金属硫铁矿床归属第三种成因是适宜的。

（二）地球物理特征

1. 矿床所在区域重磁场特征

1）区域重力异常特征

在 1∶25 万布格重力异常图上，放牛沟多金属硫铁矿床处在火主岺-刘房子-陶家屯-范家屯与靠山镇-莫里青-乐山-大南两条近平行北东走向区域性重力梯级带之间夹持的长轴呈北东向椭圆状重力高异常东南侧梯级带南段，以重力零等值线圈定，异常长约 28km，宽约 10km，异常等值线匀称规律，极大值位于异常北东段，在以 14km×14km 为窗口的滑动平均剩余重力异常，将布格重力高分解为北东分布的靠山北西侧和乐山西侧两处似椭圆形小的重力高剩余异常。放牛沟多金属硫铁矿床处在乐山剩余重力高异常南东侧之北东向梯级带与东西向梯度带转换部位。在 1∶50 万区域布格重力异常图上，本区重力高异常属于大黑山北东向断续分布的重力高异常带南西段异常组成部分。

综合资料分析认为，区内布格重力高异常北西和南东侧重力梯级带分别是四平-长春-榆树和伊通-舒兰两条区域深大断裂构造带的反映，是本区控岩、控矿的主体构造，控制了大黑山银、金铜、铅锌、铁、镍、硫等内生多金矿带的产出。重力高异常区内出露岩性是以早古生界奥陶系和志留系—套浅变质火山—沉积岩系为主，其次为加里东晚期、燕山期花岗岩类。依据该区古老变质岩和花岗岩类岩石密度特征，前者密度大于后者密度，推断重力高异常为早古生界古老变质岩基底隆起引起。由于本区出露的上奥陶统石缝组和下志留统桃山组的中酸性变质火山岩系为吉林省重要含矿层位，是区内成矿活动的主要矿质来源之一。此外根据区域重力场的线性要素（线性正、负异常带，梯级带，异常零值线等）和重力场等值线同向扭曲，沿走向发生横向错位等特征分析，本区发育有北东、东西、北西及南北向 4 组断裂构造，放牛沟矿床主要受前 3 组断裂联合控制，其中东西向断裂为主要储矿构造。

综上认为，区内早古生界含矿变质岩系地层发育，构造岩浆活动强烈，具有良好的成矿地质条件。该区重力高异常边缘梯级带，尤其重力梯级弯曲变异处是成矿有利部位，是找矿重要的地球物理标志。

2）区域航磁异常特征

放牛沟多金属硫铁矿床在 1∶25 万区域航磁场为大黑山北东向高磁异常带南西段。在 1∶25 万航磁异常图上是处在两条北东向分布高磁异常带之间的呈北东东向展布的公主岭-西大城县低磁异常带的南侧。其北西侧刘房子-响水镇高磁异常带宽缓，可分为刘房子和响水镇两个呈北东向分布的长椭圆形高值区,最大强度分别为150nT和200nT,低值带南东侧黄岑子-乐山高磁异常带相对较窄,最高异常位于南西段黄岑子乡一带,形态为不规则椭圆状,最大强度可达500nT。

经与地质关联不难看出,区内两条北东向高磁异常主要与受北东向断裂控制的加里东期、海西期及燕山期构造岩浆活动关系密切,多为角闪辉长岩、花岗闪长岩、石英闪长岩、二长花岗岩及碱性花岗岩等侵入体的反映,航磁异常指出区内自早古生代以来发生了多期构造岩浆活动,基性、中—酸性岩浆岩普遍发育,是本区成矿物质和成矿热源的重要来源。中部北东东向低磁异常带与早古生界上奥陶统和下志留统浅变质的海相火山—沉积岩系地层分布有关,依据航磁异常分布推断,早古生界变质岩产出主要受东西向和北东向断裂构造控制地层走向由西至东则由东西向逐渐转为北东向。总之,航磁异常有效提供了有关本区地层岩浆岩构造及矿产等空间分布信息,并且指出放牛沟多金属硫铁矿,西大城号及新立铜矿等矿产主要分布在早古生界地层与岩浆岩带的接触界线的内侧。区域正负异常带间的过渡带,尤其是发生转折部位应是航磁异常找矿标志。

2. 矿床所在地区(矿田)磁场特征

放牛沟多金属硫铁矿床在1:5万航磁异常图上处于由4个似圆形磁力高异常组成的东西向展布串珠状异常带上。前人将该异常带编为吉C-1989-97和吉C-1989-98号两个异常。前者位于异常带西段,呈北西向分布的椭圆状,异常形态规整,最大强度140nT,后者包括3个串珠状异常,其中间异常规模和强度要大于东西两侧异常,南北长约500m,东西宽约400m,异常曲线较对称,北侧梯度略大于南侧,异常最高值为600nT,而东西两侧异常强度要低于中部异常,最高值分别为220nT和240nT,经与地质关联,吉C-1989-98号航磁异常实属放牛沟多金属硫铁矿床引起,由于该矿床是一个磁铁矿、磁黄铁矿与铅锌矿紧密伴生的复合型矿床,属于磁性矿产类型,这是引起磁异常主要地质原因。呈东西向排列的3个局部异常分别是矿床东部矿段(主要包括4、5矿组)反映,中部矿段(3、9矿组)及西部矿段(1、2、7矿组)反映。其西部的吉C-1989-97号异常经初步勘查地表未见工业矿体出露,推断是埋深较大的隐伏矿体的反映,找矿远景较大。总之,放牛沟地区1:5万航磁异常直接反映出了多金属硫铁矿化活动分布范围,较详细地指出了主要矿段产出部位。在较平稳背景场上呈现出的有规律的中等强度的航磁异常,是本区直接寻找同类型矿床的标志。

3. 矿床所在位置地球物理特征

1) 矿区岩(矿)石物性参数特征

经矿区岩(矿)石本磁性测定,该矿床中磁铁矿体、硫铁矿体及铅锌硫铁矿体因矿蚀变含有磁铁矿和磁黄铁矿导致矿石具有较强的磁性。磁铁矿、磁黄铁矿、含铅锌硫铁矿石常见磁化率(κ)为 $26\,600\times 10^{-5}$ SI,剩余磁化强度(J_r)可达 $50\,260\times 10^{-3}$ A/m,其围岩大理岩为无磁性,安山岩及安山质凝灰岩常见磁化率(κ)为 $(350\sim 1500)\times 10^{-5}$ SI,剩余磁化强度(J_r)多为 $(230\sim 2000)\times 10^{-3}$ A/m,属于中—弱磁性,二者存在明显磁性差异。然而,矿床中不含磁铁矿、磁黄铁矿的锌铜矿体和铅锌矿体中的闪锌矿石、铅锌矿石均属弱磁性,与其围岩则没有大的磁性差异。因此,磁法找矿仅对磁铁矿体、硫铁矿体及含铅锌硫铁矿体是有找矿磁性前提的。

矿区岩(矿)石称本电化学活动性测定,磁铁矿体、磁黄铁矿(黄铁石)矿体、铅锌硫铁,矿体中的磁铁矿石、硫黄铁矿石、含铅锌硫铁矿石(黄铁矿石)均具有较强电化学活动性,常见充电率(M)值多在 $16.5\%\sim 26.2\%$,而其各类围岩充电率(M)多在 $6.6\%\sim 10.5\%$,属于中—弱电化学活动性。老地层中因黄铁矿化、石墨化较普遍,具有一定电化学活动性,但相对矿石仍明显偏低。这种电性差异为采用激电普查找矿提供了电化学前提。

2) 矿床所在位置电场、磁场特征

矿区大比例尺详查磁、电异常特征和已知勘探剖面物、化探综合方法试验结果,于20世纪80年代初期先后在矿区开展了1:1万比例尺地面磁法和激发极化法测量,两种方法配合使用,在快速、全面评价放牛沟多金属硫铁矿床资源远景上,取得了较好的地质效果。

经地面磁法详查,在矿区发现了与1∶5万吉C-1989-98号航磁异常位置十分吻合的C-3号近东西向展布的地磁异常带,东西带长约1800m,南北宽为200～400m,异常等值线规律明显,其内由西向东可划分为3个依次向北斜列分布的局部高磁异常,编号分别为 C-3-1、C-3-2、C-3-3。每个高值异常北侧伴有负值,强度－100～－300nT,曲线梯度北陡南缓,最大强度一般在1000～1600nT。此外,激发极化法测量在C-3号地磁异常带上又发现了与其位置和形态大体相似的DHJ-3号视充电率(M_s)高值异常带,长约2000m,宽200～300m,其内同样亦可划分出依次向北斜列错开的3个与局部磁异常(C-3-1、C-3-2、C-3-3号)相吻合的局部视充电率异常(DHJ-3-2、DHJ-3-3、DHJ-3-4),矿区视充电率(M_s)背景在4%～6%,异常下限为10%,其中DHJ-3-2,DHJ-3-3异常规模和强度要大于东侧的DHJ-3-4号异常,最大强度为14%～20%,详见图4-10-3。

矿区磁、电异常的同步性较好地反映了引起异常的同源性。经与地质关联,磁、电异常带与放牛沟多金属硫铁矿化带产出是一致的,而且其内3个重合的磁、电局部异常恰好与矿带的3个矿段吻合。由此证明,矿区磁电重合异常应是放牛沟矿床中的3个矿段内矿体引起。实践证明,大比例尺磁、电异常不仅在圈定矿带划分矿段效果显著,而且尚能指出各矿段矿化活动强弱、矿化规模大小,以及矿体的大致产状。

3)已知勘探线上综合物化探异常特征

放牛沟多金属硫铁矿床为一硫铁矿体类型和矿石类型较为复杂的复合矿床。由于不同矿体类型矿石矿物组成差异较大,而各具有不同的磁、电性特征,因此磁法、电法及化探测量在不同类型矿体上的异常组合亦不尽相同。

(1)12号勘探路线。12号勘探路线位于矿床中矿段,其段面赋存有3号和9号两个矿组(图4-10-4)。3号矿组位于其南侧,主要矿体类型有褐铁矿体(深部为磁铁矿体),磁黄铁矿体和含锌、铅锌硫铁矿体组成。该矿组矿体以富含磁性矿物为特征;9号矿组位于其北侧,是由多条平行脉状产出锌矿体组成,以富含金属硫化物为特点。

由图看出,激发极化法和电提取 Zn、Pb、Cu 测量分别在3号、9号矿组上获有较好的异常反映。电法视充电率(M_s)出现明显高值异常($M_{s\,max}\approx 8\%～12\%$),视电阻率($\rho_s$)为低阻异常显示($\rho_{s\,min}\approx 500～1000\Omega\cdot m$),电提取化探有高丰度 Zn、Pb、Cu 异常组合。然而,地面磁测仅在富含磁性矿物的褐铁矿体、硫铁矿体和含锌硫铁矿体组成的3号矿组上有6500nT高磁异常出现,异常形态规则,梯度北侧大于南侧,而由富含金属硫化物的锌、锌铅矿体组成的9号矿组上则无有磁异常显示。由此可见,激电和化探找矿效果具有普遍性,而磁法局限性明显,但对于区分激电、化探异常划分矿体类型则有独到作用。

(2)31号勘探路线。31号勘探路线位于矿床西矿段上,段面上主要赋存有1号、7号两个矿组。1号矿组位于其南侧,主要由磁铁矿体、褐铁矿体、磁黄铁矿体组成,具有铁磁性矿产特征;7号矿组位于其北侧,由多条相互平行的锌、铅锌硫铁矿体组成。

从剖面图看出,地面磁测和激发极化法在这两个不同类型矿组上取得了良好的找矿效果,ΔZ、M_s呈同步的高值异常反映,ρ_s在矿带上出现平稳的低阻异常(1000Ω·m左右)。但是,电提取 Zn、Pb 测量在该路线上,仅在7号多金属硫铁矿体取得高丰度异常,而在以铁矿化学为主的1号矿组则没有明显异常出现,显示其找矿的选择性。由此可知,化探测量对于区分磁、电异常和划分矿化类型是有效的手段。

(三)伊通县放牛沟多金属硫铁矿床地质—地球物理找矿模型

综合上述矿床地质特征和地球物理异常特征,可归纳总结出矿床地质—地球物理找矿模型(表4-10-5)。

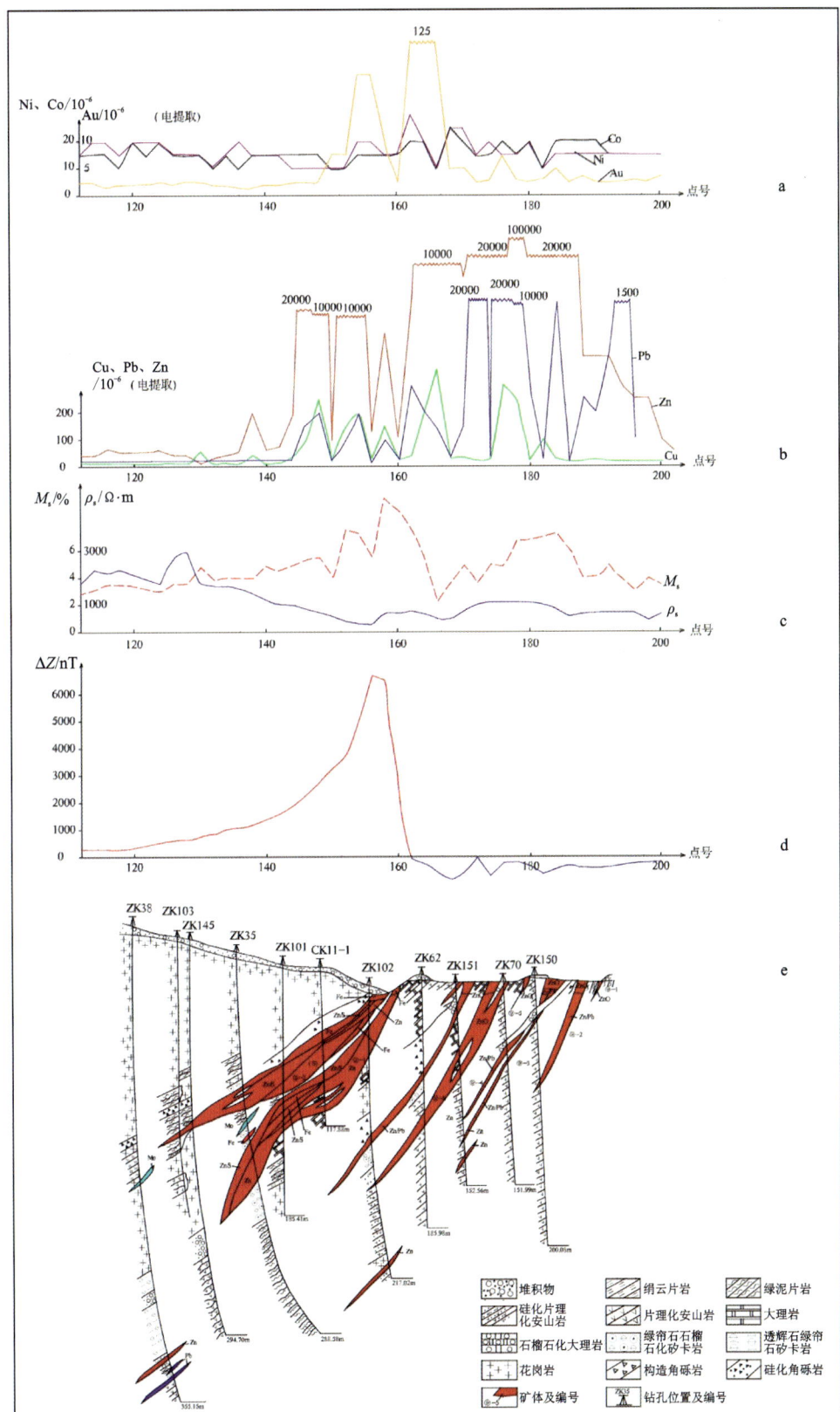

图 4-10-4　放牛沟多金属硫铁矿典型矿床Ⅻ号勘探线剖面图
a.化探土壤 Ni、Co 异常曲线；b.化探（电提取）Cu、Zn、Pb 异常曲线；c.激电中梯视充电率、视电阻率曲线；d.地磁 ΔZ 等值线；e.地质剖面图

表 4-10-5 伊通县放牛沟多金属硫铁矿床地质—地球物理找矿模型表

地质条件	构造环境	放牛沟多金属矿床位于华北陆台北缘槽区一侧,哈尔滨-长春断裂带和伊通-伊兰断裂带之间,大黑山隆起带的中心部位
	岩石组合	晚奥陶纪石缝组的片理化安山岩、片理化流纹岩,绢云母石英片岩夹大理岩透镜体,大理岩、条带状大理岩组合。海西早期第二阶段酸性岩浆活动侵入体
	构造标志	东西向放牛沟-后铁炉压性断裂带,洪喜堂-新立屯近东西倾伏向斜
	围岩蚀变	青磐岩化、绿泥石化、绿帘石化、黝帘石化、硅化、绢云母化、萤石化、闪石化、黄铁矿化等,在岩体接触带附近石榴石-透辉石或透闪石夕卡岩及碳酸盐化发育,并伴有黄铁矿化,大理岩中的纹层状黄铁矿大多形成以绿泥石为主的蚀变
地表找矿标志		花岗岩体与晚奥陶纪石缝组的片理化安山岩、片理化流纹岩,绢云母石英片岩夹大理岩透镜体,大理岩、条带状大理岩组合的接触带附近,并发育硅化—绢云母化—绿泥石化—夕卡岩化
找矿历史标志	采矿遗迹	1949 年初期石油六厂及伊通县工业科小规模露天开采铁帽;1958—1959 年伊通县工业科大规模露天开采铁帽;1962—1964 年伊通县工业科对 2 号矿体东段、3 号矿体中段、4 号矿体的磁铁矿进行小规模露天和硐采;1972—1973 年伊通县工业科筹备建矿,准备小规模开采
	文字记录	1954 年东北地质局 128 队对地表检查;1956 年东北地质局 145 队对地表检查;1957 年沈阳地质局长白大队四分队对地表检查;1958—1959 年吉林省地质局吉中地质大队放牛沟分队进行了普查和初勘;1973—1977 年四平地质大队三分队及吉林省化学矿山地质大队一区队重新对矿区进行详查与勘探
地球物理标志	重力	在 1∶25 万布格重力异常图上,矿床处在乐山剩余重力高异常南东侧之北东向梯级带与东西向梯度带转换部位,该区重力高异常边缘梯级带,尤其重力梯级弯曲变异处是成矿有利部位,是重要的找矿地球物理标志
	磁法	在 1∶5 万航磁异常图上由 4 个处在似圆形磁力高异常组成的东西向展布串珠状异常带上,编号为吉 C-1989-97 和吉 C-1989-98。前者位于异常带西段,呈北西向分布的椭圆状,异常形态规整,最大强度 140nT;后者包括 3 个串珠状异常,其中中间异常规模和强度要大于东西两侧异常,北侧梯度略大于南侧,异常最高值为 600nT,吉 C-1989-98 号为放牛沟多金属硫铁矿床异常。 物性磁参数特征如下,磁铁矿和磁黄铁矿具有较强的磁性,磁化率(κ)为 26 600×10^{-5}SI,剩余磁化强度(J_r)可达 50 260×10^{-3}A/m,其围岩大理岩为无磁性,安山岩及安山质凝灰岩常见磁化率(κ)为(350~1500)×10^{-5}SI,剩余磁化强度(J_r)多为(230~2000)×10^{-3}A/m,属于中—弱磁性,二者存在明显磁性差异,铅锌矿石均属弱磁性
	电法	电法在矿段、矿体上出现明显视充电率(M_s)高值异常,视电阻率(ρ_s)低阻异常显示。物性电参数特征如下,磁铁矿石、硫黄铁矿石、含铅锌硫铁矿石(黄铁矿石)充电率(M)值较高,多在 16.5%~26.2%;而其各类围岩充电率(M)较低,多在 6.6%~10.5%

第十一节 硼矿典型矿床地质—地球物理特征

吉林省硼矿主要分布在南部早元古代集安群蚂蚁河岩组变质岩中,共有中型、小型硼矿床18处,矿产预测类型为沉积变质型。只选取集安高台沟沉积变质型硼矿床一例作为硼矿典型矿床(图4-11-1)。

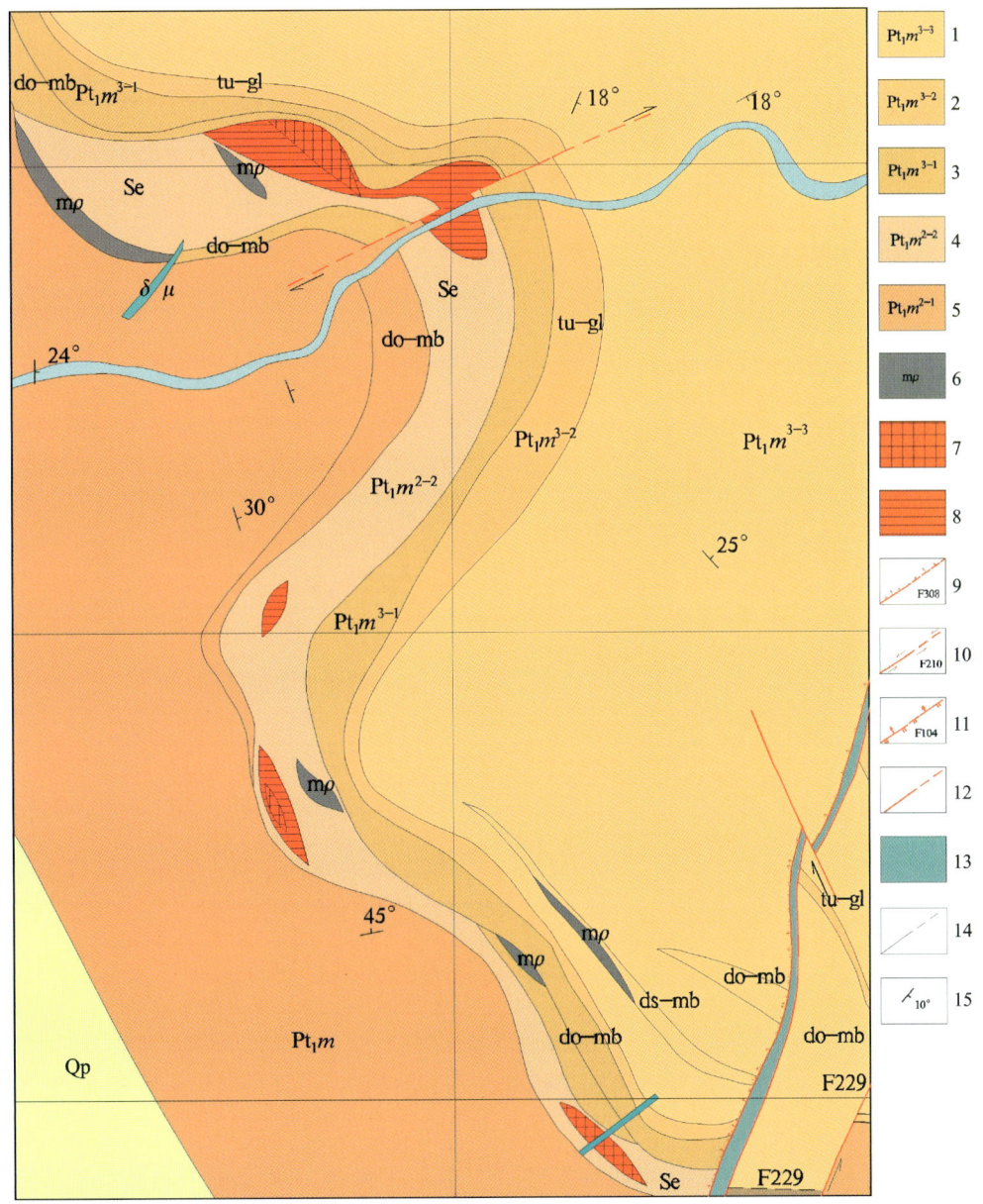

1.上部混合岩;2.电气石变粒岩;3.顶板混合岩;4.第一层蛇纹岩;5.中部混合岩;6.混合伟晶岩;7.表内矿体及编号;8.表外矿体及编号;9.实测及推测正断层及编号;10.实测及推测平移断层及编号;11.实测及推测逆断层及编号;12.性质不明的实测及推测断层;13.构造破碎带;14.实测及推测地质界线;15.产状

Se.蛇纹岩(蚀变岩);ma-Sc.菱镁矿蛇纹岩;ds-mb.透辉大理岩(交代岩);do-mb.白云石大理岩(蚀变为主);gr-mb.石墨大理岩(钙质);plam.斜长角闪岩;tu-gl.电气石变粒岩

图 4-11-1 吉林高台沟硼矿矿区地质图

集安高台沟沉积变质型硼矿床地质—地球物理特征如下。

(一)典型矿床成矿地质特征

1. 地质构造环境及成矿条件

大地构造位置位于华北陆块（Ⅰ2）华北东部陆块（Ⅱ7）胶辽吉裂谷（Ⅲ7）老岭隆起（Ⅳ10）。

1）地层

矿区出露地层主要有古元古代集安群蚂蚁河组、荒岔沟组、大东岔组。

蚂蚁河组：主要岩性为磁铁浅粒岩、黑云变粒岩、蛇纹石化大理岩、橄榄大理岩、斜长角闪岩、含硼蛇纹岩、菱镁蛇纹岩、镁质大理岩、电气石变粒岩等，均呈大小不等包裹体分布在古元古代钾长花岗岩中。

荒岔沟组：为一套含石墨岩系，主要岩性为含石墨黑云变粒岩、含石墨透辉（透闪）变粒岩夹斜长角闪岩、含石墨大理岩等。

大东岔组：为一套高铝岩系，主要岩性为堇青硅线斜长片麻岩、石榴黑云变粒岩、黑云斜长片麻岩、石英岩等。

硼矿体严格受地层层位控制，蚂蚁河组有上段、中段、下段3个含硼层位，以上段含矿层为主，且含矿层层位稳定，后两者次之。含矿层呈似层状或连续的扁豆状，沿走向、倾向均有波状起伏，其产状与地层一致，厚度膨缩显著，无明显规律，含矿层厚度一般20～80m，含矿层厚度在20m以上常见蛇纹石化，以下很少见蛇纹石化。

2）构造特征

高台沟硼矿床赋存在两期褶皱叠加部位，第一期褶皱轴（F1）走向60°左右，第二期褶皱轴（F2）走向330°左右，矿体在次一级褶皱核部，含矿层厚度大，矿体厚度亦大。

断裂构造有北北东向或北东向、北西向及近东西向3组，均为成矿后构造，对矿体起破坏作用。

2. 矿体三度空间特征

矿区共发现大小矿体13个，其中工业矿体11个。B_2O_3品位9.3%，属中型沉积变质型硼矿，勘查程度详查。绝大多数矿体赋存在含矿层厚度大于30m地段。一般规律是40～50m厚的含矿层，赋存有10～15m厚的矿体。矿体形态受含矿层控制，呈似层状或扁豆状产出。

3. 矿石类型及矿物组合

矿石类型主要有硼镁石矿石和含磁铁矿硼镁石矿石。

硼镁石矿石：矿石矿物为硼镁石。脉石矿物以蛇纹石、菱镁矿为主，白云石、方解石、橄榄石、磁铁矿次之。

含磁铁矿硼镁石矿石：矿石矿物以硼镁石为主，硼镁铁矿少量，偶见硼铝镁石。脉石矿物以蛇纹石、菱镁矿为主。

在空间上含磁铁矿硼镁矿多居于矿体中部，向边缘磁铁矿减少，逐渐过渡到硼镁石矿石。

4. 围岩蚀变及蚀变分带

长英质伟晶岩脉或其他脉岩穿切矿体或矿体顶底板时，发生明显蚀变作用，主要有金云母化、电气石化、镁橄榄石化、透闪石化、蛇纹石化、滑石化，局部见透辉石化，在空间上表现带状分布特点。

5. 成矿时代

硼矿就位期,矿体形成后,在古元古代 1900Ma(陈尔臻,2001)前后发生区域变质作用,坳拉槽压缩变形以及花岗岩体就位,有小的岩枝伟晶岩侵入,使原有硼矿再次活化、迁移,局部富集。

该硼矿床属于岩浆热液(原混合岩化)改造的火山沉积变质矿床。

6. 控矿因素

(1)矿体受蚂蚁河组地层控制。

(2)褶皱构造控矿,北北东向或北东向、北西向及近东西向 3 组断裂构造均为成矿后构造,对矿体起破坏作用,特别是小断层往往成为矿体边界。

(3)元古宙伟晶岩控矿。

(二)地球物理特征

1. 矿床所在区域重磁场特征

高台沟硼矿床所在地区共有硼矿床18处,其中高台沟、三道阳岔、二驴子沟3个硼矿床为中型,其余15个为小型。在1∶25万布格重力异常图上,高台沟等10余处硼矿床均位于清河附近北西向重力梯度带西南一侧相对重力高异常区内,重力异常区内矿床处有正向变异及扰动出现。重力高异常为古元古界集安群蚂蚁河岩组、荒岔沟岩组、大东岔岩组引起,其中蚂蚁河岩组为含矿地层。重力梯度带东部重力低异常区与早白垩世二长花岗岩大面积分布有关。北西向重力梯度带梯度陡,走向平直,具有一定规模,推断为古元古界集安群变质岩系与规模较大的早白垩世二长花岗岩侵入体之间大断裂的反映。该规模较大的重力梯度带西部清河以南,古元古界集安群变质岩系内有一条北北西向次一级重力梯度带,梯度缓,走向规模相对较小,向南穿过硼矿床密集分布区即截止,推断为集安群变质岩系内与成矿关系密切断裂。

在剩余重力异常图上,硼矿床处于低缓重力高异常之上。

在1∶25万区域航磁异常图上,台上附近正磁异常呈北东东展布,北西侧及东侧梯度较陡,东半部异常宽,且出现异常中心,最大值为250nT,与南部正磁异常有相连之势,向南西西方向异常强度缓慢降低,宽度变窄。正磁异常北西部有规模较大的东西走向的低缓负磁异常区相伴,强度最小值为—100nT。

东部集中分布的10余处中、小型硼矿床位于正磁异常北侧边部的北东东向梯度带上,西部4处小型硼矿床位于低缓负磁异常区内。

在航磁异常化极等值线图上,大部分硼矿床位于局部正磁异常之上或边部梯度较陡处或异常扭曲处。

矿石有硼镁石矿石和含磁铁矿硼镁石矿石两种类型。含磁铁矿硼镁石矿石磁性较强,硼镁石矿石磁性微弱,集安群变质岩系磁性较弱,据此分析,局部正磁异常与蚂蚁河岩组中含铁硼矿(化)体的分布关系密切,局部正磁异常北西边部梯度带推断为控矿断裂构造,为深部热源提供通道。

因此,古元古界集安群蚂蚁河岩组变质岩系与重力高异常、磁力高异常相叠加地段为寻找硼镁(铁)矿床的有利部位。

2. 矿床所在地区磁场特征

在1：5万航磁异常等值线图上，东部包括3个中型硼矿床在内共有13个硼矿床分布在正磁异常上及边部上，西部有5个小型硼矿床分布在负磁场区内。高台沟中型硼矿床和小东沟小型硼矿床位于南部高磁异常向北部低磁异常过渡的梯度带上，梯度带北东东走向，梯度陡。硼矿床所在的成矿区（带）上磁异常最大值达440nT，出现在四道阳岔附近。

在航磁异常化极等值线图上，硼矿床有15处在局部正磁异常上或边部梯度带上，有3处位于靠近正磁异常的负磁场区一侧的梯度带上。局部正磁异常与蚂蚁河岩组中含磁铁矿硼镁矿中的磁铁矿有关。硼矿床所在位置普遍磁异常等值线密集、梯度陡，并有扭曲、错动，整体走向北东，反映出硼矿床受元古宙裂谷内北东东向区域性断裂构造及次一级一般性断裂构造活动影响的特点。

（三）集安市高台沟硼矿床地质—地球物理找矿模型

综合上述矿床地质特征和地球物理异常特征，可归纳总结出矿床地质—地球物理找矿模型（表4-11-1）。

表4-11-1 集安市高台沟硼矿床地质—地球物理找矿模型表

地质条件	岩石类型	蛇纹岩、菱镁蛇纹岩、镁质大理岩、电气石变粒岩、钾长花岗岩、斜长花岗岩、伟晶岩脉
	成矿时代	古元古代1900Ma（陈尔臻，2001）
	成矿环境	辽吉古元古代裂谷内集安群蚂蚁河组含硼岩系受二期叠加褶皱构造控制。晚期褶皱一般表现为宽缓向斜及较紧密背斜，硼矿床保留在晚期宽缓向斜构造中。成矿带位于集安-长白Au、Pb、Zn、Fe、Ag、B、P成矿带（IV$_{17}$）、正岔-复兴Au、B、Pb、Zn、Ag找矿远景区（V$_{56}$）
	构造背景	大地构造位置位于华北陆块（I 2）华北东部陆块（II 7）胶辽吉裂谷（III 7）老岭隆起（IV 10）。褶皱构造控矿，北北东向或北东向、北西向及近东西向3组断裂构造均为成矿后构造，对矿体起破坏作用，特别是小断层往往成为矿体边界
矿床特征	控矿条件	①矿体受蚂蚁河组地层控制。 ②褶皱构造控矿，北北东向或北东向、北西向及近东西向3组断裂构造均为成矿后构造，对矿体起破坏作用，特别是小断层往往成为矿体边界。 ③古元古代花岗岩类控矿
	蚀变特征	长英质伟晶岩脉或其他脉岩穿切矿体或矿体顶底板时，发生明显蚀变作用，主要有金云母化、电气石化、镁橄榄石化、透闪石化、蛇纹石化、滑石化，局部见透辉石化，在空间上表现为带状分布特点
	矿化特征	矿区矿化面积大，矿体分布广且比较零散。矿体均产于含矿层内，赋存于中上部蛇纹岩、菱镁矿蛇纹岩中。矿体多为盲矿体，成群出现，平行叠置的矿体最多层数可达3层，产于含矿层厚度膨大蛇纹石化强烈地段，含矿层厚与矿体厚度大致成正比。绝大多数矿体赋存在含矿层厚度大于30m地段。一般规律是40～50m厚的含矿层，赋存有10～15m厚的矿体。 矿体形态受含矿层控制，呈似层状或扁豆状产出，矿体与含矿层顶、底板大致平行，随含矿层褶皱而褶皱，其产状与含矿层、地层一致。 在空间上含磁铁矿硼镁矿多居于矿体中部，向边缘磁铁矿减少，逐渐过渡到硼镁石矿石

续表 4-11-1

综合信息	地球化学	矿床所在区域可圈出分带清晰，浓集中心明显的硼元素异常，峰值达到 $125.15×10^{-6}$，面积为 $155km^2$，近椭圆状，异常轴向东西。该异常与高台沟硼矿积极响应，是优良的矿致异常。有益组分 MgO、Na_2O 与 B 空间套合紧密，其组合信息是重要的找矿依据。Fe_2O_3 在硼矿所在区域异常反应很弱，表明高台沟硼矿相对贫铁；As、Sb、Hg 异常主要围绕 B 呈环状分布，表明相对酸性的地球化学环境
	地球物理	在 1∶25 万布格重力异常图上，矿处于清河附近北西向重力梯度带西南一侧相对重力高异常区内，重力高异常为古元古界集安群变质岩引起。 在 1∶5 万航磁异常等值线图上，硼矿床普遍分布在正磁异常及边部上，正磁异常与蚂蚁河岩组中含磁铁矿硼镁矿有关。硼矿床所在位置磁异常等值线密集、梯度陡，并有扭曲、错动，整体走向北东，反映出硼矿床受元古代裂谷内北东向线性断裂构造活动控制的特点
	重砂	主要指示矿物硼镁铁矿没有重砂异常，与之紧密共生的磁铁矿、橄榄石有较好的重砂异常，面积分别为 $0.87km^2$、$3.54km^2$，矿物含量分级较高，与高台沟硼矿积极响应，是硼富集成矿的产物，对硼矿具有重要的间接指示作用
	遥感	头道-长白断裂带穿过矿区，矿区北西有北东东走向的大川-江源断裂带，东南分布大路-仙人桥断裂带，矿区处在不同方向小型断裂密集交会部位。与隐伏岩体有关的环形构造呈串珠状分布。矿区有侵入岩体内外接触带及残留顶盖分布。遥感羟基、铁染异常较密集分布
找矿标志		①古元古界集安群蚂蚁河组分布区，蛇纹石化大理岩、暗绿色蛇纹岩分布区。蚂蚁河组有 3 个含矿层，其中上层含矿性最好。 ②矿床主要分布褶皱构造核部，核部含矿层变厚，矿体也变厚。 ③被后期断裂构造切割断块，向斜分布区，矿体保留好，有可能发现新矿体。 ④标志层荒岔沟组以下 130m 左右，电气石变粒岩之下几十米见含硼层。 ⑤混合伟晶岩脉富集区。 ⑥蛇纹石化、金云母化、透闪石化、透辉石化、电气石化、镁橄榄石化等蚀变标志

第五章　预测工作区磁场特征及解释推断

第一节　预测工作区分布情况

一、铁矿预测工作区

2009年度开展的吉林省铁矿预测类型、1∶5万预测工作区分布位置分别见表5-1-1及图5-1-1。

表 5-1-1　吉林省铁矿预测类型工作区一览表

序号	预测区名称	预测类型	预测方法类型	所属Ⅳ级成矿带
1	吉林省夹皮沟-溜河地区变质型铁矿预测工作区	沉积变质型	变质型	夹皮沟-金城洞 Au、Fe、Cu、Ni 成矿带
2	吉林省四方山-板石地区变质型铁矿预测工作区	沉积变质型	变质型	二密-靖宇 Cu、Ni、Fe 成矿带
3	吉林省金城洞-木兰屯地区变质型铁矿预测工作区	沉积变质型	变质型	夹皮沟-金城洞 Au、Fe、Cu、Ni 成矿带
4	吉林省塔东地区变质型铁矿预测工作区	沉积变质型	变质型	上营-蛟河 Fe、Mo、W、Au、Pb、Zn、Ag 成矿带
5	吉林省六道沟-八道沟地区变质型铁矿预测工作区	沉积变质型	变质型	集安-长白 Au、Pb、Zn、Fe、Ag、B 成矿带
6	吉林省头道沟-吉昌地区夕卡岩型铁矿预测工作区	夕卡岩型	层控内生型	山河-榆木桥子 Au、Ag、Mo、Cu、Fe、Pb、Zn 成矿带
7	吉林省天合兴-那尔轰地区变质型铁矿预测工作区	沉积变质型	变质型	柳和-那尔轰 Au、Fe、Cu 成矿带
8	吉林省石棚沟-石道河子地区变质型铁矿预测工作区	沉积变质型	变质型	柳和-那尔轰 Au、Fe、Cu 成矿带
9	吉林省海沟地区变质型铁矿预测工作区	沉积变质型	变质型	海沟 Au、Fe、Ag 成矿带
10	吉林省安口地区变质型铁矿预测工作区	沉积变质型	变质型	柳和-那尔轰 Au、Fe、Cu 成矿带
11	吉林省荒沟山-南岔地区变质型铁矿预测工作区	沉积变质型	变质型	集安-长白 Au、Pb、Zn、Fe、Ag、B 成矿带
12	吉林省浑江北地区沉积型铁矿预测工作区	沉积型	沉积型	集安-长白 Au、Pb、Zn、Fe、Ag、B 成矿带
13	吉林省浑江南地区沉积型铁矿预测工作区	沉积型	沉积型	集安-长白 Au、Pb、Zn、Fe、Ag、B 成矿带

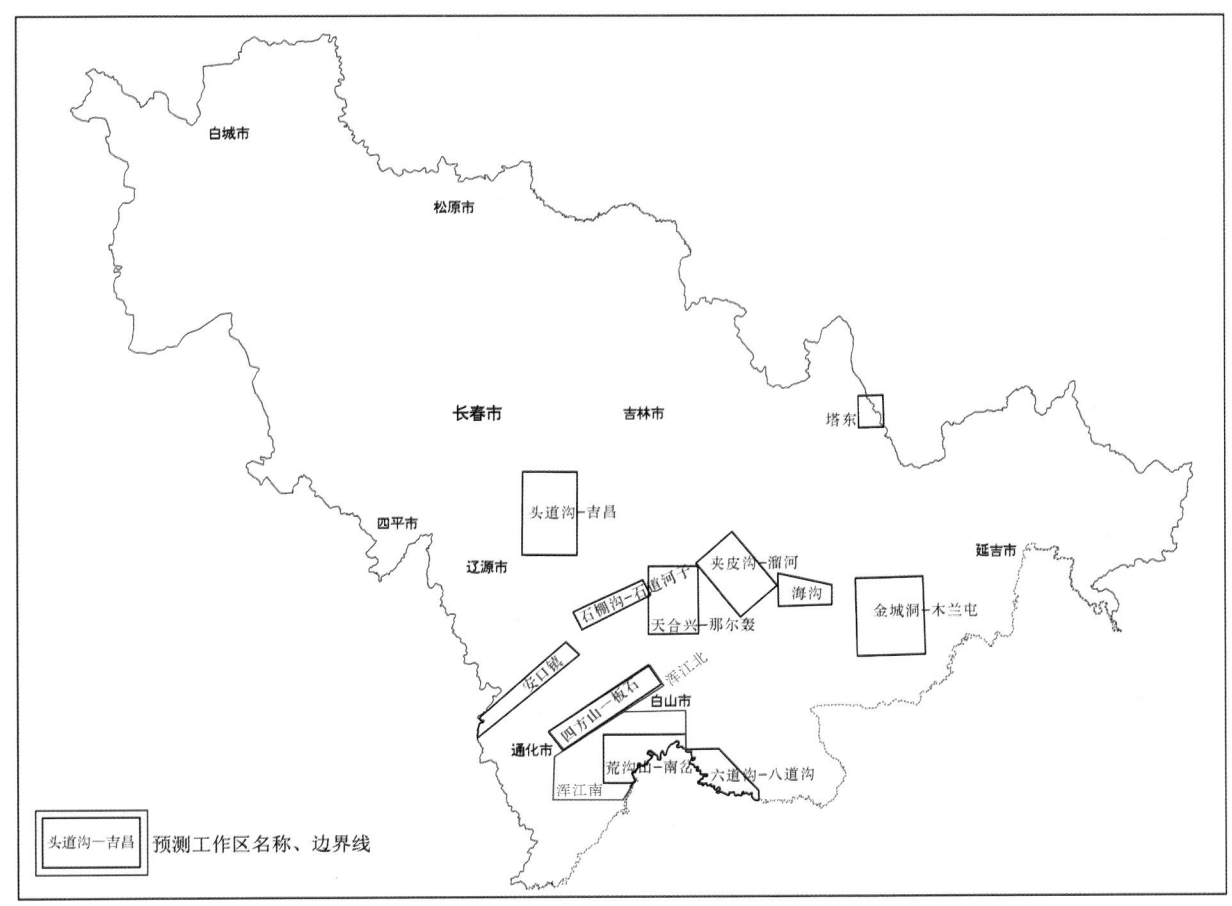

图 5-1-1 吉林省铁矿预测工作区分布图

本次吉林省共划分了 13 个铁矿预测工作区,其中浑江北和浑江南 2 个沉积型铁矿预测工作区没有磁异常反映,未开展磁异常解释推断工作,对吉林省其他有磁异常显示的 11 个沉积变质型、夕卡岩型铁矿预测工作区进行了磁异常解释和磁法推断地质构造,涉及的地质构造包括断裂构造、地层(磁性火山岩地层、磁性变质岩地层)、侵入岩及磁性蚀变带共 4 大类 5 项要素。推断出断裂构造 283 条,一级 19 条,二级 15 条,三级 249 条;出露 8 条,半隐伏 20 条,隐伏 210 条。侵入岩体 150 个,出露 37 个,半隐伏 54 个,隐伏 59 个。火山岩地层 144 个,出露 107 个,半隐伏 31 个,隐伏 6 个。变质岩地层 70 个,出露 22 个,半隐伏 28 个,隐伏 20 个。磁性蚀变带 26 个,均为隐伏。

二、铜、铅、锌、钨、金、锑、稀土、磷矿预测工作区

2010 年度开展的铜、铅、锌、钨、金、锑、稀土、磷 8 个矿种矿产预测类型、1∶5 万预测工作区数量及分布位置见表 5-1-2 及图 5-1-2、图 5-1-3。

本次吉林省铜、铅、锌、钨、金、锑、稀土、磷 8 个矿种 43 个 1∶5 万预测工作区,如果按一个单矿种(铅锌放在一起)一个预测工作区,则为 66 个预测工作区。

表5-1-2　吉林省2010年铜、铅、锌、钨、金、锑、稀土、磷矿种预测工作区一览表

预测矿种	预测类型	预测工作区名称	数量	预测矿种	预测类型	预测工作区名称	数量
铜	火山岩型	石咀-官马	23	金	火山岩型	头道沟-吉昌	30
铜	火山岩型	大黑山-锅盔顶子		金	火山岩型	石咀-官马	
铜	火山岩型	地局子-倒木河		金	火山岩型	地局子-倒木河	
铜	火山岩型	梨树沟-红太平		金	火山岩型	香炉碗子-山城镇	
铜	火山岩型	闹枝-棉田		金	火山岩型	五凤	
铜	火山岩型	刺猬沟-九三沟		金	火山岩型	闹枝-棉田	
铜	火山岩型	杜荒岭		金	火山岩型	刺猬沟-九三沟	
铜	沉积变质型	荒沟山-南岔		金	火山岩型	杜荒岭	
铜	复合内生型	夹皮沟-溜河		金	火山岩型	金谷山-后底洞	
铜	复合内生型	金城洞-木兰屯		金	层控内生型	山门	
铜	复合内生型	安口镇		金	层控内生型	兰家	
铜	层控内生型	兰家		金	层控内生型	万宝	
铜	层控内生型	万宝		金	层控内生型	浑北	
铜	层控内生型	大营-万良		金	层控内生型	荒沟山-南岔	
铜	侵入岩浆型	红旗岭		金	层控内生型	冰湖沟	
铜	侵入岩浆型	漂河川		金	层控内生型	古马岭-活龙	
铜	侵入岩浆型	农坪-前山		金	层控内生型	六道沟-八道沟	
铜	侵入岩浆型	长仁-獐项		金	层控内生型	长白-十六道沟	
铜	侵入岩浆型	天合兴-那尔轰		金	层控内生型	漂河川	
铜	侵入岩浆型	二密-老岭沟		金	侵入岩浆型	海沟	
铜	侵入岩浆型	赤板松-金斗		金	侵入岩浆型	小西南岔-杨金沟	
铜	侵入岩浆型	小西南岔-杨金沟		金	侵入岩浆型	农坪-前山	
铜	侵入岩浆型	正岔-复兴		金	复合内生型	安口镇	
铅锌	火山岩型	放牛沟	8	金	复合内生型	石棚沟-石道河子	
铅锌	火山岩型	地局子-倒木河		金	复合内生型	金城洞-木兰屯	
铅锌	火山岩型	梨树沟-红太平		金	复合内生型	夹皮沟-溜河	
铅锌	夕卡岩型	大营-万良		金	复合内生型	四方山-板石	
铅锌	沉积—改造型	荒沟山-南岔		金	复合内生型	正岔-复兴	
铅锌	沉积—改造型	正岔-复兴		金	沉积型	黄松甸子地区砾岩型金矿	
铅锌	夕卡岩型	矿洞子-青石镇		金	沉积型	珲春河流域沉积型金矿	
铅锌	复合内生型	天宝山		钨	侵入岩浆型	小西南岔-杨金沟	1
锑	侵入岩浆型	荒沟山-南岔	2	稀土	风化沉积型	西北岔	1
锑	侵入岩浆型	石咀-官马		磷	沉积型	鸭园-六道江	1

图 5-1-2　吉林省铜、铅锌、金矿预测工作区分布图

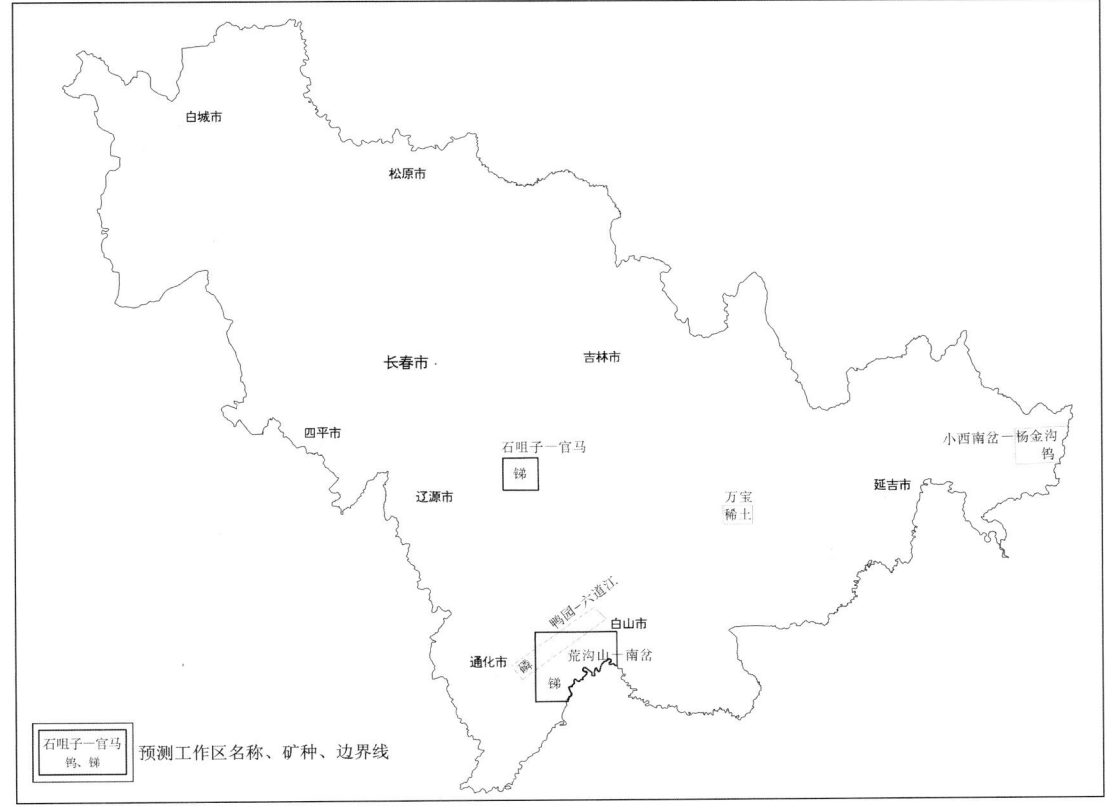

图 5-1-3　吉林省钨、锑、稀土、磷矿预测工作区分布图

吉林省铜、铅、锌、钨、金、锑、稀土、磷 8 个矿种 43 个预测工作区磁法推断地质构造要素统计结果见表 5-1-4。磁法推断地质构造,涉及的地质构造包括断裂构造、地层(磁性火山岩地层、磁性变质岩地层)、侵入岩及磁性蚀变带共 4 大类,5 项要素。

推断出断裂构造 632 条,一级 17 条,二级 16 条,三级 599 条。出露 37 条,半隐伏 48 条,隐伏 547 条。侵入岩体 660 个,出露 146 个,半隐伏 202 个,隐伏 312 个。火山岩地层 309 个,出露 186 个,半隐伏 38 个,隐伏 85 个。变质岩地层 123 个,出露 52 个,半隐伏 42 个,隐伏 29 个。磁性蚀变带 94 个,出露 1 个,半隐伏 7 个,隐伏 86 个。

三、镍、铬、钼、银、硼、硫、萤石矿预测工作区

2011—2012 年度开展的镍、铬、钼、银、硼、硫、萤石 7 个矿种共有 37 个 1∶5 万预测工作区。其中热闹-青石和上甸子-七道岔两个区都含有银、硫两个矿种,刘生店-天宝山为钼矿,与天保山银矿预测工作区范围完全一致,如果按各个矿种预测工作区实际分布位置、范围来考虑,实际只有 34 个 1∶5 万预测工作区。各个矿种矿产预测类型、预测工作区数量及分布位置见表 5-1-3 及图 5-1-4。

表 5-1-3 吉林省 2012 年镍、铬、钼、银、硼、硫、萤石矿种预测工作区一览表

序号	预测工作区	矿产预测类型	成矿时代	矿种	典型矿床	预测方法类型
1	前撮落-火龙岭	大黑山式斑岩型	燕山期	Mo	永吉大黑山钼矿床	侵入岩体型
2	西苇	大黑山式斑岩型	燕山期	Mo	参考永吉大黑山钼矿床	侵入岩体型
3	天合兴	天合兴式斑岩型	燕山期	Mo	靖宇天合兴铜钼矿床	侵入岩体型
4	季德屯-福安堡	大黑山式斑岩型	印支期	Mo	舒兰季德屯钼矿床	侵入岩体型
5	大石河-尔站	大黑山式斑岩型、大石河式隐爆角砾岩型	燕山期	Mo	永吉大黑山钼矿床、敦化大石河钼矿床	侵入岩体型
6	刘生店-天宝山	大黑山式斑岩型	燕山期	Mo	安图刘生店钼矿床、龙井天宝山多金属矿床	侵入岩体型
7	六道沟-八道沟	铜山式夕卡岩型	燕山期	Mo	临江铜山铜钼矿床	层控内生型
8	红旗岭	红旗岭式基性—超基性岩浆熔离-贯入型	印支期	Ni	磐石红旗岭铜镍矿床	侵入岩体型
9	双凤山	红旗岭式基性—超基性岩浆熔离-贯入型	印支期	Ni	参考磐石红旗岭	侵入岩体型
10	川连沟-二道岭子	红旗岭式基性—超基性岩浆熔离-贯入型	海西期	Ni	参考磐石红旗岭	侵入岩体型
11	漂河川	红旗岭式基性—超基性岩浆熔离-贯入型	印支期	Ni	桦甸漂河川铜镍矿床	侵入岩体型
12	大山嘴子	红旗岭式基性—超基性岩浆熔离-贯入型	印支期	Ni	参考漂河川铜镍矿床	侵入岩体型
13	六颗松-长仁	红旗岭式基性—超基性岩浆熔离-贯入型	海西期	Ni	和龙长仁铜镍矿床	侵入岩体型
14	赤柏松-金斗	赤柏松式基性—超基性岩浆熔离-贯入型	前寒武	Ni	通化赤柏松铜镍矿床	侵入岩体型

续表 5-1-3

序号	预测工作区	矿产预测类型	成矿时代	矿种	典型矿床	预测方法类型
15	大肚川-露水河	赤柏松式基性—超基性岩浆熔离-贯入型	海西期	Ni	参考通化赤柏松	侵入岩体型
16	荒沟山-南岔	杉松岗式沉积变质型	前寒武	Ni	白山杉松岗铜钴矿床	变质型
17	小绥河	小绥河式侵入岩浆型	海西期	Cr	永吉小绥河铬铁矿床	侵入岩体型
18	开山屯	小绥河式侵入岩浆型	海西期	Cr	参考永吉小绥河	侵入岩体型
19	头道沟	小绥河式侵入岩浆型	海西期	Cr	参考永吉小绥河	侵入岩体型
20	山门	山门式热液型	燕山期	Ag	四平山门银矿床	层控内生型
21	民主屯	民主屯式火山热液型	石炭纪	Ag	磐石民主屯银矿床	火山岩型
22	热闹-青石	西岔式热液改造型	燕山期	Ag	集安西岔金银矿床	层控内生型
23	梨树沟-红太平	红太平式火山岩型	加里东期	Ag	汪清红太平多金属矿床	火山岩型
24	天宝山	红太平式火山岩型	印支期	Ag	参考汪清红太平	火山岩型
25	西林河	西林河式岩浆热液型	燕山期	Ag	抚松西林河银矿床	侵入岩体型
26	百里坪	百里坪式岩浆热液型	燕山期	Ag	和龙百里坪银矿床	侵入岩体型
27	上甸子-七道岔	刘家堡子-狼洞沟式热液充填型	燕山期	Ag	白山刘家堡子-狼洞沟金银矿床	层控内生型
28	八台岭-孤甸子	八台岭式构造蚀变岩型	燕山期	Ag	永吉八台岭银金矿床	层控内生型
29	一拉溪	金家屯式热液充填交代型	燕山期	萤石	永吉金家屯萤石矿床	层控内生型
30	其塔木	牛头山式火山热液型	燕山期	萤石	九台牛头山萤石矿床	火山岩型
31	明城	南梨树式热液充填交代型	海西期	萤石	磐石南梨树萤石矿床	层控内生型
32	高台沟	高台沟式沉积变质型	前寒武	B	集安高台沟硼矿床	变质型
33	放牛沟	放牛沟式海相火山岩型	海西期	S	伊通放牛沟硫多金属矿床	火山岩型
34	西台子	西台子式湖相沉积型	燕山期	S	桦甸西台子硫铁矿床	沉积型
35	倒木河-头道沟	头道沟式夕卡岩型	燕山期	S	永吉头道沟硫铁矿床	层控内生型
36	热闹-青石	狼山式沉积变质型	前寒武	S	参考临江荒沟山	变质型
37	上甸子-七道岔	狼山式沉积变质型	前寒武	S	临江荒沟山硫铁矿床	变质型

吉林省镍、铬、钼、银、硼、硫、萤石 7 个矿种 37 个预测工作区磁法推断地质构造要素包括断裂构造、地层(磁性火山岩地层、磁性变质岩地层)、侵入岩及磁性蚀变带共四大类,5 项要素。共划分出断裂构造 504 条,其中一级 24 条,二级 38 条,三级 442 条。出露 39 条,半隐伏 205 条,隐伏 261 条。圈定出侵入岩体 538 个,半隐伏 247 个,出露 141 个,隐伏 150 个。火山岩地层 351 个,隐伏 23 个,出露 209 个,半隐伏 119 个。变质岩地层 88 个,隐伏 2 个,出露 42 个,半隐伏 44 个。磁性蚀变带 73 个,隐伏 22 个,出露 16 个,半隐伏 35 个。

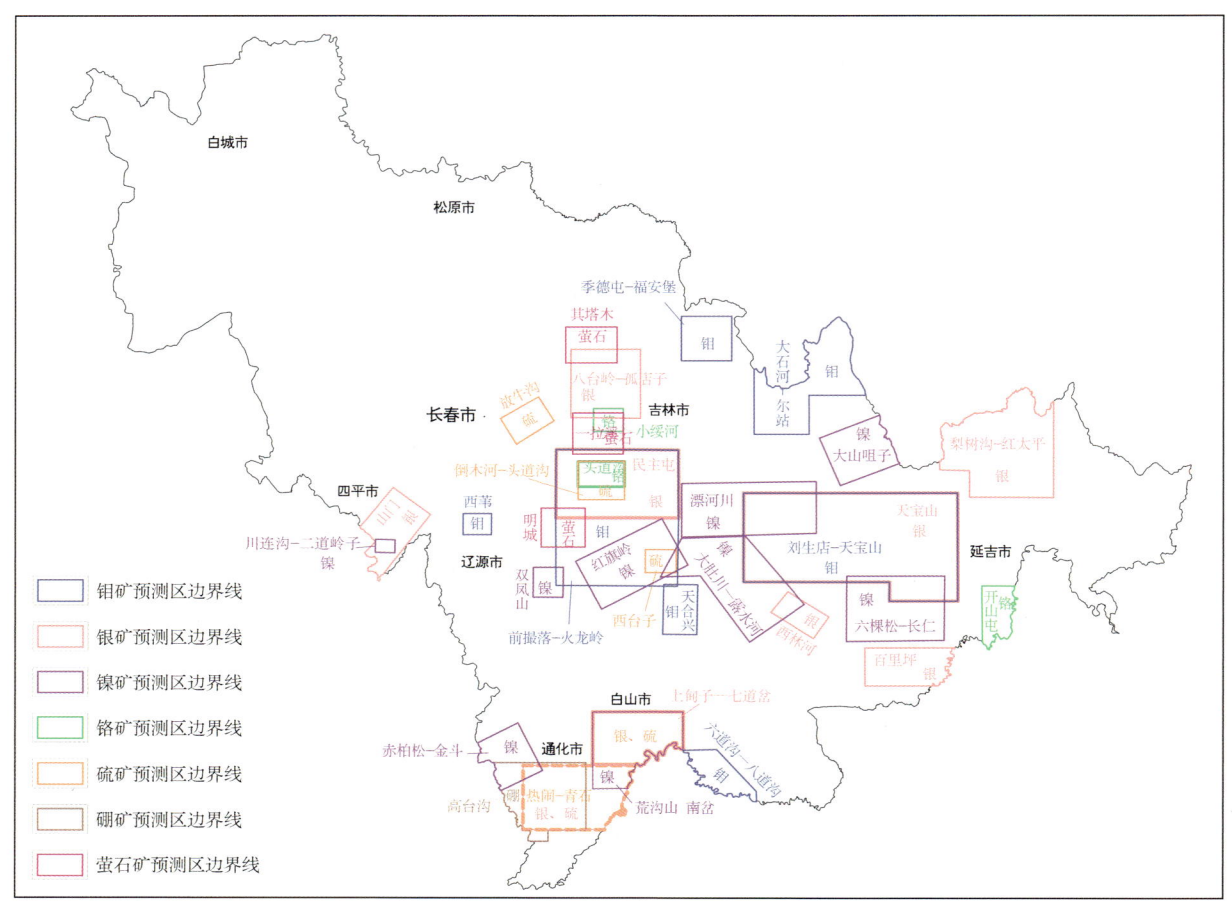

图 5-1-4 吉林省镍、铬、钼、银、硼、硫、萤石矿预测工作区分布图

第二节 铁矿预测工作区磁场特征及解释推断

吉林省 13 个铁矿预测工作区中 11 个沉积变质型、夕卡岩型铁矿预测工作区均有磁异常显示,按照鞍山式、大栗子式、塔东式沉积变质型铁矿及吉昌式夕卡岩型铁矿,选取 4 个铁矿预测工作区,介绍磁场特征及磁法推断地质构造特征。

一、四方山-板石铁矿预测工作区

铁矿预测类型为鞍山式沉积变质型。

（一）磁场、磁异常特征

1. 磁场特征

本区磁场以宽缓正异常和负异常为主要特征,异常呈带状、等轴状沿北东向分布,幅值在 $-100\sim$

100nT 范围内变化。

地质上对应太古宙鞍山群变质岩，其中混合岩类及一般片麻岩等无磁性或具弱磁性。而角闪质类岩有较强磁性，是形成低缓正异常的主要岩性。

在北东向的异常带上分布几处强异常，强度达 500nT 以上的局部异常，如 87-2（朝阳村）600nT、58-238（四方山）800nT、77-17（板石沟）1200nT，异常形态上皆为北陡南缓北侧伴有负值。

鞍山群杨家店组中磁铁石英岩及磁铁矿磁化率在 $10\,000 \times 10^{-5}$ SI 以上。板石沟、四方山异常由鞍山式铁矿引起。异常与矿体在北东方向的分布上，反映了矿体沿变层位方向分布的特点。

测区内以 F8、F5、F2 断裂为界，以北为太古宙变质岩，磁场较强，以南为元古宙、青白口系、古生代地层，多为弱磁性岩层，航磁为负磁场，磁法不易区分。

2. 区内航磁异常特征

（1）四方山铁矿异常（吉 C-1958-238）。出现在平隐负磁场中的异常，呈北东走向，强度 1960nT，长 3.0km，宽 1.5km，北侧为峰形强异常，南侧为低缓异常带，处于太古宇杨家店组地层及混合岩中，北侧峰形异常带为四方山地表或浅部铁矿引起，推断南侧的短轴低缓异常为深部隐伏铁矿引起。

（2）板石沟铁矿异常（包括吉 C-1977-13、C-1977-14、C-1977-15、C-1977-16、C-1977-17、C-1977-21），由 6 个异常组成近东西向异常带，长 10km，宽 1.5～3.5km。其中板石沟异常，吉 C-1977-17 呈北东走向，高值区有两处，东南处异常范围较大，北端范围较小，异常全，长 2.5km，宽 1.2km，值高 1200nT。异常位于鞍山群杨家组地层中，已做地面磁测。

（3）上青沟异常（吉 C-1977-21）。异常呈东西走向，长 3.5km，宽 1.5km，有两个高值区，最高值 1100nT，北侧伴有明显负值。异常位于鞍山群杨家店组地层，已做过地面磁测，证实异常为上青沟铁矿 2、3、4、5、7、8、11 号矿体，综合引起。

另外，还有在预测区外北东部，与四方山、板石沟在同一成矿带上的吉 C-1987-39，异常呈北北东走向，长 3.5km，宽 2.0km，包括 4 个高值点，最高值为 580nT。异常位于混合花岗岩出露区，异常内有鞍山式铁矿点，东部高值区推断亦是鞍山式铁矿。

（4）吉 C-1977-39，在吉 C-1987-39 东部。异常东西走向，有南北两个高值区，异常最高值 600nT。位于混合花岗岩出露区，异常由已知爱林铁矿引起。

（5）吉 C-1987-2 朝阳村，异常位于预测区北侧边部，朝阳村附近，曲线规则，走向北东，长 2.5km，宽 2km，强度 600nT 左右，北侧伴生明显负值。经检查，异常呈北东走向，长约 1.5km，宽 0.5～0.7km，曲线呈跳跃多峰状，$\Delta Z = 2000$nT，另一高峰值为 3000nT，区内见有含铁质岩石的转石和鞍山群地层，在异常南部有一铁矿点，推断异常由铁矿引起。

吉 C-1987-1 禹甸子，位于测区外在吉 C-1987-2 的西北部禹甸子。走向北西，长约 3km，宽 2.0km，最高强度 700nT，北侧伴有明显负值。西部未封闭。

经检查，地磁异常分成 3 条带，均被第四系覆盖。推断异常由铁矿埋藏不深的含铁地质体引起。

（二）推断断裂

区内断裂以北东向为主，为主要成矿控矿断裂，其次为北西向或北北西向。

（1）F8、F5、F2 位于测区中部，沿北东向延伸 68km，区内长 38.2km，断裂南北两侧存在显著差异。北侧为四方山—板石沟高磁异常区，异常不连贯，对应太古宙变质岩。南侧是一片平稳负磁场区，对应的是元古宇弱磁性变质岩，该断裂为两个不同磁场区分界线。据前人资料，这是一条较大的逆掩断层，使龙岗群地层推覆到元古宇之上，沿断裂线受后期次级断裂影响，常有错动现象，使断层线出现曲折并略呈弯曲。沿该断裂北侧分布有多个规模不等的鞍山式铁矿床（点），西南侧则分布若干新元古代浑江式铁矿点。

(2) F6 位于测区中部,沿北东向梯变带延伸,长 15.8km,断裂两侧磁场不同,东段南侧为板石沟强磁异常带,梯度陡,西段在负磁场区,梯度平缓,断裂处在太古宙变质岩中,为北东向次级小断裂。

(3) F7 位于测区北东部,部分延出测区,测区部分长 10.0km,东段沿东西向梯度带展布,西段转为北西向延伸,断裂两侧场态不同,南侧为中—强异常带,北侧为平静负场区。断裂处于太古宙变质岩中,属于次级小断裂。

(4) F4 位于测区西侧,沿北西向延伸,长 7.5km,断裂处在一片负磁场中,两侧磁场形态略有不同,断裂南段为太古宙、元古宙两变质地层的断层接触带。本区共推断断裂 7 条,其中北东向 4 条,北西向 3 条。

(三) 推断变质岩地层

变质岩地层推断的依据是航磁形态特征,结合重力资料及 1∶5 万地质图,共圈出 2 套地层,一是太古宙鞍山群地层,二是元古宙地层。

(1) 鞍山群地层。区内以 F5 断层为界,以北为鞍山群变质岩。鞍山群变质岩上磁场特点较为明显,低缓正异常上叠加了不连续的高峰值异常。对比重力资料,鞍山群变质岩对应重力高或重力高向重力低的过渡地带。

(2) 元古宙地层分布在测区南部,航磁表现为平静负磁场,重力资料显示元古宙为重力高。

(四) 结论

本区今后找铁仍然是着重对已知铁矿已知异常的研究。如四方山铁矿吉 C-1958-238 异常,根据异常形态,北部高值异常是浅部铁矿的反映,西南的低缓异常,可能是深部隐伏矿体的反映。板石沟铁矿,含铁异常带形态好,带内有些低缓异常,应加以研究,寻找深部铁矿。

吉 C-1987-39 异常具有一定的规模,并有铁矿点,属于小矿点,大异常应该很有前景。

吉 C-1987-1、吉 C-1987-2 两个未知异常形态好,处于成矿有利地段,应进一步工作,以便搞清异常的性质。

二、塔东铁矿预测工作区

铁矿预测类型为塔东式沉积变质型。

(一) 磁场、磁异常特征

1. 磁场特征

测区北部异常带,由塔拉林场从南向北,包括异常吉 C-1978-79、吉 C-1978-80,及吉 C-1960-33 塔东铁矿异常。该异常带两侧分布元古宙花岗闪长岩,磁场强度 300~500nT,最高 580nT。异常呈东西向或南北向分布。塔东铁矿异常十分醒目,西侧伴生负值。

中部异常带,包括吉 C-1978-17、吉 C-1978-17-1、吉 C-1978-19 等异常,走向北东向,异常强度较高,如吉 C-1978-19 最高为 960nT、吉 C-1978-17 最高为 700nT。异常带对应岩性为大面积的志留纪花岗闪长岩($S\gamma\delta$)。

测区西南部晚二叠世—早三叠世花岗闪长岩分布区磁场为平静的负场区,一般在 0~50nT。

在测区南部,主要是玄武岩分布区、磁场正负交替,并且往往是负值大,正值低缓。

2. 区内航磁异常

(1)吉 C-1960-33 塔东铁矿异常,位于预测区北部,航磁异常呈尖峰状,梯度大,强度高,东西两侧均有负值,极大值4000nT 以上。异常呈南北向分布,范围3.5km×1.4km。地磁异常形态、空间位置与航磁基本相同。

异常区出露地层为中元古界塔东岩群,上部朱敦店岩组岩性为黑云斜长片麻岩、黑云变粒岩、透辉角闪片岩、斜长角闪岩等。下部拉拉沟岩组,岩性为斜长角闪岩、斜长角闪片麻岩、磁斜长角闪岩、黑云斜长片麻岩等。拉拉沟岩组是塔东铁矿的赋存层位,岩石变质程度较深,岩性主要是斜长角闪片麻岩、透辉斜长变粒岩。磁铁斜长角闪片麻岩夹有铁磷矿层,本段地层含数层有工业价值的铁磷矿。经查证,证实航磁异常由塔东铁矿引起。

(2)吉 C-1960-37 平顶山位于大山嘴子乡,平顶山东北 3km。异常走向北东,长 3.5km,宽 1.5km,强度 1800nT,北部伴有 100nT 左右负值。异常处于中元古界塔东岩性,朱敦店岩组附近有志留系花岗闪长岩具成矿有利条件,推断异常与铁矿有关。

(3)吉 C-1978-18 位于吉 C-1960-34 附近,异常走向北东,长 2km,宽 1km,强度 800nT,并伴有−200nT 负值。处于玄武岩覆盖区。

深部在中元古代地层中,深部可能存在沉积变质型铁矿。

(4)吉 C-1978-19-1 朱敦店东,位于吉 C-1960-34 北部,走向北东,长 1.5km,宽 1km,正磁场中的尖陡孤立异常,处于中元古界塔东岩群朱敦店岩组,附近有志留系花岗闪长岩,具成矿有利条件,推断异常与铁矿有关。

(5)吉 C-1978-79,位于塔东铁矿西 4km 处,走向近东西向,长 2km,宽 1km,强度 560nT。出现正磁场边缘的异常,位于塔东铁矿外围,异常处于元古宙花岗闪长岩中。推断由深积变质铁矿引起。

(二)推断断裂

F4 位于测区北部,沿梯度带及不同场区界线北北东向展布,长 7.7km,断裂北段位于塔东岩群,朱敦店变质岩中,南段在早元古代花岗闪长岩中,断裂与塔东岩群为官地—大山嘴子深断裂的次级断裂,控制了塔东岩群的分布。

F6 与 F4 平行,处于负异常带上,长约 7km,处在志留系花岗闪长岩中,为岩体与元古宙地层接触线。

F9 位于测区中部,沿北东向梯度带展布,长 7km,断裂东侧是负磁场,西侧为正磁场。断裂分别穿过了朱敦店变质岩及志留系花岗闪长岩,及第四系覆盖层。

F8 位于测区西南部,沿北东向梯度带展布,长 7km,断裂两侧磁场不同,西侧负磁场为晚二叠世—早三叠世黑云母花岗闪长岩,东侧正异常带,为志留系花岗闪长岩。

F10 位于测区东南部,沿北东向不同场区界线分布,长 6.5km。断裂大体沿玄武岩的边界分布。本区只推断断裂 7 条,其中北东向、北北东向 6 条,北西向 1 条。

(三)变质岩地层及侵入岩

1. 变质岩地层

(1)塔东岩群拉拉沟组和朱敦店岩组位于测区北部,圈定依据磁场特征、重力特征,及结合 1∶5 万地质图。航磁异常吉 C-1960-33 高值及周围部分负磁场与重力高吻合,但两岩组在磁场上无法区分,故合在一起圈定。

(2)在预测区南部,吉 C-1978-18,北东向分布,强度 800nT,两侧梯度陡,处于玄武岩覆盖区,异常与重力高吻合,推断异常与朱敦店岩组有关。

2. 侵入岩

(1)中元古代花岗闪长岩位于测区北部,塔拉林场以北,异常近南北向带状。分布即以吉 C-1978-79、吉 C-1978-80 两异常为基础的低缓异常带。推断异常带为中元古代花岗闪长岩引起。

(2)志留纪花岗闪长岩南起塔拉站村东至秃顶子林场一带,航磁为北东向分布的异常带,异常强度较高,包括吉 C-1978-17、吉 C-1978-19,推断异常带为志留纪花岗闪长岩引起。

(四)火山岩

测区南部及区外为大面积分布的玄武岩从塔拉站村南向东到测区边部,磁场为正负相间的杂乱异常区,而且多以正值小负值大的特点出现。

(五)结论

本区吉 C-1960-33 异常已查明为塔东大型沉积变质铁矿引起的异常。在其附近的吉 C-1960-34、吉 C-1978-17、吉 C-1978-17-1、吉 C-1978-18、吉 C-1978-19、吉 C-1978-19-1 等异常,所处的地质条件与吉 C-1960-33 大致相似。但由于后期的火山岩的侵入和第三系、第四系玄武岩喷出,使部分异常变得比较复杂。从重力资料看这些异常都处于重力高位置,可能为基底隆起,是寻找沉积变质型铁矿有利地段。对于吉 C-1960-34,延边地质大队做过初查,认为由闪长岩引起。从航磁特征分析,区内已知闪长岩的反映不如吉 C-1960-34 明显,从地质条件上看,该异常距塔东铁矿较近,地质条件有相同之处,据重力资料,异常与重力高吻合,深部存在含矿老地层,据此推断异常由隐伏的铁矿引起。另外,吉 C-1978-17、吉 C-1978-17-1、吉 C-1978-18、吉 C-1978-19、吉 C-1978-19-1、吉 C-1978-78 等异常处于塔东铁矿外围,具有铁矿成矿条件,需要进一步进行检查验证工作。

三、六道沟-八道沟铁矿预测工作区

铁矿预测类型为大栗子式沉积变质型。

(一)磁场、磁异常特征

1. 磁场特征

异常主要为北东向,条带状展布。异常强度在预测区南部和北部相对弱,异常低缓,一般在 100～200nT。北部主要是玄武岩覆盖区及中生代侏罗系地层的零星出露,据区域重力资料,测区北部,特别是北侧的东部,重力高,可能在侏罗系地层下面存在晚元古代—早古生代地层。

测区南部低缓航磁异常带,区域重力资料为重力低,主要是白垩系二长花岗岩等一些侵入岩引起。

测区中部有两条东西向较强异常带。一条由吉 C-1987-219(260nT)、吉 C-1987-227(250nT),及其东部的未编号强异常(强度在 1000nT 以上)组成,主要与白垩系闪长岩($K_1\delta$)和古近纪军舰山组(Nj)玄武岩有关。

另一条异常带由吉 C-1987-223、吉 C-1987-224、吉 C-1987-225 及吉 C-1987-228 等组成,强度一般 200~300nT,最高大于 1000nT,异常对应侏罗系地层及军舰山玄武岩。在该异常带南侧是一条东西向弱磁异常延至测区边部,为断续出露的中元古代大栗子组地层,岩性主要为千枚岩、大理岩等弱磁岩性,大栗子铁矿赋存于该地层中,据区域重力资料,重力高与东西向分布的大栗子组地层吻合。

2. 航磁异常特征

(1) 吉 C-1987-225 位于测区南部,乱泥塘附近。

异常带北东走向,长 2km,宽 1km,最高异常值为 1000nT,北侧伴生 250nT 负值。异常主要分布在中生代侏罗系地层中,岩性为砾岩、砂岩、安山岩、安山质凝灰岩等。在异常东南部,异常边部接近零值处是乱混塘中型铁矿。前人报告认为航磁异常吉 C-1987-225、吉 C-1987-224 由铁矿引起,根据以往资料,大栗子式铁矿一般磁性较弱,引不起较强航磁异常,并且异常主要在侏罗系地层。从重力资料看,异常位于重力高梯度带上,可能侏罗系地层下存在隐伏老地层,因此,异常是否为深部铁矿引起,需进一步工作。

(2) 吉 C-1987-223 异常位于测区南部夹皮沟村南。异常呈东西走向,长约 3km,宽 1.5km,最高异常值 350nT。

异常东南部异常低值处是夹皮沟铁矿。异常处于玄武岩覆盖区,可能与玄武岩有关。

本区航磁异常较多,但多数异常与侵入岩体及玄武岩有关。

(3) 吉 C-1987-224 异常走向近东西,长 3km,宽约 1km,两翼对称,强度 550nT。

异常位于晚侏罗世林子头组地层,岩性以凝灰质砾岩、砂岩、粉砂岩及中酸性凝灰岩互层。

通化队在异常南部,异常低缓处验证见到磁铁矿体,该异常与吉 C-1987-225 相似。

(二) 推断断裂

从 1∶5 万航磁上可以看出,区内断裂有东西向、北东向、北东东向、北西向 4 组。东西向和北东向为主要控矿断裂。以下对区内不同方向断裂作简要描述。

1. 东西向断裂

F1、F2、F4 位于测区北部,沿东西向梯度带及磁场低值带延伸,长 21.0km,断裂穿过中生代侏罗系地层及玄武岩覆盖区。沿断裂两侧都有玄武岩分布,断裂应该有一定的切割深度。

由 F17、F18 两条断裂组成的东西向断裂带,断裂带为负磁场,两边为正磁场,F17 长 29.5km,F18 长 17km,断裂带大体与东西向展布的大栗子组地层及青白口系地层吻合,区域重力场为一条东西向的重力高值带与大栗子组地层吻合,该地层为区内大栗子式铁矿含矿层位,断裂控制了地层分布。

2. 北北东向断裂

F14、F15 为同一条断裂,长 14.5km,沿北北东向的线性梯度带延伸,北侧为负磁场,南侧为一些条带状正异常,沿断裂南侧有玄武岩分布。

F19 沿北北东向异常梯度带延伸,区内长 18.5km,向东延出测区。该断裂在区内切割了 F17、F18 两条东西向断裂,说明 F19 晚于东 F17、F18 断裂。

东西向断裂发育为区内主要断裂,在预测区南部,东西向断裂与震旦系、青白口系及大栗子组地层分布方向一致,可能为本区的控矿断裂。

测区北部玄武岩分布区,东西向断裂与东西向河道大体吻合。

3. 北西向断裂 F8 和 F21 两条

F8 位于测区北部，沿异常梯度带及北西向异常低值带分布，长 12.5km。断裂穿过早白垩世二长花岗岩体及侏罗系果松组地层。

F21 位于测区南北，沿北西向的线性梯度带延伸，断裂北侧磁场负值区，南侧为正场，长 19km，断裂北段穿过玄武岩覆盖区，南段在青白口系钓鱼台组地层与早白垩世二长花岗岩的接触带通过。

区内推断断裂 12 条，其中东西向 6 条，北东向 4 条，北西向 2 条。

（三）侵入岩、火山岩

测区内侵入岩有早白垩世二长花岗岩、早白垩世闪长岩。二长花岗岩磁性不强，磁化率约 1000×10^{-5} SI，闪长岩磁化略高，在 $(1700\sim4200)\times10^{-5}$ SI 之间。圈定岩体主要依据航磁异常，结合地质图，利用 ΔT 化极图及 ΔT 垂向一阶异常图，圈定岩体边界。这样圈定二长花岗 8 处，闪长岩 3 处，花岗闪长岩 1 处，区内面积较大的东桦皮甸子二长花岗岩体，磁场不均匀，南部和北部为高值正磁场，中部磁场值很低，接近零值。没有完整圈出，仅圈出南北两处闪长岩体。

火山岩：本区火山岩为大面积覆盖的新生代玄武岩及中生代中－酸性火山岩。

玄武岩磁化率变化很大，变化范围 $(423\sim10\,309)\times10^{-5}$ SI，并且剩磁很大，玄武岩的磁场面貌很醒目。以剧烈变化的杂乱异常为特征区别其他岩性异常。区内玄武岩异常东部强，西部低缓。根据航磁报告编号异常和未编号异常，结合地质图，共圈出玄武岩 10 处，其中一处为高值异常，为中生代中酸性火山岩。

（四）推断变质岩地层

区内变质岩地层，位于预测区南部，共有 2 处。

（1）一处从龙岗村、北兴村至弧山村一带。航磁为一条东西向的狭长负异常带，区内长约 25km。对比 1：25 万地质图，异常带对应老岭群大栗子组地层，岩性为千枚岩、大理岩，底部千枚岩夹石英砂岩。负磁异常带与东西向的重力高相对应，并且沿带分布有夹皮沟、乱泥塘等大栗子式铁矿，地质上处于大栗子式铁矿成矿的有利地段，为大栗子组地层。

（2）另一处位于测区东南部，从新南岗村、大崴子村向东到预测区边部。磁场正负相间，正磁场主要为玄武岩覆盖区。地质上对应青白口系、震旦系地层，岩性为砂岩、页岩、灰岩等。重力场对应东西向的重力高值带，大部分被玄武岩覆盖，局部有零星出露，为晚元古代地层。

（五）结论

大栗子式铁矿航磁反映不明显，在大栗子矿区反映很不明显，在小栗子矿区也只有 100nT 左右的异常显示。

对于区内吉 C-1987-224、吉 C-1987-225 这两个高值异常，航磁报告认为异常由铁矿引起，但两者不够吻合，乱泥塘铁矿与吉 C-1987-225 有一定距离。铁矿在零值线附近的弱磁场中，对应的是大栗子组老地层，而异常在侏罗系地层中。从重力资料看，异常在重力梯度带上可能存在隐伏老地层，于成矿有利，推断低缓异常由深部铁矿引起，反映浅部的高值异常是由铁矿还是侏罗系火山岩引起，有待进一步工作。

四、头道沟—吉昌铁矿预测工作区

铁矿预测类型为吉昌式夕卡岩型。

(一)磁场、磁异常特征

1. 磁场特征

预测区内因磁场形态不同,可分为几个部分。

(1)预测区东部。南起石棚村、民主村、大梨河村,向北到黄榆乡、乱木桥村,西起烧锅村、东柳树河村,东到测区边界。上述范围内磁异常呈带状或不规则状,北东向分布,异常形状有单峰、双峰、多峰,异常梯度陡,而尤以吉C-1959-7最为醒目,ΔT在4000nT以上,范围达5～6km²,岩性是变质火山岩,即细碧玢岩、凝灰熔岩等。测区东部高值异常多为安山岩、基性岩或接触蚀变带引起。

(2)预测区南部。南起冰窖村,到土门村、石棚村、聂家街,一个近方形的范围内出现低缓正异常和负异常。这些磁场对应的地质环境,主要为中石炭统磨盘山组厚层结晶灰岩、大理岩夹砂岩页岩和下石炭统鹿圈屯组的板岩、砂岩、大理岩。

(3)测区西南部。吉昌镇到木沟村、河北屯、治国村一带,异常中部强,向东变低,如由吉C-1959-67、吉C-1959-68组成北东向异常带,异常强度在1000nT左右,其他异常一般为300～500nT。区内广泛出露海西期花岗岩及燕山期花岗岩并发育中基性岩。

(4)测区西北部。大面积第四系覆盖,磁场以负异常为主,沿北东向零星分布一些跳跃异常,可能与火山岩有关。

2. 区内航磁异常特征

(1)吉C-1972-51吉昌铁矿异常,小型富铁矿床,1:5万航磁仅一条线上有明显反映,为一弧立异常。ΔT正值为200nT,负值为800nT,梯度非常陡。

1:5000地面磁测,出现几十个小异常,呈椭圆形或长条形。长50～150m,宽30～100m,北东或北西侧有明显负值。在1100nT形态规整异常上打到铁矿。

矿区出露岩性为下石炭统鹿圈屯组,主要岩性为大理岩,角岩等呈捕房体分布在花岗岩中,矿体产在花岗岩与大理岩接触部位,并且有夕卡岩化、矽化、绢云母化蚀变,异常由夕卡岩铁矿引起。

吉C-1972-55,太平岭异常位于吉昌铁矿东南2km处,1:5万航磁两条航线上有异常反映,以100nT等值线圈定呈南北向椭圆状分布,长850m,宽500m,最高强度190nT,曲线略有起伏,梯度较缓。

地检异常呈椭圆状,最高值850nT,最低值-150nT,两侧均有负值,形状较规整。

异常区出露下石炭统鹿圈屯组,以大理岩为主,夹有角岩,以捕房体形式出现在花岗岩中。

花岗岩与地层内局部有夕卡岩,沿地层层理有磁铁矿细脉。

经查证,异常为小铁矿异常、夕卡岩磁铁矿化异常、黑云母角岩异常、斑岩脉异常的综合反映。

(2)吉C-1972-52,大汆洞子铁矿位于吉昌铁矿东南5km处。1:5万航磁为一弧主小异常,强度20nT,范围较小,四周为负场。

地面磁测(1:2000),Ⅰ、Ⅱ、Ⅲ矿体上均有异常反映。Ⅰ号矿体与5万航磁相对应。异常方向和范围与矿体基本一致,最高强度正超格,梯度陡。经工程验证4000nT等值线基本为矿体反映。

区内出露下石炭统鹿圈屯组大理岩、角岩及石英岩,为花岗岩的捕房体,花岗岩侵入体分布全区。矿区位于盘双接触带内带。北西向断裂构造对矿体、形态规模起控制作用。区内异常由夕卡岩铁矿引起。

吉 C-1972-144,石棚村异常,1:5万航磁两条航磁线上有异常反映,长 1km,宽 0.25km,北东向长条状分布,最高强度 $\Delta T=700$nT,梯度较陡,北侧有负值。

1:1万地面磁测,异常呈北东向长条状分布,形态与航磁相似,最高强度 $\Delta Z=1400$nT,中部曲线呈锯齿状,梯度陡,强度高。

异常由角闪辉长岩和闪长玢岩引起,角闪辉长岩含磷较高,未达到工业品位。As、Pb、Zn 矿点范围较小,但可为找 Au 提供线索。

吉 C-1959-16,杨木桥异常,异常形态不规则,长 1.5～2km,宽 1.5km,有 4 个高值区,异常南北两侧有负值,梯度陡,强度 600～700nT。异常覆盖南东侧有燕山期花岗岩与石炭系—二叠系接触,有利于形成夕卡岩型铁矿。广泛出露的侏罗系分布于异常的北西侧,钻探验证异常由辉长岩引起。

吉 C-1959-67,异常走向近东西,长 7km,宽 2km,两侧有负值,极大值 1000nT。异常处在燕山期花岗岩和成群的闪长岩、辉长岩体上,部分被第四系覆盖。

1977 年长春队对该异常进行查证,地面磁测主异常分解为 18 个分异常。异常归纳为 3 类:第一类由岩体引起,第二类由磁铁矿引起,第三类为性质不明。

吉 C-1959-7,和平屯,1:5万航磁,以 1000nT 等值线圈定,异常呈向南突出的月牙状分布,长 3km,宽 1.2km,最高强度大于 4000nT,梯度很陡,北侧有明显负值。1:1万地面磁测,形态与航磁相似,以 5000nT 等值线圈定,长 0.9km,宽 0.25km,曲线呈锯齿状,梯度陡,西侧和北侧有明显负值。

异常区出露的地层主要是下石炭统鹿圈屯组的变质火山岩段,其岩性为石英绢云斜长片岩、细碧玢岩、凝灰熔岩、含铁细碧玢岩。

根据物性资料,细碧玢岩磁性非常强,含铁细碧玢岩 κ 值变化范围为 $(1157～3750)\times10^{-5}$SI,平均值 4515×10^{-5}SI,平均剩磁 (J_r) $17\ 781\times10^{-3}$A/m,钻孔中岩芯,灰黑色细碧玢岩,κ 值变化范围为 $(408～289\ 000)\times10^{-5}$SI,平均 7993×10^{-5}SI,剩磁 (J_r) 平均值 $22\ 635\times10^{-3}$A/m。

条带状细碧玢岩 κ 值 $(2536～36\ 012)\times10^{-5}$SI,平均 $11\ 067\times10^{-5}$SI,J_r 值 $(2706～36\ 300)\times10^{-3}$A/m,平均 $10\ 807\times10^{-3}$A/m。

夕卡岩铁矿(和平铁矿)κ 值 $(2751～116\ 964)\times10^{-5}$SI,平均 $78\ 147\times10^{-5}$SI,J_r 值 $(2240～484\ 002)\times10^{-3}$A/m,平均 $67\ 615\times10^{-3}$A/m。由此来看,细碧玢岩类岩石的磁性虽然低于夕卡岩铁矿,但也相当强。

据吉中队对异常进行的估算,强磁部分是由近地表的含铁细碧玢岩、凝灰熔岩引起。1978 年,长春队在重力异常处打 450m 钻孔,见细碧玢岩。

(二)推断断裂

根据区内异常特征,存在北东向、北西向两组断裂,为区内主要断裂,以下简要叙述。

F1、F8 位于测区西北部,走向北东,全长 24km,断裂北西侧为一片波动的负磁场,另一侧为低缓的正异常带。断裂出现在白垩系泉头组地层及第四系盖层中,两侧均有不同时期的火山岩分布。断裂切割了中生代地层。

F12、F5 位于测区中部,走向北东,全长 28km,断裂沿北东向梯度带及不同场区分界线延伸。断裂切割了古生代地层,北段沿断裂有脉岩分布。

F9、F17 位于测区西南部沿北西向梯度带展布,长 27km,断裂南侧为强磁场区,反映了海西期及燕山花岗岩体,北侧为弱磁场区,主要是古生界石炭系的反映。断裂处于"盘双"接触带上,西段与地质上确认的断裂大体吻合。

F14 位于测区东南部,沿北东向梯度带展布,长 4.5km。断裂两侧磁场明显不同,南东侧以负磁场为主，分布一些零星的异常，北西侧以带状正异常出现。断裂切割了古生代地层，沿断裂西侧均有火山岩出现。区内共推断断裂 15 条，其中北东向 12 条，北西向 2 条，东西向 1 条。

(三) 侵入岩类

本区侵入岩面积较大的部分，分布在测区西南部。根据磁场特征，只推断了有一定磁场差异的部分，异常主要反映中基性岩类。

1. 闪长岩

闪长岩在测区南部。
(1) 倒木沟村—孟家村闪长岩体，异常北东向带状分布，强度高，梯度陡。以吉 C-1959-68、吉 C-1959-67 两异常为背景异常圈出。
(2) 杨木桥—五家子村闪长岩体，位于测区东部，处在北东向异常带上，异常强度高，梯度陡，形状不规则。以吉 C-1959-15、吉 C-1959-16 异常为基础，圈定推断闪长岩体 2 处，基性岩 1 处，石棚村北的吉 C-1972-144 异常，推断为基性岩引起。

2. 火山岩

1) 安山岩
(1) 位于烟筒山镇一带，异常走向近东西向，由一些弧立异常组成，强度高，梯度陡，范围不大。
(2) 朝阳村—东升村一带，由许多弧立异常组成异常群，强度高，梯度陡，位于负背景场中。
(3) 宝善村到西黎河村一带，大黑山村到黄河南村一带；后夹槽子到太平镇一带；振兴村到上头道川一带；白杨树村一带等 7 处。
(4) 吉 C-1959-7 异常，即"和平 7 号"，为变质火山岩。

2) 玄武岩
玄武岩在测区西北部。
南城子东吉 C-1972-117 号异常，椭圆状，强度高，梯度陡，周围是负磁场，推断为玄武岩引起。钓鱼台村北包括吉 C-1959-54，形态不规则的高值异常，四周为负磁场，推断为玄武岩引起。区内圈定玄武岩两处。

(四) 接触蚀变带

(1) 吉 C-1972-114 条带状，东西向分布，强度 200~300nT，形态规整，周围为负磁场，异常位于石炭系地层，在异常西部有热液型铁矿点，推断存在隐伏花岗岩体。
(2) 吉 C-1972-111，1:5 万 3 条线有反映，呈东西向条带状分布，ΔT 为 50nT 左右。1:2.5 万地磁异常东西向长条状分布，长 1600m，宽 200~500m，ΔZ 最高 550nT。异常南侧分布有石炭系磨盘山组大理岩，西侧为第四系，其余部分为花岗岩。经查证，异常性质不明，两个异常高值附近分别有三泉西北屯铁矿点（夕卡岩型）和上白水泉子铁矿点（夕卡岩型）。
(3) 吉 C-1972-48，异常无明显走向，长 500m，宽 300~500m，幅值 2600nT，曲线规整，梯度陡，东西两侧有负值。异常区内见大理岩、黑云母变粒岩、花岗岩等。分析认为区内可能有大理岩与花岗岩接触带，异常由铁矿引起的可能性大。

区内接触带或蚀变带还有吉 C-1972-192，吉 C-1972-148、吉 C-1972-2 异常。

（五）结论

（1）根据对本区地质及航磁异常的初步了解，认为以下航磁异常有一定的找矿前景。吉 C-1972-106、吉 C-1972-111、吉 C-1972-114、吉 C-1972-145、吉 C-1972-148、吉 C-1959-53、吉 C-1959-55、吉 C-1959-67，这些异常在地质上处于成矿有利部位，有的异常附近还有铁矿点，如吉 C-1972-111、吉 C-1972-114 等。

（2）本区基性岩有零星分布，如吉 C-1972-144、吉 C-1959-16、吉 C-1959-67 等异常带与基性岩有关，为寻找与基性岩有关的矿床提供线索。

（3）位于烟筒山镇北部的吉 C-1959-7，即"和平 7 号"，是强度最高的异常，该异常自 1959 年被发现后，在 20 世纪六七十年代曾进行过多次物探、化探、槽探及钻探工作。经查证，异常由近地表的含铁细碧玢岩、凝灰熔岩引起。

前人把工作量都投入到强磁异常区，而对南部磁场相对低缓异常很少注意，这里曲线相对低缓、规整并且与蚀变较强的褪色细碧玢岩相对应，两侧与燕山期、海西期花岗岩接触，所以南部异常未弄清，有必要进一步工作。

第三节　铜、金矿等预测工作区磁场特征及解释推断

吉林省铜、铅、锌、钨、金、锑、稀土、磷 8 个矿种 43 个预测工作区，都进行了磁场特征研究及解释推断，这里按照矿种预测类型不同，只选取铜、铅、锌、钨、金、锑矿种的 9 个预测工作区，介绍磁场特征及磁法推断地质构造特征。

一、刺猬沟-九三沟铜、金矿预测工作区

铜、金矿预测类型为火山岩型。

（一）磁场特征

在预测区北部，即新兴村、磨盘山村、满河村、庙沟村一线以北，为强磁异常区，局部异常呈团块状或条带状分布。在东部，异常呈北东向分布，在西部，异常多呈北西向分布。反映北东向和北西向的构造线异常区对应中生代火山岩地层，岩性主要为安山岩类，磁性很强，异常最高强度达 2400nT。预测区南部磁场相对较弱，磁场强度在 0~100nT，主要是三叠系石英闪长岩、侏罗系花岗闪长岩的反映，以及中生代弱磁性地层的反映。局部出现一些孤立异常，可能和火山岩或基性岩有关。本区火山岩地区是寻找金、铜等多金属矿的有利地区。

（二）推断地质构造

1. 推断断裂

（1）F1 位于测区西部，北西向沿梯度带，磁场低值带展布，两端延出测区，由北西向南东经金城村、

小汪清村、磨盘山村一直到测区边部,区内长28.5km。沿断裂有串珠状小异常分布,可能为小基性岩体,断裂控制了二叠系地层及三叠系火山岩的分布。中酸性火山岩体的侵入,其位置相当于地质上确认的断裂。

(2)F6位于测区东部,南起长兴纪红星、新发、苍林延出测区,区内长24km。断裂北东向,沿梯度带磁场低值带展布。断裂切割了二叠系地层,沿断裂有脉岩及玄武岩分布。

(3)F8位于测区西南部,大坎子村—松林村附近,北西向展布,区内长15km,断裂沿梯度带展布,北西段控制了中生代地层的分布。

预测区内共推断断裂11条,其中北西向3条,北东向5条,东西向2条,南北向1条。

2. 侵入岩

区内大面积出露中生代地层及小范围二叠系地层,只在西部和东部有岩体出露。

(1)三叠系石英闪长岩在测区东南部有出露,磁场较弱,一般在-50~50nT。

(2)侏罗系花岗闪长岩区内有两处,一处在测区西南部,磁场强度在0~100nT之间。另一处在海沟村以东,磁场强度在50~150nT之间。

3. 火山岩

区内中酸性火山岩分布在北部,以升高的正异常为主,呈条带状、团块状展布,曲线规则,梯度陡,强度高。如吉C-1978-147,主要岩性为安山质角砾凝灰岩等,最高强度1600nT。区内共圈定火山岩8处。

4 古生代变质岩地层

古生代中二叠世地层,庙岭组分布在西部,明月沟村、磨盘山村附近及红星村、长荣村附近。解放村组分布在庙沟村东。根据重、磁特征,结合1:25万地质图圈出二叠系地层与中酸性岩体接触带往往形成蚀变带,并发现夕卡岩型铁、铜矿。

5. 区内航磁异常

(1)吉C-1994-129位于汪清县干河大顶子。波动正磁场中的负异常曲线规则,尖锐,北侧伴生正异常,轴向北东,范围1.2km×0.8km,强度-610nT。异常位于第四系玄武岩、橄榄玄武岩中,与已知火山口吻合。区内Au、Cu等化探异常较发育,附近有金矿点分布,异常区附近应注意寻找与火山机构有关的金、铜等多金属矿。

(2)吉C-1994-153位于预测区东部新发村。异常曲线规则,轴向北东,范围1km×0.7km,相对强度300nT。异常处在晚三叠世黑云母花岗岩与二叠系地层的侵入接触带上。异常附近有含铜黄铁矿点和铜矿点,并有Au化探异常。

(3)吉C-1994-247位于测区中部满河村东。为一低缓异常,轴向北东,曲线规则,对称,范围1.8km×0.8km,相对强度200nT。异常附近见三叠系地层及花岗岩并见铜铅矿点及Au化探异常。

(4)吉C-1978-148位于测区中部金砂沟村北。异常曲线规则尖陡,轴向近东西,范围3km×1.5km,相对强度1000nT。异常处在侏罗系石英闪长岩与侏罗系剌猬沟组安山岩接触带火山岩一侧,见有花岗闪长岩、安山岩、次安山岩、闪长玢岩、硅化、黄铁矿化蚀变较发育,并有矿点3处。

(5)吉C-1994-127位于测区北部边部,林子沟村北3km。波动的正磁场中的孤立异常,曲线规则、尖锐,南侧伴生负异常,轴向北东,范围0.8km×0.4km,相对强度320nT。位于侏罗系安山岩、玄武安山岩中。推断异常由安山岩引起,但异常区附近有Au化探异常,应注意寻找火山岩型金矿。

(6)吉C-1978-143位于汪清县东光乡明星屯北3km。出现在低缓背场上的孤立异常,形态规则梯度大,强度860nT。异常出现在三叠系托盘沟组火山岩中,推断异常由中基性火山岩引起,但在异常南部有一金矿点,应注意寻找火山岩型金矿。

6. 找矿远景区

1）火山机构找矿远景区

（1）干河大顶子火山机构（1994年航磁报告推断成果）由吉C-1994-128、吉C-1994-129、吉C-1994-130、吉C-1994-131等异常组成。处在两组大断裂交会部位，五凤-小西南岔多金属成矿带上，上侏罗统火山岩内，次火山岩和后期脉岩比较发育的地段。地热液蚀变和金、铜、铅、锌矿化比较发育，并伴有Au、Ag、As水系沉积物化探异常和金重砂异常。区内有一处地质上确认的火山口，及小型金矿1处，铜、铅、锌矿点，是寻找火山热液型或斑岩型金、铜等多金属矿的有利地段。

（2）苍林火山机构（1994年航磁报告推断成果）位于测区东北部苍林村，由未编号异常组成。该火山机构处在北东向与北西向断裂的交会部位，五凤-小西南岔多金属成矿带上，次火山岩和浅成岩比较发育的侏罗系火山岩中，地表矿化蚀变强烈，并伴有Au、Mo等化探异常。依据异常特征和所处地质环境，推断组成火山机构的ΔT异常由次火山岩或浅成侵入岩引起。该处应注意寻找与火山机构有关的金、铜等多金属矿。

（3）新建屯火山机构（推断）由几处未编号ΔT异常组成，由外向内磁场降低，中心为负磁场。该火山机构处在北西向、北东向、东西向断裂的交会部位，侏罗系金沟岭组安山质火山角砾熔岩中。刺猬沟金矿位于火山机构的中心，地表矿化蚀变强烈，外围以大面积青磐岩为主。金矿周围火山机构的低缓磁场部分是寻找火山热液型金矿的最有利地段。另外，荒沟火山机构，有一半位于本区。

2）多金属找矿远景区

（1）长兴—金砂沟远景区处在北西向和北东向断裂的交会部位，五凤-小西南岔多金属成矿带上，次火山岩和侵入岩比较发育的侏罗系金沟岭组火山岩及二叠系地层中。远景区内有编号异常吉C-1994-247、吉C-1978-147、吉C-1978-148、吉C-1994-152、吉C-1994-153等异常。区内矿化蚀变强烈，并有Au化探异常，铜矿点2处，铜铅矿点1处及金铜黄铁矿矿点，是寻找金、铜等多金属的有利地段。

（2）明星屯—山尖子村远景区处在北西向和北东向断裂交会部位，五凤-小西南岔多金属成矿带上，二叠系火山岩分布在区内。区内有航磁异常吉C-1978-142、吉C-1978-143、吉C-1978-144，处在与二叠系地层的接触部位。中部有一金矿点。本区是寻找火山热液金矿及夕卡岩型铁、铜矿的有利地区。

（三）含矿建造磁异常定性、定量解释

本区铜、金矿预测类型为火山岩型，刺猬沟金矿和刺猬沟火山机构与矿产关系密切，在航磁ΔT异常等值线平面图上，以圆状—椭圆状负磁异常为显著特征，周围高磁异常围绕（图5-3-1、图5-3-2）。垂直异常走向分别选取剖面，结合地质图及该区磁参数统计资料分析，在刺猬沟金矿剖面-1上，中西部低（负）磁异常是蚀变带引起的异常，高磁异常为早白垩世刺猬沟组火山岩引起，由北西向和北东向磁异常梯度带在西南部金矿床处侧交会，反映交叉断裂存在。刺猬沟组火山岩地层及蚀变带为该区铜、金矿产的含矿建造，断裂为成矿构造。采用RGIS软件系统进行剖面2.5D磁异常正反演定量解释，使用参数及反演结果见图，推断出火山岩地层和蚀变带深部延伸状态及接触带位置产状，蚀变带在深部规模较大，是有利找矿部位。刺猬沟火山机构剖面-2上，火山机构为负磁异常，早白垩世刺猬沟组火山岩和晚白垩世金沟岭火山岩产生正磁异常，后者磁性高于前者。从反演结果看出，火山机构边界倾向向内，上宽下窄，在浅部平缓，在230m以下近于直立。

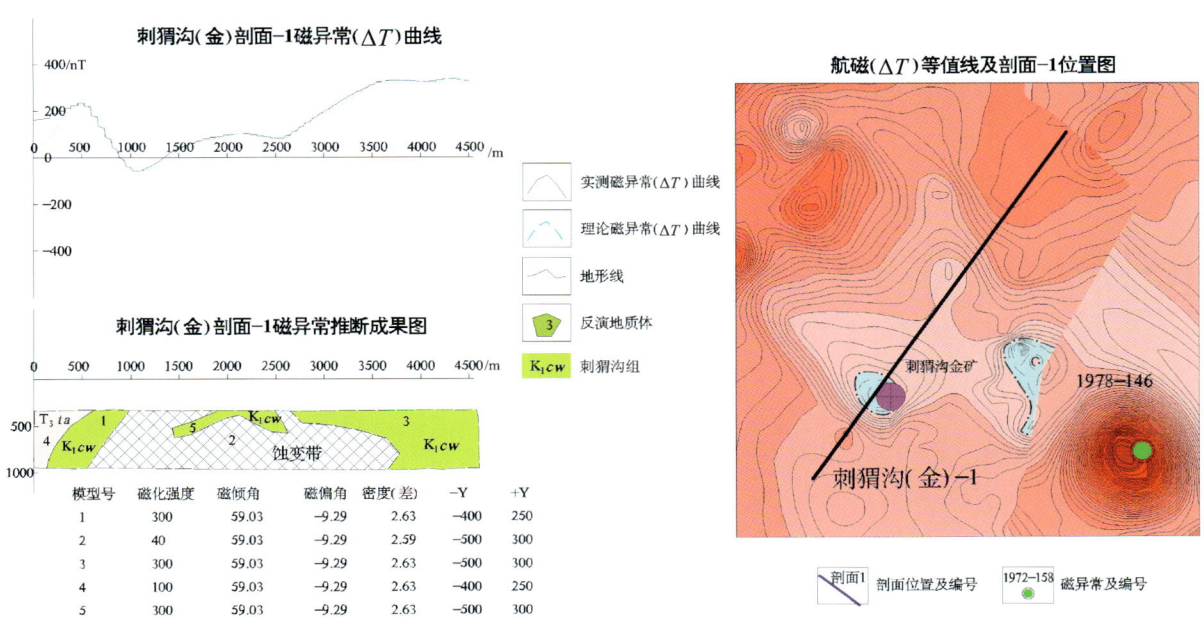

图 5-3-1　刺猬沟金矿航磁异常反演地质剖面图

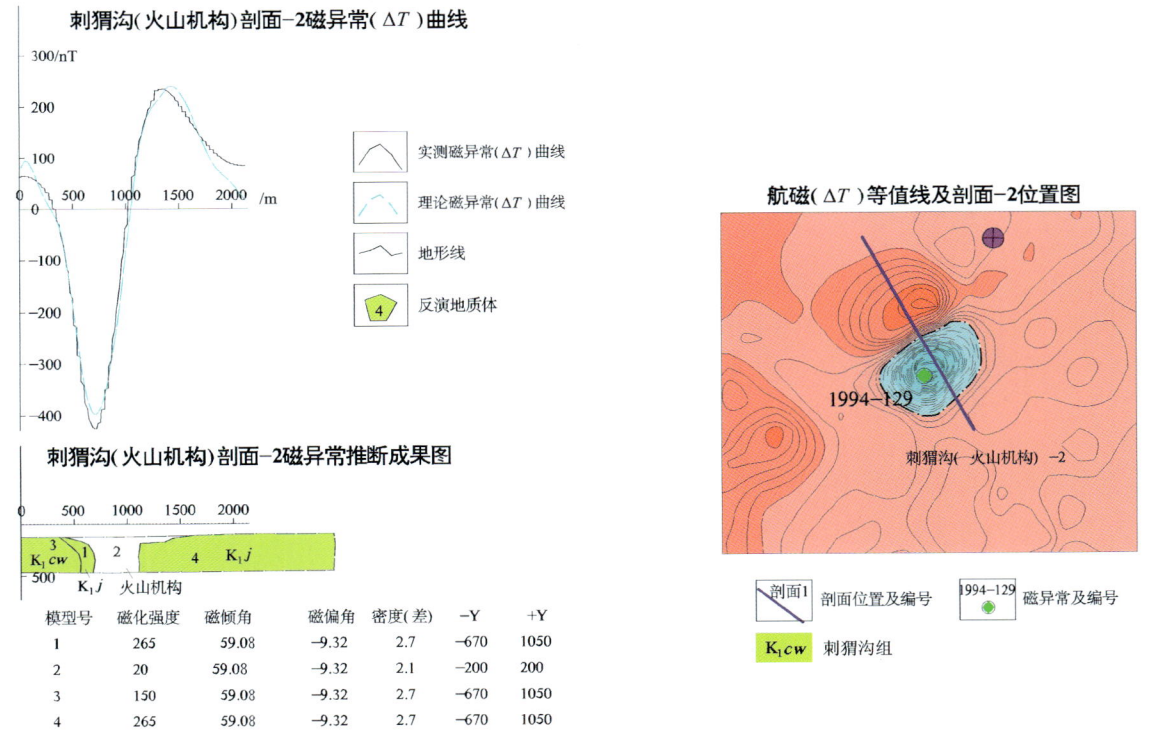

图 5-3-2　刺猬沟火山机构航磁异常反演地质剖面图

二、荒沟山-南岔铜、铅、锌、金、锑矿预测工作区

铜矿预测类型为沉积变质型,铅、锌矿预测类型为沉积—改造型,金矿预测类型为层控内生型,锑矿预测类型为侵入岩浆型。

(一)磁场特征

预测区西部,大青沟、三道湖、护林村、石人镇一线以西,为大面积平稳负值区,异常值在－100～－200nT。负磁场主要反映了中新元古界白云质大理岩、砂岩、页岩、石英岩及古生界的碳酸盐岩,砂岩、页岩无磁性等地层的磁场特征。在其东部银子沟、大黑松沟、前进沟、陆桩子村一带,是宽8～12km的正异常带,异常值一般为200～300nT。局部异常在700nT以上。与异常带对应的是太古宙变质岩及侏罗系的侵入岩体,即梨树沟岩体、老秃顶岩体,在航磁图上很醒目,尤其是老秃顶子岩体,因有脉岩侵入,异常叠加。而在其东部的草山岩体,则处于负磁场中。异常带东侧负异常梯度带反映了老岭群珍珠门岩组大理岩磁场与地质上确定的荒山"S"形构造带相对应,是区内一条重要的成矿构造带。

(二)推断地质构造

1. 推断断裂

(1)F1位于测区西部。北东向,沿小涛沟里、三道湖、护林村、小石人村一线梯度带延伸,长21km,南端转为南北向。断裂东侧为中元古代老岭岩群,太古宙变质岩及侏罗系侵入岩,航磁为一条北东向的异常带。西侧主要为侏罗系及白垩系地层。航磁为负异常区,断裂控制新老地层的分布。

(2)F3位于测区南部南北向,沿板子庙、浑江铅锌矿、杉松岗、周家窝林场、珍珠门、四棚湖、铁石沟一线延伸,南段转为东西向,长约25km。断裂处于负磁场中,对应中元古代珍珠门岩组和花山组地层。该断裂为地质上确认的"S"形构造的一部分,处于铅锌等多金属成矿带上。

(3)F9位于测区中部,北西西向,沿岗顶、大黑松沟、古石碴子一线延伸,长约9.5km。断裂处在南北两片正异常之间的低值带上,南侧为老秃顶子岩体,北侧为中太古代英云闪长质片麻岩及侏罗系侵入岩。

(4)F6位于测区东部,自东沟、小西沟、天桥沟、七十二道河子一线,北北东向沿梯度带延伸,长约19km。断裂东侧为一异常带,西侧为负异常区。断裂北段处于花山组地层,南段在草山岩体。东侧的异常带为沿断裂产生的磁性蚀变带。如异常吉C-1987-53、吉C-1987-54,附近均有Cu化探异常,吉C-1987-62-1附近有磁黄铁矿矿点,是寻找多金属矿的有利地段。

区内推断断裂42条,北东向19条,东西向6条,北西向16条,南北向1条。

2. 岩浆岩

预测区处于鸭绿江构造岩浆岩带上,岩浆活动带上岩浆活动强烈,区内岩体有梨树沟、老秃顶子及草山岩体,梨树沟岩体和老秃顶子岩体航磁反映明显,异常很醒目,而草山岩体异常不明显。在测区南部还有早白垩世碱长花岗岩岩体,航磁为负磁场。

本区岩体,如梨树沟岩体、老秃顶子岩体、草山岩体与Pb、Zn、Ag、Au等多金属及贵金属成矿有密切关系,围绕岩体的周边,是寻找上述矿产的有利地带。

3. 变质岩地层

区内出露地层主要为老岭岩群花山组、达台山组和珍珠门岩组。荒沟山铅锌矿区位于珍珠门岩组，是一套白云质大理岩。老岭岩群地质主要处于航磁负磁场中。铅锌矿区处于负磁场梯度带上。

据地质资料，南岔金矿位于荒山沟—南岔"S"形断裂带南部，矿体赋存在花山组下部与珍珠门岩组白云质大理岩接触面的构造蚀变岩中，或珍珠门岩组厚层的白云质大理岩破碎蚀变岩中。严格受北东向、北西向及东西向构造控制。金矿主要位于−100nT的平静负磁场中。

三、夹皮沟—溜河铜、金矿预测工作区

铜、金矿预测类型为复合内生型。

(一)磁场特征

区内异常走向为北西向或北北西向。测区中部苇厦子—菜抢子—老牛沟—夹皮沟一线是一条北西向的负异常带，异常带宽6～9km，北西段窄，向南东变宽，强度−100～−200nT。负异常带中分布若干高值异常为老牛沟铁矿异常。该处地层为新太古代三道沟组，岩性为斜长角闪岩、绿泥角闪片岩、绢云绿泥片岩夹磁铁石英岩。

预测区南西侧，清水河村—老金厂—东北岔—郎家店一带，是一片呈北西向分布，局部异常方向不一的异常带。强度一般在200～400nT，最高800nT。岩性主要为杨家店组斜长角闪岩、黑云母片麻岩，以及新太古代侵入岩和脉岩等。局部异常多数与斜长角闪岩有关。

预测区北东侧的低缓正异常及负异常，由面积性出露的中侏罗世花岗闪长岩引起。

(二)推断地质构造

1. 推断断裂

(1)F4位于测区东北部，北西向，沿梯度带及不同场区分界线延伸长24.5km，断裂两侧磁场明显不同，北东侧异常带对应中侏罗世花岗闪长岩，南西侧负磁场对应新元古界色洛河群达连沟组沉积变质岩地层。

(2)F16位于测区中部，苇厦子—锦山村—老牛沟村—二道沟—云峰村一线，北西西、北西向展布。苇厦子—老牛沟村段为北西西向，老牛沟村—云峰村为北西向，断裂两侧磁场明显不同，北东侧为弱磁场，南西侧为强磁场。区内长51km。断裂为老牛沟村大断裂带内的一条断裂，沿断裂有强烈的片理化、糜棱岩化现象，该断裂对夹皮沟、板庙子一带的金、铜及多金属内生矿的生成有明显的控制作用，为区内主要成矿断裂。

(3)F19位于测区北部老牛沟村附近，东西向磁场低值带延伸，长约7.5km。断裂北侧为杨家店组及老牛沟组地层，南侧新太古代紫苏花岗岩，沿断裂有晚海西期基性岩脉出露。

(4)F21位于测区西部，清水河村西2km，有北向长约13.4km。断裂西侧磁场低缓，东侧略有升高；沿断裂有串珠状异常分布。断裂处于杨家店组地层及新太古代变二长花岗岩中。沿断裂有基性岩出露。

区内北西向构造控制了区内铁、金、铜等多金属成矿及分布，区内推断断裂21条，北西向12条，东西向6条，南北向3条。

2. 岩浆岩

1）侵入岩

（1）太古宙侵入岩，英云闪长质片麻岩，主要分布于测区中部及南部，板庙子—夹皮沟一带的英云闪长质片麻岩，磁场强弱不一，板庙子—夹皮沟一带异常为负值，在西侧则为正值。

（2）变质二长花岗岩，分布在测区的中—西部，对应磁场为低缓正异常。

（3）早侏罗世五道溜河岩体，位于测区南部，磁场为连续的低缓正异常，椭圆状，长轴14km，短轴6km，岩性为中粒二长花岗岩，岩体周围形成的环状异常带，推断由接触蚀变引起。岩体对金成矿起重要作用，提供了金的物质来源及成矿热动力。

（4）中侏罗世花岗岩体，位于测区东北部面积性出露。磁场为中等强度，一般在200～300nT，向北东向磁场变弱。

2）火山岩

本区火山岩主要是新生代玄武岩，分布在测区西北部蛤蟆屯附近、测区北东端及东南端的宝石村附近3处，均属强度大，梯度陡的孤立状异常。

3. 变质岩地层

（1）中太古代四道砬子河岩组、杨家店组、四道砬子河组地层区内有零星出露。杨家店组地层，呈小块面积性出露，磁场为中等强度，处在东北岔—马家店以西的异常带上。

（2）新太古代三道沟组、老牛沟组分布在板庙子、老牛沟、夹皮沟一带。岩性主要是斜长角闪岩、角闪片岩、黑云变粒岩等，航磁为一条北西向的负异常带，夹皮沟金矿赋存于三道沟组变质岩中，金矿带与北西向的负异常带一致，位于最近异常带的边部。

（3）新元古代色洛河岩群达连沟岩组、红旗沟岩组主要岩性为变质砂岩、变质粉砂岩、大理岩等弱磁性地层，分布在老牛沟村成矿带的北东一侧，航磁表现为负异常带。

（三）含矿建造磁异常定性、定量解释

在航磁ΔT异常等值线平面图上（图5-3-3），垂直磁异常走向及地质构造走向选取一条北东向剖面。结合地质图及该区磁参数统计资料分析，吉C1-1976-33异常在区内最强，为中太古界四道砬子河岩组斜长角闪岩、黑云变粒岩、石榴二云片岩夹磁铁石英岩引起，中部低磁异常由新太古代变质二长花岗岩引起。剖面北东段次一级高磁异常地表分布有新太古代英云闪长质片麻岩，其磁性略强于新太古代变质二长花岗岩，不足以引起该高磁异常，推断深部有隐伏的含磁铁石英岩、中太古界四道砬子河岩组赋存。

夹皮沟金矿田大、中、小矿床数量较多，小型铜金、铅锌矿床各一处，四道砬子河岩组和太古宙英云闪长质片麻岩为该区铁、铜、金矿产的成矿建造，北西向韧性剪切带为成矿构造，矿产预测类型为绿岩型。采用RGIS软件系统进行剖面2.5D磁异常正反演定量解释，使用参数及反演结果见图，推断出四道砬子河岩组、太古宙英云闪长质片麻岩及变质二长花岗岩深部赋存状态，接触带、韧性剪切带位置产状，推断出深部隐伏的含磁铁石英岩、中太古代四道砬子河岩组顶界面埋深在500m左右。

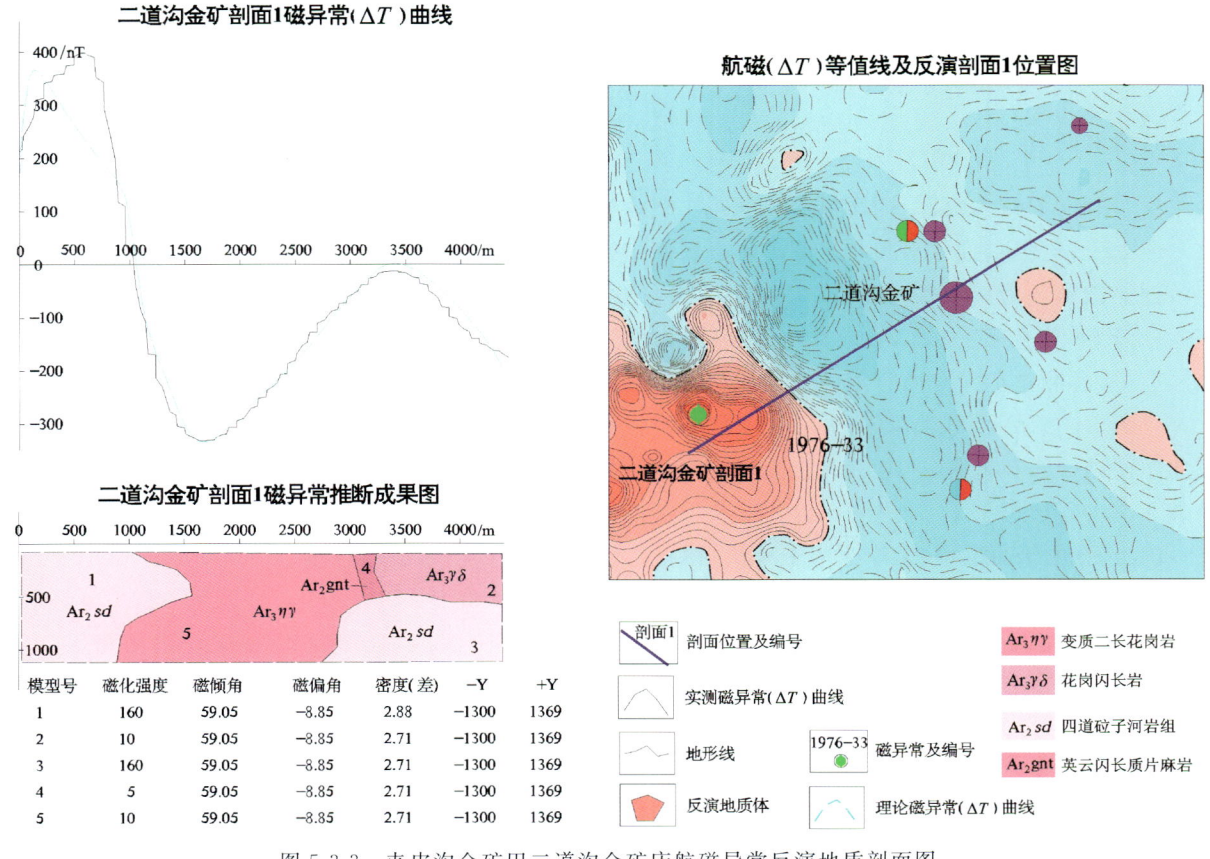

图 5-3-3 夹皮沟金矿田二道沟金矿床航磁异常反演地质剖面图

四、兰家铜、金矿预测工作区

铜、金矿预测类型为层控内生型。

（一）磁场特征

预测区位于大黑山条垒地区，东侧是伊-舒深大断裂带。在 1:5 万航磁图上，区内磁场大体可分为两部分。预测区两侧为一条北东向的强磁异常带，在北部李家屯—新立屯一带，局部异常呈条带状或等轴状分布，强度 200~300nT。对应白垩系泉头组地层，岩性为砂岩、泥岩等，弱磁性，推测白垩系地层下有隐伏岩体。在南部杨棚铺—大顶子—后双泉一带，呈三角形异常带，局部异常为北东向条带状，强度一般 300~500nT，最高达 1300~1500nT。对应岩性为燕山期花岗岩、海西期花岗岩、海西期石英闪长岩及二叠系蚀变安山岩等。

预测区东侧为一相对弱磁场，负磁场中分布一些北东向或东西向的正异常，强度在 100~300nT，弱磁场对应二叠系的砂岩、页岩、灰岩等弱磁性岩石，正异常主要与燕山期花岗岩有关。兰家金矿分布在磁异常边部，梯度带附近。

(二)推断地质构造

1. 推断断裂

(1)F2 位于测区西部,闫家屯—杨家屯—甘家岭村一线,北东向,沿梯度带分布,长 22.6km。断裂北东段处于白垩系地层中,其北东侧出露石炭系余富屯组地层,升高的磁场可能与侵入体有关。断裂南西段西侧高磁场为侏罗系花岗岩,东侧为白垩系地层,该断裂与地质上实测断层部分吻合。

(2)F14 位于测区中部,大蒋家屯附近,沿梯度带南北向分布,长约 4km,东侧负磁场主要与二叠系地层有关,西侧正负异常由石英闪长岩引起,断裂的一侧有兰家金矿分布,该断裂与金矿成矿有关。

(3)F6 位于测区北部,团山子村—李家屯一线,沿北东向梯度带及异常低值带分布,长 8.5km。断裂北东段处于石英闪长岩中,并有蚀变安山岩,南西段处于第四系覆盖中。断裂属于大断裂带中的次级断裂。

(4)F10 位于测区中部,李家屯—林山村一线,北东向,沿梯度带弧形分布,长 12.6km。磁场北西侧弱,南东侧强,断裂处于侏罗系二长花岗岩中,为大断裂的次级断裂。

区内推断断裂共 15 条,其中北东向、北东东向共 10 条,北西向 3 条,南北向、东西向各 1 条。

2. 岩浆岩

区内侵入岩发育,除少量基性—超基性岩类外,主要为中性、中酸性和酸性岩类,岩浆活动频繁。往往呈多次侵入的复式岩体,岩体反映的磁场较为复杂,表现为多个岩体磁性的叠加。在预测区南部后双泉—乌龙泉一带有两条并列的北东向条带状异常。最高强度分别为 1370nT 和 1540nT,根据其形态强度高、梯度陡,推断为两个闪长岩体。在上三家子—烧锅甸子—杨棚铺一带,北东向的带状异常带隐伏的为中生代闪长岩或花岗闪长岩体。

在预测区北部,团山子村以北东向的高值异常推断 2 处基性岩体。在四家乡、杂木村、王家瓦房村,出露 3 处侏罗系黑云母碱长花岗岩,磁场处于低缓异常带或负磁场中。

在兰家金矿附近,成矿岩体为石英闪长岩,其含矿性较好,磁性较弱,区内有多处分布。

3. 二叠系地层

下二叠统范家屯组,劝农山及石头口门附近出露岩性为粉砂岩、砂板岩、灰岩、凝灰岩、凝灰质砂岩等,该地层与 Au、S、Fe 成矿关系密切。对应航磁为负磁场。

4. 区内航磁异常编号

(1)吉 C-1989-149。强磁区东缘叠加次级异常带,走向北东,长 2km,宽 0.4km,强度 600nT。异常区被第四系覆盖,北端有燕山期石英闪长岩和二叠系范家屯组灰岩,东风硫铁金矿在其东侧,北部有 Cu、Pb、Hg、Bi、Sb 化探异常。异常与石英闪长岩和接触带有关,是找 Au 及多金属矿有利地带。

(2)吉 C-1989-150。强磁区东侧的叠加异常,走向北东,长 1.5km,宽 0.5km,强度 500~700nT。异常处于燕山期石英闪长岩中。南侧有二叠系灰岩捕房体,东风硫铁金矿在异常南侧,有 Cu、Pb、Zn、Ag、Hg、Bi、Sb 化探异常,推断异常由石英闪长岩引起,并与磁铁矿有关。为寻找多金属和 Au、Ag 等贵金属有利地带。

(3)吉 C-1989-153。强磁区北端小异常,近南北向,长 1km,宽 0.3~0.4km,强度 200~300nT,异常

处于燕山期石英闪长岩与二叠系范家屯组接触带上,北部延至营城组中,有化探 Au、Cu 异常。

(4)吉 C-1989-155。异常走向北西,长 2.5km,宽 1km,中心强度 450nT。异常西北部处于二叠系范家屯组,东南部延入燕山期花岗岩,北侧有近东西向断裂。地层中见夕卡岩化,并有化探 Bi、Zn、Ag、Hg 异常,西北部与金矿化带相吻合。

5. 成矿远景区

位于测区中部,南起后双泉,北经烧锅甸子、杨棚铺、林山村、北山屯、周家皮铺,范围内部规则状北东向分布,长约 16km,宽 6~7km,面积 100~110km^2。

地质上处于下二叠统范家屯组砂岩、粉砂质页岩、灰岩等,周围侵入岩为燕山期石英闪长岩、黑云母二长花岗岩、黑云母碱长花岗岩等。接触带附近围岩形成强烈蚀变,有磁铁矿化、褐铁矿化,金含量较高。远景区内有已知兰家东风(硫铁)小型金矿床及多处金矿点。区内航磁以负磁场为主,并有局部异常。如吉 C4-1989-149、吉 C4-1989-150、吉 C4-1989-151、吉 C4-1989-152、吉 C4-1989-153、吉 C4-1989-147,而吉 C4-1989-149、吉 C4-1989-150 为甲类异常,由已知矿床引起。土壤化探异常有 Cu、Pb、Zn、Ag、Hg、Bi、Sb 元素套合异常,Cu、Pb、Au、Mo 异常。

(三)含矿建造磁异常定性、定量解释

经过兰家夕卡岩型金矿床,同时垂直航磁异常走向及地质构造走向选取一条北西向剖面,该剖面横跨吉 C4-1989-149 和吉 C4-1989-150 之间沿北东向过渡部位上。结合地质图及该区磁参数统计资料分析,二叠系范家屯组砂岩、板岩无磁性,晚三叠世石英闪长岩具有中弱磁性可产生较强磁异常。采用 RGIS 软件系统进行剖面 2.5D 磁异常正反演定量解释,推断二叠系范家屯组地层与晚三叠世石英闪长岩间夕卡岩带位置产状,夕卡岩带是找金矿的有利部位。

五、二密-老岭沟铜矿预测工作区

铜矿预测类型为侵入岩浆型。

(一)磁场特征

区内东部和西部磁场不同,东部是平缓弱磁场,西部是跳变的强磁场。在二密—新华村一带,呈现一条大致北北西向的磁异常高值带,幅值 700~1000nT,背景场 200~300nT。

预测区处于龙岗断块南部,出露地层主要是新太古代深变质岩系,磁场强度在 300nT 左右。八道沟村附近为侏罗系火山岩覆盖,碎屑岩和酸性火山岩基本无磁性,而安山岩等中性岩磁化率可达 $n\times 100\times 10^{-5}$SI,辉石安山岩可达 1800×10^{-5}SI。火山岩性不均匀,磁性变化大,可产生一些跳跃较大的异常。区内岩浆活动频繁,沿裂隙多期多次侵入,形成大量不同性质的岩墙、岩枝、岩脉。在赤柏松附近,有一片密集的中基性岩、基性脉岩群。其中分异较好的脉岩有铜镍矿床赋存。二密北部的石英闪长岩体边缘破碎带中有已知的铜矿。中基性、基性岩脉与多金属矿床的形成有密切联系。它们磁性较强,航磁异常明显。区内东部大片弱磁场区主要是晚元古代地层和部分新太古代弱磁性变质岩反映。

(二)推断地质构造

1. 区内推断断裂

(1)F8 位于测区东部,东西向,沿梯度带展布,长 10.7km。南北两侧磁场不同,北侧为逐渐升高的磁场,岩性为新太古代雪花片麻岩,南侧为平缓负磁场,岩性为青白口系弱磁性或无磁性。

(2)F6 位于测区西部,九道沟门—向阳村一线,东西向,沿梯度带及磁场低值带展布,长 4.7km,断裂两侧均为火山岩。

(3)F7 位于测区中部,八宝沟门—马当镇一线,南北向,沿梯度带展布,长 7km。断裂处于侏罗系地层中,西侧是高值异常区,有脉岩分布,东侧为低值异常或负异常区。

(4)F10 位于测区南部大连川附近,北东东向,长 9.2km,断裂北侧为高值异常区,主要为侏罗系火山岩及侵入岩,南侧为低缓异常区。

区内推断断裂 12 条,北西向 5 条,东西向 4 条,北东向 2 条,南北向 1 条。

2. 岩浆岩

1)侵入岩

(1)新太古代片麻岩主要在预测区北部及东部,马当镇以北,光华镇以南,马鹿沟以东,大面积出露,磁场大部分为低缓正异常,一些局部小异常,多数与铁矿点有关。

(2)早白垩世松顶山石英闪长岩体位于测区西部通化铜矿附近,岩体处于高背景场中降低部分,最低处强度只有 50nT。岩体与铜矿成矿关系密切。

(3)闪长岩位于曙光村南 1km,由航磁吉 C-1987-115 推断范围为 2.5km×1.2km。经查证,认为该异常由闪长岩引起。

2)火山岩

位于测区西部高值异常区,异常呈条带状或团块状,强度高梯度陡,两侧有负值。侏罗系安山岩、斑状安山岩及次火山岩(闪长玢岩)等与异常吻合。

另外,在该区内圈定火山机构两处,分布在西部八道沟村南北两侧,磁异常呈团块,并有中间低四周高的特点。

3. 元古宙变质岩地层

(1)古元古界光华岩群双庙岩组位于光华镇一带,为变质气孔状玄武岩,斜长角闪岩夹大理岩,磁场低缓,并有负磁场。

(2)青白口纪地层位于测区南部葫芦套乡—高丽道义带,岩性为砂岩、页岩、泥灰岩等,对应平稳负磁场。

4. 区内航磁异常

(1)吉 C-1987-117 位于通化铜矿西,异常为高值背景中的低值异常,走向北西,长 2.5km,宽 1.5km,异常值 50nT。异常处于侏罗系中出露的石英闪长岩位置,异常区内有 Cu、Pb 化探异常。

(2)吉 C-1987-118 位于通化铜矿南部,异常走向不明显,长、宽各约 1km,异常强度在 500nT 左右。异常区内有侏罗系林头组凝灰岩及后期脉岩,闪长玢岩磁性较强,凝灰岩无磁性。经分析,认为异常由闪长玢岩引起,附近有 Cu、Pb、Zn 化探异常。

本区二密式斑岩型铜矿成矿与花岗斑岩、石英闪长岩有关,处于侏罗系火山岩覆盖区。二密—曙光村磁航异常带长 8km,宽 3~3.5km,面积约 26km²。异常由侵入岩与火山岩构成,编号异常吉 C-1987-117、吉 C-1987-118等附近都有 Cu、Pb、Zn 等化探异常,是寻找 Cu 等多金属矿有利地带。

六、小西南岔-杨金沟铜、金、钨矿预测工作区

铜、金、钨矿预测类型为侵入岩浆型。

(一)磁场特征

杨金沟—大北沟是区内大体呈北东向的高磁异常带分布区。高值异常主要与闪长花岗岩有关。据物性资料,闪长岩磁性较强,κ 值平均在 2300×10^{-5} SI,J_r 平均值 1000×10^{-3} A/m。在闪长岩体上,磁场一般在 $400 \sim 600$ nT,最大在 1200nT 以上,如航磁异常吉 C-1994-227 强度 700nT,异常吉 C-1994-228 强度 900nT,异常吉 C-1960-144 强度 1300nT。物性参数与航磁反映结果基本一致,区内闪长岩与多金属成矿关系密切。如小西南岔斑岩型金铜矿床与闪长岩有关,是区内重要的成矿母岩。闪长岩体的集中分布,对在区内寻找多金属矿床十分有利。

在高值航磁异常范围内有一条南北向分布的低缓异常带,对应寒武纪—奥陶纪变质岩组成的春化—四道沟中间凸起。位于小西南岔至区外的马滴达一带,由一套海底火山岩—碎屑岩建造组成。在该地层中发现大量的金铜钨矿化及化探组合异常,是区内金铜钨矿等多金属矿产的主要矿源层。

在预测区东部分布大片负磁场区,局部为低缓正异常,分别对应二叠系解放村组碎屑及二叠系花岗闪长岩。二叠系地层与中酸性岩体接触带往往形成蚀变带,并发现夕卡岩型铁铜矿化,是寻找夕卡岩型矿产的有利地带。

(二)推断地质构造

1. 推断断裂

(1)F2 沿南北向梯度带、磁梯度带延伸,南起上四道沟,向北至大北城附近,全长 38km,区内长 27km,沿断裂古生代地层呈南北向展布,并有闪长岩分布,是区内岩浆活动的重要通道。沿断裂有矿化蚀变现象。地表伴有化探异常,是区内重要的控矿构造。

(2)F10 位于测区中西部,沿东西向磁场梯度带,异常低值带延伸,长 19.5km。断裂两侧有闪长岩分布,是汪清-金仓东西向断裂的次级断裂。与南北向断裂交会部位,即小西南岔附近是寻找多金属矿床的有利部位。

(3)F6 位于测区中部,沿北东向梯度带、磁场突变带延伸,全长 40km,区内长 27km,断裂两侧磁场不同,南东侧为平静负磁场。沿断裂有闪长岩出露。北东向断裂控制了侵入岩的分布。

区内推断断裂 11 条。其中北东向 5 条,东西向 4 条,北西向、南北向各 1 条。

2. 侵入岩

1)闪长岩

在小西南岔金铜矿区进行的地面磁测及磁化率测定结果,遭受强烈混染的中细闪长岩 κ 变化仅在 $(20 \sim 50) \times 10^{-5}$ SI。在航磁图上反映低背景场。

(1)中二叠世闪长岩。在区内主要分布在高磁异常带上,在航磁图上反映明显以强度大,梯度陡为特征,并且最高强度可达 $800 \sim 1200$ nT,平均磁化率在 2300×10^{-5} SI 断裂分布。在区内分布较为密集,该闪长岩与多金属成矿关系密切。

(2)晚三叠世闪长岩位于测区西部,磁场强度100~200nT,低于二叠系闪长岩强度,区内圈定1处。

2)花岗闪长岩

(1)中二叠世花岗闪长岩位于测区中南部,航磁处于负异常或低缓正异常中,区内圈出1处。

(2)晚三叠世花岗闪长岩区内大面积出露遍布全区。

3. 古生代变质地层

1)寒武纪—奥陶纪香房子岩组

杨金沟岩组、马滴达岩组,主要呈南北向展布于小西南岔—马滴达一带,航磁呈负异常或低缓正异常。根据磁场特征,结合1:25万地质图及重力资料圈定,但各岩组之间不易区分。

2)二叠纪解放村组

岩性为海陆交互相破碎沉积岩系、砂岩、细砂岩、泥质粉砂岩等。在测区北部有出露,航磁对应负异常及低缓正异常,结合地质资料及重力资料进行圈定。

4. 航区航磁异常

(1)吉C-1994-226 位于测区西部938高点,异常位于波动的正磁场中,曲线呈双峰,梯度大,轴向东西,范围0.9km×1.9km,相对强度600nT。异常处在后期脉岩比较发育的斜长花岗岩、闪长岩中,地表矿化明显,伴有Au、Cu、Pb、Zn化探异常,并见有铁、铜、铅矿点。据ΔT异常特征,推断由闪长玢岩引起,鉴于异常处在火山机构边缘,且矿化明显,认为是寻找斑岩型或热液型金铜等多金属矿的有利地区。

(2)吉C-1994-227 位于测区797高点,异常处在磁场变异带中,曲线较规则,尖锐,梯度大,轴向北东,范围1.9km×3km,相对强度700nT。异常处在寒武系—奥陶系变质岩与二叠系闪长岩接触带上,地表矿化明显,并伴有Au、Cu、Pb、Zn化探异常。异常附近有金矿点,异常北部1.5km处是小西南岔金铜矿。推断异常由闪长岩引起,但区内成矿地质条件有利,应注意寻找斑岩型或接触交代型多金属矿。

(3)吉C-1994-244 位于吉C-1994-277北2km处,为大异常旁侧小异常。曲线规则,低缓,轴向北东,范围0.5km×0.7km,相对强度150nT。异常处在小西南岔金铜矿区内,断裂构造和脉岩发育的寒武系—奥陶系变质岩与二叠系内闪长岩接触带上,地表伴有Au、Cu、Pb、Zn化探异常,并见有金矿脉。推断为矿化蚀变岩引起,是寻找金铜矿的有利地区。

(4)吉C-1994-245 位于吉C-1994-244东1km处,为大异常之间的弱小异常,曲线规则,低缓,轴向北东,范围0.5km×1km,处在后期脉岩发育的寒武系—奥陶系变质岩内,地表伴有Au、Cu、Pb、Zn化探异常和金铜矿化。推断异常由矿化蚀变岩引起,是寻找金铜矿的有利地区。

(5)吉C-1994-240 位于测区东部409高点,春化镇北5km处,为磁场变异带上的孤立异常,曲线规则,低缓,范围0.7km×0.7km,相对强度140nT,异常位于二叠系花岗闪长岩内,附近有铜铅矿点和Au化探异常,推断异常由闪长岩引起,成矿条件较好。

(6)吉C-1994-241 位于大六道沟西4km处,是处在负磁场中的低缓正异常。北东走向曲线规则,对称,范围0.8km×0.6km,相对强度45nT。经航测队项目组地面检查,认为异常由闪长岩引起。但两侧伴生的次级异常与接触蚀变带相对应,并发现Ag、Cu、Pb、Zn化探异常,应注意多金属矿产。

(7)吉C-1994-242 位于测区南部221高点杨金沟北西西4km,是处在平静负磁场中的弱异常,曲线规则,范围0.6km×0.8km,相对强度30nT,异常处于晚期脉岩发育的寒武系—奥陶系变质岩中,其位置与杨金沟金属矿吻合,推断异常由与杨金沟金矿密切关系的中酸性侵入体引起。

(8)吉C-1994-220 位于测区南部784高点,杨金沟西7.2km,是平稳磁场中的近等轴状异常,曲线规则梯度较大,走向北东,范围1.4km×1.8km,相对强度520nT。异常位于闪长岩与寒武系—奥陶系变质岩接触带上,接触带后期脉岩发育,并见有夕卡岩带和Au矿脉,地表伴有Au、Ag、Cu、As化探异常。推断由蚀变岩或中酸性侵入体引起的,但异常区上成矿地质条件有利。

(9) 吉 C-1960-145 位于测区中部 562 高点，小西南岔北 3.5km。异常走向北北东向，曲线较规则，梯度陡，范围 2km×3km，相对强度 800nT。异常处在花岗闪长岩、闪长岩内。地表伴有 Au、Cu 化探异常，周围有二叠系和寒武系—奥陶系变质岩地层出露，并见有 Au、Cu、Pb 矿化。经查证，异常由闪长岩引起，但区内成矿地质条件较好，是寻找斑岩型金铜矿的有利地区。

(10) 吉 C-1994-243 位于测区西部，西南岔知情点北 2.2km，为负磁场中的低缓异常，曲线波动不规则，梯度小。轴向北西，范围 1.6km×2.8km，相对强度 150nT。异常处在二叠系地层与晚三叠世花岗闪长岩接触带上，地表伴有 Au、Cu、Pb、Zn 化探异常和金铜矿点。异常区内成矿地质条件较好，推断异常由矿化蚀变带引起。

区内异常带较多，除上述异常外，尚有一些异常较好，如吉 C-1994-231、吉 C-1994-232、吉 C-1994-233、吉 C-1960-143 等，处在多金属成矿有利地带，不能忽视。

5. 找矿远景区

该区处在马滴达—春化多金属成矿地带上。二叠纪碎屑岩，寒武纪—奥陶纪变质岩及三叠纪花岗闪长岩、二长花岗岩，二叠纪闪长岩，在区内大面积分布，区内断裂构造复杂，岩浆活动强烈，热液蚀变发育，是斑岩型、热液型金、铜等多重成矿的重要地带。根据物探异常、化探异常及矿床矿点的分布，区内划分出 8 个找矿远景区，其中有两个是根据航磁报告中推断成果直接利用，以下分别叙述。

(1) 小西南岔火山机构找矿远景区（摘自 1944 年珲春地区航磁报告）位于小西南岔西马滴达—春北多金属成矿带上，由吉 C-1994-226、吉 C-1994-231 及未编号异常等组成。该火山机构处在南北向和东西向断裂交会部位，后期闪长玢岩脉、花岗岩脉和石英闪长岩脉比较发育的二叠系闪长岩中。环线火山机构热液蚀变强烈，金、铜等多金属矿化明显，并有套合较好的 Au、Cu、Pb、Zn、Mo 化探异常和金、方铅矿重砂异常，同时在火山机构内发现金、多金属矿点 3 处。依据 ΔT 曲线特征和物性测定结果推断呈环形分布的异常由次火山岩，即闪长玢岩引起，鉴于构造环境、地化异常和矿化标志明显，认为是间接寻找斑岩型或火山岩热液型金、铜等多金属矿的有利地区。推断的火山机构还有 1 处，地质火山机构北面，由吉 C-1994-232、吉 C-1994-233 及未编号异常组成，其成矿地质条件与前者相似，不再重复。

(2) 小西南岔—厢房子找矿远景区位于小西南岔—厢房子一带，处在马滴达—春北多金属成矿带上，多组断裂区内通过，后期闪长玢岩脉、花岗斑岩脉发育，并有中酸性侵入岩与寒武系—奥陶系变质岩接触带。区内航磁异常，吉 C-1994-244、吉 C-1994-245、吉 C-1994-227、吉 C-1994-229 处在成矿有利地带，异常附近地表见 Au、Cu、Pb、Zn 等化探异常。目前已发现的大型斑岩型金铜矿床 1 处，金矿点 2 处，是寻找金矿、金铜矿床有利地带。特别是吉 C-1994-229、吉 C-1994-244、吉 C-1994-245 异常区和其间的平稳弱磁场区是寻找小西南岔金铜矿最有希望的地区。

(3) 杨金沟找矿远景区位于预测区南部，马滴达—春化多金属成矿带上，有南北向、北东向断裂通过远景区，沿断裂闪长岩发育。远景区内有吉 C-1994-220、吉 C-1994-242、吉 C-1994-241 3 处编号异常。吉 C-1994-220 处于晚三叠世闪长岩与寒武系—奥陶系变质岩接触带上，沿接触带后期闪长玢岩脉发育，并见有夕卡岩带和金矿脉，地表伴有 Au、Ag、Cu、As 化探异常。吉 C-1994-242 相对强度 50nT，处在花岗斑岩脉、石英脉比较发育的寒武系—奥陶系变质岩中，矿化蚀变比较发育的地段，异常位置与杨金沟金矿床对应。据野外磁化率测定，矿区内含金蚀变岩及围岩均无磁性，推断异常由与含金蚀变岩密切相关的花岗斑岩脉引起。吉 C-1994-241 位于闪长岩中，并见有 Ag、Cu、Pb、Zn 化探异常。由以上可以看出，远景处在 Ag、Cu 等多金属成矿有利地段。

预测区内还有中土门子-葫芦头沟远景区、太平沟村远景区及西南岔知情点北远景区。

(三) 含矿建造磁异常定性、定量解释

小西南岔铜、金、钨矿预测类型为侵入岩浆型。闪长岩、花岗闪长岩为含矿岩体，北东向磁异常梯度带反映的断裂为成矿构造。海西期蚀变闪长岩与古生界五道沟岩群杨金沟岩组接触带岩体一侧为成矿有利部位,印支期岩浆活动使矿体进一步富集。结合地质图(图5-3-4)及该区磁参数统计资料分析,印支期花岗闪长岩、海西期闪长岩磁性较强,可以产生较高磁异常,杨金沟岩组磁性中等,可以产生背景磁异常,海西期闪长岩蚀变后磁性显著降低,为区内最低,可以产生低(负)磁异常。采用RGIS软件系统进行剖面2.5D磁异常正反演定量解释,推断出海西期闪长岩及其蚀变带范围,接触带位置产状,接触带在深度−350m上下由缓变陡。

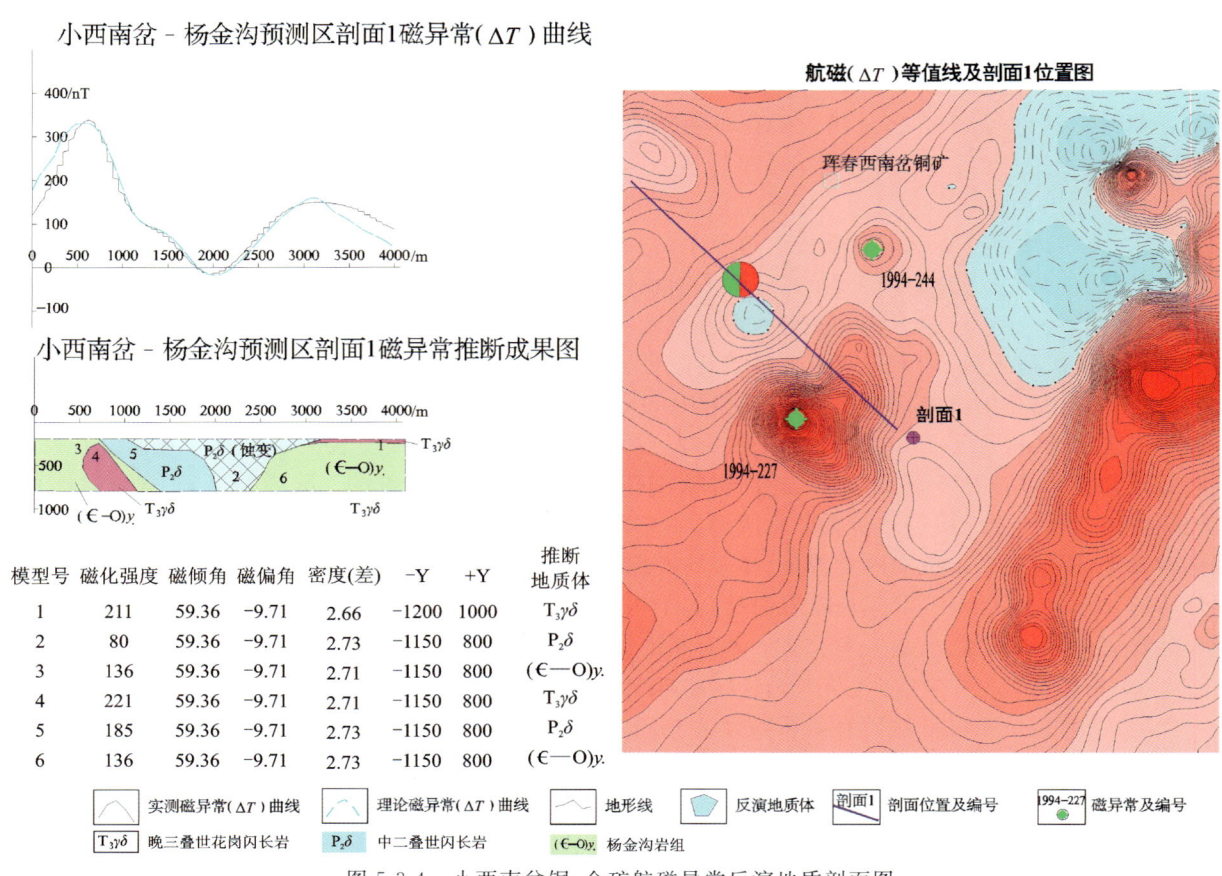

图 5-3-4　小西南岔铜、金矿航磁异常反演地质剖面图

七、梨树沟-红太平铜、铅、锌矿预测工作区

铜、铅、锌矿预测类型为火山岩型。

(一)磁场特征

预测区处于吉北古生代褶皱区,晚古生代被动陆缘裂陷带内,石门-蛤蟆塘-天桥岭大断裂在区内通过。测区东部异常规律明显,主要为北东向的异常带,异常强度不一,如在庙岭村至大荒地异常带,异常低缓,强度不高,一般在100~200nT,异常带对应的是早白垩世金沟组火山岩及火山碎屑岩等。而在口山村、天桥岭、鱼亮子村一带,异常梯度陡,强度高,可达800~1000nT,两侧有负值,异常对应晚三叠世天桥岭组火山岩、火山碎屑岩及沿断裂分布的玄武岩。

在红太平、桃源村、骆驼山村一带，异常带走向大体为北东向局部异常，呈团块状或孤立异常，异常最高强度一般 400～500nT。异常带分别对应二叠系庙岭组地层、中二叠世二长花岗岩及早侏罗世的花岗闪长岩。该处位于二叠系地层与花岗岩、花岗闪长岩的接触部位，对成矿十分有利，处于接触带的异常有吉 C-1978-118、吉 C-1978-122、吉 C-1978-123、吉 C-1978-124、吉 C-1978-128 等。在 78-128 异常附近分布有已知鹿圈子铜矿点，属中温热液裂隙充填型。这类异常峰值强度一般在 200～300nT，呈单峰，形状规则，多数是孤立异常，范围小。因此，对弱小的航磁异常不可忽视，它们对寻找铜铅锌多金属矿提供了线索。

在 F1 断裂以西，除沿断裂分布的条带状异常强度较高外，其余异常强度较低，在大片负磁场中一般为 -100nT 左右，分布一些孤立异常或团状异常，强度不大，在 200～300nT。该磁场对应中生代地层及侵入岩和新生代的玄武岩。

区内红太平多金属矿处在异常带边部的负磁场中，负磁场中的局部小异常为矿床产出部位。

(二) 推断地质构造

1. 推断断裂

(1) F1 位于测区中部五家村—大兴村一带，沿北东向梯度带，磁场突变带展布，北部延出测区，区内长 28km。在断裂南东侧，负磁场对应早白垩世大砬子组砂砾岩、泥岩等无磁岩性。另一侧正磁异常带对应晚三叠世二长花岗岩，二者断层接触。该断裂与地质上实测断裂吻合。

(2) F3 位于测区东部，经口山村、天桥岭至青松村附近，沿北东向磁场梯度带及磁场突变带延伸，两端均延出测区，区内长 20.7km。断裂的南东一侧为北东向的高值异常带，异常带的异常最高强度达 1000nT。断裂从南向北分别是沿断裂分布的玄武岩、安山岩等火山岩。断裂南西侧主要是中生代火山碎屑岩地层。

(3) F5 位于测区东部，经鹿圈子村、托盘沟，沿北东向梯度带，磁场突变带延伸，两端延出测区，区内长 16.5km，断裂北段处于晚三叠世天桥岭组火山碎屑岩与早白垩世火山岩、火山碎屑岩接触部位。断裂两侧均有玄武岩分布。

南段位于晚三叠世托盘沟组中酸性火山碎屑岩中，并有玄武岩分布。

(4) F2 位于测区东部，从天桥岭至大兴岭，沿北西向梯度带，磁场突变带展布，长 14.5km，断裂南东段处在二叠系庙岭组地层与侏罗系花岗闪长岩接触带上，北段在花岗闪长岩中，断裂与北西向的河道一致。区内推断断裂北东向 7 条，北西向 1 条，共计 8 条。

2. 侵入岩

侵入岩体圈定主要根据是 1:5 万航磁异常特征，并结合 1:25 万地质图圈定。

(1) 早二叠世片麻状英云闪长岩位于测区西部，处于负磁场中，岩体略高于背景场，局部有孤立的小异常。岩体范围约 6.4km×6.5km。

(2) 中二叠世二长花岗岩位于测区南部，处于波动磁场中，局部有一些孤立小异常，范围约 5.5km×8km。

(3) 晚二叠世二长花岗岩位于测区西部，形态不规则，处于负磁场区。

(4) 晚三叠世花岗闪长岩位于测区西部、北东向分布，处于波动升高的磁场中，异常较连续，位于断裂的一侧，范围 9.5km×3km。

(5) 晚三叠世二长花岗岩位于测区西部、北东向分布，处于高值异常中，异常形态不规则，范围约 2.5km×8km。

(6) 早侏罗世花岗闪长岩有 3 处：①位于测区东部，骆驼山村—天山村一带，形状不规则，磁场多为低缓正异常；②位于测区东部南侧，在桃源村东南方向，开拓屯、开原一带，异常形态不规则，局部有北东向的高值异常带;③位于测区西部,形态不规则,处于负磁场区。

区内圈定各期侵入岩体共 8 处。

3. 火山岩

本区玄武岩遍布全区,以小片出现。磁场以杂乱跳变磁场为主,从平面等值线图上看,主要是正负相间的磁场,异常不连续。区内玄武岩为新生代老爷岭玄武岩,分布在测区西部、中部及东部的天桥岭附近,玄武岩共圈出 4 处。

4. 变质岩地层

(1)杨木岩组岩性为含榴二云石英片岩、钠长片岩、变粒岩夹大理岩。岩性磁性较弱,地层处于负磁场中,区内只有一处,位于测区西北部。

(2)二叠纪庙岭组地层岩性为砂砾岩,粉砂岩、板岩和灰岩等。泥质砂板岩、泥灰岩中见有含铜层位,品位较高。航磁对应中等强度的磁场,并有部分负磁场。区内共有 2 处:一处在红太平、桃源村、开拓屯一带,范围较大,并有一小型铜铅锌矿床;另一处在庙岭村以北,鹿圈子村附近,范围较小。庙岭组地层是多金属矿的主要含矿层位,红太平多金属即产于该层位中。

5. 区内航磁异常

(1)吉 C-78-122 位于测区北部,骆驼山村东,异常走向北西,范围 1.5km×0.8km,强度 600nT,为正磁场中的孤立异常,处于侏罗纪花岗闪长岩中,附近有二叠系地层,推断与夕卡岩矿有关。

(2)吉 C-78-123 位于桃园村西北 3.5km,出现在负磁场中的低缓异常,形态规则,走向北东,强度 300nT,范围 1km×1.5km,处于二叠系庙岭组地层,附近有侏罗纪花岗岩出露,推断与多金属矿有关。

(3)吉 C-78-124 位于红太平附近,孤立异常,走向不明显,强度 320nT,处于二叠纪庙岭组地层中,推断由多金属矿引起。

(4)吉 C-78-128 位于庙岭村北鹿圈子村附近,出现在正负磁场交界处的尖陡异常,走向北东,强度 780nT,范围 1.5km×0.5km,异常处于二叠纪庙岭组地层中。附近有鹿圈子铜矿点。推断由多金属矿引起。

(5)吉 C-78-125 位于桃山村东,口山村附近,出现在负磁场中的低缓异常,走向北东,范围 1km×0.8km,强度 210nT,异常形态规则,处于二叠纪柯岛组地层中,推断由小型夕卡岩矿引起。

(6)吉 C-78-118 位于测区南部开原村附近,北东向分布,范围 3km×0.7km,强度 320nT,异常形态规则,出现在负磁场中,处于大片侏罗系钾长花岗岩与二叠纪庙岭组地层接触带上,推断与夕卡岩型矿有关。

(7)吉 C-60-37 位于测区北部,五家村西 3.5km,走向近南北,范围 4km×1km,强度 780nT。异常两侧梯度较陡,处于晚三叠世二长花岗岩与二叠纪柯岛组地层接触带上。推断异常与矽卡岩型铁铜矿有关。

(8)吉 C-60-43 位于测区南部 78-118 异常西南 7km 处,走向北东,范围 3km×1.5km,强度 500nT。异常呈条带状,以平稳负磁场为背景。处于大片侏罗系花岗岩中,推断由夕卡岩型铁铜矿引起。

八、矿洞子—青石镇铅、锌矿预测工作区

铅、锌矿预测类型为夕卡岩型。

(一)磁场特征

区内以宽缓波动升高的正磁场为主要特征,呈北东向沿鸭绿江展布。区内岩浆岩发育,并且大面积

出露。在测区中西部，小东沟、山城村向北至大桥沟、五道阳岔一带出露，白垩纪花岗岩体，磁场由南向北逐步降低，南部300～400nT，北部50～100nT。可能是由于不同期次不同岩性存在磁性差异造成的。

另一处岩体，即在小西南岔—老岭村—前石岭一带，为白垩纪花岗岩体，则以弱磁场为主。

区内出露的元古宙集安群变质岩地层，局部出露，磁场较高。如在四道岔附近，磁场300～400nT，最高600nT。侏罗纪火山岩发育，并且大面积分布，磁场较强，一般在200～300nT。本区处于鸭绿江成矿带上，断裂构造和侵入岩均比较发育，对于叠加在岩体边缘的次级异常可能是寻找接触交代型或热液型多金属矿的有利线索。

（二）推断地质构造

1. 推断断裂

（1）F3 位于测区东部，沿鸭绿江北东向展布，南起果树村、夹皮沟、大清沟至冰湖等地，长约48.3km。断裂以北东向降低的线性梯度带为标志，两侧磁场明显不同，北西侧以宽缓波动升高的正磁场为主，局部异常多呈北东向分布。南东侧以宽缓平稳降低的正磁场为主，反映断裂两侧的沉积建造、构造变动和岩浆活动差异较大。该断裂即为鸭绿江断裂，属于长期活动的深大断裂，对有色金属、贵金属有明显的控制作用，成为重要的构造岩浆岩带和多金属成矿带。

（2）F13 位于测区北部，南起老岭五队，经老岭村、九道沟至测区边部，长约16.5km，北东向，沿降低的线性梯度带展布。断裂南段处于早白垩世花岗斑岩中，北段在侏罗系凝灰岩中，该断裂与北东向的河流吻合。

（3）F5 位于测区东部，下套村—双安屯一线，长约11.5km，北西西向，沿梯度带及低值带展布。断裂两侧磁场不同，北侧磁场降低，对应岩性为早白垩世花岗斑岩，南侧磁场升高，对应岩性为侏罗纪安山岩、安山质凝灰岩等。

区内共推断断裂12条，其中北东向5条，北西向、北西西向5条，南北向2条，一级断裂1条（F3）。

2. 侵入岩

1）早白垩世花岗斑岩

（1）老岭村岩体在小西南岔—老岭村—前石岭—杨木杆子一带出露，对应航磁为50～100nT的低缓异常带，局部在200～300nT。根据岩体的成矿专属性，有利于形成Fe、Pb、Zn矿产。

（2）通沟村岩体在测区南部通沟村—山城村—丁川—西岔一带出露，对应200～300nT航磁异常带。与老岭村岩体有一定磁性差异。该岩体有利于形成Cu、Pb、Zn矿产。

2）早白垩世二长花岗岩

在测区西部老鹰沟—五道阳岔—大桥沟一带出露，对应弱磁场，一般在50～100nT。

3. 火山岩

（1）区内火山岩主要是侏罗纪安山岩类，异常强度高，梯度陡，十分醒目。在测区西部正岔附近圈出4处，在东部下套村及老营场附近各1处，共6处。

（2）石湖火山机构（引自1990年集安—桓仁航磁报告）位于测区北部石湖村，由编号异常吉C-1987-76、吉C-1987-75、吉C-1987-79及未编号异常构成。该火山机构与1∶50万地质图所确定的火山口位置和1∶50万卫片显示的环形影像基本吻合。

4. 元古宙及古生代地层

1)古元古代集安岩群

(1)蚂蚁河岩组位于测区西北部大东岔—二道阳岔一带,岩性为变粒岩、浅粒岩、大理岩等,以硼矿为特征。对应磁场较强,一般在300nT左右,局部异常达400nT以上,如吉C-1990-41,极大值460nT,推断由硼镁铁矿引起。

(2)荒岔沟岩组位于测区中部,六叶村—大青沟里一带,岩性为石墨变粒岩、含石墨大理岩夹斜长角闪岩等。对应磁场100~200nT,局部异常在300~400nT,如吉C-1987-104,岩体与地层接触带部位异常强度300nT,推断与多金属矿化有关。

2)寒武系、奥陶系地层

在沿江的上解放村—汞洞子一带,奥陶系地层为中薄层灰岩夹页岩,寒武系地层为白云岩、粉砂岩、页岩等,以上均属弱磁性,对应磁场在30~100nT。寒武系—奥陶系灰岩与中生代侵入岩接触带是寻找夕卡岩型多金属矿的有利部位。

5. 区内航磁异常

(1)吉C-1990-88位于山城村附近,异常走向北东,范围1.5km×0.7km,极大值430nT。位于白垩系花岗斑岩中,有铅锌矿点,对应有Au、Ca、Mo化探异常,推断为花岗斑岩蚀变引起,成矿条件较好。

(2)吉C-1987-102位于四道阳岔附近,走向近东西,异常低缓,范围1.0km×1.0km,强度为170nT。异常处于新开河组地层与花岗斑岩接触带位置,异常附近有一已知铅锌矿矿点,推断异常由蚀变带引起。

(3)吉C-1987-83位于石岭附近,异常北西走向,长1.5km,宽1.0km,强度90nT。异常处于侏罗系果松组地层,有花岗斑岩出露,并有已知裂隙充填型铅锌矿点。

(4)吉C-1987-106位于老鹰沟附近,异常宽缓,走向近南北,长2km,宽1km,强度170nT。处于花岗斑岩出露区并有闪长岩及新开河组地层分布,附近有Au、Pb辰砂化探异常。

(5)吉C-1990-94位于头道阳岔2km,异常轴向北东,两侧梯度陡,范围1.7km×0.8km,极大值280nT。处于黑云母花岗岩与清河组地层接触带上,并有一夕卡岩型铜铁矿点,推断由铜铁矿引起。

航磁异常吉C-1987-102、吉C-1987-106、吉C-1987-83,周围是寻找铅、锌等多金属矿的有利地段。在上解放村—汞洞子一带,出露寒武系、奥陶系的含碳酸盐岩地层,并且在鸭绿江大断裂的旁侧,成矿条件十分有利,同样是寻找铅、锌等多金属矿的有利地带。

九、天宝山铅、锌矿预测工作区

铅、锌矿预测类型为复合内生型。

(一)磁场特征

预测区位于吉林槽区改造的古生代褶皱基底上,中生代滨太平洋活动陆缘长白山火山—深成岩带前缘。

区内磁场平稳低缓,只在北部和东部,局部有高值异常显示。西部主要是大面积出露的早三叠世—晚二叠世中酸性侵入岩,其北侧是石门角闪花岗闪长岩体,南侧是小蒲柴河花岗闪长岩体,磁场为低缓正异常和负异常。

测区东部出露岩性为早侏罗世二长花岗岩、花岗闪长岩,三叠纪闪长岩等中生代侵入体及中生代火山岩,磁场略有升高,局部异常可能与接触蚀变带或中生代闪长岩、火山岩有关。

(二)推断地质构造

1. 推断断裂

(1)F3位于测区中部,南北天宝山—舞鹤村—大福屯一线,沿梯度带、磁场低值带北西向展布,长约19km。北西断裂为区内主要控矿构造。

(2)F4位于测区中部,西起永胜村,经石门镇至仲坪村一线,北东向,沿梯度带及磁场低值带展布,长32.5km,北东向断裂为区内深大断裂的次级构造。

(3)F6位于测区南部,断裂沿北东向梯度带,磁场低值带展布,长约33km,沿断裂有闪长岩出露。

区内共推断断裂8条,其中北西向3条,北东向5条。

2. 侵入岩

(1)早三叠世—晚二叠世花岗闪长岩岩体,大面积出露于测区西部,闹子沟、福兴村、南柳村等地。航磁对应低缓正异常或负异常场,是区内主要侵入岩之一。

(2)晚三叠世闪长岩零星出露于测区东部,多为独立异常,强度不一,最高为600nT。区内圈出5处。

(3)早侏罗世二长花岗岩及花岗闪长岩主要在预测区东部五产屯、榆树川、南沟屯、龙水村等地出露,对应航磁低缓正异常和负异常场。

(4)晚三叠世石英二长闪长岩在预测区中部天宝山铅锌矿附近出露,对应航磁为低缓正磁场。

(5)早寒武世片麻状花岗闪长岩位于测区南部,向南延伸出测区,对应航磁为低缓弱异常。

3. 火山岩

(1)晚三叠世托盘沟组出露于天宝山北部,岩性为安山岩、英安岩、安山质角砾岩、凝灰岩、流纹岩。磁场为负异常及局部正异常。

(2)早白垩世泉水村组在天宝山北部、中部出露,岩性为安山岩、碎屑岩。中生代火山岩分布在天宝山的北部、中部,构成天宝山火山盆地。

(3)在预测区东部边缘,宝兴村—中央坑附近白垩系大砬子组地层中,异常杂乱,强度高,梯度陡,异常延长测区,两侧有负值,最高强度1000nT左右,推测为安山岩引起。

4. 古生代地层

(1)石炭系天宝山组分布在天宝山镇附近,岩性为结晶灰岩、黑色粉砂岩、砂屑灰岩、泥质板岩和少许安山岩。该层位是铅锌矿的主要矿源层。

(2)二叠系地层分布于东风坑附近,岩性为中酸性火山岩夹碳酸盐岩、板岩,二叠系地层与Cu、Pb、Zn矿化有关。古生代地层上航磁表现为弱磁场。

5. 区内航磁异常

(1)吉C-1960-105位于天宝山北九户洞村,走向北东,长2.8km,宽1.3km,最高强度1000nT,两侧均有负值。异常附近有二叠系地层及侏罗系花岗闪长岩,天宝山铅锌矿与异常吻合。推断异常与多金属矿有关。

(2)吉C-1960-132位于太阳村北1.2km,走向北东,长2km,宽0.6km,两侧梯度较陡,强度200nT。

异常处在大片花岗岩中,并有闪长岩。推断异常与铁铜或多金属矿有关。

(3)吉 C-1960-111 位于仲平村南约 3km,走向北东,长 2.2km,宽 0.8km,两侧梯度较陡,强度 240nT。异常处于花岗闪长岩与二叠系地层接触带上,推断可能与多金属矿有关。

第四节 镍、钼、银矿等预测工作区磁场特征及解释推断

吉林省镍、铬、钼、银、硼、硫、萤石 7 个矿种 37 个预测工作区,去除位置、范围一致的,实际为 34 个预测工作区。本节仅对以镍、铬、钼、银、硼、硫矿为主要预测类型的 13 个重要预测工作区的磁场特征及磁法推断地质构造特征介绍如下。

一、前撮落-火龙岭钼矿预测工作区

(一)磁场特征

预测区位于盘桦裂陷槽的东缘,南楼山-辽源中生代火山盆地群、吉林中东部火山岩浆段的叠合部位。早古生界为一套浅海火山岩—沉积变质岩建造及火山屑变质岩,晚古生界为浅海相碳酸盐岩、火山碎屑岩。区内均有分布中新生代内陆盆地沉积、火山碎屑堆积及中生代中酸性侵入岩。

从 1∶5 万航磁异常化极图上可看出,区内航磁异常数量较多且分布有一定规律,或成片,或成带分布,为简化层次,划分为若干异常带加以叙述。

1. 烟筒山-双河镇-西阳异常带

异常带北部包括芹菜沟、头道沟、水浒沟等异常,南部包括新发村、宝善村、钓鱼台等异常。

头道沟一带异常走向北东,形态不规则,强度高,梯度陡,特征明显。芹菜沟异常走向近南北,呈串珠状分布。异常主要由超基性岩体引起。

头道沟异常伴随一条重要的多金属成矿带(倒木河-三家子多金属成矿带),该成矿带近东西向分布,有多处矿床、矿点,如前撮落钼矿、倒木河钼、锌多金属矿床、头道沟多金属硫铁矿、倒木河硫铁矿、三家子钼矿点、长岗钼矿点等。北部西阳—水浒沟一带异常处于燕山期花岗岩和侏罗系火山岩地层中。

南部异常走向北东向,局部异常呈条带状或不规则状,异常强度高,梯度陡,两侧负值特征明显。异常带与早石炭系余福屯组和鹿圈屯组海相火山岩—沉积岩及部分燕山期花岗岩相相对应。在余富屯组地层中,有一条北北东向的糜棱岩和千糜岩化带与地层分布一致。在该带上有民主屯银矿、小犁河金矿、头道川金矿、硼村银矿点,在空间上存在一条北北东向的贵金属成矿带,该带处于磁场正、负变化之上。民主屯银矿处于负磁场中,头道川金矿处于 400nT 左右的异常带上。异常带上的强异常主要与变质火山岩有关。

2. 细林镇-铁西村异常带

与头道沟异常带不同的是细林镇-铁西村异常带,分布方向为北西向,其南部异常较窄,部分为负磁场高值异常,主要集中在南长岗村—铁西村一带。异常带受北西向断裂控制,异常呈带状或不规则状,异常强度一般在 300~400nT,并出现叠加异常,叠加异常强度在 500~700nT。异常区大面积出现燕山期花岗岩及石炭、二叠系地层。岩体与地层接触带是成矿有利地带。如异常带边部的石嘴子铜矿就是

产在石嘴子地层与燕山期花岗闪长岩的接触带上。还有一处与侵入岩有关的金属矿,铁汞山产于燕山期二长花岗岩的边部,其磁场强度100nT左右。异常带南部有一东西向分布的异常,即占多村-宝山乡异常,由已知的闪长岩、基性岩引起。

异常带东侧是红旗磁场,为一大片平稳负磁场,基性—超基性岩体在磁场中无异常显示,负磁场主要反映了早古生代寒武系、奥陶系变质岩和晚古生代石炭系、二叠系地层及部分花岗岩体的磁场特征。

3. 八道河子镇-放马沟里异常带

异常带长约50km,宽10~12km,北东向分布。局部异常呈带状、团块状或不规则状。背景场强度100nT左右,局部为负磁场。异常强度300~500nT,最高可达1000nT。

异常在侏罗系南楼山组火山岩大面积分布,在吉庆屯以北主要是火山岩分布,在八道沟—吉庆屯一带,南楼山组火山岩、燕山期花岗岩、二叠系地层中均有出露。该处地质情况较复杂,磁场强度也很高,是重要的多金属成矿带,已知矿床有新立屯铜、铅、锌多金属矿床、地局子铅锌矿床、锅盔顶子铜矿。异常带东侧的二道林子钼铅锌多金属矿床、活龙村附近的金矿、钼矿点等矿床、矿点多处。该异常带西部常山镇—凉水河子—曙光村一带,大面积负磁场,强度在−200~300nT,反映了大范围分布的早期二长花岗岩和花岗闪长岩的磁场特征。

4. 黑石镇-桦南乡异常带

异常呈条带状或团块状,北东向分布,局部异常强度较高,具有火山岩异常的特征。异常带北端苏密沟乡—公吉乡一带,呈现大片负磁场,一般强度−100~−200nT。在桦郊乡一带,磁场最低−500nT。布格重力异常上,在黑石镇—桦甸市一带是一条北东向的重力低异常带,并且向北异常宽度变大。异常带与辉发河深断裂带一致,在断裂带上沉积了巨厚层中生代和新生代火山岩及碎屑岩。黑石镇—苏密沟段,主要是早白垩世金家屯组火山岩,异常较强,在苏密沟乡—辉南乡一带沉积了无磁性的碎屑岩。北端的丰桦村异常形态较圆滑,与火山岩异常不同,推测为一中性侵入岩体。异常带东南侧永兴村—太和屯一带,异常宽缓,走向北东,强度在100~200nT。异常反映了台区北缘中太古代变质岩磁场特征。

在黑石镇-桦南乡异常带北部榆木桥—曹家甸一带,磁场为大片负磁场及局部低缓正异常,和磁场对应的是磁场较弱的大片海西期二长花岗岩、燕山早期花岗闪长岩以及二叠系地层。在局部异常有小块玄武岩覆盖,如榆木桥子一带和曹家甸一带;有地层或中性岩引起的异常,如柜子石屯近南北向串珠状异常带,异常强度较高,处于二叠系地层中,经查证异常由地层引起。

(二)推断地质构造

以本区航磁异常平面图及数据处理图件为基础,综合地质图及重力异常等有关信息,开展磁法推断地质构造。共划分出断裂构造32条,其中一级1条,二级3条,三级28条,出露5条,半隐伏14条,隐伏13条。圈定出侵入岩体52个,出露4个,半隐伏28个,隐伏1个。火山岩地层32个,出露4个,半隐伏28个。圈定出变质岩地层1个,其中半隐伏1个,磁性蚀变带2个。

1. 断裂

(1)F6位于区内北部,小城子、头道沟、鸦鹊沟官马山至口前一线,北东向分布,长41.5km。断裂沿梯度带及磁场低值带分布,断裂两侧有超基性岩体出露,为区内重要控岩构造,与地质上确认的小城子—口前断裂吻合。

(2)F11位于区内东部,经烟筒山、民主村、大犁河村、桦树村一线,北东向分布,长21.5km。断裂北西侧是石炭系地层,南东侧是侏罗系亚兴屯组碎屑岩地层。断裂北段为二叠系地层与燕山期侵入岩接触带。民主屯银矿位于断裂北西一侧,断裂具有控矿作用。

(3) F13 位于区内中部，经向阳屯、活龙村、地局子新立屯一线，北东向沿梯度带分布，长 25km。断裂大部分处在石炭系和二叠系地层与侏罗系火山岩接触带上，部分在侵入岩体与地层的接触带上。该断裂对区内多金属矿或矿化有控制作用，如活龙村附近的金、钼矿点，新立屯、地局子一带有铜、钼、铅、锌多金属矿床均分布于断裂的两侧。

(4) F16 位于区内南部，沿金家屯、后面山、七个顶村磐石市一线，北西向分布，长 23.5km。断裂南东段处于燕山期花岗岩与石炭系鹿圈屯组接触带上，北西段位于第四系中，两侧分别是燕山期二长花岗岩和燕山期花岗岩闪长岩。

(5) F19 位于区内南部，沿都力河村—公所村—老道沟上屯一线，北西向分布，长 17.5km。断裂的南东段位于寒武系黄莺屯组地层中，北西段位于燕山期花岗闪长岩中，该断裂与地质实测断裂一致。北西向断裂在红旗岭一带形成北西向构造带，属于辉发河深大断裂的次级构造，对于红旗岭一带的基性—超基性岩体及铜镍矿床的成矿具控矿作用。矿床赋存于北东向、北西向构造交会处。

2. 盆地

沉积盆地位于区内东部桦郊乡—桦南乡一带，航磁为一片负磁场，磁强度在 $-200\sim-100nT$，最低处桦郊乡一带为 $-500nT$，即桦甸沉积盆地。从磁场看，桦郊乡—安子岭屯一带处于强负值区，反映了沉积厚度大。在 1∶50 万布格重力异常图上，该盆地为一东西向东西重力低异常，处于大片北东向重力低异常带中，其周围梯度带密集。在剩余重力异常图上，梯度带密集分布，周围是重力高异常，但在北东一侧重力低延至区外。

盆地根据磁场特征、重力场特征，并结合 1∶25 万地质图圈定。

3. 侵入岩

1) 超基性岩

主要集中分布在预测区北部芹菜沟—头道沟一带，超基性岩异常特点是异常强度高，形态不规则。超基性岩受北东向、东西向和近南北向构造控制。与超基性岩有关的金属矿主要是铬铁矿，但矿体规模均较小，不具工业价值。已知超基性岩体圈出 3 处。在烟筒山附近有一处孤立异常（吉 C-1972-144），由基性岩引起，经查证基性岩含磷较高，为 As、Ps、Zn 多金属矿点。

2) 中酸性侵入岩

区内中酸性侵入岩分布十分广泛，大多数岩体呈背景场出现，具有异常显示的只有几处。异常主要分布在南长岗村—铁石村一带，北西向，强度较高，推测岩性偏中性。另一处在呼兰镇—驿马镇一带，岩性为花岗闪长岩和二长花岗岩。

4. 火山岩

区内晚古生代海相火山岩主要在烟筒山北部的新发屯—西犁河村—振兴村一带分布，异常形态不规则，强度高，由近地表的细碧玢岩、凝灰熔岩等蚀变火山岩引起，在下石炭统余富屯组与鹿图组地层中糜棱岩化和千糜岩化强烈，同时磁场强度有所下降，在蚀变带上赋存 Ag、Au 贵金属矿。

中生代火山岩分布广泛，有晚三叠世四合屯组、早侏罗世南楼山组和亚兴屯组火山沉积岩建造。

四合屯组安山岩及其火山碎屑岩建造分布于北部蛤蟆塘村—二甲营村一带和南部兴隆屯—下扁枣胡子—大桥村—八家子一带。磁场不是很强，主要是正、负变化的磁场，并有局部异常。区内驿马锑矿的成矿与四合屯组火山岩有关。

亚兴屯组火山岩—沉积岩建造主要分布于西洋沟—西北盆—上扁枣胡子一带，该火山岩磁性不强，对应正负变化的磁场无明显异常显示。南楼山组火山碎屑岩建造在区内分布广泛，构成取柴河—永吉县火山岩带和主体，火山岩分布受北东向构造控制。火山岩异常强度高，分布有规律。南楼山组火山岩与多金属矿矿床关系密切，在倒木河一带有大型砷、铜矿床，在新立屯、地局子一带有铜、铅、锌矿床及若干处矿点,矿化点属于与南楼山火山岩有关的热液型矿床(点)。

(三) 区内主要钼矿地质,地球物理特征及找矿远景

3种钼矿预测类型的找矿远景如下。

1. 大黑山钼矿

产于燕山期花岗岩中,位于矿区东部。东南部为下古生界头道沟组,为大黑山斑岩钼矿床含矿岩体的直接围岩。大黑山斑岩钼矿床和矿复式岩体位于东西向隆断裂带,下古生界组成的前撮落倒转背斜核部,中生代火山斜陷盆地边缘,东西向基底断裂带与北东向断裂的交会部位。

区内控矿构造系大黑山—撮落屯—头道沟东西向古凹起带,北东向断裂、东西向断裂和沿断裂的岩浆活动形成的古中火山—侵入杂岩区,具有联合控矿的特点。

前撮落-头道沟多金属成矿带磁场,由1∶5万航磁化极图上可看出,矿化带是一条东西向分布的航磁异常带。异常带以高值异常为主,磁场变化较大。撮落屯—头道沟东西向古生代凸起带与该异常带吻合。该带对本区钼矿田的形成起到了控制作用。前撮落钼矿床位于高值异常带的西侧,前撮落屯一带,近椭圆状的一片负磁场中,磁场强度-100~200nT,主要反映了燕山期花岗闪长岩与含矿岩体、花岗闪长斑岩的磁场特征。磁法推断的岩体与地质上岩体位置大体吻合。

在区域重力场上,前撮落钼矿区处半环形重力高异常的包围中,南侧、西侧、北侧均为重力高异常,向东重力场降低,矿区一带重力场在$(-22\sim-26)\times10^{-5}\mathrm{m/s^2}$。

在剩余重力异常图上,前撮落钼矿处于东西向局部重力高异常的边部梯度带上,两侧是北东向的重力低异常,东西向的局部重力高异常反映了古生代凸起带。

2. 四方甸子钼矿

区域上出露地层有上石炭统四道沟组,下二叠统大河深组、范家屯组、中生代四合屯组、南楼山组。矿区地层东侧为南楼山组,西侧有燕山早期中细粒黑云母花岗岩侵入,接触带近南北走向,岩体内发育一条同向构造硫化蚀变带,控制了含钼石英脉矿体的分布。北西向双河镇—桦甸区域大断裂与北东向大崴子—夹兴顶子断裂、东西向四方甸子—平岭断裂交会构成基础构造格局,控制了区内岩浆岩喷发、侵入及成矿活动。矿区主要储矿构造为北西向区域性双河镇—桦甸断裂,北东侧次级东沟—门头碇子断裂。断裂被后期石英脉充填形成一组平行的石英脉带,有较强的辉钼矿化,并富集形成热液充填型钼矿体。钼矿成矿与燕山期花岗岩类关系密切,其中四方甸子、锅盔顶子岩体明显与钼铜多金属成矿活动有关。四方甸子钼矿赋存于中细粒黑云母花岗岩体内,其矿床成因属于中—低温热液浸染状石英脉型钼矿床。

从1∶5万航磁化极图上可以看出,矿区磁场很简单,为一片平稳负磁场,周围有低缓的局部异常分布,磁场强度在-100~0nT,主要反映了花岗岩的磁场特征。

四方甸子银矿处在南部重力高向北部重力低过渡的梯度带上,并且处在东西向梯度带向北东向转弯的转折部位和北西向的区域性梯度带上,反映出东西向、北东向、北西向3组断裂的交会部位,同时反映了构造控矿的特点。

3. 火龙岭钼矿

区内出露地层为上古生界下二叠统寿山沟组和大河深组一套浅海相陆源碎屑岩、碳酸盐岩、火山岩建造。侵入岩有海西期和燕山期中酸性花岗岩。钼矿体产于北西向桦甸—双河镇断裂与北东向次一级断裂的交会处,燕山期二长花岗岩与下二叠统寿山沟组的接触带上,矿体赋存于外接触带,产状与地层

吻合。

矿区处于大片平稳负磁场的边缘，磁场强度在$-100\sim 0$nT，其北部和西部是正负变化的波动磁场。负磁场反映了侵入岩体与部分古生界地层的磁场特征。

矿区处于北东向重力低异常带边部梯度带上，北西向桦甸—双河镇区域断裂与北东向的断裂交会部位，重力场值-34×10^{-5}m/s^2。在布格重力异常图上两个方面断裂显示很清晰，两组不同方面梯度带转弯处，反映了构造控矿作用。

4. 钼矿找矿远景区

远景区在布格重力异常图上很清晰，以前撮落钼矿为中心，处在半环形重力高异常以内，即在取柴河镇—卜道河子重力高异常以北，取柴河镇—二甲营村重力高异常以东、口前以南地区，东西长约45km，南北宽约40km，面积约1800km^2。重力场处于重力高向重力低过渡的地带，重力值在$(-26\sim -22)\times 10^{-5}$m/s^2。区内岩浆活动频繁，处于吉林中部火山—岩浆构造带的叠合部位。区内构造十分发育，如北西向的桦甸—双河镇断裂、北东向的小城子—口前断裂、北东向的双河镇—西阳断裂及头道沟一带东西向的断裂带是本区的主要控岩控矿构造。区内钼矿床，除大黑山钼矿外，还有四方甸子中—低温热液浸染状石英脉中型钼矿床、长岭热液型钼矿点、火龙村钼矿点等，说明本区是钼矿成矿的有利地区。根据大矿周围可能存在大型隐伏矿床的观点，在大黑山钼矿周围探找新的钼矿，应该是有希望的。

二、刘生店-天宝山钼矿、天宝山银矿预测工作区

刘生店-天宝山钼矿预测工作区和天宝山银矿预测工作区分布范围完全一致，放在一起分析解释推断。

（一）磁场特征

预测区位于晚三叠世—新生代东北叠加造山—裂谷系（Ⅰ），小兴安岭—张广才岭叠加岩浆弧（Ⅱ），太平岭—英额岭火山—盆地区（Ⅲ）。包括敦化-密山走滑—伸展复合地垒（Ⅳ）、老喀岭火山—盆地群（Ⅳ）、罗子沟—延吉火山—盆地群（Ⅳ）3个Ⅳ级构造单元。

区内海西期、印支期、燕山期中酸性侵入岩及中新生代火山岩广泛分布，岩体的磁场从区域上看，分布规律较明显，在1:50万航磁图上，预测区中部是一条宽幅的异常带，呈东西向展布。江源—安图县一带，长约110km，宽40~45km，异常带强度在50~100nT，四周均有负异常。带内有3处局部异常：一是江源镇北异常，走向东西，范围17.5km×25km，强度350~400nT；二是大浦柴河镇以北异常，范围15km×20km，走向东西，强度300nT；三是安图县城一带异常，范围20km×40km，走向东西，强度350nT。中部异常带主要反映了不同期次花岗岩体的磁场，特别是含暗色矿物较多的花岗岩及部分火山岩。根据与1:5万航磁对比，局部异常主要反映了中、新生代火山岩的磁场。

在西北部大犁树—官地镇一带负异常呈北东向断续分布，在敦化以东，负值范围变宽。这是敦化-密山断裂在磁场上的反映。另一条区域性断裂，石门-天桥岭断裂，在图上也很明显，北东向的梯度带沿负磁场分布。

在1:5万航磁化极图上，预测区北部磁场变化剧烈，南部磁场较平稳，不同的岩性反映了不同的磁场，以下按岩性分布加以叙述。

1. 玄武岩异常区

大梨树-红石乡异常区位于预测区西北部,处于敦化-密山断裂带上,玄武岩大面积覆盖,磁场变化大,在大梨树—三十一公里一带,是一片波动的磁场,以负磁场为主,负异常最小值为-400nT,正异常低缓呈零星分布。在大兴川—红石乡一带,异常呈北东向分布,形态较规则,两侧梯度陡,并伴有负值,最高强度600~800nT。

在敦化市以东的小站村—河东村一带,异常呈团块状或带状,正负相间,局部异常走向变化大,最高强度达600nT。不同形态的异常场可能与不同期的玄武岩有关。预测区西部以新近系船底组(N_2c)为主,而在敦化市以东,则以第四纪南坪组和军舰山组为主。另外,区内还有零星分布的小块玄武岩,其磁场易于区分。

2. 中生代火山岩异常

区内有两处,一处位于安图县附近的南兴屯—屯田村一带,磁场正负变化大,正异常多呈团块状或不规则形状,北东向分布,异常强度高,最高强度1400nT以上。异常区内分布的主要是晚侏罗世屯田营组(J_3t)火山岩,岩性为安山质凝灰角砾岩、安山岩、玄武安山岩、辉石安山岩夹安山质凝灰岩、安山质角砾凝灰岩等,岩相变化大,磁性分布不均匀,异常波动较大。

另一处在老头沟镇—石山村一带,异常呈团块状,梯度陡,强度高,北东向分布,最高强度1000nT以上。异常区位于延吉断陷盆地,西部边缘,沉积了较厚的中上侏罗系火山岩及早白垩世大砬子组破碎岩,侏罗系的安山岩及早白垩世的次火山岩是产生该处异常的主要地质体。

预测区中部、南部大范围平稳、低缓的正负异常,主要和海西期中酸性侵入岩有关。沿辉发河-富尔河-古洞河深大断裂侵入的中酸性岩浆,形成较大的花岗岩基底。区内出露的岩体有小浦柴河岩体、仁义顶子岩体、亮兵岩体、吉祥岩体等,岩体由中粗粒黑云母花岗岩、似斑状黑云母花岗岩(内部相)、中细粒黑云母花岗岩、斜长花岗岩、花岗闪长岩(外部相)等组成。海西期花岗岩磁性偏弱,故在航磁中反映了低缓的磁场特征。

如在区内大挂牌沟—小浦柴河一带,小浦柴河岩体上是一片正负变化的磁场,变化幅度值-100~100nT。在小浦柴河—矿山村一带,同样是小浦柴河岩体上,为一片平稳负磁场,强度为-200~-100nT。异常区的最低值在大浦柴河一带,强度为-200~-300nT。

在预测区东部和安村—孟山北洞一带,小浦柴河岩体上磁场为一片平稳正磁场,强度为50~150nT。而在和安村两侧是强度为-100~-50nT的平稳负磁场。可以看出,在同一岩体上,磁场变化不一。在吉祥岩体和仁义顶子岩体上,磁场亦相同。

(二)钼矿、银矿地质及地球物理特征

1. 天宝山矿区东风北山热液脉型钼矿床

矿床成矿时代为印支期—燕山期。印支期斑状二长花岗岩和燕山期石英闪长斑岩均属高硅富碱质岩石,有利于成矿物质富集成矿,是辉钼矿成矿母岩。北西向断裂构造,深成的斑状二长花岗岩、花岗闪长岩与二叠系—三叠系火山岩地层内外接触带及发育的石英片理化构造带等构造是主要控矿因素。

东风北山钼矿在航磁图上处于平稳负磁场中,磁场强度约-50nT。在布格重力异常图上,钼矿处于重力梯度带弯曲处,重力值$(-44~-42)×10^{-5}$ m/s^2。电法中激发极化法在钼矿体上有η_s异常反映,在北山钼矿Ⅲ号矿带南东部η_s异常上,经钻探见到钼矿体。因此,用激电寻找钼矿盲矿体效果很好。

2. 刘生店斑岩型钼矿床

区内岩浆活动频繁，矿区一带出露的侵入岩主要有海西晚期黑云母斜长花岗岩，呈岩基状产于矿区北西侧，燕山早期有二长花岗岩及二长花岗斑岩分布于矿区内外。钼矿成矿主要与燕山早期岩浆活动有关，二长花岗岩是钼矿的成矿母岩。北西向的牛心山—刘生店断裂是钼矿的控矿构造。

在航磁异常图上，矿区处于大片平稳负磁场中，磁异常强度在 $-160\mathrm{nT}$ 左右。

在 1:5 万布格重力异常图上，矿区处于东西向重力低异常带的北侧，重力值为 $-52\times10^{-5}\mathrm{m/s^2}$。

激发极化法在矿区反映较好，极化率异常与二长花岗斑岩中的硅化—绢云母化带和出露的钼贫矿体以及土壤 Mo 次生晕异常分布大体一致。通过深部钻探，在激电异常带下面见到了工业矿体。

从天宝山矿区东风北山热液脉型钼矿床、刘生店斑岩型钼矿床典型矿床地质—地球物理找矿模型研究可知，刘生店斑岩型钼矿床围岩为燕山早期二长花岗斑岩和二长花岗岩，矿体主要赋存于石英—绢云母化带中，围岩蚀变形态控制钼矿体产状。构造蚀变带及晚古生代火山岩与斑状二长花岗岩、花岗闪长岩按接触带附近夕卡岩等，为天宝山矿区东风北山热液脉型钼矿床找矿标志。钼矿床位于局部高磁异常向低磁异常，局部重力低异常向重力高异常过渡部位，该部位一般有线性梯度带出现，与断裂构造有关，起控矿作用。

3. 天宝山银多金属矿床

天宝山银多金属矿床在航磁异常剖面平面图上(图 5-4-1)，位于负背景场中两条线有显示的双峰正异常之上，两侧梯度陡。在航磁异常化极等值线图上，矿床处于长条状正磁异常中高磁异常向低缓过渡部位及梯度带由紧密到稀疏的变化部位。异常长约 2.3km，宽约 1.0km，西半部低缓，东半部强度大，梯度陡，最大强度为 400nT。正磁异常北西侧有伴生负异常与之平行排列，推断长条状正磁异常为火山岩与石炭纪天宝山组灰岩接触蚀变带异常。

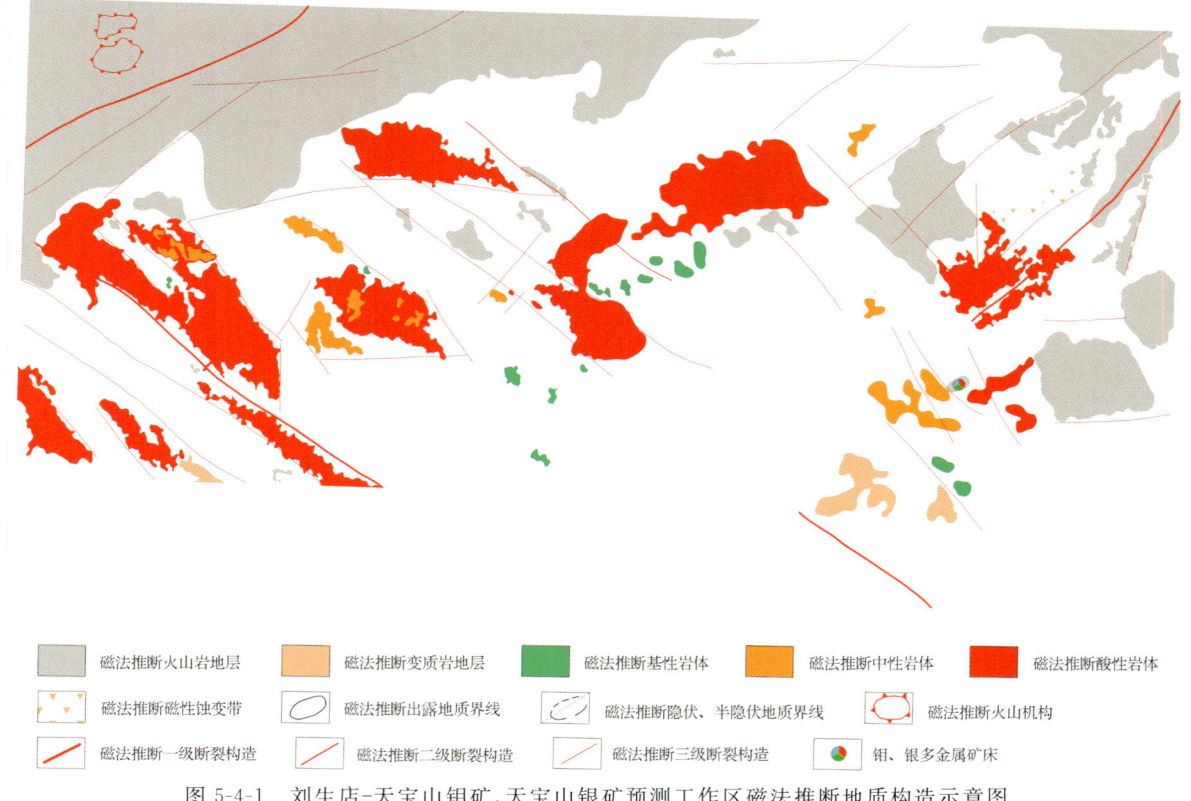

图 5-4-1　刘生店-天宝山钼矿、天宝山银矿预测工作区磁法推断地质构造示意图

构造蚀变带及晚古生代火山岩与斑状二长花岗岩、花岗闪长岩和接触带附近夕卡岩等，为天宝山银多金属矿床找矿标志。矿床位于局部高磁异常向低磁异常，局部重力低异常向重力高异常过渡部位，该部位一般有线性梯度带出现，与断裂构造有关，起控矿作用。

（三）推断地质构造

以本区航磁异常平面图及数据处理图件为基础，综合地质图及重力异常等有关信息，开展磁法推断地质构造。共划分出断裂构造46条，其中一级4条，二级1条，三级41条；出露4条，半隐伏21条，隐伏21条。圈定出侵入岩体43个，出露14个，半隐伏14个，隐伏15个。火山岩地层25个，出露17个，半隐伏6个，隐伏2个。圈定出变质岩地层3个，其中半隐伏3个。磁性蚀变带1个。

三、六道沟-八道沟钼矿预测工作区

（一）磁场特征

预测区北部六道沟、东崴子、虎洞沟一线以北分布有侏罗系林子头组、果松组地层及新生代玄武岩，对应磁场强度较高，异常近东西向分布。在马鹿沟、头道北岔一带，异常较规则，强度在200~300nT，推断异常与白垩系闪长岩有关。在其东部八里坡附近，异常强度升高，梯度变陡，由新生代玄武岩引起。在西部碾子房、桦皮村、望江楼一带，磁场低缓，强度一般在50~80nT，与白垩系二长花岗岩体（六道江岩体）有关。

在预测区南部沿江一带，龙岗村、下乱泥塘、北兴村、大平地一带，出露元古宙大票子组及青白口系地层，对应一条东西向的负异常带，其南部是古生代寒武系—奥陶系地层，局部被玄武岩覆盖，出现高值异常。

临江铜山小型铜钼矿床处于高磁场背景中的一个局部低磁异常内。局部低磁异常呈椭圆状，北东东走向，长3km，宽1.3km，异常强度最小值为30nT，与地表出露奥陶纪灰岩分布范围大致吻合。灰岩地层北侧分布有晚侏罗世闪长岩及侏罗纪果松组火山岩；东南部分布有新近纪军舰山组玄武岩，可引起较强磁异常；西部为晚侏罗世二长花岗岩；西南部为白垩纪花岗斑岩，可引起中等强度磁异常。

区内主要航磁异常如下。

(1) 吉C-1987-233异常呈东西走向，长2km，宽0.8km，异常值150~200nT。异常位于玄武岩与花岗岩交界线位置。花岗岩中有热液型铅矿，并有金化探异常。

(2) 吉C-1987-232异常呈东西走向，长2km，宽1km，异常最高值280nT。异常位于太古宙地层和花岗岩接触位置。北部有玄武岩，异常区南江边附近有砂金矿，有铅化探异常。

(3) 吉C-1987-221异常呈北东走向，长1km，宽0.8km，异常最高值260nT，具有中等异常强度，位于晚侏罗世闪长岩与奥陶纪灰岩接触带上，与铜山小型铜钼矿床地质条件及磁异常特征类似，可作为一处寻找铜山式夕卡岩型铜钼矿的找矿靶区。

从本区夕卡岩型铜钼矿及重、磁场特征综合分析，矿床产于燕山期花岗岩体与早古生代灰岩地层接触带的夕卡岩中。燕山期花岗岩体表现为重力低异常、中等磁异常，早古生代灰岩地层表现为重力高异常、低磁异常或负磁异常，接触带对应重力异常梯度带、磁异常梯度带或出现蚀变带磁异常，据此确定夕卡岩型铜钼矿预测靶区。

(二)推断地质构造

以本区航磁异常平面图及数据处理图件为基础,综合地质图及重力异常等有关信息,开展磁法推断地质构造。共划分出断裂构造24条,其中三级24条;半隐伏2条,隐伏22条。圈定出侵入岩体13个,其中半隐伏8个,隐伏5个。火山岩地层33个,其中出露29个,半隐伏4个。圈定出变质岩地层2个,其中半隐伏2个。

1. 推断断裂

(1)F12位于测区南部,西起西马村,向东经下乱泥塘、马鞍山、西大坡北岗一线,沿线性梯度带、异常低值带近东西向延伸,长约28.5km。在断裂西段,北侧正异常对应侏罗系地层;南侧负异常带对应青白口系及中元古代大栗子组地层,东西向断裂为区内控矿构造。

(2)F13位于测区南部,马东村、套圈里一线,东西向延伸,长17.7km。断裂北侧为青白口系地层及大栗子组地层,南侧为寒武系、奥陶系地层。

(3)F17位于六道沟镇、仁德村、临江铜矿一线,北东向,沿异常低值带展布,长14.2km。断裂处于侏罗系地层中,沿断裂分布有白垩系闪长岩及花岗斑岩。该断裂为控制构造,沿断裂是寻找多金属矿的有利地段。

(4)F9位于孙家大院、石门子、错草村一线,北北东向,沿梯度带及异常低值展布,长12.5km。断裂处于侏罗系地层及玄武岩覆盖区,断裂与一条河流一致。

区内推断断裂24条,其中北东向6条,东西向13条,北西向5条。

2. 岩浆岩

1)侵入岩

(1)早白垩世二长花岗岩位于六道沟、桦皮村、马鹿沟碾子房一带,磁场低缓,强度在50~80nT。六道沟岩体在八道沟镇、金厂村附近等沿江一带,有4处花岗小岩体。二长花岗岩对于金矿成矿起重要作用。

(2)早白垩世闪长岩。①东桦皮甸子附近,近东西向分布,异常强度200nT;②葫芦套村、九道沟村、小蛤蟆川村一带,条带状近东西向分布,长约8km,异常强度220nT。

(3)早白垩世花岗闪长岩位于头道北岔、沙松树底一带,异常近东西向分布,长约9km,宽2~4km,异常强度200~250nT。

2)火山岩

区内火山岩以新生代玄武岩为主,玄武岩在区内大面积覆盖,根据异常形态,共圈出小块火山岩地层33处。

3. 古生代、元古宙地层

(1)中元古代大栗子组地层及青白口系地层,在测区南部龙岗村、北兴村至孤山子村一带,局部被玄武岩覆盖,岩性为千枚岩、大理岩、石英岩等,大栗子组地层是区内铁、金的赋矿层位,金矿处于负磁场中。为石英岩、砂岩、页岩等无磁性地层,对应航磁为一条东西向的负异常带,长约25km。重力场对应为重力高。

(2)在南部沿江一带,东马鹿沟、栾家店、宝泉山镇附近有寒武系、奥陶系及青白口系地层出露,大部分被玄武岩覆盖,磁场低缓变化且正负相间,重力场为重力高,反映了玄武岩盖层下为古生代、元古宙老地层。

四、红旗岭镍矿预测工作区

(一)磁场特征

预测区位于吉黑褶皱系呼兰背斜东南部,基性—超基性岩体侵位于早古生界呼兰群变质岩中,岩性主要是变粒岩与大理岩互层夹斜长角闪岩、大理岩夹变粒岩,以及晚古生界二叠系板岩、砂岩、凝灰岩等,岩体受辉发河深断裂带次级北西向断裂控制(图 5-4-2)。

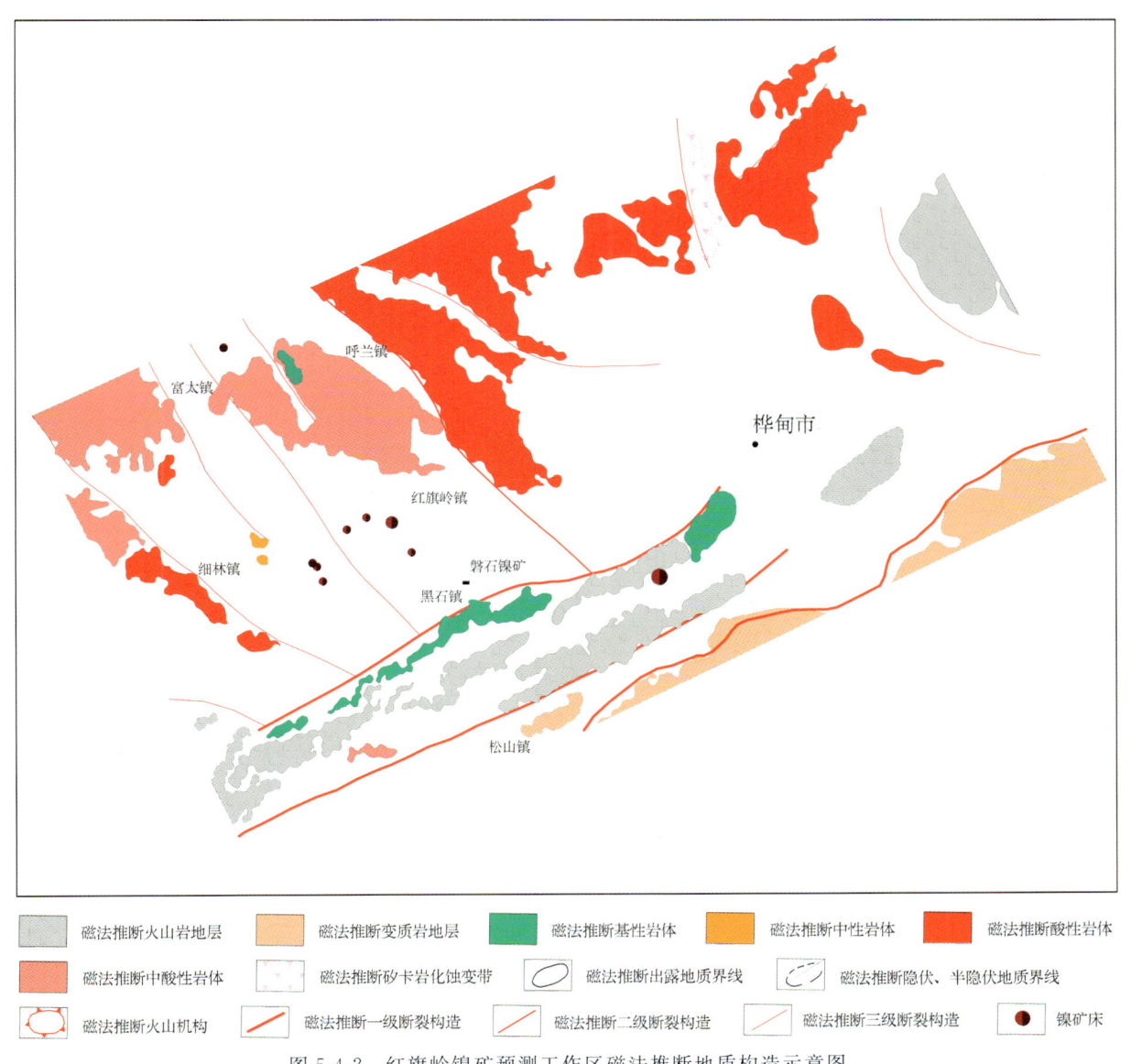

图 5-4-2　红旗岭镍矿预测工作区磁法推断地质构造示意图

预测区磁场处于变化磁场的过渡带上。在 1∶50 万区域航磁图上,预测区处于磐石-呼兰东西向高值异常带的南部,一座营-黑石东西向负异常带上,该异常带在黑石镇附近转为北东向,异常带磁场强度在 $-100 \sim -50$nT 之间。

在1∶5万航磁化极图上,预测区磁场呈现两种不同的形态。在东胜村、兴隆村、朝阳村、呼兰河口、育氏屯一线以北,磁场以北西向条带状分布的低缓异常为主,异常正负相向,反映了区内北部构造线方向为北西向。在大片负磁场中,自北石河子—东村,茶尖岭—都力河村一带,磁场呈现一种升高的势态,磁场强度在-100~0nT之间,红旗岭基性—超基性岩体群分布于该负异常带中,岩体群在航磁图上无明显反映。岩体群侵入于早古生代变质岩中,磁场的变化大体上反映在古生代变质岩中。这一点从重力图上也能看出来,在区域布格重力图上,对应该负磁场的是一个东西向重力高异常。

预测区南部,除平静负磁场外,是一条宽6~8km的北东向的强磁异常带,局部异常呈条带状强度高,两侧有负值,强度最高在1000nT以上。该带是位于预测区南部辉发河深大断裂的一部分,沿断裂带分布的中生代中性火山岩带。

(二)推断地质构造

以本区航磁异常平面图及数据处理图件为基础,综合地质图及重力异常等有关信息,开展磁法推断地质构造。共划分出断裂构造14条,其中一级4条,二级1条,三级9条;出露4条,半隐伏5条,隐伏5条。圈定出侵入岩体22个,出露6个,半隐伏12个,隐伏4个。火山岩地层9个,出露6个,半隐伏3个。圈定出变质岩地层3个,半隐伏2个,隐伏1个。磁性蚀变带1个。

1. 推断断裂

(1)F5位于预测区中部,沿呼兰河口、田家屯、务本屯、长水村一线,北西向延伸,断裂沿梯度带及磁场低值带展布,向北延伸出预测区内,长29km。断裂北东侧是中侏罗世二长花岗岩分布区,南西一侧出露早古生代变质岩,沿断裂有中侏罗世正长花岗岩分布。

(2)F3位于预测区西部,沿北崴子、福安屯、十里村、自由屯一线,北西向沿梯度带、异常低值带展布,长27km。断裂两侧分别是茶尖岭岩体群和红旗岭岩体群。该断裂为区内控岩控矿构造。

(3)F12位于预测区南部,沿红星村、三道岔一线,北东向延伸,区内长约41km,断裂南东侧异常带是中太古代变质岩英云角闪质片麻岩的反映,北西侧大片负磁场区是中生代沉积岩地层。断裂是辉发河深断裂在区内部分,它控制了本区基性、中酸性侵入岩体及喷出岩的分布。

(4)F10位于F12的北部,沿新民村、复兴村、朝阳村一线,北东向延伸,长约38km。断裂南东侧是一条北东向的强磁异常带,和异常带对应的重力场是一条重力低的异常带。在异常带上分布早白垩世金家屯组(K_1j)的安山岩、安山质集块岩、流纹岩、凝灰质砂岩等火山沉积岩及安民组(K_1a)的安山岩、砂砾岩等。断裂北西侧相对平静磁场主要反映了早-晚古生代地层及侏罗系侵入岩体。该断裂是辉发河大断裂的一部分。

本区共推断13条断裂,其中北西向9条,北东向4条。

2. 侵入岩

1)基性—超基性岩

红旗岭岩体群属于印支期侵入岩体,由辉长岩、橄榄岩组成,分布于红旗岭、茶尖岭、三道岗一带。红旗岭基性—超基性岩带进一步划分为3个亚带。

(1)Ⅰ亚带在茶尖岭一带,共有9个岩体,多数侵入二叠系,在斜方辉橄岩、橄榄角闪辉石岩、角闪岩中赋存铜镍矿体。在1.6.10号岩体中赋存小型钼、镍矿床。

(2)Ⅱ亚带由黑石镇经红旗岭镇至三道岗一带,亚带内有基性—超基性岩体16个,均侵入呼兰群变质岩中,其中红旗山1.7号超基性岩体赋存大型钼、镍矿床。红旗岭2.3.9.32号岩体和三道岗岩体赋存小型矿床。

(3)Ⅲ亚带在东村北孤顶子一带,带内有变质基性—超基性岩体10个,岩体侵入呼兰群变质岩中。

岩体大多受变质、变形,呈变辉长岩、变质角闪石岩、变辉橄榄岩建造。该岩体一般基性程度略低,分异差,矿化少,仅在个别岩体中见有钼、镍矿化。

从本区基性—超基性岩体磁法异常显示情况看,航磁反映不佳,岩体上无异常显示。但地面磁法异常反映较好。如磐石县503地区(茶尖岭一带)Ⅵ号岩体上,有明显的磁异常,强度600nT左右,呈带状,走向北西25°,异常规律性强,并且激电、化探次生晕Ni都有异常显示为含矿岩体。另Ⅲ、Ⅴ、Ⅹ、Ⅷ等岩体磁异常显示全部都很好,但Ⅰ号岩体反映不好。对于多岩体地面磁法有异常反映,说明利用地面磁法是寻找基性—超基性岩的有利方法。

2)中酸性侵入岩

(1)中侏罗世花岗闪长岩在红旗岭镇北部及东西两侧长岗村、二道岗、北孤顶一带部分侵入二叠系。岩体上背景场在0~150nT。

(2)中侏罗世二长花岗岩在呼兰镇、务本屯、富贵屯一带出露,岩体受北西向构造控制。岩体上磁场背景在0~150nT。

3. 火山岩

(1)中生代火山岩。沿辉发河大断裂的中生代火山岩主要是早白垩世金家屯组安山岩、安山质集块岩、流纹岩、凝灰质砂岩等。该火山岩磁性很强,自王家炉—永安屯一带,形成一条东向的强磁异常带,异常变化大,火山岩特征明显。

(2)新生代玄武岩在预测区东部,曹家甸、羊桦树附近有分布,面积不大。

五、赤柏松-金斗镍矿预测工作区

(一)磁场特征

预测区东部是赤柏松-金斗高值异常带,该带南起新安村、徐家大沟附近,向北至老采沟门附近,异常带南北向分布,以300nT等值线圈定,异常带长约20km,宽约8km,最高值500nT以上。

本区处于龙岗断块东南端,基底地层为太古宇鞍山群中深度变质系。异常带对应四道砬子河组变质岩,变质程度较深。根据区内物探资料,鞍山群变质岩磁性较强,如混合质斜长片麻岩,κ为1760×10^{-5}SI,浅粒岩κ为756×10^{-5}SI,含铁角闪岩κ为2400×10^{-5}SI。浅粒岩κ为756×10^{-5}SI,含铁角闪岩κ为2400×10^{-5}SI,片麻岩κ为8000×10^{-5}SI,鞍山群组变质岩可形成背景磁场或局部异常。

在赤柏松、快大茂子北部的杨春沟、老禾沟华鲜村、杨宝沟村以北地区磁场强度升高,磁场较杂乱,大体呈东西向分布。背景场400nT左右,最高值在1000nT以上,主要反映了中生代中性火山岩的磁场特征。

在庆生村—老采沟门一线,是一条南北向的密集梯度带,该带以西磁场急剧下降至负磁场,主要反映了中生代沉积地层的弱磁场特征,局部有火山岩出露。

区内航磁异常如下。

(1)吉C-1975-94位于赤柏松村2.4km处,异常走向近南北,长1.5km,宽1km,强度550nT。异常位于赤柏松西鞍山群四道砬子河组地层中,基性—超基性岩发育,异常是由含钼镍矿的基性—超基性岩引起,为赤柏松大型钼镍矿床的一部分。

(2)吉C-1975-95位于金斗乡西2.5km处,异常近南北向分布,长1km,宽0.5km。为一正背景磁场中出现的异常,强度300nT。异常区被第四系覆盖,北约500m出露有四道砬子河组地层,经查证,异常由基性岩体引起,即金斗岩体,有Cu、Co、Ni化探异常。

(3)吉 C-1987-123 位于赤柏松西部 2km 处,异常范围近三角形,东西长 2km,南北宽 1.8km,异常值在 600nT 左右。异常处于鞍山群四道砬子河组地层,异常区内基性—超基性岩脉发育,为赤柏松铜镍矿床的一部分。

(4)吉 C-1987-124 位于小赤柏松西约 1km 处,异常走向近南北,长 1km,宽 0.5km,异常处离背景场中,最高异常值 400nT。异常在鞍山群四道砬子河组地层中,有辉长岩脉侵入,异常由基性岩引起,附近有 Cu、Ni 矿点及辰砂化探异常。

(5)吉 C-1987-125 位于金斗乡南约 1.5km 处,异常走向南北,长 1km 宽 0.5km,异常值 500nT。异常处于鞍山群四道砬子组地层,异常范围内基性岩发育,异常两侧有 Ni 矿床,推断异常由含矿基性岩引起。

(6)吉 C-1987-126 异常位于新安村西约 800m 处。异常处在高背景区南部,走向近南北向,长约 1000m,宽 700m,异常值在 300~400nT。异常对应四道砬子河组地层,有基性岩脉侵入,并有 Ni 化探异常,异常由已知的新安岩体引起。

(7)吉 C-1975-132 异常位于赤柏松北东 2km 处,异常近椭圆状,长 800m,宽 650m,异常最高值 460nT。异常处于侏罗系果松组地层出露区,附近有 Au 化探异常。推断异常由基性岩引起。

本区今后 Ni 矿的找矿除对已知异常进行研究外,应侧重对一些未编号的未知异常进行研究。在小赤柏松西侧的广信村及其以北至暴家沟的未编号异常推断为基性岩异常有 7 处,西部小都岭村北约 2km 推断基性岩异常 2 处,另外还有编号异常吉 C-1975-132、吉 C-1987-122,推断由基性岩引起,在今后的工作中应引起重视。

(二)推断地质构造

以本区航磁异常平面图及数据处理图件为基础,综合地质图及重力异常等有关信息,开展磁法推断地质构造。共划分出断裂构造 11 条,其中二级 2 条,三级 9 条;出露 2 条,半隐伏 6 条,隐伏 3 条。圈定出侵入岩体 12 个,出露 1 个,半隐伏 3 个,隐伏 8 个。火山岩地层 7 个,出露 7 个。圈定出变质岩地层 3 个,半隐伏 3 个。

1. 推断断裂

(1)F5 位于预测区东部,沿大都岭、小赤柏松、金斗、北沟村一线,近南北向,沿梯度带、低值带展布,长约 15.5km。断裂东侧磁场明显降低。断裂两侧均有基性岩体分布,东侧有赤柏松Ⅰ号岩体,西侧有新安岩体、金斗岩体,该断裂对基性岩体的分布有控制作用。

(2)F4 位于预测区中部庆生村—老牛沟一线,沿线性梯度带近南北向分布,庆生村以南呈北东向分布,长约 18km。梯度带一侧若干小异常呈串珠状分布。断裂东侧为太古宙变质岩,两侧降低的磁场对应中生代沉积岩。

(3)F9 位于预测区东部大都岭—赤柏松一线,沿北东向线性梯度带分布,长约 8.5km。断裂处于太古宙变质岩中,局部有中生代沉积岩分布。断裂与北东向的河流吻合。

(4)F11 位于预测区南部,新开村、大苇塘沟附近,东西向分布,长约 10.4km。断裂处于侏罗系火山岩中,沿断裂北侧有异常呈串珠状分布。本区断裂构造较发育,北东向、东西向、南北向及北西向均有分布。位于预测区以南的本溪-浑江断裂,该断裂控制区域基性岩浆活动,为主要导岩构造。断裂在新农—头道沟为东西向,头道以东转向北东向。这一点在区域布格重力异常图上表现十分清晰。密集的梯度带呈东西向分布。金斗、赤柏松、新安等含矿基性岩体沿南北向梯度带分布,故南北向断裂具有控岩成矿作用。

区内推断断裂 11 条,其中北东向 4 条,南北向 2 条,东西向 4 条,北西向 1 条。

2. 侵入岩

(1) 基性—超基性岩。据以往资料，本区岩体分为3期。

第一期基性岩(太古宙)呈岩床及岩脉产出，与四道砬子河组地层呈侵入接触。经受混合岩化和区域变质作用，分布于快大茂子以西。岩体类型为变质辉绿辉长岩，岩性单一，分异不佳，矿化不良。

第二期基性—超基性岩(元古宙早期)分布于三棵榆树及快大茂子-金斗穹状背斜核部或近侧，呈岩墙(脉)状斜交侵入四道砬子河组地层。岩体走向近南北向或北东向，矿体皆属这一期。如赤柏松大型钼镍矿床，赋存于辉脉辉长岩—橄榄苏长辉长岩—斜长二辉橄榄岩、细粒苏长辉长岩、含矿辉长玢岩组成的复合岩体中，还有新安铜镍矿床、金斗镍矿床均产于本期岩体中。

第三期基性岩(元古宙晚期)呈岩墙(脉)状产出，斜交侵入于杨家店组地层，走向北北西，岩体类型为辉绿岩型，无分异，岩性单一，矿化微弱(Ni含量0.02%)。本区已知基性—超基性岩，包括含矿岩体，与航磁异常均有较好的对应关系，除已知岩体外，在区内还推断有若干隐伏岩体，这些异常分布在新安村—北沟村的四道砬子河组变质岩中，有10处。

(2) 中酸性侵入岩。中生代侵入岩位于测区西南部岗山岭—砬上屯一带，岩性为角闪碱长花岗岩，磁场强度200～300nT，磁场平稳，波动不大。

3. 火山岩

本区火山岩分布于预测区北部杨春沟、华鲜村、杨宝沟村以北地区，分布大片侏罗系果松组火山岩，主要是安山岩，磁性强，且分布不均，异常呈带状、团块状分布，一般强度在400～600nT，最高强度可达1000nT以上。预测区西部三棵榆树—增胜村一带及通天沟、王家村、小蜂蜜沟一带，磁场正负相间变化大。预测区南部赶马河村、新胜村、河西一带，火山岩均平稳波动不大。

4. 变质岩

区内基底地层为太古宇鞍山群中深厚变质岩系，以虎马岭—快大茂子为界，以西为四道砬子河组，以东为杨家店子组地层。鞍山群变质岩具有较强的磁性，一般背景场在200～300nT。本区基性—超基性岩与鞍山群变质岩密切相关，在鞍山群变质区域覆盖区寻找基性岩体是最有利的地区。

六、开山屯铬矿预测工作区

(一) 磁场特征

预测区位于延吉盆地南侧紧靠盆地边缘，表现出正负变化的波动磁场特征。在测区西部长财村—智新镇一带，为一异常带，背景场在100～200nT，并有4个局部异常，最高异常值在1000nT左右。异常主要与火山岩有关。在测区东部有一近南北向高值异常，强度达2200nT，与超基性岩有关。这些异常之外，测区呈现大面积负磁场，南部与侏罗系花岗岩有关，北部与三叠系、白垩系沉积岩有关。区内金谷山金矿处在强磁异常旁边的负磁场中，为破碎蚀变岩型，受断裂构造和韧性剪切带控制。

吉C-1960-175走向近南北，呈长轴状，异常强度高，梯度陡，范围4.8km×2km，极大值2250nT，西侧及北东侧伴有明显负值。在异常的北端有已知含小型铬铁矿的超基性岩，异常中部亦有一处超基性岩分布，推断异常由半隐伏的超基性岩体引起，两处超基性岩体在深部相连为一整体，故认为异常范围内是寻找铬铁矿的有利部位。北东侧负磁异常带上有热液型小型金矿床一处，在异常周围是寻找金矿的有利地带。另外，还有吉C-1978-104推断与沉积变质铁矿有关，吉C-1978-105、吉C-1978-106、吉C-

1978-107 与安山岩有关,吉 C-1960-174 与闪长岩有关。

(二)推断地质构造

以本区航磁异常平面图及数据处理图件为基础,综合地质图及重力异常等有关信息,开展磁法推断地质构造。共划分出断裂构造 7 条,三级 7 条,隐伏 7 条。圈定出侵入岩体 10 个,出露 1 个,半隐伏 5 个,隐伏 4 个。火山岩地层 4 个,隐伏 4 个。圈定出变质岩地层 3 个,出露 2 个,半隐伏 1 个(图 5-4-3)。

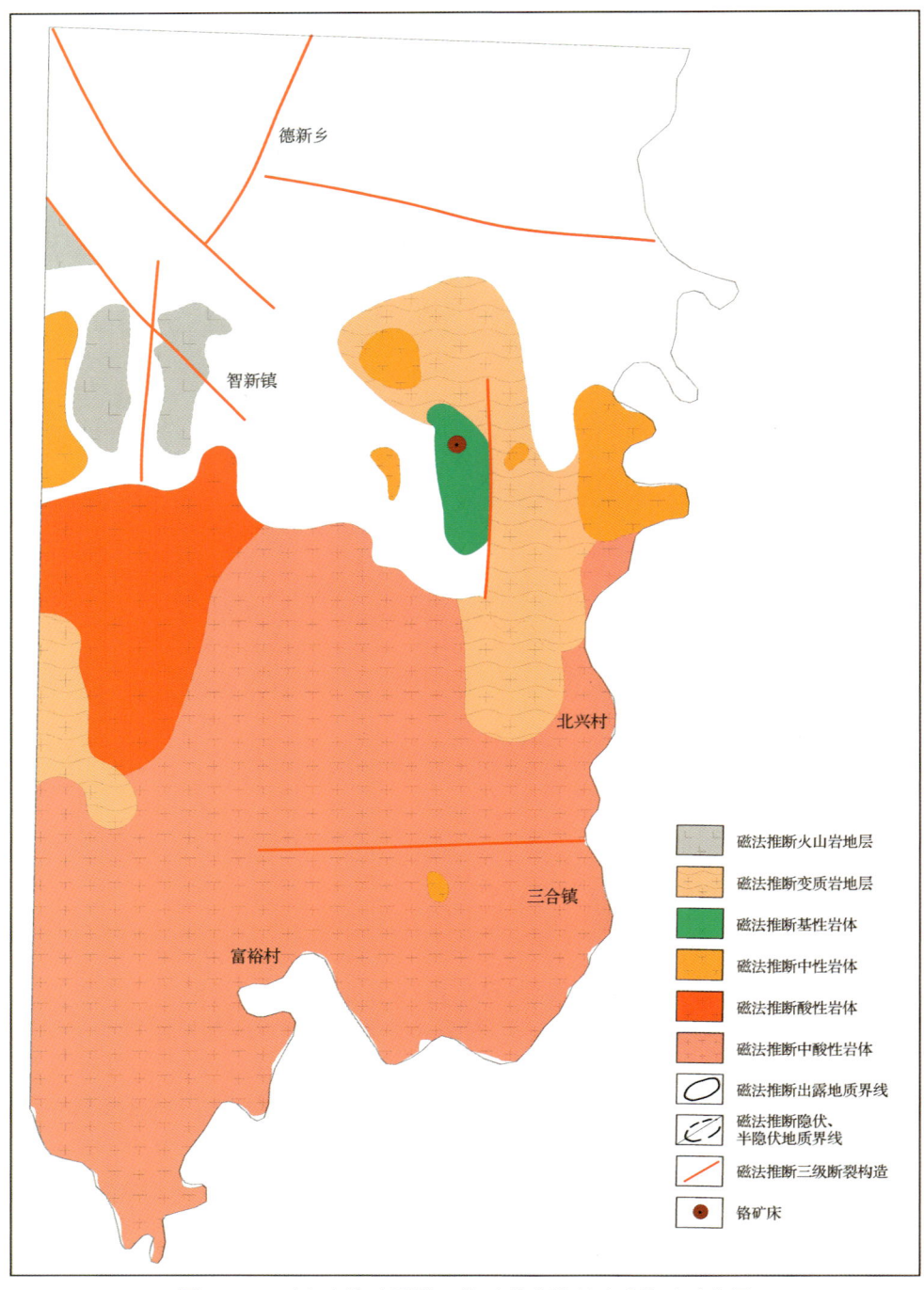

图 5-4-3 开山屯铬矿预测工作区磁法推断地质构造示意图

1. 推断断裂

(1)F1 位于预测区西北部,南洞—平登屯一线,北西向沿梯度带展开,长 14km。断裂两侧磁场不同。该断裂处于白垩系大拉子组及龙井组地层中,与地质上确定的断裂吻合。

(2)F2 位于测区北部,南阳村—龙岩村一线。区内长 9.0km,北东向沿梯度带展布。断裂两侧磁场明显不同,西侧较东侧磁场强。断裂处于白垩系大拉子组地层中。

(3)F5 位于测区西部,柞树洞—南洞一线,长约 8km。近南北向沿磁场低值带展布。处于白垩系大拉子组地层,两侧均有火山岩分布。

区内共推断 7 条断裂,其中北西向 2 条,南北向 2 条,东西向 2 条,北东向 1 条。

2. 侵入岩

区内侵入岩发育,有以下几种岩性。

(1)侏罗系二长岩及花岗闪长岩主要在测区南部大面积出露,对应负磁场区。

(2)早侏罗世闪长岩在区内零星分布,磁性强弱不一。

(3)晚二叠世闪长岩主要在西部和东部有零星分布,磁场强度 50~150nT。

(4)超基性侵入体,即由吉 C-1960-175 异常反映的地质体,具有找铬铁矿潜力。

3. 火山岩

位于测区西部智新镇附近,有 3 处航磁异常,强度高、梯度陡,处在白垩系大拉子组地层中,岩石有页岩、砂岩、砾岩夹安山岩,安山岩有较强的磁性,故推断异常由安山岩引起。

4. 古生代地层

由 1∶5 万地质图看出,在测区东部,后底洞以南,有一条南北向的二叠系寺洞沟组地层,在北兴村附近,有江城组变质岩出露;在测区西部,有寒武系—奥陶系马滴达组变质岩地层,但磁场反应均不明显,因而不易圈定。

七、山门银矿预测工作区

(一)磁场特征

预测区位于天山—兴安地槽区东段南部。伊-舒深断裂从东侧通过,西侧是四平-德惠断裂,预测区位于北东向的狭长地带,即大黑山条垒的南西段。区内出露古生代奥陶系黄莺屯组、志留系石缝组、泥盆系前坤头沟组、石炭系磨盘山组、二叠系寿山沟组、中生代白垩系登楼席组和泉头组地层,区内岩浆活动频繁,分布广泛遍及全区。

区内航磁整体看是一条北东向的异常带,两侧为负值。异常带包含 3 个局部异常带,即北部异常带、西部异常带和南部异常带。

北部异常带在潘家沟村—拉腰子村一带,包括吉 C-1989-62、吉 C-1989-54 和拉腰子村附近的未编号异常,异常强度比较高,走向近东西向或北东向,推测异常和中性侵入岩体有关。

西部四平异常带,异常呈北东向分布,曲线圆滑,幅值达 500~1800nT,由编号吉 C-1989-30、吉 C-1989-31、吉 C-1989-32、吉 C-1989-30 4 个异常组成,为强磁异常带,可能与中性侵入岩体有关。南部异常带在泉眼沟—古洞村一带,异常呈带状,总体呈北东向分布,西宽北东变窄,为近楔形状的磁场异常带，主要为多期次侵入的中酸性岩，局部基性—超基性岩和早古生界中—基性火山沉积变质岩引起的正磁异常。半拉山门至哈福为典型的火山岩、玄武岩磁场。异常带内印支晚期卧龙屯单元杂岩体，严格受东西向和北东向构造控制，具中等磁性，幅值一般 200～400nT。燕山早期二长花岗岩与印支晚期石英闪长岩是山门银矿的主要成矿热源。在山门银矿床上航磁 ΔT 为带状负磁场区，磁场值在 0～550nT，宽 500～750m，长约 5km，走向北北东，两侧为编号吉 C-1989-15、吉 C-1989-16、吉 C-1989-17 的航磁异常，异常最大值 210nT。从矿区物性资料可知，石英闪长岩、二长花岗岩 κ 为 $(38～251)\times10^{-5}$ SI，可产生 100～200nT 的磁场强度值。认为西部异常为石英闪长岩引起，东部异常为沿伊-舒深断裂侵入的二长花岗岩引起，中间的负磁场区与控矿蚀变破碎带一致。

区内负异常主要分布于东部、西部和北部。北部负异常位于李家油房—孟家岭镇一带，幅值在 0～100nT 左右。负异常对应泥盆系、石炭系地层，周围与花岗岩接触，形成局部异常，如吉 C-1989-48、吉 C-1989-49、吉 C-1989-51、吉 C-1989-54、吉 C-1989-55 等异常，位于大顶山多金属矿床附近，是具有找矿意义的异常。

区内东部平稳负异常带，幅值在 $-200～-100$nT，北东向展布，伊通-舒兰地垒的一部分和四平附近的负异常带，均反映了中生代断陷盆地的磁场特征。

预测区南部山门银矿糜棱岩化带上，成矿条件好，共有 7 处航磁异常，现选几处加以介绍。

(1) 吉 C-1989-2 为平稳异常带，断续出现小尖峰，走向北北东，强度 100～200nT。南部处于燕山期二长花岗岩中，北部延入印支期石英闪长岩中，中部沿接触带有奥陶系黄莺屯组大理岩、变质砂岩出露，呈北东向糜棱岩化带，并有南北向断裂穿过，有水系沉积物 Cn、Zn、Ag、Sn 异常。推断异常为二长花岗岩和石英闪长岩引起。糜棱岩化带及两侧低磁带均为成矿有利地段。

(2) 吉 C-1989-15 处于正负磁场交界处的低缓异常带，走向北东，形态平缓圆滑，强度 100～150nT。北西侧低磁区出露有北东向条带状奥陶系大理岩、变质砂岩等，呈糜棱岩化带，以西为印支期石英闪长岩。糜棱岩化带中有山门银矿床，有水系沉积物 Au、Ag、Cn、As 异常。推断异常由二长花岗岩引起，北西侧磁低值带为贵金属成矿带。

(3) 吉 C-1989-16 负磁场中的低缓异常，走向北东，强度 40～100nT。异常沿糜棱岩化带东缘断裂展布，处于燕山期二长花岗岩中，脉岩发育，并有奥陶系黄莺屯组大理岩呈条带状分布，有水系沉积物 Au、Cu、As、Sb 异常。推断由破碎带侵入的脉岩引起，处于成矿有利地段北部成矿带中。

(4) 吉 C-1989-51 波动正磁场上的平缓小异常，走向北东东，长 1.5km，宽 0.5km，强度 250nT。异常区被第三系覆盖，东侧为二长花岗岩，有 Au、Ag、Pb、Zn 矿点，处于化探 Au、Ag、Cu、Pb、Zn 套合异常区南缘。推断异常由花岗岩、花岗闪长斑岩引起，可能与成矿有关。地磁 ΔZ 异常 $\Delta Z_{max}=1800$nT。

(5) 吉 C-1989-53 低缓小异常，范围 0.5km×0.2km。平面图长轴方向北东，北侧磁场升高，强度 100nT。异常处于燕山期二长花岗岩与石炭系磨盘山组大理岩的接触带上，围岩有夕卡岩化、硅化、绢云母化及绿泥石化，与大顶山铜矿位置基本吻合。认为是与已知矿床有关的小异常。

(6) 吉 C-1989-54 异常走向近东西，西宽东窄，长 2.5km，宽 0.7～1km，中心强度 460nT。异常沿燕山期二长花岗岩与石炭系磨盘山组大理岩接触带展布，西部延入石炭系中。围岩普遍夕卡岩化，有银、锌、金银铅锌矿点 2 个，并处于化探 Au、Ag、Cu、Pb、Zn 组合异常内。推断异常由花岗岩引起，处于贵金属及多金属成矿远景区内。

(二) 推断地质构造

以本区航磁异常平面图及数据处理图件为基础，综合地质图及重力异常等有关信息，开展磁法推断地质构造。共划分出断裂构造 16 条，其中一级 2 条，二级 1 条，三级 13 条；出露 3 条，半隐伏 4 条，隐伏 9 条。圈定出侵入岩体 23 个，出露 3 个，半隐伏 14 个，隐伏 6 个。火山岩地层 6 个，出露 5 个，半隐伏 1 个。

1. 推断断裂

(1)F4 位于大黑山条垒的东部,断裂带是由一条狭长的线性负异常带显示出来,异常平缓、连贯,强度一般在－100nT 左右,反映了基底埋藏较深,沉积了巨厚的中新生代陆相碎屑岩,形成斜长的伊通-舒兰地垒。F4 是伊-舒断裂带两侧的一条断裂。据地质上推断断裂形成于白垩纪末—第三纪初,新生代岩浆活动强烈。

(2)F11 位于伊-舒断裂的两侧,并与之平行。沿崔家屯—高家屯—雷家粉房一线,长约 35km。断裂的航磁特征明显,表现为狭长的带状低磁带。据物性资料,沿此带岩石无磁性或弱磁性,相对围岩数倍,说明该带是经长期动力和蚀变作用而退磁的断裂破碎带。该断裂为伊-舒断裂的次级断裂,山门银矿床赋存于此构造带内。

(3)F2 位于区内北部,四台子村一带,近东西向分布,长约 11.5km。断裂沿磁场低值带及梯度带展布,断裂两侧均有岩体分布。在 1∶50 万布格重力异常图上,断裂处于重力高异常南部近东西向的梯度带上。

(4)F7 位于区内西部四平市以西,沿线性梯度带北东向分布,区内长 9.5km。断裂以东为高值异常带,以西为平稳负磁场区,该断裂控制了中生代断陷盆地的分布。

区内共推断断裂 16 条,北东向 12 条,东西向 3 条,北西向 1 条。

2. 侵入岩

1)基性—超基性岩

基性—超基性岩主要为加里东期和海西期侵入岩体,分布在区内南部三门莫家—龙王屯一带。海西期基性—超基性岩含矿性好,山门镍矿床即赋存于海西期基性—超基性岩中。本区基性—超基性在航磁上都有异常显示,航磁异常吉 C-1989-26、吉 C-1989-27、吉 C-1989-21 均由基性—超基性岩引起,区内根据异常圈出 4 处岩体。

2)中酸性侵入岩

中酸性侵入岩在区内十分发育,有些岩体可能为多次侵入的复式岩体,岩体反映的磁场较复杂并且岩体磁性强弱不同,此次圈定岩体主要侧重磁性较强的偏中性岩体。

(1)隐伏岩体 2 处,拉腰子岩体和四平岩体。拉腰子岩体位于区内北部,为一片强异常,曲线多峰状或阶梯状,南部平缓,北部延出测区,最大强度 800nT,最小值－200nT。等值线呈不规则状,走向北东,长 7.5km,宽 3～4km。异常区出露白垩系泉头组地层,局部为第四系覆盖。据吉林省地矿局第三地质调查所检查该异常的验证资料,钻孔 450m 终孔时,仍未穿透闪长岩体。据物性测定的闪长岩磁性 κ 为 $(1480～13\,260)×10^{-5}$SI,J_r 为 $(157～947)×10^{-3}$A/m。该异常由以闪长岩为主的中酸岩岩体引起。

四平岩体异常位于四平市以西,为第四系覆盖。异常处在条垒西侧,松辽断陷盆地东缘的中生代盆地中。异常曲线圆滑宽缓,两侧伴有负值,异常强度 1100nT,最小值－150nT。在异常带南北两侧钻孔中,从地表至 500m 为白垩系砂砾岩和第四系,均属无磁性地层,500m 以下见黑云母花岗岩。据地质资料推测中生代地层覆盖层下磁性地质体为中酸性或偏基性岩体。

(2)半隐伏岩体分布在区内最南端泉眼沟—高家店—靠道子村一带,异常范围较大,异常呈条带状分布,异常强度在 500～700nT,异常区内有闪长岩出露,推测异常主要由闪长岩引起。

(三) 预测区内成矿远景区

1. 位于卧龙屯一带团山子-东山贵金属成矿远景区

北东向长条状分布,长 20km,宽 2~3km,位于两条北东向断裂之间,区内成矿受北东向次级断裂控制。地层为奥陶系黄莺屯组大理岩、变质砂岩、板岩互层岩性段,为 Ag 矿体的有利层位。印支期石英闪长岩及燕山期早期二长花岗为成矿提供热源和矿源,部分矿体产于石英闪长岩、花岗闪长岩的构造裂隙中,也是银矿的重要围岩。有已知大型银矿床及金矿点。区内磁场呈 0~100nT 的地磁异常场,吉 C-1989-9-2、吉 C-1989-15、吉 C-1989-16,化探次生晕异常有 Au、Ag、Cu、Pb、Zn 套合异常。

2. 大顶子一带金、银多金属成矿远景区

位于孟家岭镇西部前乌拉脚沟一带,东西向分布,长约 6km,宽约 3.5km,处于孟家岭凹陷的西北端,上石炭统磨盘山组碳酸盐岩夹碎屑岩,部分为第三系覆盖。侵入岩有海西期二长花岗岩、印支期花岗闪长岩、花岗岩及燕山期二长花岗岩。矿体与围岩接触带有密切关系。区内有大顶山铜锌小型矿床,多金属贵金属矿点多处。区内航磁异常多呈东西向分布,甲类异常有吉 C-1989-51、吉 C-1989-53、吉 C-1989-54,乙类异常有吉 C-1989-52。化探次生晕异常有 Au、Ag、Cu、Pb、Zn、Sb、Bi 组合异常,重砂 Au 异常 1 处。

八、民主屯银矿预测工作区

(一) 磁场特征

预测区位于余富屯石炭系裂隙陷槽的东缘,是晚古生代吉林褶皱带与北北东向雁形排列的印支晚期—燕山早期驿马-吉林火山—岩浆构造带的叠合部位。区内主要出露晚三叠世四合屯组,早侏罗世南楼山组和立兴屯火山岩、火山碎屑岩。早-中侏罗世石英闪长岩、花岗闪长岩和二长花岗岩。预测区北部有寒武系头道沟变质岩和二叠系范家屯组碎屑岩,南部烟筒山一带出露早石炭世余富屯组、鹿圈屯组碎屑岩。与侵入岩火山岩有关的 Mo、As、S、Cu 及多金属矿床(点)多处,如大黑山钼矿、头道硫铁矿、民主屯银矿等。

在区内磁场 1:5 万航磁化极图上可见磁场波动较大,异常走向多为北东向,有几条大的异常带分布在区内,背景场相对平稳,一般在 −100~100nT 之间波动。

东部异常带在烟筒山镇、鸡冠山、乱木桥村一带由数条北东向的局部异常构成,异常强度均较高,如最强的异常吉 C-1959-7,最大值大于 4000nT。钓鱼台和宝善村的异常也都很强,最大值都在 1000nT。异常大部分处于石炭系余富屯组和鹿圈屯组地层与蚀变火山岩和后期中性侵入岩有关。异常带上有民主屯银矿、小梨河金矿、小枫倒树金矿。

北部异常带,在双河镇以东的黑石咀村—头道沟、三家子一带,向北至四道沟水浒沟一带。异常分布以北东向为主,强度不一。头道沟超基性岩异常磁性强,形态不规则,芹菜沟超基性岩异常呈串珠状分布。长岗岭-新立屯异常较低缓,与花岗岩有关。水浒沟附近的异常形态不规则,处于南楼山组地层中。

头道沟异常带内多金属矿床有多处,如大黑山特大型钼矿床、倒木河砷多金属矿床(大型)、头道沟硫铁矿(中型)等,与侵入岩或火山岩有关。

东部异常带,南起新开河村、活龙村向北至梨树川、旺起镇一带,异常带由数条北东向的异常构成,异常呈条带状或成片出现,强度一般 300~500nT,最高 800~1000nT。异常带与南楼山火山岩地层吻合。异常带内与火山岩有关的矿床有锅盔顶小型铜矿床,新立屯、吉庆屯、地局子有 Cu、Pb、Zn、Mo 多金属矿床或矿点多处。

预测区东部石门子、五里营村、玉兴村以东至东部边界,是大片的负磁场区,磁场平稳,波动不大,大部分区域磁场强度在 −200~−100nT,最低为 −400nT。负磁场区与大面积出露早侏罗世花岗闪长岩和中侏罗世二长花岗岩吻合,反映了花岗岩的磁场。

民主屯银矿区位于吉林复向斜双阳-磐石褶皱东中部。区内地层以下石炭统余富屯组和鹿圈屯组海相火山—沉积岩系为主体。余富屯组岩石除大理岩、硅质岩石外,均已被改造为糜棱岩和千糜岩,具有韧性剪切带的特征。该带自烟筒山延至振兴村、小枫倒树一带,分布范围与余富屯组地层一致,民主屯银矿位于此带内。

民主屯银矿位于航磁强异常,吉 C-1959-7 东南部的负磁场中,矿床东西两侧磁场较低。一般在 −400~−300nT。矿床处于磁场在 −200~−100nT,为正异常的延续部分。烟筒山镇-小犁河乡-振兴村韧性剪切带上,磁场相对较弱,一般在 −100~100nT。

野外激电资料表明,全区 η_s 普遍较高,η_s 值在 10% 以上。就 η_s 值分布来看,与地层走向一致,呈北东向展布。测区中部偏东极化场强较高,极化率最高 26%,一般 20% 左右,异常强度由西向东逐渐增强,梯度变化由缓到陡。与中部银矿体和碳质岩性出现有直接关系。矿区西部是大面积平稳低值区,极化率在 12%~15% 之间,无局部异常显示,和西部大面积的千糜岩有关。东部、南部 η_s 值等值线密集且有膨大、扭曲现象,与东南部出露花岗岩及花岗岩与千糜岩接触带有关。据该区的成矿特点,区内成矿由东西向中部逐渐增强。中部偏东应是成矿的有利部位。据物性资料,区内碳质板岩极化率很高,对于应用激电找矿是一种干扰,银矿体与围岩大理岩有一定的电性差异,开展激电找矿具有地球物理前提,因此激电找矿与化探配合方能取得较好的效果。

(二)推断地质构造

以本区航磁异常平面图及数据处理图件为基础,综合地质图及重力异常等有关信息,开展磁法推断地质构造。共划分出断裂构造 16 条,其中二级 1 条,三级 15 条;半隐伏 9 条,隐伏 7 条。圈定出侵入岩体 23 个,出露 9 个,半隐伏 6 个,隐伏 8 个。火山岩地层 24 个,出露 3 个,半隐伏 21 个。磁性蚀变带 1 个。

1. 推断断裂

(1)F11 位于区内东部,经烟筒山、民主村、大犁河村、桦树村一线,北东向分布,长 21.5km。断裂北西侧是石炭系地层,南东侧是侏罗系玉兴屯组碎屑岩地层。断裂北段为二叠系地层与侏罗系侵入岩接触带。民主屯银矿位于断裂北西一侧,断裂具有控矿作用。

(2)F6 位于区内中部,经头道河子村、小城子、头道沟、鸦鹊沟、蓝旗村、口前一线,北东向分布,与地质上确认的小城子-口前断裂吻合。断裂长 42.0km,沿磁场梯度带展布。该断裂是区内重要的控岩控矿构造。头道沟超基性岩、西半天超基性岩沿断裂分布,头道沟硫铁矿、倒木河多金属矿分布在断裂两侧。

(3)F13 位于区内东部,经向阳屯、活龙村、地局子新立屯一线,北东向沿梯度带分布,长 25km。断裂大部分为侵入岩体与地层的接触带。该断裂对区内多金属或矿化有控制作用,如活龙村附近的金和钼矿点,新立屯、地局子的铜、铅、锌矿床均分布于断裂的两侧。

本区共推断断裂 14 条,其中北东向 11 条,南北向 1 条,北西向 2 条。

2. 侵入岩

1) 超基性岩

主要在区内北部头道沟—芹菜沟一带出露，航磁异常表现很强，异常明显，形态不规则，如头道沟异常、西半天异常和三家子异常属于这一类，芹菜沟异常呈串珠状分布。异常均由含矿岩体、铬铁矿引起，但矿体规模较小，不具工业价值。岩体圈出4处，还有1处在烟筒山附近，即航磁异常吉C-1972-144，经查由基性岩引起。

2) 中酸性侵入岩

区内中酸性侵入岩出露面积较广，沿北东向分布，构成吉林东部火山岩浆岩带的一部分，出露有燕山早-中期碱长花岗岩、石英闪长岩、花岗闪长岩、二长花岗岩、闪长玢岩和花岗斑岩。其中花岗闪长岩和二长花岗岩分布最广。花岗岩在空间上与铜、钼等多金属矿床关系密切，大黑山钼矿、锅盔顶子钼矿、头道沟硫铁矿等。花岗岩磁场较弱，一般在0～100nT。在东部常山镇一带的花岗岩体，磁场普遍较低，一般在-200～-100nT之间。花岗岩在本区构成背景场，很难圈出完整的岩体。

3. 火山岩

1) 中生代火山岩

中生代陆相火山岩在区内分布较广，主要是侏罗世南楼山组中酸性火山熔岩及其碎屑岩，构成取柴河-永吉县火山岩带的主体。区内与中生代火山岩有关的矿床有新立屯、地局子铜、铅、锌多金属矿床、倒木河子砷、多金属矿床等。在1:5万航磁化极图上，中生代火山岩磁异常十分明显，多呈带状或不规则状，北东向分布的异常带，异常强度在400～700nT。圈出的火山岩与中生代地层吻合。

2) 古生代海相火山岩

分布在烟筒山以北的新发屯—上头道川一带，早石炭世余富屯组、鹿圈屯组地层中，主要岩性为细碧岩、海斑质凝灰山等，岩石磁性很强，是岩石中含极细的磁铁矿颗粒所致，典型的异常如和平7号，异常强度高，大于4000nT，以梯度陡、形态不规则为特征。相似的异常还有宝善村异常、钓鱼台异常。变质火山岩根据异常圈出6处。

九、西林河银矿预测工作区

(一) 磁场特征

本区西北部为波动不大的负磁异常区，中部到东南部为正负变化复杂的磁异常区，北东部为低缓正磁异常区，西南部西林河林场附近为略有升高的正磁异常区。

西北部为波动不大的负磁异常区，地表出露有新太古代变质二长花岗岩，东方红岩组变质流纹岩、黑云石英片岩，晚三叠世托盘沟组流纹岩、流纹质角砾凝灰岩，晚三叠世小河口组砾岩、砂岩、粉砂岩夹煤，早白垩世长财组砾岩、砂岩、粉砂岩夹煤和大砬子组砾岩、砂岩，这些岩石通常只具有弱磁性或无磁性，不引起磁异常。

中部到东南部为正负变化复杂磁异常区，为大面积第四纪漫江组玄武岩分布区，异常波动变化，正、负交替分布，局部正磁异常规模小、梯度陡、强度大、走向多变。

北东部为低缓正磁异常区，地表出露有新太古代变质二长花岗岩，蚂蚁河岩组变粒岩夹斜长角闪岩、南华纪钓鱼台组石英砂岩、南芬组页岩夹泥灰岩、白垩纪大砬子组砾岩、砂岩、晚三叠世碱长花岗岩、石英二长闪长岩、中侏罗世二长花岗岩。局部正磁异常主要为燕山期酸性侵入体及少量的新太古代片麻岩、晚印支期石英二长闪长岩引起。

西南部西林河林场附近为略有升高的正磁异常区。地表主要出露有新太古代变质二长花岗岩、英云闪长质片麻岩。其南部强磁异常由出露的玄武岩引起，西部有一处隐伏酸性岩体异常，隐伏、半隐伏闪长岩异常各一处。

西林河岩浆热液型银矿床位于北东走向线性局部正异常带东侧，北东走向，长轴较短的局部负磁异常中。负异常带推断为北东走向的控矿断裂，正异常带推断为燕山期中酸性侵入岩体引起，与西林河银矿的形成关系密切，为银矿形成提供热源。在重力异常图上，矿床处于重力低异常中。矿体赋存在珍珠门岩组大理岩与太古宙花岗质糜棱岩接触带。因此，西林河岩浆热液型银矿床地球物理找矿标志为重力低异常、磁力低异常。

(二) 推断地质构造

以本区航磁异常平面图及数据处理图件为基础，综合地质图及重力异常等有关信息，开展磁法推断地质构造。共划分出断裂构造9条，其中二级1条，三级8条；半隐伏3条，隐伏6条。圈定出侵入岩体14个，出露2个，半隐伏10个，隐伏2个。火山岩地层2个，出露2个。圈定出变质岩地层3个，出露2个，半隐伏1个。

十、上甸子-七道岔银矿、硫矿预测工作区

(一) 磁场特征

本区磁场特征是在大片负磁场中，有局部正异常带，出现磁场以负为主。

预测区西部六道江、新安屯、石人镇、报马桥村一带，磁场平稳，局部略有波动，磁场强度在$-100\sim-30$nT。主要反映了浑江上游凹褶皱断东中新元古界的白云质大理岩、砂岩、粉砂岩、页岩、石英岩及古生界碳酸盐岩的磁场特征。与东部的鞍山群变质岩地层呈断层接触。表现为大片平缓的负异常梯度带，梯度走向北东50°左右。

其南部四道阳岔—大桥沟一带，磁场十分平稳，磁强度在$-120\sim-100$nT，略低于其北部。主要反映了新元古界砂岩、砾岩等岩性的磁场。

老营沟—六道岔一带侏罗系林子头组和果松组火山岩覆盖区异常呈条带状分布，但异常强度不高，在$-50\sim50$nT。

预测区中部横路岭—天桥村一带是一条北东向的异常，长约30km，宽$10\sim14$km，异常带两侧伴有负值。犁树沟与板子庙之向等值线向里收缩，以200nT等值线圈出两个向部异常，分别与老秃顶子、犁树沟花岗岩体对应。两岩体侵入于鞍山群变质岩中。位于北侧的老秃顶子岩体异常高于犁树沟岩体异常，异常最高值700nT。异常带中的低缓异常主要反映了鞍山群变质岩磁场。异常带东侧的负值梯度带的空间位置与地质确定的"S"形构造带相对应，该带是区内一条重要的成矿构造带。

预测区东部大面积出露老岭群花山组、珍珠门岩组、大票子组及临江组地层。朝阳屯—四道小沟出露长白组碎屑岩，东部磁场是在负背景上分布有北东向的低缓异常带，背景场强度在$-100\sim-50$nT。

天桥沟—小西沟一带出露草山岩体、茅山岩体与老秃顶子岩体,同属燕山期花岗岩,但草山岩体磁场表现为变化平缓的负场值,与老秃顶岩体差异较大。

(二) 推断地质构造

以本区航磁异常平面图及数据处理图件为基础,综合地质图及重力异常等有关信息,开展磁法推断地质构造。共划分出断裂构造 10 条,其中二级 3 条,三级 7 条;半隐伏 6 条,隐伏 4 条。圈定出侵入岩体 5 个,半隐伏 4 个,隐伏 1 个。火山岩地层 1 个,出露 1 个。圈定出变质岩地层 4 个,半隐伏 4 个。磁性蚀变带 4 个。

1. 推断断裂

(1) F2 位于预测区西部,窑沟、七道江、仓库沟、小板石沟一线,北东向延伸,长约 25.5km。断裂处于负磁场梯度带上,两侧磁场不同。南东侧磁场平稳,强度在 $-120\sim-80$nT,主要反映了古生代及新元古代地层磁场特征。北西侧磁场强度在 $-100\sim50$nT,主要反映了新元古代地层磁场特征。断裂处于北东向的重力梯度带上,是本溪-浑江断裂的一部分。

(2) F3 位于预测区西部大青沟、报马桥村、石人镇一线北东向,沿负磁场梯度带延伸,长 27.5km。断裂南东侧梯度带密集,为逐步升高的磁场。对应中生代地层中元古代、太古宙变质岩及中生代中酸性侵入岩体的磁场。北西侧是相对平稳的负磁场,对应古生代地层。在区域布格重力异常图上,该断裂位于北东向的梯度带上,其南东侧是重力低异常断裂,反映了中生代断陷带。

(3) F4 位于预测区中部,沿至岔河村、错草村、桦松岗、珍珠门村、五道小沟、大北岔一线,北东向呈弧形分布,长约 46km。断裂沿负磁场梯度带延伸,该负值梯度带与地质确定的荒沟山"S"形构造带对应,负值梯度带处于老岭群株门组大理岩中,是区内重要的贵金属、有色金属成矿构造带。

本区共推测断裂 10 条,其中北东向 6 条,北西向 2 条,南北向 2 条。

2. 侵入岩

本区花岗岩磁场在大片负背景场上显得十分突出,如北部的梨树沟岩体和老秃顶子岩体岩性以似斑状黑云母花岗岩为主异常,呈椭圆状。梨树沟岩体强度在 $200\sim300$nT,最高在 400nT 以上;老秃顶子岩体强度 $200\sim400$nT,最高 700nT 以上。因为有中性脉岩侵入岩,老秃顶子岩体磁场高于梨树沟岩体。但在老秃顶子岩体以东的草山岩体,虽岩性相同,磁场很弱,草山岩体磁场在 $-50\sim50$nT,只在与地层接触带上才有异常显示。

刘家堡子-狼洞沟热液充填型银矿床位于东西走向吉 C-1977-3 椭圆状磁异常的西端,为古生界张夏组、马家沟组灰岩地层与中酸性侵入体接触蚀变带异常。已知六道江小型夕卡岩型铜矿位于西部吉 C-1987-19 异常之上。两个矿床位于一个磁异常带上,应属于同一个金、银、铜成矿带。古生界灰岩地层与中酸性侵入体接触蚀变带异常可作为该热液充填型银矿床的地球物理找矿标志之一。

荒沟山沉积变质型硫铁矿床位于老秃顶子岩体产生的等轴状正磁异常的东南部 -20nT 等值线上。该处等值线梯度略陡,呈向东南凸起弧形,为老秃顶子岩体与珍珠门岩组地层接触带附近地层一侧的负磁异常区,距离北西侧燕山期老秃顶子岩体 1.5km。磁法找矿标志为中酸性岩体正磁异常与珍珠门岩组地层负磁异常过渡带附近的负磁异常一侧,等值线梯度略陡,反映了荒沟山"S"形构造带在此通过,是成矿的有利部位。

本区钼钴矿赋存于老爷岭群花山组地层下段,岩性为千枚状变质岩、千枚状片岩及薄层状大理岩。

矿床受北东向"S"形构造带控制,并与区内岩浆活动关系密切。在航磁图上,钴矿处于北东向和近南北向的负磁场梯度带上。在布格重力异常图上,钴矿床处于重力高异常的边部和重力梯度带上,反映矿床的分布与构造带的密切关系,沿"S"形负磁场梯度带寻找沉积变质型钴矿床的有利地带,但航磁反映不佳。在成矿带上开展钴、镍找矿工作应选用综合物探及化探方法,作为地质找矿的重要辅助方法。

十一、放牛沟硫矿预测工作区

(一)磁场特征

预测区北部是封山村、景台镇、石灰村负异常带,走向北东,幅值$-100\sim20\mathrm{nT}$,南部为轴向多变的正异常。在负背景场上分布有东西向串珠状异常,幅值在$100\sim200\mathrm{nT}$。本带在地质上对应了志留系桃山组、弯月组的中酸性火山岩、碳酸盐岩类及奥陶系石缝组庙岭二长花岗岩、白岗质花岗岩等,属弱磁或无磁性。带内断裂构造发育,主要为东西向、北东向、北西向,并有已知的放牛沟硫铁多金属矿。该带东侧的北东向的低缓正异常带与火山岩、次火山岩、花岗闪长岩等有关。预测区南部为强磁场区,西侧是黄岭子异常,呈不规则的椭圆状,面积约$18\mathrm{km}^2$,异常中心位于西蟒仗,最大幅值$3000\mathrm{nT}$,两侧均有负值,负值强度$-800\sim-600\mathrm{nT}$。据航磁资料,黄岭子一带见辉石闪长岩、角闪岩。闪长岩κ值$6000\times10^{-5}\mathrm{SI}$,属强磁性,使航磁曲线呈高磁多峰状。东侧大顶山—司家村一带,磁场较两侧低,异常走向变化较大,强度一般在$100\sim300\mathrm{nT}$。岩性为侏罗纪正长花岗岩、二长花岗岩,三叠系花岗岩及石炭系—泥盆系角闪辉长岩等。

放牛沟航磁异常(吉 C-1989-98),异常位于后庙岭岩体与奥陶系石缝组地层接触部位,处于洪喜量向斜北翼,有东西向压性断裂通过。放牛沟硫铁多金属矿产于花岗岩与石缝组地层的接触带及外侧的片理化安山岩、大理岩的层向破碎带中。在航磁ΔT平面图上,该异常以负区域磁场为背景,三条测线上反映,曲线规则,走向东西,中间测线磁场强度最高,$\Delta T_{\max}=578\mathrm{nT}$,两侧强度较小,为$180\sim200\mathrm{nT}$,北侧负值为$-200\mathrm{nT}$,南缓北陡,磁异常恰好落在矿体上,异常反映了矿体。

(二)推断地质构造

以本区航磁异常平面图及数据处理图件为基础,综合地质图及重力异常等有关信息,开展磁法推断地质构造。共划分出断裂构造 20 条,其中二级 1 条,三级 19 条;半隐伏 3 条,隐伏 17 条。圈定出侵入岩体 47 个,半隐伏 29 个,隐伏 18 个。火山岩地层 5 个,半隐伏 1 个,隐伏 4 个。

1. 推断断裂

(1)F1 位于测区西部富山村、新立屯、房深村一线,沿梯度带延伸,北侧延出测区,长约 14km。断裂北西侧为低缓正异常,为白垩系泉头组地层及第四系地层。断裂南东侧为早志留世桃山地层。

(2)F6 位于预测区中部,东西向,沿梯度带展布,长 11.2km。两侧磁场不同,北侧负磁场反映了庙岭二长花岗岩体,其东西向的局部异常反映了放牛沟硫铁多金属矿。断裂南侧低缓正异常主要是早寒武世的花岗岩和石英闪长岩。该断裂为区内主要控岩控矿构造。

(3)F7 位于测区中部,五台子村—锦山村一线,北西向,沿梯度带及不同场区分解展布,长约 11km。断裂北东一侧为庙岭花岗岩体及放牛沟多金属矿,其南西一侧主要是放牛沟火山岩,北西向断裂为控矿构造之一。

（4）F2位于测区北部，从山头子、马凤岭至农林村一线，北东向，沿梯度带展布，长15.5km。断裂两侧磁场不同，北西一侧主要为负磁场，另一侧为低缓正异常，断裂处于志留系弯月组、桃山组地层中，沿断裂有脉岩分布。

区内共推断断裂20条，其中北东向6条，北东东向1条，北西向7条，东西向6条。

2. 岩浆岩

（1）早寒武世片麻状黑云母石英闪长岩分布于预测区中部保家村、大西河崖宋家屯一带，航磁对应低缓正异常及局部负异常，岩体大体呈东西向分布。

（2）早石炭世—泥盆纪庙岭黑云母二长花岗岩于前庙岭附近出露，岩体受东西向及北西向断裂构造控制。二长花岗岩对应磁场较弱，为-50~100nT。在放牛沟附近，岩体超覆于石缝组地层之上，沿接触带和外接触带往往形成磁铁矿、硫铁矿、方铅闪锌矿体，放牛沟多金属矿床产于外接触带石缝组地层中。

（3）早石炭世—泥盆纪房身顶子中—基性侵入体主要在预测区中部及南西部出露，岩性角闪闪长岩、辉长岩等，在黄岭子一带，北东走向，异常强度高，梯度陡，并且异常有一定的规模。另外，该类岩体在靠山镇西部和西朝沟北部各有一处，均为北东走向，磁场强度低于黄岭子异常。

（4）中三叠世太平岭黑云母正长花岗岩位于大顶山南西部，岩性磁性较弱，岩体处于负磁场或低缓正磁场。

（5）中侏罗世太阳岭黑云母正长花岗岩主要出露在预测区东部，河沿村—赵家屯及蟒丈村附近，对应磁场为低缓正异常带。

3. 古生界地层

（1）晚奥陶世统石缝组位于测区中部老虎沟村、前庙岭、锦山村一带，呈北西向分布，岩性为片理化英安岩、安山岩、流纹岩、凝灰质板岩、大理岩等。航磁为低缓正异常及负异常。该层位有利于形成硫铁矿、铅、锌等多金属矿体，放牛沟硫铁铅锌矿体即产仔石缝组地层中。

（2）志留纪桃树组、弯月组地层主要在预测区北部、贾家岭、青山村、景台镇、石灰村、三红顶子一带，大面积出露，航磁对应负磁场，其中有局部正异常分布。但在南东侧岗杨村、三红顶子、绿化村一带为低缓正异常带。

（三）找矿远景区

放牛沟—丁家沟多金属找矿远景区，位于放牛沟—新立屯一带，面积约70km²，放牛沟-新立屯-煤窑沟倒转背斜北东翼，东西向断裂构造发育。出露地层为奥陶系石缝组、志留系桃山组，岩性为砂岩、板岩大理岩、片理化安山岩、英安岩、流纹岩等。侵入岩主要为加里东晚期后庙岭岩体，西南部为加里东晚期闪长岩，东南部为燕山早期莫里青二长花岗岩。区内已知放牛沟大中型硫铁、多金属矿床、新立屯硫铁、多金属小型矿床，且有多金属Au、Cu、Pb、Zn矿点多处。放牛沟矿异常吉C-1989-98在空间上与矿体吻合，区内化探有Cu、Pb、Co、Au异常；Au-辰砂、铅锌-重砂异常（图5-4-4）。

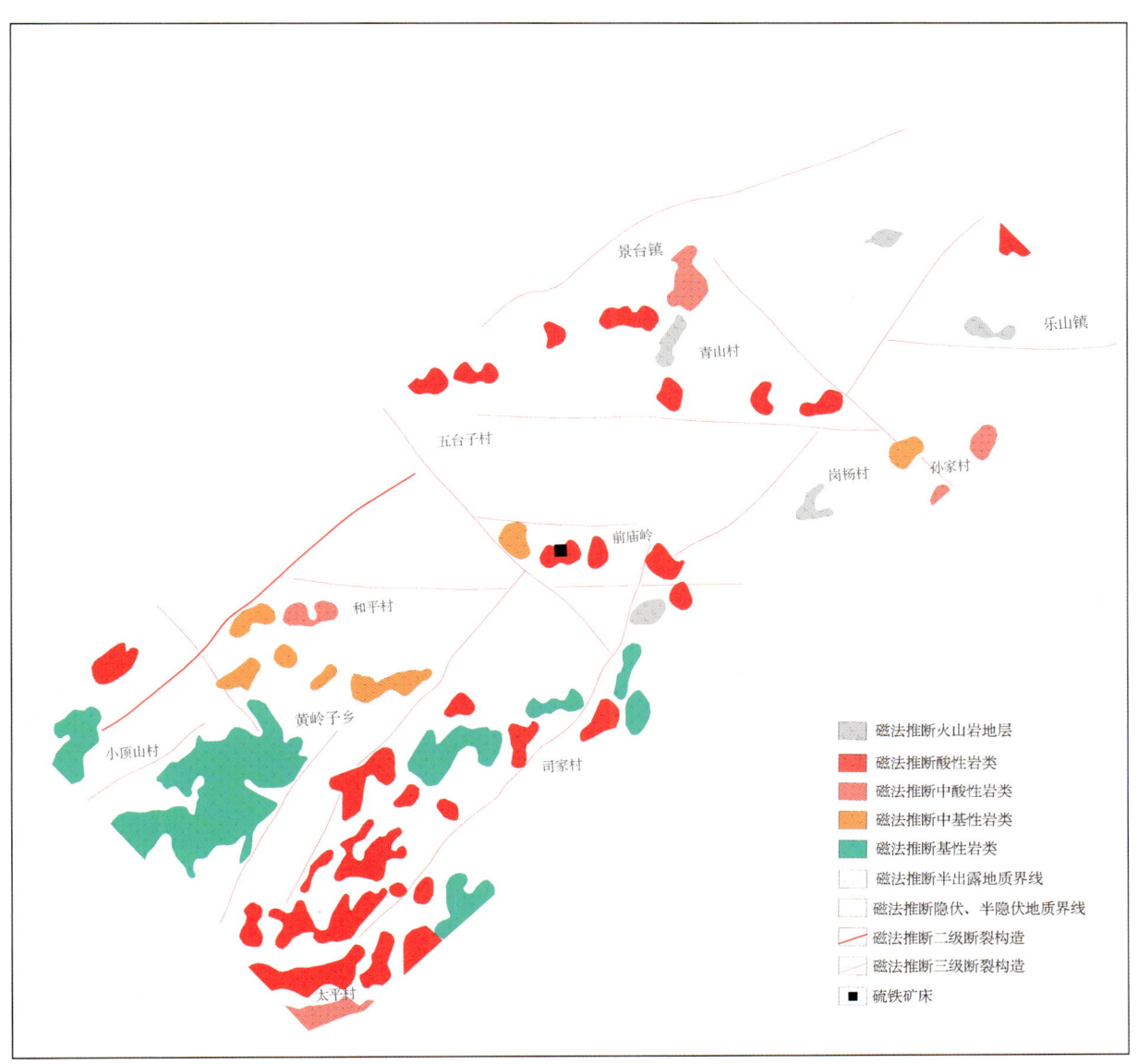

图 5-4-4　放牛沟硫矿预测工作区磁法推断地质构造示意图

十二、倒木河-头道沟硫矿预测工作区

(一) 磁场特征

1. 预测区磁场特征

预测区位于晚古生代吉林褶皱带与北东向的雁形排列的印支晚期—燕山早期驿马-吉林火山—岩浆构造带的叠合部位。区内主要出露早侏罗世南楼山组火山岩及碎屑岩和晚三叠世四合屯组火山岩及碎屑岩，中侏罗世花岗闪长岩、二长花岗岩及石英闪长岩。区内中部及东部出露寒武纪头道沟组变质岩

和二叠纪范家屯组、寿山沟组碎屑岩。区内磁场较平稳,波动不大,强度在50～100nT,主要反映了花岗岩的磁场。侏罗纪南楼山组磁场略低,一般在0～60nT,分布于半拉川、大理山—林家屯。在东部五里河—白马夫一带呈负异常,南部的五问房等大面积分布,部分呈高值异常,如李家村—西阳村一带,强度－100nT左右。可能与北东向和东西向的局部断裂有关。

2. 矿区磁场特征

据1:1000磁测,北部头道沟组地层出露区磁场平缓,一般±100nT,为正负场。西部超基岩出露区曲线梯度陡,变化大,一般为－1000～3000nT。西南角霏细斑岩区磁场平稳,一般－300～－200nT。中部矿化夕卡岩带(磁铁矿化、磁黄铁矿化)磁场一般,曲线形态规整,较稳定的2000nT左右的异常与梯度陡正负磁场变化大的(－5000～10 000nT)异常相叠加。

据矿区物性参数统计值,磁黄铁矿 κ 为 $(0\sim6000)\times10^{-5}$ SI,κ 平均值 3000×10^{-5} SI,J_r 为 $(0\sim3500)\times10^{-3}$ A/m,J_r 平均值 1000×10^{-3} A/m;超基性岩 κ 为 $(4500\sim10\,000)\times10^{-5}$ SI,κ 平均值 $(6500\sim8000)\times10^{-5}$ SI,J_r 为 $(2000\sim20\,000)\times10^{-3}$ A/m,J_r 平均值 $(3000\sim11\,000)\times10^{-3}$ A/m;磁黄铁矿磁铁夕卡岩 κ 为 $(1100\sim120\,000)\times10^{-5}$ SI,J_r 为 $(3000\sim150\,000)\times10^{-3}$ A/m,J_r 平均值 $(50\,000\sim110\,000)\times10^{-3}$ A/m。从参数上可看出,磁黄铁矿磁性很强,高于其周围斜长阳起石角岩、阳起石角岩、黑云硅质岩等弱磁性岩石,但低于超基性岩、磁黄铁矿磁铁夕卡岩等岩性。因此在航磁异常中如吉C-1959-45头道沟硫铁矿,处于该异常低缓部位。

区内超基性岩体异常十分明显,分布于头道沟、芹菜沟一带。异常强度高,梯度陡,呈串珠状或不规则的团块状分布并且有负值。岩体侵入寒武纪头道沟组地层及二叠系地层中,岩体分布受地层及结构控制。

3. 航磁与地磁异常

(1)吉C-1959-45。1:5万航磁呈不规则的三角形异常,其中一边走向近东西,三角形面积约7km²,最高强度1900nT,一般强度800nT左右,梯度陡,北侧有明显负值。异常处于古生代头道沟组地层中,并有超基性岩和花岗岩。1:1万地面磁场,异常形态与航磁相似。最高强度15 000nT,一般强度3000nT左右,梯度陡,曲线呈锯齿状,北侧有明显负值。

经对比,异常主要与超基性岩位置吻合,航磁与地磁异常均呈尖峰状,梯度陡,经公式估算,结果与实测基本一致,异常由超基性岩引起。

主体异常北侧强度降低部分,M1异常,长600m,最高强度4000nT,一般强度2000nT左右,曲线梯度陡,走向近东西,两侧均有负值。经对比,异常位置与磁黄铁矿位置吻合,用 $4Z=2\pi J$ 进行估算,结果与实测吻合,异常由磁黄铁矿引起,并且在该异常上有明显的自电异常,Cu次生晕异常,重力和电法联合剖面异常。

1:1000地面磁测也取得了相同的效果。该异常主要由超基性岩体和磁黄铁矿引起,磁黄铁矿为一中型以硫为主的综合矿床。

(2)吉C-1959-46位于永吉县五里河镇,三家子西山。1:5万航磁异常呈北东向"人"字形分布,单边长2700m,宽300m左右,最高强度700nT,一般强度400nT。梯度陡,北西侧有明显负值。1:1万地面异常形态与航磁相似,ΔZ 最高强度4000nT,一般强度为2000nT,梯度陡,曲线呈锯齿状,北侧有明显负值。

异常区出露古生代头道沟组地层,呈北东向分布,区内侵入岩有超基性岩,呈北东向分布。燕山期花岗岩大面积分布。

异常处有一北东向三家子夕卡岩矿化蚀变带,蚀变矿化有黄铜矿、磁黄铁矿,绿泥石蚀变带和磁铁矿、方铅矿、闪锌矿等组成,在夕卡岩带做了1:1000的地面磁测0.6km²,出现10处编号异常。异常走向大致为北东向,断裂陡,成群出现,最高强度为10 000nT,一般强度在1000~2000nT,强异常曲线梯度很陡,并有明显负值。在夕卡岩蚀变带,1:5000激电有25%~30%的η_s异常,并且视电阻率呈低阻反映,自电有明显异常。经对比,"人"字形异常主体与超基性岩的分布范围相吻合。夕卡岩矿化带上磁法激电、自电及Cu次生晕均有反映,该带仅有较小的Cu、Pn矿体,规模小而不具工业价值。

(二)推断地质构造

以本区航磁异常平面图及数据处理图件为基础,综合地质图及重力异常等有关信息,开展磁法推断地质构造。共划分出断裂构造8条,其中三级8条;半隐伏4条,隐伏4条。圈定出侵入岩体13个,出露5个,半隐伏3个,隐伏5个。火山岩地层6个,出露1个,半隐伏5个。

1. 推断断裂

(1)F6 位于区内中部,沿磁场梯度带、低值带北东向延伸,北端延出测区,区内长约35km。断裂经头道河子、小城子、头道沟、鸦鹊沟至区外的蓝旗村、口前,即小城子-口前断裂。在其两侧北东、北西组次一级断裂发育,超基性岩体、中酸性脉岩主要沿次一级断裂侵入。断裂北西侧为侏罗系火山岩系,南东侧为呼兰群头道沟组变质岩系及花岗岩,两侧岩性不同,断裂沿河谷分布。该断裂有继承性活动性质,控制了燕山期的各种火成岩活动。

(2)F4 位于区内西部,沿磁场梯度带、低值带延伸,区内长约24.4km。断裂经双河镇、黄狼沟、大盆屯至西阳镇,即双河镇-西阳断裂,与区域构造线方向一致,部分切割了古生代地层。断裂控制超基性岩、中酸性侵入岩、中生代火山岩的分布。对区内成矿起重要作用。

(3)F10 位于区内中部,沿小城子、稗子沟、长岗岭一线,北西向分布,长9km。断裂两侧磁场明显不同,南西两侧为一片较平稳场区,磁场强度低,北东一侧为异常区,磁场变化大。沿断裂有脉岩分布,对成矿控制作用不明显。区内北东向的区域性断裂小城子-口前断裂及北东向的次级断裂对区内超基性岩、中酸性脉岩的侵入,头道沟硫铁矿、三家子-倒木河多金属成矿带均受该组断裂控制。

区内推断断裂8条,其中北东向6条,北北东向1条,北北西向1条。

2. 侵入岩

(1)超基性岩体。区内超基性岩很发育,有已知岩体3处,为头道沟岩体、西半天岩体和芹菜沟岩体。超基性岩磁性很强,岩体都有航磁异常对应,头道沟岩体吉C-1959-45、西半天岩体吉C-1959-44、芹菜沟岩体吉C-1959-31,超基性岩时代早于头道夕卡岩带,与头道硫铁矿成矿关系不大。

(2)中酸性侵入岩。区内中酸性侵入体主要是燕山期花岗岩,分布在西部大岗子乡—大河川村一带,长岗岭—新立屯—西阳一带和小城子-口前断裂以东大部分地区。燕山期花岗岩磁场强度一般在50~100nT,局部偏中性岩异常可达400~500nT。燕山期花岗岩与头道沟硫铁矿的成矿关系密切,特别是花岗岩的边缘相闪长岩。

3. 变质岩

呼兰群头道沟组变质岩是头道沟硫铁矿的主要成矿围岩,出露于头道沟—三家子一带呈北东向带状分布,其岩性为斜长角闪岩、阳气石角闪岩、黑云硅质角岩,磁化率变化范围均在$(0\sim500)\times10^{-5}$SI,

属于弱磁性，其对应磁场强度在±100nT，为正异场。

(二) 矿体成矿规律及找矿远景

头道沟地区的夕卡岩化和夕卡岩与燕山期花岗岩—花岗闪长岩—闪长岩系列杂岩体和头道沟组地层接触交代及顺层交代有关。如头道沟硫铁矿、三家子夕卡岩磁铁、铅锌矿化带等。夕卡岩化受继承性的北东向或近北东向构造、层向剥离、层向破碎带的控制，也受接触带构造控制。夕卡岩矿化带（或矿体）与围岩存在明显的物性差异和地化差异，具有物化探异常，如磁法、电法和Cu量异常。

在三家子—倒木河一带开展寻找以硫铁矿为主的多金属普查工作，应加强物化探工作，加强综合研究，以期发现新的找矿线索。

十三、高台沟硼矿预测工作区

(一) 磁场特征

预测区西北部为大面积高背景的正磁异常分布区；中部为北东走向的宽度约28km的负磁异常带，其上叠加有环状、椭圆状、条带状局部正磁异常；东南部为大面积的正磁异常及正、负磁异常相间分布区。三个不同磁场区内的各局部正磁异常普遍较陡，异常走向无明显规律。

西北部大面积高背景的正磁异常分布区，地表出露有晚太古代变质二长花岗岩，晚三叠世二长花岗岩，早白垩世碱长花岗岩，中侏罗世果松组安山岩、凝灰岩、砂岩。另有规模较小的石英闪长岩及超基性岩脉出露。结合该区1987年、1990年的航磁报告中的航磁异常地面检查结果及解释推断意见，认为该区正磁异常大部分为火山岩、中性岩体引起，少数为基性—超基性岩体、酸性岩体引起。

中部北东走向的较宽负磁异常区带，出露主要地层有元古宙集安群蚂蚁河岩组、荒岔沟岩组、大东岔岩组，南华系南芬组、桥头组，震旦系万隆组。其中变质岩具有较弱磁性或较低磁性，一般引起负磁异常或强度不高的正磁异常；蚂蚁河岩组中磁铁浅粒岩、黑云变粒岩或含硼镁铁矿时可引起较强磁异常。负磁异常区的西南部古元古代花岗岩分布数量较多，多数规模较小，大多数不引起较强磁异常，印支期石英闪长岩和白垩纪碱长花岗岩大小规模均有，但数量较少，一般引起较强磁异常；负磁异常区的东北部有一处规模较大的印支期龙头二长花岗岩、花岗闪长岩岩体出露，在与元古宙地层接触带上，产生环状正磁异常，即磁性蚀变带异常，龙头岩体本则对应负磁异常。

东南部高台沟一带的大面积正磁异常呈北东东走向的楔形，其东部异常宽，强度高，最大值达440nT，出现在四道阳岔附近，向西强度逐渐变低，宽度变窄，西部末端异常突然变强。高台沟硼矿床所在地区的18处硼矿床大部分分布在较宽异常部位上。高台沟较宽磁异常的南部和东部分布有火山岩及酸性侵入体磁异常。

古元古代集安群蚂蚁河岩组中含硼镁铁矿、磁铁浅粒岩、黑云变粒岩可引起较强磁异常，它们与中等强度剩余重力高异常是寻找硼矿的有利标志。本区根据蚂蚁河岩组、磁力高、重力高三位一体圈定的隐伏、半隐伏、出露的磁性变质岩地层是寻找硼矿的有利靶区。环绕龙头岩体周边的磁性蚀变带正异常及本区其他侵入体地层接触带的磁性蚀变带异常是寻找热液型铁矿、金银矿等矿产的有利部位。

(二) 推断地质构造

以本区航磁异常平面图及数据处理图件为基础,综合地质图及重力异常等有关信息,开展磁法推断地质构造。共划分出断裂构造 27 条,其中二级 2 条,三级 25 条;出露 1 条,半隐伏 15 条,隐伏 11 条。火山岩地层 24 个,出露 22 个,半隐伏 2 个。圈定出变质岩地层 20 个,出露 13 个,半隐伏 7 个。磁性蚀变带 7 个(图 5-4-5)。

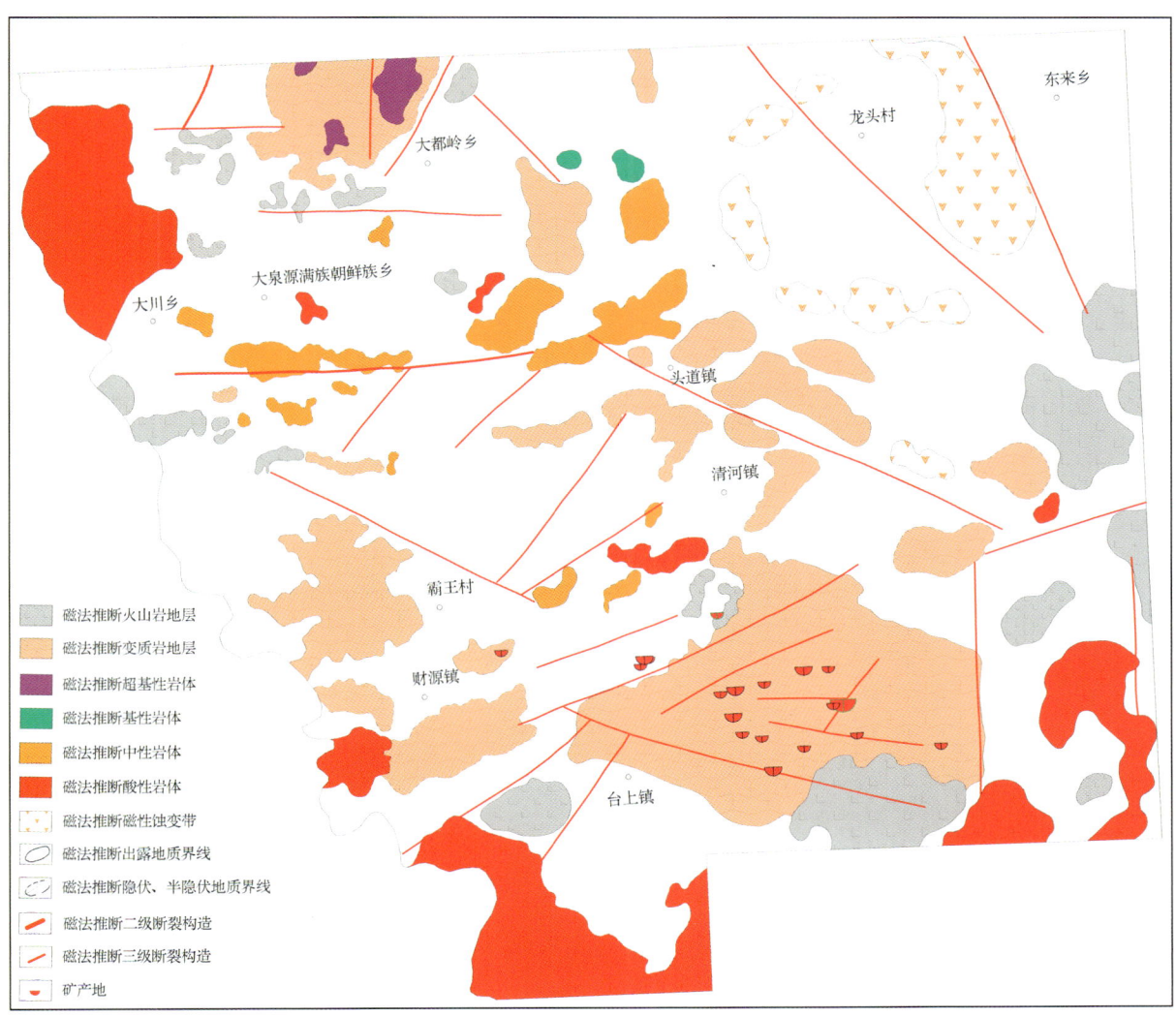

图 5-4-5 高台沟硼矿预测工作区磁法推断地质构造示意图

第六章　磁异常研究及磁性矿产资源量预测

第一节　磁异常分类及其分布特征

一、磁异常分类原则

此次磁异常解释，是在以往磁异常解释基础上进行的。在吉林省 1957—1994 年间近 20 份航空磁测成果报告中已有对航磁异常性质评价的基础上，结合各次航磁异常查证报告及吉林地区航磁异常汇编报告、四平地区航磁异常汇编报告、延边地区航磁异常汇编报告、通化地区航磁异常汇编报告中航磁异常查证意见及结论，对吉林省以往已编号的磁异常重新进行登记。

在近些年最新地质、物化探工作成果基础上，针对铁、铜、铅、锌、钨、金、锑、稀土、磷等矿产，本次研究的异常主要是以往航磁或地磁发现的，经地面初步评价最终确定为磁性矿产引起的异常，其次是以往推断的由磁性矿产或具有找矿意义的地质体（地质构造）引起的，尚未经地面评价的异常。此外，对于重要成矿区带、成矿地段，原定性为性质不明的异常，也开展了综合研究，进行了全面排查，其中部分异常被重新确定为具有找矿意义的异常。

为了使重新分类后的航磁异常编号既简洁又具有统一性，且保留原编号的信息，本次磁测资料应用研究中对已登记的吉林省航磁异常，按照全国矿产资源潜力评价《磁测资料应用技术要求》（2006—2010年），采用统一的规则重新进行编号。

对本次吉林省航磁异常重新进行编号，仅《四平—长春地区航空物探（电/磁）综合测量成果报告》（1992年）为地矿部物化探研究所完成的航测工作，编号为吉 C4－1992－原编号，其余航测工作均由航空物探遥感中心完成，编号为吉 C1－测量年代－原编号。

二、磁异常分类结果及其分布特征

（一）磁异常分类结果

1. 磁异常分类方法

通过上述方法选取的磁异常，有的原来已进行了分类，有的则没有进行分类。本次工作中，结合地面查证资料、区域物性资料、最新的地质矿产资料、地球化学图和剩余重力异常图，在磁异常定性解释基础上，对磁异常重新进行分类。

按航磁 ΔT 异常所处的地质环境、找矿意义和以往工作程度,对磁异常进行分类,划分为甲、乙、丙、丁四大类,其中甲类异常、乙 1 类异常和乙 2 类异常为矿致异常。划分原则如下。

(1) 甲类异常:为矿致异常,可分 2 个亚类。

甲 1 类异常:已知矿引起、推断还有找矿潜力的异常。

甲 2 类异常:已知矿引起、推断进一步找矿潜力不大的异常。

(2) 乙类异常:推断具有找矿意义的异常,分 3 个亚类。

乙 1 类异常:推断矿体引起的异常。

乙 2 类异常:推断含矿地质体或地质构造引起的异常。

乙 3 类异常:推断具有找矿意义的地质体或构造引起的异常。

(3) 丙类异常:找矿前景不明异常。按目前工作程度和认识水平,无法判明其找矿意义的地质体或地质构造等引起的异常。

(4) 丁类异常:按目前工作程度和认识水平,认为由不具备找矿意义的岩性体引起的异常。

在磁异常进行分类过程中,对与铁、铜、铅、锌、钨、金、锑、稀土、磷等矿产资源潜力评价重点预测的与矿产有关的异常进行了重点研究。

2. 磁异常分类结果

本次吉林省航磁异常筛选结果统计如下。

登记航磁异常总数:1990 个。其中甲类异常 104 个,乙类异常 550 个,丙类异常 503 个,丁类异常 833 个。航磁异常地面检查数量:416 个。其中一级查证 61 个,二级查证 100 个,三级查证 231。绝大部分都进行了踏勘检查。

对航磁异常按甲、乙、丙、丁进行了类别划分,编制了吉林省航磁异常分布图(图 6-1-1)。

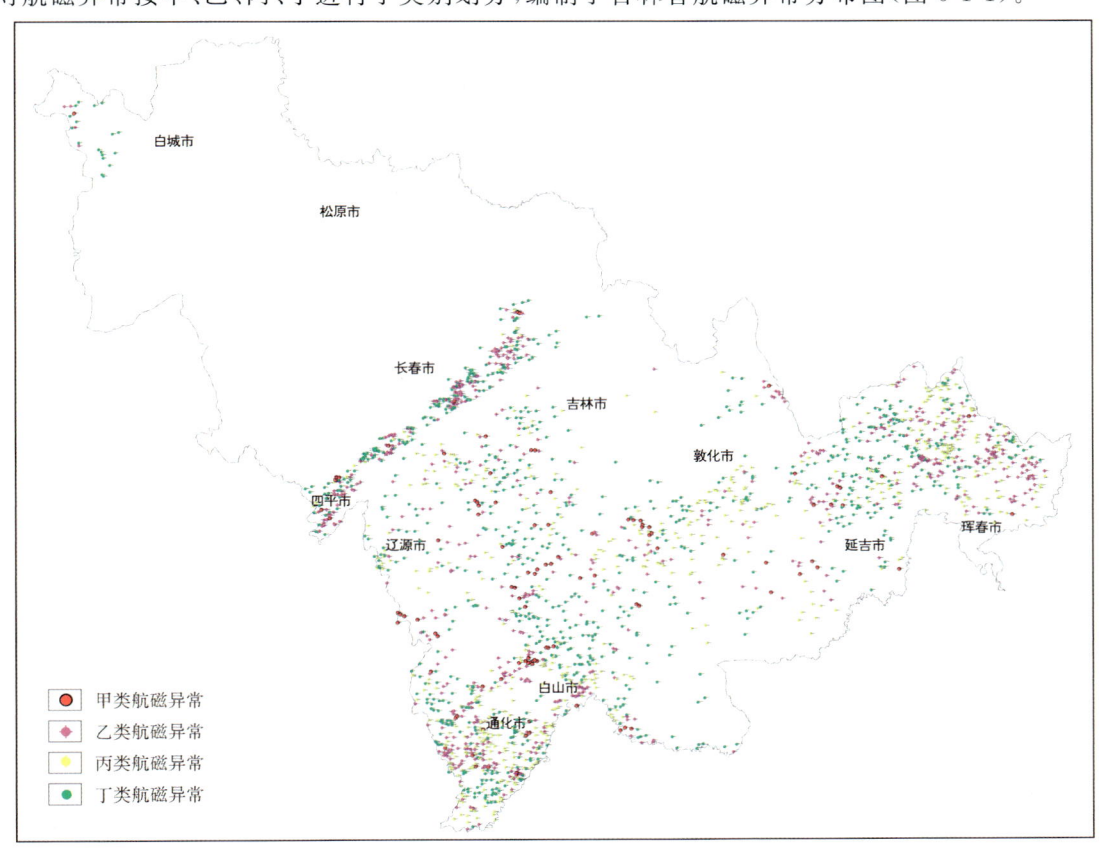

图 6-1-1　吉林省航磁异常分布示意图

(二)磁异常分布特征

从全省航磁异常分布图上可以看出,航磁异常分布主要与各地质构造单元、单元内各地质体及各成矿区带有着密不可分的联系,同时还受航磁工作年代及比例尺的影响。

除西部松辽平原区外,四平—长春—榆树一线以东的东部山区及省内西北角落的大兴安岭东部边缘区域是省内航磁异常的两个分布区,分别处于省内两大巨型隆起带上。

大兴安岭东部边缘区航磁异常分布密度中等,因面积较小,异常数量也少,异常为中、新生代侵入岩及火山岩的磁场特征,部分异常与金、铜矿产关系密切。

东部山区航磁异常分布疏密不一,但有一定分布规律,按异常点分布的疏密程度可分为密集、密度中等、稀疏三级。

大黑山条垒上磁异常点呈北东向带状展布,异常点密集,与海西期、印支期、燕山期中酸性侵入岩及火山岩的分布有关,主要分布有放牛沟火山热液型多金属硫铁矿、兰家夕卡岩金矿、山门热液型银矿等大、中、小型矿产。

吉林地区中部盘双接触带及北侧区域异常分布密集,向北东方向至永吉—红石一带异常分布密度中等及至吉林地区北部舒兰—漂河一带异常点变得稀疏,呈零星分布。异常与下侏罗统南楼山火山沉积盆地和海西期、印支期、燕山期中酸性侵入岩及新生代火山岩有关。矿产主要分布在磁异常密集区及中等密度区,有永吉县前撮落超大型钼矿、红旗岭大型铜镍矿、磐石梨树中型萤石矿、漂河川小型铜镍矿、永吉头道川小型金矿、磐石驿马小型锑矿、磐石县石嘴子小型铜矿、磐石吉昌小型铁矿、桦甸地局子小型铅锌矿、永吉锅盔顶子小型铜矿等大、中、小型矿床及矿点共计一百多处,以小型铁矿、铜、金数量最多,与燕山期岩浆热液活动关系密切。

盘双接触带以南石岭隆起区异常点分布介于密度中等与稀疏之间。异常与海西期、印支期、燕山期中酸性侵入岩及中生代火山盆地有关。矿产主要分布有辽源弯月东山金矿、东辽县弯月铅锌矿床、东丰县西保安锰磷铁矿、伊通县新家乡二道岭金矿、磐石县小锅盔金矿、磐石县宝山乡帽山金矿等中、小型矿床近二十处。

延边优地槽褶皱带内异常点呈密集区形态分布,主要为海西期、印支期、燕山期中酸性侵入岩体及中新生代火山岩磁性的反映。异常区内分布珲春市小西南岔中型铜金矿、龙井市天宝山中型铅锌矿、龙井市五凤山小型金矿、敦化三岔子小型钼矿、珲春杨金沟屯小型金矿、珲春市五道沟小型钨矿、龙井市开山屯小型铬铁矿、龙井市金谷山小型金矿床、龙井市后底洞小型金矿床、图们市前安山村小型铜矿、敦化市官瞎沟小型铜钼矿及其他铜、金、多金属、钼等小型矿床、矿点,共计七十余处。

龙岗地块的北东部异常呈中等密度分布,在北西边部、北东边部异常点密集分布,展布走向分别为北东向及北西向,与中、新太古代变质表壳岩及新生代玄武岩有关,规模较小强度较大的异常与磁铁矿有关。西南部光华一带元古宙变质花岗岩及二密中生代火山沉积盆地分布区磁异常点稀疏分布。西南边部靠近吉辽省界区域呈密集分布,与印支期、燕山期中酸性侵入岩,元古宙变质辉长岩及火山岩的分布有关。靠近吉南元古宙裂谷区的龙岗地块南部边缘异常点密集分布,与中太古代变质表壳岩及中新生代火山岩有关。

和龙地体东半部异常点呈中等密度分布,西半部异常点呈稀疏分布,异常与新太古代变质表壳岩及燕山期中酸性侵入岩有关。主要矿产近二十处,有和龙官地中型铁矿、长仁中型铜镍矿、土山子小型铁矿、白石洞小型铁矿、鸡南小型铁矿、土山子小型铁矿、百日坪小型铁矿、大开河小型铁矿、305矿区小型铜镍矿、上大洞金矿点、砂金沟西沟金矿点、城子沟地区小型金矿、金城洞小型金矿、兴隆小型银矿床、二道河小型砂金矿、木兰屯小型砂金矿、百里坪矿区银矿化点、石人沟小型钼矿等。

吉南元古宙裂谷区的老岭断块上异常点呈北东向带状密集展布,异常与元古宙珍珠门岩组、花山岩组、临江岩组、大栗子岩组及燕山期中酸性岩体有关。四道沟—宝泉山一带异常点沿北西向带状密集展布,异常与元古宙大栗子岩组及燕山期中酸性岩体有关。主要矿产有南岔、大横路、错草沟、荒沟山、八里沟、老三队等金矿以及荒沟山铅锌矿、天后沟铅锌矿、大横路铜钴矿、大栗子铁矿、乱泥塘铁矿、青沟子锑矿等中小型矿床。

长白山玄武岩覆盖区,异常点稀疏分布。

第二节 磁异常范围分布特征

磁异常范围分布图只涉及铁矿预测工作区,本次工作吉林省有11个铁矿预测工作区,包括头道沟-吉昌、塔东、安口镇、石棚沟-石道河子、天合兴-那尔轰、夹皮沟-溜河、海沟、金城洞-木兰屯、四方山-板石、六道沟-八道沟、荒沟山-南岔。磁异常范围圈定原则按全国矿产资源潜力评价项目下发的《磁测资料应用技术要求》进行。

一、磁异常范围圈定原则

(1)以航磁化极后垂向一阶导数零值线为基础,结合磁测原始等值线平面图、化极等值线平面图、剖面平面图等综合圈定。

(2)对于开展过中大比例尺(≥1:20万)磁测地区,磁异常分布范围图按"大比例尺资料覆盖小比例尺资料,新资料覆盖老资料"的总体原则综合取舍。

(3)预测工作区如果同时拥有航磁和地磁资料,则使用地磁资料对异常范围进行细化。

二、磁异常范围圈定结果与分布特征

吉林省11个铁矿预测工作区磁异常范围圈定数量见表6-2-1,共圈出磁异常范围766个,基本上涵盖了预测工作区内甲、乙、丙、丁编号磁异常,并且数量多于编号磁异常数量,所圈定的甲、乙类磁异常范围的形态,直接指示出磁性矿产的规模、走向等找矿有利信息。铁矿预测工作区磁异常范围分布图编制样式参见图6-2-1。

表6-2-1 11个铁矿预测工作区磁异常范围圈定数量统计表

序号	预测区顺序号	预测区英文缩写	预测区	磁异常范围圈定数量/个
1	7	TDJC	头道沟-吉昌	197
2	19	JLTD	塔东	37
3	33	AKZT	安口镇	27
4	34	SPGF	石棚沟-石道河子	42
5	35	THXF	天合兴-那尔轰	96

续表 6-2-1

序号	预测区顺序号	预测区英文缩写	预测区	磁异常范围圈定数量/个
6	36	JPLH	夹皮沟-溜河	120
7	37	JLHG	海沟	53
8	38	JCML	金城洞-木兰屯	26
9	44	SFBS	四方山-板石	66
10	49	LDBD	六道沟-八道沟	39
11	46	HGNC	荒沟山-南岔	63
合计				766

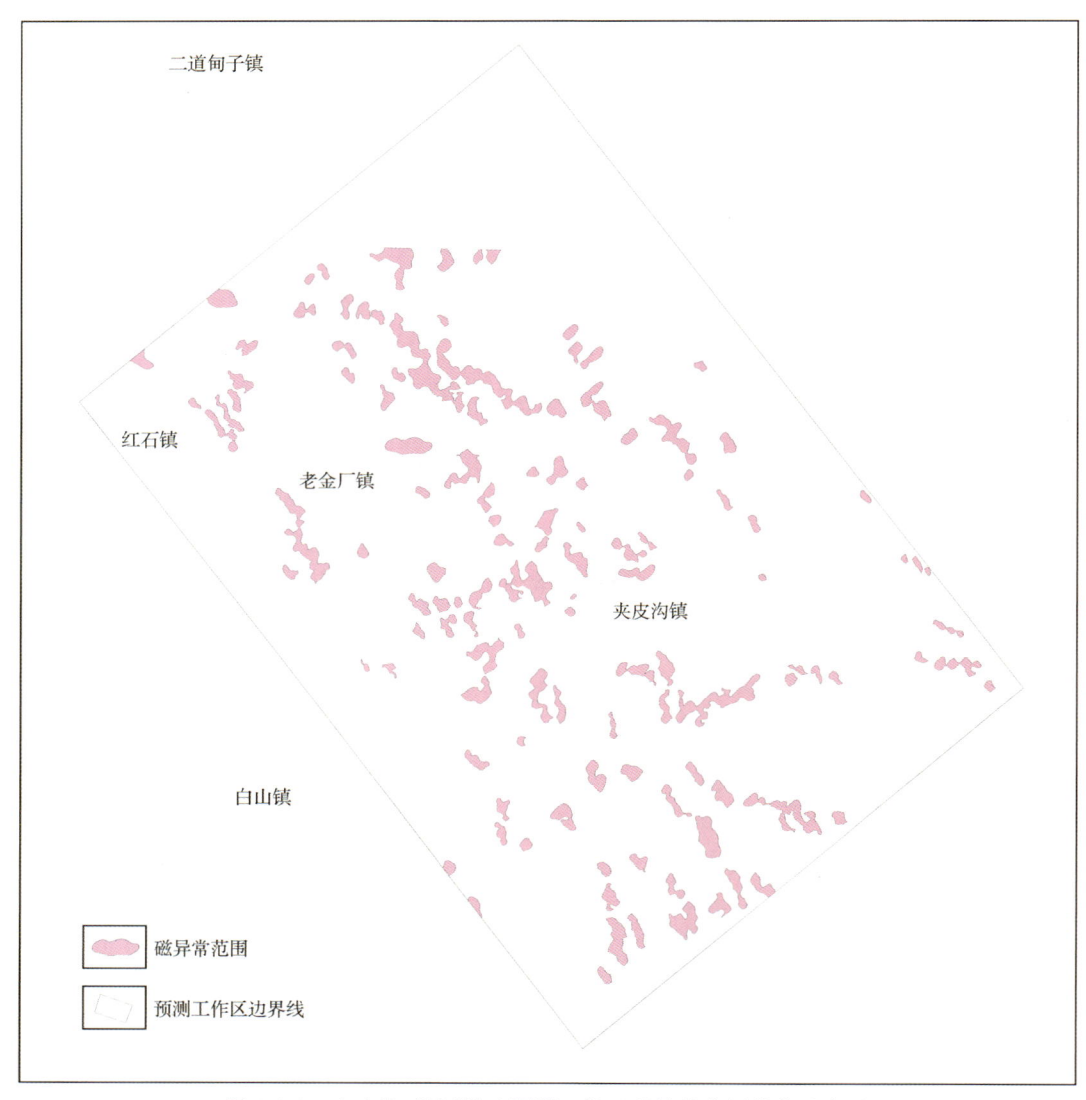

图 6-2-1 夹皮沟-溜河铁矿预测工作区磁异常范围分布示意图

11个铁矿预测工作区全部分布在吉林省东部山区。各铁矿预测工作区磁异常范围分布规律如下。

鞍山式铁矿预测工作区主要分布在华北陆块北缘东段龙岗复合陆块边缘，即夹皮沟地块、会全栈地块、清原地块（柳河）、板石沟地块、和龙地块之内。

安口镇、石棚沟-石道河子、天合兴-那尔轰、夹皮沟-溜河、海沟、金城洞-木兰屯鞍山式铁矿预测工作区，沿梅河口—桦甸—和龙一线的近东西走向的华北陆块北缘夹皮沟地块、会全栈地块、清原地块（柳河）、和龙地块上，区内磁异常范围大多数呈北东向、北西向分布，磁异常范围整体上呈北东向、北西向、东西向带状分布，明显受华北陆块北缘超岩石圈断裂及陆块内次一级断裂构造活动影响。鞍山式四方山-板石铁矿预测工作区分布在龙岗复合陆块南缘板石沟地块内，与吉南元古宙裂谷区毗邻，受北东向断裂构造影响，磁异常范围整体上以呈北东向带状分布为主。上述7个鞍山式铁矿预测工作区内铁矿异常一般规模较大，圈定的异常范围与铁矿矿段、矿体分布形态大体一致，走向与太古界杨家店组、三道沟组控矿地层大体一致，一般强度较大，梯度较陡。

荒沟山-南岔和六道沟-八道沟两预测工作区位于吉南元古宙裂谷区，元古宙大栗子岩组为含铁矿建造。

荒沟山-南岔预测工作区内磁异常范围走向各不相同，大多数是由接触带、蚀变带、基性岩脉、花岗闪长岩及火山岩引起，少数异常由大栗子式沉积变质型铁矿引起，一般强度较小，梯度较缓。

六道沟-八道沟预测工作区内磁异常范围走向以东西向为主，显示出受东西向断裂构造影响的痕迹，该区铁矿类型为大栗子式沉积变质型，铁矿分布在玄武岩覆盖区，呈叠加异常特征，强度较大，梯度较陡。

塔东预测工作区内磁异常范围走向以北东向为主、北西向次之，其走向与新元古界塔东岩群控矿地层大致相同，异常强度大，梯度较陡，该区铁矿类型为塔东式沉积变质型。

头道沟-吉昌预测工作区位于吉中地区，磁异常范围走向多数为北东向、北西向，明显受北西向盘双接触带构造及吉林复向斜构造活动影响。该区铁矿类型为夕卡岩型。

第三节　磁性矿产资源量预测

一、磁性矿产资源量预测方法与参数

（一）铁矿矿致磁异常的确定

铁矿矿致磁异常通常采用定性解释的方法确定。定性解释的主要方法有地检查证、成矿地质环境分析、磁性分析、异常特征分析、航磁异常地形分析、综合物探方法分析。

1. 地检查证

对航磁异常来说，地检查证结果是判断航磁异常成因的直接证据，将所收集到的以往地面查证结果，作为航磁异常解释、定性的依据。

2. 成矿地质环境、岩（矿）石磁性及异常特征分析

航磁异常图与地质矿产图的对比研究，首先从已知矿区做起。本次工作对成矿规律组确立的沉积

变质型、夕卡岩型、沉积型3种铁矿预测类型,建立了11个典型矿床地质—地球物理模型。掌握每一类型磁性矿床的控矿围岩的种类、时代、岩性等,控矿构造的种类、方向等,以及相应的区域重磁场、局部重磁异常特征。在此基础上,对航磁异常所在地区的地质、构造、重磁异常与地质—地球物理模型进行类比,判断磁异常是否为磁性矿床引起。

在推断引起磁异常的地质成因时,要通过对岩石和矿石磁性的系统研究,确定航磁异常的平面特征与地质体的平面特征之间的内在联系。在研究规模大、强度高的磁异常的工作中,使用 $Za=2\pi Jz$ 公式可大致估算已知磁性地质体可能引起的磁异常的强度,进而判断实测磁异常的地质成因。

异常特征分析,有助于区分矿致磁异常与非矿致磁异常。异常特征分析包括分析异常平面规模形态、异常梯度陡缓、强度大小、是否有明显负异常、是否具有叠加异常特征、是否有剩磁影响。

以浑江板石沟铁矿为例,矿床位于前南华纪华北东部陆块(Ⅱ),龙岗-陈台沟-沂水前新太古代陆核(Ⅲ),板石中太古代地块(Ⅳ)内。板石沟铁矿赋存于板石沟太古代绿岩地体内,板石沟太古宙绿岩带下部为黑云角闪斜长片麻岩、斜长角闪岩、黑云斜长片麻岩夹角闪片岩,黑云变粒岩夹似层状低品位磷矿,赋存似层状、透镜状磁铁矿体。上部为黑云斜长角闪片麻岩夹角闪黑云片岩,黑云斜长片麻岩与斜长角闪岩互层夹含铁角闪质岩石,板石新太古代地块南部为元古宙地层,碳酸盐岩、碎屑岩及轻变质作用形成的变质岩。

图6-3-1中板石沟铁矿磁异常形态呈近东西向似纺锤状异常带,长11km,最宽处5km。异常强度大(190~888nT)、梯度北陡南缓,北侧伴有的负值异常比南侧明显,与中太古代杨家店组分布范围大致吻合。

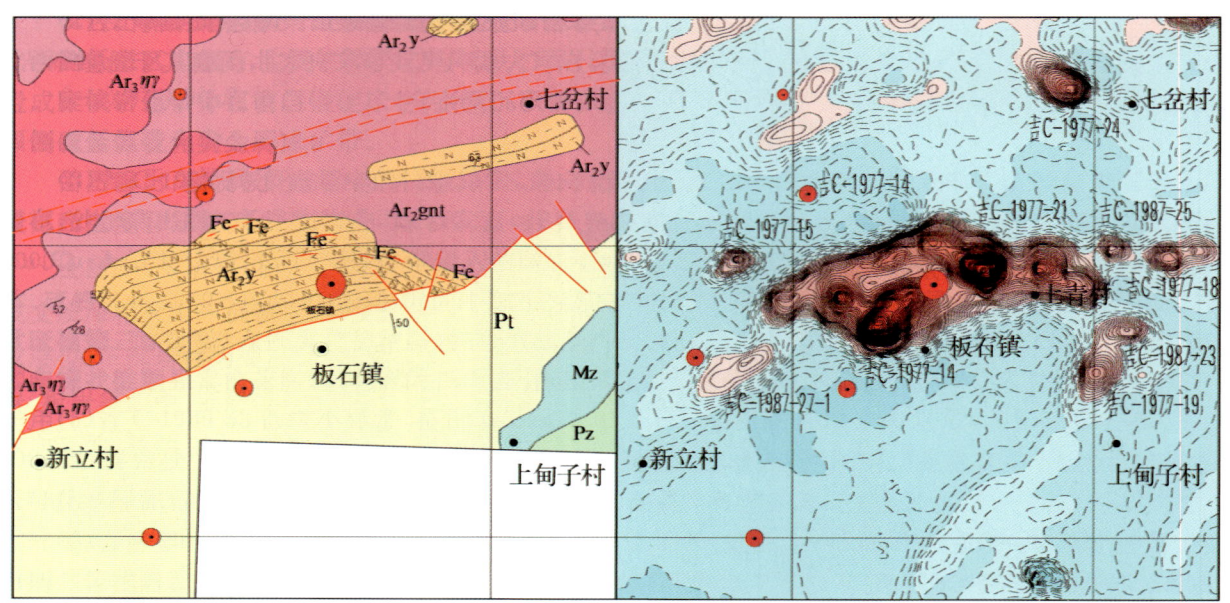

Ar_2y.斜长角闪岩、磁铁石英岩;Ar_2gnt.英云闪长质片麻岩;Pt.碳酸盐岩、碎屑岩太古宙杨家店组地层斜长角闪岩、黑云斜长片麻岩、磁铁石英岩

图6-3-1 太古宙杨家店组含矿建造航磁 ΔT 化极异常图

中太古代英云闪长质片麻岩磁化率为 300×10^{-5} SI,磁性较弱,只产生较弱的异常。

中太古代杨家店组斜长角闪岩、黑云斜长片麻岩、磁铁石英岩。斜长角闪岩、黑云斜长片麻岩磁化率为 1760×10^{-5} SI,剩磁 500×10^{-3} A/m,磁性较强,可引起一定的异常;磁铁石英岩磁化率为 9500×10^{-5} SI,剩磁 1290×10^{-3} A/m,具有很强磁性,可以引起很强的航磁异常。元古宙地层碳酸盐岩、碎屑岩无磁性,无异常反映。

使用 $Za=2\pi Jz$ 公式可大致估算已知磁性地质体可能引起磁异常的强度,与地磁异常强度接近,因此,实测磁异常由磁铁石英岩产生。

航磁异常图与地质矿产图对比研究,磁异常主要为杨家店组磁铁石英岩引起。

3. 综合物探方法分析

当研究地区的地质及物性条件较复杂时,仅仅分析磁异常特征及地质成矿环境等,有时还不能确定磁异常的成因,这时候应借助综合物探方法。其他物探方法主要为重力和电法。重力的理论基础是岩(矿)石具有明显的密度差异,如致密块状磁铁矿的密度可达 $4g/cm^3$,围岩的密度一般小于 $3g/cm^3$,可以有 0.5~1g/cm³ 的密度差。电法的理论基础是岩(矿)石具有明显的电性差异,如金属矿体通常属于良导体,而基岩通常为高阻体,但是一般电法工区范围有限,工作比例尺较大,没有区域性资料。

在布格重力异常图上(图 6-3-2),板石铁矿处于负重力场中的重力高异常由北东走向向北北西走向转折部位,重力异常东侧梯度陡,西侧缓,铁矿所处局部重力高边缘。磁力高、重力高是在老变质岩地区找铁的有利信息。

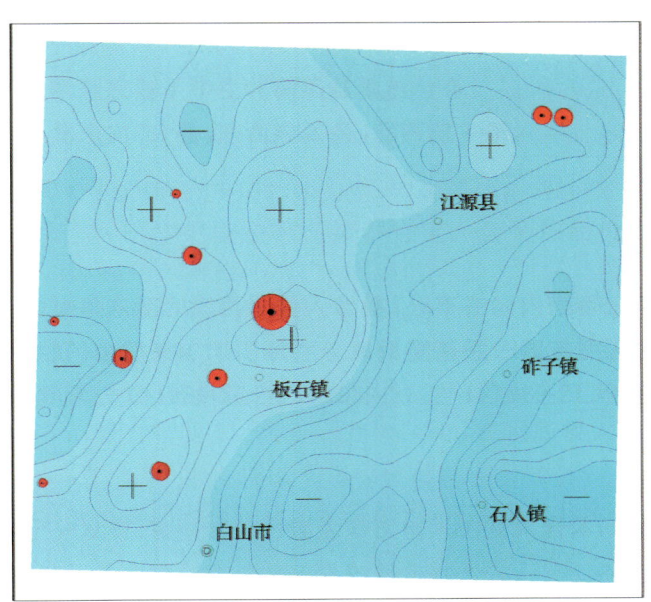

图 6-3-2 太古宙杨家店组含矿建造重力异常图

(二)磁性矿产资源量预测方法

1. 估算方法的选择

磁性矿体资源量的估算方法有磁异常拟合体积法和定量类比法两种。吉林省矿致磁异常 66 处,数量较多,异常形态特征多样、地质背景也不同,所以未采用定量类比法计算资源量,而是全部采取 2.5D 拟合体积法,这也提高了估算精度,增加了估算资源量的可靠性。

2. 预测资源量估算过程

对经过异常筛选、定性复核后的已知、推断铁矿矿致磁异常，进行半定量、定量解释，进而估算铁矿资源量。

(1) 根据以往研究成果、航磁异常图、地磁异常图、地检资料、地质矿产资料等，判断磁异常是否为推断铁矿矿致磁异常。

(2) 选择2.5D人机交互定量拟合的计算剖面，提取剖面数据，确定剖面与磁异常走向的夹角和磁异常的背景值(零线)。

(3) 从航磁异常图上量取推断铁矿矿致磁异常走向长度，远端距和近端距。

(4) 确定矿石或直接围岩的磁性参数，如磁化率、磁化倾角等。

(5) 应用RGIS2008软件中2.5D人机交互定量拟合正反演功能，对推断铁矿矿致磁异常进行2.5D人机交互定量计算。

(6) 从拟合剖面上量取推断铁矿体的截面积。

(7) 确定形态系数和含矿系数。

(8) 确定矿石体重。

(9) 估算资源量，预测资源量估算公式：$Q_t = S \times L \times k \times K \times \sin a \times d$

式中：Q_t 为资源量(10^4 t)；S 为截面积(m^2)；L 为走向长度(m)；k 为形态系数；K 为含矿系数；a 为矿致磁异常长轴线与拟合计算剖面线的夹角(应为70°~90°)；d 为磁性矿石的密度(g/cm^3)。

(10) 对预测资源量进行分类统计。

3. 资源量估算过程中有关参数的确定方法

有关参数的确定方法如下。

(1) 矿石或直接围岩名称：矿石名称指矿石大类的名称，如钒钛磁铁矿；直接围岩名称给出岩石大类即可，如中酸性岩、变质岩等。

(2) 资源量 Q_t：指目前工程控制实际查明的全部资源量，不论类别，已经经过评审备案的资源储量。

(3) 磁性矿体的走向长度 L：已知矿体的走向长度取已控制的长度；推断磁性矿体的走向长度近似采用矿致磁异常的走向长度，从等值线图上量取。

(4) 截面积 S：指磁法拟合矿体的截面积。确定方法有：根据查明结果确定；对磁法拟合矿体，根据2.5D拟合结果确定。

(5) 形态系数 k：对已知矿体，根据查明结果确定；否则，根据异常平面形态、2.5D拟合结果和地质矿产资料等确定。具体确定方法详见《磁测资料应用技术要求》。

(6) 含矿系数 K：磁性矿床的含矿系数，主要受矿化和夹石两项因素影响，用典型矿床或其他矿床求取。有实测资料时，直接采用有关数据计算夹石修正系数(把矿化带当成夹石)或矿化体校正系数(把夹石当成矿化带)。缺少实测资料时，可用查明资源量 Q_t 与2.5D拟合软件求出，并经必要校正的矿床已控制矿体的体积(不包括矿床深部及外围未控制矿体的体积)和矿石平均密度的比值，即 $K = Q_t /[S \times L \times k \times \sin a \times d]$。

(7) 夹角 a：为矿致磁异常长轴线与拟合计算剖面线的夹角(a 必须为70°~90°)，用于对截面积进行近似校正。

(8) 体重 d：指估算查明资源量时实际采用的矿石平均密度。

(9) 磁化倾角 i、磁化偏角 D'、磁化强度 J：若有实测磁性资料，直接采用，其中磁化倾角 i 为地磁倾角 I 与剩磁倾角 ir 的矢量合成，磁化偏角 D' 为地磁偏角 D 与剩磁偏角 dr 的矢量合成，磁化强度 J 为

感应磁化强度 J_i 与剩余磁化强度 J_r 的矢量合成。若缺少定向标本测量数据,则根据地磁倾角 I、邻近地区已知同类磁性矿产的剩磁方向和磁异常特征综合确定。

(10)精度:指磁性矿体或矿床的资源量的精度级别。磁性矿体的估算资源量精度分三级,确定依据如下。

334-1 资源量:在已知矿床的深部和周边,利用钻孔或勘探地质剖面进行建模,使用大比例尺(大于等于 1∶5 万)航磁或地磁测量数据计算的资源量。

334-2 资源量:在已知矿床、矿点或矿化点的地区,使用测量比例尺大于等于 1∶20 万的磁测资料(未利用钻孔或勘探地质剖面进行建模)估算的资源量。

334-3 资源量:其他情况下得到的资源量。

对磁性矿床的预测资源量的精度,按其包含磁性矿体资源量的精度情况分为三级,具体规定如下。

磁性矿床 334-1 资源量:该矿床包含矿体的 334-1 资源量和查明资源储量占总资源量 70% 以上的磁性矿床。

磁性矿床 334-2 资源量:该矿床包含矿体的 334-2 及 334-1 资源量和查明资源储量占总资源量 70% 以上的磁性矿床。

磁性矿床 334-3 资源量:其他情况下的磁性矿床。

二、已知矿产地磁性矿产资源量预测

已知矿产地磁性矿产资源量预测包括典型铁矿床和其他已知矿产地磁性矿产资源量预测两部分。

(一)已知矿产地概况

1. 典型铁矿床

吉林省典型铁矿床主要有桦甸市老牛沟铁矿、白山市板石沟铁矿、通化县四方山铁矿、和龙市官地铁矿、敦化市塔东铁矿、白山市乱泥塘铁矿、磐石市吉昌铁矿。除吉昌铁矿为夕卡岩型铁矿床外,其余均为沉积变质型铁矿床。通过查阅吉林省铁矿资源储量表,掌握了各典型铁矿床分布位置,已查明资源量(10^4 t)及矿体延深、品位、密度等资料(表 6-3-1)。

表 6-3-1 吉林省典型铁矿床查明资源量表

编号	名称	查明资源量/10^4 t	延深/m	品位/%	密度/g·cm^{-3}
1	桦甸市老牛沟铁矿	略	870	32.65	3.35
2	白山市板石沟铁矿	略	550	37.07	3.6
3	通化县四方山铁矿	略	620	36.14	3.23
4	和龙市官地铁矿	略	500	27.87	3.5
5	敦化市塔东铁矿	略	1125	25.41	3.52
6	白山市乱泥塘铁矿	略	950	46.32	4
7	磐石市吉昌铁矿	略	300	40	3.5

2. 其他已知矿产地

其他已知矿产地我们选择了鞍山式江源县爱林铁矿和大栗子式白山市夹皮沟铁矿，进行了资源量预测。根据查阅相关资料，我们掌握了爱林铁矿截止到1972年查明资源量(10^4t)及夹皮沟铁矿截止到1973年查明资源量(10^4t)。

（二）已知矿产地资源量预测及其有关参数

1. 典型矿床已查明资源量及其有关参数

在对典型矿床大比例尺地质矿产和地磁异常成果资料进行充分研究基础上，在磁异常等值线图上垂直于磁异常走向矿体走向，并穿过异常中心位置提取地磁剖面曲线，剖面方向与铁矿体走向的夹角不小于70°，剖面数量根据异常沿走向形态、规模、强度变化特征等因素来决定。异常简单、规整时则只截取一条剖面，异常沿走向形态、规模、强度变化较大时则分段截取多条剖面，对这些磁异常进行必要的分解，即对磁性体进行"水平分段"，分别提取参数和分别建模。无地磁资料的矿床则使用航磁资料。

在使用RGIS软件进行2.5D剖面拟合计算时，适当选用矿区感应磁化强度（由磁化率算出）和剩余磁化强度参数，避免过大或过小，使拟合出的体积更为合理，地磁场倾角、偏角、强度参数用RGIS软件算出。若有定向标本测定统计结果，则磁化倾角、磁化偏角由感磁和剩磁矢量合成后的总磁化强度方向来确定。模型远近端距离从地磁平面图上量取。

磁性矿体的形态校正系数。对已知矿床的矿体，根据查明资源量结果、地质矿产资料异常平面形态和异常曲线拟合精度高低等综合确定；否则，根据异常平面形态、2.5D拟合结果和地质矿产资料等确定。

磁性矿床的含矿系数K，主要受矿化和夹石两项因素影响，用典型矿床或其他矿床求取。从老牛沟铁矿床、板石沟铁矿床、四方山铁矿床、官地铁矿床、塔东铁矿床等几个典型铁矿床勘探报告中可查到铁矿体的的厚度、矿化和夹石厚度及夹石干扰系数等资料，由此计算出典型铁矿床的含矿系数。同时用查明资源量Q_t与2.5D拟合软件求出，并经必要校正的矿床已控制矿体的体积（不包括矿床深部及外围未控制矿体的体积）和矿石平均密度的比值，即$K = Q_t/(S \times L \times k \times \sin a \times d)$，再计算出一个含矿系数。对两种方法所得出的含矿系数进行对比分析，消除引起误差的因素，最终得到一个合理的含矿系数K。缺少实测资料的典型矿床的含矿系数则直接由查明资源量Q_t与2.5D拟合软件求出。

典型矿床资源量预测相关参数见表6-3-2—表6-3-7。

2. 其他已知矿产地预测资源量及其有关参数

其他已知矿产地有鞍山式江源县爱林铁矿床和大栗子式白山市夹皮沟铁矿床两个，分别进行了预测资源量估算，计算出爱林铁矿预测总资源量(10^4t)和夹皮沟铁矿本次预测总资源量(10^4t)。

我们掌握的爱林铁矿截止到1972年查明资源量(10^4t)及夹皮沟铁矿截止到1973年查明资源量(10^4t)，两个矿床地质勘探工作一直到20世纪80年代，查明资源储量还会有所增加，但本次未查到新增加储量的相关资料。预测总资源储量与查明资源储量相差极大。说明仍具有很大找矿潜力。由于缺少已知矿产地的地质、物探等详细资料，在预测时主要参考同一预测类型的相邻板石铁矿床和四方山铁矿床两个典型矿床的资料及预测估算参数，因此已知矿产地预测总资源量就会有一定误差。鞍山式江源县爱林铁矿床和大栗子式白山市夹皮沟铁矿床资源量预测相关参数见表6-3-8、表6-3-9。

表 6-3-2 夹皮沟—濛河沉积变质型铁矿预测工作区典型矿床参数一览表

典型矿床编号	典型矿床名称	矿体编号	矿石或直接围岩名称	磁化倾角/(°)	磁化偏角/(°)	矿石磁化强度/10^{-3} A·m^{-1}	走向长度/m	截面积/m²	形态系数	含矿系数	夹角/(°)	密度/g·cm^{-3}	查明资源储量/10^4 t	精度	备注
001	桦甸市老牛沟铁矿	吉Fe-2201301036-001-02	磁铁石英岩,含磁铁角闪岩、斜长角闪岩、混合花岗岩	59.15	-8.85	40 000	500	424.72	0.62	0.73	74	3.5	略	334-2	苇厦子
		吉Fe-2201301036-001-01	磁铁石英岩,含磁铁角闪岩、斜长角闪岩、混合花岗岩	59.15	-8.85	40 000	400	255.98	0.62	0.73	74	3.5	略	334-2	苇厦子
		吉Fe-2201301036-001-04	磁铁石英岩,含磁铁角闪岩、斜长角闪岩、混合花岗岩	59.15	-8.85	40 000	292	255.96	0.62	0.73	90	3.5	略	334-2	苇厦子
		吉Fe-2201301036-001-03	磁铁石英岩,含磁铁角闪岩、斜长角闪岩、混合花岗岩	59.15	-8.85	40 000	400	110.9	0.62	0.73	90	3.5	略	334-2	苇厦子
		吉Fe-2201301036-001-06	磁铁石英岩,含磁铁角闪岩、斜长角闪岩、混合花岗岩	59.15	-8.85	40 000	600	239.04	0.62	0.73	90	3.5	略	334-2	苇厦子
		吉Fe-2201301036-001-05	磁铁石英岩,含磁铁角闪岩、斜长角闪岩、混合花岗岩	59.15	-8.85	40 000	600	204.75	0.62	0.73	80	3.5	略	334-2	苇厦子
		吉Fe-2201301036-001-08	磁铁石英岩,含磁铁角闪岩、斜长角闪岩、混合花岗岩	59.15	-8.85	40 000	580	558.32	0.65	0.73	80	3.5	略	334-2	苇厦子
		吉Fe-2201301036-001-07	磁铁石英岩,含磁铁角闪岩、斜长角闪岩、混合花岗岩	59.15	-8.85	40 000	580	452.82	0.65	0.73	90	3.5	略	334-2	苇厦子
		吉Fe-2201301036-001-09	磁铁石英岩,含磁铁角闪岩、斜长角闪岩、混合花岗岩	59.15	-8.85	50 000	1140	997.95	0.58	0.73	90	3.5	略	334-2	苇厦子
		吉Fe-2201301036-001-10	磁铁石英岩,含磁铁角闪岩、斜长角闪岩、混合花岗岩	59.15	-8.85	50 000	1140	933.13	0.58	0.73	90	3.5	略	334-2	苇厦子
		吉Fe-2201301036-001-12	磁铁石英岩,含磁铁角闪岩、斜长角闪岩、混合花岗岩	59.15	-8.85	50 000	575	919.97	0.6	0.73	90	3.5	略	334-2	苇厦子
		吉Fe-2201301036-001-11	磁铁石英岩,含磁铁角闪岩、斜长角闪岩、混合花岗岩	59.15	-8.85	50 000	575	713.4	0.6	0.73	90	3.5	略	334-2	苇厦子
		吉Fe-2201301036-001-15	磁铁石英岩,含磁铁角闪岩、斜长角闪岩、混合花岗岩	59.15	-8.85	80 000	544	382.69	0.62	0.73	85	3.5	略	334-2	头道河子
		吉Fe-2201301036-001-14	磁铁石英岩,含磁铁角闪岩、斜长角闪岩、混合花岗岩	59.15	-8.85	80 000	544	899.43	0.62	0.73	85	3.5	略	334-2	头道河子

续表 6-3-2

典型矿床编号	典型矿床名称	矿体编号	矿石或直接围岩名称	磁化倾角/(°)	磁化偏角/(°)	矿石磁化强度/10^{-3} A·m^{-1}	走向长度/m	截面积/m²	形态系数	含矿系数	夹角/(°)	密度/g·cm^{-3}	查明资源储量/10^4 t	精度	备注
001	桦甸市老牛沟铁矿	吉Fe-220130 1036-001-13	磁铁石英岩、含磁铁角闪岩、斜长角闪岩、混合花岗岩	59.15	-8.85	80 000	544	108.03	0.62	0.73	85	3.5	略	334-2	头道河子
		吉Fe-220130 1036-001-18	磁铁石英岩、含磁铁角闪岩、斜长角闪岩、混合花岗岩	59.15	-8.85	80 000	1300	833.61	0.59	0.73	75	3.5	略	334-2	头道河子
		吉Fe-220130 1036-001-17	磁铁石英岩、含磁铁角闪岩、斜长角闪岩、混合花岗岩	59.15	-8.85	80 000	1300	485.31	0.59	0.73	75	3.5	略	334-2	头道河子
		吉Fe-220130 1036-001-16	磁铁石英岩、含磁铁角闪岩、斜长角闪岩、混合花岗岩	59.15	-8.85	80 000	400	546	0.59	0.73	75	3.5	略	334-2	头道河子
		吉Fe-220130 1036-001-19	磁铁石英岩、含磁铁角闪岩、斜长角闪岩、混合花岗岩	59.15	-8.85	80 000	1300	6 626.56	0.57	0.73	85	3.2	略	334-2	三道沟
		吉Fe-220130 1036-001-22	磁铁石英岩、含磁铁角闪岩、斜长角闪岩、混合花岗岩	150	-8.82	90 000	150	319.82	0.71	0.73	90	3.2	略	334-1	三道沟
		吉Fe-220130 1036-001-21	磁铁石英岩、含磁铁角闪岩、斜长角闪岩、混合花岗岩	20	-8.82	90 000	150	744.25	0.71	0.73	90	3.2	略	334-1	三道沟
		吉Fe-220130 1036-001-20	磁铁石英岩、含磁铁角闪岩、斜长角闪岩、混合花岗岩	20	-8.82	90 000	150	350.83	0.71	0.73	90	3.2	略	334-1	三道沟
		吉Fe-220130 1036-002-03	磁铁石英岩、含磁铁角闪岩、斜长角闪岩、混合花岗岩	59.15	-8.85	80 000	820	3 345.21	0.62	0.73	85	3.5	略	334-2	大西沟东山
		吉Fe-220130 1036-002-02	磁铁石英岩、含磁铁角闪岩、斜长角闪岩、混合花岗岩	59.15	-8.85	80 000	820	2 234.04	0.62	0.73	85	3.5	略	334-2	大西沟东山
		吉Fe-220130 1036-002-04	磁铁石英岩、含磁铁角闪岩、斜长角闪岩、混合花岗岩	80	-8.82	90 000	150	839.51	0.71	0.73	90	3.2	略	334-1	大西沟东山
		吉Fe-220130 1036-002-14	磁铁石英岩、含磁铁角闪岩、斜长角闪岩、混合花岗岩	59.15	-8.85	20 000	430	21 421.96	0.59	0.73	90	3.5	略	334-2	稻草沟
		吉Fe-220130 1036-002-08	磁铁石英岩、含磁铁角闪岩、斜长角闪岩、混合花岗岩	50	-8.82	70 000	200	1 252.16	0.71	0.73	90	3.2	略	334-1	稻草沟
		吉Fe-220130 1036-002-07	磁铁石英岩、含磁铁角闪岩、斜长角闪岩、混合花岗岩	140	-8.82	70 000	200	815.22	0.71	0.73	90	3.2	略	334-1	稻草沟

续表 6-3-2

典型矿床编号	典型矿床名称	矿体编号	矿石或直接围岩名称	磁化倾角/(°)	磁化偏角/(°)	矿石磁化强度/10^{-3} A·m^{-1}	走向长度/m	截面积/m^2	形态系数	含矿系数	夹角/(°)	密度/g·cm^{-3}	查明资源储量/10^4 t	精度	备注
		吉Fe-22013010 36-002-06	磁铁石英岩、含磁铁角闪岩、斜长角闪岩、混合花岗岩	125	-8.82	70 000	200	941.73	0.71	0.73	90	3.2	略	334-1	稻草沟
		吉Fe-22013010 36-002-05	磁铁石英岩、含磁铁角闪岩、斜长角闪岩、混合花岗岩	130	-8.82	50 000	200	1 077.11	0.71	0.73	90	3.2	略	334-1	稻草沟
		吉Fe-22013010 36-002-13	磁铁石英岩、含磁铁角闪岩、斜长角闪岩、混合花岗岩	30	-8.82	51 000	161	34 591.62	0.71	0.73	90	3.2	略	334-1	稻草沟
		吉Fe-22013010 36-002-12	磁铁石英岩、含磁铁角闪岩、斜长角闪岩、混合花岗岩	10	-8.82	51 000	161	1 022.45	0.71	0.73	90	3.2	略	334-1	稻草沟
		吉Fe-22013010 36-002-11	磁铁石英岩、含磁铁角闪岩、斜长角闪岩、混合花岗岩	30	-8.82	51 000	161	7 653.59	0.71	0.73	90	3.2	略	334-1	稻草沟
		吉Fe-22013010 36-002-10	磁铁石英岩、含磁铁角闪岩、斜长角闪岩、混合花岗岩	30	-8.82	51 000	161	40 336.48	0.71	0.73	90	3.2	略	334-1	稻草沟
001	桦甸市老牛沟铁矿	吉Fe-22013010 36-002-09	磁铁石英岩、含磁铁角闪岩、斜长角闪岩、混合花岗岩	80	-8.85	51 000	161	30 418.59	0.71	0.73	90	3.2	略	334-1	稻草沟
		吉Fe-22013010 36-003-10	磁铁石英岩、含磁铁角闪岩、斜长角闪岩、混合花岗岩	100	-8.85	20 000	725	1 790.59	0.71	0.73	85	3.5	略	334-2	高梨屯
		吉Fe-22013010 36-002-16	磁铁石英岩、含磁铁角闪岩、斜长角闪岩、混合花岗岩	90	-8.85	20 000	370	5 291.96	0.62	0.73	85	3.5	略	334-2	四道沟
		吉Fe-22013010 36-002-15	磁铁石英岩、含磁铁角闪岩、斜长角闪岩、混合花岗岩	90	-8.85	20 000	670	2 182.98	0.62	0.73	85	3.5	略	334-2	四道沟
		吉Fe-22013010 36-003-03	磁铁石英岩、含磁铁角闪岩、斜长角闪岩、混合花岗岩	85	-8.82	60 000	200	5 211.65	0.71	0.73	90	3.2	略	334-1	大西沟、杨树沟、小东沟
		吉Fe-22013010 36-003-02	磁铁石英岩、含磁铁角闪岩、斜长角闪岩、混合花岗岩	72	-8.82	80 000	200	2 853.47	0.71	0.73	90	3.2	略	334-1	大西沟、杨树沟、小东沟
		吉Fe-22013010 36-003-01	磁铁石英岩、含磁铁角闪岩、斜长角闪岩、混合花岗岩	85	-8.82	120 000	200	1 920.39	0.71	0.73	90	3.2	略	334-1	大西沟、杨树沟、小东沟

续表 6-3-2

典型矿床编号	典型矿床名称	矿体编号	矿石或直接围岩名称	磁化倾角/(°)	磁化偏角/(°)	矿石磁化强度/10^{-3} A·m^{-1}	走向长度/m	截面积/m^2	形态系数	含矿系数	夹角/(°)	密度/g·cm^{-3}	查明资源储量/10^4 t	精度	备注
001	桦甸市老牛沟铁矿	吉Fe-2201301036-003-06	磁铁石英岩、含磁铁角闪岩、斜长角闪岩、混合花岗岩	59.2	-8.82	60 000	188	1 618.78	0.71	0.73	90	3.2	略	334-1	大西沟、杨树沟、小东沟
		吉Fe-2201301036-003-05	磁铁石英岩、含磁铁角闪岩、斜长角闪岩、混合花岗岩	30	-8.82	60 000	188	1 414.56	0.71	0.73	90	3.2	略	334-1	大西沟、杨树沟、小东沟
		吉Fe-2201301036-003-04	磁铁石英岩、含磁铁角闪岩、斜长角闪岩、混合花岗岩	15	-8.82	60 000	188	1 170.63	0.71	0.73	90	3.2	略	334-1	大西沟、杨树沟、小东沟
		吉Fe-2201301036-003-07	磁铁石英岩、含磁铁角闪岩、斜长角闪岩、混合花岗岩	59.2	-8.82	70 000	105	7 041.39	0.71	0.73	90	3.2	略	334-1	大西沟、杨树沟、小东沟
		吉Fe-2201301036-003-09	磁铁石英岩、含磁铁角闪岩、斜长角闪岩、混合花岗岩	59.15	-8.85	80 000	795	16 438.65	0.71	0.73	85	3.5	略	334-2	大西沟、杨树沟、小东沟
		吉Fe-2201301036-003-08	磁铁石英岩、含磁铁角闪岩、斜长角闪岩、混合花岗岩	80	-8.82	45 000	1200	7 092.65	0.71	0.73	90	3.2	略	334-1	大西沟、杨树沟、小东沟

表 6-3-3　四方山-板石沉积变质型铁矿预测工作区典型矿床参数一览表

典型矿床编号	典型矿床名称	矿体编号	矿石或直接围岩名称	磁化倾角/(°)	磁化偏角/(°)	矿石磁化强度/10^{-3} A·m^{-1}	走向长度/m	截面积/m²	形态系数	含矿系数	夹角/(°)	密度/g·cm^{-3}	查明资源储量/10^4 t	精度
001	白山市板石沟铁矿	吉Fe-22013010440-002-01	石英磁铁矿、角闪磁铁矿、斜长角闪岩、黑云变粒岩	58	-8.3	60 000	300	61 029.92	0.67	0.72	90	4	略	334-1
		吉Fe-22013010440-001-04	石英磁铁矿、角闪磁铁矿、斜长角闪岩、黑云变粒岩	20	-8.3	56 000	220	2 716.06	0.67	0.72	90	4	略	334-1
		吉Fe-22013010440-001-03	石英磁铁矿、角闪磁铁矿、斜长角闪岩、黑云变粒岩	48.42	-8.32	45 300	270	4 168.97	0.67	0.72	90	4	略	334-1
		吉Fe-22013010440-001-02	石英磁铁矿、角闪磁铁矿、斜长角闪岩、黑云变粒岩	18.42	-8.39	75 300	270	2 902.16	0.67	0.72	90	4	略	334-1
		吉Fe-22013010440-003-03	石英磁铁矿、角闪磁铁矿、斜长角闪岩、黑云变粒岩	18.42	-8.32	80 000	1100	39 197.34	0.67	0.72	85	4	略	334-1
001	白山市板石沟铁矿	吉Fe-22013010440-003-02	石英磁铁矿、角闪磁铁矿、斜长角闪岩、黑云变粒岩	58.4	-8.3	70 000	410	5 132.3	0.67	0.72	85	4	略	334-1
		吉Fe-22013010440-004-01	石英磁铁矿、角闪磁铁矿、斜长角闪岩、黑云变粒岩	20.42	-8.32	70 000	150	33 944.86	0.67	0.72	90	4	略	334-1
002	通化县四方山铁矿	吉Fe-22013010440-007-01	磁铁石英岩、云母石英岩、斜长片麻岩、斜长片麻岩、绿泥片岩	58.49	-8.58	40 000	900	3 515.85	0.67	0.75	90	3.23	略	334-2
		吉Fe-22013010440-007-03	磁铁石英岩、云母石英岩、斜长片麻岩、斜长片麻岩、绿泥片岩	58.49	-8.58	40 000	900	2 989.06	0.67	0.75	90	3.23	略	334-2
		吉Fe-22013010440-007-05	磁铁石英岩、云母石英岩、斜长片麻岩、斜长片麻岩、绿泥片岩	58.49	-8.58	40 000	1987	6 337.01	0.67	0.75	90	3.23	略	334-2
		吉Fe-22013010440-007-04	磁铁石英岩、云母石英岩、斜长片麻岩、斜长片麻岩、绿泥片岩	58.49	-8.58	40 000	1987	7 576.11	0.67	0.75	90	3.23	略	334-2
		吉Fe-22013010440-007-02	磁铁石英岩、云母石英岩、斜长片麻岩、斜长片麻岩、绿泥片岩	58.49	-8.58	40 000	1600	15 807.95	0.67	0.75	90	3.23	略	334-2

表 6-3-4 金城洞-木兰屯沉积变质型铁矿预测工作区典型矿床参数一览表

典型矿床编号	典型矿床名称	矿体编号	矿石或直接围岩名称	磁化倾角/(°)	磁化偏角/(°)	矿石磁化强度/10^{-3} A·m^{-1}	走向长度/m	截面积/m^2	形态系数	含矿系数	夹角/(°)	密度/g·cm^{-3}	查明资源储量/10^4 t	精度
001	和龙市官地铁矿	吉Fe-2201301038-004-01	磁铁石英岩、长英片麻岩、角闪长英片麻岩	90	-8.83	100 000	1060	32 364.9	0.61	0.7	90	3.5	略	334-2

表 6-3-5 塔东沉积变质型铁矿预测工作区典型矿床参数一览表

典型矿床编号	典型矿床名称	矿体编号	矿石或直接围岩名称	磁化倾角/(°)	磁化偏角/(°)	矿石磁化强度/10^{-3} A·m^{-1}	走向长度/m	截面积/m^2	形态系数	含矿系数	夹角/(°)	密度/g·cm^{-3}	查明资源储量/10^4 t	精度
001	敦化市塔东铁矿	吉Fe-220130 2019-002-01	磁铁角闪岩、斜长片麻岩、斜长角闪岩、黑云斜长片麻岩	59.97	-9.36	120 000	1275	70 843.26	0.67	0.72	90	3.5	略	334-2

表 6-3-6 六道沟-八道沟沉积变质型铁矿预测工作区典型矿床参数一览表

典型矿床编号	典型矿床名称	矿体编号	矿石或直接围岩名称	磁化倾角/(°)	磁化偏角/(°)	矿石磁化强度/10^{-3} A·m^{-1}	走向长度/m	截面积/m^2	形态系数	含矿系数	夹角/(°)	密度/g·cm^{-3}	查明资源储量/10^4 t	精度
001	白山市乱泥塘铁矿	吉Fe-220130 3049-003-01	褐铁矿-赤铁矿(磁铁矿)、大栗子岩组地层大理岩	57.93	-8.63	20 000	1250	5 463.34	0.65	0.41	90	4	略	334-2

表 6-3-7 头道沟-吉昌夕卡岩型铁矿预测工作区典型矿床参数一览表

典型矿床编号	典型矿床名称	矿体编号	矿石或直接围岩名称	磁化倾角/(°)	磁化偏角/(°)	矿石磁化强度/10^{-3} A·m^{-1}	走向长度/m	截面积/m^2	形态系数	含矿系数	夹角/(°)	密度/g·cm^{-3}	查明资源储量/10^4 t	精度
001	磐石市吉昌铁矿	吉Fe-220150 1007-005-03	磁铁矿、条带状灰岩、大理岩、燕山期花岗岩、薄层状	58.5	-8.72	150 000	436	2 537.53	0.61	0.43	85	4	略	334-2
		吉Fe-220150 1007-005-02	磁铁矿、条带状灰岩、大理岩、燕山期花岗岩、薄层状	58.5	-8.72	150 000	436	1 168.7	0.61	0.43	85	4	略	334-2

第六章　磁异常研究及磁性矿产资源量预测

表 6-3-8　四方山-板石铁矿预测工作区其他已知矿产地参数一览表

典型矿床编号	典型矿床名称	矿体编号	矿石或直接围岩名称	磁化倾角/(°)	磁化偏角/(°)	矿石磁化强度/10^{-3} A·m^{-1}	走向长度/m	截面积/m^2	形态系数	含矿系数	夹角/(°)	密度/g·cm^{-3}	查明资源储量/10^4 t	精度
001	江源县爱林铁矿	吉Fe-22013101044-009-01	磁铁石英岩、斜长片麻岩、斜长角闪岩、云母片麻岩、绿泥片岩	110	-8.72	40 000	550	1 068.06	0.61	0.72	90	3.5	略	334-3

表 6-3-9　六道沟-八道沟铁矿预测工作区其他已知矿产地参数一览表

典型矿床编号	典型矿床名称	矿体编号	矿石或直接围岩名称	磁化倾角/(°)	磁化偏角/(°)	矿石磁化强度/10^{-3} A·m^{-1}	走向长度/m	截面积/m^2	形态系数	含矿系数	夹角/(°)	密度/g·cm^{-3}	查明资源储量/10^4 t	精度
001	临江市夹皮沟铁矿	吉Fe-22013103049-001-01	褐铁矿-赤铁矿(磁铁矿)、大理岩	57.93	-8.63	20 000	1200	622.26	0.65	0.41	90	4	略	334-3

（三）已知矿产地资源量预测结果及分类统计结果

1. 典型矿床资源量预测及分类统计结果

已知矿产地总资源量为查明资源储量与预测资源量的总和。典型矿床预测资源量包括深部和外围估算资源量，等于 2.5D 正反演拟合计算出的典型铁矿床总资源量减去典型铁矿床查明资源储量。主要通过矿体、矿段或矿带上拟合出的资源量减去相应的查明资源储量求出。走向长度、截面积、体重、形态系数、含矿系数、夹角、磁化倾角、磁化强度等参数确定与典型矿床所用的参数确定方法一致。

典型矿床的深部和外围矿体与浅部矿体平面异常特征不同，浅部异常一般陡、窄，深部和外围异常宽缓。磁异常由深源和浅源不同深度磁性体引起时，对拟合的磁性体进行了"垂直分层"；磁异常为具有水平叠加特点的组合异常时，对磁异常进行了分解，拟合的磁性体进行了"水平分段"。

以预测类型和预测工作区为单位，对各个典型矿床预测资源量及总资源量（含查明资源量）进行了计算及分类统计。资源储量单位为万吨。

（1）夹皮沟-溜河沉积变质型铁矿预测工作区典型矿床为桦甸市老牛沟铁矿，典型矿床编号 001，包含矿体数 47 个，预测精度 334-1、334-2，对老牛沟铁矿预测资源量及总资源量（含查明资源量）进行了计算及分类统计。

（2）四方山-板石沉积变质型铁矿预测工作区典型矿床为白山市板石沟铁矿、通化县四方山铁矿。板石沟铁矿床编号 001，包含矿体数 7 个，预测精度 334-1；四方山铁矿床编号 002，包含矿体数 5 个，预测精度 334-2。对板石沟铁矿、四方山铁矿预测资源量及总资源量（含查明资源量）分别进行了计算及分类统计。

（3）金城洞-木兰屯沉积变质型铁矿预测工作区典型矿床为和龙市官地铁矿，典型矿床编号 001，包含矿体数 1 个，预测精度 334-2，对官地铁矿预测资源量及总资源量（含查明资源量）进行了计算及分类统计。

（4）塔东沉积变质型铁矿预测工作区典型矿床为敦化市塔东铁矿，典型矿床编号 001，包含矿体数 3 个，预测精度 334-2，对塔东铁矿预测资源量及总资源量（含查明资源量）进行了计算及分类统计。

（5）六道沟-八道沟沉积变质型铁矿预测工作区典型矿床为白山市乱泥塘铁矿，典型矿床编号 001，包含矿体数 1 个，预测精度 334-2，对乱泥塘铁矿预测资源量及总资源量（含查明资源量）进行了计算及分类统计。

（6）头道沟-吉昌夕卡岩型铁矿预测工作区典型矿床为磐石市吉昌铁矿，典型矿床编号 001，包含矿体数 2 个，预测精度 334-2，对吉昌铁矿预测资源量及总资源量（含查明资源量）进行了计算及分类统计。

2. 其他已知矿产地资源量预测及分类统计结果

其他已知矿产地有鞍山式江源县爱林铁矿床和大栗子式白山市夹皮沟铁矿床，分别属于四方山-板石铁矿预测工作区、六道沟-八道沟铁矿预测工作区。

爱林铁矿编号 001，包含矿体数 1 个，预测精度 334-3。

夹皮沟铁矿编号 001，包含矿体数 1 个，预测精度 334-3。

（四）典型矿床资源量预测过程举例

夹皮沟-溜河预测工作区鞍山式老牛沟铁矿典型矿床资源量预测实例。

查阅《吉林省老牛沟铁矿地质勘探报告》及《吉林省铁矿资源总量预测报告》等资料。老牛沟铁矿床位于龙岗背斜北翼，其产出受倾向北东的单斜构造或复式向斜控制，赋存在太古宙晚期绿岩带中，晚期绿岩带主要分布在桦甸三道沟—夹皮沟一带,相对于三道沟组。绿岩带发育层序不完整,其下部为基性火山喷发—沉积岩群,主要由斜长角闪片麻岩、变粒岩组成,呈线性展布,有少量黑云变粒岩、磁铁石英岩、绢云石英片岩夹层。为老牛沟铁矿床的赋矿层位,该层中赋存有高梨屯、杨树沟、小东沟、大西沟等矿段及苇厦子矿段的部分矿体,组成南矿带;上部沉积岩群以黑云变粒岩为主,另有斜长角闪岩、黑云片岩、浅粒岩及磁铁石英岩,为老牛沟铁矿床的主要赋矿层位,赋存有头道河子、三道沟、大西沟东山、稻草沟、四道沟等矿段及苇厦子矿段的大部分矿体,组成北矿带。

矿区南带混合岩化作用强,北带相对较弱,岩石类型主要是均质花岗岩和混合花岗岩。混合岩化作用对铁矿规模、矿石质量的影响较大。

变质作用条件:区域变质对变质铁矿、磷矿等形成起着积极的作用。

矿石密度一般为 $3.2\sim3.5\mathrm{g/cm^3}$。

对老牛沟铁矿床磁参数资料进行分析整理,其中个别矿段有磁化率和剩余磁化强度定向测定资料,根据矢量合成的平行四边形法则求取了实际的磁化强度和磁偏角(表6-3-10、表6-3-11)。

表6-3-10 吉林省东南部地区岩(矿)石磁性参数统计表

岩石名称	标本/块	$\kappa/10^{-5}$SI		$J_r/10^{-3}\mathrm{A\cdot m^{-1}}$		地区
		变化范围	平均值	变化范围	平均值	
磁铁矿	46	66 099～118 501	92 991	20 800～89 000	55 000	大场园
磁铁矿	5	56 549～137 476	96 761	21 500～94 700	58 000	老鹰沟、东德
磁铁矿	10		109 327			郝家岭
磁铁赤铁矿	5		47 124			郝家岭
磁铁石英岩	10	92 614～120 386	38 956	2000～112 500	26 000	板庙子
磁铁石英岩	3	6283～128 177	104 301	4000～5700	4800	新开岭
磁铁石英岩	168	2513～113 097	57 805	3000～120 000	61 500	楞场工区
磁铁角闪岩	2	9802～15 457	12 566	4500～5000	4700	板庙子
磁铁角闪岩	2	4147～10 933	7540	140～1600	900	和龙—安图
磁铁角闪岩	12	754～18 850	7288	0～500	300	老金厂
含辉角闪岩	32	377～5027	3770	1000～6000	3000	老金厂
斜长角闪岩	56	0～201	0	0	0	三道沟
角闪岩	32	0～188	0	0	0	稻草沟
角闪片岩	5	0～1508	0	0～200	0	和龙—安图
角岩	8		3142		400	郝家岭
角闪质混合岩	19	314～6660	2011	100～4000	500	
星云状混合岩	37	0～5278	880	0～650	100	
混合岩	136	0～3142	0～188	0～400	0	
斜长角闪片麻岩	4	0～7665	2513	500～5500	400	
黑云斜长片麻岩	6	0～3519	1634	0～3400	0	
片麻岩	8	0～3267	1885	0～3000	1600	
花岗斑岩	31	377～3644	3016	0～5100	1700	

续表 6-3-10

岩石名称	标本/块	$\kappa/10^{-5}$SI 变化范围	平均值	$J_r/10^{-3}$A·m^{-1} 变化范围	平均值	地区
混合花岗岩	316	0～8796	251	0～150	0	稻草沟
斜长花岗岩	6	0～2388	900	0～1500	200～1000	夹皮沟
中粗粒钾长花岗岩	15	126～11 109	251～1131	0～1570	300	五间房
黑云母花岗岩	63	377～4197	1759	0～4000	600	
花岗闪长岩	35	0～1257	126	0～3000	0	老金厂

表 6-3-11 老牛沟铁矿区磁异常反演模型岩矿石物性参数表

序号	磁性体类型	磁化倾角 $I/(°)$	磁化强度 $M/10^{-3}$A·m^{-1}	磁化偏角/(°)
1	磁铁矿	59.15	80 000	−8.85
	磁铁角闪岩	59.15	2000	−8.85
2	磁铁矿	59.15	20 000	−8.85
	磁铁角闪岩	59.15	2000	−8.85
3	磁铁矿	59.15	20 000	−8.85
4	磁铁矿	90	20 000	−8.85
	片麻岩	59.15	700,1000	−8.85

老牛沟铁矿床北矿带各矿段包括苇厦子矿段、头道河子矿段、三道沟矿段、大西沟东山矿段、稻草沟里矿段、稻草沟矿段、四道沟矿段；南矿带包括大西沟矿段 19、20 号矿脉、大西沟矿段、杨树沟矿段、小东沟矿段、高梨屯矿段。各个矿段均有已查明资源量(10^4t)。

与此相对应，北矿带各个矿段与吉 C1-1976-26、吉 C1-1959-107 及吉 C1-1959-107-1 甲类异常位置相吻合，南矿带各个矿段与吉 C1-1959-107-2 甲类异常位置相吻合。

从老牛沟铁矿区勘探报告中查到铁矿体的厚度、矿化和夹石厚度等资料，矿体厚度平均为 5.11m，矿化和夹石厚度综合在一起的平均厚度为 1.89m，计算出含矿系数 K 为 0.73。依据地质勘探剖面资料和航（地）磁异常资料求取典型铁矿床资源量时，2.5D 正反演拟合计算的典型铁矿床总资源量一般比查明资源量大，它主要由查明资源储量和已知矿床深部、旁侧隐伏矿体两部分组成。根据已知钻探资料控制的矿体埋深、延深、宽度及走向长度等形态产状参数，从典型矿床总资源量中分离出与典型铁矿床查明资源储量相对应的已控制矿体的资源量，即通过已知矿体的空间分布形态估算出的资源量，查明资源量一般小于这个量，其比值即为所要求取的含矿系数 K。老牛沟铁矿区头道河子矿段查明资源量 Q_t 为 $400.8×10^4$t，矿石密度 3.5g/cm^3。该矿段上航磁异常布置剖面 7、剖面 8 两条剖面进行 2.5D 拟合计算。剖面 7 有 3 条推断磁铁矿体，其体积分别为：$V_1=S_1×L_1=58 768.32$(m^3)，$V_2=S_2×L_2=489 289.92$(m^3)，$V_3=S_3×L_3=208 183.36$(m^3)；形态系数为 $k=0.62$，剖面与磁性体走向夹角为 85°，磁化强度 $M=80 000×10^{-3}$A/m；剖面 8 也有 3 条推断磁铁矿体，其体积分别为：$V_1=S_1×L_1=218 400$(m^3)，$V_2=S_2×L_2=630 903$(m^3)，$V_3=S_3×L_3=108 3693$(m^3)；形态系数 $k=0.59$，剖面与磁性体走向夹角为 75°，磁化强度 $M=80 000×10^{-3}$A/m。根据含矿系数计算公式：$K=Q_t/(S×L×k×\sin a×d)$ 求出含矿系数为 0.73，与根据铁矿体的厚度、矿化和夹石厚度等资料计算出的含矿系数 K 相等，所以，最终确定含矿系数 K 为 0.73。

把所确定的含矿系数，应用于老牛沟铁矿床的深部、外围及相同预测类型的预测工作区资源量的估算。

三、预测工作区磁性矿产资源量预测

(一) 预测工作区数量及分布

根据吉林省铁矿的成因类型及主要的铁矿资源特征,预测类型主要划分为沉积变质型、夕卡岩型、沉积型3种类型。预测方法类型主要为变质型、层控内生型、沉积型。

本次铁矿预测磁测估算资源量仅针对沉积变质型、夕卡岩型两大类型,沉积型铁矿床以赤铁矿、菱铁矿为主,磁异常反映不明显,本次未进行磁测估算资源量工作。

根据吉林省铁矿分布特征,划分出13个铁矿预测工作区,主要分布在吉林中部和龙岗复合地块边缘,双阳-磐石、向阳镇-红石、板庙子-两江-官地、四方山-板石、七道沟-大栗子5条铁矿成矿区带内,基本囊括了吉林省铁矿的大中型矿产地。详见表6-3-12。

表6-3-12 吉林省铁矿预测类型工作区划分表

序号	预测工作区名称	面积/km²	预测类型	预测方法类型	所属Ⅳ级成矿带
1	吉林省夹皮沟-溜河地区变质型铁矿预测工作区	1474	沉积变质型	变质型	夹皮沟-金城洞 Au、Fe、Cu、Ni 成矿带
2	吉林省四方山-板石地区变质型铁矿预测工作区	600	沉积变质型	变质型	二密-靖宇 Cu、Ni、Fe 成矿带
3	吉林省金城洞-木兰屯地区变质型铁矿预测工作区	780	沉积变质型	变质型	夹皮沟-金城洞 Au、Fe、Cu、Ni 成矿带
4	吉林省塔东地区变质型铁矿预测工作区	386	沉积变质型	变质型	上营-蛟河 Fe、Mo、W、Au、Pb、Zn、Ag 成矿带
5	吉林省六道沟-八道沟地区变质型铁矿预测工作区	958	沉积变质型	变质型	集安-长白 Au、Pb、Zn、Fe、Ag、B 成矿带
6	吉林省头道沟-吉昌地区夕卡岩型铁矿预测工作区	1382	夕卡岩型	层控内生型	山河-榆木桥子 Au、Ag、Mo、Cu、Fe、Pb、Zn 成矿带
7	吉林省天合兴-那尔轰地区变质型铁矿预测工作区	820	沉积变质型	变质型	柳和-那尔轰 Au、Fe、Cu 成矿带
8	吉林省石棚沟-石道河子地区变质型铁矿预测工作区	590	沉积变质型	变质型	柳和-那尔轰 Au、Fe、Cu 成矿带
9	吉林省海沟地区变质型铁矿预测工作区	682	沉积变质型	变质型	海沟 Au、Fe、Ag 成矿带
10	吉林省安口地区变质型铁矿预测工作区	807	沉积变质型	变质型	柳和-那尔轰 Au、Fe、Cu 成矿带
11	吉林省荒沟山-南岔地区变质型铁矿预测工作区	2244	沉积变质型	变质型	集安-长白 Au、Pb、Zn、Fe、Ag、B 成矿带
12	吉林省浑江北地区沉积型铁矿预测工作区	965	沉积型	沉积型	集安-长白 Au、Pb、Zn、Fe、Ag、B 成矿带
13	吉林省浑江南地区沉积型铁矿预测工作区		沉积型	沉积型	集安-长白 Au、Pb、Zn、Fe、Ag、B 成矿带

对10个沉积变质型、1个夕卡岩型预测工作区进行了磁法预测,对浑江北、浑江南2个沉积型预测工作区未进行磁测预测工作。荒沟山-南岔地区变质型铁矿预测工作区仅在与六道沟-八道沟地区变质型铁矿预测工作区重叠区域有矿致磁异常分布,其预测结果纳入六道沟-八道沟地区变质型铁矿预测工作区之内,不再单独编制预测成果图。沉积变质型、夕卡岩型预测工作区分布位置见图5-1-1。

(二)预测工作区资源量预测结果及分类统计结果

全省共筛选出已知、推断铁矿矿致磁异常 66 个,其中预测工作区内 46 个,遍布在夹皮沟-溜河、四方山-板石、金城洞-木兰屯、塔东、六道沟-八道沟、头道沟-吉昌、天合兴-那尔轰、石棚沟-石道河子、海沟、安口 10 个预测工作区内;预测工作区外 20 个。除头道沟-吉昌预测类型为夕卡岩型外,其余均为沉积变质型。

1. 预测工作区资源量预测结果

1)推断磁性矿体预测资源量估算公式

推断磁性矿床预测资源量采用磁法体积法,即 2.5D 人机交互定量拟合正反演完成,使用本区的地质勘探剖面资料、地磁异常资料、物性磁参数、矿石体重等资料,在缺少这些资料时,则主要参考同一成因类型的相邻典型矿床或其他已知矿床的参数资料(包括含矿系数),同时也会带来一些误差。

估算资源量公式为:

$$Q = S \times L \times k \times \sin a \times d \times K$$

式中:S 为 2.5D 拟合出磁性矿体的截面积;L 为矿致磁异常的走向长度;$\sin a$ 为矿致磁异常长轴线与拟合计算剖面线夹角 a 的正弦(a 必须为 $70°\sim 90°$),用于对截面积进行近似校正;d 为磁性矿石密度;k 为形态系数;K 为含矿系数。

2)铁矿预测工作区预测资源量汇总

铁矿预测工作区预测资源量结果见表 6-3-13—表 6-3-22。

表 6-3-13 夹皮沟-溜河铁矿预测工作区推断磁性矿体预测资源量表

序号	推断磁性矿床编号	推断磁性矿床名称	包含矿致异常个数	预测资源量	精度
1	吉 Fe-2201301036-001	已知老牛沟铁矿	2	略	334-2
2	吉 Fe-2201301036-002	已知老牛沟铁矿	2	略	334-2
3	吉 Fe-2201301036-003	已知老牛沟铁矿	1	略	334-2
4	吉 Fe-2201301036-001	已知老牛沟铁矿	1	略	334-1
5	吉 Fe-2201301036-003	已知老牛沟铁矿	1	略	334-1
6	吉 Fe-2201301036-002	已知老牛沟铁矿	2	略	334-1
7	吉 Fe-2201301036-004		1	略	334-3

表 6-3-14 四方山-板石铁矿预测工作区推断磁性矿体预测资源量表

序号	推断磁性矿床编号	推断磁性矿床名称	包含矿致异常个数	预测资源量	精度
1	吉 Fe-2201301044-002	浑江板石沟铁矿	1	略	334-1
2	吉 Fe-2201301044-005	浑江板石沟铁矿	1	略	334-1
3	吉 Fe-2201301044-001	浑江板石沟铁矿	1	略	334-1
4	吉 Fe-2201301044-003	浑江板石沟铁矿	1	略	334-1
5	吉 Fe-2201301044-004	浑江板石沟铁矿	1	略	334-1
6	吉 Fe-2201301044-006		1	略	334-2
7	吉 Fe-2201301044-007	通化四方山铁矿	1	略	334-2
8	吉 Fe-2201301044-008	江源县五道羊岔铁矿	1	略	334-3
9	吉 Fe-2201301044-009	浑江爱林铁矿	1	略	334-3

表 6-3-15 金城洞-木兰屯铁矿预测工作区推断磁性矿体预测资源量表

序号	推断磁性矿床编号	推断磁性矿床名称	包含矿致异常个数	预测资源量	精度
1	吉 Fe－2201301038-004	和龙官地铁矿	1	略	334-2
2	吉 Fe－2201301038-003		1	略	334-3
3	吉 Fe－2201301038-001	鸡南铁矿	1	略	334-2
4	吉 Fe－2201301038-002	和龙土山子铁矿点	1	略	334-3
5	吉 Fe－2201301038-005		1	略	334-2
6	吉 Fe－2201301038-006		1	略	334-3

表 6-3-16 塔东铁矿预测工作区推断磁性矿体预测资源量表

序号	推断磁性矿床编号	推断磁性矿床名称	包含矿致异常个数	预测资源量	精度
1	吉 Fe－2201302019-002	敦化塔东铁矿	1	略	334-2
2	吉 Fe－2201302019-001		1	略	334-3
3	吉 Fe－2201302019-007		1	略	334-3
4	吉 Fe－2201302019-008		1	略	334-3
5	吉 Fe－2201302019-009		1	略	334-3
6	吉 Fe－2201302019-006		1	略	334-3
7	吉 Fe－2201302019-004		1	略	334-2
8	吉 Fe－2201302019-003		1	略	334-2
9	吉 Fe－2201302019-010		1	略	334-3
10	吉 Fe－2201302019-005		1	略	334-2

表 6-3-17 六道沟-八道沟铁矿预测工作区推断磁性矿体预测资源量表

序号	推断磁性矿床编号	推断磁性矿床名称	包含矿致异常个数	预测资源量	精度
1	吉 Fe－2201303049-001	浑江夹皮沟铁矿	1	略	334-3
2	吉 Fe－2201303049-002	浑江夹皮沟铁矿	1	略	334-3
3	吉 Fe－2201303049-003	浑江市乱泥塘铁矿	1	略	334-2

表 6-3-18 头道沟-吉昌铁矿预测工作区推断磁性矿体预测资源量表

序号	推断磁性矿床编号	推断磁性矿床名称	包含矿致异常个数	预测资源量	精度
1	吉 Fe－2201501007-005	已知吉昌铁矿	1	略	334-2
2	吉 Fe－2201501007-001		1	略	334-2
3	吉 Fe－2201501007-002		1	略	334-2
4	吉 Fe－2201501007-003		1	略	334-3
5	吉 Fe－2201501007-004		1	略	334-2

表 6-3-19　天合兴-那尔轰铁矿预测工作区推断磁性矿体预测资源量表

序号	推断磁性矿床编号	推断磁性矿床名称	包含矿致异常个数	预测资源量	精度
1	吉Fe－2201301035-001		1	略	334-2

表 6-3-20　石棚沟-石道河子铁矿预测工作区推断磁性矿体预测资源量表

序号	推断磁性矿床编号	推断磁性矿床名称	包含矿致异常个数	预测资源量	精度
1	吉Fe－2201301034-005	已知辉南庆阳堡铁矿	1	略	334-2
2	吉Fe－2201301034-004	已知辉南地印子铁矿	1	略	334-2
3	吉Fe－2201301034-002		1	略	334-2
4	吉Fe－2201301034-003		1	略	334-2
5	吉Fe－2201301034-001		1	略	334-2

表 6-3-21　海沟铁矿预测工作区推断磁性矿体预测资源量表

序号	推断磁性矿床编号	推断磁性矿床名称	包含矿致异常个数	预测资源量	精度
1	吉Fe－2201301037-001	安图县四岔子铁矿	1	略	334-3

表 6-3-22　安口铁矿预测工作区推断磁性矿体预测资源量表

序号	推断磁性矿床编号	推断磁性矿床名称	包含矿致异常个数	预测资源量	精度
1	吉Fe－2201301033-003	通化县小东岔铁矿	2	略	334-2
2	吉Fe－2201301033-002		1	略	334-2
3	吉Fe－2201301033-001		1	略	334-2

2. 预测工作区资源量分类统计结果

1）按方法统计

根据吉林省铁矿床成因类型及矿致磁异常的分布情况，磁性矿体资源量的估算方法全部采用了磁法体积法，未采用定量类比法计算资源量。以预测工作区为单位按预测方法统计资源量结果见表 6-3-23。

表 6-3-23　铁矿预测工作区预测方法统计表

序号	预测工作区编号	预测工作区名称	估算方法法	预测资源量
1	036	夹皮沟-溜河	磁法体积法	略
2	044	四方山-板石	磁法体积法	略
3	038	金城洞-木兰屯	磁法体积法	略
4	019	塔东	磁法体积法	略
5	049	六道沟-八道沟	磁法体积法	略
6	007	头道沟-吉昌	磁法体积法	略
7	035	天合兴-那尔轰	磁法体积法	略
8	034	石棚沟-石道河子	磁法体积法	略
9	037	海沟	磁法体积法	略
10	033	安口镇	磁法体积法	略

注：表中"预测资源量"含查明资源储量，单位为 10^4 t。

2) 按预测精度统计

以预测工作区为单位按预测精度统计资源量结果见表6-3-24。

表6-3-24 吉林省铁矿预测工作区预测资源量精度统计表

预测工作区编号	预测工作区名称	预测资源量			
		334-1	334-2	334-3	合计
036	夹皮沟-溜河	略	略	略	略
044	四方山-板石	略	略	略	略
038	金城洞-木兰屯		略	略	略
019	塔东	略	略	略	略
049	六道沟-八道沟		略	略	略
007	头道沟-吉昌		略	略	略
035	天合兴-那尔轰			略	略
034	石棚沟-石道河子		略		略
037	海沟		略		略
033	安口镇		略		略

注：表中"预测资源量"不含查明资源储量，单位为10^4t。

3) 按延深统计

以预测工作区为单位，按照500m以浅、1000m以浅和2000m以浅统计预测资源量，结果见表6-3-25。

表6-3-25 吉林省铁矿预测工作区预测资源量深度统计表

预测工作区编号	预测工作区名称	500m以浅资源量				1000m以浅资源量				2000m以浅资源量			
		查明	334-1	334-2	334-3	查明	334-1	334-2	334-3	查明	334-1	334-2	334-3
036	夹皮沟-溜河	略	略	略	略	略	略	略	略		略	略	略
044	四方山-板石	略	略	略		略	略	略			略	略	
038	金城洞-木兰屯	略		略	略			略	略			略	略
019	塔东	略	略	略	略	略	略	略			略	略	
049	六道沟-八道沟	略				略						略	
007	头道沟-吉昌	略		略		略		略			略	略	
035	天合兴-那尔轰				略				略				略
034	石棚沟-石道河子			略				略				略	
037	海沟			略				略				略	
033	安口镇			略				略				略	

注：表中1000m以浅资源量包含了500m以浅的资源量，2000m以浅资源量为总资源量。资源量单位为10^4t。

4) 按矿床预测类型统计

按矿床预测类型，以预测工作区为单位统计资源量，见表6-3-26。

表 6-3-26　吉林省铁矿预测工作区资源量矿产类型统计表

预测工作区编号	预测工作区名称	沉积变质型			夕卡岩型		
		1	2	3	1	2	3
001	夹皮沟-溜河	略	略	略			
002	四方山-板石	略	略	略			
003	金城洞-木兰屯	略	略	略			
004	塔东	略	略	略			
005	六道沟-八道沟			略			
006	头道沟-吉昌				略	略	略
007	天合兴-那尔轰	略	略	略			
008	石棚沟-石道河子	略	略	略			
009	海沟	略	略	略			
010	安口	略	略	略			

注：表中 1、2 和 3 分别代表 500m 以浅、1000m 以浅和 2000m 以浅的资源量（查明资源储量与预测资源量之和）。资源量单位为 10^4 t。

四、磁性矿产资源量预测结果

（一）磁性矿产资源量预测结果

采用磁法体积法，完成了对吉林省铁矿资源量的预测。

全省共筛选出已知、推断铁矿矿致磁异常 66 个，2.5D 拟合航磁、地磁剖面总计 131 条。其中预测工作区内 46 个，2.5D 拟合航磁剖面 83 条，地磁剖面 16 条，遍布在夹皮沟-溜河、四方山-板石、金城洞-木兰屯、塔东、六道沟-八道沟、头道沟-吉昌、天合兴-那尔轰、石棚沟-石道河子、海沟、安口 10 个预测工作区内；预测工作区外 20 个，2.5D 拟合航磁剖面 32 条。

1. 按精度统计

按预测精度，以省（区、市）为单位统计资源量，见表 6-3-27。

表 6-3-27　吉林省预测资源量精度统计表

省（区、市）编号	省（区、市）名称	预测资源量		
		334-1	334-2	334-3
22	吉林省	略	略	略

注：表中"预测资源量"不含查明资源储量，单位为 10^4 t。

2. 按延深统计

以省（区、市）为单位，按照 500m 以浅、1000m 以浅和 2000m 以浅统计预测资源量，见表 6-3-28。

表 6-3-28　吉林省预测资源量深度统计表

省(区、市)编号	省(区、市)名称	500m以浅资源量				1000m以浅资源量				2000m以浅资源量			
		查明	334-1	334-2	334-3	查明	334-1	334-2	334-3	查明	334-1	334-2	334-3
22	吉林省	略	略	略	略	略	略	略	略	略	略	略	略

注：表中1000m以浅资源量包含了500m以浅资源量，2000m以浅资源量为总资源量。资源量单位为10^4t。

3. 按矿床预测类型统计

以省(区、市)为单位，按矿产预测类型统计资源量，见表6-3-29。

表 6-3-29　吉林省预测资源量矿产类型统计表

省(区、市)编号	省(区、市)名称	沉积变质型			夕卡岩型		
		1	2	3	1	2	3
220	吉林省	略	略	略	略	略	略

注：表中1、2和3分别代表500m以浅、1000m以浅和2000m以浅的资源量（查明资源储量与预测资源量之和）。资源量单位为10^4t。

(二)铁矿产分布规律及找矿潜力分析

截止1984年底，吉林省共发现各类铁矿床(点)507处，其中大型铁矿床3处、中型7处、小型28处，矿点469处。

铁矿按其成因类型可划分沉积变质铁矿、海相沉积型铁矿、夕卡岩型铁矿及热液型铁矿4种类型，其中热液型铁矿规模小而且工业意义不大。沉积变质铁矿包括鞍山式、塔东式、大栗子式、集安式4种矿床式，共有大型铁矿床、中型铁矿床、小型铁矿床、矿点213处，占全部探明表内矿石储量的94.17%；海相沉积铁矿分为临江式和浑江式两种矿床式，共有中型铁矿床、小型铁矿床、矿点46处，占全部探明表内矿石储量的4.61%；夕卡岩型铁矿118处，占全部探明表内矿石储量的1.09%；热液型铁矿105处，占全部探明表内矿石储量的0.13%；其他类型矿点25处。

本次仅对有磁异常反映的沉积变质型、夕卡岩型两种类型铁矿产进行了磁法预测，全省共筛选出已知、推断铁矿矿致磁异常66个，其中预测工作区内46个，预测工作区外20个，显示出吉林省铁矿仍具有较大找矿潜力空间。下面对铁矿产分布规律及找矿潜力进行简要分析。

1. 沉积变质铁矿

1）鞍山式铁矿

吉林省南部龙岗地区夹皮沟地块、会全栈地块、清原地块（柳河）、板石沟地块、和龙地块等，其地质演化始于太古宙，形成于新太古代并于新太古代末期拼合在一起，组成龙岗复合陆块，是吉林省鞍山式铁矿主要分布区，典型矿床有四方山铁矿、板石沟铁矿、官地铁矿等。

鞍山式铁矿几乎全部沿龙岗复合陆块的边缘分布，赋存于太古宙绿岩地体内。受新太古代边缘裂陷控制。板石沟大型铁矿床赋存于中太古代龙岗群杨家店组深变质系的海相中基性火山岩、碎屑岩中，矿石类型为磁铁石类型；老牛沟大型铁矿床赋存于晚太古界夹皮沟群老牛沟组和三道沟组，其原岩为基性—中酸性火山岩、碎屑岩，矿体围岩系属角闪质岩系，矿石类型为磁铁石榴子石型和磁铁碳酸盐岩型。全省共发现矿床(点)176处，大型矿床2处、中型2处、小型8处、矿点164处。

鞍山式铁矿有夹皮沟-溜河、四方山-板石、金城洞-木兰屯、天合兴-那尔轰、石棚沟-石道河子、安口地区 6 个预测工作区,本次筛选出铁矿致磁异常 28 个。区内矿致磁异常位于龙岗复合陆块边缘的变质表壳岩中,异常走向与晚太古代边缘裂陷槽走向平行,局部重力高异常与沿北东向、北西向分布或环状分布强度大梯度陡的磁异常,重磁同高异常是寻找铁磁性矿产的有利部位;而强度不高,规模不大的低缓磁异常是寻找隐伏铁矿的另一重点方向。

2) 塔东式铁矿

此类型铁矿主要分布在敦化、安图、磐石、东丰地区,前南华纪小兴安岭弧盆系(Ⅱ)、机房沟-塔东-杨木桥子岛弧盆地带(Ⅲ)内。塔东变质岩系呈南北向狭长带状展布,受南北向断陷盆地控制,矿区混合岩主要沿南北向层间裂隙注入。矿床产于塔东岩群拉拉沟组斜长角闪岩、斜长角闪片麻岩、磁铁角闪岩、黑云斜长片麻岩、透辉岩、透辉斜长片麻岩组合地层中。目前共发现矿床(点)13 处,其中大型矿床 1 处、小型 2 处,矿点 10 处。

塔东式铁矿有塔东、海沟两个预测工作区,本次筛选出铁矿致磁异常 9 个。受南北向断陷盆地控制的塔东岩群,局部重力高异常、南北走向条带状或椭圆状强磁异常是寻找铁磁性矿产有利部位。

3) 大栗子式铁矿

这一类型铁矿集中分布于前南华纪华北东部陆块(Ⅱ)胶辽吉古元古代裂谷带(Ⅲ)的老岭坳陷盆地(Ⅳ)内,展布于七道沟—大栗子—乱泥塘一带。古元古代晚期在老岭坳陷盆地内形成了陆源碎屑岩-碳酸盐岩含铁建造,铁质主要富集于泥质向碳酸盐过渡带中。形成了大栗子式铁矿的大栗子组千枚岩、大理岩互层带含矿建造或初始矿源层。大栗子中型富铁矿和乱泥塘小型铁矿为该类型铁矿的代表,矿体矿石类型为赤铁矿、菱铁矿及磁铁矿 3 种。此处,尚有由这 3 种类型按不同比例相互结合组成的磁铁赤铁矿、菱铁磁铁矿的混合类型。该矿床经过海相沉积、区域变质和后期热液改造 3 个成矿阶段形成。现共发现铁矿床(点)16 处,其中中型矿床 4 处、小型 2 处,矿点 10 处。

大栗子式铁矿有六道沟—八道沟一个预测工作区,本次筛选出铁矿致磁异常 3 个。老岭群大栗子组千枚岩、大理岩互层带,基底构造-老岭拗陷盆地,后期变质变形形成的褶皱构造是控矿重要条件;局部重力高异常边部梯级带内侧,负航磁磁场中的弱小异常,地面磁测为有规律分布的低缓异常中,是寻找大栗式富铁矿的重要标志。

2. 夕卡岩型铁矿

夕卡岩型铁矿的成矿时代主要为燕山期、印支期和海西期,其中以燕山期和海西期为主。燕山期形成的夕卡岩型铁矿主要分布在吉中和吉林北部的大黑山地区,小型矿床、矿(化)点数量众多,星罗棋布,吉昌铁矿为典型矿床。海西期形成的夕卡岩型铁矿主要分布在白城地区,数量较少。

夕卡岩型铁矿有头道沟—吉昌一个预测工作区,本次筛选出铁矿致磁异常 5 个。中酸性侵入岩体与上古生代地层(碳酸盐岩)接触带部位,局部重力低异常边部梯级带弯曲变异处、航磁异常呈孤立峰状规模小相对较弱和地磁异常狭窄的高峰状异常处是寻找该类型铁磁性矿产有利部位。

另外预测工作区外铁矿矿致磁异常多数分布在其外围区域。

吉林省南部龙岗复合陆块的变质表壳岩、元古宙大栗子岩组、元古宙塔东岩群是沉积变质型铁矿产的重要含矿建造,预测的沉积变质型铁矿产有的分布在已知矿带上、矿带沿走向方向的延长线上,及与之平行的其他矿带上,与已知矿床深部和外围密切相关;有的分布在远离已知矿床但具有相同变质岩含矿建造、相同或相似控矿条件的部位,磁异常受含矿变质岩地层走向控制而多呈条带状,多呈北东向、北西向展布,异常具有较大规模,预测资源量也相应最多,因此,沉积变质型铁矿产是吉林省最具找矿潜力的一种类型。

夕卡岩型铁矿产一般规模不大,但数量较多,磁异常形态一般受接触带控制,形态多样,应以寻找富品位铁矿为重点,在总量上有所突破。

第七章 结束语

第一节 工作总结

吉林省矿产资源潜力评价磁测资料应用研究工作,从 2007 年 7 月开始,至 2013 年 6 月结束,历时六年。按照总项目任务书、《吉林省物探化探遥感自然重砂综合信息研究课题总体设计书》、《磁测资料应用技术要求》的要求,开展磁测资料应用研究工作,完成了项目任务书所要求的各项任务,取得了较好的地质成果。

(1) 系统收集整理了大量以往区域性、普查区、矿区物探资料及研究性成果资料。吉林省 2km×2km 航磁网格数据和 1∶20 万、1∶10 万、1∶5 万、1∶2.5 万各个测区的航磁剖面数据,由国土资源航空物探遥感中心提供。

(2) 编制完成了 1∶50 万吉林省航磁工作程度图、航磁 ΔT 异常等值线平面图、航磁 ΔT 化极等值线平面图、航磁 ΔT 化极垂向一阶导数等值线平面图、航磁异常分布图、磁推断地质构造图、磁法推断磁性矿床分布图。初步总结了吉林省区域磁场特征、磁场分区特征及与大地构造单元的密切关系。为吉林省区域地质构造研究及地质构造单元划分提供了一套完备的基础性的区域地球物理资料。为今后吉林省区域磁场特征研究、解释推断及找矿预测奠定了基础。

(3) 编制完成铁、铜、铅、锌、钨、金、锑、稀土、磷、镍、铬、钼、银、硼、硫、萤石 16 个矿种 114 个预测工作区 1∶5 万航磁异常图、磁法推断地质构造图,其中 10 个铁矿预测工作区还编制了航磁异常范围分布图、磁性矿产分布图。推断出的与矿产关系密切的隐伏、半隐伏地质构造,是今后找矿的重要研究方向,为今后吉林省主要成矿区带及在其他重要找矿远景区上开展找矿工作提供了宝贵的地球物理信息。

(4) 编制完成吉林省铁、铜、铅、锌、钨、金、锑、镍、铬、钼、银、硼、硫、萤石 14 个矿种 64 个典型矿床地质矿产及物探剖析图,开展典型矿床所在区域、所在地区、所在位置、勘探剖面物探异常研究,建立了典型矿床地质—地球物理找矿模型,总结了各矿种不同预测类型矿产的预测准则。

(5) 按照《磁测资料应用技术要求》和《磁性矿产预测资源量估算技术要求》(2010 年补充)的规定,对吉林省矿致磁异常进行磁法 2.5D 拟合体积法定量计算。尽可能多地收集矿区的地质勘探资料及磁异常、磁参数、密度资料等,最大限度提高估算资源量的可靠性。共选出已知、推断铁矿矿致磁异常 66 个,其中 10 个铁矿预测工作区内 46 个,预测工作区外 20 个。使用 RGIS 软件 2.5D 定量计算拟合航磁、地磁剖面总计 131 条。编制完成铁矿预测工作区磁性矿产分布图 10 张、吉林省磁性矿床分布图 1 张。估算出吉林省磁性铁矿总预测资源量 40.79×10^8 t,并按沉积变质型、夕卡岩型铁矿预测资源量进行了统计,按 334-1 级、334-2 级、334-3 级资源量进行了统计。

(6) 编制吉林省Ⅲ级、Ⅳ级成矿区带磁异常特征图集,总结Ⅲ级、Ⅳ级成矿区带磁异常特征及找矿标志。

(7) 编写完成《吉林省矿产资源潜力评价磁测资料应用研究成果报告》(2013 年)。

本书对上述磁测资料应用研究内容进行了适当删减。

第二节　存在问题及建议

（1）不能完全按照航磁 ΔT 化极垂向一阶导数等值线的零值线或航磁 ΔT 化极垂向二阶导数等值线的零值线，圈定侵入岩体或磁性地层的范围，还要依据航磁 ΔT 化极等值线平面图，根据具体的地质情况及磁异常特征来具体地分析研究。

（2）吉林省出露的基性、超基性岩体面积一般在 $0.5 \sim 1 km^2$，编制吉林省航磁推断地质构造图时，只根据全省1∶50万航磁等值线图件推断基性、超基性岩体的范围比较困难，应该结合1∶5万航磁等值线图件进行推断解释。磁性蚀变带的推断也存在类似情况。

（3）矿致磁异常进行磁法2.5D拟合体积法定量计算时，由于各铁矿区的磁铁矿石剩磁较大，磁性围岩也有一定强度的剩磁，而剩磁不是定向标本资料，因此正反演拟合难度较大，直接影响估算资源量的精度。

（4）在编制重、磁推断地质构造图的过程中，发现有的地区物性重、磁参数资料比较齐全，而有的地区物性重、磁参数资料不全或没有，影响了重、磁资料解释推断质量。

（5）吉林省吉中地区北部大面积区域只在1959年开展过1∶10万航磁测量，延边地区、西部广大地区只在1960年开展过1∶10万航磁测量，这些航测资料比例尺小、精度低，已经不能满足该地区地质找矿的需要。特别是这两块区域的北部近几年发现了大石河大型斑岩型钼矿床及其他中小型钼矿床多处，有继续扩大找矿远景之势；南部的和龙地区分布有和龙新太古界地层，到目前只发现了若干小型鞍山式铁矿，仍无大的突破。建议在这两个地区重新开展高精度大比例尺1∶2.5万航磁测量，以期地质找矿获得新进展。

主要参考文献

毕振纲,1959.吉林通化四方山铁矿最终储量勘探报告[R].通化:吉林省地质局通化地质大队.

长春地学院,1979.磁法勘探[M].北京:地质出版社.

迟吉山,等,1975.吉林省汪青县刺猬沟矿床脉金矿地质详细普查报告[R].长春:吉林省地质局延边地区综合地质大队.

戴洪建,王信,2000.通化二密铜矿地球物理特征及综合找矿标志[J].吉林地质,19(3):45-54.

邓澍令,杨献德,黄勤,等,1987.大黑山斑岩型钼矿床地球物理场特征[J].吉林地质(2):20-32.

地质部航空物探地质总队,1980.1∶25万内蒙古东部莲花山地区航空硬架综合站(电磁)试生产结果报告[R].地质部航空物探地质总队.

地质矿产部航空物探总队,1982.1∶20万松辽盆地高精度构造航磁成果报告[R].北京:地质矿产部航空物探总队.

丁志刚,侯启满,1993.吉林省双阳县兰家金矿床勘探报告[R].长春:吉林地质局第一地质调查所.

范正国,黄旭钊,熊盛青,等,2010.磁测资料应用技术要求[M].北京:地质出版社.

冯连有,李东阳,1993.吉林省临江县青沟子锑矿详查报告[R].长春:吉林省地质矿产局第四地质调查所.

冯守忠,1999.香炉碗子金矿床成矿物质来源及矿床成因探讨[J].火山地质与矿产,19(3):214-223.

傅德彬,陈尔臻,1988.吉林省硫化铜镍矿床成矿规律[J].吉林地质(2):124-144.

傅万城,1988.物化探方法在夹皮沟金矿找矿评价中的作用[J].吉林地质(1):54-62.

关建,1997.大功率激电在二密铜矿应用效果[J].吉林地质,16(2):65-70.

关显祖,1983.吉林省桦甸县老牛沟铁矿区总结勘探报告[R].长春:吉林省地质矿产局第二地质调查所.

黑龙江省地矿局物探大队航测队,1974.牡丹江南部航空物探报告[R].齐齐哈尔:黑龙江省地矿局物探大队航测队.

黑龙江省地质物探队航空综合测站分队,1982.1∶5万吉林省永吉—磐石地区航空物探综合普查成果报告[R].齐齐哈尔:黑龙江省地质物探队航空综合测站分队.

侯启满,1984.吉林省集安县金厂沟矿区西岔金矿床详细普查地质报告[R].长春:吉林省地质矿产局第四地质调查所.

侯启满,1993.吉林省双阳县兰家金矿床勘探报告(1992—1993年)[R].长春:吉林省地质矿产局第一地质调查所.

吉林省地质调查院,2010.吉林省铁矿种预测资源量估算复核报告[R].长春:吉林省地质调查院.

吉林省地质调查院,2010.吉林省铁矿资源潜力评价磁测资料应用研究报告[R].长春:吉林省地质调查院.

吉林省地质局第二地质调查所,1979.吉林省吉林地区航磁异常汇编[R].长春:吉林省地质局第二地质调查所.

吉林省地质局第六地质大队,1978.吉林省延边地区航磁检查及铁矿普查报告[R].延边:吉林省地质局第六地质大队.

吉林省地质局第六地质大队,1978.吉林省延边地区航磁异常检查及铁矿普查报告[R].延边:吉林省地质局第六地质大队.

吉林省地质局第三地质大队,吉林省化工局化工矿山地质队,1979.伊通县放牛沟多金属硫铁矿床总结报告[R].长春:吉林省地质局第三地质大队、吉林省化工局化工矿山地质队.

吉林省地质局第四地质大队七分队,1980.吉林省通化地区1:50 000航磁异常检查总结报告[R].长春:吉林省地质局第四地质大队七分队.

吉林省地质局第四地质调查所,1982.吉林省通化县赤柏松硫化铜镍矿床研究报告[R].长春:吉林省地质局第四地质调查所.

吉林省地质局四平地区综合地质大队,1978.吉林省四平地区东南部航磁异常查证工作总结报告[R].四平:吉林省地质局四平地区综合地质大队.

吉林省地质局物探大队,1979.吉林省及西部邻区航磁异常查证总结[R].长春:吉林省地质局物探大队.

吉林省地质矿产局,1985.吉林省铁矿资源总量预测报告[R].长春:吉林省地质矿产局.

吉林省地质矿产局黄金地质调查所,1983.吉林省珲春县小西南岔金铜矿床地质特征及成矿规律[R].长春:吉林省地质矿产局黄金地质调查所.

吉林省地质矿产局物探大队,1984.吉林省深部构造研究报告[R].长春:吉林省地质矿产局物探大队.

吉林省区域地质矿产调查所,1987.吉林省区域矿产总结报告:有色金属矿产[R].长春:吉林省区域地质矿产调查所.

贾大成,孙鹏惠,徐志勇,等,1998.吉林省永吉县倒木河金矿控矿构造特征[J].吉林地质,17(2):42-48.

金丕兴,等,1992.吉林省东部山区贵金属及有色金属矿产成矿预测报告[R].长春:吉林省地质矿产局.

李长顺,于文卿,1996.香炉碗子金矿床稳定同位素研究及矿床成因探讨[J].黄金地质,2(2):50-55.

李世杰,1969.吉林省小西南岔铜金矿物化探工作总结报告[R].长春:吉林省地质局物探大队.

李文贵,洪京柱,1990.吉林省通化县南岔金矿Ⅰ号矿段详查地质报告[R].长春:吉林省地质矿产局第四地质调查所.

牟森,曹明厚,1974.吉林省通化县赤柏松铜镍矿区外围物化探工作成果报告[R].长春:吉林省地质局通化大队.

松权衡,等,2010.吉林省铁矿资源潜力评价成果报告[R].长春:吉林省地质调查院.

松权衡,等,2010.吉林省铜矿典型矿床成矿规律研究报告[R].长春:吉林省地质调查院.

松权衡,等,2011.吉林省金矿资源潜力评价成果报告[R].长春:吉林省地质调查院.

松权衡,等,2011.吉林省磷矿资源潜力评价成果报告[R].长春:吉林省地质调查院.

松权衡,等,2011.吉林省铅锌矿资源潜力评价成果报告[R].长春:吉林省地质调查院.

松权衡,等,2011.吉林省锑矿资源潜力评价成果报告[R].长春:吉林省地质调查院.

松权衡,等,2011.吉林省铜矿资源潜力评价成果报告[R].长春:吉林省地质调查院.

松权衡,等,2011.吉林省钨矿资源潜力评价成果报告[R].长春:吉林省地质调查院.

松权衡,等,2011.吉林省稀土矿资源潜力评价成果报告[R].长春:吉林省地质调查院.

松权衡,等,2012.吉林省铬矿资源潜力评价成果报告[R].长春:吉林省地质调查院.

松权衡,等,2012.吉林省硫矿资源潜力评价成果报告[R].长春:吉林省地质调查院.

松权衡,等,2012.吉林省钼矿资源潜力评价成果报告[R].长春:吉林省地质调查院.

松权衡,等,2012.吉林省镍矿资源潜力评价成果报告[R].长春:吉林省地质调查院.

松权衡,等,2012.吉林省硼矿资源潜力评价成果报告[R].长春:吉林省地质调查院.

松权衡,等,2012.吉林省银矿资源潜力评价成果报告[R].长春:吉林省地质调查院.

松权衡,等,2012.吉林省萤石矿资源潜力评价成果报告[R].长春:吉林省地质调查院.

杨贵林,刘志和,1992.山门银矿床物化探勘查效果及标志[J].吉林地质(1):81-87.

张克奇,1972.吉林省和龙县官地铁矿区初步勘探地质报告书[R].长春:吉林省冶金地质勘探公司605队.

张明华,乔记花,刘宽厚,等,2010.重力资料解释应用技术要求[M].北京:地质出版社.

张文博,1998.吉林省大黑山条垒北东段金、银成矿系列的划分[J].黄金,19(1):13-17.

张文军,李想,张雪峰,等,2010.吉林省长春兰家金矿地质特征[J].吉林地质,29(1):41-45.

张希友,2007.吉林省敦化市塔东铁矿勘探报告[R].长春:吉林省地质矿产勘查开发研究院.

张仲学,万毅,1989.吉林省通化县南岔—浑江市大横路一带1∶5万区域物化探调查报告[R].长春:吉林省地质矿产局物探大队.

郑贵春,2008.吉林省长春市二道区兰家金矿床资源储量核实报告[R].长春:长春恒利黄金矿业有限责任公司.

朱春生,孙兆祥,张扬,等,2005.物探综合方法在吉林省六批叶金矿区找矿中的作用[J].吉林地质,24(2):72-77.

邹敏熙,1971.吉林省浑江市乱泥塘铁矿储量报告[R].通化:吉林省地质局通化地区综合地质大队.

邹敏熙,宋克,1976.吉林省通化县赤柏松硫化铜镍矿床Ⅰ号矿体地质勘探报告[R].长春:吉林省地质局通化大队.